7th Edition

INTERNATIONAL MARKETING

국제마케팅

환경과 전략

김주헌

북넷

제7판
머리말

자유무역을 지향하는 국제통상질서의 근간이 되어 왔던 세계무역기구(WTO, World Trade Organization)의 위기론, 무용론이 거세지고 있다. WTO의 통상적인 분쟁해결 절차는 사실상 마비상태다. 상소기구에 재판관이 없는 상태가 이어지고 있고 해결기미가 별로 보이지 않고 있어 '허공으로의 상소(appeals into the void)'라는 말이 나올 정도다. 자유무역과 세계화의 상징과도 같은 WTO의 존재감이 낮아진 것이 바로 오늘날의 국제통상질서의 상황을 보여 준다.

글로벌 공급사슬망(global supply chain)을 다시 구축해야 한다는 우려의 목소리가 나온 지도 꽤 되었다. 완전하지는 않지만 그래도 '자유로운 통상'이라는 원칙과 예상이 글로벌 공급사슬망 구축의 기반이었는데 그 기반이 흔들리고 있는 것이다. 이 균열의 한 이유는 미·중 무역전쟁이란 말에 함축되어 있는 자국우선주의와 보호무역주의 현상이고, 또 하나는 2020년부터 전세계를 덮친 코로나 팬데믹이다. 후자는 더 이상 실질적 장애물은 아니지만, 전자는 여전히 진행 중이며 트럼프의 재집권으로 더 심화될 것으로 예상되어 기업의 고민이 깊어질 수밖에 없다. 글로벌 통상질서가 어떤 방향으로 흘러갈지 예단할 수 없는 상황에서 결코 가볍지 않은 글로벌 공급사슬망 재편을 추진하는 것도 쉽지 않다. 이러한 어려움 속에서도 성장과 이윤창출, 그리고 고용증대를 위해 애쓰는 글로벌 경영자들, 특별히 한국기업의 경영자들에게 경의와 응원의 마음을 전한다.

이 책의 초판이 출간된 2000년의 우리나라 수출액은 1,723억 달러였으나 2011년에는 3배 이상인 5,552억 달러로 성장하여 사상 최초로 무역 1조 달러 시대를 열었다. 세계적인 경기침체와 저유가 영향 등으로 중간에 다시 1조 달러 이하로 내려간 적도 있었지만, 우리나라의 2023년 수출액은 6,322억 달러(수입은 6,426억 달러)로 세계 수출 상위 10대국 안에 위치해 있다. 수출의 확대는 세계 각국과의 자유무역협정(FTA, Free Trade Agreement) 확대에 기인한 바도 큰데, 2024년은 칠레와의 첫 FTA 발효 후 20년이 되는 해이기도 하다.

개별 기업차원에서는 우리나라의 대표적 글로벌기업인 삼성전자의 브랜드가치가 꾸준히 상승하여 2024년 1,008억 달러로 세계 5위를 수년간 유지하고 있다(Interbrand사 조사 기준). 2000년대 초 세계 30위권 밖에 머물렀던 것을 생각하면 놀라운 성장이 아닐 수 없다. 또한 최근의 문화콘텐츠, 식품, 화장품, 무기 등 분야를 가리지 않는 K-열풍은 그 자체로의 성과는 물론 전반적인 한국 이미지의 상승과 한국제품에 대한 선호도 상승으로도 이어지고 있다.

그러나 중국기업의 급부상을 포함한 글로벌 경쟁은 더욱 치열해지고 있으며, 한류열풍이 언제까지 지속될지도 불분명한 일이다. 결국 글로벌 경쟁에서 생존할 뿐 아니라 선두그룹에 속하기 위해서는 기술, 디자인, 마케팅, 관리 능력 등 기본기를 충실히 갖추기 위한 노력을 지속적으로 기울이는 수밖에 없을 것이다. 각종 규제와 노사갈등 등 국내 경영환경에는 난제가 산적해 있고 오히려 악화되고 있다는 시각도 있지만, 어려운 여건과 환경이 없었던 적이 언제 있었던가? 한국인과 한국경영자의 저력을 다시 한번 기대해 본다.

『국제마케팅: 환경과 전략』을 그동안 교재로 사용해 주신 여러 교수님들, 그리고 학생 및 일반 독자 여러분들께 깊은 감사의 마음을 전한다. 초판 이후 25년간 사랑을 받으며 7판까지 이어져 올 수 있었던 원동력은 바로 이 분들이기 때문이다.

이번 7판은 전체적인 구성과 체제에 있어서는 이전 6개 판과 크게 다르지 않다. 다만 통계수치를 비롯한 각종 자료의 update와 함께 본문 내용이 부분적으로 보강되었다. 큰 전환기에 들어선 국제통상환경의 최근 변화흐름, 해외시장에서 change agent로서의 역할도 수행하는 한국 기업사례, 그러나 또 한편으로 자기준거기준이 가져올 수 있는 문제점 소개, 한류흐름을 탄 중소기업들의 해외진출사례, 의미는 유사하지만 산업분야에 따라 서로 다른 용어들, 다양한 형태로 확산되는 온라인거래 현황과 시사점 등이 그 예다. Mini-Case도 상당수 교체하거나 추가했다.

이번 개정 작업에 격려와 성원을 보내주며 7판 출판을 맡아주신 도서출판 북넷의 류재식 사장님과 직원 여러분들께 고마운 마음을 전한다. 여전히 부족한 점의 개선은 저자의 책임이자 부담으로 남겨놓고 다시 한번 독자 여러분들께 감사의 말씀을 드린다.

2025년 1월

저자 씀

차 례

part 1 서 론

Chapter 01 기업의 국제화와 국제경영

part 3 해외시장 진출전략

Chapter 06 해외시장조사

Chapter 07 해외시장 세분화

part 4 국제마케팅믹스 전략

Chapter 10 국제마케팅믹스의 개념과 의의

Chapter 11 국제제품전략

Chapter 12 국제가격전략

Chapter 13 국제촉진전략

PART 01 서론

CHAPTER

01

기업의 국제화와 국제경영

기업의 국제마케팅 활동에 대한 이해를 위해서는 우선 기업의 국제화나 전반적인 국제경영전략의 큰 그림을 이해하는 것이 필요하다. 따라서 본장에서는 국제화의 다양한 개념, 국제화의 단계 등을 설명하고, 국제화시대의 기업경영은 어떠한 모습으로 이루어져야 하는지 그 주요 본질적 과제에 대해 설명한다. 경쟁우위의 확보가 그 중의 하나인데, 이는 기업의 국제화가 어떤 외형적 형태를 띠든지 본질적으로 중요한 것은 국제적인 경쟁력을 갖추는 일이기 때문이다. 이런 점에서, 세계시장에서 두각을 나타내고 있는 우리나라의 기업 중 삼성이나 LG, 현대 · 기아차와 같은 대기업은 물론 오로라월드와 같은 중소기업을 간략히 소개하는 사례도 첨부한다.

1-1 Mini-Case

디자인이 경쟁력이다 - 기아자동차와 오로라월드

기아자동차: 한국차 디자인이 세계에서 위세를 떨치고 있다. 과거 선진국 차들의 디자인을 짜집기하던 한국차가 독자적인 디자인으로 자동차 본고장에서도 최고의 실력을 인정받고 있는 것이다. 한국차의 디자인실력은 품질・가격 경쟁력과 결합돼 세계 차시장에서 돌풍을 일으키고 있는 한 요인이 됐다.

국내 자동차업계 디자인경영의 선두주자는 기아자동차다. 2009년부터 2012년까지 4년 연속으로 세계 3대 디자인상 중 하나인 '레드닷 디자인상'을 수상했다. 2011년에는 독일 디자인협회가 올해 자동차부문 우수브랜드와 디자인을 선정한 '2011 오토모티브 브랜드 콘테스트'에서 브랜드 디자인부문 최우수상(Best of Best)을 받았다. 1953년 독일의회 주도로 설립된 독일디자인협회는 독일재계와 학계의 디자인관련 주요 인사로 구성돼 있다. 기아차가 최우수상을 받은 브랜드 디자인부문은 자동차업체의 디자인전략이나 비전, 명확성, 우수성 등을 종합적으로 겨루는 분야다. 자동차의 본고장 독일의 디자인전문가들이 세계 최고의 브랜드인 벤츠, BMW, 아우디를 제치고 기아차의 실력을 인정한 것이다.

'2021 독일 디자인 어워드' 특별상을 받은 기아차 K5 인포테인먼트

기아차는 2005년 정의선 당시 사장의 주도로 본격적인 디자인경영을 시작했다. 2000년 이후 품질과 성능은 인정받기 시작했지만 한 단계 도약하기 위해서는 기아차만의 차별화된 정체성을 갖는 게 필요하다고 판단한 것이다. 기아차는 차별화의 핵심요소로 디자인을 택했다. 기아차는 2006년 8월 아우디와 폭스바겐의 디자인 총괄책임자였던 피터 슈라이어를 디자인 총괄 부사장으로 영입했다. 그해 9월 파리 모터쇼에서 디자인경영을 선언했다. 이후 기아차는 '직선의 단순화'라는 미래 디자인의 방향을 제시하며 국내 자동차업계 최초로 '패밀리룩(디자인 통일)'을 시도했다.

디자인의 힘은 실적으로 이어졌다. 2007년 15조 9,500억원의 매출에 554억원의 영업적자를 봤던 기아차는 2010년 23조 2,600억원 매출에 1조 6,800억원의 영업이익을 냈다. 기아차는 2011년 1/4분기에도 지난해에 비해 30.4% 증가한 61만 9089대의 차를 세계시장에 팔았다. 매출액(10조 6,578억원)과 영업이익(8,399억원)은 지난해 같은 기간에 비해 각각 36.7%, 90.1% 증가했다. 세계 최대 자동차 시장인 미국에서 올 상반기 판매대수는 24만 5104대로 지난해보다 44% 급증했다.

기아차 관계자는 “중국업체들이 한국차를 베끼는 것은 이미 오래전 얘기”라며 “최근에는 이름을 밝힐 수는 없지만 선진국업체들도 기아차의 디자인을 참고하는 것으로 알고 있다”고 말했다. 그는 “과거 특징이 없던 디자인에서 이제는 기아차만의 독특한 디자인이 형성됐다는 것이 가장 큰 성과”라고 말했다.

기아자동차는 2024년에도 현대자동차와 함께 세계적인 디자인대회에서 최고상인 금상을 3개나 거머쥐며 글로벌 디자인 경쟁력을 과시했다. 현대차・기아는 미국 산업디자인협회(IDSA)가 주관하는 ‘2024 IDEA 디자인 어워드(International Design Excellence Awards)’에서 금상 3개와 큐레이터스 초이스상을 포함해 총 12개의 상을 수상했다고 밝혔다.

2024 IDEA 디자인 어워드에서 금상을 수상한 기아 EV9

이번 IDEA 디자인 어워드에서 현대차・기아는 자동차・운송부문에서 현대차 ‘아이오닉 5 N’과 기아 ‘EV9’으로 최고상인 금상을 각각 수상했다. 특히 EV9은 iF 디자인, 레드 닷 디자인 어워드에서 각각 금상 및 최우수상을 수상한데 이어 이번에도 금상을 수상해 세계 3대 디자인 대회 모두에서 최고상을 거머쥐는 쾌거를 이뤘다.

오로라월드: 오로라월드는 국내에서는 아직 이름이 낯선 중소기업이지만, 미국시장에서 브랜드인지도 3위를 차지할 정도의 유명회사이다. 오로라월드의 팬시팔스는 가방안에 동물인형을 넣은 콘셉트의 제품으로 미국과 유럽전역에서 큰 인기를 모아 전 세계적으로 3,000만 개가 팔렸다. 이 회사는 캐릭터완구를 제조, 전체 생산량의

오로라월드의 토종 캐릭터 유후와 친구들

95%를 해외에 수출한다. 올해 매출은 환율상승으로 당초 전망치를 16%나 웃도는 565억원을 기록할 전망이다. 홍기선 대표는 "오로라월드가 전 세계에 제품을 판매할 수 있었던 핵심 원동력은 디자인과 브랜드파워, 그리고 글로벌 네트워크에 있다"고 말했다.

이 회사가 설립된 1981년만 하더라도 국내 봉제완구업체의 상황은 열악했다. 홍 대표는 "하지만 국민소득 1만 달러 이상의 선진국일수록 인형에 대한 수요가 높다고 판단, 미국, EU, 일본 등 선진국 시장을 철저히 분석해서 제품개발에 힘을 기울였다"고 말했다. 오로라월드도 처음에는 OEM(주문자 상표부착 생산)방식으로 제품을 생산했지만, 주문자에게 종속적인 OEM방식의 한계를 깨닫고, 자체 브랜드를 개발해 판매하는 방식으로 전략을 바꿨다. 이 덕분에 국내 완구업체들이 OEM방식에 의존하다 경쟁력을 잃고 자취를 감춘 것과 달리, 오로라월드는 현재 전 세계에 판매되는 제품의 85%를 자체 브랜드로 판매하고 있다.

이러한 성공의 바탕에는 디자인 연구소가 있다. 서울 대치동 본사에 있는 디자인 연구소에는 1년에 네 차례 전 세계에 있는 오로라월드 디자인 담당자들이 모두 모여 제품개발회의를 한다. 이 회의에는 미국, 영국, 독일, 일본, 홍콩 등에 있는 리서치센터의 전문가들이 모여 지역별 생활방식과 시장 트렌드를 분석, 새로운 개념의 디자인 상품을 기획한다. 여기서 나온 제품은 중국, 인도네시아의 디자인개발 센터를 거쳐 새로운 디자인패턴, 신소재 등과 접목된다. 오로라월드에서는 디자인연구 인력이 전체직원의 40%를 차지할 정도. 이러한 디자인의 힘을 바탕으로 60개의 자체 캐릭터 브랜드를 만들어 5만여 종의 제품을 시장에 내놓고 있다.

오로라월드는 기본적으로 고급 캐릭터 브랜드를 지향한다. 따라서 고객층과 가격대에 따라 브랜드를 다르게 가져가는 전략을 취하고 있다. 예를 들어 오로라 클래식, 오로라 베이비 등 비싼 브랜드에는 오로라라는 이름을 노출시키지만, 대형마트나 놀이공원에서 판매하는 중저가 제품에는 별도의 브랜드 이름을 사용하고 있다. '오로라=고급 캐릭터제품'이라는 브랜드파워를 유지하기 위해서다.

국내에선 생소하지만 해외에선 뽀로로 못지 않게 유명한 토종캐릭터가 있다. 바로 오로라월드가 만든 '유후와 친구들'이다. 멸종위기 동물을 소재로 한 이 캐릭터들은 이미 수년 전부터 해외 주요 국가들의 완구매장 상당수를 점유했고 미국에서는 브랜드인지도 2위를 차지할 정도로 유명하다(위 이미지 참조).

1981년 창업한 오로라는 올해로 창업 44년 차를 맞았다. 40년이 넘은 업력도 그렇거니와, 전 세계 캐릭터 완구 시장에서 한국을 대표하는 '유일한' 플레이어라는 사실만으로 기업이 가진 경쟁력을 가늠할 수 있다. 국내 완구 산업에서 차지하는 오로라의 위상은 단순한 생존 차원에 그치지 않는다. 2020년 1416억원이었던 매출액은 2021년 1781억원, 2022년 2317억원, 2023년 들어선 2326억원으로 최고치를 찍었다. 매출의 80% 이상이 수출에서 나온다. 같은 기간 영업이익도 88억원에서 284억원으로 급증했다. 일찍이 지난 2000년에는 국내 최초로 캐릭터 중심의 시각디자인업으로 코스닥시장에 상장했다. 수백 개 기업이 명멸해 간 가운데 오로라만의 독보적인 위상이 드러나는 성과들이다.

자료원: 조선일보 2008. 12. 2, 한국경제 2008. 12. 2, 경향신문 2011. 7. 20 및 2012. 3. 15, 머니투데이, 2019. 9. 30, 포브스 코리아, 2024. 8. 23, 스포츠서울, 2024. 9. 19 기사내용을 수정・편집함.

01 국제화의 개념

1.1 관련용어에 대한 개념정리

최근 들어 사회의 각 분야에서 가장 흔히 등장하고 인용되는 말 중의 하나가 바로 '국제화(internationalization)' 혹은 '글로벌화(globalization)'란 단어다. 그러나 국제화가 과연 무엇을 의미하는지에 대해서는 간단명료하게 정리된 통일적인 개념정의나 견해를 발견하기가 쉽지 않다. 각자의 관점과 강조점에 따라 자유롭게 논의되고 인용되는 일종의 유행어가 되었다고 볼 수 있다.

사실 한국에서 국제화라는 용어는 최근에야 등장한 새로운 것은 아니다. 과거 70년대 후반부터 80년대 초반에 이르는 동안에도 기업이나 경영학분야를 중심으로 한 학계에서 어느 정도의 국제화 붐이 일었었다. 그러나 당시 국제화의 주된 이슈는 기업의 해외진출에 대한 것이었으며 요즘과 같이 상당히 포괄적인 개념으로 사회전반에 걸쳐 관심의 대상이 되는 것은 아니었다.

국제화와 더불어 같이 자주 등장하는 용어들 또한 많다. 세계화, 현지화, 개방화 등이 그 대표적인 예들이다. 이들 용어는 국제화와 일맥상통하는 개념을 가지고 있는 것이 사실이지만 각각 그 강조하는 부분이나 개념의 폭에 있어 많은 차이가 있다. 따라서 때로는 비슷한 뜻으로 사용되기도 하고 혼란을 주기도 하는 이들 용어에 대해 우선 간단하게 그 개념들을 정리해 보기로 하자.

(1) 국제화

국제화(internationalization)란 국경의 개념이 점차 의미를 잃고 국가간의 상호의존과 거래, 교류가 심화되는 과정과 관련된 제반 현상이라 할 수 있다. 따라서 국제화라는 용어는 세계화, 개방화 등의 개념까지도 포괄적으로 수용할 수 있는 광범위한 개념으로 해석될 수 있다.

국제화에 대해서는 두 가지 차원에서 살펴볼 필요가 있다. 하나는 전반적인 변화의 흐름이나 추세와 관련된 것이고 또 하나는 기업, 정부, 개인 등 개별주체의 입장에서 파악할 수 있는 변화과정으로서의 국제화다. 국제화 및 이와 관련된 용어들이 사회의 각 분야에 모두 해당되는 것이지만 역시 가장 밀접한 관련이 있는 것은 경제분야라 할 수 있다. 이런 점에서 볼 때 앞에서 언급한 두 차원의 중심은 각각 기업의 활동에 영향을 주는 배경요인으로서의 국제화와 기업자체의 국제화라고 할 수 있을 것이다. 이들에 대해서는 뒤에서 좀 더 자세히 살펴보기로 한다.

(2) 세계화

세계화(globalization)라는 개념의 역사는 국제화에 비해 상대적으로 짧다고 할 수 있다. 세계화는 국가간의 경계나 장벽이 약화된다는 국제화의 개념을 넘어 국가간의 차별성이 옅어져 개별국가의 개념이 약해지는 것을 의미한다. 즉, 국가간의 차이보다는 인류 공통의 보편타당한 가치가 중시되고 세계가 단일의 공동체로 확산된다는 것이다.

하버드 대학교의 레빗(Theodore Levitt)교수는 1983년도 하버드 비즈니스 리뷰(Harvard Business Review)에 발표된 "시장의 세계화(The Globalization of Markets)"라는 논문을 통해 세계시장의 동질화현상을 역설한 바 있다. 기술발전에 따른 통신, 여행, 수송수단의 발달이 국가 혹은 지역단위의 특성이나 소비자의 선호도 차이를 감소시켜 동질화 추세를 가져오고 있다는 것이다. 이러한 주장을 액면 그대로 받아들여 모든 영역에 적용하기에는 무리가 있지만 하나의 중요한 흐름임에는 틀림이 없다.

이러한 세계화 추세와 그 개념을 기업의 국제경영전략에 연결시킨다면 그것은 바로 세계화 전략(globalization strategy)이 된다. 세계화 전략, 혹은 경영전략의 세계화라는 것은 세계시장을 독립된 다수의 국가시장으로 보지 않고 하나의 단일시장으로 인식하며 조달(sourcing) 및 조립(assembling)활동을 포함한 생산활동과 마케팅활동 등을 전 세계적 관점에서 전개해 나가는 것을 의미한다. 이와 관련된 보다 자세한 내용들은 뒤에서 다시 논의될 것이다.

(3) 현지화

국제화를 논의하면서 자주 등장하는 또 하나의 개념으로 현지화(localization)가 있다. 현지화란 국제화나 세계화처럼 하나의 전반적인 흐름이나 추세로 파악될 수 있는 측면보다는 기업의 국제경영전략상 선택할 수 있는 전략방향의 하나로 볼 수 있다. 즉, 개별주체의 입장에서 보는 기업 국제화의 한 단면인 것이다.

현지화는 특정 해외시장에서의 기업활동을 해당 국가시장의 상황에 가급적 맞추는 방향으로 전개해 나가는 것을 의미한다. 즉 생산, 인사, 마케팅활동 등을 현지 자회사 혹은 지점 등에서 현지 사정을 고려하여 계획하고 집행하는 경향을 말하는 것이다. 따라서 현지 자회사는 현지 국가에서 외국기업으로서의 이미지보다는 오히려 해당국 국내기업과 비슷한 것으로 인식되기를 원하며, 의사결정에 있어 전 세계적 관점이나 기업전체 조직 입장보다는 해당 국가나 자회사입장을 중시하는 편이다. 이런 점에서 볼 때 현지화는 국제화의 한 측면으로 파악될 수 있되 세계화와 비교되는 개념이라고 할 수 있다.

(4) 개방화

국제화의 가장 중요한 측면중의 하나가 국경개념의 약화라는 점은 이미 앞에서 설명하였다. 국경개념의 약화라는 것이 물리적 국경의 소멸이 아닌 인적, 물적교류의 확대와 국가간 상호 의존성의 증가를 의미한다는 것은 쉽게 짐작할 만한 일이다. 개방화란 바로 이러한 인적, 물적교류를 제한했던 인위적 장벽을 제거해 나가는 과정을 말한다. 한국의 입장에서 볼 때 개방화는 우리 나라의 상품, 서비스, 자본, 노동 등의 해외시장 진출이 보다 자유로워 진다는 측면, 즉 외국시장의 개방화도 중요한 의미를 가진다고 할 수 있으나 그 보다는 외국으로부터의 국내시장 유입에 대한 제한을 푼다는 측면에서 보다 많은 관심과 논의가 이루어져 온 것이 사실이다.

1.2 변화의 흐름으로서의 국제화 – 거시적 차원에서의 국제화

앞에서 언급한대로 국제화는 전반적인 변화의 흐름, 특히 기업활동에 영향을 주는 제반 환경여건의 변화라는 측면과 기업, 정부 등과 같은 개별주체의 변화과정이라는 두 가지 측면에서 파악해 볼 수 있다. 전자를 거시적 측면에서의 국제화라고 한다면 후자는 미시적 측면에서의 국제화라고 부를 수 있을 것이다.

(1) 시장개방의 가속화

거시적 차원에서의 국제화의 가장 큰 특징이자 핵심사항이라 할 수 있는 것은 시장개방의 가속화라고 할 수 있다. 국가시장의 개방이란 보다 자유로운 인적, 물적자원의 이동을 의미하며 이는 곧 경쟁의 심화를 의미한다. 즉, 부품이나 완제품같은 상품의 교역은 물론 서비스의 국가간 이동에 대한 인위적인 보호장벽이 제거될 뿐 아니라 인력, 자본, 경영활동 및 복합적인 생산요소의 국가간 이동도 보다 자유로워져 기업은 능력과 마음먹기에 따라 어느 시장에서든지 수출이나 현지 생산을 포함한 다양한 형태의 경영활동을 전개해 나갈 수 있게 되는 것이다. 흔히 국제화를 '국경없는 무한경쟁'이라 표현하는 것도 바로 이 때문이다.

그러나 이러한 시장개방과 자유무역의 기조가 최근 들어 이상 징후를 보이고 있는 것도 사실이다. 많은 나라들이 자국의 통상이익을 관리하는 차원에서 자유로운 국가간 교역이라는 원칙을 깨고있는 것이다. 이러한 배경에는 지정학, 정치외교, 군사적 이유 등도 자리 잡고 있는데 미·중 무역전쟁이라는 표현은 이러한 점을 잘 나타내 준다고 할 수 있겠다. 트럼프 행정부의 동시 다발적 통상압력이 촉발한 측면이 있기는 하지만 그 이후에도 이러한 자국우선주의는 세계 각국으로 퍼져나가는 형국이다. 여기에 2020년 초 전 세계를 덮친 Covid-19는 국제통상과 교역을 더욱 어렵게 만들기도 하였다.

(2) 정보통신기술의 발달

국제화의 주요 특징이면서 또한 국제화를 더욱 가속화시키는 역할도 하는 것으로 정보통신기술의 발달을 들 수 있다. 세계 구석구석에서 일어나는 일들이 곧바로 세계 곳곳으로 전달되며 한 나라의 문화가 여과없이 다른 나라로 전파될 수 있는 상황은 바로 급속도로 발전하는 정보통신기술에 힘입은 바가 크며 이것은 경제적 국경은 물론 문화적 국경까지도 점차 그 개념이 희박해 지는 추세를 보여 주고 있는 것이다. 정보의 신속하고도 자유로운 국가간 이동이야말로 국제화나 세계화의 진전을 가능하게 하는 핵심적인 요인이라 할 수 있다.

한편 정보통신기술의 발달, 혹은 정보화사회의 진전은 거시적 차원에서의 국제화나 세계화의 전개에 결정적인 역할을 할 뿐 아니라 뒤에서 설명할 미시적 차원에서의 국제화, 특히 기업의 국제화나 세계화 전략을 가능케 하는 근본요인이 되기도 한다. 왜냐하면 시장기회의 포착은 물론 세계적으로 흩어져 있는 기업조직과 이들의 경영활동을 효과적으로 조정하고 통제하는 일은 신속한 정보의 흐름과 커뮤니케이션 과정이 없으면 불가능하기 때문이다.

(3) 경제논리의 중시

국제화시대의 또 하나의 중요한 특징은 이데올로기나 정치논리가 퇴색해 가고 경제논리가 국제관계의 지배적인 논리로 자리잡고 있다는 점이다. 과거 중앙계획경제(CPE, Centrally Planned Economy)가 사회주의 국가들의 소멸과정을 거치면서 이제는 '계획경제였던' 국가(HPE, Historically Planned Economy)로 불려지고 있으며 대부분의 국가들이 자국의 경제적 이익과 국제경쟁력 향상을 국제관계에 있어 최우선 과제의 하나로 삼고 있는 것이 현실인 것이다. 이러한 경향은 자칫 신중상주의(neo-mercantilism), 혹은 신보호무역주의의 위험성을 안고 있는 것이 사실이지만 그만큼 세계경제무대에 있어 국가간 혹은 기업간의 경쟁이 치열해 지고 있다는 것을 뜻한다.

(4) 소비자욕구의 동질화

위에서 언급한 정보통신기술의 발달과 이에 따른 정보와 문화의 신속한 국가간 이동, 그리고 업무 및 여행목적의 빈번한 국가간 소비자 이동은 소비자욕구의 동질화 현상이라는 의미심장한 국제화의 또 다른 측면을 보여 준다. 이것은 국제화에서 한 걸음 더 나아간 세계화 현상이라 볼 수 있으며 기업에게는 동질적인 세계시장의 존재라는 중요한 전략적 시사점을 제공해 준다. 공통적인 욕구를 지니고 있으며 같은 것에 대해 같이 웃고 같이 우는 동질적 집단이 전세계에 존재하고 그런 집단의 수가 늘어날 수 있다는 사실은 바로 국제화의 중요한 흐름과 추세라 할 수 있는 것이다. 10대 청소년, 맞벌이 부부 등은 이러한 집단의 대표적 예라 할 수 있을 것이다.

지금까지 설명한 거시적 측면에서의 국제화의 특징을 한 마디로 요약한다면 'borderless economy', 즉 '국경없는 경제'나 사회문화적 측면까지 확장된 개념인 'borderless world', 즉 '국경없는 세계'라는 표현이 될 것이다. 부분적으로는 이러한 큰 흐름과 다른 방향으로의 움직임, 예를 들면 신보호무역주의나 지역주의와 같은 경향이 발견되기도 하나 국제화 추세의 큰 줄기, 즉 국경개념이 희박해지고(border-free) 국가구분의 의미가 약화되는 흐름은 변함이 없을 것이다. 사실 지역주의나 지역통합(regional bloc)도 비회원국, 혹은 역외국가에 대해 상대적으로 장벽이 많이 존재한다는 것이지 역내국가들끼리는 물론 전체적으로 볼 때 국경개념의 퇴조는 어찌 할 수 없는 추세인 것이다.

다만, 바로 위에서 언급한 신보호무역주의나 지역주의와는 조금 다른 맥락에서 borderless economy에 반하는 최근의 흐름은 우려와 함께 주의를 기울이며 대응해야 하는 과제가 되고 있다. 그 중심에 미·중 패권경쟁이 있다고 볼 수 있는 이러한 흐름은 기업에게 '자유로운 통상'을 전제로 한 세계 단위의 의사결정이 아니라 '우호' 혹은 '우방'이라는 국제관계를 고려한 의사결정을 요구하고 있다. 이러한 흐름이 얼마나 지속될지는 알 수 없는 일이나 쉽게 사라지지 않을 중요한 추세인 것은 분명해 보인다.

1.3 개별 주체의 국제화 – 미시적 차원에서의 국제화

위에서는 거시적 측면에서의 국제화, 즉 전반적인 흐름과 추세로서의 국제화에 대해 살펴보았다. 이러한 거시적 흐름으로서의 국제화 움직임은 각 분야의 개별주체들의 활동이나 행동양식에 영향을 미치는 환경요인과 배경요인으로 작용한다. 그렇다면 이러한 국제화 흐름에 영향을 받고 또 적응해 나가는 과정으로서의 국제화, 즉 기업이나 정부와 같은 개별적인 주체의 입장에서 국제화된다는 것은 무엇을 의미하는 것인가?

(1) 기업의 국제화

개별 주체 중에서 국제화의 흐름과 가장 관련이 많고 민감하게 대처해야 하는 것은 역시 기업이라 할 수 있다. 기업차원에서의 국제화는 여러 각도에서 살펴볼 수 있지만 가시적으로 쉽게 드러나는 것은 기업의 해외진출이다. 수출을 기본활동으로 시작하여 현지생산에 이르기까지의 제반 경영활동과 이와 관련된 지점, 자회사 등 조직의 해외진출은 기업 국제화의 외형적 형태로 비교적 쉽게 파악할 수 있는 모습이라 하겠다. 그러나 이러한 해외진출은 외향적 국제화(outward internationalization)의 한 측면일 뿐 기업의 국제화의 본질적 모습이라고 하기는 어렵다.

기업의 국제화와 관련하여 중요하게 논의되는 것으로 인력의 국제화를 들 수 있다. 외국어 능력을 습득하는 것은 대표적인 인력국제화의 예이며 현지 문화에 대한 이해증진이나 국제적 식견과 매너를 키우는 것도 기업활동의 국제화를 뒷받침 해 주는 중요한 요소가 된다. 많은 기업에서 외국어 교육에 열을 올리는 것이나 국제화교육에 식사예절강의까지 포함시키는 것, 그리고 세계 각국의 지역전문가를 양성하기 위해 투자를 아끼지 않는 사례 등은 바로 인력수준의 국제화가 기업 국제화의 바탕이 될 수 있기 때문이다.

그러나 기업 국제화의 본질적 요소는 역시 국제수준의 경쟁력을 갖추는 일이다. 국제화시대, 즉 국가구분 자체가 별 의미가 없는 상황에서 기업의 경쟁무대는 국내시장과 해외시장을 가릴 것 없이 세계도처를 대상으로 하며 경쟁자 역시 국내기업과 외국기업의 구분이 필요없는 총체적 경쟁이기 때문에 기업의 국제화란 결국 기술력, 제품력, 마케팅 능력 등의 국제경쟁력을 얼마나 가지고 있느냐에 달려있는 것이다.

기업의 국제화에 대해서는 뒤에서 보다 자세히 살펴보기로 하자.

(2) 정부 및 국민 개개인의 국제화

정부의 국제화란 국제화시대에 걸맞는 정부로 변하는 일이다. 국제화시대에 걸맞는 정부란 민간경제활동의 규제자, 간섭자, 혹은 주도자 역할이 아닌 지원자 역할, 즉 서비스정신에 입각한 지원기능을 충실하고 효율적으로 수행하는 정부를 말한다. 과거 60년대 이후 정부 주도적 경제성장기에 있어서의 정부의 역할과 국제화시대의 정부 역할은 달라야 한다. 그러기 위해서는 민간경제부문에 대한 규제나 간섭은 가급적 완화되어야 하며 정부조직 역시 전문화와 효율화를 꾀하는 방향으로 변신을 모색해야 하는 것이다.

한편 국민개개인 입장에서의 국제화란 국민의식수준의 국제화를 일컫는다고 할 수 있다. 국민의식수준의 국제화란 '국제시민'으로서의 자질을 갖추는 것을 말하며 이는 국수주의적 사고나 배타적 관행을 버리고 이질적인 타문화에 대한 이해의 폭을 넓혀 가는 것을 의미한다. 그러나 이것은 외국문화에 대한 배타적 태도를 지양한다는 것이지, 이의 무조건적인 수용을 의미하는 것은 아니다. 국제적 식견과 감각이라는 것은 자국의 고유문화에 대한 이해와 자부심을 바탕으로 타문화와 타국의 상황에 대한 이해를 균형있게 조화시켜 나가는 것이기 때문이다.

02 기업의 국제화

2.1 기업 국제화의 다양한 개념

앞에서 우리는 거시적 흐름으로서의 국제화 움직임 속에서 개별주체인 기업의 국제화가 무엇을 의미하는지 간단히 살펴보았다. 이제 보다 구체적으로 기업의 국제화를 어떤 측면에서 살펴볼 수 있는지 기업 국제화의 여러 판단기준들에 대해 알아보도록 하자.

(1) 기업구조적 측면

기업의 국제화를 기업조직이나 구조적인 측면에서 살펴본다면 경영활동이 일어나는 국가의 수, 해외 자회사의 수, 해외자산의 비율, 기업소유주(주주)의 국적 수, 그리고 최고경영층의 국적분포 등을 기준으로 국제화의 수준이나 단계를 가늠해 볼 수 있다. 우선 경영활동이 일어나는 국가의 수를 기준으로 본다면 기업의 국제화란 활동무대가 되는 국가 수를 늘려 나가는 과정으로 이해할 수 있다. 이 기준을 적용한다면 우리나라의 많은 기업들이 상당한 정도로 국제화되어 있다고 할 수 있을 것이다. 특히 여기서 말하는 경영활동에 수출까지도 포함한다면 그 정도는 더욱 늘어날 것이다.

그러나 최고경영층의 국적 수를 기준으로 한다면 우리나라 기업들의 국제화 수준은 매우 낮다고 할 수밖에 없다. 그 수가 장기적으로도 크게 늘어날 것을 기대하는 것도 어려워 보인다. 다만 외국의 현지 자회사 최고 책임자를 현지인으로 충원하는 사례는 많이 늘고 있으며, 국내의 경우도 합작사나 대기업을 중심으로 최고경영층에 외국인이 포함되는 사례가 나타나고 있다. 이러한 사례는 앞으로도 늘어날 전망이다. 물론 최고경영층의 국적 수를 늘리는 일 자체가 추구해야 할 중요한 국제화 목표가 될 수는 없다.

(2) 경영성과 측면

경영성과 측면에서의 기업 국제화란 전체성과 중에서 해외부문에서 발생한 성과의 비율을 기준으로 국제화의 정도를 파악해 보는 것을 말한다. 물론 이 비율이 높을수록 국제화의 정도도 높다고 할 수 있겠다. 여기서 말하는 성과는 매출액, 생산량, 투자규모, 이익, 고용 등을 모두 포함한다.

우선 매출액 기준을 살펴보면 수출 및 현지 생산법인의 매출액을 여기에 국내매출액을 더한 총매출액으로 나눈 비율이 클수록 국제화가 많이 되어있다고 보는 것이다. 이 기준에 의하면 활동 국가수는 적어도 이들 국가시장의 비중이 크면 국제화 정도가 높게 나타날 수 있다. 수출의존도가 높은 우리나라의 기업과 경제에 비추어 볼 때 이 기준은 한국기업, 혹은 전체 경제의 국제화척도를 높게 보여줄 것이다.

생산량, 투자액, 이익, 종업원 수 등을 기준으로 기업의 국제화정도를 측정해 보는 방법도 그 요령은 매출액 기준과 동일하다. 즉, 해외부문의 발생비율이 어느 정도 되는가를 판단의 척도로 삼는 것이다. 투자액 규모나 종업원 수 등을 경영성과라고 표현하는 데는 무리가 있지만 편의상 여기에 포함시켰다.

〈표 1-1〉 및 〈표 1-2〉는 UNCTAD에서 발표한 세계 100대 다국적기업(MNEs, Multinational Enterprises) 및 50대 개발도상국 다국적기업 현황을 보여주고 있다(비금융부문).[1] 더 이상 개도국 및 전환경제국으로 분류되지 않는 우리나라 기업 중 해외자산 기준 57위인 삼성전자의 초국적지수(Transnationality Index), 즉 해외부문자산, 매출액, 직원 비율의 평균은 53.7%이며, 한화(97위)의 초국적지수는 28.1%다.

표 1-1 세계 100대 비금융부문 다국적기업(MNEs)

(2023년 해외자산 기준, 단위: 10억불, 천명)

순위		회사명	국적	산업	자산		매출액		직원수		TNI (%)
해외자산 순위	TNI 순위				해외	계	해외	계	해외	계	
1	50	Toyota Motor	일본	자동차	432.6	596.0	241.5	312.0	174.6	380.8	65.3
2	51	Shell	영국	광업	370.4	405.8	265.4	309.2	72.0	103.0	65.0
3	57	Volkswagen Group	독일	자동차	283.9	663.4	284.0	348.5	391.0	684.0	60.5
4	37	Deutsche Telekom	독일	통신	258.8	320.8	93.3	121.1	121.1	199.7	72.8
5	30	TotalEnergies	프랑스	정유	250.3	284.0	164.2	214.5	67.6	102.6	76.9
6	47	BP	영국	정유	234.7	280.0	166.2	205.2	33.3	87.8	67.6
7	28	Stellantis	네덜란드	자동차	203.3	223.3	192.0	205.0	123.1	258.3	77.5
8	70	Exxon Mobil	미국	정유	189.2	376.3	156.2	334.7	39.4	62.0	53.5
9	17	Anheuser-Busch InBev	벨기에	식음료	186.8	219.6	49.8	58.2	133.5	154.5	85.7
10	76	Microsoft	미국	컴퓨터/데이터	160.3	412.0	105.2	211.9	101.0	221.0	44.7

1) 복수국가에서 국제(글로벌)경영활동을 수행하는 기업을 의미하는 다국적기업은 흔히 MNCs(Multinational Corporations)로 칭해지며, UN에서는 초국적기업(TNCs, Transnational Corporations)이라는 용어도 사용하고 있다.

순위		회사명	국적	산업	자산		매출액		직원수		TNI (%)
해외자산 순위	TNI 순위				해외	계	해외	계	해외	계	
11	26	Honda Motor	일본	자동차	158.5	196.9	104.0	141.4	158.6	197.0	78.2
12	66	Chevron	미국	정유	154.8	261.6	108.2	196.9	24.0	45.6	55.6
13	56	BMW	독일	자동차	153.2	277.2	147.8	168.1	63.7	155.0	61.4
14	94	China National Petroleum Corp	중국	광업	152.9	637.1	225.4	504.8	70.1	1,600.0	24.3
15	54	Sony Group	일본	가전	144.6	225.6	69.1	90.1	56.5	113.0	63.6
16	67	Enel	이태리	전기	143.7	215.7	48.6	100.4	29.6	61.1	54.5
17	7	CK Hutchison	홍콩	소매	140.8	148.4	31.4	35.2	293.0	309.0	93.0
18	15	Vodafone Group	영국	통신	140.2	156.1	32.4	39.8	92.6	104.0	86.7
19	5	British American Tobacco	영국	담배	139.0	150.9	33.6	33.9	43.0	46.7	94.4
20	87	EDF	프랑스	전기	137.2	403.1	64.9	151.1	34.5	171.9	32.4
21	25	Siemens	독일	산업용기계	132.6	153.7	67.2	83.0	234.0	320.0	80.1
22	74	Mercedes-Benz Group	독일	자동차	132.3	290.6	137.8	165.7	27.2	166.1	48.4
23	39	Iberdrola	스페인	전기	128.7	165.8	33.5	53.3	32.4	42.3	72.4
24	83	Sinochem	중국	화학	124.4	229.7	16.1	173.8	99.1	227.7	35.7
25	4	Hon Hai Precision Industries	타이완	전자부품	119.0	128.2	194.3	197.7	711.6	767.1	94.6
26	11	Nestlé	스위스	식음료	118.0	151.0	102.3	103.5	261.7	270.0	91.3
27	60	Johnson & Johnson	미국	제약	112.7	167.6	38.7	85.2	84.7	131.9	59.0
28	65	Eni	이태리	정유	110.1	157.6	65.2	101.3	11.4	33.1	56.2
29	22	Glencore	스위스	광업	106.8	123.7	150.1	212.7	72.0	83.4	81.1
30	85	Alphabet	미국	컴퓨터/데이터	104.1	402.4	161.1	307.4	47.2	182.5	34.7
31	1	Rio Tinto	영국	광업	103.4	103.5	54.0	54.0	56.7	57.0	99.7
32	98	Sinopec Group	중국	정유	102.6	368.7	16.1	499.9	56.5	527.5	13.9
33	63	Engie	프랑스	전기	99.3	215.1	64.0	89.3	51.2	97.3	56.9
34	72	Pfizer	미국	제약	98.9	226.5	31.4	58.5	53.0	88.0	52.5
35	36	RWE	독일	전기	98.8	117.7	16.0	30.9	16.9	20.1	73.3
36	91	Amazon.com	미국	전자상거래	98.3	527.9	131.2	574.8	645.1	1,525.0	27.9
37	82	Huawei	중국	통신장비	97.7	177.8	32.9	99.4	45.0	207.3	36.6
38	9	Takeda Pharmaceutical	일본	제약	96.5	99.9	26.4	29.5	43.4	49.1	91.4
39	10	Roche	스위스	제약	96.0	108.0	64.6	65.3	89.4	103.6	91.3
40	21	ArcelorMittal	룩셈부르그	금속	93.5	94.0	62.4	66.9	64.7	126.8	81.2

순위		회사명	국적	산업	자산		매출액		직원수		TNI (%)
해외자산 순위	TNI 순위				해외	계	해외	계	해외	계	
41	92	Tencent	중국	컴퓨터/데이터	89.1	222.0	8.2	86.0	35.7	105.4	27.9
42	2	Medtronic	아일랜드	의료장비	87.9	90.9	31.1	31.2	91.9	95.0	97.7
43	80	Ford Motor	미국	자동차	87.7	273.3	59.2	176.2	88.8	177.0	38.6
44	32	Telefonica	스페인	통신	85.3	115.3	31.0	44.0	82.7	104.1	74.6
45	78	Mitsubishi	일본	도매	84.9	155.2	73.2	135.4	17.2	86.0	42.9
46	81	Apple	미국	컴퓨터	84.2	352.6	244.7	383.3	38.4	161.0	37.2
47	53	Bayer	독일	제약	83.8	128.5	36.3	51.5	56.3	99.7	64.0
48	42	Sanofi	프랑스	제약	81.9	139.7	47.4	50.2	51.6	88.0	70.6
49	49	Nissan Motor	일본	자동차	81.8	131.3	74.4	87.8	72.9	134.1	67.1
50	99	China COSCO Shipping Corp	중국	운송	81.8	1,615.2	50.9	930.7	17.7	132.0	8.0
51	35	Novartis	스위스	제약	81.7	119.3	50.4	51.9	41.6	76.1	73.4
52	18	AstraZeneca	영국	제약	81.4	101.0	38.7	44.7	79.2	89.9	85.0
53	33	Christian Dior	프랑스	섬유	81.2	155.7	85.8	93.2	141.7	181.0	74.2
54	55	Mitsui & Co	일본	도매	80.2	111.8	43.3	92.2	33.6	46.8	63.5
55	84	China National Offshore Oil Corp	중국	광업	80.1	219.4	100.1	164.8	5.7	81.8	34.8
56	3	Linde	영국	화학	78.6	80.8	31.3	32.9	64.5	66.3	96.6
57	69	Samsung Group	대한민국	통신장비	78.1	351.4	163.2	198.1	152.4	270.4	53.7
58	13	Unilever	영국	식음료	77.3	83.1	61.7	64.4	102.0	128.0	89.5
59	96	Saudi Aramco	사우디 아라비아	광업	76.2	660.8	192.0	495.0	8.5	73.3	20.6
60	43	Robert Bosch	독일	자동차	74.1	119.7	78.7	99.0	293.8	427.6	70.0
61	77	Enbridge	캐나다	전기	72.9	136.1	14.7	32.3	3.5	11.5	43.3
62	52	Vinci	프랑스	건설	72.8	131.0	56.0	75.3	174.6	279.3	64.2
63	89	Equinor	노르웨이	정유	72.1	143.1	21.5	102.5	3.2	23.4	28.4
64	86	Nippon Telegraph & Telephone	일본	통신	71.4	195.8	18.1	92.5	148.5	338.5	33.3
65	29	AerCap	아일랜드	사무서비스	71.3	71.3	7.1	7.1	0.2	0.7	77.0
66	64	Airbus	프랑스	항공	70.9	131.3	42.9	70.8	79.8	147.9	56.2
67	23	Veolia Environnement	프랑스	전기	68.8	80.2	39.1	49.0	169.2	219.5	80.8
68	71	Intel	미국	전자부품	66.2	191.6	40.3	54.2	61.2	124.8	52.6
69	58	Orange	프랑스	통신	66.1	121.6	28.5	47.7	84.4	127.1	60.2
70	93	General Motors	미국	자동차	65.4	273.1	32.2	171.8	64.0	163.0	27.3

순위		회사명	국적	산업	자산		매출액		직원수		TNI (%)
해외자산 순위	TNI 순위				해외	계	해외	계	해외	계	
71	68	National Grid	영국	전기	65.3	124.3	13.6	24.9	17.5	31.4	54.1
72	16	Mundys	이태리	건설	65.0	72.8	8.4	10.5	21.1	23.6	86.0
73	34	SAP	독일	컴퓨터/데이터	62.0	75.5	28.4	33.7	58.4	107.6	73.6
74	6	Anglo American	영국	광업	62.0	66.5	28.2	29.9	55.0	58.0	94.1
75	45	BASF	독일	화학	60.7	85.5	62.1	74.5	60.6	112.0	69.5
76	14	Holcim	스위스	건축재료	60.3	62.9	29.1	30.1	45.9	63.4	88.4
77	48	TrafiguraGroup	싱가포르	도매	59.8	83.4	144.7	244.3	9.0	12.5	67.6
78	19	Schneider Electric	프랑스	전기장비	59.8	65.1	36.6	38.8	103.1	168.0	82.5
79	27	GlaxoSmithKline	영국	제약	59.7	75.0	36.8	37.7	40.0	70.2	78.1
80	8	Philip Morris International	미국	담배	58.8	65.3	33.3	35.3	74.5	82.7	91.5
81	41	Coca-Cola	미국	식음료	58.8	97.7	29.2	45.8	70.1	79.1	70.9
82	24	Mondelez International	미국	식음료	58.5	71.4	26.4	36.0	79.0	91.0	80.7
83	61	Procter & Gamble	미국	가정용품	57.9	120.8	43.3	82.0	78.1	107.0	57.9
84	59	TC Energy	캐나다	전기	57.5	94.4	7.8	11.8	3.9	7.4	59.8
85	79	Petronas-Petroliam Nasional	말레이시아	광업	57.4	168.3	53.6	75.3	11.1	54.1	41.9
86	100	State Grid Corporation of China	중국	전기	56.6	710.8	13.4	530.0	19.0	870.3	4.2
87	73	General Electric	미국	산업용기계	56.3	163.0	38.9	68.0	81.0	125.0	52.2
88	40	Micron Technology	미국	전자부품	55.6	64.3	7.7	15.5	34.4	43.0	72.1
89	46	S&P Global	미국	사무서비스	55.4	60.6	5.0	12.5	28.9	40.5	67.6
90	44	DeutschePost	독일	운송	52.6	73.8	65.8	88.4	374.5	594.4	69.5
91	62	Renault	프랑스	자동차	51.5	134.7	40.1	56.6	67.4	105.5	57.6
92	20	Volvo	스웨덴	자동차	50.4	67.1	50.8	52.1	66.4	90.7	81.9
93	38	Seven & i Holdings	일본	도매	50.4	70.6	59.8	80.2	119.4	167.2	72.5
94	97	Walmart	미국	소매	50.1	252.4	116.0	648.1	500.0	2,100.0	20.5
95	88	AbbVie	미국	제약	50.0	134.7	12.4	54.3	18.5	50.0	32.4
96	75	IBM	미국	컴퓨터/데이터	49.9	135.2	30.2	61.9	169.9	305.3	47.1
97	90	Hanwha	대한민국	도매	49.8	161.7	9.3	40.7	16.9	54.9	28.1
98	31	Compagnie de Saint-Gobain	프랑스	건축재료	49.2	63.3	35.7	51.8	123.6	159.1	74.7
99	12	Air Liquide	프랑스	화학	48.8	53.4	26.1	29.9	61.3	67.1	90.1
100	95	Comcast	미국	통신	48.8	264.8	27.2	121.6	55.8	186.0	23.6

주: TNI(transnationality index)는 초국적지수로서 해외자산 비율, 해외매출액 비율, 해외고용 비율 등의 평균임.
자료원: UNCTAD(unctad.org)

표 1-2 세계 50대 개발도상국/전환경제국 비금융부문 다국적기업(MNEs)

(2022년 해외자산 기준, 단위: 10억불, 천명)

순위		회사명	국적	산업	자산		매출액		직원수		TNI (%)
해외자산 순위	TNI 순위				해외	계	해외	계	해외	계	
1	72	China National Petroleum Corp (CNPC)	중국	광업	152.9	637.1	225.4	504.8	70.1	1,600.0	24.3
2	6	CK Hutchison	홍콩	소매	136.9	147.3	29.1	33.5	283.5	300.0	91.4
3	60	Sinochem	중국	화학	124.4	229.7	16.1	173.8	99.1	227.7	35.7
4	8	Hon Hai Precision Industries	타이완	전자	115.1	134.5	221.9	222.3	707.4	826.6	90.3
5	55	Huawei	중국	통신장비	103.4	154.2	33.2	95.4	45.0	207.0	41.2
6	81	Sinopec Group	중국	정유	102.6	368.7	16.1	499.9	56.5	527.5	13.9
7	78	Saudi Aramco	사우디 아라비아	광업	89.3	664.8	215.0	604.4	9.5	70.5	20.8
8	91	China COSCO Shipping Corp	중국	운송	81.8	1,615.2	50.9	930.7	17.7	132.0	8.0
9	62	China National Offshore Oil Corp	중국	광업	80.1	219.4	100.1	164.8	5.7	81.8	34.8
10	70	Tencent	중국	컴퓨터	77.5	228.8	7.7	82.3	36.8	108.4	25.7
11	28	Trafigura Group	싱가포르	도매	70.5	98.6	194.1	318.5	8.8	12.3	68.0
12	99	State Grid Corporation of China	중국	전기	56.6	710.8	13.4	530.0	19.0	870.3	4.2
13	53	Petronas – Petroliam Nasional	말레이시아	광업	55.0	161.3	56.8	75.6	10.1	49.8	43.1
14	45	Legend Holdings	중국	컴퓨터	47.5	98.7	51.5	72.1	30.8	102.2	49.9
15	73	China Communications Construction Co.	중국	건설	43.9	219.1	23.9	106.5	39.6	136.5	23.8
16	23	Wilmar International	싱가포르	식음료	42.0	60.4	57.5	71.3	69.5	100.0	73.2
17	68	Fosun International	중국	금속	38.2	119.3	10.1	26.0	13.1	108.0	27.6
18	88	Guangzhou Yuexiu Group	중국	건설	37.6	154.8	0.7	19.5	2.1	36.8	11.1
19	7	Bohai Leasing	중국	서비스	36.4	38.2	3.9	4.7	0.6	0.6	91.2
20	93	China State Construction Engineering Corp	중국	건설	34.5	384.6	12.4	305.1	31.7	382.5	7.1
21	58	New World Development	홍콩	건설	33.5	81.0	2.6	8.8	11.6	28.0	37.4
22	19	Tata Motors	인도	자동차	32.6	40.9	28.9	43.0	65.2	81.8	75.5
23	59	PTT	태국	광업	32.2	98.9	40.9	96.0	10.0	30.6	35.9
24	56	Geely(Zhejiang Geely Holding Group)	중국	자동차	32.0	81.3	26.8	60.4	46.7	131.5	39.8
25	46	Vale	브라질	광업	31.9	85.8	39.3	43.8	11.2	64.5	48.1

순위		회사명	국적	산업	자산		매출액		직원수		TNI (%)
해외자산 순위	TNI 순위				해외	계	해외	계	해외	계	
26	80	AluminumCorporationofChina	중국	광업	31.9	94.2	13.1	76.9	2.5	130.4	17.6
27	47	Jardine Matheson	홍콩	도매	29.0	89.1	28.4	37.7	138.1	425.0	46.7
28	77	Sun Hung Kai Properties	홍콩	건설	27.8	102.9	0.9	10.0	11.0	40.5	21.0
29	82	China Power Construction Group	중국	건설	25.9	150.8	13.6	84.9	12.0	164.1	13.5
30	1	First Pacific	홍콩	식음료	25.3	25.5	10.2	10.3	100.2	101.2	99.0
31	41	Naspers	남아공	전자상거래	25.2	65.5	5.2	6.2	10.6	27.6	53.7
32	71	Oil and Natural Gas	인도	광업	24.3	74.8	7.7	85.2	8.5	26.0	24.7
33	51	Sabic – Saudi Basic Industries Corp	사우디 아라비아	화학	24.0	83.5	41.2	52.9	8.9	31.0	45.1
34	86	China Minmetals Corp (CMC)	중국	금속	23.9	153.2	16.5	133.4	11.4	174.3	11.5
35	38	JBS	Brazil	식음료	22.7	39.4	53.5	72.5	116.5	260.0	58.8
36	15	Cemex	멕시코	건설용품	22.5	26.3	11.6	15.1	29.5	41.7	77.6
37	43	Haier Smart Home	중국	가구	22.2	34.2	18.9	36.2	38.2	109.6	50.7
38	16	Evergreen Marine	타이완	운송	21.4	28.9	17.2	21.0	2.3	3.1	76.6
39	27	CMOC Group	중국	광업	21.2	23.9	15.8	25.7	7.3	12.8	69.0
40	90	China General Nuclear Power	중국	전기	20.8	166.8	5.1	39.1	3.4	181.7	9.1
41	75	Contemporary Amperex Technology (CATL)	중국	전기장비	20.1	87.1	11.4	48.8	27.4	118.9	23.2
42	39	Singapore Telecommunications	싱가포르	통신장비	19.9	35.0	6.1	10.6	13.7	24.1	57.0
43	30	Frasers Property	싱가포르	부동산	19.8	30.0	1.9	2.8	3.6	5.4	66.5
44	26	Orient Overseas International	홍콩	운송	19.5	20.0	4.0	19.8	10.3	11.2	69.9
45	64	Fomento Economico Mexicano	멕시코	식음료	19.0	40.9	7.7	33.5	112.5	354.3	33.7
46	48	Weichai Holding Group	중국	기계	18.9	42.6	14.1	26.0	41.1	100.0	46.6
47	21	CapitaLand Investment	싱가포르	부동산	18.7	26.2	1.7	2.1	6.9	9.7	74.5
48	50	América Móvil	멕시코	통신	18.4	82.8	26.6	42.0	90.2	176.0	45.6
49	18	Genting	말레이시아	호텔	18.4	23.3	3.4	5.1	42.1	52.0	75.9
50	25	Quanta Computer	타이완	컴퓨터	18.2	26.6	31.4	43.0	42.5	62.1	70.1

주: TNI(transnationality index)는 초국적지수로서 해외자산 비율, 해외매출액 비율, 해외고용 비율 등의 평균임.
자료원: UNCTAD(www.unctad.org)

(3) 해외시장 개입도 측면

이 기준은 경영활동이 일어나는 국가의 수나 매출액 기준과 같이 경영활동의 내용적 차이를 무시하고 외형적 결과만을 보는 것이 아니라, 해외시장에 어떤 형태로 어느 정도 직접 개입하여 경영활동을 영위하느냐를 국제화 정도의 판단근거로 삼는 것이다. 따라서 아무리 수출비중이 높다고 해도 국내에서 외국바이어에게 수출물량을 넘겨주는 형태의 간접수출에 주로 의존한다면 국제화 정도는 매우 낮다고 할 수밖에 없다.

해외시장에 대한 직접개입의 정도를 간단히 도식화하면 간접수출 → 직접수출 → 현지생산의 단계로 표시할 수 있다. 간접수출은 수출품의 생산은 담당하되 수출과 관련된 제반 업무나 기능은 국내외 무역회사나 외국의 바이어가 수행하는 형태의 수출이다. 반면에 직접수출은 이러한 수출업무까지 직접 처리하게 되며 현지시장에서의 마케팅활동까지 담당할 수도 있다. 현지 생산은 해당 외국시장에 자본, 기술, 경영 등이 결합된 직접투자(FDI, Foreign Direct Investment) 형태로 진출하는 것으로서 자원, 시간, 노력 등의 측면에서 현지 시장에 대한 개입도, 혹은 관여도가 가장 높다고 할 수 있으며 따라서 국제화의 정도도 높다고 볼 수 있다.

(4) 경영행태 측면

위에서 설명한 세 가지 기준은 객관적인 수치나 구체적인 해외시장진출형태를 근거로 하기 때문에 객관적인 기준은 될 수 있지만 기업국제화의 한 단면만을 보여주는 기준이다. 이에 비해 경영행태 측면에서 보는 국제화란 겉으로 드러난 수치나 조직형태가 중요한 것이 아니라 경영활동의 기본 시각, 즉 기업이 국제경영활동을 수행해 나가는데 바탕이 되는 기본관점의 차이가 본질적으로 중요하다고 보는 견해다. 따라서 이 기준은 개념적인 차원에서 기업의 국제화를 종합적으로 설명하는데 많은 도움이 된다. 그러나 이 기준 역시 이러한 개념적 적절성이 있는 데 반해 다양한 경영행태를 어떻게 객관화하여 종합적으로 판단하느냐 하는 현실적인 어려움을 가지고 있는 것도 사실이다.

일찍이 펄뮤터(Howard V. Perlmutter)라는 학자는 60년대 말에 발표된 논문을 통해 기업이 국제경영활동을 수행하는 데 있어 세 가지의 기본적인 접근방식을 가질 수 있다고 하였다. 즉, 자국(自國) 중심주의적인 접근방식(ethnocentric approach, 혹은 ethnocentrism)과 현지국 중심적인 사고방식(polycentrism), 그리고 세계 중심적인 접근방식

(geocentrism) 중 어느 것을 취하느냐에 따라 다국적기업(MNC, multinational corporation)으로 불릴 수 있느냐가 결정될 수 있다는 것이다.[2] 이는 곧 기업의 국제화와 직결된 것이기도 하다.

자국 중심주의란 본국(home country)에서 사용하는 경영방침과 스타일을 외국에서도 그대로 사용하는 것으로서 현지국(host country)에 대한 이해나 적응에 별 관심을 두지 않는다. 현지 책임자도 본국에서 파견된다. 어느 정도 민족적 우월감이 깔려있는 행동양식이라 하겠다.

이에 반해 현지국 중심주의는 현지 상황에 대한 이해와 적응을 최우선으로 고려하는 접근방법이다. 즉, 현지 사정을 가장 잘 아는 사람은 역시 현지인이기 때문에 현지인 채용을 우선하고, 로마에 가면 로마법을 따른다는 인식하에 경영활동을 수행해 나가는 것이다.

세계 중심주의는 국가나 국적을 문제삼지 않는다. 다만 그 상황, 그 나라에 가장 적합한 경영방식이 무엇이고 그 자리에 가장 적합한 경영자가 누구인가가 경영활동의 중요한 행동지침이 된다. 따라서 이러한 접근법을 택하는 기업이 진정한 다국적 기업이며 국제화된 기업이라 할 수 있다. 즉 외형적으로 아무리 많은 국가에 자회사를 두고 해외부문의 생산 및 매출비중이 아무리 큰 기업이라 해도 기본적인 경영행태가 앞의 두 원칙에 머문다면 국제화 정도가 높다고 보기 힘들다는 것이다.

펄뮤터는 원래 다국적기업의 진화과정을 설명하면서 위의 세 가지 행동양식을 중요한 기준으로 사용하였으며 세계 중심적인 행동양식을 보이는 기업을 다국적기업으로 보았다. 그러나 후에 세계기업(global corporation)이라는 개념이 등장하면서 과거 다국적기업의 개념을 대체하기 시작하였다. 이에 따라 다국적기업은 다수의 독립된 국가시장을 대상으로 현지 지향적인 경영활동을 펴 나가는 기업의 의미로 전락(?)하고 있는 형편이다. 즉, 다국적(multinational)이라는 단어가 함축하고 있는 의미를 다만 '다수의 국내시장을 가지고 있는'(multidomestic) 정도로 해석하는 경향이 있는 것이다.

이상에서 설명한 세 가지 중에서 가장 경계해야 것은 아마도 자국 중심주의일 것이다. 이것이 세계 중심주의와 혼동되어 나타날 때는 특히 그렇다. 세계 중심주의에 현지 상황

---

2) Howard V. Perlmutter, "The Tortuous Evolution of the Multinational Corporation," *Columbia Journal of World Business*, January-February 1969, pp. 9-18. 그러나 일반적으로 Perlmutter의 문헌이 인용되고 있는 것과는 달리 Hans B. Thorelli가 유사한 용어를 먼저 사용한 바 있다("The Multi-National Corporation As a Change Agent," *The Southern Journal of Business*, 1(3), 1966, pp. 1-9.).

을 감안할 수 있는 탄력성이 내포되어 있다면, 자국 중심주의에는 현지 상황을 크게 고려하지 않는 완고함이 내포되어 있다. 세계적인 다국적 유통업체인 월마트나 까르푸가 우리나라 시장에서 정착하지 못하고 철수한 배경에는 이러한 완고함이 놓여있다고 볼 수 있다(Mini-Case 14.2 참조). 때로는 이러한 입장이 세계 중심주의로 포장될 수도 있고 해외시장에서 성공할 수도 있다. 그러나 기업이 활동하고 있는 해외시장 국가의 환경과 소비자들의 반응 및 행동(consumer behavior)은 어떤 형태로든 고려될 필요가 있을 것이다.

(5) 국제경쟁력 측면

앞에서 언급한 대로 기업의 국제경쟁력은 국제화의 전제가 되는 중요한 밑거름이 된다. 왜냐하면 경쟁우위가 없는 상태에서는 국내시장에서의 경쟁은 물론 수출이든 현지생산이든 해외시장으로의 진출 자체가 어렵기 때문이다. 기업의 경쟁력은 흔히 가격경쟁력과 비가격경쟁력, 혹은 원가상의 우위와 차별화우위라는 두 차원에서 분석되고 있으며 이러한 경쟁력은 시장점유율, 수익성, 상표인지도 및 충성도(brand loyalty)등의 구체적 모습으로 시장에서 실현되게 된다. 따라서 세계 전체시장에서 어느 정도의 점유율을 유지하고 있는지, 혹은 자사의 상표가 세계시장에서 어느 정도 인지되고 있으며 어떻게 평가받고 있는지가 기업 국제화의 척도가 될 수 있는 것이다. 기업의 국제경쟁력, 혹은 경쟁우위에 대해서는 뒤에서 보다 자세히 논의하기로 하자.

본 장의 맨 앞에서 소개한 〈Mini-Case 1.1〉은 우리나라의 대표기업 중의 하나인 기아자동차와 중소기업이지만 디자인과 고유브랜드를 바탕으로 세계시장에서 입지를 구축하고 있는 오로라월드 이야기다. 최근에 특히 부각되고 있는 디자인의 중요성을 보여주는 사례다. 규모나 브랜드파워에 있어 비교할 수 없을 정도로 차이가 나는 기업이지만, 두 기업 모두 기업의 국제화가 무엇이고 경쟁력이 무엇인지를 잘 보여주고 있다. 기업의 규모가 경쟁력을 나타내 주는 것은 아니지만, 참고로 2024 글로벌 500대 기업에 포함된 우리나라 기업 15개가 〈표 1-3〉에 정리되어 있다.

표 1-3 2024 한국의 글로벌 500대 기업

한국내 순위	기업명	글로벌 순위	매출액(백만불)	글로벌500 등재기간(년)
1	Samsung Electronics	31	198,257	30
2	Hyundai Motor	73	124,577	29
3	SK	100	101,969	9
4	Kia	162	76,419	13
5	Korea Electric Power	201	66,977	30
6	LG Electronics	209	64,491	24
7	POSCO Holdings	233	58,999	30
8	KB Financial Group	296	50,228	12
9	HD Hyundai	321	46,959	2
10	Hyundai Mobis	339	45,369	13
11	LG Chem	355	42,922	5
12	Hanwha	372	40,683	19
13	GS Caltex	405	37,217	12
14	Korea Gas	456	34,115	9
15	Samsung C&T	500	32,078	8

자료원: fortune.com/ranking/global500/2024/search/

2.2 기업 국제화의 과정

위에서 우리는 기업의 국제화란 여러 각도에서 조명해 볼 수 있다는 것과, 이들 여러 측면에서의 국제화가 각각 무엇을 의미하는지에 대해 살펴보았다. 그렇다면 이러한 기업의 국제화는 어떤 단계를 거쳐 어떤 과정으로 진행될 수 있는 것인가? 국제화의 과정 역시 어떤 측면에서의 국제화인가에 따라 달라질 수 있지만 하나의 점진적 과정으로 설명하기에는 해외시장개입도 측면에서 보는 것이 가장 적절한 편이다.

앞에서는 간접수출 → 직접수출 → 현지 생산이라는 흐름으로 국제화를 설명했지만 이를 좀 더 세분화하면 기업의 국제화는 ① 내수지향 단계, ② 수출지향 단계, ③ 현지시장지향 마케팅단계, ④ 현지시장지향생산 단계, ⑤ 세계시장지향 단계의 과정을 거치게 된다고 볼 수 있다. 물론 이 과정은 다른 측면에서의 국제화, 즉 기업의 구조나 성과, 경영행태, 그리고 경쟁력의 발전단계와도 전혀 무관한 것은 아니다.

(1) 내수지향 단계

이 단계는 아직 이렇다 할 국제화가 진전되기 전의 상태로서 대부분의 생산과 마케팅활동이 국내에서 국내시장을 목표로 이루어진다. 국내시장이 해당기업이나 업계 전체의 생산능력에 비해 충분히 클 경우, 또는 해외시장개척에 대한 관심이나 인적, 물적능력이 부족할 경우에 해당된다고 하겠다.

(2) 수출지향 단계

해외시장의 상대적 중요성이 증가하고 관심도 늘어남에 따라 국내생산과 함께 수출을 하게 되는 단계다. 그러나 수출활동은 주로 국내무역업체나 외국바이어에 의존하는 등 직접적인 마케팅활동은 거의없는 편이거나 지극히 초보적인 단계라고 할 수 있다. 우리나라 대부분의 중소기업의 수출활동은 아직 이 단계에 머물고 있다고 볼 수 있다. 아직 이 단계를 벗어나고 있지 못한 주된 이유 중 하나는 고유상표의 개발과 이의 국제적 인지도 제고능력이 부족하다는 것이다. 즉, 브랜드의 국제화가 선행되지 못한 것이다. 인적 및 물적자원의 부족도 더 이상의 적극적인 국제화를 추진하지 못하게 하는 요인이 된다.

(3) 현지시장지향 마케팅 단계

이 단계에서도 해외시장에 대한 공급은 주로 국내생산 후의 수출에 의존하나, 앞 단계와의 큰 차이점은 현지의 마케팅활동에 적극 개입한다는 것이다. 이 단계에 진입하기 위해서는 위에서 언급한 대로 우선 OEM상표(original equipment manufacturer's brand, 주문자부착상표)에서 벗어나 자체브랜드를 개발하는 것이 중요하다. 현지에서의 마케팅활동을 강화한다는 것은 결국 고유상표를 전제로 현지 미케팅법인 등을 설립하여 브랜드관리, 유통, 광고촉진 활동 등의 제반 마케팅활동을 독자적으로 수행한다는 것을 의미한다.

(4) 현지시장지향 생산단계

현지시장지향 생산단계는 현지에서의 마케팅활동은 물론 현지시장의 수요충족을 위해 자체적인 현지생산시설까지도 갖추는 단계를 말한다. 현지생산시설은 제3국으로의 수출물량도 생산할 수 있지만 이 단계에서는 아직 현지시장공급이 주목적이다. 현지에 생산법인을 설립하는 것은 현지 시장의 자사 제품에 대한 수요가 규모의 경제를 실현할 정도로 크거나 수입에 대한 규제가 많을 경우 이에 대한 우회의 수단 등의 목적으로 이루어진다. 물론 현지소비자의 반응을 보다 민첩하게 제품생산에 반영할 수 있는 장점도 있다. 그러나 그 만큼 현지에 대한 기업자원의 투입이 많기 때문에 위험이 커지는 것도 사실이다.

(5) 세계시장지향 단계

국제화가 가장 많이 진전된 단계로서 복수의 생산입지와 복수의 시장국가 사이의 유기적 연결관계를 주요 특징으로 한다. 즉, 시장국가도 다수이고 생산시설도 다수 국가에 가지고 있되 특정 국가의 생산법인은 해당 시장에 대한 공급만을 위한 것이 아니라 제 3국에 대한 수출물량까지도 감당한다. 경우에 따라서는 해당 국가의 내수시장에 대한 공급이 없이 전량 수출될 수도 있다.

이 단계에서의 기본목표는 전 세계적 관점에서의 최적화를 추구하는 것이며(global optimization), 생산과 마케팅활동 모두에 있어 세계 중심주의(geocentrism), 혹은 세계적 관점(global perspective)이 요구된다. 즉, 글로벌 조달 및 생산(global sourcing & production)과 글로벌 마케팅(global marketing)활동이 필요한 것이다.

이상에서 설명한 다섯 단계의 국제화과정을 그림으로 나타내 보면 [그림 1-1]과 같다. 이 그림의 마지막 세계지향 단계에서 국가시장 간에 표시된 양방향의 화살표에 유의할 필요가 있다. 이것은 바로 복수의 생산입지와 시장국가가 서로 독립적으로 존재하는 것이 아니고, 상호 유기적인 연결관계에 있음을 뜻하는 것이다.

2.3 태생적 글로벌기업

기업의 국제화과정은 위에서 설명한 바와 같이 점진적으로 이루어지는 것이 일반적이다. 다시 말해 국내시장에서 탄생하여 기반을 구축하고 성장을 하다가 해외로 점차 시장

그림 1-1 기업 국제화의 과정

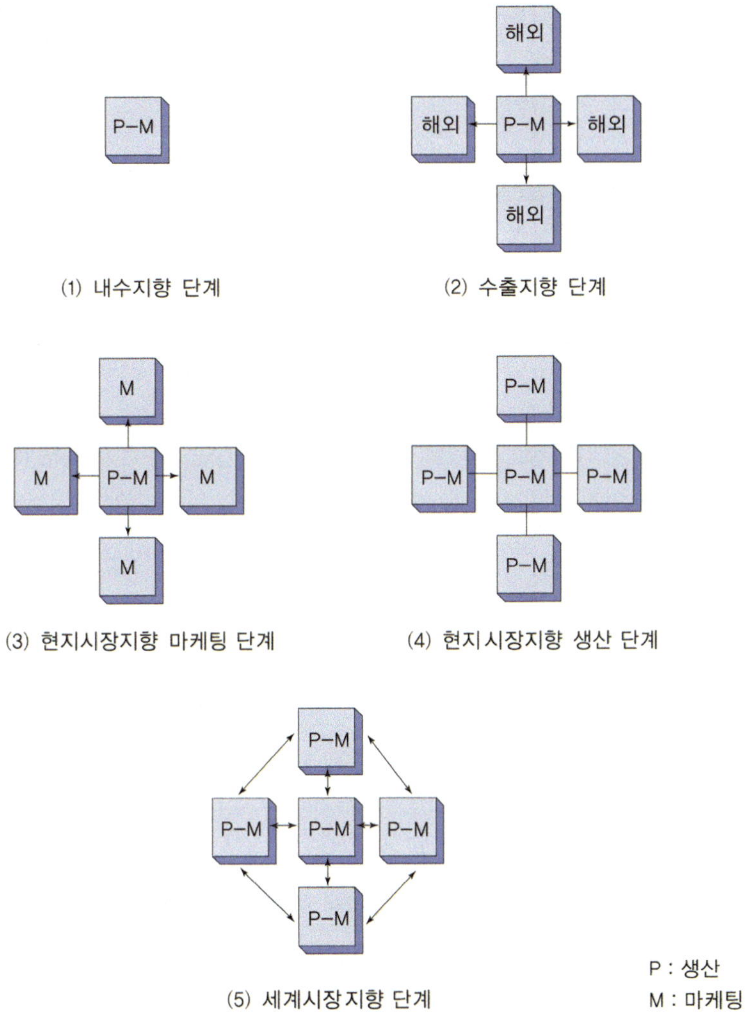

기반을 넓혀 나가는 것이다. 그러나 최근 태생부터 글로벌시장 전체를 목표로 하여 모든 전략 및 운영을 글로벌하게 수행하는 기업들이 나타나고 있는데, 이들을 'Born Globals' 혹은 'Mininationals'(대기업인 Multinational Corporation과 비교하여)라 부른다. 이들은 규모는 크지 않지만 하이테크나 지식기반자원, 혁신적인 사고와 탄력적 조직문화를 바탕으로 초기부터 스스로 세계시장을 창출하면서 공략하는 특징을 지니고 있다. 기존의 이론만으로는 이들의 글로벌화를 설명하기 어려워 이들의 행태를 설명하려는 새로운 시도와 연구가 이루어지고 있다. 온라인 게임업체들은 이러한 Born Global 기업의 대표적 예다.

03 국제화시대의 기업경영

3.1 기업 국제화의 본질

국제화시대의 기업경영, 혹은 기업 국제화의 본질은 결국 해외영업 실적의 비중이나 해외진출정도, 해외시장개입 정도 자체가 아니라 국제경쟁력을 키워가며 기업의 생산, 마케팅, 인사, R&D 등의 활동과 조직구조를 전세계적 관점에서 최적화해 가는 것으로 이해해야 한다. 그러기 위해서는 기업의 경쟁우위를 확보하는 것이 무엇보다 중요하며 국제활동을 효율적으로 수행할 수 있는 기업인력의 국제화 또한 시급하다. 인력의 국제화란 하위 및 중간 경영층에게는 국제적 식견과 외국어 능력, 그리고 외국의 현지 문화에 대한 이해가 특히 중요하며 최고경영층에게는 세계적 관점에서 분석하고 사고할 수 있는 능력과 전세계 기업조직을 효과적으로 조정, 통제할 수 있는 능력을 키우는 것이 중요하다.

세계적 관점에서 국제경영활동을 수행한다는 것은 분석단위, 혹은 분석차원이 개별국가가 아닌 세계라는 것을 의미한다. 따라서 생산시설의 입지는 생산비, 수송비, 위험의 분산, 근로자의 숙련도 등 제반여건을 고려하여 시장국가외의 지역에 이루어질 수 있으며, 시장역시 개별국가를 독립적인 시장으로 보는 것이 아니라 국가시장 간의 유사성 발견을 중요하게 고려한다. 즉, 국가별로 시장을 세분화하는 것이 아니라 국경을 초월하는 초국적 시장세분화(cross-border segmentation)를 통해 범세계적 세분시장(global segment)의 발견을 중시하는 것이다.[3)]

한편 인사조직 및 재무정책에 있어서도 세계적 관점은 중요하다. 자금의 조달은 이자율과 환위험 등을 고려하여 세계적으로 이루어질 수 있으며, 현지 법인의 책임자도 반드시 현지인이나 국내파견인일 필요가 없다. 현지인이 현지 경영의 책임자로 적합할 수 있

3) 해외시장의 세분화에 대해서는 제7장에서 자세히 다룬다.

으나, 그것은 단지 현지인이라는 사실 때문이 아니라 그 사람이 그 자리에 가장 적합하기 때문이어야 한다는 것이 세계적 접근법의 기본원칙이다.

이제 기업 국제화의 전제가 되는 경쟁우위와 세계를 대상으로 하는 경영활동에 있어 전략적으로 중요한 이슈가 되는 단계별 경영활동의 입지결정, 수행주체결정, 그리고 세계적으로 흩어져 있는 조직 및 활동의 조정과 통합문제에 대해 살펴보기로 하자.

1-2 Mini-Case 세계시장 주름잡는 K-가전, 코로나 19 뚫은 독보적 경쟁력

코로나19 상황에서도 K-가전 경쟁력은 부각됐다. 위생과 환경에 대한 세계인의 관심이 높아지면서 환경가전 구매가 늘었기 때문이다. 식기세척기, 세탁기, 건조기 등 위생가전에 대한 주목도는 어느 때보다 폭발적이었다. '언택트' 문화확산으로 소비자들이 집안에 머무는 시간이 늘어나면서 TV와 프로젝터와 같은 영상, 디스플레이 시장도 성장했다. 코로나19로 글로벌 소비시장이 침체된 가운데서도 한국 프리미엄 TV와 가전은 세계 최상위 입지를 공고히 다졌다.

불황모르는 삼성 · LG TV

삼성전자와 LG전자는 프리미엄 TV 전략에 집중해 글로벌 TV 시장을 주도해왔다. 시장조사업체 옴디아에 따르면 상반기 글로벌 TV시장에서 삼성전자는 매출기준 점유율 31.3%로 1위를, LG전자는 17%로 2위를 차지했다. 코로나19로 수요가 침체되고 올림픽과 같은 대형 TV 이벤트가 취소되면서 전체 TV 시장은 작년보다 소폭 줄었다. 전반적으로 시장이 줄어들었지만 삼성전자와 LG전자는 글로벌 1, 2위 자리를 굳게 지켰고 프리미엄 TV 시장은 오히려 성장했다. 국가별 매출점유율 자료에 따르면 삼성과 LG 등 한국기업은 48.3%를 차지했으며, 중국이 23.5%로 뒤를 이었다.

프리미엄 TV 전략이 통했다

블랙 프라이데이를 맞아 매장에서 TV를 구매하는 소비자들(브라질 상파울로)

삼성전자는 QLED TV와 마이크로 LED 투트랙으로 프리미엄 TV전략을 강화하고 있다. 특히 삼성 QLED TV는 매년 눈에 띄는 판매성장률을 보이고 있다. 시장조사기관 옴디아 기준으로 삼성 QLED TV는 올해 1분기 154만대, 2분기에는 전년대비 28% 늘어난 140만대가 판매되었다. 8K TV 성장세도 주목된다. 삼성전자와 LG전자 모두 현존 초고화질 8K TV 라인업을 늘리고 있다. 옴디아에 따르면 올해 2분기 글로벌 8K TV 시장규모는 5만 2600대로 당초 전만치인 4만 2900대를 크게 웃돌았다. 분기별 8K TV 출하량으로는 최대를 기록했다.

LG전자 멕시코 공장에서 출하를 앞두고 있는 올레드 TV(모델명 65CX)

LG전자는 올레드 TV와 나노셀 TV를 중심으로 한 프리미엄 전략으로 매출기준 글로벌 TV 시장 2위 자리를 지키고 있다. LG전자는 프리미엄 라인업을 확대하고 온라인 판매전략 등을 강화해 시장점유율을 지속적으로 확대할 계획이다. TV 업계 관계자는 "더 이상 한국 TV 기업들은 중국기업들과 출하량경쟁을 멈췄고, 프리미엄 TV 위주로 전략을 펼치고 있다"면서 "프리미엄 TV 전략으로 수익성과 프리미엄 이미지 등을 모두 챙기고 있다"고 말했다.

가전의 교과서 K-가전, 코로나19에도 승승장구

코로나19 상황에서도 K-가전은 승승장구했다. 소비자 라이프스타일에 딱 맞춘 제품을 선보이면서도 프리미엄 기능과 제품력으로 차별화한 덕분이다. LG전자의 가전사업을 담당하는 홈앤어플라이언스(H&A) 살업부는 2분기 매출 5조 1551억원을 기록하며 2년 연속 글로벌 1위 자리를 지키고 있다. LG전자에 1위 자리를 내준 월풀은 전년 동기 매출이 20% 이상 감소했다. LG전자가 세계1위 가전사로 발돋움한 비결은 신가전덕분이다. LG전자는 빨래건조기, 의류관리기인 스타일러 등 기존에 없던 신가전을 조기에 발굴, 성공적으로 시장에 안착시키는 데 성공했다. 기존에 주목받지 못했던 가전의 성능을 크게 개선해 소비자 만족도를 크게 끌어올려 수요를 자극하는 전략도 통했다. 대표적 K-신가전으로는 의류관리기, 무선청소기, 공기청정기, 전기식건조기 등 4가지가 꼽힌다. 이들 제품의 판매성장이 K-가전의 성장을 이끌었다 해도 과언이 아니다.

삼성도 신가전 발굴에 적극적이다. 기존에 없던 시장을 크게 일구어 가전시장에 활력을 불어 넣고 있다. 삼성전자는 북미 등 주요 시장에서 차별화한 가전 경쟁력을 인정받고 있다. 시장조사업체 트랙나인에 따르면 삼성전자는 지난해 미국 생활가전 시장 브랜드별 점유율에서 20.5%를 차지했다. 4년 연속 1위의 쾌거다. 건조기뿐만 아니라 세탁기, 냉장고 등 주력제품 모두 시장점유율 1위를 지켰다.

K-가전 경쟁력은 가전에 필수적인 모터와 인버터 등 핵심부품을 독자적으로 개발한 경쟁력이 뒷받침됐다. 중국 등 후발업체들이 K-가전을 추격하지만 쉽게 격차를 좁힐 수 없는 건 이같은 핵심부품 품질력 때문이라고 전문가들은 입을 모은다. 가전업계 관계자는 "중국도 한국업체를 따라 신가전제품을 일제히 따라 만들고 시장경쟁에 나서고 있지만 이미 세계 인식속에 K-가전은 프리미엄 1등 제품이라는 인식이 강하게 자리잡혀 있다"면서 "유럽 빌트인 프리미엄 시장에서도 삼성과 LG의 경쟁력이 부각되고 있어 앞으로 K-가전의 위상은 더욱 높아질 것"이라고 말했다.

자료원: 전자신문, 2020. 9. 21

3.2 국제경쟁우위

앞에서 누차 언급한 대로 국제수준의 경쟁력을 갖추는 것은 기업 국제화에 있어 필수 불가결한 전제조건이 된다. 기업이 경쟁력을 갖는다는 것, 즉 경쟁우위를 갖는다는 것은 경쟁기업들에 비해 뭔가 우월한 점이 있기 때문에 시장점유율이나 수익성에서 앞서거나 특정 소비자층으로부터 강력한 지지를 받는다는 것을 의미한다.

참고로 〈표 1-4〉는 세계시장 점유율 1위인 한국제품을 예시하고 있다. 일본 니혼게이자이 신문이 주요 품목의 전세계 시장점유율을 조사해 매년 발표하는 '2019년 주요상품 · 서비스점유율 조사'에 따르면 한국기업은 74개 조사분야 가운데 스마트폰, D램, OLED 패널, 낸드플래시 반도체, 초박형TV(이상 삼성전자), 대형액정패널(LG디스플레이), 조선(HD현대중공업) 등 7개 품목에서 세계 1위에 오른 것으로 나타났다. 오랫동안 한국의 강세제품으로 자리잡아 온 메모리 반도체(D램)의 경우 1위 삼성전자(42.7%)와 2위 SK하이닉스(28.9%)가 세계시장 점유율 71.6%를 차지했으며, OLED 역시 1위 삼성전자(73.5%)와 2위 LG디스플레이(15.9%)의 점유율이 89.4%에 달했다.

그러나 닛케이가 2024년 9월 공개한 '2023년 주요 상품·서비스 시장점유율 조사' 결과를 보면 한국 기업은 71개 조사 분야 가운데 D램 반도체(42.3%), 유기발광다이오드(OLED) 패널(52.2%), 낸드플래시 반도체(32.8%), 초박형 TV(19.2%) 등 4개 품목에서 가장 높은 점유율을 보여 1위 품목 수가 4년 전에 비해 3개 줄었다. 스마트폰에서 삼성전자(16.5%)가 애플(17.0%)에, 조선에서 HD현대중공업(14.5%)이 중국선박집단유한공사

표 1-4 한국의 2019년 세계시장 점유율 1위 품목 예

품목	점유율(%)	기업	비고
스마트폰	21.6	삼성전자	화웨이 2위(17.6%)
D램	42.7	삼성전자	SK하이닉스 2위(28.9%)
OLED	73.5	삼성전자	LG디스플레이 2위(15.9%)
낸드플래시 메모리	35.9	삼성전자	SK하이닉스 5위(9.9%)
초박형 TV	18.7	삼성전자	LG전자 2위(15.2%)
대형 액정패널	24.0	LG디스플레이	삼성전자 2위(9.3%)
조선	16.7	현대중공업	대우조선해양 2위(9.8%)

자료원: 한국경제, 2020. 8. 13에서 재인용

(CSSC, 18.9%)에 밀려 2위로 내려갔다. 점유율 1위 4개 품목 모두 삼성전자가 1위를 유지했다. 미국이 71개 중 1/3이 넘는 26개 분야로 1위, 중국이 17개로 2위를 기록했으며, 일본이 10개로 그 뒤를 이었다(Mini-Case 1.3 참조).

한편 중소중견기업 중에서도 세계시장에서 두각을 나타내고 있는 기업들이 있는데 동아알루미늄(Mini-Case 1.4 참조), 오토바이용 헬멧분야의 홍진 HJC(Mini-Case 11.1 참조), 치과용 영상장비 및 소프트웨어의 강자인 바텍, 가스벽걸이형 보일러의 경동나비엔, 전기밥솥의 쿠쿠전자, 낚시대·릴 분야의 은성사 등을 예로 들 수 있다.

1-3 Mini-Case 한국 '글로벌 No.1' 품목 수 감소, 2019년 7개에서 2023년 4개로

우리나라가 스마트폰과 유기발광다이오드(OLED) 패널, 조선 등 7개 품목에서 전세계 시장점유율 1위에 올라 같은 기간 4개 품목에서 세계 1위를 빼앗긴 일본과 공동 3위가 됐다. 니혼게이자이 신문이 74개 품목의 전세계 시장점유율을 조사해 매년 발표하는 '2019년 주요상품·서비스점유율 조사'에서 한국은 스마트폰, D램, OLED, 낸드플래시 반도체, 초박형TV(이상 삼성전자), 대형 액정패널(LG디스플레이), 조선(현대중공업) 등 7개 품목에서 세계 1위에 올랐다.

일본은 CMOS(상보성금속산화막반도체) 이미지센서(소니), 전기이륜차(혼다), 디지털카메라(캐논) 등 7개 분야에서 1위에 올랐지만 중소형 액정패널(중국 BOE), 리튬이온전지용 절연체(중국 상하이에너지), 충전용 대형터빈(미국 GE), 가상현실(VR) 헤드셋(미국 페이스북) 등 4개 부문의 1위 자리를 내줘 전세계 1위 품목이 1년 만에 11개에서 7개로 줄었다.

지난해 일본에 1개 차이로 3위였던 중국은 휴대전화 통신기지국(화웨이), 개인용컴퓨터(PC·레노보), 감시카메라(하이크비전) 등 12개 품목에서 세계 1위를 차지해 종합 2위에 올랐다. 미국은 크라우드서비스(마이크로소프트), 서버(델테크놀로지) 등 25개의 세계 1위 품목을 보유해 압도적인 차이로 1위를 유지했다.

우리나라가 세계시장 1위를 차지한 품목 가운데 5개가 삼성전자제품이었다. D램시장에서는 1위 삼성전자(42.7%)와 2위 SK하이닉스(28.9%) 등 우리나라 기업의 점유율이 71.6%를 차지했다. OLED 역시 1위 삼성전자(73.5%)와 2위 LG디스플레이(15.9%)의 점유율이 89.4%에 달했다. 초박형TV도 삼성전자(18.7%), LG전자(15.2%) 등 우리나라 기업이 1~2위를 차지했다. 낸드플래시는 삼성전자(35.9%)와 SK하이닉스가

(9.9%)가, 대형액정패널은 LG디스플레이(24.0%)와 삼성전자(9.3%) 각각 1위와 5위였다. 조선은 현대중공업(16.7%), 대우조선해양(9.8%), 삼성중공업(5.1%)이 1,2,5위에 올랐다.

세계시장 5위권이내에 든 우리나라 제품도 많았다. 삼성전자는 태블렛단말기(15.0% · 1위 애플 34.6%), 스마트워치(9.9% · 애플 28.5%) CMOS센서 시장(18.1% · 소니 53.5%)에서 2위였다. 휴대전화 통신기지국 시장에서도 5위(8.9% · 화웨이 34.4%)에 올랐다. LG화학은 편광판 2위(20.7% · 스미토모화학 24.3%), LG디스플레이는 중소형액정패널 4위(12.1% · 중국 BOE 15.9%), LG전사는 세탁기 4위(7.1% · 하이얼 24.3%), 가정용 에어콘 5위(4.5% · 중국 그리일렉트릭 18.6%)였다. 현대자동차는 자동차 시장(7.8% · 폭스바겐 11.9%), 포스코는 제강(2.3% · 아르셀로미탈 5.2%), 농심은 즉석면(5.3%) 부문에서 각각 5위를 차지했다. 냉장고는 LG전자(7.4%)와 삼성전자(6.6%)가 3~4위였다. 1위는 중국 하이얼(21.7%)이었다. 휴대용 리튬이온 전지에서도 삼성SDI(14.2%)와 LG화학(6.3%)이 2위와 5위에 올랐다. 1위는 일본 ATL(31.1%)이었다.

일본의 뒷걸음질 덕분에 우리나라가 공동 3위에 올랐지만 중국이 무섭게 추격하고 있어 올해도 순위를 유지할 수 있을지 장담하기 어렵다는 분석이다. 스마트폰은 1위 삼성전자(21.6%)와 2위 화웨이(17.6%)의 점유율 차가 4%포인트까지 좁혀졌다. 올 2분기에는 화웨이가 사상 처음으로 삼성전자를 제치고 세계 1위로 오른 것으로 조사됐다. 반면 2위에 오른 중국도 미국의 중국기업규제 등으로 인해 타격을 받을 것이라고 니혼게이자이신문은 분석했다.

그러나 한국 기업이 세계 시장 점유율 1위를 기록한 상품 수는 감소 추세다. 니혼게이자이신문이 2024년 9월 발표한 주요 상품 · 서비스 등 71개 품목의 2023년 세계 점유율 조사 결과에 따르면, 한국이 D램 반도체, 낸드형(NAND · 데이터저장형) 플래시메모리, 유기 EL(유기발광다이오드·OLED) 패널, 초박형TV 등 4개 분야에서 세계 1위에 오른 것으로 나타났다. 2019년에 비해 3개가 줄었고, 2022년에 비해서도 2개가 감소했다.

4개 분야 1위는 모두 삼성전자로 미국이나 일본, 중국, 대만 업체를 제치고 2년 연속 정상을 차지했다. SK하이닉스는 D램 반도체와 낸드형 플래시메모리 분야에서, LG디스플레이는 유기발광다이오드 패널과 초박형TV에서 각각 2022년에 이어 2위를 차지했다. 스마트폰에서는 애플과 삼성전자가 각각 1, 2위를 기록했고, 이동통신 인프라(기지국) 분야에서 삼성전자는 5위였다. 조선에서는 HD현대가 중국선박집단유한공사(CSSC)에 밀려 2위를 기록했고, 한화오션과 삼성중공업은 나란히 3, 4위였다. 자동차에서는 현대자동차그룹이 도요타, 폭스바겐에 이어 3위를 차지했다. 휴대용 리튬이온 배터리에서는 LG에너지솔루션과 삼성SDI가 나란히 3, 4위를, 자동차용 리튬이온 배터리에서는 삼성SDI가 세계 4위였다.

국가별로는 미국이 전기자동차(테슬라), 클라우드서비스(아마존닷컴), 스마트폰(애플), 의료용의약품(존슨앤드존슨) 등 26개 분야에서 1위를 차지했다. 미국에 이어 중국은 이동통신 인프라(화웨이), 세탁기(하이얼), PC(레노보) 등 17개 상품에서 1위였다. 일본은 10개 분야에서 1위를 기록했다. 품목별로는 디지털카메라(캐논), 자동차(도요타), CMOS 이미지 센서(소니) 등에서 점유율이 가장 높았다. 독일은 중대형 트럭(다임러 트럭) 분야에서 유일하게 1위를 기록하며 한국에 이어 5위를 차지했다.

자료원: 한국경제, 2020. 8. 13 및 뉴시스, 2024. 9. 10

1-4 Mini-Case

노스페이스 · 몽벨도 줄선다… '텐트의 왕'이라 불리는 기업, 텐트 폴 · 캠핑의자 세계 1위 동아알루미늄

2015년부터 2017년까지 세계 최대 이커머스 업체 아마존의 캠핑 의자 부문 1위. 노스페이스 · 몽벨 · 콜맨 등 세계 10대 아웃도어 업체 중 9곳을 고객으로 둔 업체.

이런 화려한 이력의 기업 본사는 인천 서구 주안국가산단에 있었다. 지난달 26일 공장에서 만난 라제건(70) 동아알루미늄(DAC) 회장은 "우리 캠핑의자가 200만개 넘게 팔렸는데, 업계에서는 '캠핑 의자계의 에르메스'라고도 불린다"며 환하게 웃었다. 라 회장은 이 자리에서 37년째 공장을 가동하고 있다. 직원 147명. 동아알루미늄이 2009년 론칭한 아웃도어 캠핑 브랜드 '헬리녹스(Helinox)'는 미국 아마존에서 캠핑의자 상위 10개 중 5개 이상을 차지했던 적도 있다.(지금은 짝퉁제품이 쏟아져 순위는 조금 밀려 있다) 지난 4월 미국 매체 US뉴스앤드월드리포트는 '2024년 최고의 캠핑 의자'로 헬리녹스를 선정하기도 했다.

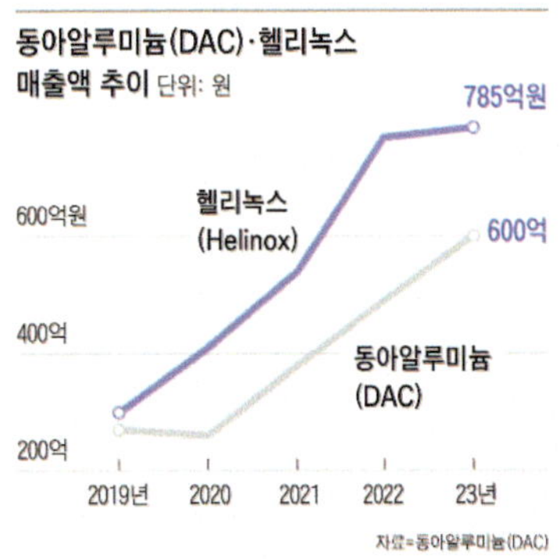

이 회사의 당초 주력은 텐트 폴(pole)이었다. 노스페이스 · 몽벨 · 콜맨 등 세계 10대 아웃도어 브랜드 중 9사에 텐트용 폴을 납품하고 있고, 미국의 아웃도어 전문지 '아웃사이드'는 라 회장을 '텐트의 왕(King of tents)'이라고 명명했다. 동아알루미늄은 매출의 95%가 해외에서 나오고 있다. 라 회장을 만나 글로벌 경쟁력까지 갖춘 중소기업을 일군 긴 스토리와 비결을 들어봤다.

무역업 한 아버지에 이어 제조업에 투신

라 회장은 6 · 25전쟁이 끝난 이듬해인 1954년 태어났다. 그의 부친은 상공부 차관, 산업은행 총재 등을 지낸 고(故) 라익진 동아무역 회장이다. 연세대에서 사학과 경영학을 전공한 라 회장은 당시로는 드물게 미국 미시간대에서 MBA(경영학 석사)까지 마치고 대우통신과 미국 은행을 다녔다. 하지만 은행 일이 맞지 않아 회사를 그만뒀고, 1987년 아버지가 운영하던 동아무역에 기획실장으로 합류했다. 라 회장은 "가발이나 의류를 팔았던 것처럼 '결국 제조업만이 유일한 살길'이라는 생각에 알루미늄 사업에 뛰어들었다"고 말했다.

미국에 있던 형이 양궁 화살사업을 시작하려는 얘기가 알루미늄 제조업체 창업의 계기였다. 화살촉에 쓰는 '고강도 알루미늄 튜브'는 강도가 철의 2배쯤 되는데, 세계 알루미늄 시장은 미국의 '이스턴'이란 회사가 독점하고 있었다. 라 회장은 "이스턴 회장이 양궁대회 때마다 우리 선수들에게 메달을 걸어주는 걸 보고선 '저 사람만 따라잡으면 1등이 되겠다'는 생각을 했다"며 "화살산업은 유행도 잘 타지 않는 기술집약적 산업이라 '1등만 꺾는다'는 일념으로 알루미늄 시장에 뛰어들었다"고 했다.

세계 1등 텐트 폴 회사로 성장

문과 출신인 라 회장에게 제조업의 벽은 높았다. 1988년 당시 국내에서 최초로 고강도 알루미늄을 연구한 삼선공업의 기술총괄 엔지니어와 함께 인천에 고강도 알루미늄 제조 공장을 만들었다. 하지만 '내가 직접 공부하지 않고서는 R&D(연구·개발)도 없다'는 생각에 직접 발로 뛰었다. 서울대 금속학과, 연세대 금속공학과, 카이스트 재료공학과 등을 찾아 교수들에게 "작은 기업이지만 한 번만 도와 달라"고 간절하게 부탁했고, 대학원생과 함께 연구도 진행했다. 경남 창원에 몰려있는 알루미늄 공장들도 한 달에 몇 번씩 오갔다.

1년여의 연구끝에 무게를 기존의 3분의 1 수준으로 줄인 알루미늄 신소재 텐트용 폴 'DA-17' 개발에 성공했고, 이듬해인 1991년에는 이 소재를 활용한 첫 4~5인용 텐트도 선보였다. 일본 내 아웃도어용품 1위 브랜드 '오가와(Ogawa)'의 다마우라 대표가 직접 인천공장을 찾아 계약을 맺으며 1992년 매출은 158% 급증해 23억원까지 치솟았다. 1999년에는 미국 노스페이스가 동아알루미늄이 개발한 신소재 '페더라이트(feather-light)'를 적용한 모델을 출시하며 '초경량 텐트'의 선두주자로 떠올랐다. 불과 2~3년 뒤 대부분의 브랜드는 고급 제품에 DAC 텐트 폴을 쓰기 시작했고, 업계 최강 브랜드 이스턴을 꺾고 '프리미엄 텐트 폴 시장'의 90%를 차지했다.

OEM 벗어나 자체 브랜드까지

하지만 라 회장의 꿈은 거기서 그치지 않았다. 2009년엔 태양신을 뜻하는 '헬리'와 밤의 여신 '녹스'를 합친 새 브랜드 '헬리녹스'를 만들었다. 그는 "독일 레키(Leki)는 자체 브랜드로 등산용 스틱을 만들어 업계 1위에 올라섰지만, 오스트리아 컴퍼델(Komperdell)은 OEM(주문자상표부착생산)에만 몰두하다 시장점유율이 뚝 떨어졌다"며 "자체 브랜드가 있어야 진정한 세계 1위로 거듭날 수 있겠다고 생각했다"고 했다. 처음에는 새 브랜드를 알리는 데 어려움도 컸지만, 미국·유럽 등을 오가며 미국 최대 소매체인 REI 등 세계적인 유통사들과 협업해 발 빠르게 시장에 진입시킬 수 있었다.

헬리녹스는 캠핑용 의자와 테이블 등 아웃도어용품을 내놨고, 2012년 신발주머니에 넣을 정도로 줄인 초경량 의자를 개발하면서 세계시장에 존재감을 드러냈다. 4~5kg에 달해 휴대하기 어렵던 접이식 의자를 5분의 1도 안 되는 800g짜리로 내놓자 시장을 휩쓸었다. 아마존에서도 제품들이 잇따라 히트를 치며 '캠핑업계의 명품' 지위를 차지했다. 라 회장은 "돗자리 깔고 앉던 캠핑이 의자중심으로 바뀌는 계기가 됐다"고 말했다. 이 같은 성공을 발판으로 헬리녹스는 2013년 별도 법인으로 분사했고, 라 회장의 아들 라영환(40) 의장이 그 바통을 넘겨받아 회사를 운영하고 있다.

비록 70세의 나이지만 라 회장의 도전은 계속 이어지고 있다. 3년 전부턴 자신의 영문 이름을 딴 브랜드 '제이크라(JakeLah)'를 론칭해 마니아 캠핑족(族)을 위한 전문가용 제품을 선보이고 있다. 재작년부터는 사회 공헌 프로그램 '볼런티움'으로 취약 계층 3600명에게 무상으로 캠핑기회를 제공하고 있다. 라 회장은 "아직 내 브랜드 개발은 끝나지 않았다"며 "30년 넘게 해온 아웃도어 캠핑의 성과를 이젠 사회에 돌려주고 싶다"고 말했다.

자료원: 조선일보, 2024. 7. 17

한편 정부(현재는 산업통상자원부)는 한국기업의 수출품목 다양화 및 고급화와 미래 수출동력확충을 위해 2001년부터 '세계일류상품육성사업'을 추진하고 있다. 이는 세계시장 점유율 5위 이내인 품목(현재 일류) 또는 7년이내 진입가능 품목(차세대 일류) 및 기업을 선정하여 R&D부터 해외마케팅까지 종합적으로 지원하는 사업이다(구체적 기준은 상황에 따라 변경). '2023년도 세계일류상품 및 생산기업 공고(산업통상자원부 공고 제 2024-079호)'에 따르면, 현재 세계일류상품 및 생산기업 자격을 유지한 상품과 기업은 각각 582개와 678개며(예: DRAM의 삼성전자와 SK하이닉스, 김치의 대상, LNG 운반선의 한화오션, 현대중공업, 삼성중공업 및 현대삼호중공업, 스마트워치와 스마트폰의 삼성전자, 손톱깎이세트의 벨금속공업과 쓰리쎄븐, 전기밥솥의 쿠쿠전자, 라면의 농심 등), 27개 상품의 27개 기업이 신규로 선정되었다(예: 한화오션의 대형 해상풍력발전기 설치선, 동화엔텍의 LNG 연료 공급 시스템 등). 차세대 세계일류상품 및 생산기업은 각각 46개가 선정되었다.

여기서 우리는 비교우위와 경쟁우위를 구분할 필요가 있다. 비교우위(comparative advantage)란 국제무역 현상을 설명할 때 등장하는 개념으로서, 비교대상은 국가며 분석단위는 산업이다. 즉, 간단하게 설명한다면 노동, 자본 등의 생산요소 부존량 차이 등으로 인해 한 국가가 특정 산업에 있어 다른 국가에 비해 상대적으로 생산비가 적게 든다는 것이 바로 비교우위의 요체인 것이다. 비교우위는 생산요소의 국가간 이동이 불가능하다는 것을 전제로 하며, 따라서 국가간 이전이 불가능한 입지특유(location-specific)의 우위라 할 수 있다.

이에 비해 경쟁우위(competitive advantage)는 최근 국가차원에서도 논의되고 있기는 하지만 기본적으로 기업을 분석단위로 하며, 한 기업이 다른 기업에 비해 보다 저렴하거나 우수한 상품 및 서비스를 생산, 판매할 수 있는 능력을 의미한다. 이러한 기업차원에서의 경쟁우위는 기업자체의 국가간 이동이 가능할 뿐만 아니라, 생산요소의 국가간 이동도 국제화시대의 특성으로 인해 제한적이나마 가능하기 때문에 입지특유의 우위가 아니라 기업특유의 우위(firm-specific advantage)라고 할 수 있다.

비교우위와 경쟁우위는 위와 같이 개념적으로 구분될 수 있지만 서로의 관련성 역시 높다. 비교우위 산업에 속한 기업들의 개별적인 국제경쟁우위가 높을 가능성이 있으며, 국제경쟁력이 높은 기업들이 속한 산업의 국제적인 비교우위가 높을 수도 있다.

기업이 가질 수 있는 경쟁우위는 원가상의 우위와 차별화우위의 두 가지로 크게 나누어 생각해 볼 수 있다. 흔히 기술력을 대표적인 경쟁우위의 하나로 보는 경우도 많지만 기술능력도 결국 제품의 생산원가나 차별화에 반영될 수 있다는 점에서 이러한 구분에 큰 무리는 없어 보인다. 한편 경쟁우위는 경쟁기업이 쉽게 모방할 수 있는 것이어서는 곤란하다. 즉, 어느 정도 지속이 가능한 우위(SCA, sustainable competitive advantage)여야 하는 것이다. 따라서 싼 임금을 바탕으로 하는 가격경쟁력은 적어도 장기적인 안목에서 경쟁우위라고 보기 힘들다.

(1) 원가우위

원가우위(cost advantage 혹은 cost leadership)란 제품 및 서비스의 생산과 마케팅과정과 관련된 제반 활동을 경쟁기업에 비해 낮은 단위당 비용으로 수행할 수 있는 능력을 말한다. 이러한 원가상의 우위가 바로 저가격에 의한 가격경쟁력과 연결되는 것은 아니다. 물론 가격인하의 여지를 더 많이 가지고 있다는 점에서 가격경쟁력이 있는 것은 사실이지만, 비슷한 가격수준에서 경쟁기업에 비해 높은 수익성을 올릴 수 있다는 점도 원가우위의 중요한 의의가 된다.

원가우위는 대량주문 및 생산에 의한 규모의 경제(economies of scale), 경험축적에 따른 원가하락, 철저한 원가관리와 통제, R&D 능력 등을 통해 실현될 수 있다. 이 중 경험축적에 따른 원가하락에 대해 간단히 설명해 보자. 경험의 증가가 단위당 원가를 떨어뜨리는 현상을 경험효과(experience effect)라 부르며 이를 그래프로 나타낸 것이 경험곡선(experience curve)이다([그림 1-2] 참조). 여기서 말하는 경험이란 시간적인 경험이 아니라 누적생산량으로 측정되는 경험을 의미한다. 따라서 역사가 깊다거나 현재의 생산규모가 크다는 것은 경험축적에 도움이 될 수는 있으나 그 자체가 경험효과로 나타나는 것은 아니다. 예를 들어 A기업은 과거 10년간 매년 3만개씩의 제품을 생산, 판매해 왔고 B기업은 5년간 10만개씩, 1년전 설립된 C기업은 생산규모가 커서 20만개를 생산했다면 시간적 경험은 A가 가장 많고 규모의 경제효과는 C가 가장 크지만 현재 시점에서 경험효과의 덕은 B기업이 가장 크게 볼 수 있다는 것이다. 기업 입장에서 시장점유율 확대가 중요한 것은 그 자체가 갖는 의미가 클뿐만 아니라, 경쟁기업에 비해 경험을 축적하는 속도가 빠르다는 점 때문이기도 하다.

경험효과와 규모의 경제에 의한 원가감소의 대표적 사례로 Ford 자동차의 Model T를 들 수 있다. 단일모델의 대량반복생산으로 인해 1909년에 $850으로 시작한 이 차의 가격은 1926년에는 $260 정도로 하락했으며 당시 Ford의 시장점유율은 GM의 2배 정도였다. 그러나 낮은 원가와 저가격전략에만 의존하는 것도 문제는 있다. 1926년 GM이 다양한 색상과 유선형 스타일을 갖춘 Chevrolet를 출시하자 소비자들이 검정색의 단조로운 Model T로부터 등을 돌린 것이다. Ford는 이듬해 Model T 생산을 중단할 수밖에 없었으

그림 1-2 경험곡선 (로그-로그 스케일로 변환)

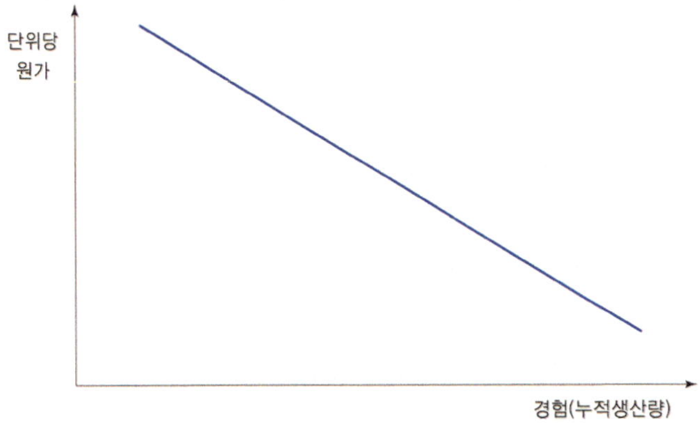

그림 1-3 1908 Ford Mode T(좌)와 1925 Ford New Model T(우)

며, 그 이후 자동차시장의 선두자리를 재탈환하지 못하고 있다.

(2) 차별화우위

차별화우위(differentiation advantage)란 기업이 제품이나 서비스를 제공하는 과정에서 경쟁기업에 비해 가격 이외의 독특한 가치를 인정받기 때문에 생기는 우위를 말한다. 통상 비가격경쟁력이란 이처럼 차별화된 강점을 바탕으로 하는 경쟁력을 의미하며 이러한 차별화우위가 나타날 수 있는 부분은 품질, 디자인, 고객에 대한 서비스, 상표이미지 등 다양하다. 차별화우위는 고객에게 뭔가 독특한 가치를 제공해 줄 수 있는 능력이기 때문에 그 가치를 중요하게 생각하는 소비자층으로부터 강력한 상표충성도를 얻을 수 있으며, 이는 결국 가격에 대한 수요의 탄력성을 약화시켜 가격경쟁의 부담을 덜어주게 된다.

예를 들어 미국의 가전회사인 메이택(Maytag)사는 애프터서비스 요원이 할 일이 없어 안타까운 듯한 포즈를 취하고 있는 광고포스터를 모델을 교체해 가며 오랫동안 낸 일이 있는데([그림 1-4] 참조), 이것은 자사의 제품이 견고한 품질로 고장이 없다는 자신감을 표시한 것이며, 이를 차별화우위의 하나로 여기고 있음을 보여준다.[4] 이 광고는 Maytag의 수리요원이 '할 일 없는 전문가'의 대명사로 여겨지게 하기도 하였다(예로 "Most people in town now have their own cars, making the local bus driver like the Maytag repairman."이라는 표현을 들 수 있다). 역시 미국의 건설장비 제조회사인 캐터필라(Caterpillar)사도 우수한 품질과 견고한 딜러망으로 유명한데 "세계 어느 곳이든 48시간내 부품서비스 가능-안되면 당사가 변상함(Forty-eight-hour part service any where in the world-or Cat pays)"이라는 모토는 자사 제품의 품질과 대규모 딜러망에 대한 자신감의 표현인 것이다. 고가의 건설장비가 부품공급이 제대로 되지 않아 작동을 못하는 경우를 상상해 본다면 원활한 부품서비스가 고객에게 얼마나 중요한지는 쉽게 이해될 것이다. 따라서 소비자들은 경쟁제품에 비해 비싼가격을 지불하고서라도 해당 제품을 구매할 의사를 갖게 되며, 기업은 고가전략(premium pricing)을 사용할 수 있게 된다.

한국의 기업들은 전반적으로 볼 때 국제시장에서 이러한 차별성을 확보하는데 있어 아직은 매우 부족한 상태라 할 수 있다. 낮은 원가를 바탕으로 한 가격경쟁력도 중요하지만 장기적으로 경쟁입지를 구축하기 위해서는 차별화우위를 확보하는데 보다 많은 관심과 노력을 기울여야 할 것이다. 한편 차별화우위는 고유상표를 전제하지 않고는 생각하

그림 1-4 Maytag사의 광고 ("loneliest man in town")

4) Maytag사는 2006년 Whirlpool사에 의해 인수되었다.

기 힘들다. 소비자가 중시하는 차별적 가치와 이에 대한 선호가 상표소유기업이나 주문업체를 통해 간접적이고 부분적이나마 주문자상표부착(OEM)방식의 수출업체에도 연결되겠지만, 궁극적으로 경쟁상품과의 차별성은 상표에 의해 식별되고 차별화우위는 상표소유자에게 귀속되기 때문이다. 이런 점에서 볼 때 한국의 기업들이 향후 국제화의 추진과정에서 가장 노력을 많이 기울여야 할 분야의 하나가 바로 고유브랜드의 개발이며 차별화우위를 확보한다는 것은 결국 자신의 상표에 '힘'을 실어주는 것이라 할 수 있다.

3.3 단계별 경영활동의 입지결정

기업의 활동은 부가가치를 늘려가는 일련의 과정으로 이해할 수도 있다. 제조업의 경우를 예로 든다면 이러한 일련의 과정은 원재료나 부품의 조달로부터 시작하여 제품의 조립과 생산, 운송보관 등의 물적유통기능을 포함한 마케팅 및 판매, 그리고 판매 후의 제반 서비스제공 등으로 이어진다. 여기에 이와 같은 기본적 활동을 지원해 주는 인적자원관리, 기술개발, 전반적인 조직관리활동 등이 더하여져 기업의 전체적인 가치창출체계

그림 1-5 기업의 가치사슬(value chain) 구조

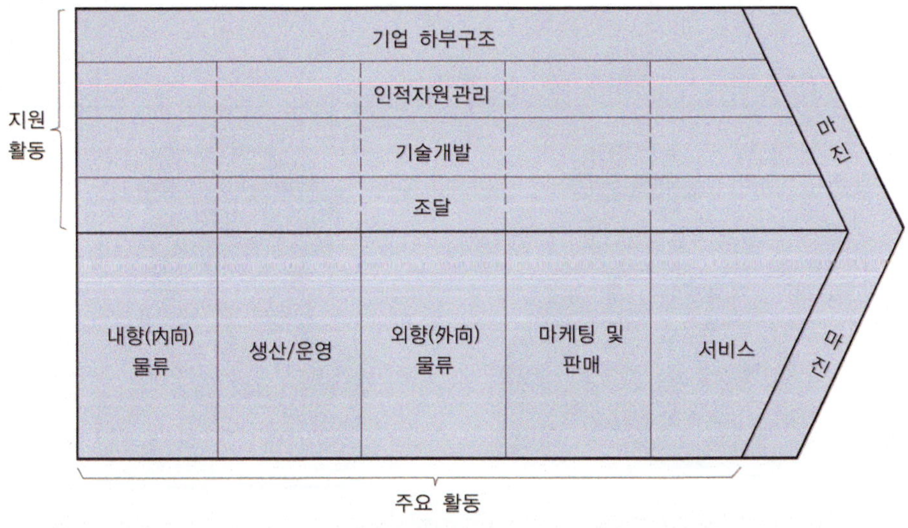

자료원: Michael E. Porter, *Competitive Advantage*, Free Press, 1985, p. 37.

를 형성하는 것이다. 이것을 마이클 포터(Michael E. Porter)교수는 가치사슬(value chain)의 개념으로 설명하고 있다([그림 1-5] 참조).

기업의 활동을 이처럼 단위요소로 구분하여 분석하는 것은 해당 기업의 경쟁우위원천을 발견하는 데 도움을 줄 뿐 아니라, 전략적인 의사결정을 하는 데도 유용하게 사용될 수 있다. 즉 전체 기업활동 중에서 원가구성 상 가장 큰 비중을 차지하는 부문이 무엇이고, 경쟁기업에 비해 우위 혹은 열위에 있는 단계는 어디며, 단계별 원가구성 비율은 어떠한가 등을 분석하여 이른바 핵심성공요인(KSF, key success factor)을 파악하거나 단계별활동을 어디서 누구에 의해 수행할 것인가 등을 결정하는 데 이용할 수 있는 것이다.

그렇다면 먼저 단계별 경영활동을 어디서 수행할 것인가, 즉 가치사슬의 구성요소별 입지문제에 대해 생각해 보자. 이러한 입지결정은 기업활동의 '지리적 배치'(geographical configuration)문제에 해당한다. 국제화시대, 혹은 세계화시대의 기업경영의 주요 특징이 세계적 관점에서의 의사결정임은 이미 설명한 바 있다. 이것은 가치사슬 내의 모든 활동이 각 시장국가별로 그 안에서 완결될 필요가 없다는 것을 의미한다. 즉, 기업활동을 단계별로 구분하여 수행할 수 있다고 한다면 각 단계별 활동을 세계적인 관점에서 볼 때 가장 효율적으로 수행할 수 있는 곳이 어디인가를 고려하여 입지를 결정하게 되는 것이다.

예를 들어 부품조달과 완제품조립과정을 생각해보자. 부품생산 혹은 조달을 어느 나라에서 할 것인가는 원재료 공급가능성, 부품의 소요량, 부품생산에 요구되는 노동의 숙련도, 인건비, 완제품조립공장과의 거리 및 이에 따른 수송비, 위험의 분산, 기타 제반 생산비 등을 고려하여 결정할 수 있을 것이다. 조립활동 역시 시장국과의 거리, 인건비, 규모의 경제, 조립공정의 난이도, 부품조달국과의 거리 등 제반 생산비, 운송비, 마케팅비용 등을 최소화 할 수 있는 입지를 선정할 수 있다.

세계적 관점에서 입지를 결정하는 데는 기업의 전체 조직입장에서 비용을 최소화한다는 원칙(global cost efficiency)이 중시된다. 여기서 말하는 비용의 개념에 직접적인 생산비와 수송비는 물론이고, 전세계 조직에 대한 관리, 조정, 통제비용, 특정 활동의 지리적 집중에 따른 위험부담 등까지 포함하여 생각한다면 비용최소화의 원칙은 더욱 설득력을 가질 것이다.

그러나 물론 비용최소화가 전부는 아니다. 예를 들어 소비자의 제품평가에 영향을 줄 수 있는 이른바 원산지 효과(country of origin effect)도 기업활동의 입지에 영향을 줄 수 있다. 원산지 효과란 제품이 어디에서 만들어졌느냐가 소비자의 제품평가나 선택에 미치는 영향이다. 예로 소니(Sony)사의 TV를 구입한다고 하자. 가격은 비슷한데 일본산

(made in Japan)과 멕시코산(made in Mexico) 두 종류가 있다면 여러분은 어느 것을 선택하겠는가? 또한 핵심부품(자동차의 엔진 등)이 어디서 설계되었는지(designed in …)가 소비자에게 중요하게 인식되고 있다면 과연 비용효율성만을 고려하여 디자인활동을 입지시킬 수 있을 것인가?

원산지 효과가 경영활동의 입지결정에 하나의 영향요인으로 고려될 수는 있지만 사실 글로벌시대에 있어서 원산지 자체를 판단하는 것도 쉬운 일은 아니다. 한 제품을 구성하는 수백 수천의 부품이 생산된 국가와 최종 조립과정이 일어난 국가, 제품전체의 디자인이나 핵심부품의 설계를 담당한 국가 등 원산지의 후보국가들이 다양하기 때문이다. 원산지효과에 대해서는 제11장 '국제제품전략'에서 다시 설명하기로 한다.

1-5 Mini-Case
아시아에서는 이미 '한반'이 품질보증서

한국의 '미(美・beauty)산업'이 세계로 뻗어 나가고 있다. 한국산 패션과 화장품, 성형시술은 아시아권의 명품으로 인정받으면서 매출이 급증하고 있다. 프랑스와 이탈리아 등 서구권이 독차지했던 뷰티시장에 한국이 도전장을 내민 것이다. 전문가들은 뷰티산업이 교역 1조 달러 시대의 새 돌파구가 될 수 있다고 지적한다. 경쟁력 있는 '미산업' 브랜드는 엄청난 부가가치를 창출하기 때문이다. '미산업'이 '색깔있는 반도체'라고도 불리는 이유다. 기술뿐 아니라 디자인과 문화적 배경까지 뒷받침돼야 성공할 수 있다는 점에서 '미산업' 경쟁력은 선진국의 척도가 될 수 있다.

장면1: 중국 상하이의 이름난 상권인 민항취지역의 유명패션상가 '다퉁양(大通陽)'. 이곳에선 한글간판을 쉽게 만날 수 있다. 1층의 화장품 가게엔 '한국화장품', 2층의 네일숍엔 '신부화장'이라고 쓰여 있다. 이 상가는 지난해 5월 4층 매장전체를 '한품성(韓品城・한국제품코너)'으로 꾸몄다. 매장은 한국에서 수입한 보세의류를 취급하는 가게들로 꽉 채워져 있다. 대부분 '언니야' '서울패션'같이 한글로 된 간판을 달고 있다. "사실 다 동대문옷은 아니고, 중국옷도 섞여있어요. 한국옷이라면 더 좋아하니까 간판이나 상표에 한글을 쓰는 거죠." 8개월째 장사를 하고 있는 중국동포 이화(29)씨는 "중국사람들은 한국옷은 보세라도 디자인과 소재가 좋다고 여긴다"고 말했다.

장면2: 올해 초 서울 소공동 롯데면세점을 찾은 일본인 관광객 야마다 도모에(20・여)는 면세점을 들어서자마자 한국화장품 코너를 찾았다. 그가 구입한 것은 BB크림. 한국방문기념으로 한국 BB크림과 마스크팩을 사 가겠다고 친구들에게 약속했다. 이 면세점에 입점된 '크레이지 몽키'라는 국내브랜드는 이 매장에서 BB크림과 마스크팩만으로 지난해 11억원이 넘는 매출을 올렸다. 야마다는 "한국화장품은 품질좋기로 일본에서 유명하다"고 말했다.

한국의 패션과 화장품이 아시아를 달구고 있다. 오래된 현상이 아니다. 불과 5년 사이에 달라진 위상이다. 중국여성들은 '한반(韓版・한국제품)'이란 단어를 품질보증서처럼 여긴다. 일본여성들은 "한국은 화장품이 좋아 여자들이 예쁘다"고 말한다. 한때 우리도 '이탈리아제 패션' '프랑스제 화장품'이라면 사족을 못 썼었다. 이제는 한국제가 아시아에서 비슷한 위상으로 올라서고 있다. 세계 패션시장은 1조 달러(약 1120조원), 세계 화장품시장은 2300억 달러(약 260조원) 규모다. 이 거대한 '미(美)산업'시장을 한국이 본격적으로 파고들기 시작했다.

'한반(韓版)'. 한국어로 읽으면 한판. 한국에서 만든 제품이란 뜻이다. 중국 최대 온라인쇼핑몰 타오바오에선 지난달 20일 하루에만 38만여 명이 이 단어를 검색했다. 인기검색어 3위다. 한반의류, 한국외투같은 단어를 합치면 한국산 의류를 검색한 사람이 120만 명이 넘는다. 한국옷을 사겠다는 네티즌이 이렇게 많은 것이다. 한국 온라인쇼핑몰 업체 에이컴메이트는 이 인기덕에 승승장구하고 있다.

이런 인기에는 한류의 역할이 크다. 하지만 그게 다가 아니다. 기본은 품질이다. 꼼꼼한 바느질, 질 좋은 소재에 발빠른 제품화가 경쟁력의 바탕이다. 에이컴메이트 강철용대표는 "소재와 색감도 좋지만 무엇보다 유행하는 옷을 하루 이틀만에 제품화하는 스피드가 한국패션의 경쟁력"이라며 "특히 동대문 일대엔 30~40년씩 봉제에 매달려온 숙련공이 많아 봉제품질이 세계적"이라고 말했다.

성공적인 중국 패션시장진출 사례로 꼽히는 의류업체 이랜드. 이 회사는 지난해 중국에서 1조 2,000억원의 매출을 거뒀다. 2005년 1,300여억원에 불과했던 중국매출이 5년 새 10배 가까이 늘어난 것이다. 이랜드 중국법인의 김만수 경영기획본부장은 "한국식의 빠른 생산시스템과 철저한 디자인 현지화가 성공의 열쇠"라며 "한국제품이어서 잘 팔리는 게 아니라 제품이 좋아 한국옷을 찾는 것이라고 본다"고 말했다.

한국 '미산업'의 경쟁력을 입증하는 증거는 '역수출'이다. 유럽패션 브랜드를 라이선스로 들여온 국내업체들이 우리나라에서 제품을 만들어 유럽본사로 역수출하는 것이다. 국내디자인과 제품력이 본사를 능가한다는 것을 인정받은 셈이다. LG패션의 라푸마가 대표적인 경우다. 유아복업체 이에프이는 프랑스 브랜드 '압소바'를 국내에서 생산해 중국으로 수출하고 있다.

전문가들은 한국 '미산업'이 세계적 경쟁력을 갖추게 된 배경으로 좁은 시장과 까다로운 소비자를 꼽는다. 내수시장이 작아 경쟁은 치열한데, 여성 소비자들은 외모에 관심이 많아 아무 제품이나 쓰지 않는다는 것이다. 사회적 문제로도 지적되는 외모지상주의가 '미산업'에는 발전의 자양분이 되고 있다. LG생활건강의 한 관계자는 "한국여성들이 피부에 관심이 많다는 것은 중국·일본에서도 잘 알려져 있다"며 "한국여성의 피부관리법이나 화장법을 따라 하려는 아시아인들이 한국화장품 브랜드의 주요 고객이 되고 있다"고 설명했다.

자료원: 중앙일보, 2011. 3. 22 기사내용을 편집함

3.4 단계별 경영활동의 수행주체 결정

단계별 경영활동을 어느 나라에 입지시켜 수행하느냐와 함께 또 하나의 중요한 전략적 의사결정으로 각 활동의 수행주체를 결정하는 문제가 있다. 전자가 기업활동의 '지리적 배치'(geographical configuration) 문제라면, 후자는 기업활동의 '소유권 배치'(ownership configuration) 문제라 할 수 있다. 기업의 국제경영활동은 국가별로 한 나라 안

에서 완결되지 않을 뿐 아니라 모든 활동을 해당 기업이 자체적으로 수행하는 경우도 드물다.

특정 경영활동의 수행주체를 양분하면 결국 해당기업 자신과 외부의 다른 기업으로 구분할 수 있다. 즉, 자체적으로 직접 수행하든지, 아니면 어떤 형태로든 다른 기업이 수행하든지 둘 중의 하나가 되는 것이다. 일반적으로는 전자를 직접 '만든다'는 뜻으로 'make'로 칭하고 후자는 외부의 다른 전문가가 수행하는 활동(제품, 혹은 서비스)을 시장기능을 통해 '구입한다'는 뜻으로 'buy'로 표시한다. 이러한 'make or buy' 이슈는 사실 모든 경제활동에 있어 의사결정자가 부딪치게 되는 중요한 문제다. 간단한 예를 들면 부품을 자체생산(make)할 것인가 아니면 협력업체가 만든 부품을 구입(buy)하는 외부조달 정책을 쓸 것인가 하는 문제가 있다. 또한 판매회사를 설립하여 유통기능을 직접 담당(make)할 것인가 아니면 외부의 전문유통업체에 맡겨 유통서비스를 구입(buy)할 것인가 하는 문제도 이 이슈에 해당된다.

그렇다면 기업의 국제경영활동에 있어 이 문제는 어떤 의미를 가지고 있으며 어떻게 접근해야 할 것인가? 왜 어떤 활동은 직접 맡아야 하고 어떤 활동은 외부에 맡기는 것이 바람직한가? 수행주체의 결정에도 비용문제는 역시 중요하다. 즉, 특정 활동을 직접 수행하는 것이 규모의 경제와 같은 비용효율성 측면에서 바람직한가는 중요한 판단기준이 된다. 품질관리나 다른 측면에서 직접 통제할 필요성이 얼마나 높은가도 중요한 고려요인이다. 활동의 양(생산량)과 관련된 비용효율성(규모의 경제) 외에도 특정 활동단계에 있어 원가든 차별화측면이든 다른 기업에 비해 열위에 있고 이 부족한 부분을 메꾸어 줄 수 있는 다른 기업이 존재한다면 그 기업과의 협력을 검토해 보는 것은 당연하다. 이러한 협력관계를 포괄적으로 전략적 제휴(strategic alliance)라고 부른다.

전략적 제휴는 당사자 간의 합의와 협력관계를 전제로 하기 때문에 순수한 형태의 'buy' 유형에 해당한다고 보기는 어렵지만 어쨌든 모든 경영활동을 자체적으로 직접 해결하지 않는 대안으로서 중요한 의미를 지닌다. 전략적 제휴는 사용하기에 따라서는 강력한 국제경쟁무기가 될 수 있으며, 국내든 국제든 많은 사례를 찾아 볼 수 있다.

전략적 제휴는 기술, 지식, 생산시설 등의 실질적 공유를 통해 보다 나은 경쟁우위를 확보하는 것을 목적으로 한다. 따라서 제휴의 파트너들은 상호 보완적인 위치에 있는 것이 가장 바람직하다. 부품의 공동생산이나 연구개발의 공동참여와 같이 가치사슬 내의 동일한 단계에서 이루어지는 전략적 제휴는 고정비 분담과 규모의 경제, 위험의 분산효과를 목표로 하는 경우가 많으며, 서로 다른 단계의 활동으로 제휴를 맺는 것은 가치사슬

내 활동단계별 강자끼리의 제휴를 통해 보다 강한 힘을 구축할 수 있기 때문이다. 후자의 예로는 기술과 생산능력에 우위가 있는 기업과 세계적인 유통망과 마케팅능력에 우위를 가진 기업이 제휴를 하는 경우라 하겠다.

그러나 어떤 형태의 전략적 제휴이든 기본적으로는 한 기업이 가치사슬 내의 모든 활동을 직접 수행하는 것보다 특정 활동단계를 다른 기업과 공동수행하거나 활동단계별로 분담수행하는 것이 국제경쟁전략상 보다 바람직할 수 있다는 것이 전략적 제휴의 근거가 된다. 즉, 기업이 가진 경쟁우위 요소를 다른 기업의 협력을 통해 광범위한 세계시장에서 보다 효율적으로 실현하거나 다른 기업의 경쟁우위 요소를 활용함으로써 국제경쟁에서의 취약부문을 보충하여 지속적인 성장과 이윤극대화를 도모할 수 있는 것이다. 기술수명주기의 단축과 대규모 연구개발 투자수요에 따른 위험증가도 과거에는 상상할 수도 없었던 경쟁기업과의 공동연구개발이라는 전략적 제휴의 배경요인이 된다.[5)]

가치사슬 내의 활동별 입지와 수행주체를 세계적인 관점에서 결정하고자 할 때 그 전략적 대안은 무수히 많다. 부품의 조달과 최종조립이라는 두 활동 단계만을 고려하여 기업이 택할 수 있는 전략대안의 조합을 한번 살펴보자. 우선 부품의 조달활동을 C(component sourcing)로, 조립활동을 A(assembling)로 표시하고 입지 결정시 고려하는 국가를 첨자 j로 나타내되 본국, 시장국, 제 3의 선진국, 제 3의 개발도상국 등 크게 4 부류로 나눈다. 여기에 개별활동을 직접 수행하느냐 아니면 다른 기업에 맡기느냐를 i로 표시하기로 하면 기업이 택할 수 있는 부품조달 및 조립활동의 전략대안은 다음과 같이 나타낼 수 있다.[6)]

부품조달 및 조립활동의 전략대안 유형 : $C_{ij}A_{kl}$

C : 부품조달 (component sourcing)

A : 조립 (assembling)

i, k : 수행주체 (1은 자사 직접 수행 2는 다른 기업에 맡김)

j, l : 각 활동을 주로 수행하는 국가

(1은 본국

2는 시장국

3은 제3의 선진국, 4는 제3의 개발도상국)

---

5) 전략적 제휴에 대해서는 김주헌, 최창범, 이재혁, 전용욱, 국제경영, 북넷, 2019, 제12장 참조.

6) Masaaki Kotabe & Glenn S. Omura, "Sourcing Strategies of European and Japanese Multinationals: A Comparison," *Journal of International Business Studies*, 20(1), 1989, pp. 113-130.

위의 모형에 따르면 기업이 선택할 수 있는 이론적 전략대안의 수는 2(부품조달주체)×4(부품조달입지)×2(조립활동주체)×4(조립활동입지) = 64개가 된다. 예를 들면 $C_{11}A_{11}$은 부품생산 및 조립활동을 모두 본국에서 자체적으로 수행하여 완제품을 수출하는 것을 의미하며, $C_{24}A_{12}$는 부품은 멕시코와 같은 개발도상국(C_{i4})의 하청업체(C_{2j})를 통해 조달하되 현지 시장국가(예: 미국, A_{k2})에 완제품 조립공장을 직접 설립, 운영(A_{1l})하여 현지에 완제품을 공급하는 전략을 의미한다.

이 모형은 본국과 시장국가를 구분함으로써 국내수요 충족을 위한 해외생산을 표시할 수 없는 단점이 있지만 기업이 택할 수 있는 범세계적 부품조달(global sourcing)이나 범세계적 조립, 생산전략(global assembling, production)이 매우 다양하고 복잡하다는 것을 보여주고 있다. 국내수요 충족을 위한 해외생산까지 포함한다면 이는 결국 글로벌 공급사슬망(global supply chain) 구축 문제가 된다.

3.5 국가별 활동의 조정

국제화시대의 기업경영은 전세계를 대상으로 가치사슬 내의 제반 활동을 수행하는 것을 특징으로 한다. 따라서 기업활동 자체는 물론 이의 수행을 위한 지점, 현지 법인 등의 조직도 다수국가에 설립, 운영하게 되며 이처럼 다수국가에 위치하고 있는 활동과 조직을 어떻게 조정하고 통제하느냐 하는 것은 국제화시대 기업경영의 중요한 전략적 과제라 할 수 있다.

국가별로 흩어져 있는 활동과 조직의 조정문제는 크게 경영활동의 내용적 측면에서 국가별로 현지 사정에 맞추어 적응해 나갈 것인가 아니면 세계적으로 통일적인 접근방법을 취할 것인가 하는 문제와, 외형적인 측면에서 의사결정을 현지 조직에 위임할 것인가 아니면 본사에 집중할 것인가 하는 문제로 대별할 수 있다. 전자는 경영활동의 현지 적응화(local adaptation)와 표준화(standardization)문제이고 후자는 의사결정의 분권화(decentralization)와 집중화(centralization) 문제이다.

이 두 가지 이슈는 서로 밀접한 관련을 맺고있으며 활동영역별로 표준화(혹은 현지화)와 집중화(혹은 분권화)의 정도가 다르게 나타나는 것이 일반적이다. 그러나 기본적으로는 기업전체의 조직분위기나 최고경영층의 행동양식과 방침이 현지국 중심주의(polycentrism)인가 아니면 세계 중심주의(geocentrism)인가에 좌우된다고 볼 수 있다.

(1) 경영활동의 표준화와 현지적응화

표준화(standardization)와 현지적응화(local adaptation)의 문제는 여러 경영활동 중에서도 특히 마케팅분야에서 많은 논의와 논란이 있어 왔다. 극단적으로 말한다면 표준화란 국가별 차이없이 전세계적으로 동일한 마케팅프로그램, 즉 동일한 제품모델과 상표, 동일한 광고메시지, 동일한 가격수준, 동일한 유통방식을 통해 세계시장에 접근하는 방법이고 현지 적응화란 개별시장 국가마다 현지 소비자의 반응, 경쟁상태 및 제반정치, 경제, 사회문화적 환경을 고려하여 현지에 특화된 마케팅전략을 수행해 나가는 것을 의미한다.

그러나 이러한 극단적인 형태의 표준화나 현지 적응화는 이론적으로든 현실적으로든 바람직한 대안이라고 보기는 힘들고 결국 양극단 사이에서 적절한 위치를 찾는 것이 경영자의 과제라고 할 수 있다. 전통적인 마케팅개념에 입각해서 본다면 현지적응화 쪽이 훨씬 타당성이 높아 보이는 것은 사실이다. 왜냐하면 마케팅 컨셉트(marketing concept)의 핵심은 고객의 욕구와 상황을 충분히 고려하여 이를 마케팅 프로그램에 반영하는 것이기 때문이다. 그러나 좀 더 깊이 들여다 보면 그것이 전부가 아님을 어렵지 않게 알 수 있다.

우선 표준화전략의 가능성을 높여주는 것으로 앞에서 언급한 세계화(globalization)추세를 들 수 있다. 즉 교통, 정보통신의 발달과 이에 따른 소비자 및 문화의 자유로운 국가간 이동이 세계 소비자의 동질화 경향을 가져오고 있다는 것이다. 실제로 공통적인 욕구를 지닌 소비자층의 세계적 확대, 즉 세계화 경향은 어느 정도 감지할 수 있을 만큼 진행되고 있으며 산업이나 업종에 따라 다르겠지만 이러한 추세가 표준화 전략의 중요성을 높일 것임은 틀림없다.

표준화 전략의 가장 큰 장점은 규모의 경제에 의한 원가절감 가능성이라 할 수 있다. 국가마다 다른 제품모델을 생산하여 공급하는 전략과 단일모델로 세계시장을 상대하는 전략 중 어느 것이 원가면에서 유리할지는 분명하다. 다만 산술적인 측면만 따져본다면 모델의 현지화를 통한 매출액 증가 및 원가상승 가능성과 표준화를 통한 원가절감 및 매출액 감소 가능성을 비교검토해 보아야 할 것이다. 표준화 전략의 규모의 경제효과는 생산활동측면에서만이 아니라 R&D, 마케팅, 일반관리비 등 모든 분야에 걸쳐 발생할 수 있다.

그러나 아직도 국가별로 환경의 차이가 크게 나타나고 있기 때문에 전면적인 표준화

전략은 어렵다. 결국 마케팅측면의 현지 적응화를 포함한 경영활동의 현지화(localization)나 이에 대비되는 표준화 혹은 세계화(globalization)의 문제는 기업이 택할 수 있는 국제화의 전략적 방향이지만, 모든 기업이나 모든 분야에 어느 하나를 일괄적으로 취하여 적용하는 것은 무리다. 즉, 현지화든 표준화든 그것이 '당위'의 명제가 될 수는 없다는 것이다. 한 기업의 국제활동이나 국제적 조직이 한 출발선상에서 동시에 시작되는 것이 아니고 시장국가별로 서로 다른 시점과 서로 다른 내외적 여건 아래서 시작되기 때문에 현실적으로는 의도적이지 않더라도 현지화 정책이 보다 자연스러울 수 있다. 그러나 장기적으로는 표준화와 세계화 전략의 가능성과 가능한 활동영역이 있다는 것을 염두에 두고 이를 준비하는 것이 바람직할 것이다. 그렇지 않을 경우 국가별 혹은 자회사별 현지화 경향이 고착화되어 관성이 붙을 수 있고 그런 후에 표준화 가능성을 검토하여 시도하는 것은 시기적으로도 늦을 뿐 아니라 일단 굳어진 경영행태나 조직구조 등을 바꾼다는 것이 쉽지 않기 때문이다. 표준화와 현지 적응화 문제에 대해서는 제4부 '국제마케팅믹스 전략'에서 다시 논의될 것이다.

(2) 의사결정의 집중화와 분권화

경영활동의 현지적응화, 표준화 문제와 함께 경영의사결정의 집중화, 분권화 문제 역시 다수 국가에 다수 자회사(지점)을 가지고 있는 국제기업활동의 조정, 통제측면에서 매우 중요한 이슈가 된다. 의사결정의 집중화 정도와 경영활동의 표준화정도 사이에는 정의 상관관계가 있는 것으로 알려지고 있으나 개념적으로 이 두 가지는 분리될 수 있다.

경영의사결정을 집중화한다는 것은 의사결정이 본사 수준에서 이루어지고 현지 자회사는 의사결정 과정에 적극적으로 참여를 하기보다는 결정된 사항을 집행하는 역할을 맡는 것을 말한다. 본사 입장에서는 의사결정을 집중화하면 각국에 흩어져 있는 전체 조직을 통제하고 조정하기에 유리한 장점이 있으나, 현지 사정을 정확히 반영하는 데 어려움이 있을 수 있고 시간적으로 급한 경우에 신속히 대응하는 데에도 한계가 있을 수 있다.

이에 비해 의사결정의 분권화란 현지 자회사에 의사결정권한을 대폭 위임하는 것으로서 전반적인 현지화 전략의 일환으로 사용될 수 있다. 현지 자회사 수준에 경영의사결정의 자치권을 부여할 경우 현지의 제반 상황에 대한 충분한 이해를 바탕으로 의사결정이 이루어질 수 있으므로 현지 대응능력이 그만큼 뛰어날 수 있다. 그러나 의사결정권의 현지 위양은 그러한 권한을 가질 만한 현지 조직의 규모나 현지 책임자의 위상을 전제로 하며, 자회사간 혹은 본사-자회사 간의 커뮤니케이션이나 본사의 조정기능이 제대로 수행되지 못할 경우 각 자회사는 전체 기업조직의 일부로서가 아니라 개별적 독립체로 운영될 위험이 있다. 이는 결국 부문최적화(sub-optimization)의 추구로 인해 세계적 관점에서의 최적화(global optimization)가 희생될 수 있음을 의미한다.

의사결정의 집중화 혹은 현지 위양 정도는 물론 의사결정내용의 중요도나 시간적 긴급성 등에 따라 달라진다. 기업전체 입장에서 대단히 중요한 전략적 의사결정과 해당 자회사의 일상적 의사결정이 그 의사결정권한의 위치가 달라져야 함은 너무나 당연하다. 또한 의사결정영역, 즉 재무관련 의사결정인지 마케팅, 생산, 혹은 인사관련 결정인가 하는 것도 의사결정의 집중화 정도에 영향을 준다.

그러나 의사결정의 전반적인 집중화 혹은 분권화 정도는 기업의 국제화전략의 기본방향에 따라 달라질 수 있다. 국내 모 재벌그룹의 최고책임자가 국제화시대의 기업경영을 이야기하며 의사결정의 현지화를 언급한 적이 있는데, 이것이 향후 해당 그룹의 국제경영전략에 대한 하나의 방향제시가 되는 것이다. 그러나 의사결정의 현지 위양문제 역시 일괄적으로 어느 것이 바람직하다고 말하는 것은 위험하다. 본질적으로 중요한 것은 의사결정 권한의 위치 자체보다는 어떤 근거로 그러한 방침을 설정했느냐는 것과 본사-자회사간, 그리고 자회사 상호간에 커뮤니케이션과 조정기능이 얼마나 효율적으로 이루어질 수 있느냐 하는 것이다.

04 요 약

국제화는 경제적, 사회문화적 국경의 개념이 점차 의미를 잃고 국가 간의 상호의존과 교류가 보다 심화되고 자유로와지는 변화의 흐름인 동시에 국민 개개인, 기업, 정부 등의 개별 주체들이 변화해 가는 과정이기도 하다. 경제적 국경개념이 약화된다는 것은 시장이 확대되는 것임과 동시에 국가간, 기업간 경쟁이 그 만큼 치열해진다는 것을 의미하며 기업이나 정부의 국제화라는 것도 결국은 그러한 변화의 흐름에 대처해 나가는 과정이라고 볼 수 있다.

기업의 국제화는 외형적으로 조직과 경영활동의 해외진출 형태로 나타나지만 본질적으로는 국제수준의 경쟁력을 갖추며 기업의 제반 활동을 전세계적 관점에서 최적화해 나가는 과정으로 이해해야 한다. 세계적 관점에서 최적화를 추구한다는 것은 시장으로서의 국가든 R&D나 생산활동의 입지로서의 국가든 개별 국가 혹은 개별 자회사 차원에서 분석하고 의사결정을 내리는 것이 아니라 세계시장의 일부, 기업전체 조직의 일부라는 인식을 방탕으로 기업활동을 수행해 나가는 것을 의미한다. 이러한 세계적 차원에서의 최적화(global optimization)를 위해서는 무엇보다 최고경영층의 사고방식이나 행동방식이 '세계적'(global perspective)일 필요가 있으며 세계 곳곳에 흩어져 있는 기업조직 및 그 활동을 조정하고 통제할 수 있는 시스템을 갖추어야 한다.

기업은 국제화전략을 추구함에 있어 가치사슬(value chain) 내의 모든 단계별 활동을 직접 수행하는 것보다 전략적 제휴(strategic alliance)를 통해 다른 기업과 협력하는 것이 바람직할 수도 있음을 인식해야 한다. 전략적 제휴는 고정비의 분담이나 위험의 분산을 목표로 할 수도 있고 활동단계별 강자끼리의 제휴를 통해 보다 강한 힘을 구축하기 위한 것일 수도 있다. 특히 세계 시장에서 아직 강력한 입지를 구축하고 있지 못한 기업이라면 다른 외국기업의 경쟁우위를 활용하여 취약부문을 보충하는 형태의 전략적 제휴 가능성을 보다 신중하게 검토해야 할 것이다.

끝으로 기업은 국제화전략의 기본방향으로 경영활동의 현지화나 표준화 중에서 어느 하나에 비중을 더 두느냐를 결정할 수 있다. 경영활동의 현지화란 가급적 해당 국가의 현지 사정에 맞추어 적응하려는 것을 의미하고 표준화란 가능한 한 국가별 접근보다는 전세계적으로 통일적인 경영활동을 전개하는 것을 말한다. 이 두 가지 접근방법은 각각 장단점이 있기 때문에 어느 하나가 반드시 옳다고 보기는 어렵다. 시간의 흐름과 환경의 변화에 따라 결과가 다르게 나타나기도 한다. 우리나라의 기업들은 아직 현지화쪽에 무게를 더 두고 있는 듯이 보이며 이러한 방향이 당장 어떤 문제가 있는 것은 아니다. 그러나 장기적으로는 표준화 전략의 가능성을 염두에 두고 이에 준비하는 것도 필요하다. 지나친 현지화 경향이 굳어진 상태에서의 국가별 조직의 독자적 활동은 기업국제화의 최종목표라 할 수 있는 세계적 관점에서의 최적화에 노움이 되지 않을 수 있기 때문이다.

물론 현지사정을 고려하지 않는 지나친 표준화전략 역시 문제가 될 수 있다. 글로벌 시장에서 오랫동안 경쟁관계를 유지하고 있는 코카콜라와 펩시콜라도 표준화와 현지적응화 문제에 있어 기본방향성의 차이를 보여 왔다. 전반적으로는 코카콜라가 표준화를 더 추구했다고 볼 수 있는데 이것이 세계 지향주의(geocentrism)의 반영이었는지 자국 중심주의(ethnocentrism)의 표현이었는지에 대해서는 논란의 여지가 있어 보인다. 인도인을 CEO로 영입한 펩시콜라야말로 진정한 세계 지향주의를 실천하고 있는지도 모를 일이다

(Mini-Case 1.6 및 Mini-Case 10.5 참조).

1-6 Mini-Case
콜라 전쟁: 매출 1위 펩시 대 브랜드 1위 코카

펩시콜라가 지난 8월 14일 인도출신 여성 인드라 누이(50)를 새 CEO로 맞아들이자 세계는 펩시콜라를 주목했다. 여성을, 그것도 미국 이민 2세가 아니라 인도에서 태어나 대학을 나온 전형적인 인도인을 CEO로 앉힌 것이 화제였다. 코카콜라의 아성을 무너뜨린 펩시콜라의 새로운 수장이란 의미에서도 그랬다. 누이는 결단력 있으면서도 회사행사 때 인도 전통복장인 '사리'를 입고 참석하고, 투자자회의 때 단상에 걸터 앉아 대화를 나눌 만큼 격의없는 성격으로 펩시콜라를 대표하게 됐다.

반면 코카콜라는 화려한 스포트라이트를 받고있는 펩시콜라를 조용히 바라보고 있을 수밖에 없었다. 지난 7월 말엔 북미사업부문 사장을 맡고있던 도널드 크나우스가 사임했다. 코카콜라는 다른 기업의 대표를 맡기 위해서라고 설명했지만 회사의 이름을 구체적으로 밝히지 않았다.

몇 년 전까지 사람들은 코카콜라와 펩시콜라는 전통의 라이벌이지만 그래도 코카콜라가 한 수 위라고 생각했다. 그도 그럴 것이 1886년 창립돼 120년째가 된 코카콜라가 12년 뒤인 1898년 태어난 펩시콜라보다 전통에서 앞섰기 때문이다. 하지만 고정관념은 서서히 무너지고 있다. 이미 2004년 매출액에서 '만년 2등' 펩시콜라가 292억 6,100만 달러를 올려 219억 6,200만 달러에 그친 코카콜라를 눌렀다. 그 해 펩시는 매출에서 25%, 총 이익에서 10%나 코카콜라를 앞섰다. 그리고 2005년 말 펩시콜라가 시가총액, 매출, 순이익에서 코카콜라를 앞서면서 자신의 우위를 재확인했다.

펩시콜라는 콜라로서는 도저히 코카콜라를 누를 수 없다는 사실과 사람들의 입맛이 점점 웰빙화하고 있다는 사실에 착안해 발 빠르게 제품다각화를 추진했다. 주스, 이온음료, 스낵 등으로 영역을 넓혔고, KFC 등 외식업체와 제휴를 강화해 종합식료품 업체로 펩시콜라를 탈바꿈시켰다. 트로피카나, 퀘이커오츠 등 식품회사를 과감히 인수했다. 특히 선봉장으로 누이가 앞장섰다. 그녀의 주장으로 140억 달러를 써내 스낵업체 퀘이커오츠를 인수한 건을 두고 당시 대표였던 로저 엔리코는 "펩시콜라 역사상 가장 성공적인 결정이었다"고 말하기도 했다. 제품다각화 결과 펩시의 사업부문에서 탄산음료 이외의 스포츠음료, 과일주스, 스낵, 유통 등이 전체매출의 80%를 차지하게 됐다. 현재 인도 일부주에서 '농약콜라' 파동으로 두 회사가 이미지에 타격을 입고 있는 가운데 펩시는 인도여성을 대표로 내세우며 한발 빨리 대응하고 있다. 작년 5월엔 코카콜라 임원 여비서가 코카콜라 맛의 비밀을 팔겠다는 제의를 해오자 오히려 코카콜라측에 이 사실을 통보해 줌으로써 이젠 여유있는 모습까지 보여주고 있다.

1960년대부터 시작한 '펩시 세대' 캠페인은 큰 효과를 봤다. 자신이 형이 아니라 동생이라는 위치를 마케팅에 적극 활용, 코카콜라를 낡고 보수적인 것으로 몰아붙이고 자신은 영원한 새로운 세대로 자리매김한 것이다. 10대의 반항적 이미지를 담기위해 젊은 시절의 마이클 잭슨, 라이오넬 리치, 마돈나 등을 광고에 등장시켰다. 이와 같은 '브랜드 포지셔닝(brand positioning)'을 통해 미래 주고객층을 형성할 청소년에게 자사제품을 집중적으로 홍보했다. 특유의 자유분방한 문화는 '코카콜라는 크렘린궁, 펩시콜라는 대학캠퍼스'라는 말까지 만들어냈다. 1970년대 중반 TV를 통해 내보낸 광고도 코카콜라를 추격하는 데 주효했다. 눈을 가리고 콜라를 마시던 사람이 눈가리개를 벗으며 "어~ 펩시잖아!"를 외치게 하는 장면이었다. 입소문이나 이벤트로 인지도를 높이는 '버즈

(buzz) 마케팅'을 사용해 펩시는 8년 만에 30%포인트 나던 시장점유율 차이를 10%포인트까지 좁히는 데 성공했다.

반면 코카콜라는 '1등의 함정'에 빠져 신제품개발이나 사업다각화에 소홀했다. 오히려 작년 탄산음료마케팅에만 4억 달러를 쏟아 부었다. 퀘이커오츠도 먼저 인수할 기회가 왔지만 이사회의 반대로 무산시키고 펩시에 내줬다. 코카콜라는 여전히 탄산음료가 매출의 80%를 차지하고 있다. 시장을 읽지 못한 '공룡'은 후발주자에 선두자리를 내주고 말았다. 다급해진 코카콜라는 실적목표를 달성하지 못할 경우 이사들의 보수를 전혀 지급하지 않기로 결정했다.

엎친 데 덮친 격으로 코카콜라에 불리한 일들이 곳곳에서 일어나고 있다. 7월 말 콜라를 지속적으로 마신 게 건강을 악화시켰다고 주장하는 러시아여성이 코카콜라 모스크바 지사를 상대로 낸 소송에서 이겼다. 글로벌경영을 전개하면서 전세계에서 반독점논란을 초래했고 환경과 노동문제 등에서 반감을 불러일으켰다. '안티 코카콜라' 바람은 미국대학에까지 번져, 미시간대, 뉴욕대 등 10개 대학이 교내에서 코카콜라 판매 금지를 선언했다. 한국에선 7월 독극물 투입사건이 터져 115만병이 리콜됐고, 지난 7월초엔 캔 콜라 속 이물질이 발견돼 신문의 사회면에 등장하기도 했다. '농약콜라' 파동으로 인도 대법원은 120년간 극비였던 콜라제조성분을 밝히라고 명령하고 나선 상태다.

1초마다 1만여 명이 코카콜라를 찾고 있고, 하루에 30억병의 코카콜라가 소비된다고 한다. 작년(2005년) 영국 브랜드가치 평가회사인 인터브랜드는 미국 경제주간지 '비즈니스위크지'를 통해 코카콜라가 673억 달러어치의 브랜드가치로 마이크로소프트와 IBM을 제치고 당당 1위를 차지했다고 밝혔다. 코카콜라는 5년 연속 브랜드가치 세계 1위 자리를 지킴으로써 구겨진 체면을 살렸다. 아직까진 영문자 'C'를 절묘하게 매치시킨 스펜서체 로고와 여인의 S라인을 연상시키는 병모양이 사람들 뇌리에 강하게 박혀있음을 밝혀주는 증거다. 펩시는 22위에 그쳐 지명도 부문에선 아직 코카콜라의 발밑에 있음을 보여줬다(그러나 코카콜라는 2013년 애플, 구글에 이어 브랜드가치 3위로 내려간 이후 하락세를 면치 못하고 있다. 2020년 코카콜라의 브랜드가치는 6위, 펩시의 순위는 26위다).

자료원: 조선일보, 2006. 9. 9 기사 내용을 수정 · 편집함

연습문제

1. 기업의 국제화란 무엇을 의미하는가? 기업 국제화의 정도를 나타내는 여러 가지 기준들에 대해 설명해 보시오.
2. 펄뮤터(Perlmutter)가 말하는 ethnocentrism, polycentrism, geocentrism 등에 대해 설명해 보시오.
3. 비교우위(comparative advantage)와 경쟁우위(competitive advantage)를 비교설명하시오.
4. 원가우위와 차별화우위의 개념과 의의를 설명하시오.
5. 경험효과의 개념과 의의를 설명하시오.
6. 국제기업의 부가가치활동 단계별 입지결정과 수행주체결정 문제에 대해 설명하시오.
7. 국제경영활동의 현지화문제에 대해 설명하시오.
8. 'Born Global'에 대해 설명하시오.

참고문헌

- 김주헌, 최창범, 이재혁, 전용욱, 국제경영, 북넷, 2019
- 이광철, 글로벌경영: 전략적 접근, 3판, 한경사, 2023.
- 장세진, 글로벌경영, 11판, 박영사, 2024.
- Kotabe, Masaaki & Glenn S. Omura, "Sourcing Strategies of European and Japanese Multinationals: A Comparison," *Journal of International Business Studies*, 20, 1, 1989, pp. 113–130.
- Levitt, Theodore, "The Globalization of Markets," *Harvard Business Review*, May–June, 1983, pp. 92–102.
- Perlmutter, Howard V., "The Tortuous Evolution of the Multinational Corporation," *Columbia Journal of World Business*, January–February 1969, pp. 9–18.
- Porter, Michael E., *Competitive Advantage*, Free Press, 1985.
- Root, Franklin R., *Entry Strategies for International Markets*, Lexington Books, 1994.
- Thorelli, Hans B., "The Multi–National Corporation As a Change Agent," *The Southern Journal of Business*, Vol. 1, No. 3, 1966, pp. 1–9.

CHAPTER 02

국제마케팅의 개요

본장에서는 국제마케팅의 개념과 특성, 그리고 주요 의사결정영역에 대해 설명한다. 따라서 본장은 국제마케팅에 대한 전반적인 이해를 위한 것이라 할 수 있다. 특히 국제마케팅의 주요 의사결정영역에 대한 설명은 본서의 체계 및 내용과도 연결되는 것이어서 본서의 구성을 이해하는 데에도 도움이 될 것이다. 본장의 끝부분에 소개된 디즈니랜드의 해외진출사례는 제조업체가 아니면서도 국제마케팅에서 다루어져야 하는 주요 내용을 파악할 수 있는 흥미로운 사례다.

01 국제마케팅의 개요

1.1 국제마케팅의 개념

국제마케팅(International Marketing)이란 간단히 말하면 국경을 넘어 2개국 이상에서 일어나는 마케팅활동이다. 따라서 서로 다른 환경을 가진 다수의 국가시장을 대상으로 한다는 점이 일반적인 국내마케팅과 구별되는 가장 큰 특징이지만 마케팅의 기본개념이나 이론은 보편적으로 적용이 가능하다.

미국 마케팅학회(American Marketing Association)의 정의에 의하면(www.ama.org) 마케팅은 "고객, 의뢰인, 파트너 및 사회전반에 가치가 있는 것들을 창조하고, 소통하고, 전달하고, 교환하는 활동, 기관, 그리고 과정(the activity, set of institutions, and processes for creating, communicating, delivering, and exchanging offerings that have value for customers, clients, partners, and society at large)"이다. 이 정의를 국제마케팅에 원용한다면 국제마케팅이란 "둘 이상의 국가를 대상으로 고객, 의뢰인, 파트너 및 사회전반에 가치가 있는 것들을 창조하고, 소통하고, 전달하고, 교환하는 활동, 기관, 그리고 과정"이라고 할 수 있겠다. 이러한 통칭으로서의 국제마케팅은 그 주된 활동내용이나 강조점, 해외시장의 개입정도, 혹은 학자에 따라 다음과 같은 여러 명칭으로 불리기도 한다. 그러나 이들 모두 환경이 다른 해외시장을 대상으로 한다는 점에서 국제마케팅으로서의 공통점을 지닌다고 할 수 있으며, 이들 용어자체를 엄격하게 구분하는 것에 큰 의미는 없다.

(1) 수출마케팅(export marketing)

수출마케팅은 해외의 불특정 다수시장을 대상으로 하는 수출활동을 중심으로 하는 마케팅이다. 해외시장에서의 마케팅활동은 초보적 단계로서 주로 해외바이어의 요구조건에 수동적으로 반응하는 입장이다. 즉, 기업의 주된 국제마케팅 관심사는 외국 최종소비자의 욕구나 기대에 적극적으로 반응하는 것이 아니라 외국바이어나 국내수출업자를 통해 그들의 요구조건에 맞게 제품을 생산하여 외국시장에 인도하는 것이다. 따라서 해외시장에서의 마케팅활동이나 시장조사활동은 별로 일어나지 않는다. 1장 [그림 1-1]의 '수출지향 단계'에 해당하는 마케팅이라고 볼 수 있겠다.

(2) 해외마케팅(foreign marketing)

해외마케팅은 국내에서 생산된 물품을 수출에 의해 해외시장에 공급하되 현지 시장에서의 마케팅활동에 적극 개입하는 형태라 할 수 있다. 따라서 현지 바이어에 대한 의존보다는 독자적인 현지 판매법인 등을 설립하여 브랜드관리는 물론 촉진, 유통활동에도 개입하게 된다. 효과적인 현지 마케팅활동을 위해 현지 시장상황, 소비자행동 등에 대한 시장조사기능의 중요성이 더해진다. 1장 [그림 1-1]의 '현지 시장지향 마케팅단계'에 해당하는 마케팅활동으로 볼 수 있을 것이다.

(3) 다국적마케팅(multinational marketing)

다국적마케팅은 다수의 해외시장에 자체 생산시설을 갖추고 생산 및 마케팅활동을 하는 것이라 할 수 있다. 즉, 위에 설명한 해외마케팅 단계에 현지 생산기능이 추가된 형태로 보면 된다. 따라서 해외시장조사는 마케팅 측면만이 아니라 해외직접투자와 관련된 현지 국가의 제반 여건에 대한 조사활동을 포함하게 된다. 다국적마케팅의 경우 마케팅의 주된 관심사는 특정 현지시장에 대한 적절한 대응, 혹은 현지 적응화(local adaptation)며 복수시장 간의 유기적 연결이나 표준화(standardization)에 대한 고려는 부족하다. 즉, 여기서의 '다국적'은 독립적인 다수의 국내시장을 의미하며(multidomestic approach) 이러한 현지 지향적 마케팅은 Perlmutter 등이 말하는 이른바 EPRG(Ethnocentrism, Polycentrism, Regiocentrism, Geocentrism) 틀에서 두번째 단계인 현지국 중심주의(polycentrism)에 해당한다고 할 수 있다.[1] 1장 [그림 1-1]에서는 '현지 시장지향 생산단계'에서 이루어지는 마케팅이라고 볼 수 있겠다.

---

1) Horward V. Perlmutter, "The Tortuous Evolution of the Multinational Corporation," *Columbia Journal of World Business*, January-February, 1969, pp. 9-18. 그리고 Yoram Wind, Susan P. Douglas, and Horward V. Perlmutter, "Guidelines for Developing International Marketing Strategies," *Journal of Marketing*, 37(2), April, 1973, pp. 14-23을 참조할 것.

(4) 범세계적 마케팅(global marketing)

범세계적 마케팅은 복수의 해외생산입지와 복수시장 간의 유기적 연결을 통해 세계적 관점에서의 최적화(global optimization)를 추구하는 것이다. 다국적마케팅이 개별 해외시장에의 접근과 해당 시장에서의 마케팅활동을 주요 과제로 삼는데 비해, 범세계적 마케팅은 개별국가를 하나의 세분시장(market segment)으로 보지 않고 여러 국가에 걸친 동질적 세분시장(cross-border segment) 발견을 강조한다. 따라서 표준화된 마케팅전략의 중요성이 강조되며 이를 위해 국가시장 간의 시장특성이나 소비자행동 등의 비교 분석이 해외시장조사의 주요 과제가 된다. EPRG의 마지막 단계인 세계 중심주의(geocentrism), 혹은 부분적으로 지역 중심주의(regiocentrism)에 해당한다고 할 수 있으며 전 세계 마케팅활동의 조정과 통합이 국제마케팅 담당자의 중요한 책무가 된다. 1장 [그림 1-1]의 '세계시장지향 단계'에 해당하는 마케팅이라고 볼 수 있겠다.

1.2 국제마케팅의 특성

국제마케팅의 경우에도 일반적인 마케팅의 이론과 개념, 기법 등이 적용되지만 다음과 같은 측면에서 국내상황에서의 마케팅과 구별된다.

(1) 서로 다른 환경

국제마케팅의 가장 큰 특징은 서로 상이한 환경을 가진 복수국가시장을 대상으로 한다는 점이다. 제반 환경요소는 기업의 입장에서 통제가 가능한 마케팅믹스 변수와는 달리 통제가 불가능한 주어진 여건이다. 이러한 환경여건은 마케팅기회를 포착할 수 있는 원천인 동시에 마케팅활동을 제약하는 위협요소가 되기도 한다. 따라서 국제마케팅 담당자는 일반적인 국제환경은 물론 각 국가시장의 정치, 경제, 사회문화, 기술적 환경 등을 분석하고 이해해야 하며, 이를 바탕으로 적절한 국제마케팅전략과 계획을 수립해야 한다. 한편 국가 간의 상이한 환경은 국제마케팅전략의 현지 적응화(local adaptation)와 표준화(standardization)라는 중요한 전략적 이슈를 제공하기도 한다.

(2) 국가간의 이전활동

국제마케팅의 또 하나의 특징은 국가간의 이전, 즉 국경을 넘는 활동을 전제로 한다는 점이다. 국제이전의 대상은 개별, 혹은 복합적인 생산요소는 물론 부품, 반제품, 완제품 등의 재화와 용역을 모두 포함한다. 어떤 형태로 국가간 이전활동이 일어나느냐 하는 것은 결국 시장진입방법(entry mode) 결정과 관련된 문제이며, 국제마케팅 담당자는 해당 국가시장의 제반 여건을 고려하여 적절한 국제이전활동의 형태를 결정해야 한다. 특히 문제가 되는 것은 해당시장의 현재 혹은 잠재적 규모, 완제품에 대한 관세 및 비관세장벽을 포함한 정부규제, 직접 투자에 대한 규제 및 지원제도, 사회간접자본과 같은 하부구조(infrastructure) 등이다.

(3) 다수 국가시장

국제마케팅활동은 2개국 이상에서 동시에 수행된다. 다수의 국가시장을 대상으로 동시에 마케팅활동이 일어난다는 것은 위에 설명한 국가간의 이전문제와는 또 다른 차원에서의 특징이다. 즉, 동시에 여러 국가시장에서 수행되는 마케팅기능을 누가 수행하며 이러한 활동을 어떻게 조정하고 통제하느냐 하는 문제를 제기하는 것이다. 이것은 본사와 자회사 간의 마케팅의사결정 권한의 배분문제, 즉 의사결정의 집중화(centralization) 정도 문제와 특정 국가시장의 마케팅 프로그램이나 경험의 타국 이전가능성 문제, 그리고 전체 국제마케팅활동의 조정과 통합이라는 중요한 문제들을 의미한다.

02 국제마케팅의 주요 의사결정영역

기업의 국제마케팅활동과 관련된 주요 의사결정영역을 유형별로 살펴보면 다음과 같다.

2.1 순차적 흐름으로 본 의사결정영역

(1) 해외시장진출 여부에 대한 결정(go/no go decision)

국제마케팅 의사결정과정의 논리적 출발점은 해외시장진출 여부를 결정하는 일이다. 이미 해외시장을 대상으로 국제마케팅활동을 하고 있는 많은 기업의 경우 이 결정은 다시 생각할 필요가 없는 이미 내려진 것이지만, 그들 기업 역시 어떤 형태로든 이 결정과정을 거쳤음이 분명하다. 또한 이미 해외시장에 개입하고 있는 기업의 경우라 해도 다른 제품·사업분야의 해외진출을 시도한다면 이 결정은 새로운 것일 수도 있다.

일반적으로 기업은 국내시장을 대상으로 경영활동을 전개하여 경험을 축적한 후 해외시장진출 가능성을 검토하게 된다. 해외시장에 대해 관심을 갖게 되는 동기는 국내시장의 성장한계, 과도한 경쟁, 국내에서의 성공에 힘입은 해외시장에서의 새로운 가능성 타진 등 다양하다. 특히 국내시장의 협소로 수출을 통한 경제성장에 주력해 온 한국으로서는 해외시장의 중요성이 더욱 크다 할 수 있으며 이에 대한 기업의 관심 역시 아주 자연스런 현상이 되고 있다(〈표 2-1〉 참조).

해외시장진출 여부를 결정하기 위해서는 해당 제품·산업분야의 세계수급동향, 경쟁상황, 자사의 잠재적 점유율 등에 대한 분석을 국내시장과 비교하여 수행해야 한다.

표 2-1 기업의 해외진출 동기

공세적 동기	방어적 동기
• 수익성 확보	• 국내경쟁 심화
• 제품/서비스의 차별적 우위	• 생산과잉
• 기술적 우위	• 국내매출 감소(정체)
• 독점적 정보(해외시장/고객)	• 과잉시설(가동률 제고)
• 규모의 경제	• 국내시장 포화
• 시장규모	• 국내규제 및 경영환경 악화

(2) 진출시장의 선택(country selection)

일단 해외시장진출 가능성에 대한 검토가 끝나 진출이 결정되면 그 다음 단계의 의사결정은 어떤 시장으로 진출하느냐, 즉 진출국가를 선정하는 일이다. 다른 제품·사업분야에서 해외시장에 진출해 있는 기업이라면 해당 국가시장이 일차적 후보지로 자연스럽게 떠오르겠지만, 처음으로 해외시장진출을 계획하는 기업의 경우 진출시장을 선택하는 것은 해외시장개척의 성패를 좌우할 수 있는 중요하고도 신중을 요하는 문제이다.

진출시장을 선택함에 있어 전세계 모든 국가를 대상으로 검토작업을 벌인다는 것은 현실적으로 불가능하다. 따라서 대개 초기단계에서는 심층조사 및 분석을 요하는 국가들을 복수선정하고 이들 국가들을 대상으로 평가과정을 거쳐 진출국가를 선택하게 된다.

이러한 진출시장 선정과정에는 기본적으로 '기회(opportunity)'와 '위험(risk)'이라는 두가지 차원과 관련된 자료를 분석하게 된다. 기회란 현재 혹은 잠재적인 시장의 크기(market potential)를 말하며, 위험이란 정치, 경제, 사회문화적 환경 등의 이질성이나 불안정성을 의미한다. 경쟁의 양적, 질적 강도는 기회와 위험의 양 측면을 모두 내포한다 하겠다. 궁극적으로는 이러한 여러 요소들을 종합적으로 고려하여 개별 국가시장의 매력도(attractiveness)를 평가한 후 그 순위에 따라 진출시장을 선택하게 된다.

(3) 시장진입방식의 결정(entry mode decision)

어떤 국가시장으로 진출할 것인가가 결정되면 이제 그 시장에 어떤 방법으로 들어갈 것인가를 결정해야 한다.

해외시장 진입방식(entry mode)은 크게 수출, 계약형태, 직접투자 등의 세 가지 유형으로 나눌 수 있다. 계약형태란 라이슨싱(licensing), 프랜차이징(franchising), 계약생산 등을 포함하며 직접투자(foreign direct investment)는 현지에서 직접 생산활동을 하려는 것이다. 직접투자 방식은 소유권비율에 따라 단독투자와 합작투자로, 출발형태에 따라 기존 기업의 인수(합병)와 신규설립 형태로 구분할 수 있다.

진입방식을 결정하려면 해당 시장의 규모 및 성장가능성, 정치적 위험, 무역장벽이나 외환송금규제와 같은 각종 규제, 전기, 도로, 항만, 통신 등과 같은 하부구조(infrastructure), 노동력의 양과 질 등에 대한 정보가 필요하다.

이러한 진입방식에 대한 결정이 논리적으로 진출시장의 선택 후에 이루어지는 것인가에 대해서는 그것이 일반적이라고 할 수는 있어도 반드시 그렇다고 하기는 어렵다. 왜냐하면 기업이 현실적으로 택할 수 있는 진입방법이 한정되어 있거나 특정방법을 선호 내지 고집한다면 이것이 시장선택에 영향을 줄 수 있기 때문이다.

(4) 마케팅믹스 결정(marketing mix decision)

시장의 선택과 진입방법에 대한 결정이 이루어지면 이제 국제마케팅 담당자는 구체적인 마케팅믹스에 대한 결정을 해야 한다. 마케팅믹스 결정은 해당 시장에 대한 보다 구체적인 정보를 필요로 하며 필요한 정보의 유형이나 시장조사의 방법 등은 기본적으로 국내시장 대상의 마케팅믹스 결정을 위한 경우와 크게 다를 바가 없다. 그러나 유통구조와 관습, 소비자구매행동과 습관, 가격에 대한 민감도, 구매결정시 제품평가기준의 중요도 등 시장상황과 소비자행동의 모든 측면이 국내상황과는 판이하게 다를 수 있으므로 어떤 편견이나 가정을 전제로 하는 마케팅믹스 결정은 실패할 가능성이 높다는 사실을 늘 염두에 두어야 한다. 다시 말해 성공적인 마케팅믹스 결정을 위해서는 해당 시장과 소비자행동에 대한 구체적이고도 철저한 조사활동이 필요하다는 것이다.

마케팅믹스 결정시 중요하게 등장하는 또 하나의 이슈는 마케팅믹스 프로그램의 국가간 표준화(standardization) 가능성 정도 문제다. 즉, 각국 시장의 독특성에 부합하는 현지적응화(local adaptation)를 어느 정도 추구하고 통일적인 마케팅 프로그램을 어느 정도까지 실시할 것인가 하는 문제다. 이에 대해서는 뒤에서 보다 상세히 설명하기로 한다.

이상에서 살펴본 국제마케팅 의사결정의 순차적 흐름을 도식화하면 [그림 2-1]과 같다. 그러나 앞서 언급한 대로 이러한 흐름의 논리적 타당성은 인정되지만 반드시 이 순서대로 의사결정이 이루어진다고 할 수는 없으며, 전 단계 의사결정의 수정없이 후 단계 의사결정은 수정되거나 추가될 수 있다.

2.2 시장세분화, 표적시장선정 및 포지셔닝

고객 및 시장상황과 관련된 마케팅전략수립의 주요 과제로 시장세분화(market segmentation), 표적시장선정(market targeting), 그리고 포지셔닝(positioning) 등이 있다. STP라고도 불리는 이 일련의 과정은 마케팅전략수립의 핵심적 내용에 해당한다고 볼 수 있는 것으로서 국제마케팅의 경우에도 예외는 아니다.

그림 2-1 국제마케팅 의사결정의 순차적 흐름

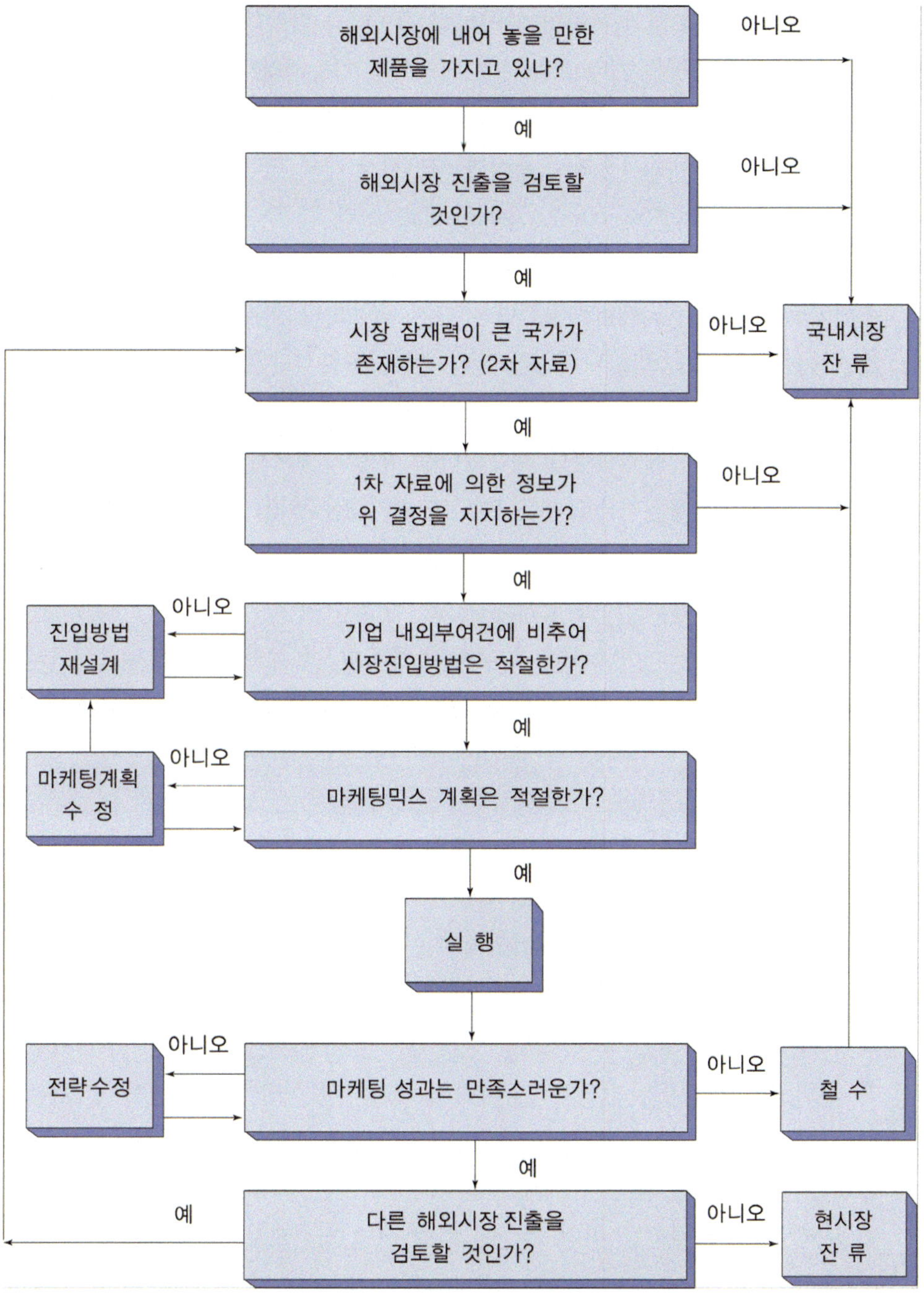

(1) 시장세분화(market segmentation)

시장세분화는 고객의 욕구가 다양하여 개인마다 다르다는 것과 이러한 다양성에도 불구하고 어떤 유사성을 기준으로 하여 집단화가 가능하다는 것을 전제로 한다. 서로 다른 환경을 가진 복수국가시장을 대상으로 하는 국제마케팅의 경우 가장 자연스러운 형태의 시장세분화는 국가별 시장의 독특성과 국가시장 간의 환경적 차이를 전제로 하는 국가별 시장세분화(country-by-country segmentation)라 할 수 있다.

이러한 국가별 시장세분화는 개별 국가단위의 시장조사를 필요로 하며 이를 토대로 수립되고 집행되는 국제마케팅전략은 현지 적응화나 현지 중심주의(polycentrism)의 국별 반응전략의 모습으로 나타나게 된다. 국가를 분석단위로 하되 개별국가를 독립된 세분시장으로 보지 않고 소득수준, 지리적 환경, 문화적 배경, 인구 등의 측면에서 유사한 국가들로 분류하여 해외시장을 세분화하는 방법도 중요하게 고려할 수 있다. 지리적 근접성을 주된 변수로 해외시장을 세분화한다면 지역중심주의(regiocentrism)적인 국제마케팅전략의 가능성이 높아진다.

한편 개별 국가시장 내의 유사성과 국가시장 간의 차이점을 전제로 하는 국가별 시장세분화나 역시 국가시장을 대상으로 하되 복수국가시장을 하나의 세분시장으로 묶는 방법과 달리, 여러 국가시장에 걸쳐 비슷한 유형의 세분시장의 발견을 목표로 하는 초국가시장세분화(cross-border, 혹은 intercountry segmentation)는 또 하나의 중요한 시장세분화 방법이다. 이 방법은 국가시장을 분석단위로 하는 것이 아니라 여러 국가시장 내에 공통적으로 존재하는 유사한 세분시장을 하나의 범세계적 세분시장(global segment)으로 파악하려는 것이다([그림 2-2] 참조). 즉, 개별 국가시장을 동질적인 시장으로 인식하기보다는 이질적인 세분시장의 집합체로 인식하고 오히려 각 국가시장 내 특정 세분시장들끼리의 동질성을 중시하는 것이다. 예를 들어 하이틴 청소년시장, 맞벌이 부부시장, 고소득층, 소규모 자영농 등의 세분시장은 동일국가 내의 다른 세분시장들과는 상당히 다른 소비행태를 보이는 반면 다른 나라의 같은 세분시장들과는 매우 동질적일 가능성이 높은 것이다. 이러한 유형의 국제시장 세분화는 표준화된 범세계적 마케팅(global marketing)을 가능하게 해주는 근거가 된다.

해외시장의 세분화를 어떤 기준에 의해 어떤 방식으로 할 것인가를 결정하기 위해서는 우선적으로 해당 제품과 산업분야에 대한 명확한 이해가 선행되어야 한다. 따라서 인구통계적 변수, 경제적 변수, 지리적 변수 등과 같은 2차 자료는 물론 문화적 변수, 행동

그림 2-2 국제시장 세분화의 유형

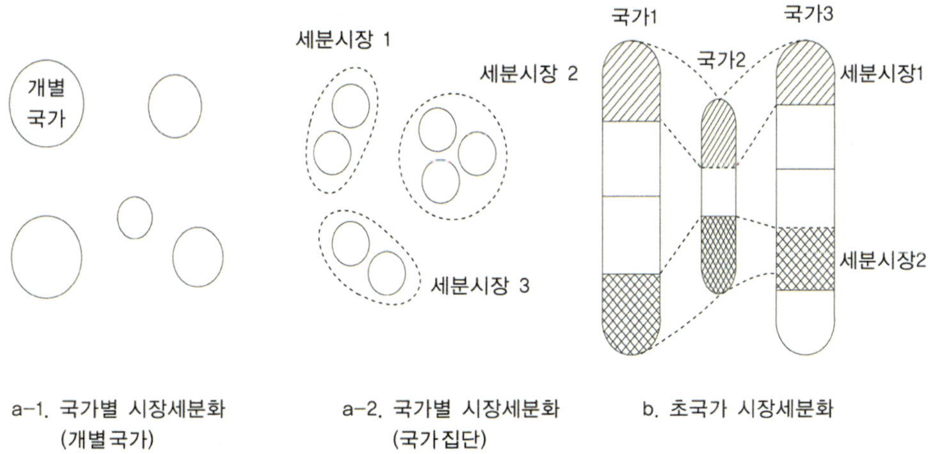

적 변수와 같은 1차 자료의 수집을 필요로 하기도 한다.

(2) 표적시장선정 및 포지셔닝(targeting and positioning)

해외시장의 세분화가 이루어지면 국제마케팅 담당자는 이들 세분시장 중에서 어떤 세분시장을 공략할 것인가, 즉 표적시장(target market)을 선정해야 한다. 물론 모든 세분시장들을 대상으로 차별적인 마케팅전략을 수행하는 것도 가능한 일이긴 하지만 기업의 한정된 자원과 능력은 이러한 접근방법을 현실적으로 어렵게 만드는 제약요소로 작용하는 것이 일반적이다. 시장세분화를 국가단위로 했을 경우 표적시장선정 문제는 앞의 '순차적 흐름으로 본 의사결정영역'에서 설명한 진출시장선택 문제와 기본적으로 동일하다고 할 수 있다. 표적시장을 선정하기 위해서는 세분시장의 규모와 성장가능성, 해당 세분시장 내의 경쟁자 및 잠재적 경쟁자와 같은 외부자료와 함께 기업의 목표와 자원, 능력과 같은 내부자료를 종합적으로 분석, 검토해야 한다.

한편 표적세분시장 내에서 경쟁제품과의 차별성을 부각시켜 소비자들에게 어떻게 인식시키도록 할 것인가 하는 포지셔닝(positioning)결정은 소비자의 욕구 파악이나 구매행동분석을 전제로 하는 경우가 많아 소비자를 대상으로 하는 자료수집의 중요성이 매우 커진다. 소비자가 제품으로부터 충족받고자 하는 욕구, 혹은 혜익(benefit)이 세분시장마다 다를 수 있고 제품 특성의 중요도 역시 다를 수 있는 것이다. 예를 들어 공학적 측면에서 우수한 승용차라 해도 이런 측면이 별로 중요하게 받아들여지지 않는 시장에서 '수준 높은 엔지니어링에 의한 차'로 포지션하는 것이나, 생활의 편리성보다는 근면한 주부상이 더 강조되는 시장에서 '편리한 제품'으로 포지션하는 냉동식품 등은 문제가 있다고 볼 수 있다. 세분시장 내의 경쟁업체 수나 그들의 포지션전략 역시 포지셔닝 결정에 중요한 변수로 작용한다. 경쟁자와의 차별성을 강조하는 것이 포지셔닝 전략의 주요 내용이라고 볼 때 경쟁상태를 분석하는 것은 당연하다고 하겠다.

(3) 독특성과 보편성 문제

해외시장 세분화와 표적시장선정에 있어 기업이 당면하는 한 가지 과제는 자신이 보유하고 있는 강점을 살릴 수 있는 세분시장에 집중할 것인가, 아니면 더 넓은 시장으로 확대할 것인가 하는 문제다. 물론 초기에는 특정 세분시장에 집중하고 장기적으로 시장을 확대해 나가는 전략이 '모범답안'으로 제시될 수도 있겠으나, 기본 방향을 어떻게 설정하느냐에 따라 초기전략 역시 달라질 수 있어 신중한 접근이 필요하다. 특히 문화적 배경과 환경요인이 소비자 선택에 큰 영향을 미치는 식음료산업과 문화콘텐츠산업의 경우 '독특성'에 바탕을 둔 집중전략과 '보편성'에 바탕을 둔 확대전략은 시장의 크기에 엄청난 차이가 있어 전략적 선택이 매우 중요하다.

2-1 Mini-Case
세계적 보편성 vs. 한국적 독특성

PMC프러덕션은 연 매출 250억원 가운데 150억원을 '난타'로 올린다. 난타는 사물놀이 리듬과 요리, 코미디의 조합으로 히트했고 7개팀(35명)으로 복제됐다. 송승환 대표는 "세계 어디서나 통하는 보편성과 우리 문화원형이 조화롭게 섞일 때 상업적 성공이 가능하다"고 말했다.

미국 배우들이 일본 기모노를 입고 햄릿을 공연하기도 하는 현상에 대해 송대표는 이렇게 말한다. "그건 상업적으로는 의미가 없다. 사물놀이도 해외평론가들은 극찬하지만 관객이 부족해 장기공연은 불가능하다. 아무리 좋은 문화원형도 보편성이 전제되지 않으면 방해가 될 수 있다."

브로드웨이 쇼닥터를 3차례 불러 공연을 손질한 이유는? "무대언어를 보편적으로 다듬어야 했기 때문이다. 관객이 웃음터지고 박수치는 대목이 어느 나라에서나 같아야 팔아먹을 수 있다." 하회탈을 이용하는 'Talchoom'은 어떻게 구상하나? "중국이 경극(京劇), 일본이 가부키(歌舞伎)로 해외에 알려져 있다면 한국은 탈춤이다. 거대한 탈로 강렬한 비주얼을 만들고 해학정신도 반영할 생각이다."

자료원: 조선일보, 2008. 10. 6 기사내용을 편집함

이런 점에서 '가장 한국적인 것이 가장 세계적이다'라는 말은 일견 그럴듯해 보이지만 국제마케팅 관점에서는 재고해 볼 여지도 많다. 한국의 독특한 문화는 충분한 가치가 있고 이를 인정하는 해외소비자도 많지만, 시장의 크기와 지속가능성 측면에서는 한계가 있는 것도 사실이다. 독특한 문화에 대한 호기심 차원을 넘어서지 못한다면 세계시장을 공략하는 것에는 분명한 한계가 있는 것이다(Mini-Case 2.1 참조). 더 큰 시장을 염두에 둔다면, 문제는 결국 세계적으로 통할 수 있는 보편성에 바탕을 두되 차별화된 경쟁력을 어떻게 확보하느냐 하는 것이 될 것이다.

독특성과 보편성 문제와는 약간 다르지만, 경쟁력이 있다고 판단되는 특정 세분시장만을 지나치게 강조하는 전략도 장기적인 성장 관점에서 본다면 제약요인이 될 수 있다. 매운맛 라면으로 중국시장에서 인기를 끌고 있는 한국의 라면업체를 예로 들어보자(Mini-Case 2.2 참조). 이 경우 역시 매운맛을 선호하는 세분시장의 크기가 문제다. 기업의 자원과 역량, 그리고 성장목표에 비추어 볼 때 중국 혹은 세계적으로 해당 세분시장이 충분히 크다면 문제가 없다. 그러나 매운맛 라면이 아닌 '라면시장'에서 글로벌기업이 되고자 한다면, 이를 지나치게 강조하거나 홍보하기보다는 이를 뛰어넘으려는 의지가 더욱

2-2 Mini-Case 농심의 '한류'와 '바둑'을 이용한 고급라면 마케팅

국내식품시장에서 소비자에게 꾸준하게 사랑받는 것은 어려운 일이다. 까다로운 입맛을 갖고 있는 한국인의 취향을 충족시키는 데에는 엄청난 연구와 노력이 필요하기 때문이다. 농심은 1975년 농심라면을 개발하며 국내 입지를 굳힌 뒤 식품업계에서 경쟁상품들이 쏟아져 나오는 중에도 변함없이 한국인의 사랑을 받아왔다. 치열한 경쟁속에서 살아남기 위해 거듭된 연구와 개발은 그대로 상품의 품질향상으로 이어졌고, 높은 품질을 국내시장에서 인정받은 농심은 더 큰 시장으로의 도약을 위해 중국진출을 추진했다.

이미 여러 업체들이 시장을 장악하고 있는 중국 라면시장에서 농심은 차별화를 위해 매운 맛을 가진 신라면을 내세우면서 고급품으로 홍보했으며, 중국에서 일반적으로 소비되는 용기면이 아닌 끓여먹는 봉지면이라는 점도 부각시켰다. 또한 적극적인 광고 및 홍보, 한류와 바둑을 이용한 마케팅전략을 펼쳐 고급라면이라는 새로운 시장을 개척했다. 현재 농심의 제품은 중국 동북부와 동남부를 중심으로 외국계 할인점에서 주로 팔리고 있으며, 가장 인기있는 라면중 하나로 자리를 굳히고 있다. 그 외에도 미국에는 로스앤젤레스에 공장을 건설해 진출을 본격화하면서 상당한 성장세를 보이고 있고, 일본에서는 인기상품으로 자리를 굳히고 있으며, 중남미 · 러시아 · 동남아 등으로도 진출을 확대하고 있다. 국내시장에서 치열한 경쟁을 이겨내며 내공을 쌓았기에 가능한 일이었다.

자료원: 위클리조선, 2026호, 2008.10.20.

필요할 수도 있다.

2.3 표준화와 현지 적응화

전세계적으로 표준화된 마케팅 프로그램을 수행할 것인가 아니면 각 국가별로 현지 시장상황에 부합되도록 적절히 변형된 마케팅활동을 펴 나갈것인가 하는 문제는 학계와 실무영역 모두에서 오랫동안 논의되고 고민의 대상이 되어 온 중요한 전략적 이슈다. 현지의 독특한 환경에 적합하도록 마케팅활동을 현지적응(local adaptation)해야 한다는 것이 전통적인 사고방식이고 마케팅 컨셉트(marketing concept)에도 부합되는 것으로 볼 수 있지만, 국가구분없이 통일적인 마케팅 프로그램을 전개하는 표준화(standardization) 전략도 나름대로의 논거와 설득력을 지닌 것도 사실이다.

표준화 전략의 가장 큰 장점이자 논리적 근거가 되는 것은 규모의 경제(economies of scale)효과에 의한 원가절감이다. 국가별 반응전략을 택할 때 매출액의 증가 가능성은 더 높아지겠지만 R&D, 생산, 마케팅측면에서의 비용이 많이 발생할 것은 당연한 일이다. 대고객 관계의 일관성을 유지시켜 준다는 점도 범세계적 접근법(global approach)에 의한 표준화 전략의 장점이다. 여행과 출장 등으로 소비자들의 국가간 이동이 빈번한 요즈음 표준화된 제품이나 광고정책 등은 통일적인 기업이미지 형성에 도움이 된다 하겠다. 표준화 전략은 기업의 전체 국제마케팅활동을 조정하고 통제하는 기능도 향상시킬 수 있다. 한편 이러한 표준화 전략을 수행하는 것이 바람직하고 필요성이 높아지는 근거로 전세계 소비자욕구의 보편균질화 경향을 들기도 한다.[2)]

그러나 위에 설명한 표준화 전략의 장점과 논리적 근거에도 불구하고 이를 실행하는 데는 많은 제약과 한계가 따르는 것도 사실이다. 물리적, 법적, 정치적 환경의 차이는 물론 여러 측면의 시장특성에 있어서도 국가간 차이가 크기 때문이다. 제품수명주기(product life cycle)로 나타낼 수 있는 시장의 발달단계나 구매력의 차이, 구매동기나 구매의사결정과정의 차이, 특정 제품에 대한 소비자인식의 차이, 경쟁구조의 차이 등은 표준화된 제품이나 광고전략의 효과를 감소시킬 수 있다. 또한 커뮤니케이션 매체, 유통구

2) Theodore Levitt, "The Globalization of Markets," *Harvard Business Review*, May-June 1983, pp. 92-102.

조 등의 마케팅 하부구조(infrastructure)의 차이는 표준화 전략의 효과문제 이전에 집행 가능성 자체를 제한하는 요소가 된다.

결국 국제마케팅 담당자는 전세계적으로 동일한 마케팅 프로그램을 전개하는 표준화 전략의 장점들을 염두에 두되 이러한 전략의 집행 자체를 불가능하게 하거나 부정적 효과를 가져올 수 있는 요인들을 분석한 후 의사결정을 내려야 한다. 표준화 자체가 불가능하며 현지적응화를 할 수밖에 없는, 이른바 강제적 적응화(mandatory adaptation)는 대개 이미 알려져 있는 법규나 제도 등에 의거하여 결정할 수 있으며 이 경우 의사결정은 간

2-3 Mini-Case 표준화와 현지적응화 전략

국가시장별로 마케팅믹스전략, 즉 제품전략이나 광고전략을 다르게 수행할 것인가, 아니면 가능한 한 동일한 프로그램을 적용할 것인가? 이것이 곧 '국제마케팅전략의 표준화와 현지화' 문제로서 국제마케팅관리자가 고민하는 중요한 문제중의 하나다. 한국의 가전업체가 해외시장에서 현지 사정에 적합한 제품으로 성공을 거두었다는 몇가지 사례를 들어보자.

삼성전자는 소형의 서랍식 4도어 냉장고와 전자동 절수형 세탁기로 일본시장에서 좋은 반응을 얻었다고 한다. 또한 중국에서는 노래를 즐기는 중국소비자들의 특성을 고려하여 노래방기능이 내장된 TV와 VTR을 선보이기도 했다.

LG전자도 고르지 못한 전압사정을 고려하여 중남미시장에서는 정전보상시스템을 기본으로 장착한 VTR을, 남아프리카 공화국에는 도난방지용 VTR을 공급했다. 또한 동남아시장에서는 사운드기능이 강화된 중소형 TV로, 그리고 중국에서는 가라오케기능을 갖춘 VCD로 인기를 끌었다고 한다.

대우전자도 예외가 아니었다. 대우는 수출형 세탁기를 현지 사정을 고려하여 적절히 변형한 바 있다. 유럽형은 건조기능이 첨가된 드럼식일체형, 미국형은 애지테이터(봉)형, 아주지역은 펄세이터(회전판)형, 대만에서는 고온다습한 기후를 감안하여 녹방지장치가 부착된 공기방울 세탁기를 공급한 것이나 냉장실을 위로 보내고 냉동실을 아래로 한 남미형냉장고를 만든 것 등이 그 예다.

그러나 이러한 현지화전략이 지나치면 범세계적 최적화(global optimization)라는 국제기업의 장점을 살리지 못할 가능성이 있을 뿐만 아니라, 비용증가는 물론 경우에 따라서는 심각한 문제를 야기할 수도 있다. 각종 가정용 및 전문가용 전동기구분야에서 굳건한 입지를 구축했던 미국의 Black & Decker사는 1980년대 초반 일본의 마키타사를 비롯한 외국업체에게 시장을 점점 잠식당하게 되었다. 전반적인 경기침체와 달러 강세라는 외부적 요인도 작용했지만, 보다 근본적인 이유는 해외자회사들의 지나친 현지 중심적 경영이라고 볼 수 있다(10장 끝의 사례 참조).

대우전자 역시 '현지 밀착형'제품전략에서 '월드와이드 디자인' 전략으로 방향을 선회한다고 발표한 바 있었다. 현지 적응전략이 현지 판매에는 다소 효과가 있었지만 다양한 제품으로 인해 원가부담은 물론 제품개발, 생산성, 품질 등에 문제가 있었다는 판단 때문이다.

단하다. 현지 적응화를 선택해야 하는 것이다. 이러한 경우의 예로는 앞에서 언급한 마케팅 하부구조의 차이와 법령에 의한 각종 규제, 자연조건 등을 들 수 있다. 제품의 규격, 성분, 용량 등에 대한 규제나 직접 비교광고의 허용여부 등이 법령에 의한 규제의 예다.

한편 표준화 전략의 효과에 대한 판단에는 추가적인 자료수집의 중요성이 커진다. 구매의사결정 과정, 제품평가 기준의 중요도, 제품의 심리적·상징적 의미 등과 같은 소비자행동과 사회문화적 환경변수가 중요하게 고려되기 때문이다. 표준화된 마케팅 프로그램보다 현지상황에 부응하는 것이 더 효과가 클 것이라는 '분석과 판단'에서 이루어지는 현지적응화는 임의적 적응화(discretionary adaptation)라 할 수 있으며 경영자의 판단이 요구되는 쉽지 않은 의사결정이다.

2.4 전략 및 전술적 의사결정

국제마케팅 관련 의사결정 역시 다른 경영의사결정과 마찬가지로 전략적 차원의 의사결정(strategic decisions) 영역과 전술적 차원의 의사결정(tactical decisions) 영역으로 구분할 수 있다. 이러한 분류는 의사결정분야나 내용자체를 구체적으로 표현해 주는 것이 아니라 여러 의사결정영역을 그 의사결정자의 지위, 시간적 파급효과의 길이, 기업활동에 미치는 영향력의 정도 등을 기준으로 유형화한 것이다. 일반적으로 전략적 의사결정은 기업의 장기적 목표와 관련되어 전사적 차원에서 이루어지며 그 시간적 공간적 파급효과가 커서 전술적 의사결정의 상위개념으로 파악된다. 이에 비해 전술적 의사결정은 전략적으로 내려진 의사결정을 전제로 하여 이의 실행을 위한 방법과 관련된 후속결정을 의미한다. 대개 중간경영층에서 이루어지며 보다 구체성을 띠고 파급효과의 범위는 상대적으로 좁다.

진출시장의 선택이나 진입방법의 결정 등은 기업의 전반적 자원배분과 관련된 전략적 의사결정으로 볼 수 있으며, 세분시장 내의 마케팅믹스 관련 의사결정은 전술적인 것으로 이해할 수 있다. 〈표 2-2〉는 전술적 의사결정의 구체적 유형과 이에 필요한 조사활동의 예를 보여주고 있다. 대개 전략적 의사결정에는 통계자료나 법규 및 제도, 경영자의 경험, 직관 등이 중요하게 고려되며, 전술적 의사결정은 상대적으로 직접 소비자들을 대상으로 하는 자료수집의 필요성이 더 높다고 하겠다.

표 2-2 국제마케팅의 전술적 의사결정과 시장조사유형의 예

마케팅믹스 결정	조 사 유 형
제품정책 결정	신제품 아이디어 창출을 위한 표적집단 조사 신제품 아이디어 평가를 위한 설문조사 테스트 마케팅 제품혜익 및 소비자반응 조사
가격 결정	가격 민감도 조사
유통경로 결정	구매습관 및 구매행동 조사 점포유형에 대한 소비자반응 조사 유통업자(도, 소매기관) 조사
촉진 결정	광고효과 조사(사전 및 사후) 광고매체 조사 판매촉진 유형별 반응 조사

주: 위의 조사유형 예는 개별 국가시장 대상의 조사는 물론 국가시장간 비교조사에도 적용됨.

연습문제

1. 국제마케팅이 일반적인 국내상황에서의 마케팅과 구별되는 주요 특징에 대해 설명하시오.
2. 국제마케팅의 주요 의사결정영역을 순차적인 과정에 입각하여 설명하시오.
3. 기업이 해외시장에 관심을 가지게 되는 배경요인은 무엇인가?
4. 초국적 시장세분화(cross-border segmentation)의 개념과 의의를 설명하시오.
5. 국제마케팅전략의 표준화와 현지 적응화 문제에 대해 간략히 설명하시오.
6. '가장 한국적인 것이 가장 세계적이다'라는 주장에 대해 균형적 시각에서 논하시오.

참고문헌

- 이장로, 문희철, 이춘수, 4차 산업혁명시대의 국제마케팅, 8판, 한빛아카데미, 2022.
- 이철, 글로벌마케팅, 3판, 학현사, 2020.
- 한충민, "중국진출 한국기업의 마케팅 성공사례 연구," 경영학연구, 제28권 제3호, 1999, pp. 637-657.
- Cateora, Philip R., R. Bruce Money, Mary C. Gilly & John L. Graham, *International Marketing*, 19th ed., McGraw-Hill, 2023.
- Czinkota, Michael, Ilka Ronkainen & Annie Cui, *International Marketing*, 11th ed., Cengage Learning, 2022.
- Daniels, John D., Lee H. Radebaugh, Daniel P. Sullivan & Reid W. Click, *International Business: Environments and Operations*, 17th ed., Pearson, 2021.
- Green, Mark C. & Warren Keegan, *Global Marketing*, 10th ed., Pearson, 2019.
- Kotabe, Masaaki & Kristiaan Helsen, *Global Marketing Management*, 9th ed., Wiley, 2022.
- Levitt, Theodore, "The Globalization of Markets," *Harvard Business Review*, May-June, 1983, pp. 92-102.
- Perlmutter, Howard V. "The Tortuous Evolution of the Multinational Corporation," *Columbia Journal of World Business*, January-February, 1969, pp. 9-18.
- Root, Franklin R., *Entry Strategies for International Markets*, Lexington Books, 1994.
- Wind, Yoram, Susan P. Douglas, and Howard V. Perlmutter, "Guidelines for Developing International Marketing Strategies," *Journal of Marketing*, Vol. 37, No. 2, April, 1973, pp. 14-23.

사례 디즈니랜드의 해외진출[3]

그림 2-3 파리 디즈니랜드 전경

자료원: https://www.disneylandparis.com/en-usd/maps/

1992년 유로 디즈니(Euro Disney)가 설립되기 전, 한 프랑스 작가는 4800 에이커나 되는 디즈니 테마공원이 화재로 파괴될 것이라는 기대를 피력하였다. “우리가 항거하지 않으면 그 이익의 왕국이 문명이라는 얼굴과 야만적 실체를 지니게 될 세상을 만들고 말 것이다”라고 말한 작가도 있었다. 비평가들은 파리동쪽으로 20마일 떨어진 곳에 위치하며 파리크기의 1/5 정도 되는 디즈니테마공원을 ‘문화적 체르노빌(cultural Chernobyl)’이라 불렀다. 디즈니사의 회장은 파리에서 계란세례를 받기도 했다. le Nouvel Observateur(르 누벨 옵세르바퇴르)라는 잡지는 거대한 미키 마우스가 파리 시내 빌딩들의 지붕위를 밟고 올라가는 그림을 보여 주었다. 디즈니사는 월트 디즈니(Walt Disney)

3) 본 사례는 John D. Daniels & Lee Radebaugh, *International Business: Environments and Operations*, 7th ed., Addison-Wesley, 1995, pp. 3-8, 유로디즈니 홈페이지(http://corporate.disneylandparis.com), 홍콩디즈니 홈페이지(park.hongkongdisneyland.com) 및 각종 일간지 기사내용(예로 조선일보, 2005. 9. 11, 2007. 12. 3, 한국경제신문, 2005. 9. 20 및 한국일보, 2017. 12. 3 등)을 참조하여 정리한 것임.

가 프랑스계이며 그의 선조들의 이름이 원래 D'Isigny(디지니)였다고 프랑스 언론에 설명함으로써 이러한 비난을 진화하려고 했다. 또한 주로 시각적인 상징물에 국한되기는 했지만 공원 내에서의 제1 언어를 불어로 하는 데 동의하기도 했다.

테마공원에 대한 반대에도 불구하고 디즈니 경영층은 성공을 낙관하고 있었다. 경영진은 영업 첫해에 약 1,100만 명의 방문객이 찾을 것으로 예측했다. 50,000명 수용능력으로 개장일에 몰려들 군중을 소화해 낼 수 있을까라고 생각하는 중역들도 있었다. 이러한 낙관론은 테마공원 프로젝트에 대한 비판론이 목소리 높은 일부 소수의 집단에서 나오고 있다는 믿음에도 일부 기인하고 있었다. 고인이 된 배우 이브 몽땅(Yves Montand)은 "티셔츠, 진, 햄버거.... 아무도 우리에게 이런 것들을 강요하지 않는다. 우리가 그것을 좋아할 뿐이다"라고 말한 바 있는데, 이는 겉으로 드러난 대다수 프랑스인의 견해를 요약하는 것이었다.

유로 디즈니에 대한 높은 기대는 도쿄 디즈니랜드의 성공에 고무된 결과이기도 했다. 동경에서는 1984년 개장 첫해에 예상 입장객 수를 초과했었다. 1990년에는 연간 1,400만명의 입장객이 공원을 찾았는데, 이는 캘리포니아 주에 있는 디즈니랜드 입장객보다 약간 많은 수치이며 플로리다 주의 월트디즈니 월드입장객 수의 반 정도에 해당하는 것이었다. 1991년 1,600만명, 1998년 1,700만명 등 매년 천만 명이 넘는 입장객 수를 기록하며 현재까지 일본 전체인구의 2배에 달하는 2억명 이상이 공원을 방문한 것으로 알려지고 있다. 전체 방문자의 95%가 두 번 이상 이곳을 찾았으며, 전체의 15%는 30회 이상 방문했다고 밝혔다. 일본내 대중문화의 메카와 같은 구실을 하는 이곳은 가족 단위의 휴가장소로 애용될 뿐만 아니라, 일본전역 초·중·고등학교의 수학여행 장소로도 인기다. 외국관광객들은 전체 방문자의 3%에 불과하다.

디즈니는 1985년에 스페인이나 프랑스에 공원을 개장할 것이라고 발표했다. 이 놀이공원이 40,000여 명의 상시 일자리를 제공하고 엄청난 수의 관광객을 유치할 것으로 예측되었기 때문에 스페인과 프랑스 두 나라는 디즈니사에 손짓을 보냈다. 반면에 디즈니사는 더 많은 인센티브를 얻어내기 위해 두 나라 사이를 오가며 서로를 이용함으로써 스크루지 맥덕(Scrooge McDuck)에 비유되기도 했다. 스페인정부는 건설비의 25%를 지불하겠다고 제안하고, 스페인에 공원이 건설되면 연간 4,000만 명의 관광객을 유치할 수 있다고 주장했다. 프랑스정부는 공원 입장객 수를 연간 1,200만 정도로 예측했지만 오히려 더 좋은 조건을 제시했다. 거의 3억 5,000만 불에 달하는 비용을 들여 파리의 철도를 공원까지 연장함으로써 공원과 다른 유럽지역을 연결하고, 공원부지용 토지를 저렴하게 이용할 수 있도록 하며, 공원건설에 소요되는 자금의 22%를 대여해 주겠다는 것이었다. 다음과 같은 요인들도 디즈니가 프랑스 쪽으로 기울게하는 데 영향을 미쳤다.

- 유럽의 중심이라는 위치: 1994년 프랑스와 영국 사이의 영국해협에 해저터널이 개통되면 공원

에서 승용차로 6시간 거리 이내에 1억 900만이라는 인구가 살게 된다([그림 2-4] 참조).

- 관광객 수: 파리는 연간 관광객이 2,600만 명으로 유럽에서 가장 관광객이 많은 도시다.
- 디즈니 캐릭터의 명성: 프랑스인들은 디즈니제품에 대한 유럽 제1의 고객이다. 예를 들어 5,600만 프랑스 전체인구 중 1,000만 명의 어린이들이 le Journal de Mickey(르 쥬르날 드 미께)라는 만화책을 매주 읽는다.

게다가 스페인의 기후가 겨울의 서비스에 더 적합하기는 하지만 동경에서의 경험으로 보아 추운 날씨에도 방문객들이 공원을 찾을 것으로 디즈니사는 판단하였다.

누가 공원을 소유할 것인가를 놓고 프랑스정부와 협상하는 과정에서는 도쿄 디즈니랜드의 경험이 상당한 영향을 미쳤다. 디즈니사는 일본시장에 진출할 때 손실의 위험을 피하기 위해 오리엔탈랜드 캄퍼니(Oriental Land Company)사와의 계약방식을 택했다. 디즈니가 아무런 자금도 제공하지 않고 공원이나 부지에 대한 소유권(지분)도 전혀 갖지 않는 방식이었다. 대신 디즈니는 총괄적인 계획, 설계, 제조, 건설기간 동안의 훈련과 완공 후의 컨설팅서비스 등을 제공하고 이에 대한 대가를 받았다. 또한 입장료수입의 10%와 상품 및 음식물 판매액의 5%에 해당하는 로열티(royalty)를 받기로 하였다. 1984년 디즈니사는 도쿄 디즈니랜드로부터 4천만 달러의 로열티수입을 가져갔지만 수억 달러에 이르는 이익은 모두 오리엔탈랜드 몫이었다.

그림 2-4 유로 디즈니의 중심적 위치

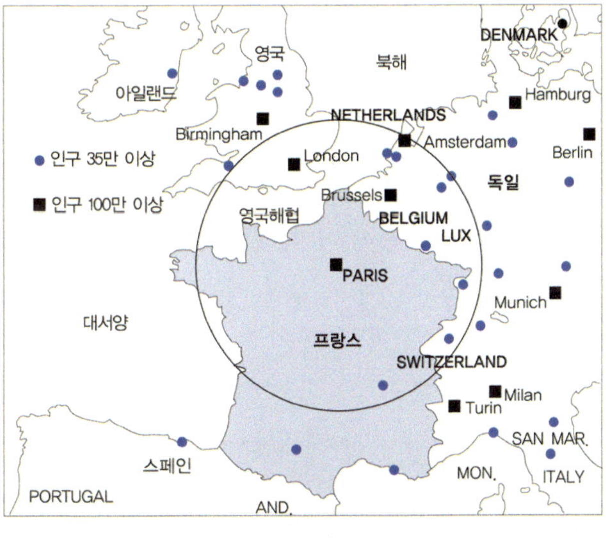

디즈니사는 도쿄 디즈니랜드의 수익성이 좋게 나타나자 유로 디즈니에는 지분참여를 원했다. 프랑스정부와 디즈니 간의 협상결과는 디즈니사가 호텔, 쇼핑센터, 캠프장 및 기타 시설 등 다양한 부대사업을 포함하는 프랑스 사업 지분의 16.7% 내지 49.9%를 소유할 수 있다는 것이었다. 1990년에 250만 명의 유럽인들이 미국내 두 디즈니공원을 방문했다는 조사결과를 근거로 디즈니사는 49% 지분소유를 택했다. 나머지 지분은 은행과 증권딜러들로 구성된 국제 신디케이트를 통해 주로 프랑스와 영국의 다른 투자자들에게 매각되었다. 디즈니사는 지분참여 외에 총수익의 3~6%에 해당하는 경영수수료와 입장료수입의 10%, 음식물 매출액의 5%를 로열티를 받기로 하였다.

36억불이 소요된 유로 디즈니는 외양에서 미국내 디즈니공원과 상당히 유사했다. 예를 들어 유로 디즈니에는 어드벤처랜드(Adventureland), 프론티어랜드(Frontierland), 환타지랜드(Fantasyland), 메인스트릿-유에스에이(Mainstreet-USA), Le Chateau de la Belle au Bois Dormant(르 샤또 드 라 벨 오 보아 도르멍, 잠자는 숲속의 미녀, Sleeping Beauty's Castle) 등이 있었으며, 공원 외부에는 여섯 개의 테마호텔이 자리를 잡았다. 그러나 유럽인들, 특히 프랑스인들의 기호에 맞추기 위해 많은 변화도 가져왔다. 예를 들어 디즈니는 디스카버리랜드(Discoveryland)라는 새로운 시설을 구축했는데 이것은 쥴 베른느(Jules Verne)의 공상과학소설과 레오나르도 다 빈치(Leonardo da Vinci)의 공상과학미술을 기반으로 한 것이었다. 유럽역사와 프랑스문화를 상영하는 극장도 설치했다. 유로 디즈니 공원은 피노키오가 이태리(작가의 작품에 등장하는)인형이고, 신데렐라는 프랑스소녀이며, 피터팬은 런던상공을 날았다는 점들을 강조했다. 잠자는 공주의 성은 인근에 있는 진짜 성들을 모방하지 않게 하려고 만화처럼 보이게 했다. 심오함과 정교함에 대한 프랑스인들의 기호 때문에 건축에서도 상세함이 더 돋보이도록 했다. 예를 들어 메인스트릿-유에스에이는 미국의 디즈니공원에서보다 더욱 화려하게 장식되고 더욱 빅토리아풍으로 만들어졌다. 플로리다나 남부 캘리포니아보다 추운 파리의 기후를 감안하여 난로를 설치하고, 줄서는 곳에 보호시설을 갖추고, 실내에서 이루어지는 쇼를 늘리고, 회전놀이기구 위에 유리덮개를 씌우기도 했다.

유로 디즈니는 메뉴에서도 변화를 도입했다. 처음에는 공원 정문 바깥에 있는 호텔과 레스토랑에서만 술을 팔았다. 디즈니공원이 갖는 가족적 이미지를 유지하기 위해서였다. 그러나 개장 후 약 1년이 지나서는 공원내부에 있는 레스토랑에서도 술이 메뉴에 추가되었다. 독일과 영국에서 오는 방문객들은 와인이 프랑스를 경험하는 데에 한 부분이 된다고 생각하기 때문이었다. 이처럼 유로 디즈니가 행한 다양한 적응화(adaptation)는 도쿄 디즈니랜드가 적응화를 별로 추진하지 않은 사실과 커다란 대조를 이룬다. 도쿄 디즈니랜드는 미국에 있는 두 공원을 거의 그대로 복사한 것이라고 볼 수 있다. 표지판은 모두 영어로 되어 있으며 대부분의 음식도 미국식이다. 공원내 30여개 음식점 중 일본음식을 판매하는 곳은 단 한군데뿐으로 노인방문객을 염두에 둔 것이다. 일본청소년들이 미국식 문화를 호의적으로 받아들여 왔기 때문이다. 일본에서는 외국문화의 침공에 대해 비판이 없었다.

유로 디즈니는 1,200여개의 직무에 필요한 인력을 미리 훈련시키기 위해 공원개장 8개월 전에 이미 12,000명의 직원을 고용했다. 모든 직원들은 불어는 물론 최소한 하나의 다른 유럽언어를 할 줄 알아야 하는데, 어느 나라 말을 할 줄 아는지 표시하기 위해 옷깃에 국기핀을 달고 있다. 소수의 최고경영자들을 제외한 모든 직원들이 프랑스에서 일하기 위해서는 프랑스법에 의해 유럽연합(EU) 여권이나 취업허가증을 가지고 있어야 한다. 디즈니는 지원자들을 끌어 모으기 위해 광고도 하고 프랑스, 아일랜드, 네덜란드, 독일, 영국, 캐나다, 미국 등에서 상공회의소와 취업설명회를 개최하였다. 디즈니는 프랑스 지원자들이 채용을 수용하는 분위기를 만들기 위해 미국에서 사용하던 용모규정을 일부 완화해야 했다. 프랑스인들의 개인중시 성향 때문이었다.

유럽의 어떤 관습이나 태도 등은 미국의 두 공원보다 유로 디즈니를 운영하는 것을 더 용이하게 해준다. 예를 들어 미국에서는 방문객들의 레스토랑 이용시간이 서로 다르게 하기 위해서 다른 시간대에 다양한 이벤트를 계획한다. 그러나 유로 디즈니에서는 영국인들은 프랑스인들이 점심을 시작할 무렵인 오후 1시 전에 대개 점심식사를 마치고, 이태리나 스페인 사람들은 프랑스인들이 식당을 나설 즈음에 도착한다.

유로 디즈니는 개장에 맞춘 대대적인 마케팅 캠페인에 2억 2,000만불을 쏟아 부었다. 이러한 대대적인 노력에도 불구하고 첫해의 입장객 수는 예측치에 20% 정도 미달하였다. 프랑스인들의 방문이 저조했던 것이 한 이유였다. 총 입장객 중 프랑스인들이 차지하는 비중은 당초 예상치인 50% 정도에 훨씬 못미치는 29%에 불과했다. 이처럼 입장객 수가 예상에 못미치자 1,100개의 객실을 갖춘 뉴포트호텔도 예약률이 낮아 겨울 동안 문을 닫게 되었다. 이러한 실망스러운 성과는 방문객이 음식과 기념품에 평균적으로 지출하는 비용도 기대 이하여서 더욱 악화되었다. 게다가 프랑스의 부동산 경기침체로 인해 유로 디즈니는 계획에 잡혀 있었던 엠지엠 스튜디오(MGM Studio) 관광공원을 포함한 공원주변의 부동산개발을 연기해야 했다. 개장 후 5개월 안에 유로 디즈니의 주식가격은 164프랑(FF)에서 68프랑으로 떨어졌다. 그러자 어떤 증권분석가들은 주식가격의 부침을 스페이스 마운틴 레일로드(Space Mountain Railroad)와 같은 롤러 코스터를 타는 것에 비유하기도 했다. 결과적으로 유로 디즈니의 손실은 첫 회계년도 동안 9억불 이상에 달했다. 유로 디즈니는 언론으로부터 농담의 표적이 되어 버렸다. 언론에서는 유로 디즈니를 "마우슈비츠(Mousechwitz)", 그리고 "유로 디즈멀(Eurodismal)" 등으로 불렀다. 유로 디즈니는 손실이 심하자 관리자들을 중심으로 950명을 해고하는 반응을 보였다.

유로 디즈니의 초기 문제는 다음과 같은 여러 요인들에 기인했다.

• 유럽인들의 레저습관

- 경쟁
- 공원방문 비용
- 미-불 농산물교역문제로 인한 감정악화
- 천천히 움직이고 무질서한 공원내의 대기 줄

일반적으로 유럽인들은 놀이공원에 대해 그리 열성적이지 않다. 성인들은 놀이공원문화를 하루 온종일 애들처럼 행동하려고 애쓰는 현상으로 이해한다. 그들은 다른 형태의 행락문화를 선호한다. 특히 겨울에는 더 그러하다(참고로 유럽의 어떤 놀이공원도 일년내내 개장하여 돈을 번 적이 없다). 예를 들어 미국 및 캐나다인들의 대략 88% 정도가 1991년 한해 동안 놀이공원을 찾았지만, 서구에서는 18%만이 놀이공원을 방문한 것으로 나타났다. 결과적으로 몇몇의 유럽 놀이공원들, 예를 들어 미라폴리스(Mirapolis), 자이고폴리스(Zygofolies), 매직 플래닛(Magic Planet) 등이 유로 디즈니가 개장하기 전 5년 이내 기간 동안에 실패했다. 그리고 디즈니의 미국과 일본 공원은 그곳 사람들이 여가시간이 늘어나면서 이를 채워줄 새로운 방법을 모색할 무렵에 개장된 데 비하여 유럽인들의 레저습관은 이미 잘 형성되어 있었다는 점도 고려되어야 한다.

유로 디즈니의 잠재적인 고객 중 많은 사람들이 디즈니 대신 1992년 스페인 올림픽과 세계박람회, 혹은 최근에 생겼거나 재단장한 유럽내 다른 놀이공원을 찾았다. 예를 들어 세계 5위의 놀이공원 사업체인 왈리비(Walibi)는 벨기에에 본사를 두고 있으면서 암스테르담에서 보르도에 이르기까지의 위치에 공원을 건설했다. 파리 북쪽에 위치한 놀이공원 파크 아스테릭스(Parc Asterix)는 유럽의 인기 있는 연재만화를 본따 설계되었는데, 유로 디즈니가 개장되기 직전에 재건축되고 확장되었다.

유로 디즈니를 방문할 때 드는 비용도 잠재적인 방문객에게는 중요한 고려요인이다. 유럽의 휘발유 가격은 미국의 다섯 배나 되기 때문에 가족끼리 자동차로 휴가여행을 떠나는 것은 비용이 만만치 않다. 게다가 유로 디즈니의 입장료와 레스토랑 음식가격도 디즈니의 미국공원에 비해 꽤 높게 설정되었다. 주거시설이 불충분하고 비싼 주변지역으로 근로자들을 끌어오기 위해서는 높은 임금이 필요했는데, 디즈니로서는 이러한 높은 급여수준을 벌충해야 했기 때문이다. 파리의 한 신문은 4인 가족이 입장료와 음식값으로 하루에 280 달러를 지출해야 하는 것으로 예측했다. 불경기에 처한 상황에서 유럽의 가족이 하루행락에 그렇게 많은 돈을 지출한다는 것은 쉬운 일이 아니었다.

외국방문객들은 추가적인 장벽에 직면했다. 유로 디즈니에서의 가격이 프랑스 프랑으로 설정되어 있었기 때문에 다른 화폐와 프랑 사이의 환율은 전체비용에 영향을 미치는 중요한 요인이었다. 예를 들자면 유로 디즈니가 개장된 1992년에는 유럽화폐들이 일반적으로 미국달러에 비해 강세였다. 결과적으로 가령 영국의 관광객들에게는 유로 디즈니를 방문하는 것보다 플로리다에 있는 디즈니 월드에 가는 것이 비용이 덜 드는 실정이었다. 영국에서 교통비, 호텔, 입장료 등이 포함된 패키지 상품으로 디즈니월드에 가는데 하루에 115달러 정도였던 데 비해, 유로 디즈니에 가는 비슷한 하루 패키지상품은 200달러였다. 더욱이 유럽통화 간의 환율이 상당한 정도로 변동할 수 있기 때문에 유로 디즈니를 찾으려는 유럽고객들은 예기치 않게 가격이 비싸지는 것을 경계하였다. 1993년 말경, 유로 디즈니는 이러한 가격문제에 대응하기 위해 입장료, 음식, 호텔 등의 겨울철 가격을 대폭 인하했다.

유로 디즈니의 수익성에 영향을 미친 또 하나의 문제는 대미무역과 관련하여 프랑스 내에 형성된 적대감이었다. 1992년 가을, 많은 프랑스 농부들이 두 나라 사이에서 협상이 진행되고 있던 농산물 교역협약에 항거하기 위해 파업을 일으켰다. 프랑스농부들은 그 협약이 자신들에게 불리하게 영향을 미칠 것으로 느끼고 있었다. 그들은 유로 디즈니공원으로 가는 교통과 입장로를 부분적으로 봉쇄함으로써 유로 디즈니를 미국의 상징으로 간주하려는 기회를 잡았다. 유로 디즈니의 부지로 사용되기 위해 프랑스 정부로부터 농지를 수용당했던 비트농부들도 여기에 가세했다.

문제가 더욱 복잡해진 것은, 관광객들이 시위 중인 농부들을 간신히 지나가고 나면 공원입구에서 안전검사를 위해 길게 늘어선 줄을 만나게 된다는 점이었다. 유럽 몇몇 국가들의 정치적 소요 때문이었다. 마지막으로, 유럽인들은 미국의 디즈니공원을 방문할 때에는 미국의 관습을 따라 질서정연하게 줄을 서지만, 자신들의 본국, 예를 들어 스키리조트 같은 데서는 대체로 질서있게 줄서는 일은 하지 않는다. 누구든 가장 잘 밀치고 들어가는 사람이 이기는 것이다. 그렇기 때문에 유로 디즈니와 관련하여 가장 자주 들리는 불평은 공원내 어디서든 볼 수 있는 무질서한 줄과 관계되어 있다.

디즈니사의 임원들은 유로 디즈니가 자사의 최근 성과에 있어 가시같은 존재임을 인정했다. 그럼에도 불구하고 디즈니사는 일본은 물론 유럽에서의 디즈니 미래에 대해 공공연히 낙관적인 입장을 견지하고 있다. 21세기까지 이어지는 디즈니의 마스터플랜에는 이들 지역에 각각 또 하나의 공원을 건설하는 것이 들어 있다.

다행히 유로 디즈니는 1993년(약 10억불)과 94년(약 3억불) 대규모 적자를 기록한 후, 95년(약 2천만불)부터 소규모흑자로 전환되기 시작했다(이후 2001년까지 매년 3~4천만불 정도의 흑자기록). 채권은행단 및 본사와의 협상 끝에 이자 및 로열티 지급을 당분간 유예한 것도 큰 도움이 되었다. 공원 입장료 및 호텔 숙박비를 낮추는 등 적극적인 마케팅활동도 전개하였다. 93년 51%였던 호텔숙박률은 95년 68%, 97년 78%, 99년 83%, 2001년 86% 등으로 증가하였다. 입장객 수도 꾸준히 증가하여 2001년 1월에는 1억명을 돌파하였다. 공원의 이름도 유로 디즈니에서 디즈니랜드 파리(Disneyland Resort Paris)로 변경했다(1994). 유로 디즈니(Euro Disney S.C.A.)는 디즈니랜드 파리와 관련 자회사를 소유/운영하는 회사로 남게 되었다. 2002년 3월에는 월트 디즈니 스튜디오(Walt Disney

Studios)를 개장했다. 이번에는 유로 디즈니 건설 당시 들끓었던 반미여론도 별로 없었다. 회사연혁 및 주요 자료(지분 구성, 매출액 규모 및 구성, 방문객구성, Annual Report 등)는 유로 디즈니 홈페이지(http://corporate. disneylandparis.com)에서 확인할 수 있다.

제2의 아시아 공원 – 홍콩 디즈니랜드

홍콩 디즈니랜드가 5년 간의 공사끝에 2005년 9월 12일 공식 개장되었다. 위치는 홍콩국제공항에서 불과 11km, 버스나 승용차로 20여분, 홍콩도심에서도 15km 거리인 란타우 섬이다. 홍콩 디즈니랜드는 약 310에이커(37만 9,502평)로 디즈니의 해외 테마파크 중 가장 작지만, 입장료는 주말·공휴일 45달러(평일은 38달러)로 가장 싸다. 로버트 아이거 최고영업책임자(COO)는 "홍콩 디즈니랜드는 월트디즈니의 중국시장 진출을 위한 큰 발걸음"이라며 "동시에 홍콩 디즈니랜드는 서구 미디어기업의 중국시장에 대한 최대 모험이다"라고 평가했다.

홍콩 디즈니랜드는 지난 1999년 홍콩정부와 월트디즈니사의 합작으로 건설되기 시작했다. 홍콩정부가 165억 홍콩달러, 디즈니는 24억 5,000만 홍콩달러를 홍콩 디즈니랜드 건설에 투입했다. 경제가 롤러코스터처럼 추락하던 1999년 홍콩정부가 경기부양책의 일환으로 상하이와의 치열한 경합을 물리치고 유치권을 따낸 지 6년만의 완공이다. 홍콩정부는 첵랍콕 국제공항 옆 란타우섬 전체를 할애해 디즈니랜드를 만들고 홍콩시내와 연결하는 철로 등을 놓는 데 270억달러(약 28조원)의 정부예산을 쏟아 부었다.

홍콩정부는 이 놀이공원이 연간 560만명의 관광객을 유치하고 최대 3만 6,000개의 일자리를 만들어 향후 40년간 1,480억달러(약 150조원)의 가치를 창출할 것으로 기대하고 있다. 이미 5,000개의 일자리가 새로 생겼다. 홍콩 디즈니랜드 측은 입장객 중 3분의 1이 중국본토에서 올 것으로 기대하고 있다. 3분의 1은 홍콩, 나머지는 다른 아시아 지역 사람들이 될 전망이다. 스택스 부사장은 "연간 1,700만명의 관광객을 끌어 모은 도쿄 디즈니의 경우 입장객 가운데 90%가 도쿄 광역지역 주민"이라며 "디즈니랜드는 아시아 사람들에게도 충분히 호소력을 발휘하는 관광상품"이라고 자평했다.

그러나 홍콩 디즈니랜드는 상하이 디즈니랜드 건설과 관련된 많은 논란 속에 우려의 대상이 되고 있기도 하다. 홍콩 디즈니랜드 공사가 한창 진행 중이던 2002년 여름, 일부 언론이 월트 디즈니사와 상하이시가 '푸동 디즈니랜드건설 기본합의서'에 서명했다고 보도하기 시작했다. 관련 당사자들이 "결정된 바 없다" "상하이 건은 우선순위에 있지 않다" 등의 반응을 보였지만, 그 후 수시로 상하이 디즈니랜드 계획과 관련된 추측, 발표, 부정, 재추진, 변경 등의 보도가 이어져 온 바 있다. 결국 상하이 디즈니랜드는 2011년 4월 공식적으로 착공되었으며, 2016년 6월에 개장하였다.

과연 홍콩 디즈니랜드는 당초의 계획대로 아시아의 관광 허브(hub)역할을 할 수 있을 것인가? 홍콩에 인접한 상하이에 아시아 제3의 디즈니공원이 건설되면 홍콩 디즈니랜드에는 어떤 영향을 미칠 것인가? 이들의 향후 전략 및 성과는 직접적인 경쟁기업은 물론 아시아 국가들의 전반적인 관광산업에 지대한 영향을 미칠 것이 분명하다.

토의과제

1. Disney사가 해외진출을 고려한 이유는 무엇인가?
2. 해외진출의 1차적 대상지로 일본(동경)과 유럽을 택한 이유는 무엇일까?
3. Disney가 왜 일본에서는 자본(지분) 참여를 하지 않았고, 파리에서는 지분참여를 가능한 한 많이 하려고 했을까?
4. Tokyo Disneyland와 Euro Disneyland (Disneyland, Paris)의 주요 계약내용(본사의 참여방법, 제공기술 혹은 서비스, 제공활동에 대한 대가 지급방식 등)을 정리해 보자.
5. Euro Disney의 후보지역이었던 스페인과 프랑스가 제시한 조건들을 정리해 보고 왜 이들 국가가 그러한 조건을 제시하며 Disney를 유치하려고 했는지 생각해 보자. 또한 Disney 입장에서 각 후보지의 장단점은 무엇인가?
6. 일본과 프랑스에서의 기본적인 경영방식의 차이(현지 문화나 사정에 대한 고려정도, 혹은 적응을 중심으로)를 비교해 보자.
7. 홍콩 디즈니랜드의 경영성과를 개략적으로 평가해 보자.

PART 02

국제마케팅 환경분석

CHAPTER 03

경제적 환경

기업의 국제마케팅 활동에 영향을 미치는 경제적 환경은 국가간의 문제라 할 수 있는 국제경제 환경과 개별 국가 내의 경제적 환경으로 구분하여 생각해 볼 수 있다. 국제경제 환경은 전반적인 경영환경의 글로벌화, 다자간 협상과 같은 국가간의 협약, 기구, 규범 등을 말하며, 개별 국가의 경제적 환경이란 특정 시장국에서 활동할 때 고려해야 할 그 국가의 제반 경제적 환경을 말한다. 개별 국가의 경제정책이나 제도 등이 국제협약이나 규범 등에 영향을 받기 때문에 이 둘은 서로 연계되어 있다고 볼 수 있다.

01 국제경제 환경

1.1 세계경제의 글로벌화

기업의 국제마케팅활동에 포괄적인 영향을 미치는 중요한 국제경제적 환경은 그 기업이 속한 산업 및 관련 산업의 글로벌화 추세다. 시장(소비자), 경쟁, 마케팅, 생산 등 모든 여건과 활동이 개별 국가차원에서, 혹은 국경을 전제로 하여 고려되고 분석되기보다는 전세계를 하나의 커다란 시장으로 인식할 필요성이 점점 증가하고 있는 것이다. 일반적인 의미에서의 국제화 혹은 세계화에 대해서는 앞의 제1장에서 이미 설명하였으며, 여기서는 한 산업의 글로벌화를 촉진하는 여러 요인들에 대해 George Yip(1992)의 체계에 따라 설명하기로 한다.

한 산업의 글로벌화를 촉진하는 요인은 크게 시장요인, 비용요인, 정부요인, 경쟁요인 등으로 구분된다. 산업에 따라 각 요인이 영향을 미치는 정도나 형태는 달라질 수 있으며 시간의 흐름에 따라서도 변화할 수 있다. 글로벌화의 시장요인은 소비자행동, 유통경로

그림 3-1 산업 글로벌화의 촉진요인

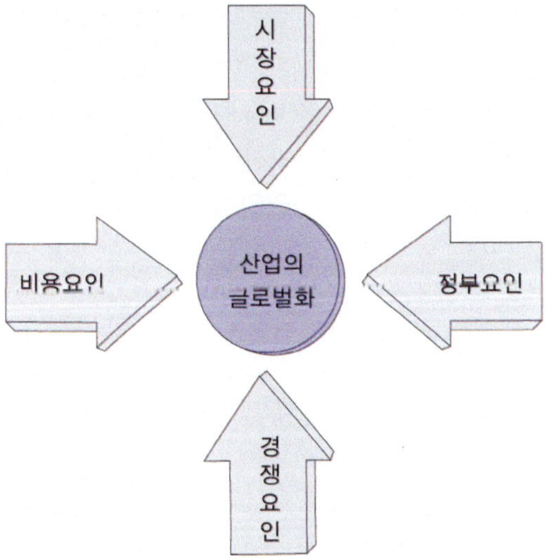

자료원: George S. Yip 저, 국제경영연구회 역, 국제화시대의 세계경영전략(Total Global Strategy), 김영사, 1994, p. 35.

구조, 마케팅의 특성에 따라 달라질 수 있으며, 비용요인은 사업의 경제적 특성에 영향을 받는다. 정부요인은 개별 국가들의 법규에 따라 결정되며, 경쟁요인은 경쟁자의 행동에 따라 달라진다. 이들 네 요인에 대해 설명하면 다음과 같다.

첫째, 시장요인의 변화로는 우선 국가간 1인당 소득수준의 격차가 좁혀지고 생활패턴 및 소비자 기호가 동질화되는 국가간 수렴현상을 들 수 있다. 첨단정보통신 및 멀티미디어 기술의 발달과 소비자들의 국제여행증가로 글로벌 브랜드를 선호하는 글로벌소비자들이 늘고있는 것이다. 글로벌 또는 지역별 유통망이 증가하는 것도 중요한 요인이다. 이러한 추세에 대응하는 기업의 글로벌 브랜드, 글로벌 광고전략은 소비자의 글로벌화를 더욱 가속화하고 있다.

둘째, 비용요인으로서는 기술혁신이 가속화되며 규모의 경제를 위한 계속적인 노력이 이루어진다는 점을 들 수 있다. 제품수명에 비해 제품개발비용이 급증하고 생산능력과 저임 노동력을 보유한 신흥공업국이 등장하는 현상은 비용을 줄이기 위한 생산 글로벌화의 필요성을 제기하며 여건을 제공해 주고 있다.

셋째, 정부요인으로는 국가간의 경제적 장벽의 완화와 국가간 협조를 들 수 있다. WTO 발족에 따른 관세 및 비관세장벽의 축소, 외국인 투자에 대한 규제완화 등은 경제적 국경을 낮추어 주는 대표적인 글로벌화 요인이다. 또한 동구권국가 및 중국 등의 시장경제체제로의 변화, 국제기술표준의 제정 등도 글로벌화를 촉진하는 정부요인들이다.

넷째, 경쟁요인으로는 세계무역량이 지속적으로 증가하면서 서로 다른 국가에 있는 경쟁자들 간의 경쟁관계가 치열해지고 있다는 점을 들 수 있다. 아울러 위에서 언급한 여러 요인들의 변화에 대한 반응으로 많은 기업들이 글로벌전략을 추구하고 있다는 점도 글로벌화를 연쇄적으로 촉진하는 요인이 된다. 기업들의 글로벌 시장 참여, 글로벌제품과 서비스, 글로벌마케팅, 글로벌 입지결정, 국제적인 인수·합병과 전략적 제휴 등 다양한 글로벌전략이 나타나면서 기업간 경쟁의 글로벌화가 더욱 가속화되고 있는 것이다.

1.2 다자간 협상 및 국제기구

전세계 다수의 국가가 참여하는 협약이나 국제기구는 정부의 경제정책은 물론 개별 기업의 국제경영활동에 직접적인 영향을 미친다는 점에서 매우 중요하다. 오랜 협상끝에

GATT(General Agreement on Tariffs and Trade, 관세 및 무역에 관한 일반협정)를 대체하며 1995년 설립된 WTO(World Trade Organization, 세계무역기구)는 대표적 예다. WTO는 서비스산업을 포함한 다양한 분야에 있어 시장개방 및 무역장벽 해소를 지향하고 있으며, 국제무역과 관련된 국제분쟁을 다루기도 한다. 이 외에 환경오염을 유발하는 국가나 기업에 일정한 제재를 가하는 문제를 논의하는 Green Round나 경쟁제한, 독과점 관련 문제를 논의하는 Competition Round 등도 국제마케팅활동에 영향을 미칠 수 있는 환경요인이다.

1.3 지역경제통합

전반적으로 경제적 국경개념이 퇴색되어 가는 추세와 함께 나타나고 있는 또 하나의 추세는 지역경제의 통합(regional bloc)현상이다. 미국, 캐나다, 멕시코 등 3국이 결성한 NAFTA(North American Free Trade Agreement, 북미자유무역협정, 현재의 명칭은 USMCA)나 유럽국가들의 EU(European Union, 유럽연합) 등이 대표적 예다.

경제통합은 그 통합정도에 따라 자유무역지역(협정), 관세동맹, 공동시장, 경제연합 등의 단계로 이어진다. 자유무역지역(FTA, free trade area 또는 free trade agreement)은 역내 국가 사이에 관세나 수입물량제한(quota)을 철폐하는 것이고 관세동맹(customs union)은 여기에 공동의 대외관세시스템을 추가하는 것이다. 즉, 자유무역협정을 맺은 국가들은 역외의 제3국에 대해 각기 독자적인 관세체계를 운용하지만 관세동맹은 공동의 관세제도를 갖는다. 한편 공동시장(common market)은 자본, 노동 등 생산요소의 이동에 대한 제한을 철폐하는 것이고, 경제연합(economic union)은 경제정책의 조정·통합까지도 이루어지는 단계다. 적어도 경제적인 측면에서는 회원국가들의 주권개념이 없어지는 단계라 할 수 있다(〈표 3-1〉 참조).

WTO에서는 지역무역협정(RTAs, Regional Trade Agreements)이라는 용어를 사용하고 있는데, 2024년 12월 현재 WTO에 통보되어 발효 중인 RTA는 부분적인 협정을 포함하여 370여 개에 이른다. RTA 중 대부분은 자유무역협정이다(www.wto.org 참조). 지역무역협정체결은 특히 1995년 WTO 출범 이후 매년 급속히 확산되고 있으며, 이에 따라 전세계 교역량 중 상당부분이 지역무역협정 내 교역에 포함되는 것으로 추정되고 있다.

표 3-1 경제통합의 단계별 유형

경제통합의 단계	관세 및 Quota 철폐	공동의 대외 관세 제도	생산요소이동 제한 철폐	경제정책의 통합/조정
자유무역협정 (FTA, Free Trade Agreement)*	○	×	×	×
관세동맹 (Customs Union)	○	○	×	×
공동시장 (Common Market)	○	○	○	×
경제동맹 (Economic Union)	○	○	○	○

주: * FTA가 자유무역지역(Free Trade Area)으로 칭해지는 경우도 종종 있음

1.4 경제통합의 효과

경제통합의 효과는 단기적 효과와 장기적 효과로 구분된다. 단기적 효과는 무역효과로서 긍정적이라 할 수 있는 무역창출(trade creation)효과와 부정적이라 할 수 있는 무역전환(trade diversion)효과 두 가지 모두 나타날 수 있다.

■ **단기적(정태적) 효과**: 무역창출효과는 역내국가끼리의 무역장벽철폐로 인해 특정 제품의 생산이 보다 효율적인 국가로 이동되어 무역이 창출되는 효과를 말한다. 〈표 3- 2〉는 A 및 B국이 자유무역협정을 맺기 전후의 상황을 단순화하여 보여주고 있는데 이것을 예로 들어 설명해 보자. 먼저 A, B, C 세 나라가 있다고 가정할 때 A국 입장에서는 B국 생산비가 저렴하여 수입이 바람직하지만 관세(예: 20%)로 인해 수입가격이 2,040으로 국내가격보다 비싸다. 따라서 무역은 발생하지 않는다. 그러나 A, B 두 나라가 자유무역협정을 맺으면 1,700에 수입이 가능해 무역이 발생한다. 없었던 무역이 창출(trade creation)되는 것이며 효율적인 생산국으로 생산이 이전되는 긍정적 효과가 나타난다.

이번에는 A, B, D 세 나라가 있다고 가정하자. D는 생산비가 1,600이어서 관세 20%를 부과해도 A의 2,000보다 저렴하다. 따라서 A는 D로부터 수입을 한다. 그러나 A, B가 자유무역협정을 맺으면 B로부터의 수입가격(1,700)이 D로부터의 수입가격(1,920)보다 저렴하기 때문에 수입선이 D에서 B로 바뀌게 되는 것이다. 이는 보다 덜 효율적인 국가로 생산과 수입선이 전환(trade diversion)되는 부정적인 효과라 할 수 있다.

표 3-2 경제통합의 무역효과 예

국 가	A	B	C	D
단위당 생산비	2,000	1,700	1,800	1,600
cost + 관세(20%)	2,000	2,040	2,160	1,920
cost + 관세(20%)*	2,000	1,700	2,160	1,920

주: * A와 B가 자유무역협정(FTA)을 체결한 경우임

우리나라의 기업들이 NAFTA가 결성되었을 때 우려한 상황은 바로 이러한 무역전환효과와 관련이 있다. 미국시장에서의 멕시코산 제품가격 경쟁력이 높아져 한국으로부터의 수입이 감소될 것이 예상되었던 것이다. 실제로 한국에서의 생산비가 멕시코보다 저렴했었다면 이러한 현상은 한국기업 입장에서 뿐만 아니라 세계적 관점에서도 바람직하지 못한 무역전환효과라 할 수 있다.

■ **장기적(동태적) 효과**: 경제통합의 효과는 동태적인 입장에서 장기적으로 나타나기도 한다. 어떤 의미에서는 이러한 장기적 효과가 경제통합을 추진하는 목표라 할 수 있다. 경제통합은 시장의 확대와 경쟁의 증가를 의미한다. 시장의 확대는 기업으로 하여금 규모의 경제를 추구할 수 있게 해 주며, 경쟁의 증가는 생산성과 효율성을 추구하는 압력요인으로 작용한다. 따라서 장기적으로 효율성이 증가하고 소비자 입장에서도 바람직한 효과가 나타나는 것이다.

1.5 주요 지역경제통합체

(1) 유럽연합(EU)

유럽연합(EU, European Union)은 1993년 11월에 발효된 마스트리히트 조약에 따라 (조약체결은 1992년 2월) EC(European Community)[1]의 명칭을 변경함으로써 탄생된 유럽 27개국의 지역공동체다. 출범당시에는 EC의 12개 기존 회원국으로 구성되어 있었으나 1995년 오스트리아, 스웨덴, 핀란드가 가입하였고, 2004년에 10개국, 2007년에 2개국,

1) EC의 공식명칭은 EEC이다. 그러나 EC로 불려지는 경우가 많으며, European Common Market이라는 명칭이 사용되기도 한다.

표 3-3 EU의 발전과정

연 도	발전과정	내 용
1957	로마조약	• EEC 청사진 합의
1958	EEC(European Economic Community)	• EEC 창설(독일, 프랑스, 이탈리아, 네덜란드, 벨기에, 룩셈부르크 등 6개국)
1960	EFTA(European Free Trade Association)	• 오스트리아, 덴마크, 노르웨이, 포르투갈, 스웨덴, 스위스, 영국 등이 결성
1973	회원국 확대	• 덴마크, 아일랜드, 영국 등 EEC 가입(9개국)
1979	EMS(European Monetary System)	• European Currency Unit(ECU) 창설
1981	회원국 확대	• 그리스 EEC 가입(10개국)
1986	회원국 확대	• 스페인, 포르투갈 등 EEC 가입(12개국)
1987	단일 유럽법안(Single European Act)	• 1992년 발효예정으로 비준
1992	EU조약	• 마스트리히트 조약, Economic and Monetary Union(EMU) 청사진
1993	Europe 1992	• 단일 유럽법안 발효
1993	EU	• EU(마스트리히트) 조약발효
1994	EEA(European Economic Area)	• EU 회원국 및 노르웨이, 아이슬랜드 등이 결성
1995	회원국 확대	• 오스트리아, 핀란드, 스웨덴 등 EU 가입(15개국)
1999	Monetary Union	• Euro화 탄생(11개국 채택)
2004	회원국 확대	• 체코, 키프로스, 에스토니아, 라트비아, 리투아니아, 헝가리, 몰타, 폴란드, 슬로베니아, 슬로바키아(25개국)
2004	유럽헌법 조약	• 비준 대기중(일부 국가에서 부결됨)
2007	회원국 확대	• 불가리아, 루마니아(27개국)
2013	회원국 확대	• 크로아티아(28개국)
2020	회원국 탈퇴	• 영국탈퇴(Brexit) EU의회 승인(27개국)

자료원: http://www.europa.eu

2013년에 1개국이 새로 가입하였으나 최근(2020년 1월) 영국의 탈퇴로 2024년 말 현재 회원국은 27개국이다. 원래 1957년 로마조약에 의해 1958년 독일, 프랑스, 이탈리아, 네덜란드, 벨기에, 룩셈부르크 등 6개국을 창설 회원국으로 하여 유럽경제공동체(EEC, European Economic Community)로 출발하였으나, 덴마크, 아일랜드, 영국(1973년), 그리스(1981), 스페인, 포르투갈(1986) 등이 추가로 가입하였다(EU의 발전과정은 〈표 3-3〉 참조).

EU는 지구상에 존재하는 가장 강력한 형태의 지역경제통합으로서 1999년에는 유로(Euro)라는 단일통화가 탄생되기도 하였다. 그러나 영국(Brexit 이전), 스웨덴, 덴마크 등은 유로화가 아닌 자국화폐를 사용하고 있어 EU의 27개 회원국 중 유로를 사용하는 국가, 즉 유로존(Eurozone)에 속한 국가는 20개이다.

한편 영국은 2016년 6월 진행된 국민투표로 이른바 브렉시트(Brexit)로 불리는 EU탈퇴를 결정했고, 영국의회의 브렉시트 합의안 부결로 총 3차례 연기되다가, 2020년 1월 영국내부의 법안통과 절차와 EU 유럽의회·유럽이사회의 승인절차까지 완료되면서 브렉시트가 단행됐다. 영국의 EU탈퇴로 EU와 FTA를 맺었던 우리나라는 영국과 별도의 FTA를 체결한 바 있다.

(2) 북미자유무역협정(NAFTA) – USMCA

북미자유무역협정, 즉 NAFTA(North American Free Trade Agreement)는 미국, 캐나다, 멕시코 등 북미 3국간에 광범위한 자유무역을 추진하기 위해 체결된 지역경제블럭의 하나로 1994년 1월 1일 공식출범했다. 이 협정이 체결된 1993년 당시 북미 3국의 총 GDP는 7조 1,000억 달러, 교역량은 1조 3,600억 달러, 총인구는 3억 7,000만 명으로 NAFTA는 세계 총생산의 약 35%를 점유하는 세계 최대의 지역경제블럭으로 탄생했다. 특히 NAFTA는 미국의 높은 기술수준 및 자본, 캐나다의 풍부한 자원, 멕시코의 값싼 노동력을 상호 보완적으로 결합할 수 있다는 점에서 이러한 비교우위를 특화할 경우 세계경제에 주는 의미와 영향력은 매우 크다고 할 수 있다.

협정의 각 분야별 주요 내용을 보면, 우선 관세철폐에 있어서는 거래품목의 약 65%를 협정발효 즉시 혹은 5년 이내에 철폐하고, 섬유 및 의류, 그리고 농산물 등 민감한 품목에 대해서는 향후 10~15년 이내에 관세를 철폐함으로써 상품교역을 자유화하는 것이었다. 관세면제의 기준이 되는 현지 조달비율, 즉 원산지 규정은 품목마다 차이가 있으나 승용차의 경우 62.5%로 결정되었다. 당초 미국은 이 비율을 더 높게, 멕시코는 더 낮게 할 것을 주장했었다. 미국은 멕시코와 캐나다를 생산기지로 하여 외국기업이 미국 국내시장에 쉽게(낮은 관세로) 접근하는 것을 부담스러워 했고, 멕시코로서는 외국기업의 국내투자를 유치하는 데에 원산지 규정을 완화하는 것이 바람직하다고 판단했기 때문이다.

비관세장벽의 제거에 있어서도 수량제한완화, 반덤핑 및 상계관세폐지, 멕시코의 수입허가품목 축소 등 상품교역의 원활화를 위한 조치가 포함되어 있다. 투자, 서비스, 금융에 있어서도 내국민대우를 원칙으로 하되, 멕시코의 외국인 투자지분 제한을 단계적으로 철폐하는 것을 규정하고 있다. 환경 및 노동문제에 있어서는 미국과 캐나다의 공해산업을 멕시코로 이전하는 것을 억제하기 위해 멕시코의 환경보호기준을 강화하였으며, 미국은 현행 이민법을 유지하여 멕시코의 불법이민을 방지하기 위한 노력을 기울이기로 합의하였다.

NAFTA 출범 이후의 경제적 효과에 대해서는 비교적 긍정적인 분석이 많은 편이다. 멕시코와 다른 두 나라와의 무역은 물론, 자본과 노동부존의 구성이 비슷한 미국과 캐나다 사이의 산업내 무역 등 역내무역의 급증으로 자원의 효율적인 배분과 생산의 효율화가 증진되었다는 것이다. 그러나 부문별로는 경제적 소외계층이 증가했다는 문제도 지적되고 있으며, 미국 역시 불만족스럽기는 마찬가지였다. 이는 결국 재협상과 새로운 협정인 USMCA(United States-Mexico-Canada Agreement)로의 대체로 이어지게 되었다.

NAFTA의 재협상은 트럼프 대통령의 선거운동 당시 "재앙적인 무역협정"이라 부를 때 이미 예상된 바 있다. 멕시코로부터 미국민의 일자리와 공장을 다시 미국으로 되돌리겠다는 트럼프 대통령의 공언과 함께 2018년 11월 서명된 USMCA는 몇 가지 새로운 내용을 담고 있다. 그 중의 하나는 자동차산업의 원산지 규정 강화라고 할 수 있다. 즉, 역외국의 자동차 기업들이 USMCA 국가 내에서 생산한 자동차를 "역내산"으로 인정받기 위해서는 NAFTA 기준보다 더 많은 현지 생산부품을 사용해야 한다. 또한, 트럼프 행정부는 USMCA 협정에 "일몰조항"을 추가하였는데, 이는 5년마다 USMCA 협정 존속 여부를 협정 당사국들이 검토 및 협상하도록 하는 것이다.

3-1 Mini-Case NAFTA와 관련된 사실들

- 1992년 이후 미국의 수출은 35% 이상 증가
- 미국 상무성은 미국수출이 10억불 증가할 때마다 미국내에서 22,800명의 고용증가효과가 있을 것으로 추산, 이는 1993-96년 수출 성장이 500만 이상의 고용창출효과가 있었음을 의미
- 1995년 일시적인 페소화관련 수출감소에도 불구하고 미국의 대 멕시코수출은 11% 증가, 대 캐나다수출은 26% 증가
- GDP 대비 교역량은 1970년 13%에서 1996년 30%로 증가
- 미국의 1996년 NAFTA내 수출은 1993년에 비해 34% 증가
- 미국의 NAFTA 수출에 의해 지원된 고용은 NAFTA가 발효된 이후 1996년까지 30만 내지 230만 정도로 추산
- 멕시코의 상품수입은 1994년 71%에서 1995년 74%로 증가하였지만, 서유럽, 일본, 한국의 대 멕시코상품 수출은 각각 25.5%, 24.5%, 64% 감소
- 미국의 대 멕시코수출이 1982년 페소위기 후 회복되는데 7년이 소요되었지만 1994년 12월 페소위기 후 수출규모가 회복되는 데는 18개월만 소요

- NAFTA 발효 후 첫 3년간 북미의 총수출액은 1993년 2930억불에서 1996년 4290억불로 43% 증가
- 1996년 미국의 대 캐나다 및 멕시코수출은 1900억불로서 태평양 연안전체 혹은 유럽전체와 같은 세계 어느 지역에 대한 수출보다 많음
- 멕시코의 세계 수출순위는 1993년 26위에서 1999년 8위로 부상

자료: Philip R. Cateora & John L. Graham, *International Marketing*, 10th ed., Irwin/McGraw-Hill, 1999, p. 292 및 한국경제, 2000. 5. 11일자

(3) 아세안(ASEAN)과 아세안 자유무역지대(AFTA)

동남아 국가연합(ASEAN, Association of Southeast Asian Nations)은 1960년대 중반 베트남전쟁이 격화되고 공산주의 세력이 확대되는 등 동아시아 지역의 국제정세가 급변함에 따라 동남아 지역국가들 간의 정치·경제적 협력을 도모하기 위해 결성되었다. ASEAN은 1967년 인도네시아, 말레이시아, 필리핀, 싱가포르, 태국 등 5개국 대표가 방콕에 모여 아세안선언을 선포함으로써 탄생했다. 선언은 평등과 우정에 입각해 회원국의 경제·사회·문화발전을 촉진하며, 유엔정신을 따라 각 국가와 지역에 평화와 안정을 도모한다는 내용을 담고 있다. 당초 결성은 월맹 등 공산세력에 대항하기 위한 것이었으나, 1984년에 브루나이가 가입했고, 1995년 베트남, 1997년 라오스와 미얀마, 1999년 캄보디아가 가입함으로써 회원국은 10개로 늘어났다.

아세안은 2022년 기준으로 10개국, 6.7억 인구, 총면적 약 450만㎢, 회원국 국내총생산(GDP) 합계 3조 6,577억 달러, 무역총액 3조 8,311억 달러의 거대시장이다.[2] ASEAN은 실질적인 공동협력체라기보다는 느슨한 선언적 성격으로 출발하였으나, 시간이 경과함에 따라 결속력이 강한 지역협력의 기구적 성격으로 발전해 왔다. 아세안의 현안은 모든 회원국간 관세·비관세장벽을 철폐해 무역자유화를 달성하는, 아세안 자유무역지대(AFTA, ASEAN Free Trade Area) 구상의 실현이다. AFTA는 이미 1992년에 협약이 이루어져, 1993년부터 공동실효특혜관세(CEPT, Common Effective Preferential Tariff) 스케줄에 따라 2003년까지 교역제품의 95%에 대해 관세율 5% 이하로 줄여나가기로 한 바 있다. 그 후 2002년 1월 선발 6개국 간에 관세인하를 개시하여 2006년 8월까지 0~5% 이하 관세인하율이 99.77%에 이르는 등 사실상 AFTA 출범하였고, 2018년 1월 1일부로

2) 아세안 웹사이트 http://www.asean.org 참조

ASEAN 역내관세를 전면 철폐하기에 이르렀다.

아세안은 한국, 일본, 중국과 1997년 공동성명서를 발표해 21세기 협력을 위한 초석을 마련하였으며 'ASEAN Plus Three' 형태로 협력관계를 유지하고 있다. 아세안의 최고 의사결정기구는 정상회의이며, 사무국은 인도네시아 자카르타에 있다.

(4) 한국과 FTA

우리나라는 2024년 말 기준으로 칠레, 싱가포르, EFTA, ASEAN, 인도, EU, 페루, 미국, 터키, 호주, 캐나다, 뉴질랜드, 중국, 베트남, 콜롬비아, 중미 5개국, 이스라엘, 캄보디아, 인도네시아 등 21건 59개국과 FTA협정을 체결하여 발효 중이며, 다른 여러 나라들과도 협상을 타결하였거나 협상이 진행 중이다([그림 3-2] 및 〈표 3-4〉 참조). 한편 우리나라는 EU를 탈퇴한 영국과도 2019년 8월에 FTA에 서명한 바 있다. 우리나라의 FTA에 대한 자세한 내용은 정부의 공식사이트인 www.fta.go.kr에서 확인할 수 있다.

우리나라 최초로 2004년 4월 1일 발효된 FTA는 칠레와의 자유무역협정이다. FTA 전후 3년간의 한-칠레 교역량 추이가 〈표 3-5〉에 나타나 있다. 이 표에서 볼 수 있듯이

그림 3-2 우리나라의 FTA 발효 국가 현황(2024년 12월말 기준)

자료원: www.fta.go.kr

표 3-4 우리나라의 FTA 추진현황(2024년 말 기준)

구분	상대국(지역)	서명(타결)	비준	발효
발효	칠레	2003. 2. 5	2004. 2. 16	2004. 4. 1
	싱가포르	2005. 8. 4	2005. 12. 1	2006. 3. 2
	EFTA	2005. 12. 15	2006. 6. 30	2006. 9. 1
	ASEAN	2006. 8. 24	2007. 4. 2	2007. 6. 1
	인도(CEPA)[1]	2009. 8. 7	2009. 11. 6	2010. 1. 1
	EU	2010. 10. 6	2011. 5. 4	2011. 7. 1
	페루	2011. 3. 21	2011. 6. 29	2011. 8. 1
	미국	2007. 6. 30	2011. 11. 22	2012. 3. 15
	터키	2012. 8. 1	2012. 11. 22	2013. 5. 1
	호주	2014. 4. 8	2014. 12. 2	2014. 12. 12
	캐나다	2014. 9. 23	2014. 12. 2	2015. 1. 1
	뉴질랜드	2015. 3. 23	2015. 11. 30	2015. 12. 20
	베트남	2015. 5. 5	2015. 11. 30	2015. 12. 20
	중국	2015. 6. 1	2015. 11. 30	2015. 12. 20
	콜롬비아	2013. 3. 21	2014. 4. 29	2016. 7. 15
	중미(6개국, 과테말라 23. 9 추가)	2018. 2. 21	2019. 8. 2	2019. 10. 1(부분) 2021. 3. 1(전체)
	영국	2019. 8. 22	2019. 10. 28	2021. 1. 1
	RCEP[2]	2020. 11. 15	2021. 12. 2	2022. 2. 1
	이스라엘	2021. 5. 12	2022. 9. 27	2022. 12. 1
	캄보디아	2021. 10. 26	2022. 9. 27	2022. 12. 1
	인도네시아(CEPA)	2020. 12. 18	2021. 6. 29	2023. 1. 1
	싱가포르(DPA)[3]	2021. 12. 15		2023. 1. 14
협상타결	한-필리핀 FTA(22. 6, 서명 23. 9), 과테말라(23. 9), 에콰도르 SECA[4](23. 10), UAE CEPA(23. 10), GCC[5](23. 12)			
협상진행	한중일, MERCOSUR, 러시아, 말레이시아, 우즈베키스탄			

주: 1) Comprehensive Economic Partnership Agreement
2) Regional Comprehensive Economic Partnership(아세안 10국, 한중일, 호주, 뉴질랜드)
3) Digital Partnership Agreement
4) Strategic Economic Cooperation Agreement
5) Gulf Cooperation Council

자료원: www.fta.go.kr

표 3-5 우리나라의 대 칠레 FTA 발효 전후 수출 · 수입액 추이

(단위: 백만 달러, %)

대상국가	항목	2001	2002	2003	2004	2005	2006	2007
전세계	수출액	150,439	162,471	193,817	253,845	284,419	325,465	371,489
	증가율		8.00	19.29	30.97	12.04	14.43	14.14
	수입액	141,098	152,126	178,827	224,463	261,238	309,383	356,846
	증가율		7.82	17.55	25.52	16.38	18.43	15.34
칠레	수출액	573	454	517	708	1,151	1,566	3,115
	증가율		-20.71	13.92	36.95	62.50	36.07	98.90
	수입액	696	754	1,058	1,934	2,279	3,813	4,184
	증가율		8.31	40.29	82.80	17.88	67.29	9.73

자료원: 국가통계포털(www.kosis.kr) 자료를 바탕으로 산출함

대 칠레 수출액은 2004년 이후 급속한 성장을 기록하여 전체 수출액 상승률을 훨씬 초과하고 있다. 칠레로부터의 수입액 역시 전체 수입성장률을 초과하고 있으나 FTA체결 전후의 대비는 수출에 비해 두드러지지 않는 편이다.

FTA 체결은 당사자국간의 무역량 증가뿐만 아니라 기업의 투자패턴에도 상당한 영향을 미친다. 예를 들어 미국에 수출하는 한국 기업이 생산비 절감을 위해 중국에 생산시설 투자를 할 수 있는데, 이러한 투자는 한미 FTA로 인해 그 규모가 줄거나 생산공장을 다시 한국으로 옮기는 이른바 리쇼어링(reshoring)을 고려하게 된다. '관세절감+국내생산에 따른 관리의 효율성 증가'와 중국투자로 인한 '생산비 절감'을 비교하게 되는 것이다. 외국기업의 한국투자에도 긍정적인 영향을 미칠 수 있다. 생산비는 좀 증가하더라도 인력의 우수성 및 FTA 체결국 수출에 대한 관세절감 효과를 기대할 수 있기 때문이다(Mini-Case 3.2 참조).

우리나라와 칠레 사이의 첫 FTA가 발효된 이후 이제 20여 년이 흘렀다. 출발은 좀 늦었지만 이후 대한민국의 FTA 체결 속도는 상당이 빠른 편이어서 현재 60여개 국가와 FTA를 맺어 발효 중이다. Mini-Case 3.3은 이에 대한 개괄적인 설명과 시사점을 기술하고 있다.

3-2 Mini-Case

한미 FTA 발효: 한국, 세계시장 잇는 'FTA 허브'로 - 외국기업들 투자 러시

일본 섬유업체 도레이첨단소재는 최근 경북 구미시에 2020년까지 총 1조 3000억 원을 투자해 탄소섬유공장을 세우기로 결정했다. 도레이의 대규모 투자배경에는 자유무역협정(FTA)을 통해 세계 주요 수출시장에 관세 없이 수출할 수 있다는 이점이 크게 작용했다. 이 회사 관계자는 "삼성, LG, 현대자동차 등 굴지의 글로벌 기업에 납품하기 쉽고 한미, 한-유럽연합(EU) FTA를 통한 비관세혜택까지 얻을 수 있으니 일거양득"이라고 말했다. 일본의 한국투자는 이 같은 FTA 효과 외에 지난해 대지진으로 막대한 생산차질을 빚자 부품·소재기업들을 중심으로 지진 염려가 거의 없고 전기요금도 싼 한국에 생산거점을 두려는 이유도 한몫했다.

세계에서 유일하게 미국, EU, 아세안과 FTA를 체결한 한국을 중심으로 자전거 바퀴살처럼 관세장벽 없이 세계시장이 연결되는 'FTA 허브'가 현실화하고 있다. 세계경제 침체 속에서도 독일, 일본 등 제조업 강국의 직접투자(FDI)가 이어지고 해외에 진출한 국내기업이 다시 공장을 국내로 옮길 움직임을 보인다는 점은 일자리 창출에 가장 긍정적인 변화다.

2011년 한 해 동안에만 독일기업들의 대한(對韓) 직접투자는 15억 달러나 몰려 전체 누적투자액(64억 달러)의 약 4분의 1에 달했다. 지식경제부 고위관계자는 "유럽국가의 투자는 지난해 7월 발효된 한-EU FTA 효과가 컸지만 이것만으로는 일본과 중국의 FDI 증가세까지 설명할 순 없다"며 "금년 발효되는 한미 FTA에 대한 기대감도 적지 않을 것"이라고 말했다. 본토에서 조달한 원재료로 한국에서 완제품을 만들면 국내 대기업에 납품하기 수월할 뿐만 아니라 우리나라와 FTA를 체결한 미국, EU, 동남아에 무관세로 수출할 수 있기 때문이다. 한국시장을 베이스캠프로 삼아 중국, 일본시장 공략을 강화하려는 포석도 깔려 있다.

곧 협상이 시작될 한중 FTA에 대한 외국인 투자가의 기대도 커지고 있다. 지경부 투자정책관은 "세계정치의 역학 구조상 미국-중국, EU-중국 간 FTA가 조만간 체결될 가능성은 별로 없는데 한국은 중국경제와 긴밀히 연결돼 있는 데다 한중 FTA 협상이 예정됐다는 점에서 외국자본이 상당한 매력을 느끼고 있다"고 설명했다.

지경부에 따르면 지난해 투자신고를 마친 유럽과 일본의 부품소재 기업들은 인수합병(M&A)보다 고용창출 효과가 큰 '그린필드(greenfield)형 투자'를 더 선호하는 것으로 나타났다. 그린필드형 투자는 기존 인력을 승계하는 데 그치는 M&A와 달리 시설공사부터 생산, 관리에 이르기까지 인력을 새로 채용해야 하기 때문에 투자를 받는 국가로선 최상의 방식으로 통한다.

외국투자 기업만이 아니다. 값싼 생산기지를 찾아 중국 등지로 떠났던 한국중소기업도 생산설비를 국내로 다시 옮기거나 국내생산물량을 늘릴 움직임을 보이고 있다. 중견신발 제조업체인 트렉스타는 올해 4월 중국 톈진 공장 두 곳 중 하나를 폐쇄하고 부산공장을 증설하기로 했다. 낮은 인건비를 보고 1991년 중국에 진출해 한때 연간 500만 켤레를 생산한 이 회사는 최근 중국 내 생산량을 200만 켤레로 확 줄였다. 중국 근로자들의 인건비가 사업초기 월 8만 원에서 최근 43만 원으로 뛴 데다 중국정부의 환경규제가 갈수록 까다로워졌기 때문이다. 신발 품목별로 최대 20%의 비관세혜택을 받을 수 있는 한미 FTA를 활용하려는 목적도 컸다. 권동칠 트렉스타 대표는 "수출물량의 30%가 미국에 집중돼 있어 평균 10% 이상 비관세혜택을 받으면 상당한 수출증대효과를 거둘 수 있을 것"이라고 기대했다.

중국 상하이에 재봉기 제조공장을 둔 A사도 FTA 효과를 발판으로 미국, 유럽수출을 늘리기 위해 U턴을 고려하고 있다. A사 관계자는 "해외시장에서 '메이드 인 코리아'의 브랜드 가치가 갈수록 높아지고 있다"며 "기술집약적 고부가가치 제품군을 한국에서 생산하는 방안을 적극 검토하고 있다"고 말했다.

자료원: 동아일보, 2012. 3. 13 기사내용을 편집함

3-3 Mini-Case

FTA 20년, 선진국 길 열었다, 무역규모 日의 85% 추격(美 · 中·EU · 아세안과 FTA 맺은 건 한국뿐)

2004년 우리나라 첫 FTA(자유무역협정)인 한 · 칠레 FTA가 발효될 당시 포도는 '뜨거운 감자'였다. 국내 5대 소비과일인 포도가 관세철폐 대상에 포함되자 포도재배 농가에선 '우린 이제 끝났다'는 말이 나왔다. 2003년 37만 6,000t이던 포도 생산량은 칠레산 포도가 국내시장에 밀려들어 오면서 2006년 33만t으로 줄었다. 하지만 이대로 끝나지는 않았다. 2006년 우리 농가는 일본에서 '샤인머스캣' 묘목을 들여와 개량을 시작했고, 2017년 중국을 시작으로 수출에 나섰다. 2010년 188만달러(약 26억원)인 포도 수출은 지난해 24배인 4469만달러까지 불었다. 이제 우리와 FTA를 체결한 싱가포르, 베트남, 태국, 캄보디아 등에서 한국산 샤인머스캣은 명품 과일로 꼽힌다. 2005년 1000㎡당 연간 312만원이던 포도 농가 소득은 2020년 598만원으로 늘었다. 포도 농가를 다 죽인다던 FTA가 소득을 늘린 것이다.

20년 만에 일본의 85%까지 추격

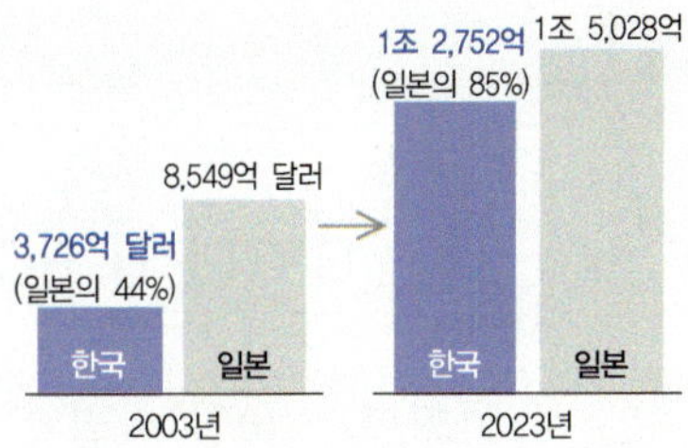

한국무역협회에 따르면 2023년 나라별 무역규모와 수출에서 우리나라는 세계 8위를 기록했다. 우리 수출과 수입을 합한 무역 규모는 1조 2,752억달러(약 1,757조원)로 일본(1조 5,028억달러)의 85%에 달했다. 우리나라가 FTA에 막 뛰어들던 2003년, 일본의 무역규모는 우리의 2.3배에 달할 정도로 격차가 컸었다. 우리가 3배 이상으로 늘어나는 동안 FTA에 소극적이었던 일본은 증가세가 크지 않았다.

FTA는 정체기에 접어들었던 우리 수출시장을 확대하기 위한 승부수였다. 1983년 무역(수출 + 수입) 규모에서 세계 12위, 수출과 수입은 각각 13위와 14위로 15위 안으로 진입했지만, 이후 20년 동안 그 어느 항목도 한 자릿수에 진입하지 못하고 있었다. 무섭게 성장하던 중국이 해마다 순위를 높이는 상황에도 우리는 G7(7국)과 네덜란드 · 벨기에 · 홍콩 등 중계무역 강국의 벽을 좀처럼 넘어서지 못했다. 이대로 가다간 톱10 진입이 어려울 것이라는 위기감도 있었다. 칠레에 이어 2006년 싱가포르 및 EFTA와 FTA가 발효됐고, 초(超)세계화 흐름 속에 아세안(2007년), 인도(2010년), EU(2011년), 미국(2012년), 중국(2015년) 순으로 FTA가 발효되며 2017년엔 무역(9위) · 수출(6위) · 수입(9위) 모두 톱10을 기록함과 동시에 1인당 GDP(국내총생산)도 3만달러 벽을 돌파했다.

세계 85% 확보… 미 · 중 · EU와 모두 체결은 유일

우리나라는 칠레를 시작으로 21건의 FTA를 59국과 맺으며 세계 GDP의 85%를 '경제 운동장'으로 확보하고 있다. 중계무역국인 싱가포르(87.3%)에 이어 2위다. FTA 선진국으로 꼽혔던 칠레(3위)도 제쳤다. 우리나라는 G2(미국·중국)를 비롯해 EU, 아세안 등 주요 경제권과 모두 FTA를 체결한 유일한 국가이기도 하다. 한 통상전문가는 "FTA 협상은 분야별로는 일부 손해를 감수하면서도 전체적으로는 윈윈하자는 것"이라며 "우리는 농업 부문이 개방에 대한 반발이 거셌음에도 국익차원에서 양보하며 큰 기여를 했다"고 말했다.

최근 들어 보호무역주의가 확대되는 가운데에도 FTA는 우리 무역에 든든한 버팀목이 되고 있다. 그동안 촘촘하게 짜놓은 FTA망은 WTO(세계무역기구) 체제가 사실상 와해한 상황에서 교역의 통로가 되고 있으며, 미국이 IRA(인플레이션감축법)와 같은 장벽을 쌓는 국면에서도 FTA 상대국으로서 혜택을 누리게 하고 있다. 한국무역협회 국제무역통상연구원장은 "과거 빠르게 FTA를 확대한 것이 지금과 같은 탈(脫)세계화 국면에서 빛을 발하고 있다"고 말했다.

(자료원: 조선일보, 2024. 4. 24)

(5) CPTPP와 RCEP

2015년 10월 타결된 환태평양경제동반자협정(TPP, Trans-Pacific Partnership)은 세계 경제규모 1위(미국)와 3위(일본)국가를 포함하여 12개 국가가 참여하는 매머드급 FTA로서 전세계의 주목을 받으며 시작했다. TPP는 당초 2002년 싱가포르, 뉴질랜드, 칠레 3개국의 경제협력 논의에서 출발했다가 2005년 브루나이의 합류로 4개국(P4) 협정으로 발전했고, 이어 P4협정은 2008년 미국이 관심을 보이면서 위상이 달라졌다. 2010년 호주, 베트남, 페루, 말레이시아, 2011년에 캐나다와 멕시코가 협상에 합류했고, 2013년 7월엔 일본까지 합류하게 되었다. 그러나 트럼프가 미국대통령에 당선된 후 TPP가 미국인의 일자리를 빼앗는다고 비판하며 2017년 1월 TPP에서 탈퇴한다는 내용의 행정명령에 서명하며 변수가 생겼다. 결국 미국이 빠진 11개국이 명칭을 포괄적 · 점진적 환태평양경제동반자협정(CPTPP: Comprehensive and Progressive Agreement for Trans-Pacific Partnership)으로 변경하며 서명과 비준절차를 거쳐 2018년 12월 발효되었다. 우리나라는 CPTPP 가입에 적극적인 입장을 보이지 않아 왔는데, 가입의 실익과 국내외 정치적 상황 등 상황변화에 따라 가입을 검토 중인 것으로 알려지고 있다.

한편 최근 발효된 역내포괄적경제동반자협정(RCEP, Regional Comprehensive Economic Partnership)은 우리나라도 가입한 대규모 경제통합체로서 동남아시아국가연합

(ASEAN) 10개국과 한・중・일 3개국, 호주・뉴질랜드 등 15개국이 관세장벽철폐를 목표로 진행하고 있는 일종의 자유무역협정(FTA)이다. 인도를 포함한 16개국이 진행했으나 저가제품을 주로 생산하는 인도가 중국과의 경쟁을 우려해 협상에서 빠지면서 2019년 11월 4일 15개국의 협정이 타결됐으며, 2020년 11월 15일 최종타결 및 서명이 이뤄졌다. 우리나라에서는 2021녀 12월 2일 국회에서 비준이 이루어졌고 2022년 2월 1일 발효되었다.

RCEP 참가국의 무역규모, 인구, 총생산(명목 GDP)이 전 세계에서 차지하는 비중은 30%에 달한다. 따라서 RCEP의 체결로 역내인구 세계 최대 34억 명에 이르는 거대 경제통합체가 형성되어 우리나라의 시장확대 및 안정적인 경제성장을 위한 한 기반이 마련되었다고 볼 수 있다.

(6) 기타 지역경제블럭

위에서 설명한 유럽연합(EU), 북미자유무역협정(NAFTA, 현 USMCA), 아세안(ASEAN) 및 아세안 자유무역지대(AFTA), 포괄적・점진적 환태평양경제동반자협정(CPTPP), 역내포괄적경제동반자협정(RCEP) 외에도 다양한 형태의 지역경제블럭이 존재한다. 우선 남미에서는 남미지역공동시장(Mercosur, Mercado Comun del Sur)이 1995년에 창설되었는데(협약체결은 1991년), 이는 궁극적으로 역내시장에서의 상품, 자본, 노동, 서비스 등의 자유로운 이동과 역외국가에 대한 공동의 대외관세제도를 유지하는 것을 목표로 하고 있다. 또한 미국은 1994년부터 NAFTA와 남미를 연결하는 미주자유무역지대(FTAA, Free Trade Area of the Americas) 결성을 추진하고 있으나 미국의 영향력 확대를 염려하는 중남미 좌파국가들의 반대로 큰 진전을 보지 못하고 있다.

한편 아직은 역내의 경제협력을 위한 정부의 공식협의체 단계에 머물고 있지만 무역 및 투자의 자유화를 추진하고 있는 아태지역협의체로 아시아 태평양경제협력체(APEC, Asia-Pacific Economic Cooperation)가 있다. APEC은 1989년에 당시의 ASEAN 6개국(인도네시아, 말레이시아, 필리핀, 싱가포르, 태국, 브루나이 등)과 한국, 미국, 일본, 캐나다, 호주, 뉴질랜드 등 12개국으로 출범했지만, 현재는 중국, 대만, 홍콩, 멕시코, 파푸아뉴기니, 칠레, 러시아, 페루, 베트남 등을 포함하여 총 21개국(경제)이 회원으로 참여하고 있다. APEC은 세계 최대의 지역협의체로서 세계 GDP의 약 60%, 세계 교역량의 50% 정도, 세계인구의 40% 정도를 차지하고 있다(www.apec.org 참조).

1.6 최근 국제통상환경의 흐름

앞의 제1장에서도 잠시 언급하였지만 최근의 국제통상환경은 2차대전 이후 지속적으로 추진되어 온 개방화 · 자유화 · 세계화의 흐름에 제동이 걸리고 있는 상황이다. 세계화 흐름을 주도했던 미국이 자국의 이익을 우선하고 경제적 고려만이 아닌 군사외교적 고려와 함께 세계패권경쟁의 시각에서 경제통상정책을 운용하고 있는 것이 주된 원인으로 보여진다. 저렴한 인건비를 바탕으로 세계의 공장역할을 담당했던 중국의 부상을 미국이 견제하기 시작하면서 미국은 물론 다른 많은 국가들도 글로벌 공급사슬망(global supply chain) 구축에서 중국을 어느 정도 포함시킬 것인가에 대한 고민을 하고 있는 것이다. 러시아-우크라이나 전쟁도 안보가 전제되지 않은 자유로운 국제통상활동이 어렵다는 점을 보여주고 있다. 이러한 상황들은 결국 정부나 기업으로 하여금 정치외교나 지정학적 고려보다는 경제적 효율성에 기반한 투자와 수출입선 결정, 즉 글로벌 공급 사슬망 구축이 아니라 국가간의 신뢰나 우호관계를 고려한 공급사슬망 구축, 즉 이른바 trust value chain, friend shoring을 고려하게 만들고 있다.

2022년 5월 미국의 주도로 공식출범된 IPEF(Indo-Pacific Economic Framework, 인도-태평양 경제 프레임워크)도 이러한 배경 하에 출범된 것으로 볼 수 있다. 우리나라도 가입한 IPEF에는 현재 미국, 일본, 인도, 호주, 인도네시아, 태국, 필리핀, 말레이시아, 베트남, 싱가포르, 뉴질랜드, 브루나이, 피지 등 14개 국이 가입되어 있다. 형식상 중국을 배제하고 있지는 않지만 중국은 이를 자국에 대한 포위전략으로 인식하는 것으로 보인다. 미국의 대통령선거 등 정치적 상황에 따라 IPEF의 앞날도 불투명하지만, 최근의 국제통상환경이 대한민국 정부는 물론 기업에게 경제적 효율성과 이익은 물론 정치외교와 안보적 고려도 함께 해야 하는 지혜를 요구하고 있는 것은 분명하다.

02 개별 국가의 경제적 환경

2.1 경제체제

경제체제는 한 국가의 경제가 움직이는 기본틀을 의미하기 때문에 중요하게 이해되어야 한다. 흔히 자본주의, 사회주의, 시장경제, 계획경제 등을 경제체제의 유형으로 보고, 자본주의와 시장경제, 사회주의와 계획경제를 동일시하기도 하지만 이는 옳지 않다. 자본주의와 시장경제가 더 잘 조화되는 것은 사실이지만 이 둘이 동일한 것은 아니며 서로 다른 분류기준에 따른 경제체제의 유형이다.

(1) 생산수단의 소유기준

경제체제는 생산수단을 누가 소유하느냐에 따라 자본주의(capitalism)와 사회주의(socialism)로 구분된다. 자본주의는 개인에게 생산수단소유가 인정되는 체제이고, 사회주의는 개인이 아니라 국가나 집단에 소유권이 부여된다.

(2) 생산요소의 배분기준

시장경제(market economy)와 중앙계획경제(CPE, centrally planned economy)는 생산요소나 자원의 배분기준에 따른 분류 유형이다. 시장경제는 가격기능을 토대로 한 시장원리에 의해 자원이 배분되는 체제이며, 중앙계획경제는 중앙정부의 계획과 통제에 의해 자원이 배분된다. 과거에 계획경제체제를 유지했던 국가들이 시장경제로 전환을 했거나 하고 있는 경우가 많기 때문에 세계은행은 이들 국가를 CPE가 아닌 HPE(historically planned economy)라는 이름으로 분류한 적이 있었다. 러시아 및 동유럽국가들이 대표적 예다. 그러나 이제 계획경제체제라 부를 만한 국가들이 많지 않아 CPE나 HPE는 실질적인 의미가 크지 않다고 할 수 있다.

위 기준에 따라 경제체제를 분류할 때 순수한 형태의 자본주의, 사회주의, 시장경제, 계획경제라 부를 수 있는 국가를 찾기는 쉽지 않다. 자본주의라 칭하는 국가에도 일부 생산수단을 국가가 소유하는 경우가 있으며, 시장경제에도 중앙정부의 계획이나 조정이 가미되는 경우가 많은 것이다. 따라서 경제체제는 순수한 형태로서보다는 각 기준의 정도 측면에서 파악하는 것이 바람직할 것이다.

2.2 시장특성

국제마케팅 경영자가 일차적 관심을 갖게 되는 시장국의 경제적 환경은 시장의 규모 등과 관련된 시장특성일 것이다. 시장의 규모, 혹은 시장잠재력(market potential)은 흔히 1인당 국민소득이나 총인구 등으로 파악한다. 제품의 특성에 따라 소득수준이 더 바람직한 지표일 수도 있고 인구가 더 바람직한 지표일 수도 있다. 1인당 국민소득을 시장지표로 활용할 때도 주의가 필요하다. 이것은 평균개념이기 때문에 소득수준의 분포나 분배상황을 보여주지 않는다. 중국이나 인도의 1인당 국민소득은 낮은 편이지만 14억 인구의 상위 5% 고소득층만 해도 7천만 명이라는 고소득시장의 존재를 의미하는 것이다.

참고로 〈표 3-6〉 및 〈표 3-7〉에 1인당 GNI 및 인구 상위 35대국, 그리고 총 GDP 상위 60대국이 나타나 있다. 또한 〈표 3-8〉에는 국가별 1인당 GNI순위가 나타나 있다. 한편 대표적인 거대 신흥시장국(BEM, Big Emerging Market)으로 흔히 거론되는 BRICs 4개국(브라질, 러시아, 인도, 중국) 또는 BRICS 5개국(BRICs 4개국+남아프리카공화국)의 주요 거시통계지표는 〈표 3-9〉에서 볼 수 있다.

유통구조 및 관습도 각 시장국가의 오랜 역사와 전통을 반영하며 형성된 것이기 때문에 매우 다양한 모습을 띄고 있다. 따라서 현지에서의 효과적인 마케팅전략, 특히 유통전략을 수립하기 위해서는 현지 유통구조와 유통관습에 대한 이해와 준비가 필수적이다.

표 3-6 1인당 GNI 및 인구 상위 35대국(GNI 순위는 2023년 기준)

1인당 GNI(PPP 환산기준 $)				인구(1,000명)		
순위	국가	2022년	2023년	순위	국가	2023년
1	Singapore	114,620	118,710	1	India	1,428,628
2	Norway	128,020	108,790	2	China	1,410,710
3	Ireland	96,100	98,650	3	United States	334,915
4	Luxembourg	98,650	98,490	4	Indonesia	277,534
5	Switzerland	88,910	90,080	5	Pakistan	240,486
6	Brunei Darussalam	81,060	87,550	6	Nigeria	223,805
7	United Arab Emirates	78,530	83,750	7	Brazil	216,422
8	United States	77,790	82,190	8	Bangladesh	172,954
9	Denmark	80,530	79,390	9	Russian Federation	143,826
10	Iceland	73,180	79,290	10	Mexico	128,456
11	Hong Kong SAR, China	73,080	77,880	11	Ethiopia	126,527
12	Netherlands	73,850	77,750	12	Japan	124,517
13	Austria	70,930	73,520	13	Philippines	117,337
14	Sweden	71,230	72,990	14	Egypt, Arab Rep.	112,717
15	Germany	69,210	72,110	15	Congo, Dem. Rep.	102,263
16	Belgium	69,310	71,990	16	Viet Nam	98,859
17	Kuwait	64,170	67,730	17	Iran, Islamic Rep.	89,173
18	Australia	62,900	66,260	18	Turkiye	85,326
19	Finland	63,180	64,940	19	Germany	84,482
20	France	58,610	62,130	20	Thailand	71,801
21	Canada	61,230	60,700	21	United Kingdom	68,350
22	Bahrain	57,970	60,090	22	France	68,170
23	Italy	56,410	58,650	23	Tanzania	67,438
24	United Kingdom	57,040	58,140	24	South Africa	60,414
25	Malta	53,380	56,880	25	Italy	58,761
26	Saudi Arabia	54,720	55,290	26	Kenya	55,101
27	Korea, Rep.	52,380	55,040	27	Myanmar	54,578
28	Slovenia	50,290	54,130	28	Colombia	52,085
29	Israel	51,690	53,340	29	Korea, Rep.	51,713
30	New Zealand	50,770	52,750	30	Uganda	48,582
31	Japan	49,980	52,640	31	Spain	48,373
32	Spain	48,920	52,420	32	Sudan	48,109
33	Czechia	49,350	51,370	33	Argentina	46,655
34	Cyprus	49,730	51,330	34	Algeria	45,606
35	Lithuania	49,160	50,100	35	Iraq	45,505

자료원: www.worldbank.org

표 3-7 총GDP 상위 60대국(순위는 2023년기준)

(단위: 백만불)

순위	국가	2022년	2023년	순위	국가	2022년	2023년
1	United States	25,744,108	27,360,935	31	Norway	593,727	485,513
2	China	17,881,783	17,794,782	32	Bangladesh	460,132	437,415
3	Germany	4,082,469	4,456,081	33	Philippines	404,353	437,146
4	Japan	4,256,411	4,212,945	34	Viet Nam	410,324	429,717
5	India	3,353,470	3,549,919	35	Denmark	400,167	404,199
6	United Kingdom	3,088,840	3,340,032	36	Iran, Islamic Rep.	413,395	401,505
7	France	2,779,092	3,030,904	37	Malaysia	407,027	399,649
8	Italy	2,066,972	2,254,851	38	Egypt, Arab Rep.	476,748	395,926
9	Brazil	1,951,924	2,173,666	39	Hong Kong SAR, China	358,696	382,055
10	Canada	2,161,483	2,140,086	40	South Africa	405,271	377,782
11	Russian Federation	2,266,029	2,021,421	41	Colombia	345,330	363,540
12	Mexico	1,463,324	1,788,887	42	Nigeria	472,625	362,815
13	Australia	1,692,957	1,723,827	43	Romania	298,892	351,003
14	Korea, Rep.	1,673,917	1,712,793	44	Pakistan	374,788	338,368
15	Spain	1,417,800	1,580,695	45	Chile	302,117	335,533
16	Indonesia	1,319,076	1,371,171	46	Czechia	290,566	330,858
17	Netherlands	1,009,399	1,118,125	47	Finland	281,887	300,187
18	Turkiye	907,118	1,108,022	48	Portugal	255,197	287,080
19	Saudi Arabia	1,108,571	1,067,583	49	Peru	246,489	267,603
20	Switzerland	818,427	884,940	50	Kazakhstan	225,496	261,421
21	Poland	689,763	811,229	51	New Zealand	246,734	253,466
22	Argentina	631,133	640,591	52	Iraq	286,640	250,843
23	Belgium	583,614	632,217	53	Algeria	225,560	239,899
24	Sweden	590,410	593,268	54	Greece	217,581	238,206
25	Ireland	533,140	545,629	55	Hungary	177,006	212,389
26	Austria	470,942	516,034	56	Ukraine	161,990	178,757
27	Thailand	495,645	514,945	57	Ethiopia	126,773	163,698
28	Israel	525,002	509,901	58	Kuwait	182,809	161,772
29	United Arab Emirates	507,064	504,173	59	Morocco	130,913	141,109
30	Singapore	498,475	501,428	60	Slovak Republic	115,585	132,794

자료원: www.worldbank.org

표 3-8 세계 국가(경제)의 1인당 GNI 순위(2023년 PPP환산 기준 $)

순위	국가	GNI	순위	국가	GNI	순위	국가	GNI
1	Singapore	118,710	61	Antigua and Barbuda	30,350	121	Morocco	9,600
2	Norway	108,790	62	Mauritius	30,230	122	Bangladesh	9,430
3	Ireland	98,650	63	Belarus	29,640	123	Cabo Verde	9,050
4	Luxembourg	98,490	64	Argentina	28,710	124	Lao PDR	8,640
5	Switzerland	90,080	65	Serbia	25,880	125	Marshall Islands	8,570
6	Brunei Darussalam	87,550	66	Costa Rica	25,800	126	Tuvalu	7,790
7	United Arab Emirates	83,750	67	Mexico	24,970	127	Nicaragua	7,640
8	United States	82,190	68	Dominican Republic	24,460	128	Cote d'Ivoire	7,480
9	Denmark	79,390	69	China	24,380	129	Ghana	7,370
10	Iceland	79,290	70	Turks and Caicos Islands	23,760	130	Angola	7,310
11	Hong Kong SAR, China	77,880	71	North Macedonia	23,510	131	West Bank and Gaza	7,060
12	Netherlands	77,750	72	Georgia	23,040	132	Djibouti	7,040
13	Austria	73,520	73	St. Lucia	22,980	133	Mauritania	6,930
14	Sweden	72,990	74	Thailand	22,880	134	Kyrgyz Republic	6,750
15	Germany	72,110	75	Bosnia and Herzegovina	22,790	135	Honduras	6,680
16	Belgium	71,990	76	Azerbaijan	22,640	136	Samoa	6,600
17	Kuwait	67,730	77	Armenia	22,440	137	Congo, Rep.	6,550
18	Australia	66,260	78	Maldives	21,720	138	Tajikistan	6,380
19	Finland	64,940	79	Nauru	21,570	139	Kenya	6,220
20	France	62,130	80	Colombia	21,420	140	Nigeria	6,200
21	Canada	60,700	81	Albania	21,110	141	Sao Tome and Principe	6,140
22	Bahrain	60,090	82	Brazil	19,990	142	Pakistan	6,110
23	Italy	58,650	83	St. Vincent and the Grenadines	19,740	143	Kiribati	5,900
24	United Kingdom	58,140	84	Gabon	19,710	144	Timor-Leste	5,880
25	Malta	56,880	85	Libya	19,670	145	Myanmar	5,800
26	Saudi Arabia	55,290	86	Suriname	19,330	146	Cambodia	5,460
27	Korea, Rep.	55,040	87	Botswana	19,140	147	Cameroon	5,270
28	Slovenia	54,130	88	Ukraine	18,560	148	Nepal	5,240
29	Israel	53,340	89	Barbados	18,550	149	Senegal	4,670
30	New Zealand	52,750	90	Egypt, Arab Rep.	17,990	150	Micronesia, Fed. Sts.	4,620
31	Japan	52,640	91	Palau	17,940	151	Papua New Guinea	4,340
32	Spain	52,420	92	Iran, Islamic Rep.	17,900	152	Benin	4,220
33	Czechia	51,370	93	Dominica	17,650	153	Zambia	3,960
34	Cyprus	51,330	94	Moldova	17,600	154	Guinea	3,940
35	Lithuania	50,100	95	Paraguay	16,910	155	Tanzania	3,900
36	Guyana	50,060	96	Algeria	16,790	156	Comoros	3,860
37	Portugal	47,850	97	Grenada	16,550	157	Zimbabwe	3,850
38	Poland	47,380	98	Mongolia	16,390	158	Vanuatu	3,770
39	Estonia	47,350	99	Peru	15,860	159	Rwanda	3,290
40	Romania	46,620	100	South Africa	15,630	160	Lesotho	3,270
41	Croatia	45,950	101	Ecuador	15,510	161	Haiti	3,260
42	Hungary	44,650	102	Kosovo	15,310	162	Togo	3,170
43	Turkiye	43,700	103	Indonesia	15,210	163	Gambia, The	3,120
44	Russian Federation	43,510	104	Viet Nam	14,400	164	Sudan	3,110
45	Slovak Republic	43,500	105	Iraq	14,040	165	Ethiopia	3,100
46	Latvia	41,420	106	Fiji	14,000	166	Solomon Islands	3,080
47	Oman	41,280	107	Sri Lanka	13,990	167	Uganda	3,040
48	Greece	40,880	108	Guatemala	13,820	168	Guinea-Bissau	2,670
49	Panama	38,110	109	Belize	13,710	169	Burkina Faso	2,610
50	Bulgaria	37,380	110	Equatorial Guinea	13,420	170	Mali	2,600
51	Malaysia	36,120	111	Tunisia	13,310	171	Sierra Leone	2,130
52	Kazakhstan	35,420	112	Namibia	12,170	172	Chad	1,940
53	Bahamas, The	33,790	113	Philippines	11,940	173	Madagascar	1,840
54	Puerto Rico	32,990	114	El Salvador	11,750	174	Malawi	1,820
55	St. Kitts and Nevis	32,540	115	Jamaica	11,160	175	Niger	1,750
56	Seychelles	32,440	116	Eswatini	10,950	176	Liberia	1,700
57	Uruguay	31,690	117	Bolivia	10,490	177	Congo, Dem. Rep.	1,620
58	Chile	31,590	118	Jordan	10,360	178	Somalia	1,610
59	Montenegro	31,520	119	India	10,030	179	Mozambique	1,510
60	Trinidad and Tobago	30,400	120	Uzbekistan	9,640	180	Central African Republic	1,200

자료원: www.worldbank.org

표 3-9 BRICs(BRICS) 국가 및 한국의 주요 경제지표(2023년 기준)

국가	인구	1인당 GNI	총 GDP	수출액	수입액
브라질	216,422	19,990	2,173,666	389,626	346,639
러시아	143,826	43,510	2,021,421	465,432	378,615
인도	1,428,628	10,030	3,549,919	773,224	859,485
중국	1,410,710	24,380	17,794,782	3,511,248	3,125,185
남아공	60,414	15,630	377,782	124,731	123,541
한국	51,713	55,040	1,712,793	769,534	761,102

주: 인구는 천명, 1인당 GNI는 PPP환산 달러, 총GDP와 수출입액은 백만 달러
자료원: www.worldbank.org

2.3 국제수지 및 무역패턴

국제수지(BOP, balance of payments)는 한 국가의 무역수지, 외채상황 등을 보여주고 있기 때문에 주의깊게 살펴보아야 한다. 환율의 변화, 외환위기, 정부의 무역정책 등을 예견해 볼 수 있는 기초자료가 되기 때문이다.

수출입 상품구조나 그 변화추이도 시장기회파악에 도움이 될 수 있다.

2.4 물가수준 및 인플레이션

물가수준과 그 상승률은 현지 소비자들의 구매력에 영향을 미칠 뿐만 아니라 마케팅 계획수립 과정에시 불확실싱 요인으로 작용할 수 있나. 인플레이션은 환율의 움직임에도 영향을 미친다.

2.5 국제거래, 무역에 대한 통제

현지국 정부의 일반적인 경제정책은 마케팅활동을 포함한 모든 기업활동에 영향을 미치는 경제적 환경이다. 국제마케팅 경영자는 이 중에서도 특히 국제거래에 대한 규제나 통제 등 대외경제정책에 관심을 가질 필요가 있다. 관세제도, 외국인 직접투자에 대한 규제 및 유인책(incentives), 외환정책, 전반적인 산업정책 및 무역정책 등 구체적이든 포괄적이든 모든 경제정책을 충분히 이해하고 대비해야 한다.

WTO체제 출범과 함께 전반적인 무역의 자유화가 진전되고 있지만, 여전히 많은 나라들이 '보호무역주의(protectionism)'에 기반을 두었다고 할 수 있는 다양한 형태의 무역장벽(trade barriers)조치들을 사용하고 있다. 무역장벽은 흔히 관세장벽(tariffs)과 비관세장벽(NTBs, nontariff barriers)으로 구분되는데, 겉으로 드러난 관세장벽보다 명확히 드러나지 않게 시행되는 비관세장벽이 더 문제가 되는 경우가 많다. 관세는 수입을 억제하기 위해 부과되기도 하지만 정부의 조세수입을 위해 부과되기도 한다. 비관세장벽은 수입을 억제 혹은 지연시키기 위해 시행되는 관세 이외의 모든 조치를 포함한다. 가장 강력한 형태의 비관세장벽은 수입물량할당(quota)이나 수입면허(import license) 등이지만 이들은 흔히 사용되는 조치들은 아니다. 오히려 수입통관절차를 까다롭게 한다거나, 엄격한 표준이나 규격(standards)을 적용한다거나, 반덤핑제소를 남발한다거나, 수출국의 수출자율규제(VERs, voluntary export restraints)라는 명목으로 수입을 억제하는 등의 다소 자의적인 적용여지가 있는 조치들이 문제가 된다.

참고로 미국정부(USTR, 무역대표부)가 규정하고 있는 무역장벽(trade barriers)의 14가지 유형과 유형별 구체적 내용이 〈표 3-10〉에 나타나 있다. USTR은 매년 미국의 수출을 제한하는 외국의 무역장벽을 조사하여 보고서를 작성하고 있다.

표 3-10 미국 정부가 규정하고 있는 무역장벽의 예(14가지 유형)

유 형	내 용
수입정책	• 관세 및 기타 수입관련 비용부담 • 수량제한, 수입면허, 통관장애, 기타 시장접근 장벽
기술적 무역장벽	• 불필요하거나 차별적으로 무역을 제한하는 기술표준, 적합성평가 절차, 기술규제 등
위생 및 식물위생 검역 규정	• 과학적 증거에 의하지 않는 부적절한 절차에 의한 제한
정부 조달	• 국산품 구매정책 및 비공개 입찰
지적 재산권 보호	• 부적절한 특허권, 저작권 및 상표권 관리체제 • 부적절한 지적재산권 법 집행
서비스 장벽	• 외국인의 시장참여에 대한 금지 및 제한 • 차별적인 면허교부조건, 현지 임재조건 등
디지털 무역/전자상거래 장벽	• 국가간 데이터 흐름에 대한 장벽 • 디지털 제품 무역과 관련된 차별적 관행 • 인터넷 관련 서비스 제공 제한 등
투자장벽	• 외국 지분참여 및 정부지원 R&D 프로그램 참여 제한 • 현지부품사용 규제, 수출성과 규제 및 기술이전 규제 • 과실, 자본, 수수료, 로열티 등의 송금 제한
보조금(특히 수출보조금)	• 제3국에 대한 미국의 수출에 부정적 영향을 미치는 특혜적 수출금융 및 농산물 수출보조금 • 국산품 사용보조금 등
경쟁제한	• 정부가 용인하는 국영 및 민간기업의 반경쟁적 행동으로 미국제품의 판매를 제약하는 행위 • 무역을 저해하는 경쟁법의 남용
국영기업	• 비농산물 제품의 생산이나 서비스 공급과 관련된 정부, 혹은 국영기업의 행위가 미국의 제품/서비스 수출, 투자, 전자상거래에 상당한 장애가 되는 경우(보조금, 미국 제품/서비스에 대한 차별포함)
노동	• 국제적으로 용인된 노동자 권리보호미흡이나 고용과 직업에 대한 차별제거 부족이 미국의 수출, 투자 등에 상당한 장애가 되어 미국기업이나 근로자에게 부정적 영향을 미치는 경우
환경	• 미국의 수출, 투자에 장애가 되어 미국기업 및 근로자에게 부정적 영향을 미치게 되는 정부의 환경보호수준, 지속불가능한 천연자원관리, 유해한 환경관행 등
기타	• 위 유형에 해당되지 않거나 둘 이상의 영역에 관계된 장벽(예로 뇌물과 부패)

자료원: Office of the United States Trade Representative (USTR), *2024 National Trade Estimate Report on Foreign Trade Barriers*, March, 2024.

연습문제

1. 세계경제의 글로벌화를 촉진하는 요인들에 대해 설명하시오.
2. 지역경제통합의 유형과 각각의 특성을 비교설명하시오.
3. 경제통합의 단기적 효과, 즉 무역창출효과와 무역전환효과에 대해 설명하시오.
4. 북미자유무역지대, 즉 NAFTA(현 USMCA)가 한국기업의 국제마케팅활동에 주는 시사점에 대해 설명하시오.
5. 국가별시장의 잠재력을 나타낼 수 있는 지표에 대해 설명하시오.
6. 경제체제를 구분하는 기준과 경제체제의 유형에 대해 설명하시오.

참고문헌

- 강문성 외, 국제통상론, 제7판, 박영사, 2018.
- 국제경영연구회 역, 국제화시대의 세계경영전략, 김영사, 1994. (원저: George S. Yip, Total Global Strategy, Prentice Hall, 1992.)
- 김주헌, 최창범, 이재혁, 전용욱, 국제경영, 북넷, 2019
- 이장로, 문희철, 이춘수, 4차 산업혁명 시대의 국제마케팅, 8판, 한빛아카데미, 2022.
- 이철, 글로벌마케팅, 3판, 학현사, 2020.
- Cateora, Philip R., R. Bruce Money, Mary C. Gilly & John L. Graham, *International Marketing*, 19th ed., McGraw-Hill, 2023.
- Czinkota, Michael, Ilka Ronkainen & Annie Cui, *International Marketing*, 11th ed., Cengage Learning, 2022.
- Green, Mark C. & Warren Keegan, *Global Marketing*, 10th ed., Pearson, 2019.
- Kotabe, Masaaki & Kristiaan Helsen, *Global Marketing Management*, 9th ed., Wiley, 2022.

CHAPTER 04

사회문화적 환경

국경을 넘나드는 국제마케팅 활동에 있어 국가간의 문화적 환경차이는 모든 측면에서 광범위한 영향을 미친다. 정보통신기술의 발달과 국제교류의 증대로 문화적 이질성이 점차 줄어들고 있다고는 하지만 각국의 고유문화는 여전히 독특한 형태로 남아있으며, 전세계 문화의 동질화현상이 나타날 가능성도 크지 않다. 따라서 국제마케팅 담당자는 각각의 시장국가 문화를 충분히 이해해야 마케팅전략의 실수를 줄일 수 있으며, 동시에 전세계 소비자욕구의 동질화현상이 발견되는 부분이 있다면 이 또한 국제마케팅 전략에 적극 반영하여야 한다. 본장에서는 문화의 개념과 의의, 그리고 문화적 환경이 어떻게 국제마케팅 활동과 관련이 있는지에 대해 살펴본다.

4-1 Mini-Case

중국인의 자존심 잘 살리면 '대박'… 건드리면 '쪽박'찬다

2008년 맥도날드 햄버거는 중국에서 내보낸 TV 광고 때문에 곤욕을 치렀다. 광고내용은 이렇다. 한 음식점에서 손님이 "(세일기간을) 1주일만 달라. 그것도 안 되면 3일만 달라"고 요청하자 무뚝뚝한 주인은 "몇 번 말해야 알아듣나. 세일기간이 이미 끝났다"라고 대답한다. 손님은 무릎을 꿇고 "형님, 제발…"하며 간청한다. 그 다음 장면에서 "다행히도 맥도날드는 365일이 세일기간입니다"라는 말이 흘러나온다.

그런데 중국인들은 이 광고로 감정이 상했다. 손님이 무릎을 꿇는 장면 때문이었다. 한 언론은 "중국에는 위로는 천지신명께, 아래로는 부모에게만 무릎을 꿇는다는 관념이 있는데, 손님이 구걸하듯이 무릎을 꿇는 것은 중국인의 자존심을 훼손했다"고 비판했다. 한 사이트는 "외국기업이라도 13억 중국시장에 들어온 이상 중국인의 인격과 존엄, 민족감정을 존중해야 한다"면서 "그렇지 않을 경우 13억 중국인의 비판에 압사하고 말 것"이라고 경고했다.

한국의 TV 드라마도 거센 비판을 받은 적이 있다. 중국에 방영된 '카인과 아벨'에서 중국을 비하하는 부분이 적지 않았기 때문이다. 극중에서 소지섭은 "중국에는 소매치기가 너무 많아"라고 여러 번 말했다. 또 상해 도심 거리에서 총격을 벌이는 장면이 있었고, 잘못 그려진 중국국기도 나왔다. 중국언론들은 "중국현실과 부합하지 않으며 중국인의 국민감정을 상하게 했다"면서, "한국 드라마제작의 수준을 보여주는 것"이라고 비판했다. 다행히 중국의 반한(反韓)감정은 그 이상은 악화되지 않았으나, 중국에 진출한 한국기업들은 가슴을 쓸어내려야 했다.

개혁・개방 30년 만에 중국인의 자존심은 하늘을 찌를 듯하다. 미국의 경제적 추락으로 중국의 위상은 점점 높아지고 있다. 중국에 진출한 외국기업들은 '중국인의 자존심을 살리면 뜨고, 무시하면 추락하는 시대'를 맞았다.

펩시의 '빨간 콜라' 전략은 중국인의 자긍심을 마케팅전략에 반영한 대표적 성공사례로 꼽힌다. 북경올림픽을 1년 앞둔 지난 2007년 9월, 중국 음료수시장에 하나의 사건이 발생했다. '파란색 펩시콜라' 대신 '빨간색 펩시콜라'가 등장한 것이다. 펩시콜라는 전통적으로 파란색 바탕에 하얀색 띠가 들어간 태극무늬 디자인의 제품을 생산해왔다. 반면 빨간색은 코카콜라의 상징색이었다. 펩시의 '위험한' 도전에 중국 음료수시장 관계자들은 "놀랍다"는 반응을 보였다.

펩시는 이 제품출시와 함께 자극적인 광고를 시작했다. 이 광고는 '13억 중국인의 열정 덕분에, (파란색 펩시가) 중국의 빨간색으로 바뀌었다'는 캐치프레이즈를 내걸었다. 중국인이 좋아하는 '열정'이라는 단어와 중국인이 선호하는 '빨간색'을 광고의 핵심으로 채용함으로써, "이 문구는 중국인들이 아주 좋아하는 말이 되었다"고 한 중국 기자는 설명했다.

펩시는 또한 대형스포츠 스타들을 광고모델로 총동원하는 코카콜라에 맞서 '풀뿌리 스타' 발굴전략을 폈다. 펩시는 자사 웹사이트에 3개월 동안 인기투표를 실시해 가장 많은 추천을 받은 풀뿌리스타들을 발굴해 '빨간 펩시' 캔의 겉면에 인쇄했다. '풀뿌리스타'와 '빨간펩시'를 접목한 이 홍보전략은 대성공을 거두었다.

삼성경제연구소(SERI)의 한 연구원은 "중국인들은 펩시가 빨간콜라를 출시한 것을 중국에 대한 존중으로 해석했다"고 말했다. 그는 "비약적인 경제 발전으로 그동안 잠재되어 있던 중화주의(中華主義)가 외부로 표출되고 있다"면서 "글로벌 기업들은 중국인의 자긍심을 최대한 인정하고 제품에 반영하려는 노력이 필요하다"고 지적했다.

체면을 중시하는 중국인들은 큰 스케일을 좋아한다. 중국인 특유의 체면의식을 자동차 디자인에 반영해 성공한 기업이 현대자동차와 아우디이다. 현대자동차는 2007년 말 중국형 아반떼를 출시하면서 외관을 크게 바꾸었다. 큰 것을 선호하는 소비자의 기호에 맞춰 후드와 전고를 높였고, 라디에이터그릴과 헤드램프도 화려하게 디자인했다. 차량 뒤편의 리어가니시를 크롬 내장형으로 고급스럽게 하고, 계기판을 푸른색 조명으로 세련되게 변경했다. 그 결과 현대 아반떼는 중국시장에서 '효자상품'이 됐다. 특히 올해 중국정부의 '농촌지역 자동차 구매보조정책'이 실시되면서 '대박'을 터뜨렸다. 아우디도 차량길이를 늘인 중소형 세단 A4L과 A6L을 세계에서 유일하게 중국에서만 출시해 좋은 반응을 얻었다.

두 회사는 2003년 일본 도요타 자동차가 겪은 '프라도(PRADO) 사건'에서 교훈을 얻었다. 당시 도요타는 중국 SUV 시장을 선점하기 위해 프라도모델을 중국시장에 내놓으면서 독특한 광고를 매체에 실었다. 길을 달리는 프라도옆에서 중국전통의 사자석상이 경례를 하거나 공손히 절하는 모습을 담고 있다. 또 사진 위에 '프라도, 당신은 존경하지 않으면 안된다'란 문구를 넣었다(〈그림〉 참조).

이 광고가 나오자 중국이 들끓었다. 중국에서 사자는 존엄과 권리를 상징한다. 중국인들은 "두 마리의 석사자가 프라도자동차를 향해 절하는 장면을 보고 자존심에 큰 상처를 입었다"며 분노했다. 광고문구 역시 건방지기 짝이 없고, 중국인을 우습게 보고 있다는 비난이 쏟아졌다. 네티즌들은 분노의 표시로 석사자가 날카로운 발톱으로 프라도 자동차를 내리찍는 그림을 만들어 인터넷에 배포했다. 결국 도요타는 그해 12월 중국 소비자들에게 공개사과하고, 광고가 실린 신문을 전량 수거·폐기했다.

자료원: 조선일보, 2009. 6. 6 기사내용을 편집함

01 문화의 개념과 의의

1.1 문화의 개념과 특성

(1) 문화의 정의와 특성

문화(culture)란 음악, 미술 등 예술은 물론, 언어, 가치관, 태도, 관습 등 인간생활의 모든 것과 관련된 매우 복잡한 개념이다. 네덜란드의 세계적 인류학자인 홉스테드(Geert Hofstede)는 "한 집단 혹은 부류의 구성원들을 다른 집단의 구성원들과 구별짓는 정신의 집단적 프로그래밍(the collective programming of the mind which distinguishes the members of one group or category from those of another)"으로 문화를 정의하고 있다.[1)]

한편 텁스트라와 데이비드(Terpstra & David)는 보다 경영활동 지향적인 정의를 하고 있는데, 그들은 "문화란 학습되고, 공유되며, 강제적이고 상호 연관된 상징들의 집합체로서 이 상징들의 의미는 곧 한 사회 구성원들에게 일련의 방향성을 제공해 준다. 이러한 방향성은 한데 어우러져서 모든 사회가 생존하기 위해 해결해야 할 문제들에 대한 답을 제공해 준다(Culture is a learned, shared, compelling, interrelated set of symbols whose meanings provide a set of orientations for members of society. These orientations, taken together, provide solutions to problems that all societies must solve if they are to remain viable)"고 말하고 있다.[2)]

그러나 어떻게 정의하든 문화는 한 사회를 다른 사회와 구별되게 하는 고유의 특성이며, 인간행동을 규정짓는 사회적 규범과 생활양식, 가치체계 등을 의미하며 '학습된 행위(learned behavior)'로서의 특성을 지닌다. 문화가 학습된 행위라는 것은 유전에 의해 생물학적으로 이전되는 것이 아니라 가족, 학교, 동료 등 다양한 집단을 통해 체득되고 이전되는 것이라는 점을 의미한다.

---

1) Geert Hofstede, *Cultures and Organizations: Software of the Mind*, McGraw-Hill, 1991, p. 5.

2) Vern Terpstra & Kenneth David, *The Cultural Environment of International Business*, South-Western Publishing Co., 1991, p. 6.

(2) 문화의 구성요소

문화를 구성하는 요소 역시 문화를 정의하는 폭에 따라 매우 다양하게 열거할 수 있다. 가치체계, 말과 문자를 포함하는 언어, 식관습, 주거, 의복, 직업 등과 관련된 물질적 측면, 예술과 종교, 가족과 사회조직 등 인간생활과 관련된 거의 모든 측면들이 문화를 구성하는 요소들이다. 이들 개별적인 요소들과 국제마케팅적 의의에 대해서는 아래에서 별도로 설명하기로 한다.

(3) 국제경영학적 의의

기업의 국제경영활동에 있어 문화적 환경이 직접적으로 영향을 미치는 대표적인 영역은 마케팅과 인사관리 분야이다. 개별국가의 문화를 이해해야 한다는 점의 기본적인 전제는 현지 문화를 일정부분 수용하고 경영활동에 반영해야 한다는 점일 것이다. 그러나 다국적기업, 혹은 세계기업은 현지 문화에 대한 수용만이 아니라 현지 문화의 변화를 유발하는 변화의 매개자(change agent)로서의 역할도 하고 있음을 알 필요가 있다.

1.2 문화의 구분

국제마케팅 경영자는 문화를 구성하는 구체적인 요소들을 이해하고 평가할 수 있어야 할 뿐 아니라 문화적 환경을 종합적으로 평가할 수 있는 시각도 갖추어야 한다. 많은 학자들이 문화를 종합적으로 평가하여 유형을 구분하고 있는데, 홉스테드(Hofstede)와 홀(Hall)이 개발한 문화유형을 소개하면 다음과 같다.

(1) 홉스테드의 4차원 모델

홉스테드는 각국의 문화적 차이를 나타내는 기본적인 축으로 개인주의 정도, 권력격차 정도, 불확실성 회피정도, 남성성 정도 등 네 가지를 들고 있다.[3)]

---

3) Geert Hofstede, *Culture's Consequences: International Differences in Work Related Values*, Sage Publications, 1980. 이 네 가지에 '장기지향성 정도'가 나중에 추가되었다.

첫째, 개인주의 혹은 집단주의 정도(individualism vs. collectivism)는 집단에 대한 책임과 개인적인 자유 중 어느 것을 더 중요시하는가를 나타내는 척도로서 개인주의 정도

표 4-1 홉스테드의 국가별 4가지 문화적 차원 지수

국가	개인주의[1]		권력격차[2]		불확실성회피[3]		남성성[4]	
	지수	순위	지수	순위	지수	순위	지수	순위
미국	91	1	40	38	46	43	62	15
호주	90	2	36	41	51	37	61	16
영국	89	3	35	42	35	47	66	9
네덜란드	80	4	38	40	53	35	14	51
캐나다	80	4	39	39	48	41	52	24
이탈리아	76	7	50	34	75	23	70	4
프랑스	71	10	68	15	86	10	43	35
독일	67	15	35	42	65	29	66	9
핀란드	63	17	33	46	59	31	26	41
스페인	51	20	57	31	86	10	42	37
인도	48	21	77	10	40	45	56	20
일본	46	22	54	33	92	7	95	1
이란	41	24	58	29	59	31	43	35
브라질	38	26	69	14	76	21	49	27
아랍국	38	26	80	7	68	27	53	23
터키	37	28	66	18	85	16	45	32
멕시코	30	32	81	5	82	18	69	6
말레이시아	26	36	104	1	36	46	50	25
홍콩	25	37	68	15	29	49	57	18
칠레	23	38	63	24	86	10	28	46
태국	20	39	64	21	64	30	34	44
싱가포르	20	39	74	13	8	53	48	28
한국	18	43	60	27	85	16	39	41
대만	17	44	58	29	69	26	45	32
인도네시아	14	47	78	8	48	41	46	30

주: 1) 개인주의 지수는 91(미국)~6(과테말라)의 범위임
2) 권력격차 지수는 104(말레이지아)~11(오스트리아)의 범위임
3) 불확실성 회피 지수는 112(그리스)~8(싱가포르)의 범위임
4) 남성성 지수는 95(일본)~5(스웨덴)의 범위임
5) 지수의 순위는 53개국 기준임

자료원: G. Hofstede, Culture's Consequences: Comparing Values, Behaviors, Institutions, and Organizations across Nations, 2nd ed. Thousand Oaks, CA: Sage Publications, 2001의 자료를 저자가 발췌 · 정리함

로 측정한다. 나(me)와 우리(we) 중 어느 것이 강조되느냐 하는 것이다. 개인주의 성향이 높은 문화에서는 구성원 각자의 이익에 초점이 맞추어지며, 자신(self)에 대해 독립적인(independent) 시각을 갖는다. 반면에 집단주의 성향이 높은 문화에서는 집단의 이익이 우선시되며, 자신을 상호 의존적인(interdependent) 존재로 인식하고 다른 사람들과 연결되는 것을 원하는 경향이 높다. 미국, 호주 등은 개인주의적 성향이 높은 국가의 예며, 한국, 대만 등은 개인주의 정도가 낮게 나타난다(〈표 4-1〉 참조).

둘째, 권력격차(power distance), 혹은 권력의 집중정도는 권력분포의 불평등관계, 즉 중앙집권적 전제적 권력의 허용정도를 나타낸다. 권력격차가 큰 사회에서는 사회적 불평등을 상대적으로 더 용인하며, 소득의 격차나 권력분포의 차이를 수용하는 정도가 더 높다. 반면에 이 지표가 낮은 사회에서는 평등주의적 경향을 더 띄게 된다.

셋째, 불확실성 회피정도(uncertainty avoidance)는 미래의 불확실성을 회피하고 안전을 보장받고 싶어 하는 정도를 나타낸다. 이 지표가 높게 나타나는 국가에서는 명문화된 규정이나 법칙의 중요성이 높으며, 위험회피적(risk-averse) 성향이 높고, 철학이나 종교적 차원에서도 상대적인 것보다는 절대적 진리를 추구하는 경향이 높다.

넷째, 남성성 정도(masculinity vs. femininity)는 남성적 가치가 강조되는 정도를 나타낸다. 남성적 가치란 물질적 부, 권력, 스포츠, 성과와 경력, 성공과 성취 등을 중시하는 경향을 말하는데, 흔히 생각하기 쉬운 가부장적 권위와 같은 것을 말하는 것은 아니다. 여성적 가치는 예술, 부드러움, 관계, 삶의 질 등을 의미한다.

홉스테드는 이와 같은 네 가지 차원에 대해 국가별로 그 정도를 측정하여 지수화한 바 있다(〈표 4-1〉 참조).

(2) 홀의 고배경문화 / 저배경문화

에드워드 홀(Edward Hall)은 의사소통에 있어 명시적인 언어표현(language)과 상황, 혹은 배경(context)이 갖는 중요성 정도에 따라 고배경문화(High Context Culture)와 저배경문화(Low Context Culture)로 문화유형을 구분하고 있다.[4] 고배경문화는 언어보다는 배경이, 저배경문화는 배경보다는 언어가 중요한 역할을 하는 문화를 말한다.

고배경문화에서는 커뮤니케이션, 또는 메시지의 정보가 대부분 신체적 배경이나 개인

---

4) Edward T. Hall, *Beyond Culture*, Anchor Press, 1976, p. 15.

표 4-2 고배경문화와 저배경문화

문화구분	고배경문화	저배경문화
주요 특성	커뮤니케이션에 있어 언어 의존도가 낮음 (less dependence on language)	언어 의존도가 높음 (dependence on language)
	말의 내용은 상황에 따라 다양하게 해석될 수 있음 (What you say has ten meanings)	말의 내용이 바로 전달하고자 하는 내용임 (What you say is What you mean)
	상황, context의 이해 필요 (다 알고 있는 것은 말하지 않음)	명시적, 객관적 표현 중요
대표적 국가	한국, 일본, 중국, 인도네시아	미국, 캐나다, 독일 등

에 내부화되고, 명백하게 부호(언어)로 나타나거나 메시지로 옮겨지지 않는다. 다시 말해 의사전달자의 배경, 연상, 기본적 가치관 등과 같은 커뮤니케이션 배경에 더 많은 정보가 포함되는 것이다.

〈표 4-2〉는 고배경문화와 저배경문화의 특성 및 대표적인 국가들을 보여주고 있다.

1.3 이문화에 대한 인식과 적응

문화적 차이가 존재할 때 국제경영자는 본국에서의 경영행태와 방식을 해외시장의 다른 문화에 적응할 것인지, 한다면 어느 정도 할 것인지를 결정해야 한다. 그러나 이러한 결정을 내리기 전에 경영자는 문화적 차이의 내용이 무엇인지를 우선 인식하고 이해할 필요가 있다.

문화적 차이를 인식하고 다른 문화를 이해하는 것은 쉬운 일이 아니며 완벽한 방법이 존재하지도 않는다. 적절한 때에 적절한 말과 행동을 잘 할 수 있는 사람들도 있는 반면에, 본인의 의도와는 다르게 다른 사람을 불쾌하게 만드는 사람들도 많다. 대부분의 사람들은 식탁예절(table manners)처럼 의식적으로 배운 문제에 있어서는 차이를 잘 인식하지만, 무의식적으로 체득하는 문제에 대해서는 차이를 인식하는 것이 상대적으로 더 어렵다. 그러나 문화적 차이를 인식하고 여기에 적절히 대응하는 일은 교육과 경험을 통해 향상될 수 있다고 보는 것이 일반적이다. 우리나라의 삼성그룹이 운영했던 '지역전문가제도'는 특정 지역에 파견되어 해당 지역의 문화적 특성을 이해하고 직접 체득하도록 하는 프로그램의 대표적 예다(Mini-Case 4.2 참조).

한 개인이 문화가 다른 외국에 나가 생활하면서 겪게 되는 것으로 소위 말하는 '문화적 충격(culture shock)'이 있다. 문화적 충격이란 기존의 행동양식이나 기대가 새로운 문화에 적합하지 않아 다양한 문화적 요소를 새롭게 배우고 대처해 나가야 하는 데서 오는 일종의 쇼크를 말한다. 새로운 문화에 적응하지 못해 심리적으로 불안해지는 것이다. 처음에는 색다른 차이점으로 인해 들뜨기도 하지만 점차 좌절감, 당혹감, 혼란 등을 느끼는 문화적 충격을 경험하게 된다. 다행히 대부분의 경우 문화적 충격은 1~2개월 후면 감소하기 시작한다고 한다.[5] 한편 외국에서 오랫동안 거주하다가 본국으로 귀환하는 경우에도 문화적 충격을 경험할 수 있는데 이를 '역문화충격(reverse culture shock)'이라고 한다. 외국문화에 적응하여 잘 지내다 본국에 돌아오면 마치 외국의 새로운 문화에 처음 적응하듯 문화적응과정을 다시 거친다는 것이다.

4-2 Mini-Case

삼성의 지역전문가 제도와 효성의 인력 글로벌화

삼성그룹은 17일(1997년 2월) 글로벌 경영시대에 대비하기 위해 '시니어 지역전문가 제도'를 도입, 첫 대상자로 임원과 부장급 95명을 확정했다. 이중 임원은 25명이고 부장급은 70명이다. 삼성은 "해외사업규모가 크게 확대되는 추세를 감안해 국제화된 간부진을 양성하기 위한 것"이라고 이 제도를 도입한 배경을 설명했다. 시니어 지역전문가 제도는 기존에 운영해오던 '21세기 CEO'와 '21세기 리더' 과정을 국제화 중심으로 확대개편한 것으로 파견지역은 미국, 일본, 브라질, 멕시코 등 16개국이다. 삼성은 국제화 추세에 따라 주요 의사결정의 중심축인 부장과 임원을 집중적으로 양성함으로써 해외사업의 대형화와 관련 보직 증가에 대처할 계획이다.

지역전문가로 선발돼 파견되는 부장과 임원급은 1-2년간 해당 지역에서 국제경영감각과 이문화 적응능력을 키운 뒤 곧바로 주재원 등으로 실전에 투입될 수 있는 글로벌 경영자로 육성된다. 삼성은 특히 기존 지역전문가 과정을 자유로운 지역연구 활동 위주로 운영한데 반해 '시니어 지역전문가'제도는 어학연수는 물론 테마연구, 각 지역 고위층과의 인맥구축 등 경영감각을 키우는 데 초점을 맞추고 있다고 밝혔다.

이에 앞서 삼성은 지난 90년 과장 및 대리급을 대상으로 지역전문가 제도를 도입한 이후 6년간 총 1천 8백여 명을 세계 50여개국에 파견해 국제화관련 핵심인력으로 양성해 왔다. 지역전문가 제도란 해당 지역 문화와 언어에 익숙한 인재를 양성키 위해 삼성그룹에서 시행하고 있는 단기파견과정이다.

효성그룹은 섬유기업 이미지를 벗기 위해 최근 몇 년간 중공업분야를 중심으로 글로벌 M&A에 매진해왔다(예를 들어 굿이어 타이어코드공장, 독일 아그파필름, 중국 남통우방 변압기회사, 동국무역의 중국 스판덱스 공장 등). 그 결과 명실상부한 글로벌기업으로 변신하는 데 성공했다는 평가가 나오고 있다. 효성은 2008년 초 현재 아시아와 미주, 유럽 등 세계 각지에 46개의 해외지사와 현지법인을 거느리고 있다. 여기서 일하는 현지

5) Adrian Furnham & Stephen Bochner, *Culture Shock*, London: Methuen, 1986, p. 234.

직원(파견직원 포함)만 5,000여명에 달한다.

최근 그룹의 경영전략은 외형적 사업확장에서 글로벌 스탠더드에 맞는 직원육성 쪽으로 옮겨가고 있다. 이를 위해 글로벌 사업장의 현지화에 많은 힘을 쏟고 있다. 한국 본사에서 대규모 인력을 파견하기보다는 각 사업장별로 그 지역의 우수인재를 직접 채용하여 지역정서에 맞는 경영활동을 펼치는, 이른바 글로컬라이제이션 전략이다.

효성의 글로벌화는 해외법인을 통해서만 이루어지는 것이 아니다. 현재 효성은 주요한 사업부문마다 수출이 전체매출의 50% 이상을 차지할 만큼 비중이 높다. 이에 따라 마케팅부서를 중심으로 영어사용이 일반화돼 있고, 최근엔 중국어, 일어, 스페인어 등 제2외국어를 구사하는 직원 수도 늘고 있다. 효성은 직원들의 어학능력 향상을 위해 온라인을 통한 교육기회를 제공하고 있으며, 외부 전문기관에서 수업을 받고자 할 경우에는 수업료도 지원해 주고 있다. 해외 현지 시장흐름과 고객니즈를 제대로 이해하고 활동을 할 수 있는 지역전문가 양성에도 힘을 쏟고 있는 중이다. '글로벌 경쟁우위의 경영역량과 열정을 갖춘 전문가'육성을 모토로 중국에 연수를 보내는 중국지역 전문가과정이 우선 도입됐고, 앞으로 대상지역뿐만 아니라 파견인원도 대폭 확대될 예정이다.

자료원: 한국경제, 1996. 11. 19, 1997. 2. 18, 2008. 2. 1 기사내용을 편집함

02 문화적 환경과 국제마케팅

일반적으로 산업재(industrial goods)보다는 소비재(consumer goods)가 문화적 환경에 더 민감하다. '갈증'은 인간이면 누구나 느끼는 만국공통의 현상이지만, '무엇을 주로 마시느냐'는 국가에 따라 서로 다른데, 이는 자연적 환경은 물론 문화적 환경차이에 기인하는 바가 크다. 제품의 디자인이나 색상에 대한 평가와 이미지도 문화에 따라 다를 수 있으며, 제품구매시 고려요인이나 구매결정과정도 다를 수 있다. 이처럼 문화적 환경은 전반적인 국제마케팅 활동에 영향을 미치게 되는데, 여기서는 문화적 환경이 국제마케팅 활동과 어떤 관련이 있는지 문화의 주요 구성요소별로 살펴보기로 한다.

2.1 언 어

언어는 문화를 구성하는 대표적 요소로서 음성으로 표현되는 언어(verbal language)뿐만 아니라 비음성언어(silent language)도 포함하는 개념이다. 언어는 국제마케팅에 있

어 광고나 상표전략과 깊은 관계가 있는데, 미묘한 뉘앙스의 차이 등 현지 언어에 대한 정확한 이해가 없을 경우 큰 실수를 야기할 수 있다. 경우에 따라서는 현지 문화에 대한 모독으로 여겨질 수도 있으므로 국제마케팅 관리자의 신중한 접근이 필요하다.

현지 언어에 대한 부주의는 번역상의 오류나 엉뚱한 해석 가능성을 낳게 할 수 있다. 예를 들어 미국의 GM 자동차가 1980년대에 시장에 내놓았던 Nova라는 승용차는 스페인어로 번역하면 "won't move" 혹은 "does not go"를 의미하는데 이 자동차에 대한 스페인어권에서의 반응은 능히 짐작할 수 있을 것이다. 미국 콜게이트사는 치약브랜드 Cue를 프랑스에도 도입했는데 이는 불어로 엉덩이를 뜻하는 속어였으며, 프랑스의 유명한 포르노잡지의 이름이기도 했다. 프랑스인들에게는 불쾌한 감정을 주는 브랜드였던 것이다.

만년필과 잉크 등의 제품으로 유명한 파커펜도 광고문구 때문에 실수를 경험한 사례가 있다. 이 회사는 잉크가 외부로 새어 번지지 않는 만년필을 개발하여 성공을 거두었는데 그 때 사용한 광고문구가 "당황스런 상황을 피하십시오-파커펜을 사용하세요(Avoid embarrassment-use Parker Pens)"였다. 파커펜사는 라틴 아메리카에 진출하면서 이 광고문구를 스페인어로 그대로 번역하여 사용하였는데 그 번역의 앞부분이 "Evite embarazos"였다. 그런데 스페인어의 'embarazos'는 '임신'의 뜻도 담고 있었다. 자기도 모르는 사이에 파커펜사는 만년필을 피임제로 광고한 셈이 된 것이다. 이 회사는 자사의 잉크 브랜드인 'Quink'에 대해서도 똑같은 광고를 사용한 바 있다(Avoid embarrassment-Use Quink).

우리 나라 기업도 이런 유형의 실수를 범한 경우가 있다. 대영자전거의 경우 영어 브랜드명을 "Dai Young"으로 하여 영어권에 진입하였는데 이것이 "Die young"으로 발음되어 "일찍 죽는다"의 뜻으로 해석되었던 사례가 있다.

똑같이 영어를 사용하는 미국과 영국에서조차 전혀 의미가 다르게 해석되는 경우가 종종 있다. 예를 들어 협상 중에 "tabling a proposal"이라 하면 미국사람들에게는 "결정을 연기하자"는 말이지만, 영국인들에게는 "즉시 조치가 취해져야 한다"는 말이 된다. 또 협상말미에 "Negotiations bombed"라고 말한다면 영국사람들은 "협상은 성공이야"라고 말하는 것이지만, 미국사람들은 정반대의 뜻으로 해석한다. 국제마케팅에서 언어와 관련된 실수 사례들은 〈Mini-Case 4.3〉에 더 소개되어 있다.

비음성언어, 혹은 보디 랭귀지(body language)도 문화권에 따라 전혀 별개의 뜻으로 해석되는 경우가 많다. 예를 들어 엄지와 집게 손가락으로 동그라미를 만드는 몸짓은 미국에서는 OK사인으로 보편화되어 있는데 비해, 프랑스에서는 숫자 0을 의미하며 일본에서는 돈을 의미한다. 그러나 똑같은 동작이 남미지역에서는 저속한 의미로 해석되며 튀니지에서는 “너를 죽이겠다”라는 표시이다. 남미에서 제품 카탈로그의 매 페이지에 이 마크를 인쇄했던 한 회사는 인쇄후에야 이러한 사실을 발견하고 카탈로그 배포를 중단시켰지만 다시 인쇄하는 데는 6개월이 더 소요되었다.

머리를 위아래로 흔드는 동작은 대부분 ‘예’라는 긍정의 뜻이 담겨있지만, 대부분의 영국사람들에게는 반드시 ‘동의한다’라는 의미보다는 ‘듣고 있다’ 정도의 의미로 해석된다. 하지만 불가리아나 일부 그리스지역에서는 이 동작은 ‘아니오’라는 부정의 의미이다. 머리를 좌우로 흔드는 동작 역시 대부분 ‘아니오’의 뜻으로 해석되지만 이탈리아 남부, 그리스, 중동사람들은 부정의 뜻을 표시하기 위해 머리를 뒤로 젖히는 동작을 한다.

4-3 Mini-Case 언어의 차이에서 오는 실수 사례들

- 켈로그는 시리얼 브랜드 브랜버드(Bran Buds)가 스웨덴에서 ‘불탄농부’로 번역된다는 사실을 알고 이름을 변경하였다.
- 파커펜은 Jotter라는 이름으로 세계시장에 볼펜을 판매하였는데, 일부 라틴아메리카 국가에서는 이 단어가 남자선수용 국부보호대(jockstrap)를 의미했기 때문에 이름을 바꾸었다.
- 한 석유회사는 인도네시아에 생산기지를 설립하고 노녹스(Nonox)라는 이름의 기계를 생산했다. 그런데 이와 발음이 유사한 노녹(nonok)은 자바섬의 은어로 여성의 ‘은밀한 곳’을 가리키는 말이다.
- 오티스 엔지니어링은 러시아 박람회에서 마감설비(completion equipment)라는 푯말을 equipment for orgasms의 뜻으로 번역해 놓아 황당한 경험을 하였다. 어설픈 번역자의 실수였다.
- 펩시콜라의 “Come alive with Pepsi(펩시와 함께 활력을!)”라는 광고문구는 독일에서 직역되어 “무덤밖으로 나오라(Come out of the grave)”는 뜻이 되었고, 아시아지역에서는 “조상을 부활시켜라(Bring your ancestors back from the dead)”의 뜻으로 직역되었다.
- GM자동차가 사용한 ‘피셔가 제작한 차체(body by Fisher)’라는 광고슬로건은 벨기에에서 플라망어로 ‘corpse(시체) by Fisher’의 뜻으로 번역되었다.
- 크라이슬러의 Dart라는 차종은 미국에서 “Dart is power(다트는 강력합니다)”라는 성공적인 광고문구를 사용했다. 그러나 스페인에서는 이런 뜻으로 번역되었다. “이 차의 운전자는 다트가 제공하는 정력을 필요로 합니다.”

- 아메리칸 모터즈(AMC)의 Matador 차종은 남성다움과 힘의 이미지를 주지만 푸에르토리코에서는 '살인자'라는 의미였다. 푸에르토리코는 특히 교통사고 사망률이 높은 나라였다.
- 포드는 Pinto라는 차종을 브라질에서 잠시 출시하였었는데 서둘러 Corcel로 바꾸었다. 포르투갈어로 전자는 '남성의 작은 음경'을, 후자는 '말'을 뜻한다.
- 미국 낙농협회는 "우유 있어요? (Got Milk?)"라는 캠페인이 대단한 성공을 거두자 멕시코로까지 광고를 확내했다. 그러나 스페인어 번역이 "Are you lactating? (당신은 젖이 나오나요?)"의 뜻으로 번역되었다는 사실에 황당해 했다.
- 한 미국 셔츠회사는 멕시코잡지에 "When I used this shirt, I felt good"이라는 메시지를 번역하여 광고를 실었다. 그러나 번역된 문장은 정반대의 뜻인 "Until I used this shirt, I felt good"이 되어 있었다.
- 한 치킨회사의 유명한 광고문구 "It takes a tough man to make a tender chicken(부드러운 치킨을 만들기 위해서는 힘센 남자가 필요하죠)"의 스페인어 번역이 "It takes a virile(또는 sexually excited) man to make a chicken affectionate"의 뜻으로 오역되어 곤란을 겪었다.
- 한 프랑스가게에 "We sell dresses for street walking"이라는 문구를 내걸었다. 거리를 걸어다닐 때 입는 캐쥬얼 옷을 의미했겠지만 street walking은 매춘(부)을 의미한다.
- 미국의 의료기기 업체는 영국에서 판매된 제품의 사용법에 "Take off top and push in bottom"이라고 적었다가 예상치 못한 관심을 받았다. "위를 열고 아래에 밀어 넣으세요" 정도의 뜻이었지만, 미국에서 별 문제가 없던 문장이 영국인들에게는 성적인 의미로 받아들여졌다(take off top은 윗옷을 벗으라는 뜻이 있음). 물론 곧 수정되었다.
- 한 세탁비누회사는 더러운 부분(les parts de sale) 세탁에 특히 효과가 있음을 강조하는 광고문안을 퀘벡에서 사용하였다. 판매실적이 저조하여 원인을 조사한 결과 이 문구는 미국 속어로 '신체의 은밀한 부분(private parts)'에 해당하는 말이었다.
- 일본의 Tokyo Gas and Electronic이라는 회사는 'My Life, My Gas'라는 영어 슬로건을 사용했다. 영어권 사람들에게는 '나의 삶, 나의 방귀'라는 웃지도 이해할 수도 없는 표현이 되었다.
- 일본의 한 일본식 정원에는 이런 간판이 붙어 있었다. "Japanese garden is the mental home of the Japanese." '정신적 고향'을 의미하려 했겠으나 '정신병원'이 되었다.

자료원: 정지연 역, 나의 인생, 나의 방귀, 아인앤컴퍼니, 2004 (원저: David A. Ricks, *Blunders in International Business*, 3rd ed., Blackwell Publishers, 1999) 및 이광철, 이재유 역, 초일류기업의 비즈니스 대실수, 김영사, 1995 (원저: David A. Ricks, *Blunders in International Business*, Blackwell Publishers, 1993)

2.2 미 학

흔히 미학(aesthetics), 미적감각으로 총칭될 수 있는 디자인, 색상, 음악 등에 대한 태도나 상징성도 중요한 문화적 차이를 보여준다. 색깔이 갖는 상징적 의미는 나라마다 다를 수 있으므로 조심해야 한다. 예를 들어 녹색은 밀림과 정글의 나라에서는 대개 질병과 연관되어 있지만, 프랑스나 네덜란드 등에서는 화장품과 연관되어 있다. 이집트에서는 녹색이 국가색이라는 이유로 포장지 등에 전혀 사용하지 않는다.

서양에서는 죽음, 장례식 등이 검정색으로 표시되나 우리나라를 포함한 대부분의 아시아 국가에서는 흰색이 선호되며, 라틴 아메리카에서는 일반적으로 보라색이 죽음과 연관되어 있다. 미국의 유나이티드 항공이 홍콩에서의 첫 취항을 축하하려는 의미로 승객에게 흰 카네이션을 가슴에 달아주는 행사를 가졌었는데, 그 반응이 좋을 수가 없었다. 추모행사에서나 사용될 꽃이었던 것이다. 물론 이 사실을 알고 난 후 흰 카네이션은 즉시 빨간 카네이션으로 바뀌었다.

빨간색은 미국에서 광분의 색으로 인식되며 영국에서는 낡은 색으로, 일본에서는 빨간색과 흰색을 섞어 만든 색을 행복이나 기쁨의 색으로 받아들인다. 영국과 프랑스에서는 청색보다는 좀 더 남성적인 색으로 인식되고 있으며, 중국에서는 구정 때 빨간 봉투에 돈을 넣어주는 전통적 색으로 되어 있다. 우리나라의 (주)오리온은 국내에서 초코파이 포장에 청색을 사용하여 왔었으나 중국에서는 빨간색을 사용하고 있다. 중국인들이 빨간색에 대해 가지는 선호때문이다. 2002년부터는 국내에서도 빨간색 포장을 사용하고 있다. 반면에 중국에서는 녹색은 거의 사용하지 않는다. 남자들이 녹색모자를 쓰고 다니면 '나의 아내는 바람을 피웠습니다'라는 뜻으로 이해되기 때문이다.

이와 같은 미적 감각이나 색깔이 갖는 상징성의 차이는 소비자들의 반응에 큰 영향을 미치므로 제품 및 포장의 디자인, 색상, 광고의 배경 및 일러스트레이션 결정 등에 주의를 기울여야 한다. 〈Mini-Case 4.4〉는 삼성전자가 해외시장에서 가전제품에 활용한 '컬러 마케팅' 사례를 보여준다.

4-4 Mini-Case

색깔 있는 TV로 유럽과 일본시장 공략

"파란색 TV로 벽안의 유럽시장을 공략한다" 삼성전자가 해외시장 특성에 맞는 제품전략의 하나로 도입한 '컬러 마케팅'이 유럽시장에서 좋은 반응을 이끌어 내고 있다. 벽안의 유럽인들이 선호하는 비취색 겉모양의 컬러TV 제품을 시장에 내놔 지난해만 총 30만대를 파는 등 인기를 모으고 있어서다.

삼성은 이 제품시장 성공에 따라 올해는 1백%가 늘어난 60만대를 판다는 목표를 세웠다. 이 TV는 유럽인들이 실용적이면서도 디자인과 컬러를 중시하는 기호에 맞춰 설계가 이뤄진 것이 특징이다. 이를 위해 14, 21인치 소형모델에 TV와 VTR를 결합한 TVTR 형태로 선보였다. 또 유럽인의 기호색인 파란색으로 외형을 장식하고 구매타켓층을 독신자들과 청소년층으로 명확히 했다. 생산은 스페인공장에서 맡았다.

TV에서 외관을 컬러화하는 하는 것은 코팅작업이 쉽지 않고 비용이 올라갈 수 있어 현재 톰슨, 필립스 등 일부 유럽회사들만이 시행하고 있다고 삼성은 설명한다. 이에 따라 같은 급 제품보다 10%이상 높은 가격을 책정했음에도 판매가 늘어났다고 덧붙였다. 삼성은 올해엔 모델 다양화를 적극 추진해 판매량 증가에 대응할 계획이다.

삼성전자는 색깔있는 TV로 일본 독신여성층도 공략하고 있다. 블루, 핑크 그린 등 세 가지 색깔의 14인치 컬러TV를 일본시장에 선보여 독신 여성층으로부터 인기를 끌고 있다는 것이다. 삼성은 이 제품을 지난 3월 일본시장에 처음 내놓은 뒤 현지 여성지 '하나코'가 인테리어에 적합한 제품으로 선정해 보도하면서 구입문의와 양판점으로부터 제품요청이 쇄도하고 있다고 설명했다.

이 제품은 삼성이 일본의 좁은 가옥구조와 최근 독신여성들이 컬러패션 가전제품을 선호한다는 소비경향에 맞춰 설계해 틈새시장용으로 내놓았다. 이 TV는 블루, 핑크, 그린 등 세가지 색을 각각 제품에 써 선택할 수 있도록 했고 공간절약을 위해 TV와 VTR을 하나로 만든 것이 특징이다.

삼성은 이 제품을 기존 14인치 제품보다 2천엔 비싼 5만 3천엔(한화 55만원대)에 판매중이다. 올해중에 10만대 가량을 판다는 목표이다. 일본에선 1천만명에 이르는 독신계층을 주타겟으로 한 TVTR 시장이 연간 2백만대 규모로 평가되고 있다. 삼성전자 일본마케팅 담당자는 "고급 브랜드에 대한 충실도가 높은 일본시장의 특성을 고려해 제품의 출시 전에 다각적이고 심층적인 시장조사를 한 것이 인기를 끈 비결"이라고 말했다.

자료원: 한국경제, 2000. 1. 31 및 5. 6 일자 일부 수정

2.3 가치관, 태도 및 생활습관

시간관념, 부와 돈에 대한 가치관, 기타 제반 개념이나 상황, 제품속성 등에 대한 태도 등은 국제마케팅 활동에 직접적인 영향을 미칠 수 있는 요소들이다. 생활의 편리성을 추구하는 것이 당연하고 자연스럽게 받아들여지는 국가도 있지만, 주부의 가사노동의 가치에 무게를 두는 나라도 있다. 후자의 경우 가사노동을 대체하여 편리성을 제공해주는 가

정용품 광고에 있어 '편리성'이 적절한 소구점이 되지 못할 수가 있다. 일례로 미국의 한 식기세척기 업체는 스위스 시장에서 편리성을 소구점으로 사용하였으나 반응이 좋지 않아 어려움을 겪은 적이 있었다. 나중에 시장조사를 통해 발견한 사실은 스위스 주부들에 있어 편리함을 추구한다는 것은 기계가 자신을 대체하는 것이라는 부정적 이미지를 가지고 있다는 것이었다. 오히려 그보다는 청결을 중시한다는 점을 발견하고 자동식기세척기의 살균기능을 강조하여 효과를 본 사례가 있었다.

똑같은 제품이라도 소비자들이 신경을 쓰는 제품속성은 다를 수 있다. 자동차타이어의 경우 영국에서는 안전성이 중시되고, 미국에서는 내구성과 주행거리가, 독일에서는 빠른 회전력이 중시된다. 미국의 Goodyear사는 이 사실을 염두에 두고, 똑같은 제품이지만 다른 광고메시지를 활용하여 성공적인 판매성과를 올렸다.

또 한 예로 숙취에 대한 태도는 숙취제거약품의 촉진전략에 영향을 미칠 수 있다. 전날 밤의 과음후유증이 다음날 업무에 나타난다는 사실이 용납되지 않는 사회에서는 그 약품 광고에 과음, 숙취 등의 직접적 용어를 사용하는 것이 적절치 못할 것이다.

이러한 태도의 차이는 의식주에 대한 관습의 차이로 나타날 수 있다. 예를 들어 냉동가공식품이 간단히 식사를 해결할 수 있는 좋은 수단이라는 점에서 널리 사용되는 국가가 있는 반면에, 이러한 가공식품을 사용하는 것은 가정주부의 수치로 여겨지는 국가도 있는 것이다. 이러한 관습의 차이는 국가별 제품라인 결정에 영향을 미칠 수 있는 요인이다.

외식업체들이 부분적으로라도 메뉴의 현지화를 채택하는 것도 이러한 음식문화의 차이를 반영한 것이다. 예를 들어 커피전문점 스타벅스는 한국의 수도권 매장에서 경기미로 만든 떡을 판매한 적이 있다. 딸기편과 쑥편 등 젊은이들의 입맛에 맞춘 떡들이다. 아침에 빵을 먹는 것이 익숙하지 않은 한국소비자를 위한 것이다. 맥도널드 역시 각 나라마다 다른 메뉴를 제공한다. 독일에서는 맥주를, 프랑스에서는 와인을, 호주에서는 양고기파이를 파는 식이다.

특정 숫자에 대한 태도 역시 국가별로 상이하다. 특별히 좋아하거나 행운을 가져다 준다고 믿는 숫자가 있는 반면에, 거부감을 갖거나 부정적인 의미를 내포하고 있는 숫자가 있으며, 이들이 국가별로 다를 수 있는 것이다. 예를 들어 중국에서는 유달리 '8'자를 선호하며, 중국을 포함한 한자문화권에서는 죽음의 의미와 연결되는 '4'를 싫어한다(Mini-Case 4.5 참조).

한편 구매현장, 즉 소매점포 내에서의 쇼핑행태는 매장구성이나 제품구색 등에 영향을 미칠 수 있는데 〈Mini-Case 4.6〉은 한국에 온 중국과 일본 관광객들의 쇼핑행태에 많은 차이가 있음을 보여 주고 있다. 또한 이러한 쇼핑문화의 차이를 조사하여 마케팅활동에 반영하려는 기업의 노력도 보여 주고 있다.

4-5 Mini-Case
중국에서의 숫자

중국인이 가장 좋아하는 숫자는 8: 베이징올림픽은 2008년 8월 8일 8시 8분 8초에 개막되었다. 중국인들의 남다른 '8'자 사랑을 보여주는 예다. 8과 八은 외형적으로 안정되어 있는 모양이다. 조화와 균형을 중시하는 중국인들의 좋아할 만한 형상이다. 그러나 8을 좋아하는 더 큰 이유는 발음이 '돈을 번다'는 뜻을 연상시키기 때문이다. 8은 '빠'로 발음되는데 이 발음이 돈을 번다는 뜻의 '빠차이(發財)'의 '빠'와 유사하다. 휴대전화번호 8888이 8만 위안에, 자동차번호 88888이 166만 위안에 거래된 적도 있다고 한다.

중국인이 좋아하는 숫자에는 '6'도 있다. 6(류)의 발음이 '물이 흐르다'는 뜻인 流水(류쉐이)의 流(류)와 유사하기 때문이다. 일이 물 흐르듯 잘 풀릴 것을 기대하는 것이다.

팁을 주고도 욕먹는 숫자 250: 중국에서 식사를 하고 팁을 포함하여 250 위안을 준다면? 식당주인의 안색이 돌변할 것이다. 중국에서는 예로부터 1封(봉)을 500냥 단위로 책정하여 250냥은 半封이라 불렀다. 그런데 그 발음이 '빤펑'이며 이는 '반미치광이'나 '바보'의 뜻을 가진 '半瘋'의 발음과 유사하다. 이런 이유로 중국에서는 수고비나 임금으로 250위안을 주는 것을 금기시한다고 한다.

자료원: www.sericeo.org

4-6 Mini-Case
중국과 일본 관광객의 한국 마트 쇼핑 동선

한 해 600만 명이 넘는 중국인 관광객 '유커(遊客)'는 대체 어디서, 무엇을, 어떻게 구매할까? LG CNS가 중국인 관광객 3000여명을 대상으로 그들의 쇼핑행태를 분석했다. 대형마트·면세점에서 중국인 관광객 뒤를 졸졸 따라다니고, 서울 명동에서 인터뷰도 하고, 설문조사도 했다. 그렇게 조사한 결과를 바탕으로 중국인이 현지에서 한국물건을 살 수 있는 역직구 쇼핑몰 '한유짠(韓友贊)'을 열었다.

유커는 '호기심 많은 탐험가'형: LG CNS는 중국인 관광객의 쇼핑행태를 분석하기 위해 시내 대형마트와 면세점을 찾았다. 2인 1조가 되어 중국인과 일본인 손님뒤에 바짝 붙었다. 이들이 매장에 진입하는 순간부터 쇼핑을 마치고 나가서 택시를 탈 때까지 전 과정을 몰래 따라다녔다. 대화를 귀동냥으로 듣고 일거수일투족을 꼼꼼히 기록했다. 그 결과 중국과 일본 관광객의 쇼핑성향 차이가 뚜렷하게 드러났다.

예컨대 중국인 관광객 4인 가족의 평균적인 대형마트 쇼핑행태는 여자들이 제품을 고르는 동안 남자들은 모든 식품코너를 돌며 시식을 하는 식이다. 계획된 소비보다는 매장내 모든 코너를 일일이 돌아보는 복잡한 동선이 중국인의 특징이다. 제품을 고를 때는 흩어졌던 가족들이 한자리에 모여 상의했고, 주위의 한국인이 특정 제품을 집으면 이를 눈여겨봤다가 똑같이 고르는 경향도 보였다.

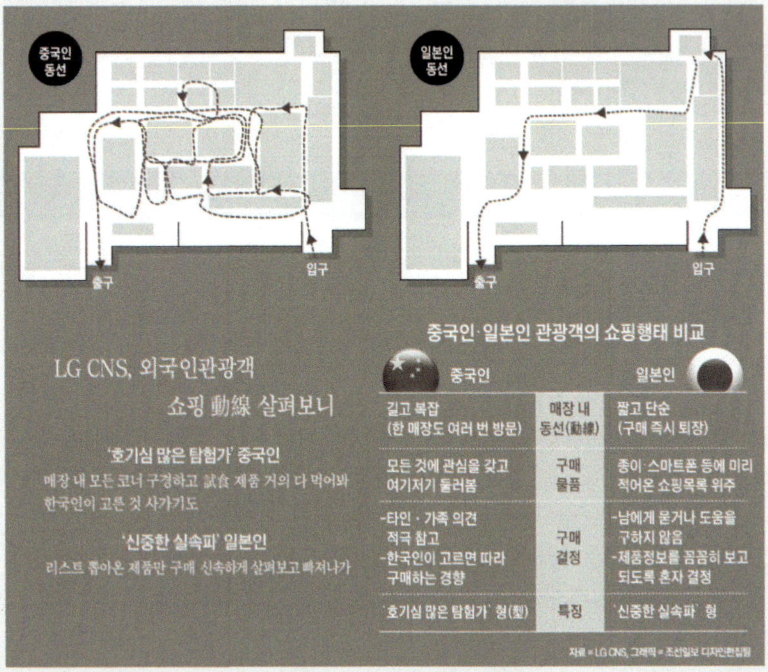

일본인은 신중한 실속파: 일본인은 달랐다. 매장에 들어서자마자 스마트폰이나 쇼핑물품을 적은 종이를 카트 위에 딱 펼쳤다. 여기저기 둘러보는 중국인과 달리 일본인은 원하는 물품만 착착 찾아갔고 그것만 구매한 뒤 매장을 떠났다. 쇼핑을 하다 어려움이 있어도 누군가에게 묻는 일은 거의 없었고, 제품정보를 꼼꼼히 읽어볼 뿐 남의 도움을 구하는 일이 드물었다.

자료원: 조선일보, 2015. 6. 17

2.4 가족관계

마케팅 관리자에게 가족은 크게 두 가지 의미를 지닌다. 한 집합적 소비주체로서의 가족과 개별적인 소비자로 구성된 가족으로서의 의미가 그것이다. 전자의 경우 우선 대가족제도와 소가족제도가 큰 차이를 보일 것이며, 후자의 경우 개별적인 소비자라 해도 그 구매행동에 영향을 미치는 가족구성원들의 역할이 문화에 따라 다를 수 있다는 점이 문제가 된다. 즉, 구매의사결정권자, 지출권자, 구매자, 사용자 등이 모두 다를 수 있으며, 가족구성원 각자의 역할정도도 다를 수 있는 것이다. 이러한 가족구성원 역할의 국가간

차이는 촉진전략의 목표청중(target audience)결정 등에 고려되어야 할 것이다.

2.5 사회계급구조

오늘날 사회적 지위나 계급이 공식적인 제도로서 고착되어 있는 경우는 별로 없지만 비공식적 계층구조는 흔히 나타나는 현상이다. 사회적 신분과 지위, 남녀의 역할구분과 상대적 지위, 연령구조 및 연령층에 따른 지위 등이 대표적 예다. 이러한 계층구조 및 사회조직은 시장세분화의 기준으로 사용할 수 있을 뿐 아니라 소비자행동, 가치, 전반적인 라이프스타일 등에 영향을 미치므로 중요하게 고려되어야 한다. 아울러 사회계급구조 그 자체의 현상뿐만 아니라 계층간의 이동성에도 관심을 가져야 한다.

2.6 종교 및 미신

종교는 많은 사회에 있어 사람들의 일상생활에 중대한 영향을 미치기 때문에 소비자 구매행동, 관습, 습관 등을 평가하고 이해하는 데에는 그들의 종교에 대한 인식과 이해가 필수적이다. 국제마케터의 현지 종교에 대한 이해가 불충분할 경우 이것은 전혀 의도하지 않았다 하더라도 현지인들을 불쾌하게 만들기 쉽다. 그만큼 종교는 문화의 구성요소 중 가장 민감한 부분의 하나라고 할 수 있다.

종교적인 금기나 타부(taboo)로 인해 기업의 국제마케팅 프로그램을 현지에 적응시켜야 하는 경우도 많다. 예를 들어 맥도널드는 인도에서 쇠고기가 든 햄버거를 판매하지 않는다. 펩시코 푸즈(PepsiCo Foods)사의 라이슨스업체(licensee)인 엘리트 푸즈(Elite Foods)라는 기업은 치토스라는 스낵제품을 이스라엘 시장에 출시하기 전에 이 제품이 종교적으로 문제되는 것이 전혀 없는지 확인했던 사례도 있다.

종교적 규범은 광고캠페인에도 영향을 미친다. 예로 이란에서는 모든 광고가 이슬람의 검열을 거치도록 되어 있다. 이러한 승인절차는 때로 3개월 정도 소요되기도 하는데, 치키타(Chiquita) 바나나의 인쇄광고에 대해 이란 당국이 난색을 표시한 경우가 있었다고 한다. 단지 바나나 3개를 전면광고에 보여 주는 것은 공간의 낭비라고 보았기 때문이다. 어떤 항공사는 사우디아라비아 정부로부터 첫 출항을 금지당할 뻔했다. 다른 지역에서는 지극히 정상적이었던 한 신문광고 때문이었다. 이 광고는 매력적인 스튜어디스가 즐거워하는 승객들에게 샴페인을 날라주는 사진이었다. 사우디아라비아에서는 알코올이 불법이었고, 여자가 천으로 얼굴을 가리지 않은 채 남자와 섞여 있는 것이 허락되지 않았다. 따라서 그 광고는 그들의 종교적 관습을 바꾸려는 괘씸한 시도로 간주되었던 것이다.

미국의 화장품회사인 클리니크(Clinique)는 엘릭시르(Elixir) 향수의 인쇄광고에서 불교를 모독했다는 이유로 태국정부로부터 항의를 받았다. 보그(Vogue)를 비롯한 미국의 여러 잡지에 뱀이 불상의 머리로 기어다니는 사진을 광고로 사용했던 것이다. 클리니크는 곧 이 광고를 중단하고 워싱턴의 태국대사관에 사과문을 보냈다.

동양권에서는 건물의 디자인이나 위치선정에 풍수지리를 고려하기도 한다. 예를 들어 홍콩의 만다린호텔의 문은 도로와 비스듬하게 설계되어 있는데 이는 악령의 출입을 억제하기 위해서라고 한다. 풍수지리는 과학, 혹은 철학으로 불려지기도 하지만 대부분의 서양인들에게는 미신으로 비쳐지고 있다. 태국에서는 새 건물의 모든 목재를 동일한 숲에서 생산된 것을 써야한다고 믿는다. 서로 다투지 않게 하기 위해서다. 집은 방이 홀수여야 행운이 따르고, 다른 사람의 발이 내 머리 위에 있으면 불운이 따르기 때문에 단층이어야 한다고 믿기도 한다.

한 사회의 신화, 신념, 미신, 혹은 다른 형태의 모든 문화적 신념은 그것이 아무리 이상하게 보인다 하더라도 그 중요성을 간과하는 것은 커다란 실수가 될 수 있다. 이들 모두 한 사회의 문화구조를 형성하는 중요한 요소이며 구성원의 행동양식에 영향을 미치기 때문이다. 국제마케터가 신경을 많이 써야 할 대목이다.

2.7 문화적 환경과 국제마케팅

국가별로 서로 다른 문화적 환경을 이해해야 한다는 것의 기본적인 전제는 '현지문화를 일정 부분 수용하고 경영활동에 반영해야 한다'는 것이라는 점은 이미 본장의 서두에서 밝힌 바 있다. 다국적기업, 혹은 세계기업은 현지문화에 대한 수용만이 아니라 현지문화의 변화를 유발하는 변화의 매개자(change agent) 역할도 하고 있다는 점도 이미 설명하였다.

그렇다면 문제는 현지 문화에 적응하기 위해 기업 스스로의 전략을 수정할 것인가, 아니면 기업이 가지고 있는 제품, 촉진, 유통방식 등의 마케팅전략을 그대로 사용하면서 현지문화의 변화를 기대할 것인가를 결정하는 일이다. 즉 '변화된 매개자(changed agent)'가 될 것인가와 '변화의 매개자(change agent)'가 될 것인가의 문제다. 물론 전략의 구체적 내용별로 다를 수 있고, 변화의 정도 또한 선택할 수 있다.

두가지 대안 모두 비용을 수반하는 일이다. 기업이 변화하려면 적응과 수정(제품디자인, 성능, 기능, 성분, 사용방식 등의 변경, 광고의 추가제작 등)에 비용이 들게 되고, 변화를 유도하려면 현지 소비자들에 대한 교육비용, 기다림 등의 비용을 부담해야 한다. 물론 수익도 고려해야 하는데 적어도 단기적으로는 '변화된 매개자'가 되는 것이 수익측면에서는 유리하다고 보아야 할 것이다.

Mini-Case 4.7은 농심이 중국에서 change agent로서의 역할을 수행했음을 보여주고 있다. 농심은 뜨거운 물을 국수에 부어 먹는 것이 일반적인 중국에서 한국식의 끓여 먹는 라면을 보급하기 위해 시식행사 등 다양한 캠페인을 벌인 바 있다. 매운맛을 그대로 유지하며 보급하려는 노력 역시 마찬가지다.

서로 다른 문화를 이해하고 이를 경영활동에 반영하는 'changed agent'로서의 기업과 자신의 방식을 소개하고 현지문화의 변화를 가져오는 'change agent'로서의 기업 모두 의미가 있다. 그러나 국제마케팅 경영자가 가장 경계해야 할 것 중의 하나는 이른바 자기준거기준(SRC, self reference criterion)이나 자민족(자국) 중심주의(ethnocentrism)에 빠지는 일이다. 즉 본인의 가치관이나 경험을 무의식적으로든 의식적으로든 상대방에게 적용하거나, 본국이나 본사에서 사용하던 경영방식을 별다른 고려나 검토없이 현지 국가에서도 그대로 적용하는 것은 피해야 할 것이다.

4-7 Mini-Case
'한국의 맛' 밀어붙인 농심, 지구촌 사로잡다

라면수출 50년만에 세계 5위로, 해외매출 10억달러, 매운맛 포기 않고 고가전략 고수

식품기업 농심이 1971년 라면수출을 시작한 지 약 50년 만에 세계 5위 라면기업으로 올라섰다. 시장조사업체 유로모니터가 최근 발표한 '2019~2020 인스턴트 누들(면)' 통계자료에 따르면 농심은 2019년 5.3%의 점유율로 중국의 캉스푸(13.4%)와 일본의 닛신(9.9%), 인도네시아의 인도푸드(7.5%)와 일본 도요수산(7.3%)에 이어 5위를 기록했다. 1위 캉스푸는 대부분 자국 내수시장에서 판매가 이뤄진다는 점을 감안하면 글로벌 라면무대 '빅4'로 떠오른 것이다. 라면의 북미, 중국시장의 인기에 힘입어 농심의 해외매출은 9억 9,000만 달러에 이를 것으로 전망된다.

올해 2월 영국 런던에서 영화 '기생충' 개봉을 맞아 농심이 진행한 '짜파구리 프로모션'에 참여한 현지 관객들

중국과 일본이 휩쓸던 세계 인스턴트 라면시장에서 농심이 두각을 드러낸 데는 꾸준한 유통채널 확대와 '한국식 매운맛'을 고수하며 가격이 비싸도 고품질을 내세우는 제품전략이 유효했다는 분석이 나온다. 1971년 재미 한인사회를 타깃으로 첫 라면수출을 시작한 농심은 인근 아시안계 마트, 히스패닉 시장으로 유통채널을 넓혀 나갔다. 2013년 미국 월마트와 직거래계약을 맺으면서 4년 만에 월마트의 4,700여 개 전 매장에서 판매가 이뤄지도록 했다. 농심관계자는 "한인시장의 성공부터 월마트 전 점포 입점까지 미국시장에 단계적으로 들어가면서 경쟁력을 쌓았다"고 말했다.

현지 시장에 지배적인 일본, 중국라면과 유사한 제품이 아닌 한국의 맛을 꾸준히 내세운 것도 비결로 꼽힌다. 이는 신춘호 회장의 "한국의 맛이 가장 세계적인 맛이다"라는 표현으로 요약된다. 처음에 낯설어 하던 미국 소비자들은 지난해 월마트의 소비자조사에서 "다른 제품에서 맛볼 수 없는 깊은 맛" "한 끼 식사로 손색없는 품질"이라는 반응을 내놓았다. 올 6월에는 뉴욕타임스의 제품 리뷰 사이트 '와이어커터'가 세계 최고의 라면으로 신라면블랙을 선정하기도 했다. 가격도 비싸다. 농심은 소득수준이 높은 미국에서 라면을 저가음식으로 포지셔닝하지 않고 스파게티, 파스타 등의 면류식품과 대등한 위치에서 고급화를 추구했다. 현지 시장을 장악한 일본 라면은 대부분 3, 4개들이 한 팩에 1달러 수준인 반면, 신라면은 개당 1달러 안팎으로 비싸다. 하지만 그만큼 맛과 품질 면에서 경쟁력을 갖추면서 국방부(펜타곤) 등 주요 정부시설에까지 라면으로는 최초로 입점돼 판매되고 있다.

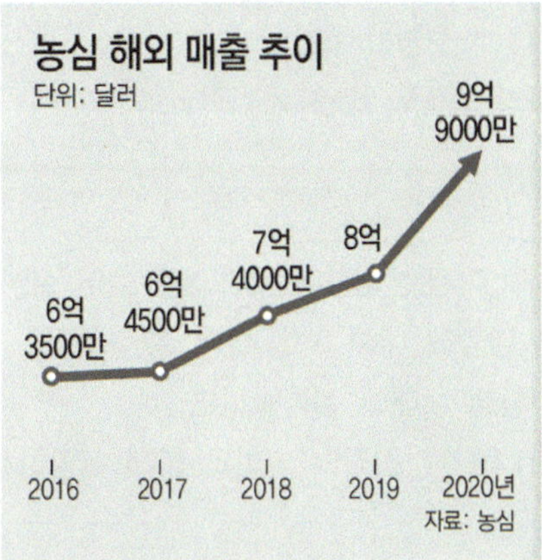

미국 LA뮤직페스티벌 신라면 홍보 부스

중국에서도 끓는 물을 부어서 면을 익혀 먹는 '바오멘(抱面)' 위주의 현지 라면문화에 맞추지 않고, 끓여먹는 '주멘(煮面)' 방식을 고수했다. 처음부터 성공적이었던 건 아니다. 뜨거운 물을 국수에 부어 먹는 게 일반적인 중국에서 한국식(式)의 끓여 먹는 라면은 설 자리가 없었다. 1999년 당시 현지 공략이 난관에 부딪히자 '중국 스타일로 대접에 넣고 불려서 먹는 신라면을 내놔야 한다'는 건의가 올라올 정도였다. 그러나 신춘호 회장은 단호했다. 신 회장은 "신라면은 끓여 먹어야 제맛이 난다. 중국소비자들이 라면을 끓여 먹도록 문화를 바꿔라. 장기적인 시각으로 접근하라"고 말했다. '중국 입맛'에 맞추지 않고 '한국의 입맛'으로 중국공략을 계속 밀어붙인 것이다. 2000년부터 '라면 끓이기' 캠페인이 불붙었다. 유명 대형마트와 편의점 앞에 '라면은 끓여 먹어야 비로소 제 맛이다'라는 문구를 붙이고 시식행사를 가졌다. 눈앞에서 팔팔 끓인 라면을 맛본 중국소비자들은 하나둘씩 신라면에 빠져들었다.

한국식 매운맛도 처음엔 장애물이었다. 중국인 입맛에 맞는 맵지않은 라면을 내놔야 한다는 목소리도 컸다. 하지만 이때도 '신라면의 맛과 품질은 세계 어디서나 같아야 한다'는 신 회장의 지론에 따라 한국식 매운맛을 중국에 알리기로 했다. 이를 위해 '부도장성 비호한(不到長城 非好漢 · 만리장성에 오르지 않으면 사나이가 아니다)'이라는 중국 유명 시를 모방해 '매운맛을 먹지 못하면 사나이 대상부가 아니다(吃不了辣味 非好漢)'라는 광고문구를 내세워 인지도를 끌어올렸다. 결국 이런 차별화가 오히려 신라면을 '중국인이 사랑하는 한국명품(2018년 런민일보)'으로 자리 잡게 했다.

라면의 본고장으로 꼽히는 일본에서도 좋은 평가를 받기 시작했다. 총 누적조회수 4억 건이 넘는 일본의 라면 전문 유명 먹방 유튜버 '수수루'는 최근 방송에서 "고품질의 수프, 생면식감이 훌륭하다"며 농심 신라면을 극찬했다.

자료원: 조선일보, 2014. 11. 14 및 동아일보, 2020. 11. 12 기사내용을 수정 · 편집함

연습문제

1. 문화적 환경이 국제마케팅 활동에 미치는 영향에 대해 설명하시오.
2. 홉스테드(Hofstede)가 문화를 구분할 때 사용한 변수들에 대해 설명하시오.
3. 홀(Hall)이 말하는 고배경문화(high context culture)와 저배경문화(low context culture)의 개념과 이것이 국제경영활동에 주는 시사점에 대해 설명하시오.
4. 문화적 충격과 역문화충격의 개념과 의의를 설명하시오.
5. 각 국가, 혹은 문화권의 미적 감각이 기업의 국제마케팅 활동에 미치는 영향에 대해 예를 들어 설명하시오.
6. 가치관, 태도 및 생활습관 등이 국제마케팅 활동에 미치는 영향에 대해 예를 들어 설명하시오.
7. 각 국가시장의 가족관계가 국제마케팅 경영자에게 주는 시사점에 대해 설명하시오.
8. 다국적기업은 'change agent'인가, 아니면 'changed agent'인가? 각각의 의미와 함께 설명하시오.

참고문헌

- 이광철, 이재유 역, 초일류기업의 비즈니스 대실수, 김영사, 1995 (원저: David A. Ricks, *Blunders in International Business*, Blackwell Publishers, 1993).
- 이장로, 문희철, 이춘수, 4차 산업혁명 시대의 국제마케팅, 8판, 한빛아카데미, 2022.
- 이철, 글로벌마케팅, 3판, 학현사, 2020.
- 이철, "국제마케팅 연구체계 및 주제별 문헌분석: 비교문화적 소비자행동연구를 중심으로," 유필화(편), 현대의 마케팅과학, 법문사, 1994, pp. 457-476.
- 정지연 역, 나의 인생, 나의 방귀, 아인앤컴퍼니, 2004 (원저: David A. Ricks, *Blunders in International Business*, 3rd ed., Blackwell Publishers, 1999).
- Cateora, Philip R., R. Bruce Money, Mary C. Gilly & John L. Graham, *International Marketing*, 19th ed., McGraw-Hill, 2023.
- Douglas, Susan & Bernard Dubois, "Looking at the Cultural Environment for International Marketing Opportunities." *Columbia Journal of World Business*, Winter 1977.
- Furnham, Adrian & Stephen Bochner, *Culture Shock*, London: Methuen, 1986.
- Green, Mark C. & Warren Keegan, *Global Marketing*, 10th ed., Pearson, 2019.
- Hall, Edward T., *Beyond Culture*, Anchor Press, 1976.
- Hofstede, Geert, *Culture's Consequences: International Differences in Work Related Values*, Sage Publications, 1980.

- Hofstede, Geert, *Cultures and Organizations: Software of the Mind*, McGraw-Hill, 1991.
- Kogut, Bruce & Harbir Singh, "The Effect of National Culture on the Choice of Entry Mode," *Journal of International Business Studies*, Fall 1988, pp. 411-432.
- Kotabe, Masaaki & Kristiaan Helsen, *Global Marketing Management*, 9th ed., Wiley, 2022.
- Terpstra, Vern & Kenneth David, *The Cultural Environment of International Business*, South-Western Publishing Co., 1991.

CHAPTER 05

법 · 정치적 환경

정치적 환경은 전반적인 국제경영활동에 광범위한 영향을 미친다. 그러나 이러한 정치적 환경은 시장선정, 진입방법결정 등 국제마케팅 활동의 전략적 의사결정에 중요한 영향을 미치지만 좁은 의미의 국제마케팅믹스 전략에는 상대적으로 영향정도가 덜하다고 할 수 있다. 그러나 법적 환경은 전반적 영향과 함께 마케팅믹스의 구체적 내용에 영향을 미칠 수 있다. 본장에서는 정치적 위험의 내용과 대응방안, 법적 환경이 국제마케팅 활동에 미치는 영향 등에 대해 살펴보기로 한다.

01 정치적 환경

1.1 정치적 환경과 정치적 위험

정치적 환경은 대개 정치적 위험(political risk)과 같은 맥락에서 논의된다. 기업의 국제마케팅 활동의 입장에서 보면 한 국가의 정치체제, 제도 등 일반적 의미의 정치적 환경보다는 경영활동에 부정적 영향을 미칠 수 있는 정치적 위험이 실질적으로 중요하기 때문이다. 또 하나의 관련된 용어인 정치적 안정성(political stability)은 정치적 위험과 반드시 일치하지는 않는다. 정치적 안정성이 낮다고 해도 경제정책, 특히 외국기업의 활동에 대한 정책은 별 영향없이 안정적으로 지속될 수도 있기 때문이다.

결국 정치적 위험이란 정치체제, 제도, 집권당 등의 불안정성 자체보다는 외국기업으로서 현지에서 경영활동을 할 때 정치적 이유로 겪게 되는 불확실성이나 위협요소를 말한다고 볼 수 있다. 그런 의미에서 경제정책의 안정성과 지속성에 영향을 주는 정치적 불안정성은 곧바로 정치적 위험으로 연결된다.

정치적 위험의 정도는 경영자의 주관적인 판단이나 전문가들의 의견에 근거하여 정성적으로 파악될 수도 있지만 이를 계량화하여 발표하거나 판매하는 전문기관도 있다. 예를 들면 EIU(Economist Intelligence Unit), BERI(Business Environment Risk Intelligence), BMI(Business Monitor International), PRS Group 등이다. 참고로 PRS Group이 국가위험을 평가하는 데 사용하고 있는 기준들(3개 영역, 22개 기준)이 〈표 5-1〉에 예시되어 있다.

1.2 정치적 위험의 내용

정치적 위험은 경영활동에 대한 사소한 간섭부터 투자자산의 몰수라는 과격한 형태에 이르기까지 다양하게 나타난다. 안정적이지 못한 경제정책, 정치적 갈등, 외국기업에 대한 테러행위, 현지인들의 민족주의적 성향 등도 정치적 위험의 예들이다.

표 5-1 국가위험의 평가기준

영 역	기 준	
정치적 위험 (12개 기준)	• 정부 안정성 • 사회경제적 조건 • 투자환경 • 내부적 갈등 • 외부적 갈등 • 부패	• 군의 정치개입 • 종교적 긴장 • 법과 질서 • 민족적 긴장 • 민주적 책임 • 관료의 수준
경제적 위험 (5개 기준)	• 1인당 GDP • 실질 GDP 성장률 • 인플레이션	• 재정균형(GDP 대비) • 경상수지(GDP 대비)
재무적 위험 (5개 기준)	• 외채 비중(GDP 대비) • 외채상환액(상품 및 서비스 수출액 대비) • 경상수지(상품 및 서비스 수출액 대비) • 순 국제 유동성(월 상품수입액 대비) • 환율의 안정성	

자료원: PRS Group, International Country Risk Guide(www.prsgroup.com)

(1) 수용과 몰수

정치적 위험이 극단적으로 표출되는 상황은 현지 투자자산에 대한 현지국(host country) 정부의 수용, 혹은 몰수다. 수용(expropriation)과 몰수(confiscation)는 모두 투자기업의 의사에 반하여 현지 자산을 현지 정부에 잃는 것이라는 점에서 동일하다. 그러나 전자, 즉 수용은 어떤 형태로든 수용자산에 대한 보상이 있는 것이고, 후자, 즉 몰수는 아무런 보상없이 빼앗기는 것이다. 물론 수용의 경우도 그 보상이 적절한가 하는 것은 별도의 문제다. 수용이나 몰수와 같은 극단적 형태의 정치적 위험은 최근 들어서는 자주 일어나는 현상은 아니다.

한편 수용이 단계적인 수순을 밟아 진행되는 경우도 있는데 이를 점진적 수용(domestication)이라 부른다. 점진적 수용은 외국인 투자지분 비율을 점진적으로 낮추어 궁극적으로 현지국 정부나 기업에게 소유 및 통제권을 이양하도록 요구하는 것이다.

(2) 경제적 간섭 및 규제

수용이나 몰수와 같은 과격한 형태의 정치적 위험은 극단적으로 표출되는 것이고 빈번하게 발생하는 것이 아니지만, 정치적 배경을 지닌 각종 경제적 간섭 및 규제는 국제기업이 비교적 흔히 겪게 되는 정치적 위험이라 할 수 있다.

이러한 형태의 위험에는 외환규제, 현지부품사용(local content) 의무, 성과규제(performance requirement) 등이 있다. 외환규제는 경영활동의 결과로 나타난 이익을 배당금 형태로 본국(home country)에 송금하는 것을 제한하거나 복수 환율제도를 통해 특정 목적을 지닌 외환거래에 불이익을 주는 것이다. 대개 외화가 부족한 국가에서 이러한 외환규제를 실시한다. 현지부품사용 의무는 일정 비율 이상의 원자재나 부품을 현지에서 조달하도록 하는 것으로 외국, 즉 본국이나 제3국에서 생산된 부품을 수입하여 단순조립 과정만 거치려는 것을 억제하기 위해 부과된다. 한편 성과규제는 생산량의 일정 비율 이상을 수출하도록 하거나 내수시장 점유율을 일정 수준 이하로 유지할 것을 요구하는 것이다.

(3) 민족주의

민족주의(nationalism)는 국가 혹은 민족에 대해 느끼는 강한 자부심, 긍지, 혹은 일체감으로서 이러한 성향은 종종 외국기업에 대한 편견이나 배타적 태도로 나타날 수 있다. 경제적 측면에서 표출되는 민족주의는 국가경제의 자치 및 독립성, 경제적 주권의 확보 등이 국제적인 고려에 우선하는 것을 의미한다.

현지시장국의 민족주의적인 성향이 수입에 대한 거부감, 외국인투자에 대한 거부감 등으로 나타날 때 기업은 경영활동을 자유롭게 수행하기 곤란하며 성과도 부정적으로 나타날 소지가 많다. 공식적으로 진행되든 비공식적으로 이루어지든 국산품애용운동(예를 들어 "Buy American"이나 "Buy Korean")이나 외국제품 불매운동과 같은 움직임은 민족주의를 배경으로 외국기업에 가해지는 정치적 위험의 한 형태라 할 수 있다(Mini-Case 5.1 참고).

민족주의적 성향이 강하게 나타나는 국가에서는 마케팅활동을 신중하게 전개할 필요가 있다. 특히 자국 중심주의적 태도(ethnocentrism)를 드러내는 것은 금물이며, 가급적 현지인과 현지문화를 배려하는 입장을 취하는 것이 바람직하다.

5-1 Mini-Case

메카콜라: 반미주의의 물결

코카콜라와 펩시콜라는 오랫동안 단순한 음료가 아니라 라이프스타일을 상징해 준다는 최고의 우위를 누려왔다. 이들은 미국을 경험한다는 의미를 함축하고 있다. 일상적인 미국생활의 실상을 반영하는 경험을 꼭 말하는 것은 아니지만, 전세계 수많은 사람들에 의해 상상되어지는 모습, 즉 흰색 울타리가 쳐진 본인 소유의 집, 자동차, 수영장, 정 많게 생긴 골든리트리버와 건강하고 행복해 보이는 아이들… 이런 모습의 미국 경험을 함축하고 있는 것이다. 이런 점에서 이 두 회사가 마음대로 사용할 수 있는 손쉬운 마케팅 수단의 하나는 성공의 땅, 그리고 닮아야 할 표준으로서의 미국이 가지는 명성이다.

그러나 최근 이러한 명성은 변하기 시작했다. 어떤 사람들은 '미국식'을 착취, 군사적 침공, 수치스러운 MTV 프로그램 등과 연결시킨다. 이러한 명성의 변화에 대한 경제적 반응의 하나는 콜라시장에서 나타났다. 다른 콜라 회사들이 미국 밖에서 생겨나서 반미주의의 물결을 타고 전세계 시장점유율과 인기를 얻어가고 있는 것이다.

중동지역과 중미지역에서 코크와 펩시의 대체품이 나온 것은 전혀 새로운 현상은 아니다. 예를 들어 이란의 잠잠(ZamZam)콜라는 1979년까지 펩시의 파트너 회사였다. 이슬람혁명 이후 잠잠과 펩시의 계약은 종료되고 사업은 소외자재단이라는 정부의 자선단체에 의해 인수되었는데, 이는 잠잠의 탄산음료가 중동전역에 명산품이 되게하는 결과를 가져왔다. 그러나 최근까지도 이러한 벼락출세가 해당 지역 밖에서는 알려지지 않아 최초의 콜라인 코카콜라가 전세계시장에서 가지고 있는 우세한 입지는 영향을 받지 않았다. 현재 잠잠은 무슬림인구를 상당히 가지고 있는 모든 국가에서 팔리고 있다. 프랑스, 영국, 캐나다 등도 포함된다.

비록 모방회사들이 메카(Mecca)콜라와 같은 브랜드를 통해 어필하려는 것처럼 마케팅기법에 있어 대중의 이상주의를 이용하긴 하지만, 그들은 굳건하게 현실에 바탕을 두고 있다. 튀니지태생의 매스로우티는 직업이 변호사인데, 미국의 이라크에 대한 군사행동에 분개한 그는 경제적 측면에서의 경쟁만이 미국정책에 항거하는 유일한 의미있는 길이라고 결심했다. 2002년 메카콜라를 파리에서 론칭한 그는 2003년까지 이 브랜드를 세계 54개국으로 확장해 나갔다. 매스로우티에게는 메카콜라를 마시는 행위 그 자체가 평화적인 저항이다. 그의 웹사이트 태그라인에는 다음 글이 적혀있다. "마시지 않는 것은 바보짓, 헌신적으로 마셔라!"

잉카콜라(Inca Kola)는 이러한 경향의 또 하나의 예다. 잉카콜라는 '서구화'와 '미국화'에 현지 문화가 파괴된다는 데 대한 남미의 분개심을 상징한다. 남미지역의 고대문명의 이름을 딴 이 음료는 역사적 숭배와 현대적 취향의 감동적인 조합을 보여준다. 이 작품은 1935년 페루에서 청량음료회사인 린들리(Jose R. Lindley S.A.)에 의해 출시되었다. 잉카콜라는 출시 이후 급성장을 거듭했다. 2000년에는 코카콜라그룹과 전략적 제휴를 맺기도 했다. 이는 코카콜라가 이미 현지 업체에 의해 장악되어 있는 시장에 들어가는 것이 가능하다고 생각하지 않았다는 것을 의미한다. 잉카콜라는 본국시장에서 가장 큰 점유율(26%)을 계속 차지하고 있다. 미국 파트너의 것과는 구별되는 독특한 정체성과 맛을 유지하면서 말이다.

자료원: Michael R. Czinkota & Ilkka A. Ronkainen, *International Marketing*, 8th ed., Thomson South-Western, 2007. p. 135에서 재인용함

(4) 뇌물과 부패

정치적 위험이라고 보기에는 다소 무리도 있지만 공무원이나 사회저변의 청렴도 역시 기업의 국제마케팅 활동에 영향을 미치는 환경요인이 될 수 있다. 국가에 따라서는 자국 기업이 외국에서 현지관리에게 뇌물을 제공하는 행위를 규제하기도 하지만(예로 1977년

표 5-2 부패지수(corruption perceptions index) 상하위 20개 국가(2023년)

상위 20위 청렴국			하위 20위 부패국		
순위	국가	CPI 점수	순위	국가	CPI 점수
1	Denmark	90	161	Eritrea	21
2	Finland	87	162	Afghanistan	20
3	New Zealand	85	162	Burundi	20
4	Norway	84	162	Chad	20
5	Singapore	83	162	Comoros	20
6	Sweden	82	162	Democratic Republic of the Congo	20
6	Switzerland	82	162	Myanmar	20
8	Netherlands	79	162	Sudan	20
9	Germany	78	162	Tajikistan	20
9	Luxembourg	78	170	Libya	18
11	Ireland	77	170	Turkmenistan	18
12	Canada	76	172	Equatorial Guinea	17
12	Estonia	76	172	Haiti	17
14	Australia	75	172	Korea, North	17
14	Hong Kong	75	172	Nicaragua	17
16	Belgium	73	176	Yemen	16
16	Japan	73	177	South Sudan	13
16	Uruguay	73	177	Syria	13
19	Iceland	72	177	Venezuela	13
20	Austria	71	180	Somalia	11
20	France	71			
20	Seychelles	71			
20	United Kingdom	71			

주: 1) CPI는 공공부문의 부패지수로서 경영자, 국가분석가 등을 대상으로 하는 survey를 토대로 산출되었으며, 100은 가장 청렴함을, 0은 가장 부패됨을 의미함

2) 한국의 CPI는 63점으로 32위, 미국은 69점으로 24위에 해당함

자료원: Transparency International, Corruption Perceptions Index 2023(www.transparency.org)

에 제정된 미국의 Foreign Corrupt Practices Act, FCPA), 아직도 여전히 뇌물이 통용되는 국가가 많은 것이 현실이다. 참고로 Transparency International이라는 기관이 발표하는 국가별 부패지수 상하위 20개국이 〈표 5-2〉에 나타나 있다.

1.3 정치적 위험에 대한 대응

정치적 위험에 가장 소극적으로 대응하는 방법은 위험이 높은 시장에 진입하지 않는 방법이다. 그러나 시장진입을 전제로 할 때에는 위에서 언급한 정치적 위험에 대한 적절한 대응방안을 마련해야 한다. 수출이나 라이슨싱(licensing)을 통해 외국시장에 진입할 때는 비교적 정치적 위험에 대한 노출이 적기 때문에, 여기서는 현지에서 직접 생산활동을 하는 해외직접투자(FDI, foreign direct investment)를 택할 경우의 정치적 위험대응방안에 대해 설명하기로 한다.

(1) 합작투자

일반적으로 현지 기업 혹은 제3국 기업과의 합작투자(JV, joint venture)는 정치적 위험에 대한 노출을 줄여준다. 최소한 투자자본의 분산으로 위험노출이 줄어들기 때문이다. 또한 현지 기업과의 합작은 외국기업에 대한 반감을 줄이는 데 도움이 되며, 제3국 기업과의 합작은 해당 기업, 혹은 국가의 협상력(bargaining power)이 추가되기 때문에 정치적 위험에 대한 입지를 강화시켜 준다. 현지 정부와의 합작도 정치적 위험을 줄일 수 있는 훌륭한 방편이 될 수 있다.

(2) 현지화

기업의 이름이나 상표를 가능한 한 현지화하여 외국성을 줄이는 것도 민족주의를 포함한 정치적 위험에 대한 노출을 줄이는 방안이 될 수 있다. 아울러 주요 경영층에 현지인을 충원하는 것이나 현지 지역사회에 다양한 방법으로 공헌하는 것도 현지국의 '선량한 구성원'이라는 인식을 심어줄 수 있으므로 정치적 위험을 줄이는 데 기여할 수 있다. 실제로 해외에 진출한 우리나라의 기업들은 지역사회의 학교에 컴퓨터를 기증하거나 도서관 시설지원, 장학금제공, 스포츠지원 등의 방법으로 좋은 이미지를 심어주고 있는 사례가 많다. 이것이 꼭 정치적 위험을 줄이기 위한 목적으로 이루어졌다고 보기는 어렵지만 정치적 위험감소에 기여하는 것은 분명하다. 정치 · 사회적으로 안정되지 못한 국가에서 다른 나라 기업들이 철수하는 동안, 오히려 적극적으로 현지에 남아 마케팅활동을 벌여 좋은 성과를 내고있는 기업들도 있다(Mini-Case 5.2 참조).

5-2 Mini-Case
이곳에 의문을 제기하지 말라: LG 나이지리아

경기침체가 세계 전자업체들을 뒤흔들고 있지만, 나이지리아에 있는 LG전자 서아프리카 법인은 불황을 모른다. 98년 설립된 서아프리카법인 매출은 2005년 1억 달러에 불과했지만 3년이 지난 2008년 3억 5000만 달러로 불어났다. 냉장고, 에어컨, 평면 TV를 비롯해 6개 가전분야에서 나이지리아 시장점유율 1위다. 특히 브라운관 TV와 홈시어터 판매량은 LG전자 전 세계법인을 통틀어 각각 1위와 2위를 차지하고 있다.

LG가 뚫어낸 나이지리아는 '숨겨진 보석' 같은 시장이다. 아프리카의 손꼽히는 대국으로, 인구가 1억 5,000여만명에 이른다. 2007년 세계은행추산 GDP(국내총생산) 규모는 아프리카 2위(세계 41위, 1,657억 달러)다. 또 세계 4위의 석유수출국으로, 5~6% 정도(800만여명)로 추산되는 부유층의 구매력은 선진국 이상으로 강력하다. 서아프리카 법인장 P씨는 "지난 주에도 한 고객이 한 번에 8~9대의 에어컨을 사갔다"고 말했다.

그러나 외국기업이 이곳에 정착한 사례는 거의 찾기가 힘들다. 아직 치안과 인프라가 열악한 탓이다. 실제로 P 법인장은 2004년 부임하자마자 사택에 물이 끊겨 일주일 동안 페트병 생수로 세면을 해결하는 곤욕을 치렀다. K 차장 집은 지금도 하루에 6시간 동안 전기가 끊긴다. 시장개척도 난관의 연속이었다. S 과장은 지난 12월 초 라고스 시내에서 교통정체로 자동차를 잠깐 세운 사이에 한 행인이 1m 가까운 쇠갈고리로 유리창을 박살내고 뒷자리의 노트북 PC를 가져가는 모습을 고스란히 지켜봐야 했다. 실제로 시장규모만 보고 직원을 보냈던 많은 경쟁기업들이 철수했다. 그러나 LG전자는 결국 끈질기게 시장에서 버텨냈다. 대부분의 직원들이 교체 없이 4~5년간 현지인들과 함께 호흡한 것이다. 치안이 우려되는 밤에도 차를 달려 거래선(딜러)들을 만났고, 수입규제가 검토되자 지난해 라고스에 가전 조립공장을 세웠다.

O 부장은 LG 직원들의 끈기를 짤막한 신조로 설명했다. "이상하게 들리겠지만, 우리의 제1수칙은 '이곳에 의문을 제기하지 말라'였습니다. 제2수칙은 '그래도 이상하면 제1수칙으로 돌아가라'였구요."

LG전자 직원들의 끈기는 성과로 보상받고 있다. 지난해 팔려나간 생활가전제품이 25만대, 홈시어터가 35만대에 이른다. 브랜드인지도도 90%에 달한다. LG전자 서아프리카 법인은 불황에도 오히려 올해 시장확대를 목표로 잡고 있다. 홈시어터 판매량의 경우 판매목표가 올해의 3배인 100만대다. P 법인장은 "시장 1위에 만족하지 않고, 내년에는 휴대전화와 홈시어터 판매를 대폭 늘리겠다"고 말했다.

자료원: 조선일보, 2009. 1. 3

(3) 현지국의 의존도 제고

정치적 위험을 줄이는 또 하나의 방법은 기업에 대한 현지국의 의존도를 높임으로써 높은 협상력을 유지하는 것이다. 생산활동에 필요한 핵심기술이나 부품을 독점적으로 보유하는 것은 이러한 전략의 좋은 예다. 이 경우 현지국 정부는 외국기업을 수용하거나 몰수하더라도 지속적인 생산활동이 불가능하거나 어렵기 때문에 그러한 정치적 위험은 상당부분 피할 수 있게 된다.

해외시장 판매권이나 유통망을 독점적으로 보유하거나 통제하는 것도 좋은 방법이다. 이 경우 역시 현지국 정부는 해외시장에 대한 접근이 곤란하므로 외국기업의 수용이나 몰수를 함부로 할 수 없게 된다. 철광석, 구리 등 채취산업에 특히 유용한 전략이 될 수 있다.

현지국에 대한 기여를 점진적으로 제공하는 것도 고려할 수 있다. 현지국 정부가 외국기업으로부터 얻을 것이 많이 남아있다고 인식한다면 외국기업의 활동을 보장해줄 가능성이 높아질 것이다.

(4) 보험가입

정치적 위험을 사전적으로 줄이는 방법 외에 정치적 위험으로 실제 피해를 입었을 경우 이를 보상해 주는 방안을 찾는 것도 중요하다. 많은 국가에서 자국기업의 수출 및 해외투자를 활성화하기 위해 각종 위험을 담보하는 보험을 제공하고 있는데, 이러한 보험은 수출뿐 아니라 해외직접투자의 정치적 위험을 담보할 수 있다는 점에서 유용하게 사용될 수 있다.

우리나라에서는 한국무역보험공사에서 각종 수출보험 및 해외투자보험을 운영하고 있으며, 미국에서는 OPIC(Overseas Private Investment Corporation)에서 해외투자의 정치적 위험에 대한 보험을 운영하고 있다.

(5) 지리적 다변화

특정 국가에서의 정치적 위험을 줄이는 방법 외에 전체적인 위험수준을 줄일 수 있는 대안으로 지리적 다변화(diversification)를 추진하는 방법이 있다. 지리적 다변화를 추진함으로써 정치적 위험을 분산시킬 수 있기 때문이다.

1.4 정치적 환경과 국제마케팅

앞에서 언급한 대로 정치적 환경은 좁은 의미의 마케팅활동에는 직접적 영향이 적은 편이다. 시장선택이나 진입방법결정과 같은 전략적 차원의 결정을 할 때는 물론 중요하게 고려되어야 한다.

현지인들의 민족주의(nationalism)적 성향이 강하게 나타날 때에는 구체적인 마케팅믹스 프로그램을 결정할 때에도 주의를 기울여야 한다. 이 경우 본국(home country)의 민족주의적 특성을 마케팅 프로그램에 적용하는 것은 곤란하며, 이미지를 가능한 한 현지화하는 것을 검토해야 할 것이다.

02 법적 환경

국제마케팅 활동에 영향을 미치는 직접적인 법적 환경요인은 현지 시장국의 전반적인 관련법 체계와 그 내용이다. 이 외에도 법적 환경에서 논의되어야 할 사항으로 국제관련법과 법적 관할권 문제 등이 있다. 여기서는 이러한 전반적인 문제와 함께 현지국(host country)의 각종 법규가 구체적인 국제마케팅믹스 프로그램에 어떤 영향을 미치는지에 대해 설명하기로 한다.

2.1 법체계

전세계국가의 법체계는 대략 세 가지로 구분된다. 관습법 및 성문법 체계, 그리고 회교도법이 그것이다. 각 국가가 어떤 법체계를 가지고 있느냐에 따라 상표권, 특허권 등 지적재산권 보호방법이 다르기 때문에 국제마케팅 담당자는 이를 이해하고 대비해야 한다.

(1) 관습법 체계

관습법(common law)이란 전통, 과거관행, 판례 등이 법체계의 기초가 되는 것을 말한다. 영국, 미국[1)], 캐나다[2)] 등이 이러한 관습법 체계를 따르고 있다. 관습법과 성문법 체계의 차이가 가장 두드러지게 나타나는 분야는 지적재산권(intellectual property rights)의 보호문제다. 간단히 말해 관습법 체계는 '사용' 우선주의를 따르며, 성문법 체계는 '등록' 우선주의를 따른다. 즉, 관습법 체계 하에서는 특허나 상표 등에 대해 공식적인 등록절차를 누가 먼저 마쳤느냐를 기준으로 하는 것이 아니라, 누가 먼저 사용하였느냐에 따라 법적인 보호를 부여하는 것이다.

(2) 성문법 체계

성문법(code law) 체계는 로마법에 기초를 두고 발전되어 온 것으로서 독일, 프랑스, 일본 등이 이 법체계를 따르고 있다. 이름이 의미하는 대로 문서화된 법 규정에 따라 법이 해석되고 집행되며, 지적재산권의 법적 보호도 공식적인 등록절차를 거쳐야 받을 수 있다.

(3) 회교법

회교법(Islamic law)은 회교경전인 코란(Koran)의 해석에 기초하여 법의 해석과 집행이 이루어진다. 법은 인간이 만드는 것이 아니라 신이 부여했다고 보는 입장이다. 파키스탄, 이란, 사우디아라비아 등 회교권 국가에서 볼 수 있다.

회교법의 독특한 특징 중의 하나는 이자의 지급을 금지한다는 점이다. 알콜, 도박 등과 관련된 사업에 대한 투자도 금지된다. 이자지급의 금지는 금융은 물론 일반기업의 관행에도 심각한 영향을 미칠 수 있다. 그러나 이자의 지급 대신 차입자와 대출자가 수익이든 손실이든 서로 공유한다는 원칙에 입각하여 거래하는 것은 허용된다. 마케팅과 관련된 모든 법이 회교법의 해석에 기초하기 때문에 국제마케팅 담당자는 회교법에 대한 지식은 물론 각 지역마다 이것이 어떻게 해석되는지에 대한 이해도 갖추어야 한다.

---

1) 미국의 경우 루이지애나(Louisiana)주는 유일하게 성문법 체계를 따르고 있다.

2) 캐나다의 경우도 퀘벡(Quebec)은 성문법 체계를 따른다.

2.2 법적 관할권

국제마케팅은 두 나라 이상에 걸쳐 이루어지는 경영활동이다. 따라서 분쟁이 발생할 경우 어느 나라의 법을 적용할 것인가 하는 문제, 즉 법적 관할권(jurisdiction)의 이슈는 국제마케팅 담당자가 당면하는 또 하나의 중요한 법적 문제가 된다. 국제거래활동을 법적으로 관할하는 국제적 조직체가 없기 때문이다.

일반적으로 다국적기업의 해외 자회사는 법인격을 부여받은 현지국(host country) 법체계의 관할 하에 놓여있는 것으로 볼 수 있지만, 본국(home country), 혹은 관련된 제3국 법체계와 갈등을 일으킬 때는 분쟁이 발생할 소지가 많다. 예를 들어 미국의 뇌물방지법(FCPA, Foreign Corrupt Practices Act)은 외국에 거주하는 미국시민이나 외국에서 활동하는 미국계 자회사라 하더라도 본국 법의 적용을 받도록 하고 있다. 본사와 자회사 간의 문제가 아니더라도 거래당사자가 서로 다른 법체계에 속한 경우 발생하는 법적 관할권의 문제는 흔히 볼 수 있는 현상이다.

계약서에 법적 관할권에 대한 조항을 삽입하였을 경우에는 별 문제가 없으나 그렇지 않을 경우에는 계약서가 작성된 국가, 혹은 계약이 이행되는 국가 중 하나를 관할지역으로 택해야 하는데 거래 당사자는 각자 자신에게 유리한 쪽을 원하기 때문에 분쟁이 발생한다. 국제적으로 법적 분쟁이 발생할 경우 해결하는 방법에 대해서는 아래에서 별도로 설명하기로 한다.

1984년에 발생한 유니온 카바이드(Union Carbide) 인도공장의 가스유출 사고는 이러한 법적 분쟁의 대표적 예다. 인도의 보팔에서 발생한 이 사고로 2,000명 이상이 사망하였는데 유족에 대한 보상문제를 어느 나라 법정에서 해결할 것인가를 놓고 인도정부와 유니온 카바이드사 사이에 분쟁이 있었다. 인도정부는 미국의 법정에서, 유니온 카바이드사는 인도법정에서 보상문제를 해결하기를 원했다. 법에서 규정하고 있는 1인당 보상액의 규모가 미국이 인도에 비해 훨씬 크기 때문이었다. 결국 이 사건은 인도법정에서 해결되었지만 이 사례는 분쟁이 발생할 경우 법적 관할권의 문제가 양 당사자에게 얼마나 중요한 문제가 되는지를 보여 주고 있다.

2.3 법적 분쟁의 해결

국제거래에서 분쟁이 발생할 경우 이를 해결하는 가장 좋은 방법은 제3자의 개입없이 당사자 간의 대화와 타협에 의해 해결하는 것이다(compromise, 혹은 amicable settlement). 그러나 이러한 비공식적 절차에 의해 원만한 해결이 힘들 경우에는 조정, 중재, 소송 등 제3자가 개입하는 절차를 거치게 된다.

(1) 조 정

조정(conciliation)이란 객관적인 입장에 있고 전문적 지식을 갖춘 제3자로 하여금 분쟁의 양 당사자 간의 이견을 좁혀 합의점을 찾도록 하는 방법이다. 대개 조정인(mediator)이 당사자의 의견을 청취하면서 이견을 좁혀 나가는데, 조정인은 해당 분야의 전문적 지식과 경험을 충분하게 갖춘 사람을 양 당사자가 합의하여 선정하게 된다.

극단적 대립보다는 공정하고 객관적인 입장에 있는 전문가를 통해 합의점을 찾도록 한다는 점과 절차가 간편하다는 장점이 있지만, 중재나 소송과 달리 법적 구속력이 없다는 것이 단점으로 지적된다.

(2) 중 재

중재(arbitration) 역시 분쟁 당사자들의 합의에 의해 법원 이외의 제3자에게 해결을 위임하는 것이다. 다만 중재의 경우 법적 구속력이 있다는 점이 앞에서 설명한 조정과 다른 점이다. 또한 중재는 단심제이며 비공개를 원칙으로 하기 때문에 소송에 비해 신속하게 최종결정이 이루어질 수 있고, 기업과 분쟁 사안의 대외비밀을 유지할 수 있다는 장점을 지니고 있다. 순수한 법리적, 법률적 판단보다는 실제 상거래관습과 현실이 더 잘 반영될 수 있다는 점도 중재가 소송에 비해 갖는 장점이다.

국제상거래 분쟁의 중재를 담당하는 국제기관으로는 국제상업회의소(ICC, International Chamber of Commerce)가 대표적이며, 많은 국가에서 별도의 민간중재기관을 두고 있다. 미국의 중재협회(AAA, American Arbitration Association), 우리나라의 대한상사중재원(Korean Commercial Arbitration Board) 등이 그 예다.

(3) 소 송

소송(litigation)은 분쟁해결의 최종수단으로서 법원이 개입하는 가장 확실한 공식적 분쟁해결 방법이지만, 여러 가지 이유로 인해 이 단계까지 진전되는 것은 피하는 것이 바람직하다. 시간이 오래 걸리고 비용이 많이 소요되며, 정보의 공개, 대(對) 고객 이미지 악화 등의 우려가 있기 때문이다. 또한 외국법원에서 소송이 진행될 경우 불리한 판결이 나올 수 있다는 우려와 소송결과의 강제집행에 어려움이 있을 수 있다는 점도 가급적 소송을 피하려는 이유가 된다.

따라서 소송으로 진전되기 전에 화해나 타협, 조정, 중재 등의 절차에 의해 분쟁을 해결하는 것이 바람직하다. 다만 이러한 최종적인 수단이 존재한다는 점은 그 자체로도 의미가 있을 수 있으며, 법원으로까지 분쟁을 끌고 갈 수 있다는 가능성을 분쟁 상대방에게 시사하여 원만한 해결책을 도모하려는 압력수단으로도 사용할 수 있을 것이다.

2.4 마케팅믹스와 법적 환경

전반적인 법체계의 차이 외에도 각 국가의 구체적인 법규의 내용은 해당 국가 내에서의 마케팅활동에 직접적인 영향을 미친다. 여기서는 제품, 가격, 촉진, 유통 등 마케팅믹스 변수별로 법적 규제가 어떤 영향을 미칠 수 있는지 살펴보기로 한다.

(1) 제 품

제품과 관련된 법적인 문제 중에서 가장 중요한 것 중의 하나는 상표권에 대한 법적 보호 문제다. 상표권의 보호원칙에는 두 가지가 있다. 사용우선주의와 등록우선주의가 그것이다. 등록우선주의는 성문법 체계를 따르는 국가에서 활용되는 것으로서 해당 상표를 공식적인 절차에 의해 먼저 등록한 자에게 독점적 권한을 부여하는 제도다. 따라서 상표의 원래 소유자나 사용자가 아니더라도 특정 국가에 먼저 등록을 한다면 그 사람이 법적인 보호를 받는다.

실제로 이런 점을 악용하여 다른 사람이나 기업의 상표를 먼저 등록하여 원래 소유자에게 되팔거나 사용을 불가능하게 하는 상표해적행위(brand piracy)가 발생하기도 한다.

우리나라 기업의 경우도 남미와 동남아 일부 국가에서 대우(Daewoo) 상표가, 파라과이와 칠레 등에서 코오롱의 액티브(Active) 상표가 도용되어 사전등록된 사례가 있었다. 상표권 등 지적재산권 보호가 취약하다는 국제적 비판을 많이 받고 있는 중국에서는 대기업 외에도 중소기업의 상표권 침해피해도 많이 발생하고 있다. 설빙, 호식이두마리치킨 등 식음료 프랜차이즈 브랜드가 대표적 예다. 거꾸로 미국의 월마트는 한국에서 이미 다른 사람에 의해 상표가 등록되어 몇 년간 자신의 이름을 사용하지 못하다가 소송을 통해 되찾은 일이 있었다. 따라서 당장 시장진출을 하지 않더라도 진출가능성이 있는 모든 국가에 상표를 등록하는 것을 검토해야 한다.

악의적인 상표도용행위가 아니더라도 동일하거나 유사한 상표가 이미 등록되어 있어 특정 상표를 해당국에서 사용하지 못하는 경우도 있다. 일본의 Matsushita사가 북미시장에서 National이란 브랜드를 사용하지 못하고 Panasonic이라는 브랜드를 사용한 것이나, 태평양화학이 독일에서 Amorena라는 브랜드를 인수한 후에야 Amorean 브랜드를 사용할 수 있었던 것이 그 예다.

반면에 사용우선주의는 관습법체계를 따르는 원칙으로서 공식적 등록 여부와 관계 없이 실제 소유자, 사용자라는 것이 입증되면 법적 보호를 부여하는 제도다.

이 밖에도 제품의 포장이나 라벨에 원산지, 제조일, 성분 등을 표기하는 것과 관련된 법규정, 안전도 및 성분과 관련된 규정, 포장재의 재활용 등과 관련된 환경오염관련 규정 등도 있으므로 주의해야 한다. 특히 환경보호와 관련된 각국의 법적 규제가 높아지고 있음에 유의할 필요가 있다.

(2) 가 격

가격에 관한 법적 규제도 나라마다 다를 수 있으므로 신경을 써야 한다. 일반적으로 동종 업자간의 가격담합은 엄격하게 규제되고 있으나, 수직적 가격고정화, 즉 제조업자가 소매가격 등을 정하는 이른바 재판매가격유지정책(resale price maintenance)은 허용되는 국가도 있고 그렇지 않은 국가도 있다.

이 밖에도 덤핑(dumping)관련 법규나 본사-자회사, 혹은 자회사 간의 거래에 적용되는 이전가격결정(transfer pricing)과 관련된 법규도 철저한 이해와 준비가 필요한 사항이다.

5-3 Mini-Case
현지법에 대한 이해 부족으로 생긴 어려움들

- **싱가포르 에어라인:** 노르웨이의 잡지광고에 베개를 베고 있는 소녀의 얼굴사진과 함께 "피곤하신 아빠에게 드릴 베개와 브랜디 한잔을 주시겠어요?"라는 메시지를 넣었다. 이 광고는 소비자를 오도하고 성적 차별을 했다는 이유로 제재당했다.
- **굳이어 타이어:** 광고사진에 비키니를 입은 여자를 등장시켰다가 어려움을 겪었다. 짧은 미니스커트를 입는 것이 금지되어 있는 나라에까지 이 광고를 사용했던 것이다. 이 회사는 이를 알고 결국 멋진 정장을 차려입고 즐거운 시간을 갖는 젊은 모델로 대체하였다. "즐거움이 있는 곳으로 오세요"라는 메시지는 그대로 두었으나 사진만이라도 바꾼 이 광고는 훨씬 잘 받아들여졌고 효과도 있었다.

  이 회사는 또 자사제품을 독일에 수출하기 위해 냈던 광고 때문에 법적인 문제에 휘말렸다. 굳이어 타이어 코드로 강철체인도 끊을 수 있다는 것을 보여줌으로써 타이어의 강력한 힘을 강조하는 것이 광고의 내용이었다. 물론 미국에서는 성공적으로 사용된 광고였는데 독일에서는 다른 제품이 열등하다는 암시가 들어갔다는 이유로 불법으로 간주되었다. 독일정부는 이 광고가 독일의 강철체인 제조업체들을 깔보는 것처럼 해석될 수 있다고 보고 광고를 중단시켰다.
- **포드 자동차:** 포드사는 노르웨이에 배포되었던 한 광고에서 자동차 세일즈맨과 이야기를 나누는 꼬마들의 사진과 함께 "포드 차를 사려면 얼마 동안 기다려야 한다는데 사실인가요?"라는 문구를 넣었다. 그런데 현지의 몇몇 단체들이 자동차 광고에 어린이들을 사용하는 것이 부당하다고 주장했다. 어린이들이 제품과 직접 연관되어 있지도 않을 뿐더러 판매대상 소비자도 아니라는 것이다. 이 광고는 유해하지도 않고 일반인들이 즐겁게 받아들일 수 있는 내용이었지만 포드사는 예상되는 법적 대응 비용을 감안하여 결국 그 광고를 바꾸고 말았다.
- **도요타 자동차:** 도요타는 중국에서 "산 아래에 도착하면 길이 나타날 것이다"라는 중국속담에 착안해 "길이 있는 곳이라면 도요타가 있습니다"라는 광고문구를 사용했다. 광고판, TV, 신문 등에서 이 광고를 사용한 지 1년이 지난 후 중국 당국에서 이 광고가 과장광고라고 주장했다. 불법 판단의 한 이유는 "중국의 모든 길에 도요다 자동차가 꼭 있는 것은 아니며, 다른 나라의 길에도 모두 도요타 자동차가 있지는 않다"는 것이었다. 도요다는 광고의 사실성에 대한 엄격한 잣대를 가지고 있는 중국이 좀더 느슨한 기준을 가지고 있는 자본주의 국가들과 다르다는 교훈을 얻었다.
- **코카콜라:** 이 회사는 이탈리아에서 현지법이 요구하는 주 원료성분 표시를 콜라병 마개에 인쇄해 넣었다. 그러나 여기에 이의가 제기되었고 이탈리아 법정은 병마개는 쉽게 버려지는 것이기 때문에 원료성분을 표시하기에 부적합하다는 판정을 내렸다. 코카콜라는 신속하게 포장을 바꾸어 원료성분을 병 자체에 표시했다. 그러나 이 일로 인해 추가비용이 많이 발생하였다.
- **다이어트 제품:** 어떤 나라에서는 다이어트(diet)라는 단어가 들어간 제품은 약국에서만 판매할 수 있도록 규정해 놓고 있다. 따라서 다이어트 제품을 판매하는 회사들이 어려움을 겪기도 한다. 이러한 나라에서는 다이어트용 저칼로리 식품이 라이트(lite)라는 이름으로 일반가게에서 판매되고 있다.
- **유니레버:** 에임(Aim)이라는 치약을 제조하는 유니레버사는 호주에서 한 경쟁사에 의해 소송을 당했다. 유사한 포장을 한 경쟁제품을 판매할 수 없다는 호주법을 위반했다는 것이다. 결국 이 법률에 대한 엄격한 해석과 집행 때문에 유니레버사는 이 치약을 광고하기 위해 500만 달러를 투자했음에도 불구하고 치약포장을 바꾸어야 했다.

자료원: 정지연 역, 나의 인생, 나의 방귀, 아인앤컴퍼니, 2004, pp. 190-196.
(원저: David A. Ricks, *Blunders in International Business*, 3rd ed., Blackwell Publishers, 1999)

(3) 촉 진

촉진활동과 관련하여서도 각국의 법적 규제가 상이하다. 예로 미국에서는 경쟁제품 혹은 경쟁사와의 직접비교광고가 허용되지만 한국에서는 허용되지 않고 있다. 독일에서는 경쟁제품에 비해 우수하다고 기술되었거나 시사된 내용에 대해 비교의 대상이 된 기업에서 해당 광고주에게 이를 증명하도록 소송을 제기할 수 있다. 캐나다에서는 이보다 더 엄격하게 광고내용을 규제하여 일반대중에게 잘못된 정보를 전달하거나 오해의 소지가 없도록 광고에서의 주장이나 표현이 검사되어야 한다. 예를 들어 '가장 좋은', '가장 강력한' 등의 표현은 광고주가 캐나다 내에서 판매되는 모든 제품에 비해 그러하다는 확실한 증거를 제시하지 못하는 한 소비자를 오도하는 광고로 인정된다.

특정 제품, 예를 들어 술이나 담배와 같은 제품의 광고를 아예 허용하지 않거나 시간대를 제한하는 경우도 있다. 경품권이나 현금환급 쿠폰(rebate coupon) 등 구체적인 판촉수단의 허용여부도 국가마다 다르므로 주의해야 한다.

(4) 유 통

유통과 관련된 법규로는 독점적 유통(exclusive distributor) 계약의 합법성 여부, 방문판매(door-to-door), 다단계판매 허용여부 등을 고려해야 하며, 병행수입(parallel import)과 관련된 법규도 살펴보아야 한다. 병행수입에 대해서는 '제14장 국제유통전략'에서 자세히 설명될 것이다.

표 5-3 마케팅믹스의사결정 영역별 법적 이슈

의사결정 영역	법적이슈	
제품	• 상표 및 특허보호 • 성분 및 안전규정	• 보증
패키징	• 환경오염규제 • 적절한 포장 및 라벨링(원산지, 제조일, 성분 등)	
가격	• 가격고정화(가격담합 및 재판매가격유지) • 덤핑 및 이전가격결정	• 기만적 가격설정 • 할인
촉진 및 판매	• 광고(비교광고, 메시지 표현, 대상제품 등) • 뇌물	• 판촉수단 • 영업비밀 유출
경로	• 딜러의 권한과 책임 • 방문판매 및 다단계판매	• 지역내 독점적 유통 • 병행수입

기업의 국제마케팅 활동에 있어 마주치게 되는 법적 이슈가 마케팅믹스의사결정 영역별로 정리된 것이 〈표 5-3〉에 예시되어 있다. 또한 〈Mini-Case 5.3〉에는 현지법에 대한 이해가 부족해서 겪었던 어려움들이 소개되어 있다.

연습문제

1. 정치적 위험의 형태라 할 수 있는 수용(expropriation)과 몰수(confiscation)에 대해 설명하시오.
2. 해외시장에서의 정치적 위험에 대응할 수 있는 방법에 대해 설명하시오.
3. 시장국가의 민족주의적 정서나 성향에 국제마케팅전략은 어떻게 대응해야 하는지 설명하시오.
4. 기본적인 법체계의 유형을 설명하고, 이것이 국제마케팅에 어떤 시사점을 주는지 설명하시오.
5. 국제거래와 관련된 법적 분쟁의 해결절차에 대해 설명하시오.
6. 각 국가의 법적규제가 국제마케팅전략에 어떤 영향을 미치는지 마케팅믹스 변수별로 예를 들어 설명하시오.

참고문헌

- 이장로, 문희철, 이춘수, 4차 산업혁명 시대의 국제마케팅, 8판, 한빛아카데미, 2022.
- 이철, 글로벌마케팅, 3판, 학현사, 2020.
- 정지연 역, 나의 인생, 나의 방귀, 아인앤컴퍼니, 2004 (원저: David A. Ricks, *Blunders in International Business*, 3rd ed., Blackwell Publishers, 1999).
- Cateora, Philip R., R. Bruce Money, Mary C. Gilly & John L. Graham, *International Marketing*, 19th ed., McGraw-Hill, 2023.
- Czinkota, Michael, Ilka Ronkainen & Annie Cui, *International Marketing*, 11th ed., Cengage Learning, 2022.
- Green, Mark C. & Warren Keegan, Global Marketing, 10th ed., Pearson, 2019.
- Kotabe, Masaaki & Kristiaan Helsen, *Global Marketing Management*, 9th ed., Wiley, 2022.

사 례 인도시장의 펩시콜라

펩시가 150여 국가에서 활동하고 있음에도 불구하고 Wayne Calloway 회장은 이렇게 말한다. "우리는 해외에 관심을 가지고 있지만 아직은 기본적으로 미국회사입니다. 그러나 90년대가 진행되어 가면서 이것은 변할 것입니다. 우리는 진정한 글로벌 컴퍼니가 될 것입니다." 이러한 전략의 핵심과제 중의 하나는 인도 스낵시장진출과 1990년의 청량음료합작회사 설립이었다. 그 당시 펩시는 90년대 동안 인도에 10억불 정도를 투자한다는 계획을 발표했다. Calloway는 이렇게 말했다. "우리는 인도의 번영을 이루는 데 있어 파트너가 되기를 원합니다…… 우리는 인도에 필요한 제품, 기술, 마케팅노하우 등을 제공하기를 고대하고 있습니다."

세계경쟁상황

코카콜라와 펩시 두 회사는 전세계 청량음료시장을 지배해 왔다. 미국이 전통적으로 가장 큰 시장으로, 연간 1인당 소비량이 대략 32상자에 달한다. 이러한 소비수치는 워낙 크기 때문에 거의 대부분의 성장은 소비자들로 하여금 소비를 늘리게 하기보다는 점유율을 확보하는 데서 올 수밖에 없다는데 분석가들은 동의한다. 그럼에도 불구하고 두 회사는 아침식사 시간에 청량음료를 먹도록 한다거나 새로운 종류의 청량음료를 추가함으로써 소비를 늘리려 해왔다. 미국시장에서 두 회사간에 벌어지는 극심한 경쟁은 산업전체의 자산 이익률이나 매출액 이익률이 해외시장의 절반이하로 떨어지는 결과를 가져왔다. 1990년, 미국 내에서는 두 회사가 거의 대등한 경쟁관계였다(코카의 점유율이 40%, 펩시는 32%). 그러나 전세계 매출액에 있어서는 코카콜라의 점유율이 47%로 펩시의 두 배 이상이었으며, 이는 결과적으로 수익성도 높고 시장의 성장도 훨씬 빠를 것으로 예상되는 시장에서 코카콜라가 상대적으로 더욱 강력하다는 것을 의미한다. 예를 들어 해외에서의 1인당 소비량은 미국의 14%에 불과한데, 이는 그만큼 성장가능성이 높다는 것을 의미한다. 1989년 코카콜라는 자사이익의 거의 80% 정도를 해외에서 벌어들였는데 펩시의 경우에는 겨우 15% 정도였다. 세계 시장에서 두 회사 이외의 경쟁자들은 소규모인 편이다. 하지만 몇몇 회사들은 특정 국가나 지역시장에서 높은 점유율을 가지고 있기도 한데 영국의 Cadbury Schweppes사가 대표적 예다.

청량음료 산업의 경우 시장에 먼저 진입하는 기업이 엄청난 우위를 점한다는 것이 일반적인 견해다. 상표충성도가 빠르게 구축되어 쉽게 변하지 않을 뿐 아니라, 조기진입자들이 가장 유능한 유통업체를 확보하게 된다. 코카콜라는 서유럽, 라틴아메리카, 일본시장 등에 펩시보다 먼저 들어갔는데, 펩시는 이들 시장에서 시장입지를 구축하기 위해 힘겨운 싸움을 해오고 있었다. 예를 들어 1980년대 후반에는 펩시의 프랑스 시장점유율이 오히려 하락하기도 했으며, 영국시장에서 Cadbury Schweppes사와의 유통계약을 통해 호조를 보이기 시작하자 코카콜라가 그 계약을 빼앗아 가기도 했다. 그러나 펩시는 1974년 구 소련시장에 코카보다 먼저 진입하는데 성공했고 결과적으로 그 시장에서 우위를 점하고 있다.

조기진입자의 이점을 염두에 둔 펩시는 최근 몇년간 코카콜라가 아직 우위적 입지를 확보하지 못한 시장에 진입하려는 노력을 기울여 왔다. 1990년 미얀마에 코카콜라보다 먼저 진입한 것이 한 예다. 1990년대 초반에는 두 회사 모두 상대방이 우위를 점하고 있는 신흥시장과 저개발국가에 대규모의 자본투자를 발표했다.

인도시장의 잠재력

펩시콜라는 1950년대 중반 이미 인도시장에 진입했었으나 수익성 부족으로 철수한 바 있다. 코카콜라도 1950년부터 인도에서 사업을 했었으나 인도정부와의 불화로 인해 1977년에 철수했다. 코카콜라의 철수는 펩시에게는 기회였다. 하지만 펩시는 인도정부와의 3년에 걸친 공식협상을 1985년에 가서야 시작했다. 코카콜라가 철수한 후 인도시장에서는 현지 회사인 Parle Exports가 Thums Up이라는 청량음료로 우위를 점하게 되었다. 1988년 Parle Exports의 연간 매출액은 1억 5천만 불에 달했는데 이는 인도시장의 60~70%에 해당하는 것이었다. 이 회사는 미국을 비롯한 다양한 시장에 Maaza Mango라는 망고 섬유 음료를 수출하기도 했다.

인도의 청량음료 시장은 급속하게 성장해 왔다. 코카콜라가 철수할 당시 청량음료의 연간 판매량은 5억 병을 상회하는 정도였다. 1990년에는 연간 30억 병 정도가 판매되었으며 1990년대 동안 4배 정도 성장할 것으로 예측되었다. 인도의 인구성장은 인구가 가장 많은 중국을 넘어설 것으로 예상되었다. 더구나 인도의 중산층은 중국보다 훨씬 커서, 펩시가 인도정부와 공식협상을 개시할 즈음에는 약 1억 5천만 명 정도로 추산되었다. 1992년에는 중산층 시장이 3억 명 정도로 예측되었다. 게다가 많은 관측가들은 궁극적으로 인도가 경제대국이 될 것으로 예측해 왔었는데, 이는 곧 소득의 증가로 인해 매출액이 확대될 수 있을 것이라는 점을 의미한다. 인도시장의 잠재력을 나타내는 또 하나의 지표는 1989년의 1인당 연간 청량음료 소비량이 겨우 3병에 불과했다는 점이다. 이웃인 파키스탄의 13병과 비교되는 대목이다. 코카콜라는 역시 저소득지역인 라틴아메리카에서 1인당 연간 122병을 판매하고 있었다.

외국인 투자에 대한 인도의 태도

인도의 태도는 상공회의소 회장의 다음 말로 요약될 수 있다. “기본적으로 정파에 상관없이 대부분의 사람들은 세상이 어떻게 돌아가고 있는지 개념이 없다. 내 정치적 동지들은 지금이 17세기이며 모든 투자는 동인도회사와 같이 인도에 들어와 뭔가 가져가려는 것이라고 생각한다.” 그의 말은 인도경제에 이렇다 할 혜택을 돌려주지 않고 큰 부를 빼내어 갔던 영국, 프랑스, 포르투갈 등의 오랜 지배를 염두에 둔 것이었다.

인도는 외국인 투자를 사안별로 승인해 왔는데 정부 최고위층의 승인을 요했다. 펩시가 협상을 시작할 당시 외국인 투자자에게 허용되는 최대 지분율은 40%에 불과했다. 게다가 외국기업들은 설비 및 부품수입과 배당금지급에 대한 보상차원의 수출을 요구받았다.

정치적 민감성 때문에 협상은 오래 걸리는 경향이 있었고 그 내용도 대개 공개되었다. 선거기간 동안에는 일이 잘 진행되지 않는 경향도 있었다. 정치인들이 외국기업의 투자를 지지할 경우 나타날 수 있는 불리한 반작용을 겁내기 때문이다. 예를 들어 펩시가 협상을 시작했을 때 Gillette사는 막 투자승인을 받은 시점이었는데, 질레트는 인도가 면도날 판매량이 세계 최고였기 때문에 인도시장에 직접 진입하기를 원했다. 질레트는 정부가 두 번 바뀌는 동안 7년간의 협상끝에 24%의 지분소유, 생산량의 25% 수출, 그리고 자사 제품에 자사 상표를 사용하지 않는다는 데 합의하였다. 상표문제는 인도당국에 매우 중요한 이슈로 대두되어 왔다. 많은 소비자들이 외국과 연관된 제품이 더 좋다고 잘못 생각할 수 있다는 믿음 때문이다. 또한 외국기업이 자신의 독자결정이든 정부의 명령 때문이든 인도시장을 떠나더라도 인도와 연관된 상표가 연속성을 더 오래 유지할 수 있기 때문이기도 했다.

코카콜라와 IBM은 인도시장 진입 이후 나타난 엄격한 영업상의 제한 때문에 거의 동시에 인도를 떠났다. 코카콜라는 정부의 세 가지 요구에 대해 반대입장을 보였다. 세 가지 요구사항이란 자사의 지분율을 100%에서 40%로 낮추라는 것, 콜라원액비법을 공개하라는 것, 인도소비자들이 현지 상표와 친숙해질 수 있도록 복수상표를 사용하라는 것 등이었다. 코카콜라는 뒤의 두 가지 요구사항에 특별히 완강한 반응을 보였다. 자사 제품의 촉진활동에 있어 원액비법의 신비스러움에 늘 의존해오던 터였고, 새로운 상표가 받아들여지는 순간 수용당할 것을 겁냈기 때문이었다.

인도의 경쟁기업들이 외국으로부터의 경쟁을 막기 위해 강력한 영향력을 행사할 수 있을 것이라는 우려가 비(非)인도 기업사이에 만연해 있기도 했다. 공식적으로는 외국기업에게 투자신청이 단지 정치적으로 곤란한 상황을 맞게 되었다고 통보되지만, 막후에서는 인도의 재계 지도자들이 정치지도자들과 연계되어 있는 경우가 많았다. 예를 들어 1977년 코카콜라가 지시를 전달받았을 당시, Parle Exports의 사장이던 Ramesh Chauhan은 Moraji Desai 수상의 협력자였으며 코카콜라의 임원들은 야당당수이던 Indira Gandhi와 절친했었다.

협상과정

펩시는 처음에 협상과정을 순조롭게 할 수 있다고 느껴지는 두 인도기업과의 조건부 합작을 놓고 협상에 임했다. 그 중 하나는 인도에서 가장 영향력이 큰 민간기업이라 할 수 있는 Tata Industries의 한 사업부였다. 또 다른 하나는 Punjab Agro Industries라는 국영기업이었는데, 이 기업과의 합작은 이 투자사업이 공공의 이익을 구현할 수 있을 것이라는 인식을 심어주게 할 수 있었다.

초기 투자금액은 1,500만불에 지나지 않았지만 투자승인은 내각수준에서 이루어져야 했다. 투자제안서에 대한 20회의 의회토론보고서와 15회의 위원회검토보고서, 그리고 5,000여개의 언론기사보도가 3년에 걸쳐 있었다.

펩시와 파트너 기업들은 신규 합작회사를 정치적으로 변화가 심한 Punjab주에 설립할 것을 제안했다. 이 지역에서는 공공연하게 자신들을 위해 로비활동을 벌이는 시크 지도자들의 지원을 구할 수 있었다. 그들은 펀잡농부들에게 일자리와 도움을 제공함으로써 시크테러활동이 누그러들 수 있을 것이라는 주장을 폈다. 파트너기업들은 이 투자가 펀잡지역에 25,000여개, 그리고 다른 곳에 또 다른 25,000여개의 일자리를 창출할 수 있을 것으로 추산했다. 그들은 또한 중국과 구 소련도 외국 청량음료 회사의 투자를 허용했다는 점을 지적했다. 인도가 다른 사회주의 국가들에게조차 뒤져 있다는 점을 지적한 것이다. 그들은 더 나아가 새로운 기술과 노하우를 통해 약 30% 정도로 추산되는 펀잡지역 과일의 손모(損耗)를 어느 정도 막을 수 있다는 주장을 폈다. 결론적으로 그들은 외국기업과의 경쟁부족으로 인해 가격과 이익이 인위적으로 지나치게 높아지게 되고, 따라서 현지 기업들이 성장을 추구하고 보다 폭넓게 자사 제품을 유통시키려는 인센티브가 별로 없게 된다고 주장했다. 경쟁에 노출된 청량음료판매는 주로 대도시지역에 국한되었다.

반대 입장에 선 사람들은 외국자본과 수입은 인도가 전문성을 충분히 가지지 못한 하이테크 분야로 제한되어야 하며, 펩시가 제안한 합작투자의 가공식품 생산(포테이토칩, 콘칩, 과일음료, 소스 등)은 인도 스스로 생산할 수 있는 것을 단지 대체하는 것에 불과하며, 그리고 장비수입이 인도의 국제수지를 악화시킬 것이라고 주장했다. 또한 언론에서는 펩시가 인도의 독립성을 훼손하려는 CIA

와 연계되어 있다는 보도를 대대적으로 하기도 했다.

한편, 1987년에는 또 하나의 미국회사인 Double-Cola사가 6년에 걸친 비밀협상을 성공리에 마무리했다. 협상결과에 따르면 3개의 음료생산공장을 즉각 설립하고 차후에 27개를 또 설립하는 것으로 되어 있었다. 더블콜라는 런던에 거주하는 인도인들이 소유하고 있는 회사라는 점에서, 그리고 간디수상이 해외에 거주하는 인도인들의 투자를 유치하고 싶어했다는 점을 고려할 때 확실히 이점을 가지고 있었다. 더블콜라는 인도산 원재료 사용과 이익의 인도 내 재투자를 약속하기도 했다.

1988년에 체결된 펩시그룹과의 협약은 다음 조항들을 담고 있었다.

1. 회사는 영업개시 후 첫 10년간 수입액의 다섯 배인 약 1억 5천만불 어치를 수출한다.
2. 청량음료 매출은 합작회사 전체 매출액의 25%를 초과하지 못한다.
3. 펩시는 소유지분을 39.9%로 제한한다.
4. 원액의 75%를 수출한다.
5. 합작회사는 농업연구소를 설치한다.
6. 회사는 Pepsi Era, 7-Up Era, Miranda Era 등을 판매할 수 있다.
7. 합작회사는 과일과 야채 가공공장을 설립한다.

여파와 재협상

펩시콜라의 합작투자가 승인되자 코카콜라는 수출가공지역 내에 생산시설을 구축함으로써 인도시장에 다시 진출하겠다는 신청서를 제출했다. 이런 방식으로 생산할 경우 생산량의 25%는 수출시장이 아닌 인도시장 판매가 허용된다. 이 투자신청은 펩시를 위협할 만한 것이었다. 인도 내에서 코카콜라의 이름이 아직도 잘 기억되고 있으며, 코카콜라캔이 네팔로부터 밀수되는 현상이 나타나기도 했기 때문이다. 그러나 16개월 후 코카콜라의 투자신청은 거부되었다. 이에 대해 코카콜라의 한 임원은 인도가 "스스로의 규칙도 따르지 않는다"고 비판하였다.

1989년 후반, 새로운 수상인 V. P. Singh이 소수당 정부의 정권을 잡게 되었다. 그는 1980년대 중반 재무부장관으로 재직하는 동안 해외직접투자를 자유화하는 정책을 추진했었다. 그러나 권력을 장악한 이후 그는 거의 즉각적으로 이러한 투자와 관련하여 상반된 성명을 발표했다. 1990년 초, 펩시 합작법인은 스낵식품 생산을 개시하고, 청량음료 생산이 여름까지는 시작될 수 있을 것이라고 발표했다. 그러나 싱 수상은 정부가 펩시와의 협정을 재검토할 것이라고 발표했다.

그 후 몇가지 사건들이 연속적으로 일어났다. 미국정부는 펩시콜라를 공개적으로 언급하지는 않았지만 인도의 엄격한 외국인 투자 규제에 대응하여 슈퍼 301조를 근거로 인도에 무역제재를 가할 것이라고 위협하였다. 그 후 인도정부의 관리들과 합작법인의 경영층은 비밀리에 회동을 가졌다. 그 결과 펩시는 Pepsi 표시 위쪽에 Lehar라는 새로운 로고를 부착하기로 합의하였다. 펩시는 인도에 대한 슈퍼 301조 제재를 반대한다는 로비를 공개적으로 하기도 했다. 미국정부는 뒤로 물러섰다. 그리고 인도의 식품가공산업부 장관은 식품가공업자들에 대한 세금우대조치를 발표했다.

1991년, P. V. Narasimha Rao가 수상으로 선출되고 외국인 투자를 보다 환영하는 조치를 포함한 광범위한 경제개혁 조치에 착수했다. 외국인 투자촉진위원회가 설치되고, 소유제한 규정도 완화되어 기업의 외국인 소유지분을 51%까지 허용하는 것으로 변경되었다. 이러한 새로운 정책들은 외국 투자자들에게 신뢰감을 주었으며, IBM과 코카콜라 모두 인도시장에 다시 진출했다. 코카콜라는 1993년 Parle Exports사와의 합작을 통해 복귀한다고 발표하고 수입액의 세 배를 수출한다는 데에도 합의했다. 원액수입에 대한 보상으로 플라스틱 음료상자를 수출하겠다는 발표도 했다. 그럼에도 불구하고, 외국인 투자에 대한 인도의 적대감이 다시 나타날 수 있겠는가라는 질문에 대해 IBM의 사장은 이렇게 응답했다. "물론 그럴 수 있지요."

토의사항

1. Coca-Cola와 PepsiCo가 해외시장에 대한 적극적인 진출을 모색하게 된 배경요인들은 무엇인가?
2. Pepsi와 Coca의 개략적인 성과(국내 및 외국시장)를 정리해 보고, Pepsi가 해외진출에 있어 특별히 신경을 썼던 점은 무엇이며 왜 그랬는지 생각해 보자.
3. Pepsi가 인도시장에 진출하기 위해 너무 많은 양보(인도 측에 대해)를 한 것은 아닐까? 더 좋은 조건을 끌어낼 수는 없었을까?
4. Coca-Cola는 1977년에 인도시장에서 철수했는데 과연 그래야만 했는지 평가해 보자.
5. 인도정부의 해외직접투자(인도로 들어오는 외국인 투자)에 대한 제한조치들에 대해 인도입장에서 평가해 보자.

PART 03

해외시장 진출전략

제 1 부
서 론

제 1 장 기업의 국제화와 국제경영
제 2 장 국제마케팅의 개요

제 2 부
국제마케팅 환경분석

제 3 장 경제적 환경
제 4 장 사회문화적 환경
제 5 장 법·정치적 환경

제 3 부
해외시장 진출전략

제 6 장 해외시장조사
제 7 장 해외시장 세분화
제 8 장 목표시장의 선택과 포지셔닝
제 9 장 시장진입전략

제 4 부
국제마케팅믹스 전략

제10장 국제마케팅믹스의 개념과 의의
제11장 국제제품전략
제12장 국제가격전략
제13장 국제촉진전략
제14장 국제유통전략

제 5 부
국제마케팅 조직 및 통제

제15장 국제마케팅 조직

CHAPTER 06

해외시장조사

성공적인 마케팅활동을 수행하기 위해서는 시장에 대한 정확한 정보의 수집과 이의 객관적인 분석이 필수적이다. 특히 국내시장과 여러 측면에서 판이하게 다른 해외시장을 대상으로 하는 국제마케팅 활동의 경우 시장정보의 중요성은 더욱 크다고 할 수 있다. 물론 국제마케팅 의사결정은 경영자의 경험이나 직관, 혹은 개인적 동기에 의하여 이루어 질 수도 있지만 체계적이고 과학적인 시장자료의 수집과 분석은 해외시장에서의 실패 가능성을 줄이는 첩경이 된다.

일반적인 시장조사, 혹은 마케팅리서치(marketing research)의 기본개념과 수행과정 등은 해외시장조사에도 그대로 적용될 수 있다. 그러나 조사대상 국가(시장)의 다수성과 국가간의 이질성으로 인해 해외시장조사는 훨씬 더 복잡하고 힘든 것도 사실이다. 본장에서는 먼저 해외시장조사의 개념과 필요성 등에 대해 살펴보고, 이러한 해외시장조사의 복잡성과 특수성에 대해 고찰해 보고자 한다.

01 해외시장조사의 개념과 필요성

1.1 해외시장조사의 개념

마케팅관리자는 마케팅기회와 문제점을 파악하고 이에 대해 적절한 마케팅 프로그램을 준비하여 실행할 뿐 아니라 그 성과를 평가·분석하여 보다 나은 마케팅계획수립에 반영하여야 한다. 이러한 과정에서 마케팅관리자는 의사결정의 기초가 되는 정보를 필요로 하며 이러한 마케팅 의사결정에 필요한 정보를 수집, 정리, 분석하여 마케팅관리자에게 제공하는 것이 바로 마케팅리서치, 혹은 마케팅조사의 요체라고 할 수 있다.

이런 맥락에서 볼 때 국제마케팅조사(international marketing research)는 기업의 국제마케팅 활동과 관련된 여러 의사결정에 필요한 각종 자료나 정보를 조사·수집하여 정리·분석하는 과정이라 할 수 있겠다. 그러한 자료는 해결해야 할 국제마케팅 과제가 무엇이냐에 따라 특정 국가의 전반적인 경제상황과 관련된 것일 수도 있으며, 특정 소비자 집단만을 대상으로 하는 것일 수도 있다. 또한 EU, NAFTA(USMCA) 등과 같은 지역경제 블럭이나 전 세계에 걸친 특정 산업분야 동향일 수도 있다.

그렇다면 본장에서 사용하게 될 '해외시장조사'라는 용어는 '국제마케팅조사' 혹은 국제마케팅 리서치와는 다른 개념인가? 엄밀히 말하면 마케팅조사와 시장조사는 시장의 개념을 어떻게 정의하느냐에 따라 그 개념의 폭이 달라 질 수 있으나 여기서는 양자를 구분하지 않되 해외시장조사라는 용어를 주로 사용하고자 한다. 그 기본적인 이유는 다음과 같다.

첫째, 본장의 주된 목적은 마케팅조사 자체의 이론, 과정, 방법론 등을 설명하려는 것이 아니라 이를 국제마케팅 활동에 어떻게 응용하며 적용할 것인가를 설명하는 데 있다. 따라서 이론적 개념구분보다는 실제 국제마케팅 현장에서 일반적으로 많이 사용되는 용어를 택하는 것이 바람직하리라는 점이다.

둘째, 시장의 개념을 광의로 해석한다면 해외시장조사가 국제마케팅조사 혹은 국제마케팅 리서치보다 훨씬 포괄적일 수 있다는 점이다. 예를 들어 해외시장을 대상으로 효과적인 마케팅활동을 수행하기 위해서는 마케팅활동 자체는 물론 해당 시장에 어떤 방법으로(예를 들어 수출, 라이슨싱, 현지 생산 등) 진출하느냐 하는 것도 매우 중요한 일이다.

이러한 해외시장 진입방법(entry mode)에 대한 결정은 단순한 마케팅의사결정 이상의 것이지만 해당 시장 혹은 국가의 전반적 상황에 대한 철저한 사전조사와 이해가 필요하다는 점에서 해외시장조사라는 용어가 더 적합할 수 있다.

따라서 본장에서는 해외시장조사를 광의로 해석하여 기업의 국제마케팅 활동과 관련된 광범위한 영역의 의사결정에 필요한 해외시장의 정보나 자료를 체계적이고 과학적인 방법으로 수집, 정리, 분석하는 과정으로 정의하고자 한다. 다음의 몇 가지 예는 해외시장조사의 개념을 보다 구체적으로 이해하는 데 도움이 될 것이다.

6-1 Mini-Case 해외시장조사의 예: 해외시장진출 가능성에 대한 검토

문구류 제조업체인 A사는 국내시장의 성장한계와 수입문구류의 급격한 증가로 인해 위기의식을 느끼고 그 타개책의 일환으로 해외시장 진출의 가능성을 검토해 보기로 하였다. 사장으로부터 기초자료조사를 지시받은 마케팅부는 부서회의를 열고 어떤 자료들을 조사해야 할지 논의하였다. 그 결과 우선 국가별 인구, 1인당 GNP, 학생수, 문구류 생산량, 수출입규모 등을 파악해 보는 것이 필요하다고 결론짓고 직원 2명을 각각 무역진흥공사 자료실과 문구공업 협동조합에 보내 자료를 찾아보도록 하였다.

한편 이 회사의 사장인 홍길동씨는 이러한 위기가 A사만의 문제는 아니라고 판단, 업계를 대표하는 문구공업 협동조합에 해외시장 조사단의 파견을 건의하기로 하였다. 프랑크푸르트에서 곧 열리게 될 국제문구박람회는 고급문구제품 시장의 동향을 파악할 수 있는 좋은 기회가 될 것 같았다.

6-2 Mini-Case 해외시장조사의 예: 진출시장의 선택

건강식품으로 인식되고 있는 녹즙을 집에서 직접 만들어 먹을 수 있는 녹즙기를 생산하여 선풍적 인기를 얻고 있는 B사는 이러한 인기가 외국시장에서도 그대로 이어질 것 같은 자신감이 생겼다. 국내에 거주하는 몇몇 외국인들에게 선물하여 사용해 보도록 한 결과 그 반응이 매우 좋았던 것이다.

회사의 공급능력과 마케팅능력을 고려하여 우선 3~5개 국가를 선정하여 수출을 하기로 한 B사는 그 대상국가 선정에 들어갔다. 가장 중요한 고려요소는 우선 건강에 대한 관심과 이를 뒷받침할 수 있는 구매력이라고 판단한 B사는 1인당 국민소득이 $5,000 이하인 국가는 고려대상에서 제외하기로 하였다. 이와 함께 녹즙원료의 원활한 공급 가능성, 총인구수, 녹즙기의 특허 출원 가능성, 식생활습관, 전국적 유통망을 갖춘 유능한 유통업체의 존재 여부 등을 알아보아야 할 것 같았다.

6-3 Mini-Case 해외시장조사의 예: 진출방법에 대한 결정

승용차 생산업체인 C사는 점차 큰 시장으로 떠오르고 있는 동남아시장에 적극적으로 진출하기로 하고 여러 가지를 조사, 검토한 끝에 그 일차적인 대상시장을 인도네시아로 결정하였다. 인도네시아 시장 자체의 높은 경제 성장도 중요했지만 AFTA(아세안 자유무역지대)에 대비한 포석으로도 인도네시아가 적격일 것 같았다. 그러나 당장 어떤 방식으로 인도네시아 시장에 들어가느냐가 문제였다. 현지 근로자들의 숙련도도 한국에 비해 뒤지는 것 같았고, 현지 공장운영 경험이 없는 C사로서는 우선 한국에서 생산된 완성차를 수출하는 것이 가장 편할 것 같았으나 그리 간단한 문제가 아니었다. 완성차에 대한 수입규제도 문제였고 AFTA를 고려한다면 현지에서의 조립생산은 장기적으로는 불가피한 것이기도 했다.

C사는 이 문제를 해결하기 위해 기획실 및 해외영업부 직원과 계열연구소 연구원들로 태스크포스(task force) 팀을 구성하여 조사활동을 벌이도록 했다. 완성차 및 조립도에 따른 부품의 관세율 조사는 비교적 간단한 것이나 현지 조립수출 형태인 KD(Knock Down) 방식을 택하게 될 경우 그 후속 의사결정을 위해서는 심층적인 조사활동이 필요하기 때문이었다. 즉, 지분참여는 어느 정도 해야 하는지, 합작에 의할 경우 현지 파트너 선정은 어떻게 해야 할지, 혹은 인수가 가능한 자동차 조립업체는 없는지, 공장을 신설해야 한다면 어디에 어떤 방식으로 해야 하는지 등을 결정하는 데 필요한 자료와 정보를 철저하게 조사하고 분석하는 업무를 태스크포스팀에 부여한 것이다.

6-4 Mini-Case 해외시장조사의 예: 포지셔닝 및 마케팅믹스결정

기존의 MP3 플레이어에 비해 기술과 품질면에서 한 차원 높은 신제품을 개발했다고 자부하는 가전업체 D사는 이 신제품을 미국과 유럽시장에 동시에 출시하기로 하고 구체적인 마케팅계획 수립에 돌입했다. 음질, 편리성, 내구성, 다양한 기능 등에서 어느 정도의 자신을 가지고 있는 터라 승산 가능성은 높았지만 이 신제품을 까다로운 현지 소비자들에게 어느 정도의 가격수준으로 어떻게 어필(appeal)할 것인가가 문제였다. 이제까지의 MP3 플레이어들이 가지고 있었던 작동상의 불편한 점을 말끔히 해소한 편리성을 강조할 것인지, 음악의 완벽한 재생능력을 강조할 것인지, 5년간 무상 A/S를 자신할 정도의 내구성을 강조할 것인지, 아니면 이 속성 모두를 적절히 조합하여 강조할 것인지 고민이었다. 경우에 따라서는 약간의 모델변경을 거쳐 복수모델을 동시에 내 놓는 방법도 생각할 수 있었다.

D사는 이를 위해 대규모 소비자조사가 필요하다고 판단하고 국제적 조직망을 갖춘 미국의 한 마케팅조사기관과 조사내용과 방법 등을 협의하되 구체적인 작업은 그 조사기관에 맡기기로 하였다. D사가 기본적으로 알고 싶어하는 내용들은 다음과 같다. ① 미국과 유럽 양 지역, 혹은 각 국가별로 소비자들이 MP3 플레이어를 구매할 때 중요하게 생각하는 요소들이 무엇인가, 그리고 그 요소별로 우위를 갖고있는 경쟁제품들은 무엇인가? ② 기존 제품들에 대해 갖는 소비자들의 불만사항은 무엇인가? ③ 기존의 한국산 MP3 플레이어 혹은 기타 제품에 대한 전반적 이미지는 어떠하며 이러한 이미지가 제품의 전체적 평가에는 어떤 영향을 미칠 것인가? ④ 그들

이 원하는 속성을 갖춘 제품에 대해 어느 정도의 가격을 지불할 용의가 있으며 제품기능을 약간 단순화하면서 가격수준을 낮출 때 그 반응은 어떨 것인가? 5) 미국과 유럽 양 지역에서 기본적으로 동일한 마케팅전략을 사용할 수 있을 것인가?

1.2 해외시장조사의 필요성

성공적인 마케팅전략의 관건은 외부분석(external analysis)을 통해 마케팅기회를 파악하고 이 기회를 경쟁기업보다 우수한 방법으로 활용할 뿐 아니라 외부여건의 변화와 마케팅 성과를 지속적으로 모니터하여 대응해 나가는 것이라 할 수 있다([그림 6-1] 참조). 외부여건에 대한 이해와 변화추이 파악은 마케팅 기회의 포착과 활용이라는 측면은 물론 실수의 위험을 줄일 수 있다는 점에서도 매우 중요하다. 특히 정치, 경제적 환경은 물론 소비자들의 기호나 행동양식을 포함한 사회문화적 환경이 서로 다른 해외시장을 대상으로 삼는 경우에는 이러한 외부여건에 대한 사전조사와 분석은 그 필요성이 더욱 커질 수밖에 없다. 여기서의 외부여건이란 시장국가별 고객의 욕구, 동기, 행동양식과 같은 미시적 측면은 물론 해당 산업분야의 규모, 성장성, 경쟁구조, 그리고 보다 거시적 측면에서의 정치, 경제, 사회, 문화, 기술적 환경 등을 모두 포함한다. 좀 더 구체적으로 해외시장조사의 필요성을 열거하면 다음과 같다.

첫째, 새로운 시장기회를 파악하는데 필요하다. 국내시장 혹은 이미 진출해 있는 특정 외국시장에서는 제품수명주기(PLC, product life cycle)상의 성숙기나 쇠퇴기에 달한 제품의 경우에도 도입기나 성장기에 해당하는 시장이 존재할 수 있다. 경우에 따라서는 새로운 고객욕구나 미충족욕구의 발견으로 신제품개발로 이어질 수 있는 아이디어를 창출할 수 도 있다.

둘째, 적절한 영업방식 혹은 시장진입방법(entry mode)을 결정하는데 필요하다. 예를 들어 수출을 할 것인가 아니면 해외직접투자(FDI, foreign direct investment)에 의한 현지 생산을 할 것인가를 결정하려면 해당 시장의 잠재적 크기, 수입규제, 근로자의 수와 질, 사회간접자본 등에 대한 조사가 필요하다.

셋째, 적절한 마케팅믹스전략의 수립에 필요하다. 해당 시장의 소비자특성, 유통구조 및 관습 등에 대한 사전조사와 이해가 불충분하거나 국내시장과 크게 다를 바 없을 것이

그림 6-1 마케팅전략수립의 일반적 과정

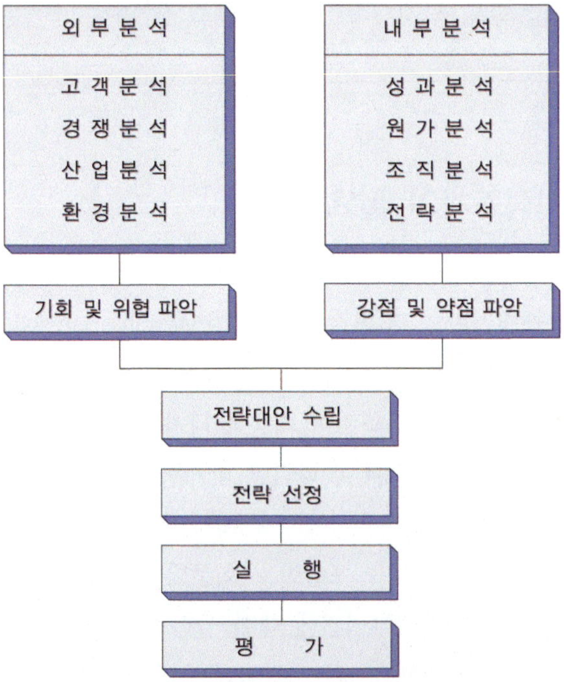

라는 잘못된 가정 하에서 계획되고 실행되는 마케팅전략은 실패할 위험성이 높다. 예를 들어 건조분말 상태의 수프를 선호하는 식생활문화권에 액체상태의 수프를 소개하거나, 전업 가정주부의 근면성과 가족을 위한 가사활동을 중요시하는 문화권에서 편의성만을 강조하는 주방기기 광고는 소비자의 관심을 끌기 힘들 것이다.

넷째, 다수의 시장에서 동시에 수행되는 마케팅활동을 통합, 조정, 통제하는 데 필요하다. 국제마케팅의 가장 큰 특징 중의 하나는 복수시장과 환경의 상이성이다. 이처럼 서로 다른 환경을 가진 각각의 시장에서 서로 다른 마케팅전략을 써야 하는지 아니면 어느 정도 통일성을 갖는 표준화 전략이 가능한지를 결정하는 것은 국제마케팅 전략상 대단히 중요한 문제이다. 이들 전략을 조정통제하기 위해서는 각 시장상황에 대한 이해와 정보의 흐름이 대단히 중요하다.

다섯째, 변화하는 환경에 적절히 대응하기 위해서는 이에 대한 지속적인 모니터 활동이 필요하며 각 시장에서의 마케팅전략을 지속적으로 개선하기 위해서는 마케팅성과와 반응의 측정이 필요하다. 이러한 역할 역시 해외시장조사의 중요한 기능이다.

6-5 **Mini-Case**
태어나지 못할 뻔 했던 소니 워크맨

마케팅조사의 결과는 그대로 마케팅 의사결정에 반영되어야 하는 것인가? 때로는 대규모 소비자조사나 기타 마케팅조사의 결과보다는 경영자 자신의 직관과 경험을 토대로 중요한 결정이 내려지는 경우도 있으며 그리하여 큰 성공을 기두는 수도 있다. 그 대표적인 예가 바로 1980년대 전 세계 청소년들의 필수품이 되다시피 했던 SONY사의 워크맨(Walkman)이다. 당시 휴대용 소형카세트 플레이어에 대한 시장조사결과는 소비자들이 녹음이 안되는 녹음기(실제로는 재생기)를 구매하지 않을 것이라는 것이었다. 그러나 SONY의 회장인 아키오 모리타씨는 워크맨의 도입을 결정했으며 그 결과는 역사가 말해주고 있는 대로이다. SONY 외에도 많은 일본기업들은 마케팅조사를 하기는 하되 그들의 직관이나 본능을 보다 신뢰하는 경향이 있다고 한다.

그러나 이러한 경향이 마케팅조사 자체의 역할이나 필요성을 부정하는 것은 아닐 것이다. 다만 기업의 경영자들은 여행이나 현지 조사 등으로 시장의 참모습을 접할 가능성이 많기 때문에 그들의 경험과 직관에 바탕을 둔 마케팅 의사결정도 의미있는 것이라는 점을 시사한다. 최근에는 일본기업들 역시 마케팅조사는 물론 서구 스타일의 각종 마케팅테크닉을 중요하게 고려하고 있다.

자료원: Johny K. Johansson and Ikujiro Nonaka, "Market Research the Japanese Way," *Harvard Business Review*, May-June 1987, pp. 16-22. "Marketing in Japan: Taking Aim", *The Economist*, April 24, 1993, p. 70.

결론적으로 말해 해외시장조사는 복잡하고 다양한 해외시장환경 속에서 성공적인 마케팅활동을 수행하기 위해서는 꼭 수행해야 할 중요한 과정이라 하겠다.

02 해외시장조사의 특수성

일반적인 마케팅조사의 기본개념이나 과정 등은 해외시장조사에도 그대로 적용될 수 있다. 그러나 조사의 대상이 국내의 단일 시장이 아니고 해외의 복수시장이라는 점에서 해외시장조사는 훨씬 더 복잡하며 특수한 양상을 띠게 된다. 이 절에서는 해외시장조사의 이러한 복잡성과 특수성에 대해 먼저 설명하고 이러한 점들이 시장조사 과정에서 어떤 문제점들로 나타나는지 1차 자료 및 2차 자료와 관련된 문제점들로 나누어 살펴보기로 한다.[1)]

1) 1차 자료(primary data)란 조사자가 특정 조사프로젝트를 위해 직접 수집해야 할 자료이고, 2차 자료(secondary data)는 일반통계자료와 같이 이미 다른 주체에 의해 수집된 자료를 의미한다.

2.1 해외시장조사의 복잡성과 특수성

해외시장조사의 가장 큰 특징은 서로 다른 환경을 가진 복수국가 시장을 대상으로 한다는 데 있다. 지리적으로도 멀리 떨어져 있을 뿐만 아니라 정치, 경제, 사회, 문화적 측면에서의 제반 환경이 서로 다르기 때문에 우선 조사업무 자체가 시간, 비용, 물리적 차원에서 힘들게 된다. 또한 일단 수집된 자료들을 해석하는 데도 여러 가지 어려움이 있게 된다. 용어의 정의나 계량화된 자료의 실질적 의미 등이 국가마다 다를 수 있기 때문이다.

해외시장조사의 또 하나의 특징은 다양한 영업방식, 혹은 시장진입방식을 전제로 한다는 점이다. 이것은 해외시장조사의 영역이 광범위하며 해외시장에서 기업 활동을 전개하는 데 필요한 거의 모든 정보유형을 다루어야 한다는 것을 의미한다. 해외시장을 대상으로 하는 조사는 필요로 하는 정보유형에 따라 다음과 같이 세 가지 유형으로 나눌 수 있다. 즉, ① 국가나 지역, 시장에 대한 일반적 정보와 관련된 리서치, ② 광고, 가격, 유통, 제품개발 등과 관련된 마케팅믹스 문제해결에 필요한 정보수집을 위한 리서치, 그리고 ③ 특정 시장이나 국가의 사회, 경제적 동향 및 소비자행동의 추이를 파악하여 미래의 마케팅수요를 예측하기 위한 리서치 등이다.

이 중에서 국내 마케팅조사의 경우 두 번째 유형의 조사나 정보가 주된 관심사이고 다른 유형의 정보수집은 전략계획수립이나 경제동향 조사업무에 포함시켜 생각할 수 있으나 해외시장조사는 위 세 유형 모두를 포함하는 것이 일반적이다. 새로운 시장에 진출하려는 기업이 당면하는 모든 문제들을 해결하는데 필요한 정보를 포괄적으로 다루어야 하기 때문이다. 예를 들어 특정 국가의 정치적 안정성, 문화적 특성, 지리적 조건, 시장특성, 경제성장 가능성 등은 기업이 택할 수 있는 다양한 시장진입방법, 즉 수출, 라이슨싱(licensing), 프랜차이징(franching), 현지생산 등에 대한 의사결정에 필요한 중요한 정보가 되는 것이다.

2.2 2차 자료 수집과 관련된 문제점

2차 자료는 해외시장조사의 초기단계에 특히 유용하게 사용될 수 있다. 심층조사(in-depth research)단계 전에 비교적 적은 비용으로 해외시장의 개괄적인 모습들을 파악할 수 있기 때문이다. 그러나 복수시장을 대상으로 하는 2차 자료조사분석은 많은 문제점과 한계를 지니고 있다. 해외시장조사에 있어 2차 자료와 관련된 문제는 크게 두 가지로 나누어 생각할 수 있다. 그 하나는 자료의 절대량 자체가 국가마다 판이하게 다르다는 것이고, 또 하나는 이들 국가별 자료를 비교하는 데 많은 한계가 있다는 것이다.

UN이나 IMF, World Bank 등과 같은 국제기구에서 조사 · 발표되는 자료도 많이 있지만 대개의 경우 2차 자료는 각국 정부나 공공기관, 단체 등에서 조사되고 발표된다. 그러나 이러한 자료의 절대량은 경제개발수준과 밀접한 관련이 있어서 국가마다 큰 차이가 날 수밖에 없다. 저개발국가의 경우 통계자료의 신빙성과 같은 질적 수준은 차치하고 자료의 양 자체가 부족하다는 것이다.

두번째 문제점인 국가별 비교가능성(comparability) 문제는 자료의 질적 수준이나 실질적 의미 등과 관련된 것으로서 자료의 양이나 수집가능성(availability)과는 또 다른 차원에서의 한계점이라 할 수 있다. 이에 대해 보다 구체적으로 살펴보면 다음과 같다.

첫째, 통계자료의 신뢰성(reliability), 즉 질적 수준이 국가마다 다르다. 국가의 위신이나 체면에 관련된 통계자료의 경우 정부 당국이 의도적으로 부풀리거나 낮추어 발표할 가능성이 있다. 이러한 가능성은 저개발국가의 경우 더 높겠지만 선진국 역시 그 가능성은 상존한다. OECD 국가에서조차 신문발행부수 등은 의도적으로 부풀려지는 경우가 종종 있는 것으로 알려지고 있다. 정부의 제도가 자료왜곡을 부추키는 경우도 있다. 국내 매출액에 근거하여 세금을 부과하고 수출에 대해서는 보조금을 지급하는 조세정책을 가지고 있는 경우, 기업은 전자를 줄이고 후자를 부풀리려는 경향을 보이게 되며 결국 통계자료의 왜곡으로 나타나게 된다. 의도적인 과장이나 축소외에도 조사방법의 과학성과 타당성, 예산과 인력수준의 차이 등도 발표되는 자료의 질적 수준에 차이를 나타나게 하는 원인이 된다. 예를 들어 영국, 벨기에 등은 정부의 통계조사 업무에 국민 1인당 예산기준으로 호주, 독일, 캐나다 등의 절반수준을 지출하고 있다(〈표 6-1〉참조).

둘째, 통계자료의 발표주기나 속도가 달라 같은 시점에서의 직접 비교가 곤란하다. 즉 기준년도가 다른 경우가 많아 추정치를 사용하여 비교해야 할 때가 많다.

셋째, 용어의 개념정의나 문제의 정의, 또는 분류방법 등이 국가마다 다른 경우가 많기 때문에 국가별 비교를 어렵게 한다. 실업률, 중소기업, 물가지수, 상용차, 도시가계지출 등을 어떻게 정의하고 분류하느냐에 따라 직접적인 수치비교가 불가능하거나 의미가 줄어들 수 있는 것이다. 예를 들어 독일에서는 TV구입에 대한 지출을 레크리에이션 및 오락항목에 대한 지출로 분류하지만 똑같은 지출을 미국에서는 가구 및 가사용품으로 분

표 6-1 주요 국가별 정부통계에 대한 평가

국 가	순위1)	수정비율2)	시의성3)	인구 만명당 통계업무 종사자 수	인구 1인당 정부통계 예산
캐나다	1	0.2	9	1.6	$8.2
호 주	2	0.6	11	2.0	9.0
네덜란드	3	1.0	5	2.0	7.6
프랑스	4	0.3	5	1.7	6.0
스웨덴	5	na	7	na	na
영 국	6	0.3	2	0.9	4.2
독 일	6	0.8	2	1.9	8.0
미 국	6	0.3	1	0.6	8.8
일 본	9	0.8	10	na	na
스위스	10	0.4	4	na	na
이태리	11	0.3	8	1.4	5.0
스페인	12	na	13	1.2	4.2
벨기에	13	na	12	1.3	3.6

주: 1) 국제적 통계전문가들의 종합적인 평가결과임.
2) 분기별 GDP 성장률의 원래 예측치와 최근 수정치와의 편차
3) 통계자료의 발표속도(1은 가장 빠름. 13은 가장 늦음)
자료원: *The Economist*, September 11, 1993, p. 61.

류한다고 한다. 똑같은 명칭의 소매점포(예를 들어 수퍼마켓, 쇼핑센터, 디스카운트 스토어, 백화점 등)라도 그 의미는 국가마다 상당히 다를 수 있다. 건물(점포)의 크기와 배치, 취급하는 상품 등이 달라 이러한 용어분류에 기초한 통계자료를 유통경로나 소비자들의 쇼핑습관을 파악하기 위한 자료로 사용할 때는 주의를 기울여야 한다.

넷째, 화폐표시 자료의 경우 환율이 화폐의 실질가치를 반영하고 있느냐에 따라 수치의 단순비교가 실상을 왜곡할 가능성이 있다. 예를 들어 미국에서의 100달러와 중국에서의 100달러가 실질적으로 갖는 의미는 큰 차이를 보이기 때문에 GNP나 1인당 국민소득을 국가별로 비교할 때는 이러한 점에 유의해야 한다. GNP와 관련하여서는 환율문제 외에도 추계방법이 문제가 된다. 이는 특히 중앙계획경제(CPE, Centrally Planned Economy) 혹은 계획경제였던(HPE, Historically Planned Economy) 국가들의 경우 제기되는 문제이다.

6-6 Mini-Case
괴상한 수판: 중국의 미심쩍은 경제통계

세계경제에서 중국의 중요성이 높아지면서 중국의 경제통계에 대한 투자자들의 관심도 커지고 있다. 그러나 중국의 공식통계는 신통치 못한 것으로 악명 높다. 중국정부가 정치적 이유로 GDP 성장률을 부풀린다고 비판하는 사람들도 있으며, 어떤 사람들은 공식적인 인플레이션 통계가 고의적으로 낮게 보고되고 있다고 불평한다. 그렇다면 어떤 자료를 믿을 수 있단 말인가?

GDP 통계를 의심하게 되는 한 가지 이유는 중국이 언제나 가장 먼저 이 통계를 발표하는 국가 중의 하나라는 점이다. 대부분의 선진국들은 각 분기 후 약 4~6주만에 자료를 발표하는데 중국은 보통 2주만에 발표한다.

놀랍게도 대부분의 경제학자들은 중국이 최근 몇년간 경제성장률을 줄여서 발표해 왔다고 여기고 있다. 통계청이 최근 2006년과 2007년의 GDP 성장률을 각각 11.6%와 11.9%로 0.5% 포인트씩 상향 수정하였는데, 이는 제조업에 비해 정부의 통계담당자들이 파악하기 힘든 서비스분야의 높은 성장에 기인하는 것이다. 그러나 상향수정된 성장률 역시 보수적인 수치일 수 있다.

중국의 성들은 독자적으로 GDP를 발표하는데, 이 숫자들을 가중평균하면 중앙정부가 발표하는 GDP와 성장률보다 항상 높게 나온다. 지방관리들은 경제실적에 따라 승진이 이루어지기 때문에 성장률을 부풀리려는 동기를 갖게 된다. 그러나 경험적으로 볼 때 지방정부의 계산이 베이징보다는 더 정확하다. 예를 들어, 2004년 통계로 처음 발표된 자료는 성들의 GDP 합이 중앙정부가 발표한 수치보다 19%가 더 높았다. 서비스부문을 더 많이 포함시킨 국가경제조사를 하고 난 2005년, 어찌된 일인지 중국통계청은 GDP를 17% 상향조정하였다. 지난 10년간의 경제성장률 역시 상향조정하였다.

스탠다드차터드의 한 경제학자는 2007년 지방성 GDP의 합이 베이징이 발표한 숫자보다 10% 정도 클 것으로 추정하고 있다. 성들의 성장률 평균은 13.1%였는데, 이 역시 수정발표된 전국성장률보다 1.2% 포인트 높다. 거의 3% 포인트였던 2005년의 차이보다 줄어들고 있기는 하다. 아마도 중앙정부의 통계청 사람들이 지방정부 담당자들을 더 신뢰하기로 한 것으로 보인다. 그러나 지방관리들이 숫자를 부풀릴 동기를 가지고 있는 것과 마찬가지로 베이징은 최근 이러한 숫자들을 줄여서 발표할 이유를 가지게 되었다. 뜨겁게 달구어진 경제를 진정시키고 싶은 것이다. 그렇기 때문에 중국의 진짜 GDP 성장률은 더 높을지도 모르며 이는 곧 과열에 대한 우려를 더 크게 하는 것으로 보인다.

골드만삭스의 분석에 따르면 고정자산투자 통계가 가장 신뢰하기 힘든 자료 중의 하나라고 한다. 이 통계에는 부가가치의 상승 없이 소유권의 변동만 있는 토지구매가 포함되는데, 따라서 최근의 토지가격상승은 투자수준이나 투자성장률이 크게 부풀려지는 결과를 가져오고 있다. 반면에 소비자지출은 공식통계에 비해 훨씬 높고 빠르게 성장한다고 보는 것이 거의 확실할 것이다. 소매판매액이 종종 개인소비의 대용지표로 활용되는데 여기에는 가계예산 중 가장 빠르게 늘어나고 있는 서비스부문이 빠져 있다.

중국의 진짜 인플레이션율은 아마도 소비자물가지수(CPI) 통계보다 높을 것이다. 한 가지 문제는 CPI가 점점 더 중요해지는 민간부문을 무시한 채 국가가 제공하는 의료, 운송 및 교육가격에 기초하고 있는 것으로 보인다는 점이다. 국가개발 및 혁신위원회가 36개 도시에서 수집한 자료에 따르면 의료서비스와 교육분야의 인플레이션은 2001년 이후 5~10% 정도다. CPI에서 발표되는 1~2%와 비교하면 한참 높은 수치다.

가장 믿을 수 없는 자료는 노동시장통계다. 분기별 도시실업률 통계는 의미가 없다. 국영기업에서 해고된 근로자와 통상 도시에 거주하지만 주민등록이 되어 있지 않은 많은 수의 이주노동자들을 빠뜨리고 있기 때문이다. 임금통계도 엉망이다. 최근 평균 도시소득의 빠른 증가세에 큰 관심이 모아지고 있다. 그러나 이러한 추세가 최근 일자리의 대부분이 창출되고 있는 민간기업들까지 다 반영하고 있지는 않다.

중국은 글로벌 경제성장의 중요한 엔진이다. 따라서 그에 걸맞게 경제통계를 개선해야 할 필요성이 시급해지고 있다. 미친 사람만이 잘못된 속도계와 깨진 백미러와 뿌연 앞유리가 달린 트럭을 전속력으로 운전한다.

자료원: *The Economist*, May 1, 2008

2.3 1차 자료 수집과 관련된 문제점

일단 2차 자료조사에 의해 일반적이고 기초적인 문제들이 검토되고 나면, 해당 기업의 문제해결을 위해 보다 구체적인 기업 나름대로의 1차 자료 수집과정이 필요하게 된다. 1차 자료는 주로 '사람'을 대상으로 관찰(observation), 설문지(questionnaire), 면접(interview)등을 통해 행동이나 사고, 반응 등을 조사하기 위한 것이므로 '문화'와 직결된다. 그런데 국가간의 상이한 문화적 배경과 환경은 1차 자료의 수집과정은 물론 분석과 해석과정을 어렵게 만든다. 여기서도 본질적인 문제는 역시 상이한 문화권에서 수집된 자료들의 비교가능성이다.

비교가능성 문제는 언어적인 측면과 비언어적 측면으로 나누어 생각해 볼 수 있다. 우선 언어의 차이에서 오는 문제는 설문지나 대인면접 등에서 전하고자 하는 내용을 해당국의 언어로 정확하게 표현하여 전달하느냐는 것이다. 설문지의 경우 번역에서 오는 오류를 줄이기 위해 역번역 혹은 재번역(back translation)과정을 거치기도 한다. 이는 예를 들어 설명하면 한국어로 된 설문지를 한국어와 영어를 모두 할 줄 아는 미국인이 영어로 번역하고, 이 번역된 설문지를 다시 양국어에 능통한 한국인이 한국어로 번역하여 원래의 한국어 설문지와 비교해 보는 과정을 의미한다.

비언어적 측면에서의 문제는 보다 근본적인 것으로서 측정하고자 하는 추상적 개념 자체가 문화마다 차이를 보이거나 어떤 개념, 대상, 반응, 행동 등이 갖는 사회문화적 의미나 중요성 등이 다르기 때문에 발생하는 문제이다. 즉, 조사자가 원래 측정하고자 하는 개념(construct)을 조작적 정의(operational definition)에 의해 보다 구체화시킬 때, 이 조작적 정의가 실제 의미하는 바는 문화마다 다를 수 있기 때문에 원래 의도했던 개념을 측정하지 못하는 '타당성(validity)' 문제가 생길 수 있는 것이다. 이러한 비교가능성 문제는 두 문화권 이상을 동시에 조사할 때는 물론 단일시장을 조사할 경우에도 신경을 써야 한다. 추후에 비슷한 마케팅문제해결을 위한 조사활동이 다른 국가에서도 수행될 수 있기 때문이다.

위에 설명한 비교가능성 문제 외에 1차 자료 수집과정에서 맞게 되는 또 다른 문제는 실제 조사활동의 수행과정에서 나타난다. 국가마다 우편서비스의 범위나 전화보급률 등이 다르기 때문에 우편설문이나 전화인터뷰 등을 실시하는데 제약이 따르게 되며, 문맹률이나 설문조사에 대한 응답자의 태도 등은 응답률에 영향을 주는 요소가 된다. 특히 특정 이슈(예를 들어 성(gender) 관련 질문)에 대해 민감한 반응을 보이며 공개적 답변을 꺼리는 경우도 있으므로 유의해야 한다. 또한, 의사결정과정이나 가족, 회사내에서의 구매의사결정권자가 문화권마다 다를 수 있기 때문에 조직구성원 중 누구를 대상으로 조사할 것인가 하는 것은 주의를 요하는 점이다.

03 해외시장조사의 절차

해외시장조사의 일반적인 절차는 [그림 6-2]에 나타난 바와 같이 1) 문제의 정의, 2) 조사의 설계, 3) 자료의 수집, 4) 자료의 분석 및 해석, 5) 보고서 작성 등 다섯 단계의 주요 과정을 거치며 이는 국내 마케팅조사과정과 기본적으로 동일하다. 조사목적이나 상황에 따라 각 단계의 상대적 중요성은 달라지거나 때로는 생략될 수도 있지만 적어도 논리적으로는 이 과정을 따라 조사활동이 이루어진다고 볼 수 있다. 각 단계별로 간략하게 살펴보면 다음과 같다.

그림 6-2 해외시장조사의 일반적 절차

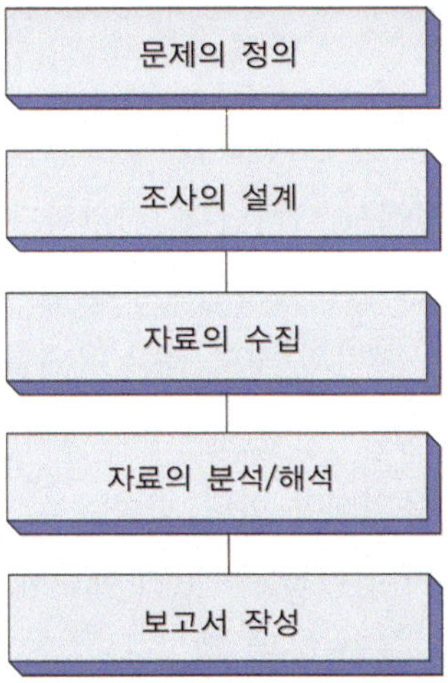

3.1 문제의 정의(Problem Definition)

문제의 정의란 해결해야 할 과제가 무엇인지, 내려야 할 의사결정내용이 무엇인지, 그리고 이를 위해 필요한 정보가 무엇인지 등을 명확하게 규정하는 것을 의미한다. 문제가 명확히 정의되어야만 이의 해결을 위한 조사활동의 설계나 자료수집 등이 정확해질 수 있다는 점에서 이 단계는 매우 중요한 해외시장조사 과정의 출발점이다.

문제정의의 구체성 정도나 필요한 정보의 유형은 애당초 조사활동의 전제가 되었던 의사결정의 내용이나 의사결정자, 혹은 의사결정부서의 조직내 위치와 많은 관련이 있다. 즉, 상부조직이나 최고경영층과 관련된 전략적 의사결정보다는 마케팅부서나 중간경영층의 의사결정으로 내려갈수록 보다 구체적으로 문제가 정의되며 1차 자료의 필요성이 높아지는 것이 일반적이다.

한편 문제를 보다 명확하게 정의해 나가는 과정에서 비교적 용이하게 구할 수 있는 2차 자료(예를 들어 국가별 인구, GNP, 경제성장률)의 검토나 간단한 형태의 전문가 인터뷰 등이 수행될 수도 있다. 이러한 초보적 형태의 조사는 문제의 보다 명확한 정의에 도움이 될 뿐만 아니라, 의사결정시 고려해야 할 선택대안의 수를 줄여 주어 심층조사에 필요한 시간과 노력을 경감시키는 역할도 한다.

3.2 조사의 설계(Research Design)

조사의 설계는 앞에서 정의된 문제의 해결을 위해 어떤 조사활동을 어떻게 수행할 것인가 하는 조사활동의 마스터플랜을 마련하는 단계로서 해외시장조사 활동의 성패를 가늠할 수 있는 중추적 역할을 담당한다고 할 수 있다. 조사설계의 첫번째 과제는 필요한 정보와 자료유형을 구체적으로 파악하는 일이다. 해결해야할 과제와 직접적으로 혹은 간접적으로 관련이 있는 변수들을 확인하고, 이들 변수에 대한 자료를 어디서 어떤 방법으로 수집하며, 수집된 자료를 어떤 기법을 사용하여 분석할 것이냐도 검토해야 한다. 2차 자료의 수집만으로 문제가 해결될 경우의 조사설계과정은 비교적 간단하다. 필요한 자료의 목록을 작성하고 자료원을 파악하여 수집, 분석하는 절차에 대한 계획을 세우면 된다.

그러나 처음부터 1차 자료의 수집필요성이 대두되거나 2차 자료 수집으로 충분치 못하여 추가적인 1차 자료 수집이 필요해질 경우 조사설계과정은 훨씬 복잡하게 되며 과학성을 요구한다. 통상적으로 조사설계라 하면 1차 자료 수집과 관련된 마케팅조사의 설계를 의미한다고 볼 수 있다.

조사설계 단계의 또 하나의 중요한 과제는 예산, 조직, 일정 등과 관련된 행정적인 문제다. 예산의 편성과 주요 조사일정의 작성, 그리고 역할분담 등을 명확히 하여 전체 조사과정의 흐름이 순조롭게 진행되도록 해야 한다. 기업내부에서 자체적으로 수행하기가 어렵거나 불가능할 경우 외부의 전문조사기관에 의뢰하는 문제도 검토해야 한다.

해외시장조사는 자료수집 과정상의 실제적인 어려움이나 자료의 비교가능성 등에 있어 국내 마케팅조사보다 훨씬 더 힘들고 복잡하게 때문에 조사설계 역시 더욱 신중한 접근이 요구된다.

3.3 자료의 수집(Data Collection)

자료의 수집은 앞의 조사설계 단계에서 계획된 방법과 절차에 따라 이루어진다. 앞에서 잠깐 언급된 바와 같이 마케팅조사 자료는 크게 1차 자료(primary data)와 2차 자료(secondary data)로 구분된다. 1차 자료는 조사자가 특정 마케팅조사 프로젝트 수행을 위해 직접 계획하고 수집하는 자료로서 수집절차나 방법이 까다롭고 시간과 비용도 많이 든다. 2차 자료는 해당 조사프로젝트와 관련없는 제3자에 의해 이미 수집된 자료로서 상대적으로 쉽게 구할 수 있다. 사내자료 및 각종 통계자료 등이 대표적인 2차 자료의 원천이며, 전문조사기관이나 컨설팅회사들이 수집정리해 놓은 자료들은 판매되기도 한다.

(1) 2차 자료 수집

2차 자료의 가장 큰 장점은 시간과 비용의 경제성이다. 국가별 기본 통계자료들은 해당 국가의 공공기관이나 UN, IMF, World Bank 등의 국제기구를 통해 발표되고 있으며, 공공도서관이나 웹(Web) 서비스를 통해 접근이 가능하다. 200여개 국가에 대한 국가보고서(Country Reports)를 정기적으로 발간하는 EIU(Economist Intelligence Unit)나 국가정보 및 소비자정보를 제공하는 Euromonitor도 좋은 2차 자료의 원천이다. 그러나 이들 민간 기관의 자료는 비용을 지불해야 얻을 수 있다.

한편 우리나라의 무역협회(www.kita.net)는 국가별 기초정보와 무역관련 통계 및 정보를 제공하고 있으며, KOTRA(www.kotra.or.kr)도 국가별 기초정보와 함께 무역 및 통상, 해외투자, 전시정보 등을 제공하고 있다. 정부(통계청)의 공식 통계포털인 kosis.kr에서는 인구, 노동, 무역, 보건, 물가, 도소매 등 다양한 국내외 통계자료를 검색할 수 있다.

조사목적에 따라서는 이러한 2차 자료의 수집분석만으로도 충분할 수 있다. 문제해결에 직접적인 도움이 되지 못하는 경우에도 향후 심층조사 활동의 단서를 제공하거나 전체조사결과의 해석과 평가에 도움을 줄 수 있다.

(2) 1차 자료 수집

2차 자료만으로 문제해결이 안될 경우에는 1차 자료의 수집을 검토해야 한다. 1차 자료는 특정 문제의 해결을 위해 계획되고 수집되는 자료이기 때문에 정확성과 신뢰성, 그리고 현실성이 있어야 하며 그만큼 자료수집계획에 주의를 많이 기울여야 한다. 1차 자료는 기본적으로 질문조사(survey research), 실험조사(experimental research), 그리고 관찰조사(observational research) 등의 세 가지 방법에 의해 수집된다.

질문조사는 가장 흔히 사용되는 방법으로 조사대상자들에게 직접 물어봄으로써 자료를 수집하는 방법이다. 질문조사방법을 택할 경우 조사대상자와 접촉하는 방법으로는 우편을 이용하는 방법(mail survey), 전화를 이용하는 방법(telephone interview), 그리고 직접 만나서 조사하는 방법(personal interview) 등이 있으며 세 경우 모두 조사대상자의 승낙과 협조가 필요하고 적절한 설문지의 작성이 필요하다. 최근에는 인터넷기술의 발달로 온라인조사가 많이 활용되기도 한다.

실험조사는 서로 비교가 될 집단을 선별한 후 관련변수들을 통제한 상태에서 서로 다른 실험처리를 하여 집단간의 반응차이를 조사하는 방법이다. 한편 관찰조사는 관련된 사람, 행동, 그리고 상황 등을 관찰하여 1차 자료를 수집하는 방법이다. 특히 소비자들의 실제 구매 및 소비모습이나 생활습관을 관찰하는 것은 마케팅믹스 전략에 중요하게 반영될 수 있는 아이디어가 되거나, 보다 큰 샘플을 대상으로 하는 후속적인 질문조사계획의 기초가 될 수 있다. 의료서비스 수출을 위한 아이디어를 얻기 위해 미국과 일본의 병원에서 2개월간 출산장면을 관찰한 사례나, 일본의 자동차회사가 연구원을 미국에 파견하여 미국인 가정과 같이 살면서 그들의 자동차 사용패턴을 관찰하도록 한 사례 등이 그 예다.

1차 자료 수집과 관련된 또 하나의 중요한 절차로 표본추출(sampling)이 있다. 조사대상 집단 전체를 조사하는 것은 현실적으로 불가능하기 때문에 거의 모든 마케팅조사는 전체 집단 중 일부를 표본으로 추출하여 조사하고 그 결과로부터 전체 집단에 대한 결론을 도출한다. 표본조사를 하기 위해서는 적절한 표본을 선정하는 것이 중요한데 크게 확률표본추출(probabilistic sampling)과 비확률표본추출(nonprobabilistic sampling) 등의 두 가지 방법에 의해 이루어진다. 표본추출방법 및 위에서 언급한 조사방법, 설문지작성 등은 본서의 범위를 벗어나므로 상세한 설명은 생략한다.

3.4 자료의 분석 및 해석(Data Analysis and Interpretation)

자료의 분석은 수집된 자료에 대해 의미있는 해석이 가능하도록 정리 및 통계처리 등을 가하는 작업이다. 수집된 자료는 대개 편집, 코딩, 통계분석 등의 과정을 거쳐 분석된다.

편집(editing)은 수집된 자료가 조사설계에 따른 분석이 가능하도록 정확성과 일관성을 갖추고 있는지, 조사자의 지시나 요구에 맞게 수집되었는지 등을 검토하는 과정을 말하며, 코딩(coding)은 자료의 분석을 용이하게 하기 위해 각각의 관찰된 내용에 일정한 숫자를 부여하는 과정이다. 통계분석은 코딩된 자료를 간단한 형태의 도표화로부터 고도의 통계분석 기법에 이르는 다양한 방법에 의해 분석하는 작업이다. 구체적인 분석기법의 선택은 조사의 목적, 표본추출방법, 자료수집 및 측정방법에 따라 달라지는데 상세한 설명은 본서에서는 생략한다.

서로 다른 문화권에서 수집된 자료를 분석할 때 한가지 유의할 점은 자료에 나타날 수 있는 문화적 편견(cultural bias)을 검증하고 수정하는 일이다. 소비자의 태도나 의견조사의 경우 문화적 차이로 인해 문화적 준거점(referent points)이 다를 수 있고 이는 자료의 본래 의미를 왜곡할 가능성이 있다. 이러한 문제점은 자료의 표준화(normalization)를 통해 시정될 수 있다.

수집된 자료에 대한 분석이 끝나면 분석결과에 대한 해석이 뒤따라야 한다. 수치로 나타난 분석결과를 기계적으로 해석하는 것은 피하는 것이 좋다. 마케팅관리자가 의사결정에 사용할 수 있도록 실질적이고 의미있는 해석이 되어야 한다. 똑같은 결과에 대해서 서로 다른 해석이 있을 수 있으므로 해석과정 역시 신중한 접근이 필요하다. 가장 바람직한 것은 조사설계, 통계기법 등에도 전문적 식견이 있고 마케팅지식과 문제상황에 대한 이해도 갖춘 사람이 분석결과를 해석하는 것이다. 따라서 조사자와 마케팅관리자 사이에 활발한 토의를 거쳐 분석결과를 해석하는 방법도 많은 도움이 될 것이다.

3.5 보고서 작성(Reports)

조사보고서는 조사의 결과와 해석을 정리하여 의사결정에 도움이 되도록 마케팅관리자에게 제출되는 문서다. 마케팅조사에 투입된 노력이나 그 결과는 결국 조사보고서에 의해 평가되므로 조사보고서는 분명하고도 정확하게 작성되어야 한다. 보고서의 작성자는 조사보고서가 누구에게 제출될 것인가, 다시 말해 조사보고서의 이용자가 누구인가를 항상 염두에 두어야 한다. 왜냐하면 조사보고서의 이용자 입장에서 실질적으로 의사결정에 도움이 되는 보고서라는 것은 결국 그 이용자의 배경이나 지식에 비추어 충분하고도 명확하게 이해될 수 있는 것이어야 하기 때문이다. 문서형태로 작성된 조사결과의 보고와 함께 구두보고나 설명회(presentation)도 조사결과의 효과적 전달이라는 측면에서 매우 중요한 보고방식이다.

이상에서 해외시장조사의 절차를 일반적인 마케팅조사 과정에 비추어 간단히 살펴보았다. 다섯 단계로 나누어 설명된 이상의 절차는 더 단순화되거나 세분화 될 수도 있으며 때로는 특정 단계가 생략될 수도 있다. 또한 문제가 명확히 정의되지 않은 상태지만 앞으로 필요하게 될지도 모를 정보를 사내에 축적한다는 의미에서 일반적으로 수행되는 해외시장조사도 실질적으로는 상당히 중요한 활동이다.

연습문제

1. 해외시장조사의 필요성에 대해 설명하시오.
2. 국내에서의 마케팅 리서치와 비교해 볼 때 해외시장조사 활동이 가지는 복잡성과 특수성에 대해 2차 자료 수집과 관련하여 설명하시오.
3. 해외시장조사 활동이 가지는 복잡성과 특수성에 대해 1차 자료 수집과 관련하여 설명하시오.
4. 해외시장조사의 일반적인 절차에 대해 설명하시오.
5. 국제마케팅 의사결정에 도움이 될 수 있는 2차 자료 원천에는 어떤 것들이 있는지 조사해 보시오.

참고문헌

- 이장로, 문희철, 이춘수, 4차 산업혁명 시대의 국제마케팅, 8판, 한빛아카데미, 2022.
- 이철, 글로벌마케팅, 3판, 학현사, 2020.
- Cateora, Philip R., R. Bruce Money, Mary C. Gilly & John L. Graham, *International Marketing*, 19th ed., McGraw-Hill, 2023.
- Czinkota, Michael, Ilka Ronkainen & Annie Cui, *International Marketing*, 11th ed., Cengage Learning, 2022.
- Douglas, Susan P. & C. Samuel Craig, *International Marketing Research*, Prentice-Hall, 1983.
- Green, Mark C. & Warren Keegan, *Global Marketing*, 10th ed., Pearson, 2019.
- Johansson, Johny K. and Ikujiro Nonaka, "Market Research the Japanese Way," *Harvard Business Review*, May-June 1987, pp. 16-22.
- Kotabe, Masaaki & Kristiaan Helsen, *Global Marketing Management*, 9th ed., Wiley, 2022.

CHAPTER 07

해외시장 세분화

세계은행(World Bank)에서 발간하는 보고서나 통계자료집에는 200개 이상의 국가에 대한 자료가 수록되어 있다. 그러나 아무리 큰 규모의 다국적기업이라도 이들 모든 국가를 대상으로 마케팅활동을 전개하는 것은 쉬운 일이 아니며, 대상 시장국가에 대해 동일한 마케팅전략을 펴 나가는 것도 아니다. 즉, 기업은 자신의 능력과 시장의 상황을 종합적으로 고려하여 진출시장을 결정하고 확대해 나가며, 개별국가나 국가집단별로 변형된 마케팅믹스 전략을 구사하는 경우가 대부분이다.

이러한 기업의 시장접근행태는 명시적 의도 여부에 관계없이 국제시장의 세분화(international market segmentation)를 바탕으로 하고 있다. 즉, 어떤 기준에 의해 다수의 국가시장을 분류하고 이 분류에 따라 시장진출 자체의 결정이나 우선 순위, 그리고 마케팅전략의 방향을 정하는 것이다. 본장은 이러한 해외시장 세분화의 의의, 방법, 필요한 자료유형 등에 대해 설명한다.

01 해외시장 세분화의 의의

1.1 해외시장 세분화의 개념

(1) 시장세분화

마케팅 컨셉트(marketing concept)의 요체는 고객의 욕구(needs)를 파악하여 이를 충족시켜 주는 것이다. 그러나 고객의 욕구는 고객의 수만큼 다양하며 이처럼 다양한 욕구에 하나하나 대응하며 충족시킨다는 것은 경제적으로나 현실적으로 불가능한 경우가 대부분이다. 그렇다고 개별고객의 특성과 욕구차이를 무시하고 대중마케팅(mass marketing)이나 비차별적 마케팅(undifferentiated marketing)을 전개하는 것도 경우에 따라 바람직한 전략이 될 수는 있지만 많은 경우에 그 한계점을 갖게 마련이다.

시장세분화(market segmentation)는 이러한 양 극단의 입장을 절충하는 해결방안이 되고 있다. 즉, 시장세분화는 고객의 욕구가 다양하여 개인마다 다르다는 점을 인정하되, 이러한 다양성에도 불구하고 이들을 몇 개의 그룹, 즉 세분시장(market segment)으로 집단화할 수 있는 어떤 유사성이나 기준이 존재한다는 것을 전제로 한다. 이러한 유사성의 기준은 연령, 소득, 성별, 라이프스타일 등과 같이 고객의 특성을 기초로 하고 있다. 그러나 시장세분화의 본질적 의의는 이러한 특정 기준의 유사성 자체에 있는 것이 아니고 세분시장별로 기업의 특정 마케팅전략에 유사한 반응을 나타낼 것이라는 점에 있다.

(2) 해외시장 세분화

해외시장, 혹은 국제시장 세분화의 경우도 그 개념 자체는 동일하다. 즉, 다수의 국가시장을 유사한 국가집단으로 구분하는 것을 가장 보편적인 형태의 해외시장 세분화라 할 수 있는 것이다. 여기서 사용되는 유사성의 기준은 1인당 GNP, 인구, 문화적 배경, 정치적 환경, 기후, 지리적 인접성 등 다양하다. 이러한 형태의 해외시장 세분화 역시 개별 국가를 각각의 독자적 시장으로 인식하고 접근하는 방법이 비경제적이라는 점과, 아울러 전세계시장에 대해 동일한 마케팅전략을 수행하는 것도 국가간의 제반 환경차이로 인해 비효율적이라는 인식에 바탕을 두고 있다. 물론 개별 국가시장을 다른 국가시장과 구별되는 독자적 시장으로 접근하는 방법의 비경제성이라는 것은 개인으로서의 개별 고객을 하나하나 대응하는 방법의 비경제성에 비하면 훨씬 나은 것이기는 하다.

해외시장 세분화는 위에서 설명한 대로 국가를 하나의 분석단위로 하여 세계시장을 세분화하는 형태가 가장 일반적이라고 할 수 있다. 그러나 특정 목표시장 국가를 세분화하는 것도 해외시장 세분화의 주요 과제가 된다. 이러한 형태의 해외시장 세분화는 국가내 시장세분화(in-country, 혹은 intra-country segmentation)라고 부를 수 있으며 이는 국내차원에서의 일반적인 시장세분화와 그 개념, 기준, 방법 등에 있어 동일하다. 다만 시장세분화의 기준이 되는 자료를 수집하는 일이 더 힘들고 복잡할 뿐이다.

국가를 분석단위로 하는 국제시장 세분화와 특정 국가내 시장세분화 외에도 또 하나 중요한 형태의 해외시장 세분화가 있다. 이는 국가내 시장세분화의 개념을 연장시킨 것으로도 볼 수 있는데, 보통 초국가 혹은 초국적 시장세분화(cross-border, 혹은 inter-country segmentation)라는 개념으로 통용되고 있다. 앞에서 설명한 대로 국가별 시장세분화는 한 국가시장을 동질적인 시장으로 보고 국가시장 간에는 이질성이 존재하되 경우에 따라 유사한 국가집단으로 묶을 수 있다고 보며, 국가내 시장세분화는 한 국가시장도 이질적인 시장의 집합으로 구성되어 있다고 보되 분석의 범위가 개별 국가시장을 벗어나지는 않는다.

이에 비해 초국가 시장세분화는 개별 국가시장을 동질적인 시장으로 인식하기보다는 서로 다른 세분시장들의 집합체로 보며, 이들 세분시장 중 일부는 여러 국가에 걸쳐 공통적으로 발견된다고 본다. 즉, 초국가 시장세분화는 국가내 시장세분화의 개념을 국경을 초월하여 세계시장으로 확장시킨 것으로 볼 수 있다. 전세계 10대 청소년 시장이나 일정 수준 이상의 고소득층 시장 등은 초국가 세분시장의 예다(제2장의 본문 및 [그림 2-2] 참조).

(3) 시장세분화의 기본요건

시장세분화는 그 대상이 국내시장이든 국제시장이든 기본적으로 다음과 같은 몇가지 요건을 갖추어야 그 의미를 찾을 수 있다.

첫째, 세분시장 내에는 동질성이나 유사성이 존재해야 하고(within-segment similarity, homogeneity) 세분시장 간에는 이질성과 차별성이 존재해야 한다(between-segment difference, heterogeneity). 한 세분시장이 동질적이지 않다면 하나의 시장으로 인식한다는 것 자체가 모순이며, 서로 유사한 세분시장이 두개 이상 존재한다면 이들을 별개의 세분시장으로 구분할 필요없이 하나의 세분시장으로 결합하는 것이 바람직하기 때문이다.

따라서 소득격차가 심하다거나 민족적 · 종교적 이질성이 높은 국가를 하나의 세분시장으로 인식하는 것이나, 상당한 정도의 이질성에도 불구하고 편의상 인접국가들을 하나의 세분시장으로 묶는 것, 그리고 공통적인 마케팅 프로그램의 적용이 충분히 가능한 국가들을 별개의 세분시장으로 인식하여 서로 다른 마케팅전략을 구사하는 것 등은 모두 재고를 요하는 바람직하지 못한 접근방법들이다.

둘째, 세분시장은 일정 규모 이상의 크기를 갖추어야 한다. 다시 말해 별도의 독자적인 마케팅 프로그램을 수립하고 실행하기 위해서는 이를 뒷받침할 만한 충분한 크기의 시장이 존재해야 하는 것이다. 세분화가 과도하게 되어 각 세분시장의 크기가 너무 작아지면 이들 세분시장에 투입되는 마케팅믹스 비용을 회수하고 이익을 창출하는 수익성에 문제가 있을 수 있다. 개별 국가시장의 특성을 충분히 반영하겠다는 현지 적응화(local adaptation), 혹은 국가별 시장세분화 전략도 같은 맥락에서 검토될 필요가 있다.

셋째, 세분시장의 크기나 구매력 등을 측정할 수 있어야 한다. 이것이 가능하도록 시장세분화가 이루어져야 세분시장들을 비교검토한 후 적절한 표적시장을 선정하거나 시장진입의 우선순위 등을 결정할 수 있게 된다.

넷째, 세분시장에 구체적인 마케팅믹스 프로그램을 통해 효과적으로 접근할 수 있는 수단이 존재해야 한다. 위의 요건들이 모두 충족되는 훌륭한 세분시장이 존재한다고 해도 기업이 실질적으로 접근할 수 없다면 무의미하기 때문이다.

1.2 해외시장 세분화의 필요성과 유의점

시장세분화의 궁극적 의의는 기업의 마케팅자원을 가장 효율적으로 활용하여 시장에 대응하려는 것이라 할 수 있다. 한정된 기업자원의 효율을 극대화할 수 있는 목표시장(target market)을 선정할 뿐 아니라 선정된 목표시장별로 적절히 변형된 마케팅 프로그램을 계획, 실행함으로써 시장의 반응을 최대화할 필요가 있는 것이다.

(1) 표적시장의 선정과 진입의 우선 순위결정

적절한 해외시장을 선정하는 일은 처음 해외진출을 시도하는 기업은 물론 이미 경험이 있는 기업에게도 대단히 중요한 과제가 된다. 세계시장은 경제, 문화, 정치적으로 다양한 국가들로 구성되어 있기 때문에 목표시장을 무작위로 선정할 수는 없다. 어떤 기준들에 의해 국가시장들을 분류해 놓고 이 중에서 자사 제품·서비스의 성공가능성이 가장 높은 시장(혹은 시장집단)을 표적시장으로 우선 선정해야 하는 것이다.

(2) 효율적인 마케팅 프로그램의 계획 및 실행

집단 내 유사성과 집단 간 이질성을 전제로 시장세분화가 이루어졌다면 선정된 세분시장별로 마케팅 프로그램을 적절히 변형하여 시행하는 것은 당연하다. 세분시장별로 그 특성이나 욕구, 행동양식 등이 다르기 때문에 여기에 대응하는 기업의 마케팅 프로그램도 달라져야 고객의 욕구충족에 보다 충실해질 수 있는 것이다. 환언하면 시장의 특성을 제대로 파악하고 이에 대응하여 적절히 마케팅믹스를 조합하기 위해서는 시장의 세분화가 선행되어야 하는 것이다.

(3) 시장수요 변화에 대한 신속한 대응

다양한 욕구와 특성을 가진 고객들로 섞여있는 전체시장을 대상으로 하는 것보다는 비교적 동질적인 세분시장들에 주목하는 것이 고객을 이해하는 데 훨씬 도움이 된다. 뿐만 아니라 고객욕구나 수요변화를 쉽게 파악하고 이에 신속하게 대처하기에도 보다 용이하다. 실제로는 여러 세분시장에서 큰 변화가 있어도 전체적으로는 서로 상쇄되어 변화가 없는 것으로 보일 수도 있는 것이다.

(4) 유의점 – 지나친 시장세분화의 경계

위에서 설명한 시장세분화의 필요성과 의의에도 불구하고 시장세분화는 과도하게 되지 않도록 유의할 필요가 있다. 지나친 시장세분화의 가장 큰 문제점은 비용증가다. 물론 이러한 비용증가가 세분시장별 대응에 따른 매출액 증대에 의해 충분히 상쇄되는 한 시장세분화는 일단 정당화될 수 있다.

다수의 국가시장을 대상으로 하는 국제마케팅의 경우 개별 국가를 하나의 세분시장으로 인식하고 국가별(혹은 좀 더 나아가서 지역별)로 마케팅전략을 수행하는 것은 자연스러운 현상이라고 볼 수도 있다. 그러나 국가별 시장세분화를 당연한 것으로 생각할 필요는 없다. 목표시장 국가의 수가 늘어날수록 규모의 경제, 통제의 용이성, 일관된 기업이미지의 구현 등이 중요한 과제로 등장할 수 있으며 국가별 반응전략은 이들에 도움이 되지 않기 때문이다. 특히 성숙기나 쇠퇴기에 달한 제품의 경우 가격의 중요성이 더욱 크기 때문에 세분시장의 크기를 보다 넓게 하여 규모의 경제효과를 가능한 한 많이 얻을 수 있도록 해야 한다.

7-1 Mini-Case 시장세분화, 어디까지 가야하나?

다양한 고객의 욕구는 어느 정도 반영되어야 할까? 주문생산이 이루어지는 맞춤양복이나 건설프로젝트, 반대로 완전히 표준화된 일부제품을 제외하고 대부분의 제품에 대해 마케팅경영자는 이 질문으로 고민하게 된다. 다양한 고객의 욕구에 최대한 대응하려는 차별적 마케팅전략과 이에 따르는 비용증가, 규모의 경제를 바탕으로 하는 비용절감과 가격경쟁력, 그러나 이에 따라 많은 소비자로부터 외면당할 수도 있는 비차별적 마케팅전략, 이 두 가지 경우를 모두 보여주는 대표적 사례로 Ford 자동차의 'Model T'와 'Thunderbird'가 있다.

근대적 의미에서의 대량생산체제를 처음 도입한 회사 중 하나로 Ford자동차가 있다. 이 회사는 1909년 Model T 라는 차종을 생산하면서 단일모델의 대량반복생산과 이를 통한 가격인하를 주요 경영방침으로 삼았다. 이에 따라 당시 $850 정도 하던 이 차의 가격이 1926년에는 $260 정도로 떨어졌으며 경쟁사인 GM에 비해 시장점유율이 두배나 되었다. 그러나 1926년 GM이 다양한 색상과 유선형 스타일을 바탕으로 한 Chevrolet를 출시하면서 상황은 돌변했다. Ford에 의해 충족되지 못했던 소비자욕구를 GM이 파고든 것이다. 결국 Ford는 1927년 Model T의 생산중단과 대량해고 사태를 빚을 수밖에 없었으며, 그 이후 자동차시장의 선두자리를 GM에 넘겨주고 그 자리를 탈환하지 못했다.

똑같은 Ford가 이번에는 지나친 시장세분화로 어려움을 겪은 사례도 있다. 자동차의 선택사양(options)은 다양한 소비자욕구와 개성을 염두에 둔 것이다. 그렇다면 얼마나 다양한 선택사양을 제공하는 것이 바람직할까? 1982년 일본의 Honda Accord는 미국시장에서 색상을 포함하여 32개의 선택사양을 제공했다. 이에 비해 Ford의 Thunderbird는 무려 69,120가지의 옵션을 가지고 있었다. 그야말로 고객욕구의 다양성에 충실히 대응하겠다는 발상이다. 그러나 이처럼 다양한 선택사양을 제공함으로써 추가적으로 발생된 가격 증가분이 대당 $1,000 정도 된 것으로 알려지고 있으며 이는 미국소비자들이 일본차를 구입하는 또 다른 이유가 되었다.

02 해외시장 세분화의 방법

2.1 국가단위의 해외시장 세분화

국가단위의 국제시장 세분화는 개별 국가를 독립된 세분시장으로 인식하는 가장 초보적인 형태의 국가별 시장세분화와 복수의 국가집단을 세분시장으로 인식하는 방법으로 나누어 볼 수 있다. 일반적인 국내시장의 세분화와 마찬가지로 전세계 국가들을 집단화, 혹은 세분화하는 데에도 매우 다양한 기준들이 사용된다. 예를 들어 인구, 1인당 GNP, 지리적 인접성, 종교, 정치체제 등과 같은 단일기준을 사용할 수도 있으며, 이들 중 몇개를 조합한 기준으로 국가를 분류할 수도 있다. 또한 라이프스타일(life style), 사회계층, 개성 등과 같은 다수의 심리분석적 변수들(psychographic variables)을 기준으로 하는 세분화도 가능하다.

다음은 국가단위의 해외시장 세분화에 사용될 수 있는 기준들에 대한 설명이다. 이들 중에서 어느 것이 적절한 시장 세분화의 기준이냐 하는 것은 대개의 경우 제품의 특성에 따라 좌우된다. 제품의 특성에 따라 시장세분화의 기본동기나 이유가 달라질 수 있기 때문이다.

(1) 경제적 변수에 의한 시장세분화

경제적인 측면에서 국가를 분류하는 가장 간단한 방법은 1인당 GNI를 기준으로 하는 것이다. 예를 들어 세계은행(World Bank)은 1인당 GNI의 크기에 따라 세계 218개(2023년 기준) 국가(경제)를 4개 그룹, 즉 고소득 국가(High-income economies), 중상위소득 국가(Upper-middle-income economies), 중하위소득 국가(Lower-middle-income economies), 그리고 저소득 국가(Low-income economies) 등으로 구분하고 있다.[1)]

1인당 국민소득에 의한 시장세분화가 구매력이나 시장의 크기와 관련하여 가장 쉽게

1) 2023년 1인당 GNI(Atlas method US$) 기준으로는 high income 국가는 $14,005 이상, upper middle income 국가는 $4,516~$14,005, lower middle income 국가는 $1,146~$4,515, low income 국가는 $1,145 이하로 구분된다.

접근할 수 있는 방법이긴 하지만 이 단일변수의 유사성만으로 동질적 국가집단으로 분류하는 것은 그 실효성 측면에서 많은 한계가 있다. 사회문화적 이질성은 차치하고라도 소득의 분포나 인구수 등도 감안하지 못하기 때문이다. 이러한 점을 해결하려면 복수의 경제적 변수를 종합적으로 고려해야 하는데 Economist Intelligence Unit사에서 발표한 시장지수(EIU Market Indexes)는 이러한 점에서 시장세분화의 좋은 기준자료가 될 수 있다.

EIU 시장지수는 시장의 크기, 성장률, 집중도 등을 나타내 주는 지표인데, 이를 [그림 7-1]과 같이 도표에 표시하면 기업의 목표나 제품특성에 따라 국가시장을 분류할 수 있는 기초자료가 된다. 이들에 대해 설명하면 다음과 같다.

■ **시장규모(Market Size)**: 그림에서 원의 크기로 나타내어지는 국가별 시장의 규모는 전체 세계시장 크기의 %로 표현된 상대적 크기이다. 구체적으로는 개별 국가의 총인구, 도시인구, 민간소비지출, 철강소비량, 전력생산량, 그리고 전화, 승용차, 텔레비전 보유량 등이 전세계의 해당 항목 총량에서 차지하는 비율을 가중평균하여 개별시장의 상대적 규

그림 7-1 EIU 시장지수: 20대 국가시장의 규모, 성장성, 농도

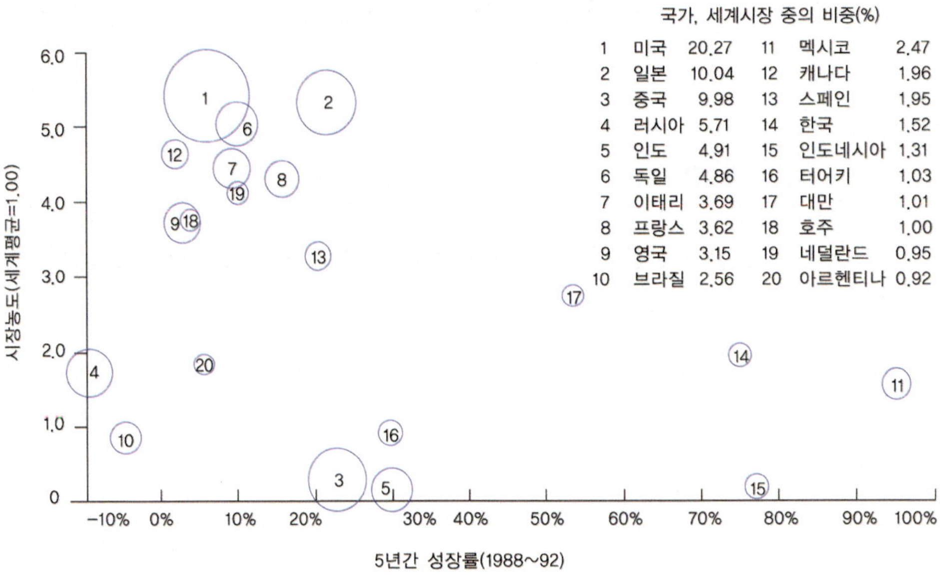

주: 1) 원의 크기는 시장의 상대적 규모를 나타냄 (전체 세계시장 규모의 %로 표시)
2) 원 중심의 횡축과 종축의 좌표는 각각 5년간 누적성장률과 시장농도를 나타냄

자료원: The Economist Intelligence Unit, *Crossborder Monitor*, August 31, 1994, p. 12.

모를 계산하고 있다.

▪ 시장 성장성(Market Growth): 국가별 시장의 성장성은 주요 시장지표의 최근 5년간 누적성장률을 평균하여 구한다. 여기서 말하는 주요 시장지표에는 인구, 철강소비량, 전력생산량, 그리고 승용차, 트럭 및 버스의 보유량, 텔레비젼의 보유대수 등이 포함되어 있다.

▪ 시장농도(Market Intensity): 시장의 농도, 혹은 집중도란 시장이 얼마나 농후한가, 혹은 구매력이 얼마나 집중되어 있는가를 나타내 주는 척도로 사용된다. 전세계 시장의 시장농도를 1로 하고 이 기준치를 중심으로 하는 상대적 수치를 국가별로 계산하고 있으며 기본적으로 1인당 보유량, 생산량, 소비량 지표들을 가중평균하는 방법으로 구해진다. 가중평균계산에 사용되는 지표들을 구체적으로 살펴보면 승용차, 전화, 텔레비젼의 1인당 사용대수, 1인당 철강소비량, 1인당 전력생산량, 1인당 민간소비지출, 그리고 도시거주 인구의 비율 등이다. 이들 중 승용차 사용대수, 민간소비지출, 도시인구 비율 등은 다른 지표들의 2배 가중치를 부여하고 있다.

위에서 설명한 시장지수를 이용하여 구체적으로 국가를 분류하는 방법은 개별 기업의 상황이나 목표에 따라 달라질 수 있을 것이다. 예를 들어 시장의 규모와 성장성을 결합하여 '대규모-고성장' 국가집단, '소규모-고성장' 시장 등으로 세분화할 수 있으며, 시장규모와 시장농도를 결합하여 '대규모-저농도' 집단(중국, 인도 등), '소규모-고농도' 집단(오스트리아, 네덜란드 등)[2], '대규모-고농도' 시장(미국, 일본 등) 등으로 세분화할 수 있을 것이다. 또한 규모, 성장성, 농도 등 3차원을 모두 고려하여 2×2×2=8개의 세분시장으로 구분하는 것도 가능하다. 이는 뒤에서 설명할 포트폴리오 접근법의 일환으로 볼 수 있다.

(2) 지리적 변수에 의한 시장세분화

지리적 인접성을 기준으로 세계시장을 분류하는 것도 흔히 사용되는 시장세분화 방법의 하나이다. 실제로 많은 다국적기업들은 그들의 국제경영조직을 북미, 서유럽, 남미, 동남아시아, 아프리카 등의 지역별로 구분하여 지역본사(regional headquarters) 제도를 운영하고 있기도 하다. 해외시장을 지리적 기준에 의해 세분화하는 주된 이유는 아마도 지

---

2) 여기서 소규모시장이란 세계 20대 국가시장만을 대상으로 했을 때 상대적으로 적은 규모의 시장을 의미한다.

리적 인접성을 바탕으로 하는 교통 및 커뮤니케이션의 용이성과 이에 따른 관리의 효율성일 것이다.

그러나 경영관리 측면에서의 용이성만을 위해 시장을 구분하는 일은 세분시장의 특성에 부합하는 마케팅 프로그램을 수행한다는 시장세분화의 본질적 의의와는 거리가 있는 편이다. 물론 지리적 세분화라고 해서 지리적 인접성만을 염두에 두는 것은 아니다. 인접국가들끼리 문화적 배경과 특성을 공유하는 경우가 많다는 점도 고려된다. 또한 주로 지역적으로 인접한 국가들 사이에 일고 있는 경제통합(regional bloc, 혹은 regional economic integration) 움직임도 지리적 시장세분화의 중요한 이유가 된다. 역내국가들 사이의 자유로운 상품교역을 출발점으로 하여 공통의 대내외 경제정책 수립까지 이어지는 지역단위의 경제통합은 이를 하나의 세분시장으로 인식하는 훌륭한 근거가 될 수 있는 것이다.

지리적 세분화는 위에서 설명한 대로 나름대로의 이유와 설득력을 지니고 있지만 이 역시 많은 한계점을 가지고 있는 것이 사실이다. 지리적 인접성이 경제적 유사성이나 사회문화적 동질성을 담보하는 것은 아니기 때문이다.

(3) 정치적 변수에 의한 시장세분화

국가시장을 분류하는 또 하나의 방법은 정치적 기준을 사용하는 일이다. 일반적으로 정치체제(political system)를 양분하면 민주주의(democracy)와 전체주의(totalitarianism), 혹은 독재체제(dictatorship)로 구분할 수 있지만 실제로 모든 국가를 이 틀 속에서 분류하는 것은 가능하지도 않을 뿐 아니라 실제적인 효과도 기대하기 힘들다. 따라서 정치적 세분화를 실제로 국제마케팅 활동이나 더 나아가 국제경영 활동에 활용하려면 보다 세련된 기준을 기업 나름대로 개발할 필요가 있다. 예를 들어 정당 및 의회제도, 정치적 안정성, 주요 경제정책결정과정, 정부와 기업간의 관계 및 관행 등 개별 기업의 국제마케팅 활동에 영향을 미칠 수 있는 주요 변수를 택하여 이를 기준으로 국가를 분류할 수 있을 것이다. 물론 정치적 기준에 의한 시장세분화가 의미를 가지려면 그 분류에 따라 다르게 대응할 필요가 있어야 하고 세분시장별 전략이 세분시장 내 모든 국가에 적합한 것이어야 한다.

(4) 문화적 변수에 의한 시장세분화

문화는 인간의 행동양식과 밀접한 관련이 있기 때문에 특히 소비재제품의 경우 문화적 측면을 고려한 시장세분화는 매우 중요한 의미를 가진다. 그러나 학습된 행위(learned behavior)로서의 특징을 갖는 문화는 그 구성요소가 너무나 다양하여 이들을 모두 고려하여 국가를 문화권별로 구분한다는 것은 거의 불가능에 가깝다. 다만 문화를 구성하는 주요 요인들을 선택적으로 고려하여 국가를 분류하려는 시도는 종종 있어 왔다.

가장 간단한 형태의 문화적 세분화는 종교나 언어와 같은 단일의 문화적 변수만을 고려하여 국가를 분류하는 것이다. 예를 들어 종교는 대부분의 문화에 있어 사람들의 생활양식에 영향을 미치는 중요한 요인이 되고 있으며, 따라서 기업의 마케팅활동에도 영향을 미치게 된다. 그러나 이러한 단일변수에 의한 세분화는 물론이려니와 복수의 문화적 변수에 의한 시장세분화 역시 기업의 목표나 제품의 특성을 염두에 두고 이루어져야 한다.

비교문화적 관점에서 국가간의 문화적 차이를 이해하려는 시도는 오래전부터 있어 왔으며,[3] 태도(attitudes)나 가치(values) 등을 다양한 측면에서 측정하여 국가를 문화적으로 분류하려는 연구도 많이 있지만[4] 이들을 기업의 국제시장 세분화에 그대로 활용하기에는 그 효용성에 한계가 있다. 또한 다양한 문화적 속성을 종합적으로 고려하여 문화분류, 혹은 문화적 시장세분화 모형을 기업독자적으로 개발한다는 것도 현실적으로 어려운 것이 사실이다.

따라서 문화적 측면에서의 해외시장 세분화를 실질적으로 활용하기 위해서는 전반적인 문화에 관심을 두기보다는 기업이 구체적 마케팅 의사결정에 활용할 수 있는 분야, 예를 들어 개인 및 가족의 구매 의사결정과정, 광고에 대한 태도, 특정 제품특성의 중요도, 외국제품, 혹은 특정국 제품에 대한 태도 등과 같이 소비자행동과 관련된 제한된 범위에 초점을 맞추는 것이 바람직하다. 이들에 대해서는 기존의 연구결과를 참조할 수도 있으며[5] 전세계를 모두 대상으로 하지는 못해도 기업 스스로 주요 시장국가들을 대상으로 시

---

3) 비교문화적인 분석모형을 제시한 대표적 학자들로는 Florence Kluckhohn, Edward T. Hall, Geert Hofstede 등이 있다.

4) Simcha Ronen & Oded Shenkar, "Clustering Countries on Attitudinal Dimensions: A Review and Synthesis," *Academy of Management Review*, Vol. 10, No. 3, 1985, pp. 435-454를 참조 바람.

5) 비교문화적 소비자행동과 관련된 과거연구들에 대해서는 이철, "국제마케팅 연구체계 및 주제별 문헌분석: 비교문화적 소비자행동연구를 중심으로," 유필화(편), 현대의 마케팅과학, 법문사, 1994, pp. 457-476을 참조 바람.

표 7-1 문화적 변수에 의한 시장세분화의 예

유형(국가그룹)	문화적 특성				마케팅시사점
	PD	UA	IN	MA	
[유형1] 아르헨티나, 이태리, 벨기에, 일본, 브라질, 폴란드, 프랑스, 스페인, 독일, 터키, 그리스, UAE	중	고	중	고	초-중기 기술수용자(일본은 예외적으로 점차 혁신층으로 변화), 소비자의 사회적 지위에 어필, 제품구매 및 사용시 인지된 위험성 감축, 제품의 기능성 강조
[유형2] 호주, 오스트리아, 미국, 아일랜드, 이스라엘, 스위스, 영국	저	중	고	고	초기기술 수용자, 고성능 제품 선호, 성공적 성취자 주제의 광고, 새로움과 다양성 추구, 상당히 위험 회피형
[유형3] 칠레, 콜롬비아, 코스타리카, 이란, 엘살바도르, 에콰도르, 에스토니아, 한국, 라트비아, 리투아니아, 대만, 파키스탄, 파나마, 페루, 포르투갈, 루마니아, 슬로베니아, 태국, 베네수엘라	고	고	저	중-저	후기 기술수용자, 높은 위험회피성향(낮은 가처분소득도 한 원인), 제품의 실용성/내구성/기능성 강조
[유형4] 중국, 홍콩, 싱가포르	고	저	저	중	중-후기 기술수용자, 그러나 일단 수용(사용)하면 모방심리로 급속히 보급, 지위-상징성을 주제로 광고
[유형5] 덴마크, 핀란드, 네덜란드, 스웨덴, 노르웨이	저	저	고	저	혁신층, 조기 기술수용자, 신제품에 대한 저항감 낮은 편, 새로움과 다양성 욕구 매우 높음

주: PD는 권력격차, UA는 불확실성회피 성향, IN은 개인주의, MA는 남성성 정도
자료원: Sundqvist, et al.(2005)

장세분화를 위한 조사활동을 수행할 수 있을 것이다.

참고로 홉스테드(Hofstede)의 문화차원 변수를 사용하여 국가를 유형화(세분화)한 사례가 〈표 7-1〉에 정리되어 있다.

(5) 복합변수에 의한 시장세분화

위에서는 경제, 정치, 지리, 문화적 측면별로 단일변수 혹은 복합변수를 이용하여 국가시장을 분류하는 것에 대해 설명했다. 그러나 모든 국가들의 특성은 이들 여러 측면들이 복합적으로 관련을 맺으면서 나타나기 때문에 경제적 측면, 혹은 문화적 측면만을 기

준으로 국가를 분류하는 것은 단편적일 수밖에 없다. 이를 해결하기 위해서는 여러 측면에 걸친 다양한 변수들을 종합적으로 고려하여 국가를 분류하려는 노력이 필요한데 이러한 연구를 몇개 소개하면 다음과 같다.

표 7 2 국가분류에 사용된 변수 및 변수집단의 예

변수 집단	개별 변수
총생산 및 수송부문	km당 항공여객 수 항공화물(t/km) 전력생산량 신문 수 인구 10만 이상 도시 수 총인구
개인소비부문	1인당 국민소득 1인당 GNP 1인당 승용차 수 1인당 텔레비전 수 1인당 에너지 소비량 병원의 병상 수 신문 발행부수 1인당 전기생산량 1인당 전화회선 수 1인당 라디오 수 15~19세 인구 1인당 재학생 수 15~64세 인구 1인당 대학 및 직업학교 재학생 수
무역부문	수입/GNP 수출/GNP 소비자 가격지수
건강 및 교육부문	15세 이상 성인의 문맹률 농업인구 비율(%) 평균수명 1인당 의사 수 인구 10만이하의 도시 수 5~14세 인구 1인당 재학생 수 정치적 안정성

자료원: S. Prakash Sethi, "Comparative Cluster Analysis for World Markets," *Journal of Marketing Research*, August 1971, pp. 350-351.

Sethi는 30여개 변수를 사용하여 91개 국가를 분류하는 연구를 수행했다.[6] 그는 원래의 변수를 통계분석기법을 통해 ① 총생산 및 수송, ② 개인소비, ③ 무역, 그리고 ④ 건강 및 교육 등 4개의 변수그룹으로 축약한 후 이를 바탕으로 국가를 분류하였는데 이 4개의 변수집단과 개별변수들은 〈표 7-2〉에 나타난 바와 같다.

한편 1인당 국민소득이 생활의 질(quality of life)을 충분히 나타내 주지 못한다는 점에서 UNDP(United Nations Development Programme)는 여러 변수들을 종합적으로 고려하여 인간의 행복정도를 측정하고 이를 '인간개발지수(HDI, human development index)'의 형태로 국가별 순위를 매겨 1990년 이후 매년 발표하고 있다. 즉, 생활의 질적 측면을 고려하여 국가를 분류할 수 있는 기초자료를 제공하고 있는 것이다. 여기서 인간의 행복을 측정하기 위해 사용된 세 가지 주요 지표들은 기대수명(life expectancy), 교육정도, 그리고 개인별 소득정도 등이다.

〈표 7-3〉에는 UNDP에서 발표한 HDI 상위 50개국을 중심으로 HDI 및 1인당 GNI, 1인당 GNI 순위와 HDI 순위의 차 등이 나타나 있다. 이 표에서 볼 수 있는 바와 같이 인간개발순위와 1인당 GNI 순위는 일치하지 않고 있는데, 예를 들어 스위스의 경우 GNI 순위는 7위인데 비해 HDI 순위는 1위로 랭크되어 있으며, 호주는 GNI 순위는 24위지만 HDI 순위는 10위로 되어 있다. 반면에 룩셈부르크는 GNI 순위는 5위인데 비해 HDI 순위는 20위이며, 산유국인 카타르 역시 GNI 순위는 2위인데 비해 HDI는 40위에 그치고 있다. 우리나라의 HDI는 0.929로 19위다. 그러나 UN의 인간개발지수도 해외시장 세분화에 직접 활용하기에는 곤란한 측면이 많으며 국가분류의 기초자료, 혹은 시장세분화의 참조자료로 활용될 수 있을 것이다.

표 7-3 UNDP의 인간개발지수(HDI) 및 1인당 GNI 순위(2022년 HDI 상위 50개국)

HDI 순위	국가	인간개발 지수 (HDI)	1인당 GNI	GNI 순위 −HDI 순위[1)]
1	Switzerland	0.967	69,433	6
2	Norway	0.966	69,190	6
3	Iceland	0.959	54,688	16
4	Hong Kong, China (SAR)	0.956	62,486	6
5	Denmark	0.952	62,019	6

6) S. Prakash Sethi, "Comparative Cluster Analysis for World Markets," *Journal of Marketing Research*, August 1971, pp. 348-354.

HDI 순위	국가	인간개발 지수 (HDI)	1인당 GNI	GNI 순위 −HDI 순위[1)]
5	Sweden	0.952	56,996	10
7	Germany	0.950	55,340	11
7	Ireland	0.950	87,468	−3
9	Singapore	0.949	88,761	−6
10	Australia	0.946	49,257	14
10	Netherlands	0.946	57,278	4
12	Belgium	0.942	53,644	9
12	Finland	0.942	49,522	11
12	Liechtenstein	0.942	146,673	−11
15	United Kingdom	0.940	46,624	13
16	New Zealand	0.939	43,665	16
17	United Arab Emirates	0.937	74,104	−11
18	Canada	0.935	48,444	8
19	Korea (Republic of)	0.929	46,026	10
20	Luxembourg	0.927	78,554	−15
20	United States	0.927	65,565	−11
22	Austria	0.926	56,530	−5
22	Slovenia	0.926	41,587	13
24	Japan	0.920	43,644	9
25	Israel	0.915	43,588	9
25	Malta	0.915	44,464	5
27	Spain	0.911	40,043	10
28	France	0.910	47,379	−1
29	Cyprus	0.907	40,137	7
30	Italy	0.906	44,284	1
31	Estonia	0.899	37,152	9
32	Czechia	0.895	39,945	6
33	Greece	0.893	31,382	20
34	Bahrain	0.888	48,731	−9
35	Andorra	0.884	54,233	−15
36	Poland	0.881	35,151	7
37	Latvia	0.879	32,083	13
37	Lithuania	0.879	38,131	2
39	Croatia	0.878	34,324	5
40	Qatar	0.875	95,944	−38
40	Saudi Arabia	0.875	50,620	−18
42	Portugal	0.874	35,315	0

HDI 순위	국가	인간개발 지수 (HDI)	1인당 GNI	GNI 순위 −HDI 순위[1)]
43	San Marino	0.867	57,687	−30
44	Chile	0.860	24,431	15
45	Slovakia	0.855	32,171	4
45	Türkiye	0.855	32,834	2
47	Hungary	0.851	34,196	−2
48	Argentina	0.849	22,048	17
49	Kuwait	0.847	56,729	−33
50	Montenegro	0.844	22,513	12

주: 1) 양수(+)는 인간개발지수 순위가 1인당 GNI 순위에 비해 높은 것을 의미
2) 순위는 193개 국가를 대상으로 한 것임
자료원: UNDP, *Human Development Report 2023/2024*, p. 274(http://hdr.undp.org)

(6) 제품수명주기에 따른 시장세분화

개별 국가들은 특정 제품에 대해 서로 다른 시장발전단계를 가지는 것이 보통이다. 다시 말해 특정 제품의 제품수명주기(product life cycle) 상의 단계가 나라마다 다를 수 있다([그림 7-2] 참조). 제품수명주기 상의 단계가 다를 경우 제품의 디자인이나 광고전략, 가격전략 등의 마케팅믹스 프로그램을 적절히 변형하는 것이 바람직하게 된다. 제품의

그림 7-2 국가별 제품수명주기(PLC, product life cycle)의 차이

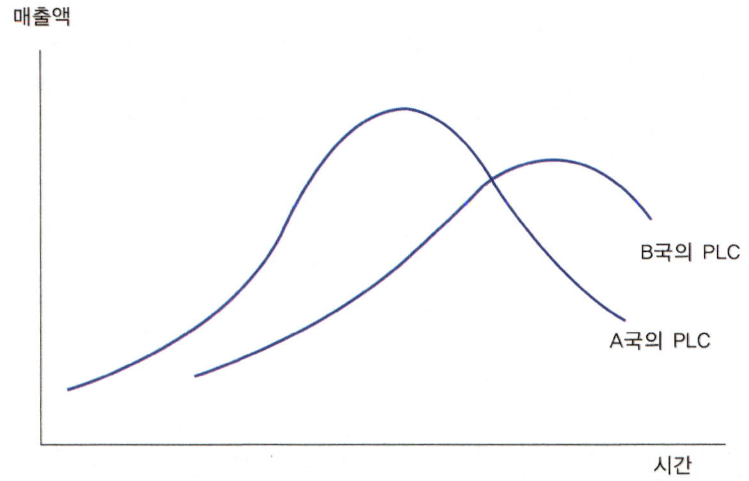

도입기(introduction stage), 성장기(growth), 성숙기(maturity), 쇠퇴기(decline)에 따라 제품의 인지도, 가격 및 제품차별화의 중요성, 적절한 중간상의 존재 여부, 경쟁상태, 기타 소비자행동 등이 다를 수 있기 때문이다. 폴라로이드사의 Swinger 카메라가 프랑스시장에서 실패한 것은 제품수명주기에 따른 마케팅믹스의 적절한 수정이 없었던 데에 기인하는 것으로 알려지고 있다. 미국시장은 이미 성숙기에 달해 있었는데 이제 막 도입기라 할 수 있었던 프랑스시장에서 미국 내에서와 동일한 마케팅믹스 프로그램을 전개했다는 것이다.[7)]

제품의 수명주기는 제품의 종류에 따라, 혹은 시장국가에 따라 그 모양이나 지속기간이 다르게 나타날 수 있다. 그러나 유사한 단계에 있는 국가들끼리 집단화가 가능하다면 그 단계에 따라 유사한 대응을 할 수 있으며, 이는 곧 이들을 하나의 세분시장으로 인식할 수 있다는 것을 의미한다. 제품수명주기에 따른 시장세분화는 적절한 마케팅믹스의 변형을 위해서 뿐만 아니라 다른 측면에서도 유용하게 활용될 수 있다. 한 국가시장에서 얻어진 경험을 차후에 비슷한 단계에 있는 국가에서 활용할 수 있고, 새로운 시장기회를 포착하여 쇠퇴기에 있는 국가로부터 도입기 내지 성장기에 있는 국가로 기업자원의 효율적인 이전을 추구할 수도 있는 것이다.

(7) 포트폴리오 접근법

복수의 변수를 이용하여 국제시장을 세분화하는 또 하나의 방법으로 포트폴리오 접근법이 있다. 이 방법이 위에서 설명한 복합변수에 의한 세분화와 다른 점이라면 후자는 여러 변수를 토대로 국가별 단일점수를 내거나 군집분석(cluster analysis) 등의 방법으로 국가를 분류하려는 것인데 비해, 포트폴리오 접근법은 두세 개의 변수(차원)를 그 크기에 따라 2~3개 구간(예: 고저, 대중소)으로 나누고 이들을 매트릭스 형태로 조합하여 각 셀(cell)단위로 국가를 분류하는 방법이다.

포트폴리오 접근법은 대개 BCG(Boston Consulting Group)의 '성장률-점유율(growth-share)' 매트릭스나 GE/McKinsey의 '산업매력도-경쟁위치(industry attractiveness-competitive position)' 매트릭스의 기본개념을 원용한 것들로서[8)] 이들 중 몇가지를 설명하면

7) Jose de la Torre, "Product Life Cycle as a Determinant of Global Marketing Strategies," *Atlantic Economic Review*, September-October 1975, pp. 9-14.

8) BCG 및 GE/McKinsey의 포트폴리오 매트릭스에 대한 보다 자세한 설명은 대부분의 경영전략, 마케팅전

다음과 같다.

3차원 접근법: Rizkallah(1980)는 [그림 7-3]에 나타난 바와 같이 시장잠재력(country potential), 경쟁력(competitive strength), 위험(risk)이라는 세 가지 차원(dimensions)을 기준으로 국가를 분류하였다.[9] 시장잠재력은 인구, 경제성장률, 실질 GNP, 1인당 국민소득, 인구분포, 생산 및 소비패턴 등을 기초로 하여 고-중-저 세 구간으로 나누고, 위험은 정치적 위험, 재무적 위험, 사업위험 등을 기초로 고-저 두 구간으로 구분했다.

한편 경쟁력은 해당 국가시장 내에서의 경쟁력으로서 기업의 시장점유율, 자원, 해당 국가에 대한 지식, 경험, 대응능력 등과 같은 기업내부적 요인과, 경쟁기업(대체산업에 속한 경쟁기업 포함)의 경쟁력, 산업구조와 같은 기업외부 요인을 토대로 강-중-약 등 셋으로 구분하였다. 따라서 전체 포트폴리오 매트릭스를 구성하는 셀의 수, 즉 세분시장의 수는 3×2×3=18개가 된다.

이러한 접근방법은 여러 변수를 종합적으로 고려하여 한 차원의 크기를 결정하고 주요 차원 세 개를 고려하여 국가를 구분하므로 상당히 포괄적이며 국제마케팅 환경을 종

그림 7-3 '잠재력-경쟁력-위험' 3차원 기준의 국가분류 매트릭스 – 포트폴리오 접근법

경 쟁 력

위험	강	중	약	시장잠재력
고	그룹1	2	3	고
	4	5	6	중
	7	8	9	저
저	10	11	12	고
	13	14	15	중
	16	17	18	저

자료원: Rizkallah(1980), p. 10.

략 관련 서적이 이 문제를 다루고 있으므로 이들 서적을 참조 바람.

9) Elias G. Rizkallah, "Multiple Product: Multiple Market Allocations – A Portfolio Approach," presented at the Academy of International Business Annual Meeting in New Orleans, October 24, 1980.

합적으로 대변한다는 장점을 가지고 있다. 그러나 이 방법을 사용하기 위해서는 기업내외부의 방대한 자료를 수집해야 한다는 어려움을 겪어야 한다. 또한 구체적인 마케팅믹스의 개발을 위한 시장세분화로서는 부족한 측면이 많으며 오히려 시장선택이나 진입 및 철수, 혹은 마케팅자원의 국가간 배분이라는 보다 거시적인 차원에서의 효용성이 더 크다고 할 수 있다. 예를 들어 [그림 7-3]에서 그룹 10(시장잠재력이 가장 높고 위험은 낮으며 경쟁력은 가장 높은 시장)이 가장 매력적인 시장이 될 것이며, 반대로 그룹 9는 매력도가 가장 낮은 시장이 될 것이다.

2차원 접근법: Harrell & Kiefer(1993)는 국가매력도(country attractiveness)와 기업의 경쟁력(company strength)이라는 두 가지 차원을 기준으로 국가를 구분하였다.[10] 국가매력도는 위의 3차원 접근법에서 설명한 시장잠재력과 위험을 동시에 고려한 것으로서 예를 들어 Ford의 트랙터사업부는 시장규모, 성장성, 가격규제, 복잡한 행정절차(red tape), 현지부품(local content) 사용비율과 수출량에 대한 의무규정, 물가상승률, 국제수지, 정치적 안정성 등을 각각 점수화하고 이들을 가중평균하는 방법으로 국가매력도를 계산하였다.

기업의 경쟁력 차원 역시 기본 개념은 위에서 설명한 바와 같다. Ford의 예를 다시 들면 시장점유율(절대적), 시장점유율 순위(상대적), 고객의 욕구에 대한 제품의 적합성, 단위당 이익, 원가 대비 이익률, 경쟁사와 비교한 자사 유통경로(대리점)의 능력, 자사 촉진 프로그램의 상대적(경쟁사 대비) 현지 적합성 등이 경쟁력 정도를 계산하는 데 사용된 변수들이다. 이 역시 각각의 수치나 순위, 비계량적 평가 등을 구간별로 점수화하고 이들을 다시 가중평균하게 된다.

국가매력도와 경쟁력을 각각 고-중-저 세 구간으로 구분하면 [그림 7-4]와 같이 9개의 셀로 구성되는 3×3 포트폴리오 매트릭스가 구해진다. 국가매력도와 경쟁력을 계산하기 위해 사용되는 변수는 기업과 제품에 따라서 적절히 조정할 수 있으며 이들의 중요도나 가중치도 개별기업의 판단에 따라 주관적으로 결정될 수밖에 없다.

여기서 설명한 2차원 접근법은 위의 3차원 방법을 보다 단순화하여 시각화하는 장점을 지닌다고 할 수 있다. 그러나 이 방법 역시 위에서 설명한 대로 일반적인 포트폴리오 접근법이 갖는 장점이나 한계점을 가지고 있다. 포트폴리오 접근법을 효과적으로 활용하

10) Gilbert D. Harrell & Richard O. Kiefer, "Multinational Market Portfolios in Global Strategy Development," *International Marketing Review*, 10(1), 1993, pp. 60-72.

그림 7-4 '국가매력도-경쟁력'의 2차원 국가분류 매트릭스와 전략대안 예

국가매력도		경쟁력 고	경쟁력 중	경쟁력 저
	고	투자/성장		철수/Joint Venture
	중		선택적 전략	
	저			수확/철수 License

자료원: Harrell & Kiefer(1993), p. 63.

그림 7-5 '사고-감정'의 2차원 국가분류 매트릭스

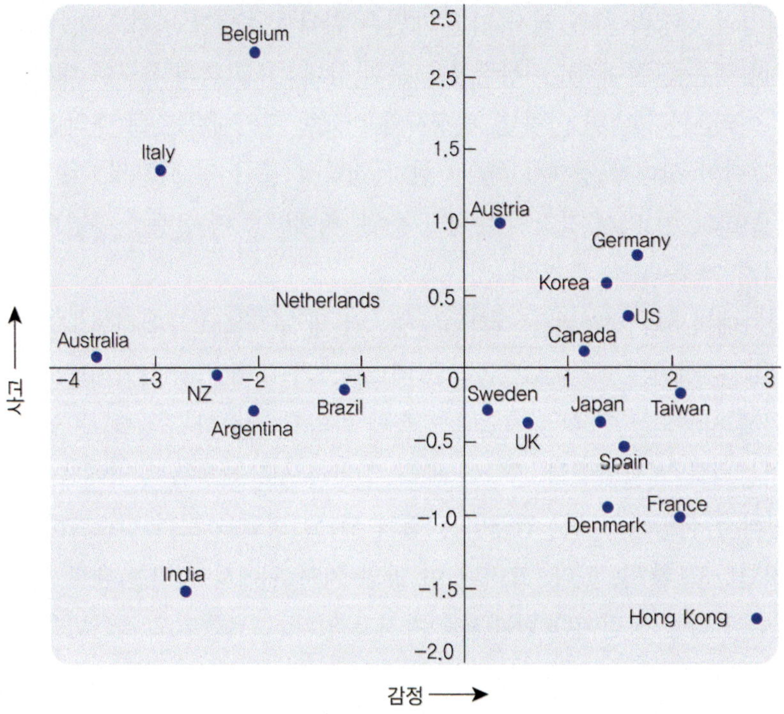

자료원: Zandpour & Harich(1996), p. 341.

려면 차원의 수나 종류, 그리고 차원을 구성하는 개별 변수의 종류와 수, 가중치 등을 기업의 상황이나 제품의 특성에 따라 적절히 조정해야 할 것이다.

국제광고전략에 응용할 수 있는 2차원 포트폴리오 접근법의 한 예로 Zandpour & Harich(1996)가 제시한 '사고(think)-감정(feel)' 기준의 국가분류 방법이 있다.[11] 이것은 각 국가의 문화적 배경과 광고산업 환경 등을 고려하여 이성적 소구(rational appeal)와 감성적 소구(emotional appeal)에 대한 선호 정도를 파악하고, 그 정도에 따라 국가를 분류하려는 시도다. [그림 7-5]에서 '고 사고-고 감정' 분면에 속한 국가들, 예를 들면 미국이나 캐나다, 한국 등에서는 감성과 이성 모두에 소구하는 전략이 바람직하다. 홍콩처럼 '저 사고-고 감정'에 해당하는 경우에는 합리적인 광고 메시지보다는 감성에 호소하는 전략이 소비자 반응을 끌어내는 데 유리하며, 반대로 '고 사고-저 감정' 그룹에 속한 이태리나 호주 등에서는 감성에 소구하기보다는 합리성과 이성적 판단에 도움이 되는 정보를 제공하는 광고전략이 바람직할 것이다.

2.2 초국가(超國家) 시장세분화

지금까지 국제시장 세분화의 일반적인 관심은 복수의 국가시장을 어떤 방법으로 분류할 것인가 하는 문제, 즉 국가단위의 시장세분화에 있었다. 이러한 접근방법은 국가는 더 이상 나눌 수 없는 시장단위이며 국가별 시장은 서로 이질적인 단위라는 가정을 바탕으로 하고 있다.

그러나 최근에는 국제시장 세분화의 관심이 국가단위의 세분화에서 국가간(inter-country) 세분화, 혹은 초국가(cross-border) 시장세분화로 옮겨져 오고 있다. 하나의 국가시장도 여러개의 서로 다른 세분시장으로 구성되어 있으며, 여러 국가시장에 걸쳐 공통된 소비패턴과 행동양식을 보이는 소비자집단이 존재한다고 보는 것이다. 즉, 한 국가의 특정 세분시장은 다른 국가에 있는 비슷한 유형의 세분시장과 동질적이며, 이러한 소비자집단을 발견하는 것이 국가 내의 동질성과 국가 간의 이질성을 전제로 하는 국가단위의 시장세분화보다 유용할 수 있다는 인식이 생기게 되었다.

---

11) Fred Zandpour & Katrin R. Harich, "Think and Feel Country Clusters: A New Approach to International Advertising Standardization," *International Journal of Advertising*, 15(4), 1996, p. 325-344.

이러한 입장에서 국제시장을 세분화하는 것이 초국가 시장세분화며 여러 국가에 걸쳐 발견되는 세분시장이 초국가 세분시장이다. Levitt(1983)은 세계 소비자수요의 동질화경향을 역설하면서, 규모의 경제를 살리기 위해 전세계에 걸친 유사한 세분시장을 발견하도록 힘써야 한다고 주장한다. 한 국가 내의 세분시장은 그 자체로 유일한 것이 아니고 세계 어디든지 유사한 대응 세분시장이 존재한다는 것이다.[12] 이러한 주장은 국제마케팅의 표준화(standardization)나 세계화(globalization) 전략의 바탕이 되고 있다.

독일의 벤츠자동차는 일반적으로 고급승용차로 알려져 있으며, 실제로 이 회사는 전세계의 부유층이라는 초국가 세분시장에서 강력한 입지를 구축하고 있다. 화장품회사인 Estee Lauder의 Aramis 사업부도 미국의 캘리포니아주와 일본시장을 목표로 신제품을 출시한 적이 있었는데 적어도 초기에는 미국 내 여타 지역을 목표시장으로 설정하지 않았었다. 한정된 국가만을 대상으로 했지만 초국가 시장세분화의 예로 볼 수 있을 것이다. 제품에 따라 여러 나라의 10대 청소년시장을 하나의 세분시장으로 인식하는 것도 훌륭한 시장세분화 정책이 될 수 있다.

초국가 시장세분화는 일단 국가개념을 무시하고 전세계시장을 세분화하려는 것이므로 본질적으로는 일반적인 국내시장 세분화와 그 기준이나 방법 등에 있어서 유사하다. 위에서 언급한 벤츠자동차의 경우는 소득수준에 따른 시장세분화의 예며, 10대 청소년시장의 경우는 연령에 따른 시장세분화라 하겠다. 이 외에 라이프스타일, 개성, 학력, 구매행동변수 등을 이용하는 초국가 시장세분화도 적어도 이론적으로는 가능하며 제품에 따라서는 실질적인 의미가 있을 수 있다. 다만 시장세분화에 필요한 기초자료, 특히 1차 자료의 경우 그 수집과정상의 어려움과 국가간 비교가능성의 한계 등이 문제점으로 지적되며, 해당 세분시장에 실질적으로 접근이 가능한가 하는 점도 문제가 될 수 있다.[13]

초국가 시장세분화를 반드시 전세계를 대상으로 고려할 필요는 없다. 경제블록, 혹은 지역을 하나의 분석단위로 하여 그 내부에서 초국가 시장세분화를 하는 방법도 경우에 따라서는 훨씬 바람직할 수 있을 것이다. 유럽연합(EU)이나 서유럽 국가집단은 지역단위의 초국가 시장세분화를 적용할 수 있는 대표적 지역이라 볼 수 있다.

12) Theodore Levitt, "The Globalization of Markets," *Harvard Business Review*, May-June 1983, p. 94.

13) 초국적 시장세분화를 실질적으로 적용하는 데 유용한 가이드라인으로 Sudhir H. Kale & D. Sudharshan, "A Strategic Approach to International Segmentation," *International Marketing Review*, Summer 1987, pp. 60-70를 참조 바람

2.3 국가내 시장세분화

지금까지 설명한 해외시장 세분화는 복수국가를 대상으로 하는 것들이었다. 그러나 특정 국가시장을 세분화하는 일도 해외시장 세분화의 주요 과제가 될 수 있다. 특정 국가시장의 세분화는 적어도 다음과 같은 세 가지 측면에서 중요한 의의를 가진다.

첫째, 해외시장진출 초기, 혹은 소수의 국가시장만을 대상으로 할 경우 해당 국가의 시장세분화는 다수 국가시장을 대상으로 할 때보다 더 중요할 수 있다. 국제경험과 능력이 부족한 초기에는 대개의 경우 제한된 범위 내에서 자원의 투입이나 마케팅활동이 일어나며, 이러한 활동을 가장 효과적으로 전개할 수 있는 세분시장의 발견이 중요하기 때문이다. 현대자동차가 북미시장개척 초기에 포니나 엑셀과 같은 저가의 소형차시장을 집중공략한 것은 대표적 예라 하겠다.

둘째, 다수국가를 대상으로 할 경우에도 한 국가시장이 상당히 이질적인 소비자들로 구성되어 있다면 시장을 세분화할 필요성이 제기된다. 이는 시장세분화의 본질상 당연한 것이지만, 동시에 세분시장의 크기나 접근가능성 역시 물론 당연히 고려되어야 할 것이다. 현실적으로는 시장규모가 큰 국가일수록 국가내 시장세분화의 필요성과 가능성이 높아진다고 볼 수 있다.

셋째, 국가내 시장세분화는 앞에서 설명한 초국가 시장세분화의 기초가 된다. 초국가 시장세분화는 여러 국가에 걸쳐 공통적으로 발견되는 세분시장을 하나의 세분시장으로 인식하는 것이기 때문에 개별국가의 시장세분화를 전제로 한다.

특정 외국시장의 세분화는 기본적으로 일반적인 국내시장 세분화와 그 개념, 절차, 기준 등이 동일하다고 볼 수 있다. 시장세분화에 사용되는 기준에 대해서는 대부분의 마케팅 교재에서 다루고 있으므로 자세한 설명은 생략하고 이를 간단히 요약하면 〈표 7-4〉와 같다.

표 7-4 시장세분화의 주요 기준변수

변 수	분류방법 예
1. 지리적 변수	
지역	북부, 중부, 남부, 동부, 서부
인구밀도	도시, 교외, 농어촌
기후	북부, 남부, 동부, 서부

2. 인구통계적 변수	
연령	취학 이전, 초등학생, 중학생, 20대, 40대 등
성별	남, 녀
가족수/생활주기	대가족, 소가족, 미혼, 신혼, 중년부부 등
소득(개인/가족)	저-중-고소득층, 혹은 더 세분화된 소득구간
직업	전문직, 공무원, 사무직, 판매원, 농어민 등
학력	대학원졸, 대졸, 고졸, 중졸, 국졸, 무학력
종교	개신교, 카톨릭, 불교, 회교, 기타, 무교
인종	백인, 흑인, 아시아계, 동양인, 서양인 등
3. 심리분석적 변수	
사회계층	상류층, 중류, 하류, 중상류, 중하류 등
라이프스타일	보수형, 진보형, 성취형, 합리형 등
개성	강제적, 사교적, 권위적, 야심적 등
4. 구매행동변수	
구매/사용시기	규칙적, 불규칙적, 특수적
추구하는 편익	기능, 품질, 경제성, 디자인, 서비스 등
사용경험	비사용자, 최초사용자, 잠재적 사용자, 기사용자
사용량	소량, 보통, 대량사용자
상표충성도	전무, 보통, 강함, 절대적
구매준비단계	무지, 인지, 관심, 바람, 구매의도

연습문제

1. 해외시장 세분화의 필요성에 대해 설명하시오.
2. 포드(Ford) 자동차의 'Model T'와 'Thunderbird' 사례가 시장세분화와 관련하여 주는 시사점에 대해 설명하시오(Mini-Case 7.1 참조).
3. EIU 시장지수에 대해 간략히 설명하시오.
4. 지리적 변수에 의한 해외시장 세분화의 의의와 한계에 대해 설명하시오.
5. 제품수명주기에 따른 해외시장 세분화의 개념과 의의를 설명하시오.
6. 초국가 시장세분화(cross-border segmentation)의 개념과 의의를 설명하시오.

참고문헌

- 이장로, 문희철, 이춘수, 4차 산업혁명 시대의 국제마케팅, 8판, 한빛아카데미, 2022.
- 이철, 글로벌마케팅, 3판, 학현사, 2020.
- 이철, "국제마케팅 연구체계 및 주제별 문헌분석: 비교문화적 소비자행동연구를 중심으로," 유필화(편), 현대의 마케팅과학, 법문사, 1994, pp. 457-476.
- Cateora, Philip R., R. Bruce Money, Mary C. Gilly & John L. Graham, *International Marketing*, 19th ed., McGraw-Hill, 2023.
- Czinkota, Michael, Ilka Ronkainen & Annie Cui, *International Marketing*, 11th ed., Cengage Learning, 2022.
- Day, Ellen, Richard J. Fox & Sandra M. Huszagh, "Segmenting the Global Market for Industrial Goods: Issues and Implications," *International Marketing Review*, Autumn 1988, pp. 14-27.
- Green, Mark C. & Warren Keegan, *Global Marketing*, 10th ed., Pearson, 2019.
- Harrell, Gilbert D. & Richard O. Kiefer, "Multinational Market Portfolios in Global Strategy Development," *International Marketing Review*, 10(1), 1993, pp. 60-72.
- Kale, Sudhir H. & D. Sudharshan, "A Strategic Approach to International Segmentation," *International Marketing Review*, Summer 1987, pp. 60-70.
- Kotabe, Masaaki & Kristiaan Helsen, *Global Marketing Management*, 9th ed., Wiley, 2022.
- Levitt, Theodore, "The Globalization of Markets," *Harvard Business Review*, May-June, 1983, pp. 92-102.
- Ronen, Simcha & Oded Shenkar, "Clustering Countries on Attitudinal Dimensions: A Review and Synthesis," *Academy of Management Review*, Vol. 10, No. 3, 1985, pp. 435-454.
- Sethi, S. Prakash "Comparative Cluster Analysis for World Markets," *Journal of Marketing Research*, August 1971, pp. 348-354.
- Sundqvist, Sanna, Lauri Frank & Kaisu Puumalainen, "The Effects of Country Characteristics, Cultural Similarity and Adoption Timing on the Diffusion of Wireless Communications," *Journal of Business Research*, 58(1), 2005, pp. 107-110.
- de la Torre, Jose, "Product Life Cycle as a Determinant of Global Marketing Strategies," *Atlantic Economic Review*, September-October 1975, pp. 9-14.
- Zandpour, Fred & Katrin R. Harich, "Think and Feel Country Clusters: A New Approach to International Advertising Standardization," *International Journal of Advertising*, 15(4), 1996, p. 325-344.

CHAPTER

08

목표시장의 선택과 포지셔닝

적절한 해외시장을 선택하는 것은 처음 해외진출을 시도하는 기업은 물론 이미 해외시장 경험이 있는 기업에게도 매우 중요한 문제다. 목표시장 선정 자체가 마케팅활동의 성패를 결정할 수도 있기 때문이다. 진출시장의 선택은 일반적으로 볼 때 특정 산업이나 제품 · 서비스 분야를 전제로 하며 진입방법(entry mode)에 대한 결정 전에 이루어진다. 그러나 경우에 따라서는 특정 시장을 염두에 두고 제품분야를 결정할 수도 있으며, 진입방법에 대한 고려가 시장선택에 영향을 주기도 한다.

본장에서는 특정 산업이나 제품/서비스 분야의 해외시장에 진출하기로 한 기업이 해외시장을 선정하는 일반적 절차와 방법에 대해 살펴보기로 한다. 선택한 시장 내에서 경쟁제품과 차별화하여 소비자들에게 다가가려는 포지셔닝(positioning)전략에 대해서도 살펴본다. 시장진입방법에 대한 고려가 시장 선택의 제약요소로 작용할 수도 있지만 이에 대해서는 다음 장에서 논의할 것이다.

8-1 Mini-Case

K푸드 '트로이카' 비비고 · 신라면 · 초코파이, 해외서 2조 5,000억원 팔렸다

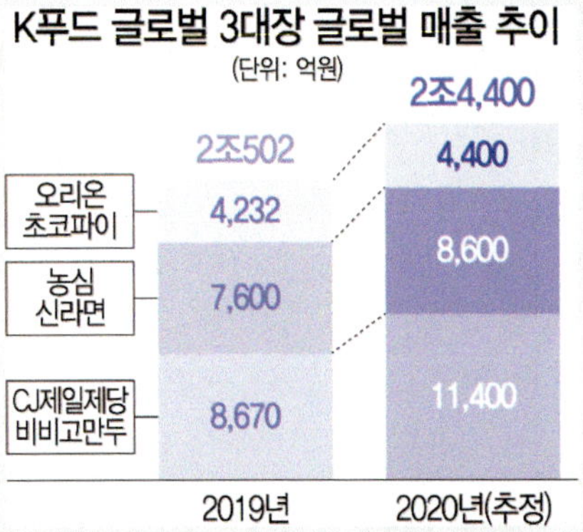

'K푸드' 글로벌 트로이카인 CJ제일제당 비비고 만두와 농심 신라면, 오리온 초코파이의 올해 글로벌시장(국내외 합계) 매출이 2조 5,000억원에 육박할 것으로 전망된다. 한국을 대표하는 3개 식품브랜드가 삼각편대로 식품기업의 해외진출 모범사례를 쓰고 있다. 식품 · 유통업계에 따르면 비비고 만두, 신라면, 초코파이의 2020년 글로벌 시장매출은 2조 4,400억원으로 추정된다. 비비고 만두가 1조 1,400억원으로 가장 먼저 1조원의 '마의 벽'을 깰 전망이고 신라면 8,600억원, 초코파이도 4,400억원의 매출이 예상된다. 이들 트로이카는 지난해 2조 502억원으로 2조원을 터치한 이래 한 해 동안 20% 이상 성장했다. 신종 코로나바이러스 감염증(코로나19)으로 국내뿐 아니라 해외에서도 '집밥'수요가 늘면서 이들 K푸드가 더욱 각광 받는 계기가 됐다.

비비고 만두는 지난 2018년 글로벌매출이 6,600억원에서 올해 1조 1,400억원으로 2년 사이 거의 2배 가까이 급증했다. 비비고 만두의 해외판매 비중은 지난 2015년 41.1%에서, 2017년 47.6%, 2019년 63.6%로 매년 증가하며 'K푸드'의 위상을 증명하고 있다. 비비고 만두는 아시아음식이 익숙지 않은 미국에서 간식으로 자리매김됐지만, 코로나19로 내식수요와 함께 건강식이란 인식과 다양한 조리법으로 이제 '주식'의 영역으로 넘어가고 있다는 분석도 나온다.

신라면은 코로나19로 해외시장에서 'K라면'을 확실히 각인시키며 농심의 올해 전 세계 라면기업 순위 5위 등극을 이끌었다. 글로벌 시장조사업체 유로모니터가 최근 발표한 세계 라면기업 순위에 따르면, 농심은 지난해 5.3%에 이어 올해는 5.7%의 점유율로 6위와의 격차를 더 벌릴 것으로 예상된다. 특히 신라면의 글로벌매출은 2017년 7,000억원, 2019년 7,600억원에서 올해 전망치 8,600억원으로 창사 이래 가장 가파르게 증가했다.

K푸드의 선두주자로 2012년 업계 최초로 해외매출 3,000억원을 돌파한 초코파이는 2017년 중국 사드

(THAAD · 고고도미사일방어체계) 사태로 매출이 일시적으로 줄어들었으나 올해 성장세를 회복했다. 사드후폭풍으로 초코파이 주요 시장인 중국매출이 급감하면서 2017년 3,930억원으로 4,000억원을 밑돌기도 했으나 올해는 3 · 4분기까지 3,300억원의 매출을 올리며 4,500억원에 가까운 매출을 기록할 것으로 전망된다. 오리온 초코파이의 중국이름은 '하오리여우'(好麗友派)다. 상표등록을 경쟁사인 롯데에 빼앗기는 바람에 '오리온파이'로 브랜드를 바꾸었지만, 이와 발음이 유사하도록 만든 중국브랜드는 '좋은 친구'라는 의미가 담겨있어 중국인들에게 친근감을 주고 있다.

글로벌시장에서 K푸드의 선전은 이어질 것으로 보인다. 식품업계 관계자는 "코로나19가 글로벌시장에서 한국식품이 재조명 받는 기회가 되면서 K푸드 성장속도는 더욱 빨라질 것으로 보인다"며 "해외시장에서 K푸드는 간식을 넘어 주식의 일부로 자리 잡고 있다"고 말했다.

자료원: 서울경제, 2020. 12. 9

01 해외시장 선택의 일반적 절차

해외시장 진출을 검토하는 기업은 자사의 제품이나 서비스의 매출 가능성이 높은 국가들에 우선적인 관심을 갖게 되기 마련이다. 다시 말해 매출액 목표를 단기적 관점에서 고려하느냐 혹은 장기적 관점에서 고려하느냐의 차이는 있겠지만 자사 제품의 판매가능성이 가장 높은 시장을 일차적 목표시장으로 선택하는 것이 일반적이다. 이러한 자사 제품 매출 가능성은 크게 시장전체의 잠재력과 해당 기업의 경쟁력에 의해 좌우된다. 예상 매출액 외에 시장국가의 제반 환경요소와 위험요소에 대한 고려도 필요하나 이들 요소는 진출시장 자체의 선택과정보다는 진출방법에 대한 의사결정과정에서 보다 중요하게 고려되는 것이 일반적이다.

해당 기업의 매출잠재력을 일차적 고려요인으로 할 때 해외시장을 선택하는 절차는 일반적으로 ① 대상국가의 일차적 선별, ② 제품 · 산업분야 전체의 시장잠재력 평가, 그리고 ③ 기업매출액 예측에 의한 평가의 순서로 생각해 볼 수 있다([그림 8-1] 참조).

대상국가의 일차적 선별(preliminary screening)이란 보다 상세한 조사와 분석을 필요로 하는 국가들을 우선 선별하는 과정으로서 시장선택을 위한 조사활동에 드는 시간과 노력, 비용 등을 줄이기 위해 비교적 간단한 기준을 적용하여 검토대상 국가 수를 줄이는 절차라 할 수 있다.

제품 · 산업분야 전체의 시장잠재력 평가과정은 1차 선별과정을 통과한 국가들을 대

그림 8-1 해외시장선택의 일반적 절차

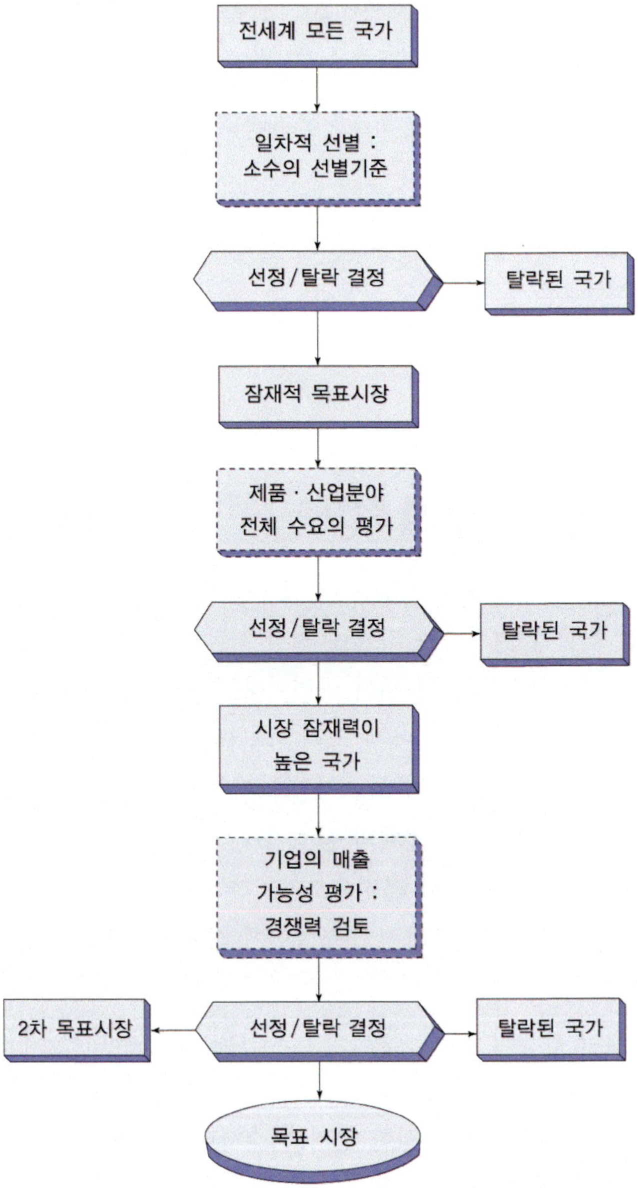

상으로 보다 다양한 변수와 기준을 토대로 시장전체의 수요, 즉 1차적 수요(primary demand)를 예측하고 평가하는 과정이다.

마지막으로 기업매출액 예측에 의한 평가과정은 주어진 시장전체의 잠재력 중에서 자사가 확보할 수 있는 부분, 즉 선택적 수요(selective demand)가 얼마나 될 것인가를 기준으로 시장을 평가하는 것을 말한다. 기업의 매출액 가능성은 시장전체 수요는 물론 해당 시장국가 내에서 자사가 갖는 상대적인 경쟁력과 마케팅노력 등에 의해 좌우되며 실질적으로 가장 중요한 시장선택 기준이라고 볼 수 있다.

02 대상국가의 일차적 선별

새로이 해외시장 진출을 고려하는 경우 전세계의 모든 국가시장을 마케팅활동의 대상으로 삼는 것은 대부분의 기업에 있어 현실적으로 불가능하다. 또한 이들 모든 국가를 대상으로 진출가능성을 검토하는 것 역시 무리한 일이 아닐 수 없다. 따라서 보다 심층적인 조사 및 분석의 가치가 있다고 판단되는 국가들만 남겨놓고 나머지 국가들을 조사대상에서 제외시키는 선별(screening)과정이 필요하게 된다. 그러나 일차적 선별과정 자체는 모든 국가를 대상으로 적용할 필요가 있다. 이는 실제로 잠재력이 있는 시장을 일차적 검토대상에서 아예 배제시키는 위험을 줄이기 위함이다. 때때로 경영자나 마케팅조사자는 나름대로의 가정과 주관적 편견을 바탕으로 특정 국가나 지역에 대한 진출가능성을 아예 무시하거나, 특정 국가집단이나 지역만을 검토대상으로 한정하는 오류를 범하게 된다. 따라서 일차적 선별과정은 가능한 한 모든 국가를 대상으로 하여 가능성이 있는 시장국가를 제외시키는 오류를 방지하되 선별기준, 혹은 탈락기준은 간단한 몇가지 변수로 한정하여 시간낭비를 줄이도록 해야 한다.

2.1 선별기준의 설정

검토대상 국가 수를 줄이기 위한 일차적 선별과정에 사용되는 판단기준은 크게 시장진입 자체를 어렵게 만드는 부정적 변수와 전반적인 시장잠재력과 관련된 변수로 나눌 수 있다. 전자는 그러한 부정적 요소로 인해 더 이상의 검토를 필요로 하지 않는 국가를 배제시키기 위해 사용되고, 후자는 시장규모가 일정 수준에 미달되는 국가를 검토대상에서 제외시키기 위해 사용된다.

8-2 Mini-Case

롯데몰 쇼핑하고 CGV서 영화… "여긴 베트남입니다", 베트남 장악한 한국 유통업계

2024년 8월 말 어느 날 오후, 베트남 수도 하노이의 '롯데몰 웨스트레이크 하노이' 쇼핑몰. 한글로 '요리하다 키친'이라고 쓰인 지하 1층 롯데마트 푸드 코트에는 한국식 치킨과 피자, 초밥을 사먹는 현지 쇼핑객들로 꽉 차 빈자리를 찾을 수 없었다. 작년 9월 문을 연 이 쇼핑몰은 현재 베트남의 모든 백화점과 쇼핑센터 중 매출 1위다. 개장 9개월 만에 매출 2000억원을 돌파했다.

[베트남 수도 하노이에 있는 '롯데몰 웨스트레이크 하노이'를 현지인들이 찾은 모습]

베트남에선 요즘 CGV에서 영화를 보고, 롯데리아에서 햄버거를 먹고, 집 앞 GS25 편의점에 들르는 베트남인의 생활이 낯설지 않게 됐다. 1990년대 삼성·LG 등이 공장을 짓고 현지 근로자를 채용하며 시작된 한국 기업의 베트남 공략이 '생산기지'에서 '소비 시장'으로 진화한 것이다. 평균 연령 32.5세의 젊은 베트남 국민이 한국 소비재에 큰 호감을 가지게 된 게 주요 원인이라는 분석이 나온다.

생산 전초기지에서 주요 소비 시장으로

베트남 현지에서 분야별 1~2위에 오른 한국 기업은 계속 늘고 있다. CJ CGV와 롯데시네마는 한국식 '멀티플렉스'(상영관이 여럿인 대형 영화관)를 베트남에 적극 이식하며 현지 영화관 수 1, 2위다. CJ CGV가 83곳, 롯데시네마가 45곳이다. CGV 관계자는 "베트남 전체 영화 관람객의 절반 정도는 CGV를 이용한다고 보면 된다"고 했다. 패스트푸드에선 롯데리아가 지난달 말 기준 총 252점포를 운영하면서 KFC · 파파이스 같은 글로벌 프랜차이즈를 제치고 1위에 올라 있다. 편의점 분야에서도 GS25가 상반기 기준 점포 수 289곳으로 미국의 서클K에 이어 2위다.

베트남에서 존재감 뽐내는 한국 기업들

쇼핑몰 매출
1위 롯데몰 웨스트레이크 하노이
→개점 9개월 만에 매출 2000억원 돌파

영화관 극장 수
1위 CJ CGV(83곳)
2위 롯데시네마(45곳)

패스트푸드 점포 수
1위 롯데리아(252개)

편의점 점포 수
1위 서클K(미국·450여개)
2위 GS25(289개)

중소기업이 베트남 현지에 진출해 두각을 나타낸 사례도 있다. 침구류 전문 기업 '에버피아'는 1998년부터 베트남에서 이불, 베개 등을 생산하며 현재 공장 3곳과 350여 매장을 운영 중이다. 지난해 매출은 약 450억원. 이재은 대표는 "과거보다 현지 경쟁 업체가 많아졌지만, 여전히 베트남 침구 시장 점유율 1위를 지키고 있다"고 했다.

이처럼 한국 소비재나 유통 기업이 베트남에서 약진할 수 있는 이유는 무엇일까. 국내 기업은 과거 인건비가 저렴하고 노동력이 풍부한 베트남을 주요 생산 기지로 활용했다. 삼성전자는 1995년 호찌민 TV 공장을 시작으로, 지난해 말까지 총 114억달러(약 15조원)를 투자해 총 6만명을 고용하고 있다. 통 큰 투자를 하는 한국 기업의 이미지가 음악・드라마 등 한류(韓流) 인기와 결합해 베트남 현지 소비자에게 호감을 더했다. 한국 기업과 브랜드에 대한 인식이 믿고 살 수 있는 제품을 만드는 곳으로 바뀌기 시작했다. 현지에서 사업을 하는 한 기업인은 "베트남은 전 세계에서 한국 이미지가 가장 좋은 곳 중 하나"라고 했다.

프리미엄 이미지로 베트남 청년층 공략

기회의 땅 베트남 2023년 기준

인구	1억31만명(하노이 859만, 호찌민 946만명)
평균 연령	32.5세(한국은 45세)
1인당 GDP	약 4300달러
생산가능인구(15~64세) 비율	약 70%

내수 시장에서 성장의 한계를 체감한 국내 기업은 2010년대부터는 베트남의 성장 잠재력에 주목하며 적극적으로 공략했다. 베트남 인구는 2023년 기준 1억31만명에 달하고, 소득수준도 빠르게 늘고 있다. 베트남 통계총국에 따르면, 베트남의 1인당 월평균 소득은 2018년 159.8달러(약 21만원)에서 2023년 204.7달러(약 27만원)로 5년 만에 28% 증가했다.

국내 기업들은 중・고급 브랜드와 화려한 매장을 내세워 베트남 젊은 소비자를 공략하며 시장점유율을 늘리고 있다. 롯데몰 웨스트레이크 하노이는 전체 매장 233곳 중 40%를 그동안 하노이에 없던 브랜드로 채웠다. 현지 소비자의 구매력을 감안한 코치 같은 명품 브랜드와 샤넬 뷰티・랑콤 등 고급 화장품도 입점했다. 김준영 롯데 해외사업부문 법인장은 "앞으로 루이비통 등 핵심 명품도 입점시킬 계획"이라고 했다.

극장, 편의점 등도 고급화 전략이 먹혔다는 평가다. 베트남 GS25 매장은 국내보다 넓어 식당・카페・휴게 공간 기능도 한다. CGV・롯데시네마도 현지에서 보기 어려웠던 아이맥스 같은 특별 상영관에 힘을 쏟고 있다. 코트라 하노이 무역관 관계자는 "베트남 젊은 소비자들은 가처분소득은 낮아도 해외 브랜드를 좋아하고, 과시성 소비를 하는 경향이 있다"며 "한국 기업들이 프리미엄 이미지를 내세워 시장을 공략하고 있다"고 했다.

출처: 조선일보, 2024. 9. 10

(1) 부정적 기준

부정적 기준이란 시장진입 자체가 불가능 혹은 곤란하다거나, 시장이 아예 존재하지 않는다고 판단하는 데 사용되는 기준이다. 정치적이나 군사적인 이유로 특정 국가와의 교역이 금지되어 있다면 해당 국가는 당연히 검토대상에서 제외될 것이다. 이러한 규제는 모든 산업·제품분야에 걸쳐 적용될 수도 있고, 특정 제품분야에만 해당될 수도 있다. 또한 법적으로 금지된 국가는 아니더라도 정치적 위험이 지나치게 높다고 판단되는 경우에는 역시 더 이상의 검토대상에 포함하지 않게 된다.

한편 제품분야에 따라서는 시장이 아예 존재한다고 볼 수 없는 경우도 있다. 예컨대 종교적인 이유로 쇠고기나 돼지고기를 금기시하는 국가나 알콜음료의 판매가 금지되어 있는 국가에 대해 관련 제품분야의 진출 가능성을 검토하는 것은 무의미할 것이다. 또한 모피의류나 난방기구업체는 열대지역 국가를 검토대상에서 제외할 것이다.[1)]

이러한 부정적 기준은 제품·산업분야에 따라 달라질 수 있지만, 같은 제품분야를 취급하는 기업이라 해도 법적인 규제를 제외한다면 사용기준이나 이들 기준에 의한 평가가 달라질 수 있다. 따라서 선별기준은 어느 정도의 주관성을 갖게 마련이며 적절한 기준을 설정하고 평가하는 것은 경영자의 판단몫이 된다. 정치적 위험 기준은 특히 그러하다.

(2) 시장잠재력 기준

시장잠재력 기준은 일정 수준 이상의 수요나 시장잠재력을 가진 국가만을 추후 검토대상으로 삼기 위해 사용한다. 일차적 선별과정에서 고려하는 시장의 크기나 잠재력은 여러 변수를 종합적으로 고려하여 정확한 시장수요예측을 통해 평가하는 것이 아니라 소수의 대리지표를 통해 검토대상 포함여부만을 결정하기 위해 사용된다.

시장의 크기를 간접적으로 나타내 주는 지표로는 비교적 용이하게 얻을 수 있는 국가별 사회, 경제 통계와 같은 2차 자료가 이용되며 제품·산업분야의 특성이나 해당 기업의 주관적 판단에 따라 적절한 기준이나 지표를 선정하게 된다. 다음은 시장잠재력의 간접지표로 흔히 사용되는 통계자료의 유형들이다.

---

1) 관광지, 혹은 통과여객이 많은 공항면세점의 경우 열대지방이라 하더라도 모피의류의 훌륭한 표적시장이 될 수는 있다.

- 국민소득 관련통계
  - 국민총생산(GNP) 및 1인당 GNP
  - 국내총생산(GDP) 및 1인당 GDP
  - 1인당 GNI
  - 가처분소득(DI)
- 인구 및 주택관련 통계
  - 총인구
  - 연령별 인구분포
  - 출생률 및 성장률
  - 가구수 및 가구당 평균가족 수
  - 도시 및 농어촌별 인구
- 생산 관련 통계
  - 1차산업 생산량 (농업, 수산업, 광업, 임업 등)
  - 제조업분야별 생산규모
  - 건설부문
- 국제무역 관련 통계
  - 업종별 수출입 규모
- 사회부문 통계
  - 각급 학교별 학생 및 교사 수
  - 병원 및 병상 수

위에 예시한 여러 유형의 지표, 혹은 그 외의 지표 중에서 어느 것이 가장 적절한 선별기준인가는 해당 기업의 상황이나 업종에 따라 다르다. 가장 일반적으로 사용될 수 있는 대표적 시장지표는 GNP나 1인당 GNP이지만 제품·산업분야에 따라서는 다른 지표가 시장잠재력을 더 적절하게 나타내 줄 수도 있다. 예를 들어 저가의 생필품이라면 소득수준보다는 인구, 혹은 가구수가 더 정확한 시장잠재력 지표가 될 수 있으며, 기계의 경우 해당 분야의 산업생산량이 적절한 시장지표가 될 것이다. 그러나 대개의 경우 단일기준보다는 관련이 높다고 판단되는 몇가지 지표들을 복수의 선별기준으로 삼는 것이 일반적이다.

2.2 선정 · 탈락의 결정

일차적 선별과정의 기본 목적은 모든 국가시장의 집합으로부터 일정 기준에 미달되는 국가를 배제시키고 일정 수준 이상의 국가들만을 추후 검토대상에 포함시키기 위한 것이다. 따라서 선정 · 탈락의 결정은 일단 선별기준이 마련되면 국가별 자료를 수집하여 이 자료들이 선별기준을 충족시키는지의 여부만 판단하면 된다.

그러나 단일기준을 사용할 경우에는 간단명료하지만 복수의 선별기준을 사용할 경우에는 결정방법에도 기본적으로 두 가지 입장이 있을 수 있다. 하나는 모든 선별기준을 충족시키는 국가들만을 선택하는 것이다. 즉, 복수의 시장지표 중에서 하나라도 일정 수준에 미달되는 국가는 탈락시키는 방법이다. 이 방법은 모든 선별기준이 해당 제품 · 산업 분야의 시장잠재력에 결정적으로 영향을 미친다고 가정하는 것으로서 한 시장지표의 값이 아무리 높더라도 다른 지표의 낮은 값을 보전해 주지 못한다.

또 하나의 방법은 복수시장지표의 가중평균(weighted average)을 계산한 후 이 값이 일정 수준에 미달되는 국가를 탈락시키는 방법이다. 이 방법은 시장잠재력이 복수의 선별기준에 모두 영향을 받는다고 가정하되 한 시장지표의 값이 낮아도 다른 시장지표 값이 충분히 높다면 이를 상쇄할 수 있다고 보는 것이다. 이 방법을 사용하기 위해서는 각 선별기준의 중요도에 따라 가중치를 부여해야 하며 서로 다른 시장지표의 단위를 점수화하여 통일할 필요가 있다.

예를 들어 1인당 GNI와 총인구 두 변수를 선별기준으로 정했다고 하자. 또한 소득수준보다는 인구가 더 중요할 것 같아 가중치는 각각 0.3과 0.7로 하고 1인당 GNI와 인구를 〈표 8-1〉과 같이 구간별로 나누어 점수화했다고 하자. 2023년 통계자료를 이용해 영국과 인도를 비교해 보면 영국은 1인당 GNI $58,140(10점)에 인구 6,835만(4점), 인도는 1인당 GNI $10,030(4점)에 인구 14억 2,863만(10점)으로 종합점수는 영국이 10점×0.3+4점×0.7=5.8점이고 인도는 4점×0.3+10점×0.7=8.2점이 된다.

국가별 점수(가중평균)가 계산되면 일정 기준점수를 넘는 국가, 혹은 점수 순위에 따라 상위 몇개 국가를 선정하고 나머지 국가를 탈락시키면 된다.

표 8-1 복수 시장지표의 점수화 예

1인당 GNI(US$)	점수	인구(백만)	점수
30,000 이상	10	500 이상	10
20,000~30,000	8	250~500	8
15,000~20,000	6	100~250	6
5,000~15,000	4	50~100	4
5,000 이하	2	50 이하	2

03 시장수요의 예측

일차적 선별과정에서 보다 심층적인 조사분석의 대상이 되는 국가들이 선정되면 이제 이들 국가를 대상으로 해당 제품·산업분야에 대한 시장잠재력, 혹은 시장수요를 보다 정교한 방법으로 추정하는 것이 필요하다. 이러한 제품시장 전체의 수요를 1차적 수요(primary demand)라 부르는데 이는 뒤에서 설명할 개별기업 제품에 대한 수요를 의미하는 선택적 수요(selective demand)와 비교되는 개념이다.

시장수요에 대한 예측은 단기적인 수요예측은 물론 장기적인 시장변화의 흐름까지도 추정하는 것이 필요하다. 예측기간은 물론 기업의 전략적 목표 기간에 따라 달라질 수 있으며 직접투자에 의한 현지 생산방식을 고려하는 경우 당장의 시장규모보다는 미래의 수요가 더 중요하게 고려되기도 한다.

제품·산업분야에 따라서는 전문적인 조사기관이나 컨설팅기관 등에서 수요예측결과를 발표하거나 판매하기 때문에 개별 기업이 직접 시장수요를 예측할 필요 없이 외부기관의 예측결과를 이용하는 수도 있다. 그러나 미래수요의 예측은 조사자에 따라 그 결과가 다를 수 있고 주관성이 개입될 수 있기 때문에 외부 조사결과가 있다고 해도 기업스스로 수요예측을 할 수도 있다.

수요예측방법은 기본적으로 과거 산업매출액 자료자체의 추세를 통해 분석하는 방법과 수요에 영향을 미친다고 판단되는 다른 변수와의 관계를 통해 분석하는 방법으로 대별할 수 있다. 두 유형 모두 구체적으로는 아주 다양한 방법들이 존재하며 축적된 과거 자료의 양이 많을수록 보다 객관적이고 합리적인 수요예측이 이루어질 수 있다. 특히 전자의 방법은 과거 매출액 자료가 없으면 사용할 수가 없으며 그런 점에서 해당 제품·산업분야가 처음 소개되는 시장에는 원칙적으로 적용이 불가능하다. 다음은 대표적인 수요 예측방법에 대한 설명이다.

3.1 시계열분석법

과거의 매출액이 어떠한 형태의 움직임을 보이며 변화해 왔는가를 분석함으로써 미래의 수요를 예측하는 방법을 통틀어서 시계열분석법(time-series analysis)이라 부른다. 시계열분석법은 매출액이 시간과 함수관계에 있다는 것을 전제로 하는 것으로 시계열 자료, 즉 신뢰할 만한 과거의 자료가 풍부해야 하며 이들 자료로부터 일정한 변화의 경향이나 패턴을 찾을 수 있어야 한다. 물론 과거의 자료로부터 발견된 일정한 흐름이나 추세가 미래에도 지속될 것이라는 것이 이 분석기법의 기본 가정이 된다.

구체적인 시계열분석기법의 예로는 추세분석, 평활법, 이동평균법 등이 있는데 그 내용이나 적용방법 등이 국내시장의 일반적 경우와 다를 바가 없기 때문에 자세한 설명은 생략한다. 앞에서 언급한 대로 시계열분석법은 과거의 매출액 자료가 풍부한 경우, 즉 이미 시장이 충분히 형성되어 있는 경우에만 적용이 가능하다. 따라서 제품이 전혀 소개되지 않은 국가나 제품수명주기상의 도입기에 있는 국가시장에 대한 수요예측은 다른 방법을 통해 이루어져야 한다. 정확하게 시계열분석방법이라고 할 수는 없지만 개념적으로 유사하면서 과거 매출액자료가 충분치 못한 국가에 적용해 볼 수 있는 방법으로 다음에 설명할 시차분석(lead-lag analysis)기법이 있다.

시차분석이란 한 국가시장의 수요패턴을 통해 다른 국가시장의 미래 수요를 예측하고자 하는 것이다. 즉, 두 국가 사이의 경제 및 사회문화적 여건이 유사하되 다만 시간적 차이에 의해서만 구별된다는 가정 하에 특정 국가시장의 수요를 예측하는 방법이다. [그림 8-2]는 이러한 가정과 여기에 입각한 수요예측방법이 적합할 수도 있음을 보여주고 있다.

[그림 8-2]는 1946년부터 1970년까지 미국, 영국, 독일시장에서 텔레비젼 수상기가 보급·확산되는 패턴을 보여주고 있다. 역사적으로 텔레비젼은 미국과 영국시장에 거의 동시에 소개되었고 독일에는 이보다 약 6년 후에 도입되었다. 그림에서 보는 대로 미국과 영국시장은 거의 동시에 제품이 도입되었음에도 그 확산유형은 시차는 물론 모습도

그림 8-2a 가구당 TV 보유비율(1946~1970년)

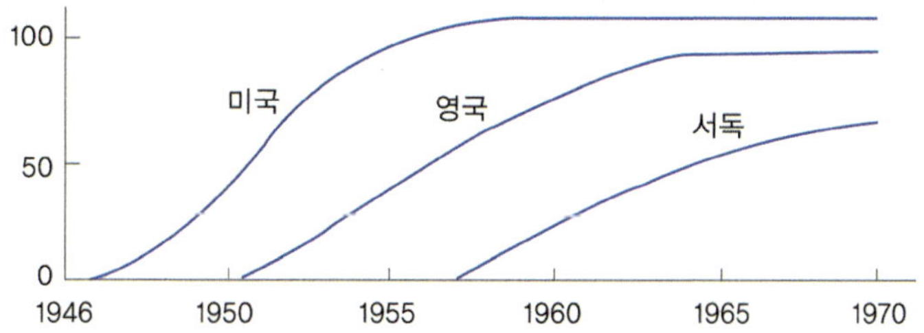

그림 8-2b TV 소유 가구의 연간 증가율(1946~1970년)

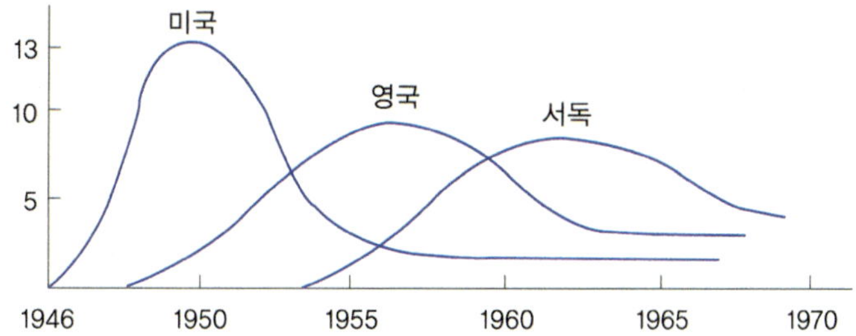

자료원: Warren J. Keegan, *Global Marketing Management*, 4th ed. Prentice Hall, 1989, p. 243.

다름을 알 수 있다. 그러나 영국과 독일시장을 비교해 보면 처음의 6년 시차를 계속 유지하면서 가구당 TV 보유비율이나 그 성장률이 비슷한 패턴을 보이며 움직이고 있음을 볼 수 있다. 따라서 독일시장의 텔레비전 수요예측은 6년 전 영국시장의 가구당 보유비율에 독일의 가구수를 곱하여 얻어진다.

그러나 시차분석방법도 일반적으로 사용하기에는 많은 한계점이 있다. 두 국가 사이에 일정한 시차를 두고 비슷한 수요의 움직임이 있다는 것을 알기 위해서는 양 국가시장 모두 축적된 자료가 있어야 하는 것이 원칙이다. 그렇지 않을 경우에는 두 국가시장의 수요패턴이 시차를 두고 비슷하게 전개될 것이라는 추정을 할 수 있는 나름대로의 근거가 있어야 한다. 이러한 근거에는 과거 다른 제품·산업분야의 경험적 자료, 사회문화적 혹은 역사적 배경, 경영자의 직관 등이 있을 수 있다. 결론적으로 시차분석에 의한 수요예측방법은 일반적인 적용가능성은 낮지만 경우에 따라 시도해 볼 수도 있는 하나의 방법 정도로 이해하면 될 것이다.

3.2 인과관계적 분석법

앞에서 간략하게 설명한 시계열분석법은 수요 자체의 과거 동향분석을 통해 미래 수요를 예측하는 것이었다. 즉, 시간이라는 변수가 수요에 가장 중요한 영향을 미친다는 가정하에 이루어지는 예측방법이다. 다음에 설명할 인과관계적 분석법은 수요에 영향을 미치거나 관련이 있을 것으로 생각되는 시간 외의 다른 변수들을 통해 특정 제품·산업분야의 시장잠재력을 예측하려는 것이다. 즉, 수요를 종속변수로 보고 여기에 영향을 미치는 독립변수들을 파악하여 이들의 관계를 분석함으로써 수요를 예측한다.

이러한 인과관계 분석법의 대표적인 예로는 회귀분석(regression analysis)이 있다. 그러나 인과관계적 분석이 회귀분석처럼 종속변수와 독립변수 간의 통계적 분석을 통해 미래 수요를 직접 예측하는 것만을 의미하지는 않는다. 인과관계는 통계적 분석을 통해 객관적으로 발견할 수도 있지만 직관에 의해 관계를 가정할 수도 있는 것이다. 또한 수요의 규모를 직접 절대적인 수치로 예측할 수도 있지만 간접적으로 국가시장별 상대적 순위만 구할 수도 있다.

다음은 몇가지 인과관계적 분석법에 대한 설명이다.

(1) 시장잠재력 지수법

시장잠재력 지수(market potential index)에 의한 수요예측법의 기본원리는 앞절에서 설명한 대상국가의 일차적 선별과정에서의 시장잠재력 기준과 동일하다고 할 수 있다. 즉, 해당 제품·산업분야의 시장잠재력 혹은 수요에 영향을 미치리라고 판단되는 복수의 지표들을 선정한 후 이들 대리지표(surrogate indicators)의 값을 이용하여 단일의 시장잠재력 지수를 계산해 내는 것이다.[2] 다만 차이점이 있다면 앞에서는 일정기준 미달의 국가를 탈락시키는 것이 기본과제였지만 여기서는 검토대상 국가들 중에서 진출 목표시장을 선정하는 것이 주목적이라는 점이다. 따라서 앞서 시장잠재력 지수를 계산하기 위해 사용한 대리지표의 종류나 수가 변경될 수도 있을 것이다. 즉, 전체 제품·산업분야의 잠재력보다는 몇몇 세분시장, 혹은 하위시장의 크기를 나타내는 데 더욱 적합한 지표를 선

2) 물론 반드시 복수의 대리지표를 사용할 필요는 없다. 경우에 따라서는 1인당 GNI나 인구수와 같은 단일 지표를 시장잠재력 지수로 활용할 수도 있는 것이다.

정하거나 대리지표를 몇개 추가하여 시장잠재력 지수를 다시 계산하는 것이다.

시장잠재력 지수를 계산하는 방법으로는 각 대리지표의 값에 그 중요도에 따라 부여한 가중치를 곱한 후 합산하는 이른바 가중평균(weighted average)법이 일반적이다. 시장잠재력 지수는 수요의 크기를 직접적으로 예측하는 것이 아니라 검토대상 국가의 상대적 매력도를 간접적으로 표시해 준다. 따라서 우선적으로 진출을 고려하는 시장을 선택하는 데는 유용하게 사용될 수 있지만 수출량, 혹은 현지 생산규모를 결정하고 이에 따르는 후속 계획을 수립하는 데에는 추가적인 분석이 필요하다.

(2) 소득탄력성 측정

거의 모든 제품 · 산업분야에 있어 수요는 어떤 형태로든 소득수준과 관련되어 있는 것이 일반적이다. 이러한 관련을 수요와 소득의 증가율 측면에서 파악하는 것이 바로 소득탄력성(income elasticity)이며 이를 수식으로 표현하면 다음과 같다.

$$\text{소득탄력성} = \frac{\text{수요변화율}}{\text{소득변화율}} = \frac{\triangle Q/Q}{\triangle Y/Y}$$

즉, 소득탄력성이란 소득의 변화율에 대한 제품수요의 상대적 변화율을 의미한다. 이 비율이 1.0보다 크다는 것, 즉 소득탄력성이 높다는 것은 소득증가에 따른 제품수요의 증가폭이 상대적으로 더 크다는 것을 의미하며 가구, 전자제품, 레저용품 등과 같은 내구성 소비재가 여기에 해당하는 경우가 많다. 이에 비해 음식료품, 기본의류와 같은 생활필수품류는 소득에 대해 비탄력적이어서 탄력성이 1.0보다 작으며 이는 소득이 많이 증가한다고 해서 이들 제품에 대한 수요가 그만큼 많이 증가하지는 않는다는 것을 의미한다.

소득탄력성을 이용하여 수요를 예측하려면 우선 소득탄력성 자체의 값이 존재하거나 계산되어야 하며 수요예측 기간에 대한 소득증가의 추정치가 있어야 한다. 예를 들어 어느 국가시장의 A제품 분야에 대한 현재 매출액이 연간 $1,000,000이고 그 제품에 대한 소득탄력성이 1.5라 하자. 내년도의 1인당 국민소득이 10% 정도 증가할 것으로 추정한다면 A제품 분야에 대한 수요는 현재에 비해 15%(10%×1.5) 증가한 $1,150,000에 이를 것으로 예측되는 것이다.

그러나 국가별로 모든 제품 · 산업분야에 대해 소득탄력성이 이미 구해져서 2차 자료의 형태로 존재하는 것도 아니고 검토대상 국가마다 소득탄력성을 새로 계산하는 것도 제품 · 산업분야의 매출액 자료가 불충분하면 힘든 일이다. 소득탄력성 측정치가 없거나 계산이 곤란한 국가의 경우 다른 나라의 수치를 사용하는 방법을 고려해 볼 수 있다. 물론 이 경우에는 이들 국가 사이에 해당 제품 · 산업분야의 소득탄력성이 비슷하게 나타날 것이라는 가정이 필요하다.

소득탄력성을 이용하여 수요를 예측하는 방법의 또다른 문제는 소득의 증가율이 수요 증가율에 영향을 주는 결정적인 요인이 아닐 수 있다는 점이다. 해당 제품 · 산업분야의 가격구조나 가격수준은 추가적으로 고려해야 할 대표적인 변수의 예다. 따라서 소득탄력성에 의한 수요예측은 상당한 주의를 요하며 보다 종합적인 다른 방법을 사용하기 곤란할 때 제한적으로 검토해 보아야 할 것이다.

(3) 유추분석

과거 자료가 비교적 많다고 할 경우에도 미래 수요를 예측한다는 것은 쉬운 일이 아니다. 자료가 충분치 못할 때의 수요예측은 더더욱 어려우며 여러가지 독특한 기법들을 필요로 한다. 여기서 독특한 기법이란 일반적인 적용에는 많은 한계가 있지만 경우에 따라 매우 유용하게 사용될 수 있는 방법을 말하며 유추분석에 의한 수요예측(estimating by analogy)도 여기에 해당한다고 볼 수 있다.

유추분석에는 기본적으로 두 가지 유형이 있다. 하나는 횡단적(cross-section) 비교분석이고 또 하나는 시간차이를 두는 종단적 분석으로서 앞에서 설명한 시차분석과 유사하다. 우선 종단적 유추분석은 경제발전 단계가 다른 두 국가가 있을 때 발전이 뒤진 국가 B의 X제품 수요는 발전이 앞선 국가 A가 현재의 B국 수준에 있었던 과거 어느 시점의 X제품 수요와 같을 것이라고 보고 B국의 수요를 추정하는 방식이다. 여기서 말하는 경제발전의 수준이란 GNP와 같은 단일지표로 평가할 수도 있고, 종합적인 판단에 의해 파악할 수도 있다.

예를 들어 멕시코의 경제발전이 미국의 패턴을 따라간다고 가정할 수 있다면 멕시코의 1인당 GNP가 $8,000이 될 때의 가구당 자동차 보유대수는 미국이 과거 1인당 GNP가 $8,000이었을 때의 가구당 자동차 보유대수를 조사하여 추정하게 된다. 혹은 현재 멕시코의 경제발전 수준이 미국의 35년 전 수준과 비슷하다고 본다면 35년 전 미국의 가구당 자동차 보유대수를 멕시코의 자동차시장 수요예측의 기초로 사용할 수 있을 것이다.

앞에서 설명한 시차분석(lead-lag analysis)과 종단적 유추분석의 차이점은 전자가 두 국가 사이에 일정 시차를 두고 특정 제품·산업분야의 수요패턴이 비슷하게 전개된다고 보는 데 비하여, 후자는 시간차이 자체보다는 수요와 관련이 있는 단일지표나 종합적 판단에 의한 경제발전 수준에 초점을 맞춘다는 점이다.

종단적 분석이든 횡단적 분석이든 유추분석에 의한 수요예측도 많은 한계점을 내포하고 있다. 우선 두 국가 사이에 유추분석의 근거가 될 만한 유사성이 존재하느냐 하는 점이다. 이 방법을 사용하기 위해서는 소비재제품의 경우 소비자행동을 포함한 사회문화적 환경의 유사점과 차이점, 산업재의 경우 기술적 환경의 공통점과 상이점 등에 대한 충분한 이해가 전제되어야 할 것이다.

또한 단편적인 수요예측 방법 모두에 적용될 만한 한계점이지만 잠재적인 수요의 크기와 실제 실현될 수 있는 매출액 크기에는 큰 차이가 존재할 수 있다는 점도 염두에 두어야 한다. 즉, 가격정책, 관세 및 기타 세금, 신용조건 등과 같은 다른 여러 조건들의 차이 때문에 시장의 잠재력이 모두 나타나지 못할 수 있다는 것이다.

한편 종단적 유추분석에 특히 문제가 될 수 있는 한계점으로 급격한 수요패턴의 변화 가능성을 들 수 있다. 즉, 급속도로 진행되는 신기술의 개발과 사회변화로 인해 경제개발 후진국들이 과거 선진국들이 보여 주었던 수요의 변천과정을 단계별로 뒤따라가는 것이 아니라 몇 단계를 뛰어넘어 도약(leap-frog)할 수 있다는 것이다. 유럽의 세탁기시장 수요패턴이 미국의 수동식 → 반자동식 → 완전자동식 세탁기의 수요변화 과정과는 달리 대부분 손빨래방식으로부터 곧바로 완전자동식으로 넘어간 사실은 대표적 예라 하겠다. 정보통신기술의 급격한 변화로 일반전화 보급이 먼저 이루어진 후 순차적으로 이동전화 시장으로 넘어가는 것이 아니라 일반전화의 충분한 보급 전에 곧바로 이동전화 시장으로 시장의 중심이 옮겨지는 현상도 마찬가지의 예다. 이러한 경우 경제발전이 앞선 국가의 수요패턴의 변화과정을 후진국들에 그대로 유추적용하는 것은 무리일 것이다.

두 번째로 횡단적 비교에 의한 유추분석은 양 국가 사이에 특정 제품·산업분야의 수요와 특정 거시경제지표 간의 관계가 유사하다는 가정을 전제로 하는 예측법이다. 예를 들어 국가 A의 X제품 수요와 1인당 국민소득이 알려져 있고 B국의 1인당 국민소득 자료도 얻을 수 있을 때, B국의 X제품 수요는 A국에서의 '1인당 국민소득-X제품 수요'의 관계가 국가 B에서도 성립된다고 가정하면 쉽게 구할 수 있게 된다. 이를 식으로 표시하면 다음과 같다.

X_A = 국가 A에서의 X제품 수요

Y_A =국가 A에서 X제품 수요와 상관관계에 있는 거시지표(예: 1인당 소득)

X_B=국가 B에서의 X제품 수요

Y_B=국가 B의 거시지표 Y값(제품 X의 수요와 상관관계)이라 할 때,

$\frac{X_A}{Y_A}=\frac{X_B}{Y_B}$의 관계가 성립한다고 가정하면

우리가 구하는 $X_B=\frac{X_A \times Y_B}{Y_A}$로 구해진다.

(4) 회귀분석

회귀분석(regression analysis)에 의한 수요예측법은 수요(종속변수)와 여기에 영향을 미치는 하나 혹은 복수의 영향요인(독립변수)들과의 관계를 통계적으로 분석하여 그 결과를 토대로 수요를 예측하는 방법이다. 이 방법은 가장 흔히 사용되는 대표적인 수요예측법으로서 다른 방법들에 비해 그 과정이 과학적인 편이다.

회귀분석모형의 기본 개념과 회귀식의 도출과정 등 통계학적 문제는 접어두고 여기서는 이 분석기법을 해외시장의 수요예측에 적용하는 문제를 중심으로 살펴보도록 하자. 우선 회귀분석을 외국시장의 수요예측에 응용하는 일반적인 절차를 설명하면 다음과 같다.

첫째, 해당 제품・산업분야의 수요에 영향을 미칠 것으로 판단되는 변수들을 선택한다. 이들 독립변수는 수요와의 인과관계도 중요하지만 현실적으로 수집이 가능한 자료인가 하는 점도 고려하여 결정해야 한다. 예측기간 혹은 시점에 해당하는 독립변수의 자료가 존재한다는 것은 회귀분석 예측법의 기본 전제가 된다.

둘째, 수요(매출액) 및 위에서 정한 영향요인들의 자료를 수집한다. 이들 자료는 최근년도의 여러 국가에 걸친 자료, 즉 횡단적 자료(cross-sectional data)일 수도 있고 한 국가의 과거 일정 기간의 연도별 자료, 즉 종단적 자료 혹은 시계열자료(time-series data)일 수도 있다. 물론 이 두 유형이 결합된 형태의 자료, 즉 여러 국가의 여러 기간에 걸친 자료의 수집도 가능하다.

셋째, 수집된 자료를 이용하여 종속변수(수요)와 독립변수(영향요인)들과의 관계를 나타내 주는 회귀식을 추정한다. 회귀방정식의 계수값을 구하는 것은 PC용 통계프로그램(SAS, SPSS 등)을 이용하면 비교적 간단히 해결된다. 일반적인 회귀식의 형태는 다음과 같이 표현되며 회귀식을 추정한다는 것은 수집된 자료를 이용해 다음 식에서의 b 값을

구한다는 것이다.

$$Y = b_0 + b_1 X_1 + b_2 X_2 + \cdots + b_n X_n$$

여기서 Y=수요(예측치)

X_i=수요에 영향을 미치는 독립변수

b_0=상수항

b_i=독립변수 X_i가 수요에 영향을 미치는 정도, 곧 회귀계수

n=독립변수의 수

넷째, 위에서 구한 회귀식에 해당 국가의 독립변수 값을 대입하여 국가별 수요예측치를 구한다. 회귀식의 구조상 수요(종속변수)와 독립변수가 같은 기간 혹은 동일시점의 자료라야 할 경우에는 독립변수의 추정치를 사용한다. 예를 들어 어떤 제품의 1년 수요가 그 해의 1인당 GNP에 영향을 받는다는 가정 하에 구해진 회귀식이라면 1년 후의 수요예측을 위해서는 1년 후의 1인당 GNP 추정치가 필요할 것이다.

수요예측에 사용되는 회귀식은 국가별로 별도로 개발할 수도 있고 여러 국가에 단일 회귀식을 적용할 수도 있다. 전자의 경우는 또한 독립변수의 수와 종류는 같게 둔 상태에서 국가별 시계열자료를 이용해 국가별로 서로 다른 회귀계수를 추정하는 방법과 독립변수의 수나 종류까지 다르게 하여 완전히 별개의 회귀식을 추정하는 방법으로 나누어 생각해 볼 수 있다. 별도의 회귀분석모형이든 동일모형에 회귀계수만 다른 경우이든 간에 국가별로 회귀식을 추정하는 것은 개별 국가의 특수성을 반영하는 국가별 자료에 근거를 두는 것이기 때문에 보다 바람직하다고 할 수 있다. 그러나 이것은 국가별로 제품/산업분야의 과거 매출액 자료와 영향요인들의 과거 자료가 충분히 존재한다는 것을 전제로 하는 것은 물론이다.

단일 회귀식을 여러 국가에 적용하여 수요예측을 하는 경우도 크게 두 가지로 나누어 볼 수 있다. 하나는 여러 국가에 걸친 횡단적 자료(혹은 종단적 자료와 횡단적 자료의 결합형태)를 토대로 회귀식을 추정하여 이들 국가의 수요예측에 활용하는 경우이고, 또 하나는 한 국가 자료를 이용하여 추정한 회귀식을 다른 국가시장에 적용하는 경우이다. 과거 매출액 자료가 불충분하면 결국 다른 나라 자료를 통해 추정된 회귀식을 사용할 수밖에 없는데 과연 이것이 적절한가 하는 것이 문제가 된다. 왜냐하면 이 방법은 특정 제품 · 산업분야의 수요에 영향을 미치는 주요 변수들의 종류와 이들 각각의 영향정도(즉,

회귀계수의 크기)가 국가간에 비슷할 것이라는 가정을 전제로 하기 때문이다.

또한 회귀분석에 의한 수요예측법은 수요라는 종속변수와 영향요인이라는 독립변수 간에 안정적 관계가 유지되어야 그 실효성이 높아진다. 따라서 이러한 기존의 관계를 깨뜨릴 수 있는 외부여건의 변화가 있을 때는 이 방법을 사용하기 곤란하다. 과거 몇차례의 급격한 유가상승이나 예상치 못했던 인플레이션 등으로 인해 많은 기존의 회귀분석모델들이 무용지물이 되어버렸던 것이 대표적인 예다. 이러한 급격한 외부여건의 변화가 없더라도 회귀분석모형은 지속적으로 개선(update)해 나갈 필요가 있다. 개선의 방법으로는 모형은 그대로 둔 채 최신자료를 추가하여 새로운 회귀계수를 추정하는 방법과 독립변수의 수나 종류에 변화를 주어 새로운 모형을 개발하는 방법을 택할 수 있을 것이다.

04 기업 매출액의 추정

앞 절에서는 진출검토대상이 되는 국가의 해당 제품・산업분야 전체 시장수요를 예측하는 문제에 대해 살펴보았다. 이와 같은 시장전체의 크기나 잠재력에 대한 예측도 물론 중요하지만 주어진 시장에서 자사가 확보할 수 있는 부분이 얼마나 될지, 즉 해당 기업의 매출액 규모가 어느 정도 될 것인가에 대한 추정은 기업입장에서 본다면 보다 절실한 문제라 할 수 있다. 일차적으로 전체시장의 규모가 크면 클수록 보다 매력적인 시장이 될 수 있겠지만 그 기회를 자신의 것으로 활용할 여건이나 능력이 불충분하다면 소용없는 일이기 때문이다. 따라서 시장국가(혹은 지역)별로 구체적인 매출액 예측은 곤란하다 해도 개별기업 입장에서의 시장매력도에 대해 분석해 볼 필요가 있다.

주어진 시장에서 기업이 달성할 수 있는 매출액 수준은 진입방법(entry mode), 경쟁구조 및 강도, 현지 유통경로 접근정도, 세분시장구조, 마케팅노력 및 예산, 현지 정부의 규제 등 여러 요인들에 의해 결정된다. 이들에 대해 간단히 살펴보면 다음과 같다.

4.1 진입방법과 정부규제

목표시장에 어떤 방법으로 들어가느냐, 즉 어떤 진입방법을 택하느냐에 따라 해당 시장에서의 기업매출액은 달라질 수 있다. 그러나 진입방법은 기본적으로 기업이 선택할 수 있는 사항이고 이 결정은 시장 선택 후에 이루어진다고 보는 것이 보다 논리적이기 때문에[3] 진입방법에 따른 기업매출액 추정이 시장선정 과정에서의 중요한 고려요인이라고 하기는 어렵다. 다만 정부규제와 같은 외부적 요인에 의해 진입방법이 결정된다거나, 각각의 진입방법에 대한 각종 규제와 제한조치 등은 기업의 매출액에 영향을 주는 외부 여건이므로 조사해 볼 필요가 있다.

진입방법결정과 관련된 일반적인 문제는 다음 장에서 논의하기로 하고 여기서는 수출이라는 가장 기본적인 진입방법을 택할 경우에 따르는 수입국정부의 규제와 수출활동 자체에 수반되는 비용 측면에 대해 살펴보자. 비용측면을 검토하는 이유는 매출액 가능성에 비해 비용이 너무 크다면 수출시장으로서의 매력이 떨어지기 때문이다.

수입관련 규제는 대개 수입의 제한이나 억제를 위한 것들이며 크게 관세와 비관세장벽으로 구분할 수 있다. 관세의 경우는 비교적 명시적으로 나타나 있기 때문에 국가별로 해당 제품·산업분야의 관세율과 관세부과방법 등을 조사하는 것은 그리 어려운 일이 아니다. 다만 국가 혹은 국가집단(regional bloc)별로 특정 국가에 대해 관세상의 혜택을 주거나 상대적 차별대우를 하는 경우가 있으므로 유의할 필요가 있다. 물론 관세율이 높을수록 자사(혹은 자국기업)의 매출액 가능성은 현지 기업에 비해 불리할 것이며 상대적으로 유리한 관세율을 적용받는 국가가 있다면 그 국가 기업에 비해서도 불리한 입장에 있게 될 것이다.

이에 비해 비관세장벽(NTB, nontariff barriers)은 관세 이외의 모든 수입규제조치들을 포함하는 것으로 국가마다 다양한 형태로 존재하며 투명성, 명료성도 훨씬 떨어진다. 따라서 이러한 비관세장벽을 국가별로 파악하고 이것이 기업의 매출액 가능성에 어떤 영향을 미칠지 분석하는 일은 관세율을 조사하는 것보다 큰 시간적, 정신적 노력을 요구한다.

3) 물론 진입방법이 기업내부 사정이나 판단에 의해서만 결정되는 것이 아니라 현지국, 혹은 본국정부의 규제로 인해 특정 진입방법을 택할 수밖에 없는 경우도 있으며, 시장선택과 진입방법 결정의 순서 역시 진입방법을 미리 정해 놓고 여기에 적합한 시장만을 고려하는 경우도 있다.

비관세장벽의 대표적인 형태는 수입물량제한(import quota)이다. 그러나 WTO 체제하에서 수량제한은 더 이상 수입장벽으로 존재할 수 없게 되었기 때문에 큰 문제가 아니다. 농산물이나 섬유분야 등에 있어서 일부 유예기간이 인정되고 있지만 장기적으로 수량제한은 없어지게 될 전망이다.

수입쿼터 이외의 비관세장벽으로는 기술표준, 안전기준, 건강 및 위생기준 등과 같이 제품의 성분, 품질, 규격 등에 대해 엄격한 기준을 설정해 놓고 이에 미달되거나 일치하지 않는 제품의 수입을 제한하는 방법이 있다. 자동차의 배기가스나 안전도 기준은 대표적 예다. 이러한 규제는 국가마다 다를 수 있으므로 진출검토대상 국가의 해당 제품·산업분야에 대한 각종 규제와 기준에 대한 철저한 사전조사가 필요하다. 공식적 규제나 기준 외에도 실질적인 운영방식에 대한 정보 역시 가능한 한 많이 수집해야 한다. 검사의 지연, 규정의 자의적 해석 등이 실질적인 수입제한으로 악용될 소지가 많기 때문이다.

한편 덤핑에 대한 각국의 규제도 한 기업의 매출액 가능성에 영향을 줄 수 있다. 덤핑제소는 기본적으로 해당국 내의 이해관계자, 즉 경쟁관계에 있는 업체, 노조 등에 의해 이루어지며, 덤핑사실의 확인과 이로 인한 국내산업의 피해 인정이라는 두 가지 요건에 의해 덤핑관세가 부과된다. 따라서 기업의 가격전략의 검토와 함께 대상 시장 국가별로 덤핑관세 부과절차, 과거사례, 경쟁관계에 있는 산업의 구조나 노조의 파워 등에 대한 조사가 필요하다.

4.2 경쟁자 및 산업구조분석

제품·산업분야의 전체 시장규모가 주어졌을 때 개별 기업의 매출액 가능성에 가장 큰 영향을 미치는 것은 무엇보다도 경쟁자의 수나 경쟁정도, 보다 넓게 보면 해당 산업의 구조(industry structure)라고 할 수 있다. 다음은 경쟁자분석과 산업구조분석에 대한 개괄적인 설명이다.

(1) 경쟁자분석

경쟁자분석(competitor analysis, competitive audit)은 기업의 경쟁전략(competitive strategy) 수립의 선결과제가 되는 중요한 일이다.[4] 그러나 여기서 말하는 경쟁자분석은 경쟁전략 수립과정에 필요한 개별 혹은 집단적 경쟁자에 대한 심층적인 분석이라기보다는 주어진 시장에서의 자사점유율을 개략적으로 추정해 보기 위한 개괄적 파악을 의미한다고 보자.

다음은 이러한 목적의 경쟁자분석을 위해 조사자가 수집해야할 관련자료, 즉 답을 구해야할 주요 항목들을 정리한 것이다.

- 기초 정보
  - 현재 어떤 경쟁제품이(경쟁사가) 팔리고(활동하고) 있는가?
  - 각 경쟁제품(경쟁사)의 시장점유율은 어느 정도인가?
  - 각 경쟁제품의 장단점, 혹은 강약점은 무엇인가?
  - 경쟁사들이 현지 시장국 내에 가지고 있는 생산, 물류, 판매, A/S 등의 지원시설은 어느 정도인가?
  - 경쟁사들이 개별 기업, 혹은 국적에 따라 현지 정부로부터 받는 특혜나 차별대우는 없는가? 또한 현지 정부와의 기본적인 관계는 우호적인가?
  - 경쟁기업들이 갖는 특별한 장점이나 문제점은 무엇인가?

- 마케팅 정보
  - 경쟁사들은 어떤 유형의 유통경로를 어떻게 이용하고 있는가?
  - 경쟁기업들의 가격수준이나 가격정책은 어떠한가?
  - 경쟁사가 경로구성원에게 제공하는 신용조건, 수수료, 마진 등과 같은 각종 거래조건들은 어떠한가?
  - 경쟁사들은 어떤 촉진활동 프로그램을 운영하며 이들의 성과는 어떠한가?
  - 경쟁사들의 판매후 서비스 수준은 어느 정도인가?

- 제품공급원 정보
  - 경쟁제품들은 현지에서 생산되는가, 아니면 수입되는가?
  - 수입되고 있다면 수입업자는 누구인가?
  - 수입업자는 어떤 방법으로 활동하고 있는가?

---

4) 경쟁전략과 관련된 경쟁자분석에 대해서는 Michael E. Porter, *Competitive Strategy*, Free Press, 1980 및 David A. Aaker & Christine Moorman, *Strategic Market Management*, 11th ed., Wiley, 2017 등을 참조 바람.

· 외국의 수출업자가 수입업자에게 제공하는 신용, 가격 등의 제반 거래조건은 어떠한가?
· 각 수입업자들은 외국의 공급업체와 얼마나 오랫동안 거래관계를 유지해왔으며 그 관계에 만족하고 있는가?
· 현지에서 생산되고 있다면 생산자는 누구이며 이들은 순수한 현지 기업인가, 아니면 외국계(전부 혹은 일부)기업인가?
· 현지 생산기업이 수입업자에 비해 갖는 장점은 무엇인가?

(2) 산업구조분석

특정 제품·산업분야의 장기적인 수익성이나 매력도를 그 분야의 전체 시장규모만으로 판단하는 것은 잘못이다. 위에서 설명한 좁은 의미의 경쟁상황은 물론 여기서 설명할 넓은 의미의 경쟁구조, 혹은 산업구조는 한 국가시장의 특정 산업분야의 장기적 매력도를 결정하는 중요한 요소라 할 수 있다. 산업구조분석은 개별기업의 매출액 추정에 직접적으로 도움이 된다고 보기는 어렵지만 전체제품·산업분야의 수요라는 외형적 시장 외에 내부적 상황을 이해하는 데 도움이 된다는 점에서 중요한 의미를 가진다고 볼 수 있다.

포터(Michael E. Porter)교수는 한 산업의 경쟁구조를 결정하고 결과적으로 산업의 장기적 수익성에 영향을 주는 주요 요인으로 ① 현존 경쟁기업들 간의 경쟁, ② 잠재적 진입기업(신규 경쟁자)의 위협, ③ 대체상품이나 서비스의 위협, ④ 구매자들의 교섭력, 그리고 ⑤ 공급자들의 교섭력 등의 다섯 가지를 들고 이들을 결합한 산업구조분석의 기본틀을 제시하고 있다.

이 분석틀에 의하면 한 산업의 경쟁이란 기존 기업들 간의 경쟁차원을 훨씬 벗어남을 알 수 있다. 즉, 새로이 시장진입을 고려하고 있는 잠재적 진입자, 대체품, 원료나 부품 등의 공급자, 해당 산업의 제품을 사가는 구매자들 모두 그 산업에서 활동하고 있는 기업의 장기수익률에 중대한 영향을 미치는 일종의 경쟁자라고 볼 수 있으며 경우에 따라서는 직접적인 경쟁자보다 더 중요한 요인이 될 수도 있는 것이다.

다시 말해 한 시장 혹은 산업의 장기적 매력도는 그 시장의 전체 크기나 시장잠재력에만 달려있는 것이 아니며, 그 산업의 장기적 수익성에 중대한 영향을 미치는 경쟁요인, 즉 산업의 구조가 어떻게 형성되어 있는가가 중요하기 때문에 이를 분석하는 것이 필요하다는 점이다. 좁은 의미의 경쟁자, 즉 현재 해당 시장에서 활동하는 경쟁기업들은 한 기업의 매출액 가능성을 검토하는 데 직접적으로 중요한 분석대상이지만 이와 함께 그 시장의 거시적 경쟁구조를 결정하는 잠재적 진입자와 대체품의 존재나 그 위협정도, 공급자 및 구매자집단의 상대적 교섭력을 이해하는 것도 해당 시장, 혹은 산업의 매력도를 파악하는 중요한 방법이다.

4.3 유통경로

유통구조와 유통관습은 오랜 역사와 전통을 통해 형성되어 온 것이기 때문에 각 국가시장은 나름대로의 독특한 경로유형과 관행을 보이고 있다. 유통경로는 생산자 혹은 공급자로부터 최종 소비자에게 이르는 길이기 때문에 현지 시장의 유통경로에 대한 접근이 불완전하다면 실질적인 시장접근은 어렵게 된다. 즉, 시장이 아무리 크고 외국기업에 개방되어 있다고 해도 효과적인 경로접근이 실질적으로 힘들다면 그 시장은 당장은 매력적일 수가 없다.

유통경로에 대한 조사는 물적유통(physical distribution)망에 대한 정보수집과 유통경로의 특성 및 이용가능성에 대한 정보수집으로 대별된다. 물적유통망이 제대로 갖추어져 있지 못하다는 것은 유통비용이 그만큼 높아질 수 있다는 것을 의미하기 때문에 중요한 고려사항이 된다. 도로, 항만, 철도시설 등과 같은 수송관련 자료들은 2차 자료의 형태로 수집이 어느정도 가능하다.

이에 비해 유통경로의 특성과 이용가능성은 국가별로 정리된 2차 자료를 찾기가 쉽지는 않지만 해외시장의 선택과정에 있어 매우 중요하게 고려해야 할 사항이다. 특히 경로의 이용가능성(availability), 혹은 접근가능성(accessibility) 문제는 주어진 시장에서 한 기업의 매출액 가능성을 분석하는 데 있어 중요한 고려대상이 되며, 사실상 시장선택 과정에서의 유통경로분석은 이 문제에 국한시켜도 무방하다. 유통경로에 대한 조사와 분석은 기업의 매출액 가능성 추정을 통한 시장의 매력도 분석단계와 구체적인 마케팅믹스 전략수립 단계에 모두 필요한데, 후자의 경우 보다 심층적인 조사분석활동이 요구됨은 물론이다.

전자의 경우, 즉 시장선택 과정에서의 유통경로분석의 주요 착안사항은 다음과 같다.

첫째, 해당 시장에서 우리 제품판매에 필요한 적절한 유통경로를 확보할 수 있는가?

둘째, 우리가 확보할 수 있는 유통경로는 해당 시장의 선두주자(market leader)와 주요 경쟁자의 유통경로에 필적할 만한가?

셋째, 극복하는 데 상당한 정도의 마케팅노력과 시간을 요하는 유통경로상의 애로사항은 없는가?

4.4 세분시장구조 및 소비자 특성

주어진 시장에서의 기업매출액 가능성을 추정하는 데 필요한 또하나의 분석대상은 해당 시장이 어떤 형태로 세분화되어 있는가와 각 세분시장(market segment)별 소비자들의 특성이 어떠한가 하는 문제다. 목표시장의 소비자와 세분시장 구조에 대해 정확한 정보를 많이 가지고 있을수록 해당 시장에서의 기업매출액 가능성을 보다 정확하게 추정하는 것은 물론, 효율적인 마케팅전략 수립이 보다 용이해질 것은 당연하다.

검토대상 시장의 세분시장 구조를 파악하는 문제, 특히 이들 세분시장별 소비자특성을 정확하게 이해하는 과제는 시장선택 과정의 기업매출액 가능성 추정 단계에서 수행하기에는 비효율적이거나 지나치게 앞선 조사작업인 것이 사실이다. 그러나 시간과 비용을 지나치게 투입하지 않는 범위 내에서 최종 소비자와 관련된 제반 자료와 정보를 가능한 한 많이 수집하는 것은 이 단계에서도 필요하며 많은 도움이 될 것이다.

다음은 목표시장, 혹은 검토대상 시장의 소비자 특성을 파악하기 위한 기초적인 질문사항이다. 앞에서 시사한 대로 이와 관련된 조사분석활동은 진출시장(target country)과 진입방법(entry mode)이 결정된 후 구체적인 마케팅전략 수립과정에서 보다 충실하게 수행되어야 함은 물론이다.

- 누가 그 제품을 구매하는가?
- 누가 그 제품을 사용하는가?
- 그 제품은 어떻게 사용되는가?
- 그 제품은 어디서 구입되는가?
- 그 제품은 어떻게 구매되는가?
- 그 제품이 왜 구입되는가?
- 그 제품은 언제, 얼마만큼 구매되는가?

8-3 Mini-Case K푸드 · 뷰티의 '아메리칸 드림' - 중국 시장 대신 미국 시장에 총력

지난달 26일 미국 오하이오 주도(州都) 콜럼버스에 파리바게뜨 매장이 문을 열었다. 파리바게뜨의 174번째 미국 매장이다. 파리바게뜨는 2030년까지 미국전역에 매장을 1000여 개로 늘린다는 계획을 세웠다.

이른바 K푸드 · 뷰티로 불리는 한국식품, 화장품 회사들이 '아메리칸드림'을 향해 질주하고 있다. 내수시장의 한계와 중국시장의 불확실성을 체감한 국내기업들이 미국시장을 잡기 위해 총력전을 펼치고 있다. 작년 상반기 중국에 이어 2위였던 대미(對美) 농식품 수출액은 올해 상반기 1위로 올라섰다. 같은 기간 대미 화장품 수출액은 60%가 넘게 증가했다. 유통업계 관계자는 "미제(美製) 좋아했던 나라가 미국에 화장품과 먹거리를 수출하는 시대가 됐다"고 말다.

중국시대 가고 미국시대 왔다

지난달 26일 미국 로스앤젤레스(LA) 다운타운에 있는 LA컨벤션센터. 한류축제 '케이콘(KCON) LA 2024'를 맞아 CJ올리브영이 차린 부스에는 입장을 기다리는 긴 줄이 늘어섰다. 올리브영과 미국 아마존에서 판매 상위권에 이름을 올린 브랜드 아누아도 이곳에 제품을 전시했다. 아누아를 운영하는 더파운더즈 이창주 대표는 "과거 중국시장이 한국 화장품 업계를 일으켜세웠다면 이제는 미국이 그 역할을 하고 있다"고 말했다. 홍기은 올리브영 글로벌커머스 상무는 "올리브영 글로벌 매출의 70%가 미국에서 나온다"고 했다.

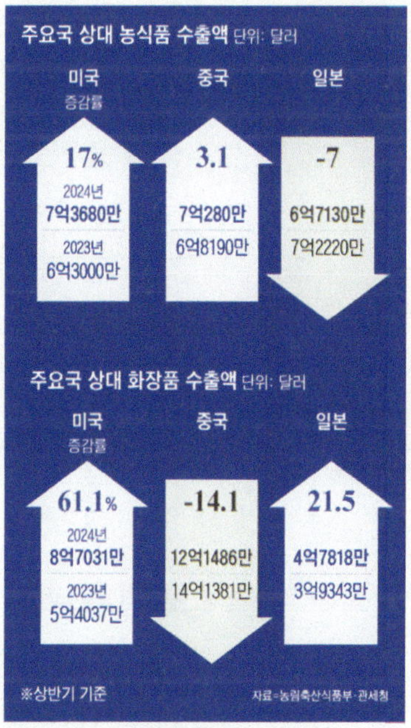

2024년 상반기 화장품 수출액은 48억달러를 넘어 사상 최대를 기록했다. 올해 상반기 화장품 수출액을 국가별로 살펴보면 중국이 12억 1,000만달러로 가장 많았다. 미국은 8억 7,000만달러로 2위를 기록했다. 중국 수출액은 작년 동기보다 14.1% 줄어든 반면 미국은 61.1% 늘었다. 대미 화장품 무역수지도 작년 상반기 3억 5,138만달러에서 올해 상반기 7억 1,516만달러로 급증했다. 대미 화장품 수출이 무역 효자 노릇을 하고 있는 것이다.

K푸드도 마찬가지다. 올해 상반기 한국 농식품 수출액은 47억 6,640만달러로 작년 동기보다 6.7% 증가했다. 수출 1위 국가가 미국이었다. 중국, 일본이 뒤를 이었다. 1년 사이 미국 수출액은 17% 늘어난 반면 중국 수출액은 3.1% 늘어나는 데 그쳤다. 농림축산식품부는 "미국 소비자들의 발효 · 비건 식품에 대한 관심과 수요가 증가해 역대 최대 수출 실적을 달성했다"고 설명했다.

미국잡아야 성장한다

기업들의 아메리칸드림은 성과로 이어지고 있다. CJ제일제당은 작년 해외매출 가운데 미국비율이 81%를 차지했다. 작년에 미국에서만 4조 3,807억원어치를 팔았다. 삼양식품은 작년에 미국에서 매출 1억달러를 돌파(1억2200만달러)했다. BBQ는 전 세계에 700여 매장이 있는데 이 중 미국에 가장 많은 250여 매장을 운영하고 있다. BBQ 관계자는 "지난 6월 아칸소주에 매장을 열며 미국 50주 가운데 29주에 진출했다"고 말했다.

왜 미국일까. 화장품 업계 관계자는 "사드사태 등을 통해 중국은 리스크가 크다는 걸 학습했고, 동시에 중국 내부에서 애국 소비 바람이 일어나면서 대체 국가가 필요해졌다"고 말했다. 이 시기에 맞물려 미국에서 한국 제품 호감도가 급격히 올라간 것도 큰 원인이다. 식품업계도 비슷한 반응이다. 삼양식품 관계자는 "미국은 물량을 맞추기 어려울 정도로 수요가 빠르게 늘었다"고 말했다. 삼양식품은 2019년 해외매출에서 중국의 비율(45%)이 컸지만, 올해 1분기의 경우 미국과 중국의 비율이 25% 정도로 같아졌다.

미국시장 콕 찍어 공략한다

기업들은 미국시장 맞춤형 공략에 나서고 있다. 일본에서 인기를 끄는 국내 화장품 브랜드 티르티르는 당초 동양인 피부색에 맞춰 5가지 색상의 쿠션을 생산했다. 현재 쿠션색상은 30가지로 늘었다. 다양한 인종이 있는 미국시장을 겨냥한 전략이다. 이 회사 관계자는 "올해 안에 쿠션색상을 40가지로 늘릴 것"이라고 말했다.

농심은 10월 미국 제2공장을 업그레이드한다. 농심관계자는 "고속 라인 가동을 시작해 원형 용기면에 더해 미국 현지인들에게 익숙한 사각 용기면의 생산이 가능해진다"고 말했다. 농심 미국 법인 연간 생산 가능량은 8억 5,000만개에서 10억 1,000만개로 늘어난다. 빙그레는 미국 소비자들의 입맛에 맞추기 위해 메로나 바나나, 딸기맛에 초코 코팅한 제품과 코스트코 전용 제품 등을 내놓았다.

미국을 공략하기 위한 국내기업들의 발걸음은 더욱 빨라질 전망이다. 지난 6월 코트라가 국내식품 기업 219사를 대상으로 '가장 수출하고 싶은 국가'를 조사한 결과 1위가 미국이었다. 일본, 캐나다, 싱가포르, 베트남이 뒤를 이었다. 상위 5국에 중국은 없었다.

자료원: 조선일보, 2024. 8. 7

05 포지셔닝 전략

5.1 포지셔닝의 개념과 의의

국가단위로든 초국적 기준이든 시장세분화가 이루어지고 목표시장이 선정되면, 다음 과제는 목표시장 소비자들에게 어떻게 경쟁제품과 차별화하여 소구할 것인가를 결정하는 포지셔닝(positioning) 전략을 수립하는 일이다. 포지셔닝이란 경쟁제품, 혹은 경쟁기업과 비교되어 소비자들의 마음속에 자리잡고 있는 인식이다. 또는 그런 비교되는 인식을 심어주고자 하는 마케팅활동을 말한다. 예를 들어 질레트(Gillette)는 전세계적으로 '남성적이고 스포츠 지향적인 기업'이라는 일관된 이미지를 구축하고 있다. 그러나 목표시장의 소비자특성이나 경쟁자가 다를 수 있기 때문에 포지셔닝 전략 역시 이를 반영하여 변경되는 것이 바람직한 경우도 있다. 포드 자동차는 에스코트모델에 대해 미국시장에서는 '경제적으로 구매할 수 있는 차'로 포지셔닝하여 광고하였지만, 인도에서는 '고급승용차'로 포지셔닝하였다. 에스코트같은 소형차에 기사를 두는 것이 다반사인 인도시장의 상황이 반영된 전략이다. 소나타는 물론 액센트(국내명은 베르나) 차종에 대해서도 고급차전략을 사용한 현대자동차 역시 인도 승용차 시장과 소비자 특성을 고려한 포지셔닝을 한 셈이다. 포지셔닝은 마케팅믹스의 4Ps(product, price, promotion, place)에 덧붙여 다섯번째 P로 불려지기도 한다.

제품에 대한 소비자들의 인식에 큰 영향을 미치는 요인으로 원산지효과가 있다(이에 대한 상세한 내용은 11장 참조). 이태리와 프랑스가 패션에, 중국이 저렴한 가격의 대량생산 제품과 연계되는 것처럼 원산지 이미지는 상당히 오랜 기간 동안 지속되는 것이 보통이다. 일부 기업들은 이러한 원산지 이미지를(물론 우호적인 경우에 한해서) 포지셔닝 포인트로 삼는 경우도 있다. 홍콩의 의류업체가 패션과 유행의 이미지를 강조하기 위해 이태리 이름인 지오다노(Giordano)를 상표로 사용한 것은 대표적 예다.

포지셔닝을 한다는 것은 소비자들에게 소구(appeal)할 수 있는 '독특한 그 무엇'을 찾는 일을 말한다. 특정 국가시장 내에서든 글로벌시장에서든 포지셔닝 전략은 대체로 다음과 같은 절차를 거쳐 수립된다.[5)]

첫째, 분석해야 할 적절한 경쟁제품 혹은 경쟁브랜드를 파악한다. 경쟁의 기본틀은 무엇인지도 알 필요가 있다.

둘째, 해당 제품이나 브랜드, 그리고 경쟁상황에 대해 소비자들이 현재 가지고 있는 인식은 무엇인지 파악한다.

셋째, 가능한 포지셔닝 주제를 개발한다.

넷째, 포지셔닝 대안들을 평가하여 소구가능성이 가장 높은 대안을 선정한다.

---

5) Masaaki Kotabe & Kristiaan Helsen, *Global Marketing Management*, 8th ed., John Wiley & Sons, 2020, p. 247.

다섯째, 선택된 포지셔닝 전략을 실행할 마케팅믹스 전략을 개발한다.

여섯째, 시간이 경과함에 따라 포지셔닝 전략의 효과성을 점검한다. 별로 효과가 없다고 판단되면 그 이유가 잘못된 실행때문인지 아니면 전략자체의 문제인지 알아본다.

5.2 포지셔닝의 유형

포지셔닝과 관련하여 국제마케팅 담당자에게 던져지는 첫 번째 질문은 동일한 포지셔닝 주제가 세계시장에서 어느 정도 사용될 수 있을 것인가 하는 문제다. 물론 목표고객들이 유사한 가치관과 구매습관을 공유하고 있다면 동일한 포지셔닝전략의 성공가능성이 높아질 것이다. 전세계적으로 알려져 있는 브랜드의 경우 일관된 이미지를 유지하는 것이 대단히 중요하다는 점에서 동일한 포지셔닝전략은 일차적 고려대상이 될 수밖에 없다. 노키아가 '사람들을 연결해 주는 것(Connecting People)'을 포지셔닝 주제로 삼고 있는 것은 대표적 예다. 삼성전자도 디지털기술의 선두주자라는 점을 부각시키기로 하고 전세계시장을 대상으로 적극적으로 광고한 바 있다. 동계올림픽, 월드컵, 첼시 등 세계인의 이목이 집중되는 스포츠행사나 구단을 후원하는 것도 이러한 광고미디어 전략의 일환으로 볼 수 있다.

동일한 포지셔닝 주제가 바람직한 점이 많이 있지만 모든 시장에 공통적으로 소구할 수 있는 단일주제를 찾는다는 것은 쉽지 않은 일이다. 한 문화에서 적절히 사용될 수 있는 소구가 다른 문화에서도 통한다는 보장도 없다. 문화적 특성, 구매력, 경쟁상황, 제품수명주기 상의 단계 등이 다르다면 포지셔닝 주제변경을 검토해야 한다. 스타벅스는 중국소비자들의 커피구매습관을 고려하여 '테이크아웃' 매장으로서가 아니라 다른 음식과 함께 몇 시간 동안 머물면서 커피를 마실 수 있는 매장으로 재포지셔닝(repositioning)하고 매장크기를 더 크게 한 바 있다(Mini-Case 8.4 참조).

8-4 **Mini-Case**

중국에서 공식을 바꾼 스타벅스

아침 7시 45분 시애틀 도심의 한 스타벅스, 고객들은 바로 가지고 나갈 커피를 주문한다. 핸드폰과 서류가방을 들고있는 손으로 벡(Beck)의 최신 CD를 카운터위에 올려 놓으려 애쓰거나, 나중에 먹을 커피콩 한 파운드를 팔꿈치 밑에 챙겨 넣는다.

그러나 중국사람들은 이러한 "스타벅스 경험"을 다시 만들고 있다. 대개 중국인들은 테이크아웃용 커피나 음식(물론 음반구매도)을 피하고, 중추절 축제 때 카레과자나 월병같은 것을 먹듯 매장 안에서 먹는 것을 선호한다. 그들은 몇 시간 동안 죽치고 앉아 있을 수 있다. "홍콩과 중국에서 커피는 아직 일상적인 필수품이라기보다는 사회적 이벤트로서의 의미가 더 강하다. 사람들은 친구들을 만나 이야기하기 위해 온다." 스타벅스의 홍콩, 마카오, 중국 남부지역 합작파트너인 맥심(Maxim's Caterers)의 전무이사인 마이클 우(Wu, 34세)의 이야기다. 우는 스타벅스가 자신이 관장하는 홍콩과 중국의 매장면적을 2,000ft^2 정도로 넓혔다고 말했다. 여유롭게 수다 떠는 사람들의 편의를 도모하기 위해서다.

미국에서 스타벅스 수익은 스피드와 거래빈도에 의해 창출된다. 고객들은 커피와 경우에 따라 샌드위치를 같이 집어들고 다음 약속장소로 가기 위해 황급히 문을 나선다. 그러나 홍콩에서 영업을 개시한 이후 5년간 스타벅스는 테이크아웃 커피점이라기보다는 먹으러 가는 레스토랑으로 여겨지게 되었다. "중국사람들은 대개 커피만 마시지 못하는 편이다. 음식과 같이 마셔야 한다. 이것이 고객 1인당 매출액이 미국보다 우리가 높은 이유다. 여기서는 커피와 음식을 같이 산다." 스타벅스가 변형하기를 희망하는 '중국의 일반적인 커피개념'을 설명하는 우의 말이다.

우가 관장하는 중국의 스타벅스 사업에서 테이크아웃 매출은 5% 이내라고 한다. 미국에서는 테이크아웃이 대부분인 것과 비교되는 점이다. "고객들은 여기 와서 매장을 활용합니다. 그게 바로 프리미엄을 지불하는 이유지요. 테이크아웃 비즈니스가 뜨려면 한달에 열 번은 방문하는 충성된 고객들이 필요합니다. 궁극적으로는 이것이 그들의 일상생활이 되어야지요."

홍콩에서는 스타벅스 영업의 대부분이 오후시간과 밤시간에 이루어진다. 사람들이 친구나 가족들과 만나 하루의 일과를 돌아보는 시간이다. 아침에 손님이 몰리는 미국과 다른 점이다. 이러한 문화적 차이에도 불구하고 사업은 대단히 잘 되고 있는 중이다. 우는 지난 2년간 부동산가격이 급상승하고 있는 홍콩에서 1년에 10개 정도씩 점포를 늘려간다는 계획을 가지고 있다. 고객들의 구매습관을 일부 변화시키기 위한 노력도 진행 중이다. "스타벅스는 커피 외에도 커피원두, 머그, 음반 등 다른 것들도 많이 판매합니다. 그러나 홍콩과 중국에서는 다른 품목들의 매출이 아직 신통치 않습니다. CD와 커피원두의 중국매출은 활발하지 못합니다."

스타벅스는 중국사업을 매우 중요하게 여기고 있다. 칭다오에서는 100% 직영매장을 오픈하기도 했다. 300개가 넘는 매장을 가지고 있지만 스타벅스는 퍼시픽커피와 같은 현지 경쟁자나 맥도널드의 맥카페, KFC의 K카페 등과 같은 글로벌기업들 역시 중요한 목표시장으로 삼고 있는 중국에서 아직도 갈 길이 멀다. 홍콩에서는 이미 퍼시픽커피를 추월했지만, 중국의 떠오르는 부유층시장을 향한 미래 경쟁에는 이제 막 참여하기 시작한 셈이다.

스타벅스 인터내셔날의 사장인 마틴 코울즈(Martin Coles)는 스타벅스를 전세계적으로 표준화하기를 원하고 있다. 똑같은 음식과 음료와 음악을 모든 점포에서 판매하는 것이다. "우리는 전세계 고객들이 뉴욕, LA, 런던, 동경, 홍콩 등 어디서건 똑같은 경험을 하게 되기를 원합니다."

그러나 중국에서 이미 적응화한 것을 보면 앞으로 스타벅스가 망고 라씨를 판매하게 될지도 모른다. 러시아에서는 월병 대신 피로쉬키(주: 고기나 야채 등을 넣은 러시아식 파이)와 라떼는 어떨까?

자료원: "Starbucks adjusts its formula in China," *Seattle Post-Intelligencer*, June 16, 2005 기사내용을 발췌하여 편집함

연습문제

1. 해외 목표시장을 설정하는 일반적인 절차에 대해 설명하시오.
2. 1차적 수요(primary demand)와 선택적 수요(selective demand)의 개념에 대해 설명하시오.
3. 수요예측방법의 하나인 시차분석(lead-lag analysis)에 대해 설명하시오.
4. 종단적 유추분석의 개념을 설명하고 이것이 시차분석과 어떻게 다른지 설명하시오.
5. 종단적 유추분석에 의해 특정 제품분야의 수요를 예측할 때 나타날 수 있는 문제점에 대해 설명하시오.
6. 회귀분석(regression analysis)에 의한 수요예측방법을 간략히 설명하시오.
7. 특정 시장에서 한 기업의 매출액을 예측할 때 검토해야 할 경쟁기업 정보의 주요 내용을 정리해 보시오.
8. 포지셔닝의 개념과 의의, 그리고 절차를 국제마케팅 측면에서 설명하시오.

참고문헌

- 이장로, 문희철, 이춘수, 4차 산업혁명 시대의 국제마케팅, 8판, 한빛아카데미, 2022.
- 이철, 글로벌마케팅, 3판, 학현사, 2020.
- Aaker, David A. & Christine Moorman, *Strategic Market Management*, 11th ed., Wiley, 2017.
- Cateora, Philip R., R. Bruce Money, Mary C. Gilly & John L. Graham, *International Marketing*, 19th ed., McGraw-Hill, 2023.
- Czinkota, Michael, Ilka Ronkainen & Annie Cui, *International Marketing*, 11th ed., Cengage Learning, 2022.
- Green, Mark C. & Warren Keegan, *Global Marketing*, 10th ed., Pearson, 2019.
- Kotabe, Masaaki & Kristiaan Helsen, *Global Marketing Management*, 9th ed., Wiley, 2022.
- Porter, Michael E., *Competitive Strategy*, Free Press, 1980.
- Root, Franklin R., *Entry Strategies for International Markets*, Lexington Books, 1994.

CHAPTER 09

시장진입전략

일단 목표시장이 선정되면 이제 그 목표시장에 어떤 방법으로 들어가는 것이 가장 적절할 것인가를 결정해야 한다. 이것이 바로 진입방법(entry mode)에 대한 결정으로서 국제경영, 혹은 국제마케팅 활동에 있어 전략적으로 매우 중요한 의사결정 영역이라 할 수 있다.

본장에서는 우선 이러한 진입방법의 일반적 유형에 대해 설명하고 이러한 대안들 중 하나를 선택할 때 고려해야 할 요인, 혹은 영향요인들에 대해 살펴보기로 한다. 목표시장의 선정 후에 진입방법을 결정하는 것이 논리적으로 더 설득력이 있어 보이지만 앞에서 언급한 대로 진입방법에 대한 결정이 전략적으로 먼저 이루어지거나, 혹은 동시에 이루어질 수도 있음을 다시 한번 언급하기로 하자.

9-1 Mini-Case

빵 소비대국 美서 'K-베이커리'가 잘나가는 이유

2005년 미국에 1호 매장을 냈던 파리바게뜨는 2023년 말 기준 미국 30개 주(州)에서 147개 매장을 갖고 있다. 2004년 미국에 진출한 뚜레쥬르도 매장이 2019년 59개로 늘었고, 지금은 26개 주 102개가 됐다. 두 회사 모두 최근 4년간 미국매장이 70% 넘게 증가했다. 파리바게뜨는 지난해 매출이 두 배 가까이 뛰었고, 올 상반기 처음으로 미국법인 흑자를 냈다. 2018년부터 5년 연속 흑자를 기록한 뚜레쥬르는 올해 상반기 영업이익이 전년보다 250% 급증했다. 2017~2022년 미국 베이커리 카페시장이 연평균 -0.1%(시장조사 기관 IBIS월드) 역성장한 것과 비교하면 한국 베이커리 업체들이 미국시장에 확실한 뿌리를 내리고 성공을 거뒀다는 평가다.

미국 워싱턴 게인스빌에 있는 뚜레쥬르 매장을 현지인들이 이용하는 모습

한국 빵이 빵을 주식으로 하는 세계 1~2위 소비시장 미국에서 성공한 비결은 뭘까. 업계 안팎에선 다민족·다인종 문화에 맞춘 수백 가지 종류의 빵, 자유롭게 빵을 살펴보고 고를 수 있는 한국식 중앙 진열방식같은 차별화 포인트에 '동네 빵집'을 표방하는 인테리어 전략이 시간이 흐르며 시너지 효과를 내고 있다고 분석한다. K팝 등 한류 열풍에서 파생된 K푸드에 대한 관심도 한국 빵에 긍정적인 영향을 주고 있다는 얘기도 있다.

미국에는 없는 '빵 백화점'

현지 외식전문지와 베이커리 매거진은 한국 빵 업체들에 대해 '미국에 유사한 형태의 경쟁자가 없다'고 평가한다. 한국 업체들은 도넛, 베이글, 크루아상, 바게뜨, 케이크 등 다양한 종류의 빵을 모두 취급하며 매장마다 300~400종 제품을 팔고 있다. 출신인종과 민족이 다양한 미국시장을 공략하기 위한 일종의 '빵 백화점' 전략이다.

미국에는 도넛이나 베이글 등 세부 품목만 전문으로 하는 브랜드가 많지만 여러 종류를 한꺼번에 취급하는 전국 프랜차이즈가 거의 없다. 업계 관계자는 "인구밀도가 낮은 미국 특성상 원료 수급과 관리의 문제 때문에 수백 가지 빵을 한꺼번에 다루는 체인 사업을 생각하기가 어렵다"고 했다. 그나마 미국 종합 베이커리도 100종류 이하의 빵을 팔아 한국의 3분의 1~4분의 1 수준인데다 최근에는 빵보다 수프・샐러드・샌드위치 등 식사 위주의 메뉴를 강화하는 추세여서 한국 업체들의 빵 백화점 전략이 효과를 얻고 있다고 한다. 개별 품목 중에선 케이크 인기가 높다. 동그란 홀(whole) 케이크, 알록달록 디자인된 생크림 케이크를 미국에선 쉽게 찾아볼 수 없기 때문이다.

미국에 있는 파리바게뜨 매장 모습

직접 빵 담는 방식, 현지 문화에도 잘 맞아

매장 한가운데 빵을 두는 중앙진열 방식으로 손님이 직접 눈으로 제품을 확인하도록 한 것도 차별화에 도움이 되고 있다는 분석이다. 국내에선 익숙한 매장 디자인이지만, 베이커리를 포함해 미국 프랜차이즈는 카운터 앞에 제품을 진열해 놓고 손님이 선택하도록 한 것과 다른 부분이다. 파리바게뜨 관계자는 "줄 서서 뒷사람을 의식하며 빵을 골라야 할 필요없이 천천히 빵을 살펴보면서 직접 선택하도록 한 게 '개인 취향'을 중시하는 현지 문화에 잘 맞았다"고 했다.

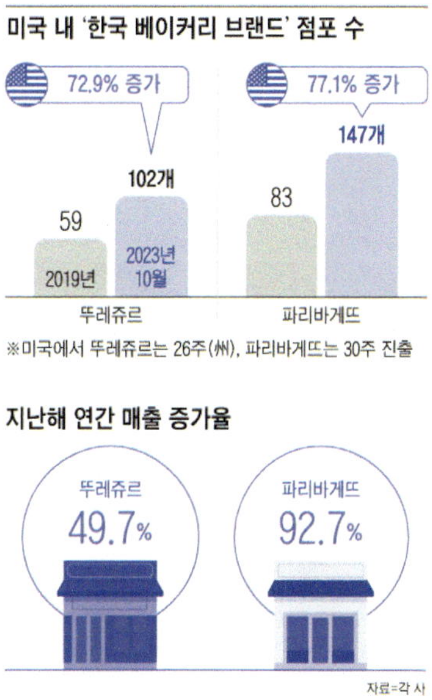

최근에는 '당일 생산, 당일 판매'라는 점을 강조하기 위해 빵을 굽고 포장하는 작업을 손님들이 가까이서 볼 수 있도록 한 매장 디자인을 채택하고 있다. 이런 디자인이 수십년 전 미국·유럽의 동네 빵집과 비슷한 모양이라고 해서, 현지에선 한국 업체 매장을 '맘앤팝(mom and pop・엄마 아빠가 운영하는 듯한 소규모 사업장)' 스타일이라고 부르기도 한다.

파리바게뜨와 뚜레쥬르 모두 초기 한인타운 근처에서 시작한 것과 달리 최근엔 현지인들이 사는 교외지역과 쇼핑몰 등에 자리를 잡으면서 현지인 손님비율이 70%를 넘는 곳도 속속 생겨나고 있다. 두 회사는 2030년까지 미국과 캐나다에서 1000개 매장을 열겠다는 목표를 내세우고 있다. 북미 시장이 신규 출점 규제와 과열 경쟁으로 포화 상태에 이른 국내시장의 대안이 될 것으로 기대하고 있다.

파리바게뜨의 해외진출 배경과 현황

파리바게뜨는 2024년말 현재 600여 개의 해외점포를 운영하고 있다. 중국이 350여 개로 가장 많고, 미주(미국, 캐나다) 180여 개, 동남아(베트남, 싱가포르, 캄보디아, 인도네시아, 말레이시아, 필리핀 등) 50여 개, 유럽(프랑스, 영국) 10여 개 등이다. 특히 2014년 미식의 나라인 프랑스에도 파리바게뜨 매장을 열자 '대단한 도전'이란 평가가 쏟아졌다. SPC그룹 관계자는 "세계 최고의 제빵 국가인 프랑스 '파리'와 프랑스 빵을 대표하는 '바게트'로 프랑스식 베이커리를 지향하겠다는 의지를 담았다"며 "향후 해외시장 진출까지 염두에 두고 결정한 것"이라고 설명했다. 허영인 SPC그룹 회장은 첫 해외진출 당시 프랑스를 비롯한 미국, 캐나다, 중국, 일본, 싱가포르, 인도, 베트남 등 세계 8개국에 '파리바게뜨' 상표 등록을 마쳤다.

파리바게뜨가 해외로 눈을 돌린 이유 중 하나는 한국에서의 출점 제한 때문이다. 2013년 '동네빵집'을 살리기 위한 목적으로 제과점업이 중소기업 적합업종으로 지정됐다. 이에 프랜차이즈 베이커리의 경우 신설점포가 기존 전체 점포의 2% 수준으로 제한되고, 인근 중소제과점과 500m 거리를 둬야 한다. 이 때문에 파리바게뜨를 비롯해 뚜레쥬르 등 한국 프랜차이즈 베이커리는 해외로 눈을 돌릴 수밖에 없는 상황이 됐다.

자료원: 한국경제, 2019. 3. 14, 조선일보, 2023. 11. 14 및 SPC 홈페이지

01 진입방법에 대한 일반적 이해

1.1 진입방법의 유형

외국의 특정 시장에 들어가는 방법은 제조업을 중심으로 살펴 볼 때 크게는 두 가지, 좀 더 나누면 세 가지의 기본유형으로 구분해 볼 수 있다. 우선 가장 기본적인 방법은 본국이든 제3국이든 목표시장국 이외의 생산기지에서 제조된 완제품을 수출하는 방법이다. 또 하나는 기술, 자본, 노동, 경영활동 등의 생산요소를 목표시장으로 이전하여 현지 시장국가에서 완제품을 생산하도록 하는 것이다.

생산요소를 이전하는 방법은 다시 두 가지 유형으로 구분할 수 있는데 그렇게 하면 바로 수출을 포함하여 세 가지 기본유형이 된다. 즉, 기술이나 특허권 등의 무형자산, 경영활동 등을 그 자체로서 현지에 있는 기업에게 대가를 받고 제공하는 방법과 이들 생산요소를 현지에서 복합적으로 활용하여 제품을 직접 생산하는 방법으로 구분되는 것이다.

전자, 즉 생산요소를 그 자체로서 현지 업체에 제공하는 방법은 일반적으로 계약형태의 진입방식(contractual entry mode)으로 불리워지는데 이는 제공되는 자산의 내용, 기간, 대가의 지불방법 등을 계약에 의해 정하고 제공받는 업체가 자신의 책임하에 제품을 생산하여 판매하는 방식이다. 이러한 생산요소, 혹은 자산을 제공하는 업체는 현지의 경영활동에는 계약에 의한 사항 외에는 관여하거나 책임을 지지 않으며 제공하는 자산 자체에 대한 대가만을 받게 된다. 따라서 책임과 위험이 적고 안정적 수입이 보장되지만 현

지 시장에서의 통제권이 없고 투자수익의 기회도 없게 된다. 라이슨싱(licensing)이 이러한 진입방법의 대표적 예다.

후자의 방법, 즉 제반 생산요소와 경영자원을 하나의 패키지 형태로 이전하여 현지에서 직접 경영활동에 참여하는 가운데 제품을 생산, 판매하는 방식은 해외직접투자로 일컬어진다. 이는 기술, 특허권, 경영노하우 등을 그 자체로서 판매하는 것이 아니라 이들을 복합적으로 이전한 후 대개의 경우 노동이나 원료를 중심으로 하는 현지의 생산요소를 결합하여 현지에서 제품을 직접 생산하는 방법이다. 자신의 책임하에 경영활동이 수행되므로 위험이 수반되지만 통제권과 함께 높은 투자수익의 기회도 아울러 갖게 된다.

이상에서 간단히 설명한 세 가지의 진입방법 유형을 그 세부유형과 함께 정리해 보면 다음과 같다. 이들 각각에 대한 보다 자세한 설명은 잠시 뒤에서 하기로 하자.

- 수출(export)
  - 간접수출(indirect export)
  - 직접수출(direct export)
- 계약방식(contractual entry mode)
  - 라이슨싱(licensing)
  - 프랜차이징(franchising)
  - 계약생산(contract manufacturing)
  - 관리계약(management contracts)
  - 턴키계약(turnkey contracts)
  - BOT방식(build, operate, transfer)
  - 기타
- 해외직접투자(foreign direct investment)
  - 단독투자(sole venture)와 합작투자(joint venture)
  - 신설(greenfield investment, 혹은 new establishment)과 인수·합병(M&A, merger/acquisition)

1.2 진입방법결정의 의의

시장진입방법은 목표시장에 대한 인적 · 물적자원의 투입(commitment), 통제권(경영권) 정도, 위험노출, 수익 등에 직접적인 영향을 미치며, 그 결정은 장기적인 안목에서 이루어져야 한다. 일단 한번 이루어지면 단기간에 변경하는 것이 쉽지 않으며 대규모 경영자원의 투입이 필요할 수 있는 매우 중요한 전략적 결정이기 때문이다. 진입방법을 잘못 선택하면 시장진입 자체가 실패로 끝나거나 더 큰 이익기회를 놓칠 수 있게 되며, 따라서 진입방법의 결정에는 충분한 사전검토와 신중한 접근이 요구된다.

해외시장진출 초기에는 경험이나 경영자원이 충분히 크지 않기 때문에 수출이 진입방법으로 선택되는 것이 일반적이다. 큰 위험부담 없이 선택할 수 있는 방법이기 때문이다. 처음부터 대규모 경영자원 투입이 수반되는 직접투자를 무리하게 선택할 경우 예상보다 시장기회가 작거나 낯선 경영환경에 적응하지 못하여 커다란 실패로 끝날 가능성이 높다. 수출을 진입방법으로 선택할 수 없는 산업, 예를 들어 제2장에서 소개한 테마파크(디즈니랜드)나 레스토랑같은 경우에는 계약방식(라이슨싱이나 프랜차이징)과 직접투자를 대안으로 고려하게 된다. 이 경우에도 초기에는 위험부담이 적은 계약방식을 선택하고 현지 경험과 시장의 크기가 증가함에 따라 직접투자로 전환해 간다고 보는 것이 일반적이다.

그러나 경우에 따라 수출은 시장입지의 조기구축이나 더 큰 이익기회를 살리지 못하는 결과를 가져올 수도 있다. 마찬가지로 라이슨싱이나 프랜차이징 역시 자본투입이나 정치적 위험에 대한 노출이 적어 직접투자에 비해 선호될 수도 있지만, 기술유출이나 더 큰 이익기회의 상실이라는 측면에서는 결과적으로 잘못된 결정이 될 수도 있다. 예를 들어 계약방식(라이슨싱)에 의해 일본에 진출한 디즈니사가 로열티수입은 안정적으로 얻었지만, 도쿄 디즈니랜드의 개장 첫해(1984년)부터 이어진 호조에도 불구하고 그 이익은 모두 일본기업에 귀속되고 있다. 반대로 1992년 직접투자형태로 파리에 진출한 디즈니랜드 파리는 1993년과 94년에 각각 9억 7천만불과 3억 3천만불이라는 적자를 기록한 후 소규모 흑자로 전환된 바 있다.

대규모 투자가 수반되지 않는다면 처음부터 직접투자방식으로 진출하는 것이 직접적인 경험의 축적이라는 점에서 긍정적일 수도 있다. 생산시설 투자가 필요 없는 식음료판매 업종의 경우 고려해 볼 수 있는 선택이다. 아직 해외시장에서 브랜드 인지도가 높지 않은 경우 마땅한 프랜차이즈 파트너를 찾기 힘들다는 점도 직접투자의 한 이유다. 이런 경우 직접투자는 현장에서의 소비자반응 탐색이나 경험축적에 도움이 될 수 있다. 좋은 반응이 나타나면 현지 업체가 프랜차이즈 파트너로 나설 수 있다는 점을 기대할 수도 있다. 물론 이 경우에도 재무적 측면에서의 투자실패가 본사에 심각한 영향을 미칠 정도가 되어서는 곤란할 것이다.

1.3 수 출

수출(export)은 해외시장으로 진출하는 가장 기본적인 방법으로서 시장국가 외의 지역(대개의 경우 초기에는 본국)에서 생산된 제품을 시장국가로 이전하여 판매하는 방법이다. 외국시장에 처음 진출하고자 하는 기업은 대부분 수출방법을 우선적으로 고려하는데, 이는 다른 방법에 비해 위험이 비교적 적고 해외시장에 대한 큰 경험이 요구되지 않는 편이기 때문이다. 그러나 국제경험이 많고 이미 해외직접투자 형태로 해외시장에 적극적으로 진출해 있는 기업들에게도 수출은 여전히 중요한 진입방법으로 남아 있다. 우리나라의 2023년 전체 수출액은 6,322억 달러에 달한다(Mini-Case 9.2 참조).

이러한 수출은 거래처(수입상)접촉, 통관, 선적, 보험 등의 수출관련 기능을 직접 수행하느냐, 아니면 외부기관을 통해 수행하느냐에 따라 직접수출과 간접수출로 구분할 수 있다. [그림 9-1]은 수출경로의 주요 유형을 보여주고 있는데 간접수출과 직접수출의 근본적인 차이는 수출과 관련된 업무와 기능을 대신 수행해 주는 외부조직이 국내에 존재하고 있느냐 하는 것이다.

9-2 Mini-Case
수출 5,000억·무역 1조달러 시대 열렸다

우리나라 수출이 2011년 사상 최초로 연간 5,000억달러 시대에 접어들었다. 수출액과 수입액을 합한 무역액 역시 12월 5일 기준 1조달러를 돌파했다. 이로써 한국은 미국, 독일 등 선진국에 이어 전 세계 8번째로 한 해 5,000억달러 이상 수출하는 국가가 됐다. 수출 5,000억달러를 가장 먼저 달성한 나라는 1994년 미국이었다. 이후 1995년 독일, 2004년 중국과 일본, 2007년 프랑스와 네덜란드, 2008년 이탈리아가 뒤를 이었다.

순서는 늦었지만 5,000억달러 수출달성 속도는 상당히 빠른 편이다. 앞선 7개국은 수출 1,000억달러 달성 이후 5,000억달러까지 평균 20.1년이 걸렸다. 반면 한국은 16년밖에 걸리지 않았다. 한국의 수출액은 1964년 처음으로 1억달러를 돌파한 이후 1971년에는 10억달러, 1995년에는 1,000억달러를 각각 돌파한 바 있다. 수출증가율에서도 한국은 돋보인다. 올해 우리나라 수출액증가율(1~9월 기준)은 22.9%로 중국 22.7%, 독일 21.7%보다 앞선다. 10월 한 자리수로 떨어졌던 수출증가율이 두 자리수를 회복하면서 무역흑자는 39억달러를 기록해 22개월 연속 흑자행진도 이어갔다.

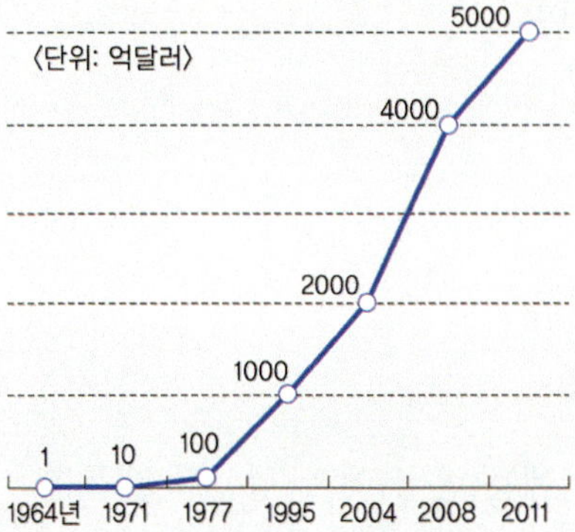

〈그림〉 반세기 만에 이룬 연간 5,000억달러 수출

무역 1조달러 돌파 역시 의미있는 기록이다. 세계 9번째로 달성한 수치로 한국 무역액은 1947년 1억달러를 넘은 후 64년 만에 1만배로 늘어났다. 1조달러는 멕시코를 제외한 중남미 35개국의 전체 교역액과 맞먹는 규모다. 지경부 관계자는 "무역 1조달러를 달성한 국가는 1인당 국내총생산(GDP)이 3~4만달러에 달하는 통상 대국들로 우리나라가 선진국 반열에 한 발짝 더 다가갔다는 의미"라고 설명했다.

그러나 '무역 1조 달러' 시대는 일단 5년 만에 막을 내렸다. 세계적인 경기침체와 저유가 영향으로 우리나라는 2015년 수출과 수입이 모두 부진하여 무역 총규모가 9,640억 달러에 머물렀다. 그러나 수출은 5,272억 달러, 수입은 4,368억 달러로 수입의 감소가 더 두드러져 무역수지는 904억 달러라는 사상 최대의 흑자를 기록했다. 또한 수출감소는 우리나라만의 문제가 아니어서 우리나라의 세계 수출순위는 프랑스를 제치고 중국, 미국, 독일, 일본, 네덜란드에 이어 6위로 한 단계 상승했다. 참고로 2016년 이후 우리나라의 연도별 수출입 금액 추이가 아래 표에 나타나 있다. 2023년 무역 및 수출액 규모는 세계 8위다.

〈표〉 한국의 연도별 수출입 금액 추이(2016~2023년)

(단위: 억불)

연 도	2016	2017	2018	2019	2020	2021	2022	2023
수출금액	4,954	5,737	6,049	5,422	5,125	6,444	6,836	6,322
수입금액	4,062	4,785	5,352	5,033	4,676	6,151	7,314	6,426
무역수지	892	952	697	389	449	293	−478	−103
수출입총액	9,016	10,522	11,401	10,456	9,801	12,595	14,150	12,748

자료원: 관세청

자료원: 매일경제, 2011. 12. 6 및 조선일보, 2024. 4. 24 내용을 편집함

(1) 간접수출

간접수출(indirect export)이란 앞서 말한 대로 기업내부에 수출관련 부서를 두고 스스로 수출업무를 관장하는 것이 아니라 국내 무역업체나 국내에 들어와 활동하고 있는 외국 무역상을 통해 수출업무를 처리하는 방식이다. 따라서 추가적인 인력이나 자본투입이 별로없이도 수출을 할 수 있고 전문적인 무역업체를 활용한다는 장점이 있는 반면, 경험을 축적하거나 실질적인 해외시장정보에 접할 수 있는 기회는 제한된다.

간접수출은 수출이라는 진입방법 중에서 적극적인 대안으로 고려된다기보다는 직접수출 방식을 택하기 어려울 때 사용된다고 보는 것이 일반적이다. 무역실무에 대한 전문적 지식이나 해외시장에 대한 경험이 부족할 경우, 또는 수출물량 자체가 얼마 되지 않을 경우에 직접 수출업무를 담당한다는 것은 현실적으로 어렵거나 경제적이지 못하며 이 때 간접수출이 차선책으로 고려되는 것이다.

(2) 직접수출

직접수출(direct export)은 제조업체 자체의 수출관련 부서나 계열 무역회사를 통해 수출업무를 직접 수행하는 방식이다. 따라서 그만큼 추가적인 자금, 인력, 시간적 노력이 필요하며 적극적인 시장정보수집과 마케팅노력이 요구된다. 수출활동이 보편화되어 있는 오늘날에는 대기업은 물론 중소규모의 기업들도 많은 경우 이 직접수출방식을 택하고 있다.

그러나 수출국 내에서의 수출관련 업무를 자체적으로 해결한다는 점에서는 똑같은 직접수출이지만 현지 수출시장에 어느정도 적극적으로 개입하느냐 하는 것은 그 다음 단계의 문제로서 그 개입정도의 폭은 매우 넓은 편이다. 구체적인 마케팅활동과 노력의 정도는 차치하고 조직, 혹은 유통경로 측면에서만 본다면 직접수출은 크게 두 가지 유형으로 구분할 수 있다([그림 9-1] 참조).

그 하나는 현지의 수입상에 수출하는 것으로 일단 현지 시장에의 직접적인 개입을 끝내는 것이다. 이 경우 수출시장에서의 성패는 얼마나 유능한 수입상과 거래하느냐에 많은 영향을 받는다. 따라서 적절한 현지 유통업자를 선정하는 것이 매우 중요하다. 다른 하나의 유형은 보다 적극적인 개입을 보여주는 것으로서 수출시장국에 판매지점(branch)이나 자회사(subsidiary)를 설치하여 현지 유통을 포함한 마케팅활동을 수행하도록 하는 것이다. 현지 시장에의 개입 정도가 높은 만큼 책임과 위험의 범위도 커지며 시장조사나

그림 9-1 수출경로의 주요 유형

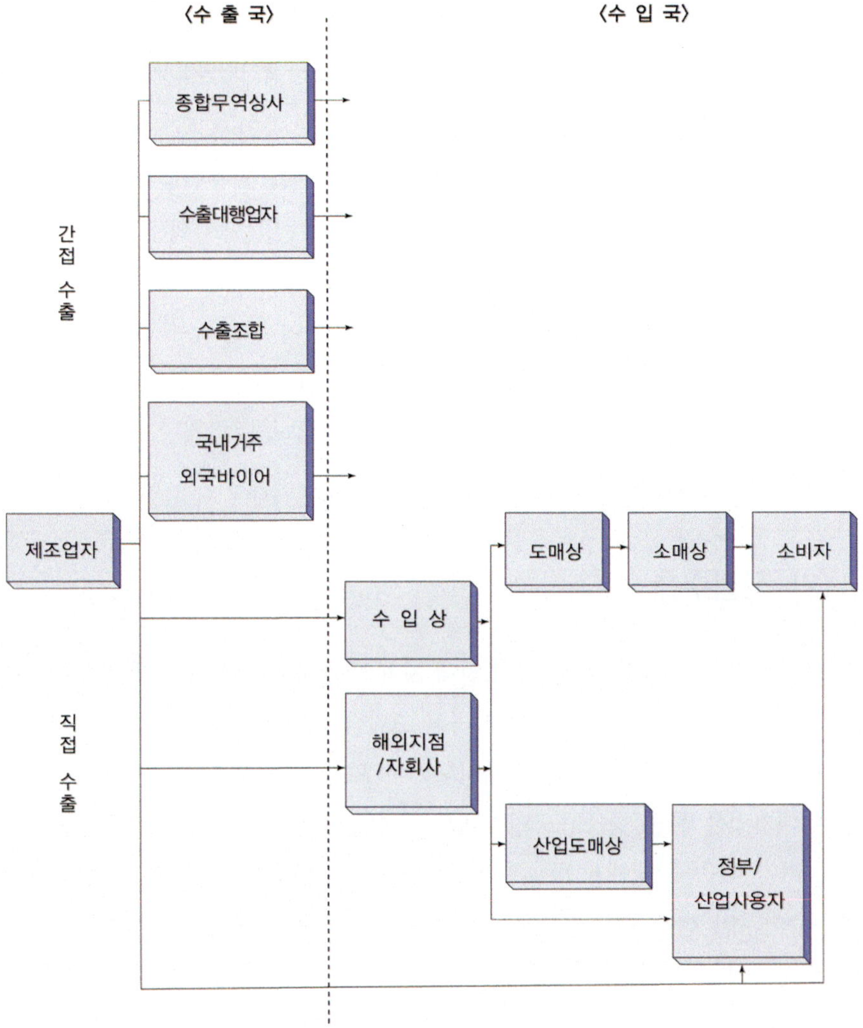

자료원: Franklin R. Root, *Entry Strategies for International Markets*, Revised and Expanded ed., Lexington Books, 1994, p. 77의 그림을 수정 보완함.

시장정보 수집의 필요성도 커지게 된다.

1.4 계약형태의 진입방법

계약형태의 진입방법(contractual entry mode)은 목표시장국 내의 기업에게 기술이나 무형자산, 인력자원 등을 이전해 주는 계약관계를 통해 시장에 진입하는 방법이다. 이는 본질적으로 기술이나 특허권 등의 노하우(know-how) 이전과 그 대가수령을 통한 거래이므로 부수적으로 수출활동이 수반되는 경우가 있지만 제품을 판매하는 수출과는 구별된다. 아울러 지분참여없이 기술(혹은 다른 자산)의 제공으로 일차적 책임이 끝난다는 점에서 해외직접투자와 구별된다.

다음은 이러한 계약에 의한 진입방법의 대표적 유형에 대한 설명이다.

(1) 라이슨싱(licensing)

넓은 의미로 해석해 볼 때, 국제 라이슨싱(international licensing)이란 특정 기업(licensor)이 가지고 있는 특허, 노하우, 상표 등과 같은 무형의 산업재산권을 일정 기간 동안 외국에 있는 다른 기업(licensee)에게 사용권을 부여하고 그 대가로 로열티나 다른 형태의 보상을 받도록 체결하는 계약을 말한다. 대개의 경우 이러한 무형자산이나 재산권이 적절히 사용될 수 있도록 기술적 지원이 수반되기도 하지만 뒤에서 설명할 프랜차이징에 비해 그 후속적인 지원의 범위는 좁은 편이며, 라이슨싱 계약의 핵심은 무형자산 자체의 사용권 이전과 그 대가 수수에 있다.

다른 진입방법과 마찬가지로 라이슨싱도 나름대로의 장단점을 지니고 있다. 가장 대표적인 장점으로 들 수 있는 것은 시장국의 수입장벽을 우회할 수 있다는 점이다. 최종제품에 대한 관세가 높거나 다른 형태의 수입규제가 있다 해도 그러한 제품을 생산하는데 필요한 무형자산에 대해서는 제한이 가해지지 않는 경우가 많이 있다. 수출을 하다가 수입규제가 늘어나서 라이슨싱으로 전환하는 수도 있는데 이 경우 완제품 대신 부품이나 반제품을 상대기업(licensee)에 수출하게 될 수도 있다.

또 다른 장점은 직접투자에 비해 정치적 위험에 대한 노출이 적다는 점이다. 현지에 대한 자원투입이 적기 때문에 최악의 경우 잃게되는 부분이 적게 되며, 현지국 정부가 라이슨싱을 기술습득의 기회로 생각하는 경우가 많아 비교적 우호적인 태도를 보이게 된다.

한편 최종제품을 현지 사정에 맞게 적응화(local adaptation)해야 할 필요성과 적응비용이 높을 경우에도 라이슨싱은 적절한 진입방법이 될 수 있다. 제품의 적응(수정)비용을 상대기업에게 전이시킬 수 있기 때문이다.

진입방법으로서의 라이슨싱이 갖는 대표적인 단점은 현지 시장에서의 마케팅전략에 대한 통제권이 적다는 점이다. 따라서 상대 기업의 성과가 좋지 못해도 계약에서 허용할 경우에 한해 라이슨싱계약 자체를 해지하는 수밖에 없다.

또 하나의 간과할 수 없는 단점은 기술을 제공받는 업체가 기술제공업체의 경쟁자로 등장할 수 있다는 점이다. 소위 말하는 부메랑(boomerang)효과가 나타날 수 있는 것이다. 이러한 위험은 제3국 시장에서 뿐만 아니라 기술제공업체의 본국에서도 일어날 수 있는데, 이는 라이슨싱이 정치적 위험은 낮을지 몰라도 궁극적으로 높은 경제적 위험에 직면할 수 있음을 의미한다 하겠다. 제공된 기술로 생산된 제품의 판매를 해당 시장국 내로 한정하거나 라이슨싱 계약기간의 종료후에는 해당 기술의 사용을 금지한다는 조항을 계약에 명시함으로써 이러한 상업적 위험을 줄일 수는 있다. 그러나 이러한 노력은 상대국 정부에 의해 무위로 끝날 수 있고, 그러한 계약자체가 반독점법(antitrust laws)에 의해 불법화되어 있는 경우도 있음을 알아야 한다.

한편 대개의 경우 라이슨싱 계약은 제공받는 기술이나 상표를 사용한 제품에 대해 계약기간 동안 상대기업이 국내시장에서 독점적 판매권을 갖게 하는 경우가 많다. 따라서 기술제공 기업은 계약기간 동안 해당 제품에 대해서는 다른 진입방법을 사용할 수 없게 된다.

(2) 프랜차이징(franchising)

프랜차이징은 넓은 의미의 라이슨싱의 한 형태라 할 수 있다. 다만 프랜차이징은 제공기업(franchisor)이 상호, 상표, 기술 등의 사용권을 특정 기업이나 개인(franchisee)에게 허용할 뿐만 아니라 상대방에 대해 조직, 마케팅 및 일반관리 분야에서의 지원을 제공하며 원료를 공급하는 등 양자가 보다 지속적이며 포괄적인 관계를 유지한다는 점이 특징이라 하겠다. 대개 프랜차이지는 프랜차이저의 상호와 상표를 가지고 사업활동을 전개하며 후자가 마련한 정책과 절차를 따르는 것이 일반적이다. 그 대가로 프랜차이저는 수수료, 로열티, 혹은 다른 형태의 보상을 프랜차이지로부터 받게 된다.

좁은 의미의 라이슨싱이 주로 제조업과 관련된 생산기술이나 특허권 등을 대상으로 하는데 비해 프랜차이징은 패스트푸드를 비롯한 식음료산업과 호텔, 모텔, 자동차렌트 등의 서비스산업에서 활발히 이루어지고 있다. 참고로 〈표 9-1〉은 종합평가 기준의 세계 상위 20대 프랜차이즈 기업현황을 보여주고 있다. 대표적인 패스트푸드 프랜차이즈 기업인 맥도널드의 경우 2023년 기준으로 매출액은 약 255억불이었으며, 전세계에 42,000여 개 점포를 개설하고 있다.

프랜차이징의 장점으로는 적은 자본지출로도 해외시장 확산이 가능하다는 점과 표준화된 마케팅전략에 의해 독특한 이미지 형성이 가능하다는 점, 그리고 정치적 위험이 낮다는 점 등을 들 수 있다. 한편 이 진입방법의 단점으로는 제공업체의 이익기회가 제한되고 상대기업에 대한 완전한 통제가 어렵다는 점, 그리고 프랜차이즈 계약조건에 해당국 정부의 제한이 가해질 수 있다는 점 등을 들 수 있다. 프랜차이징은 대개 수출이 곤란한 제품이나 서비스를 대상으로 하기 때문에 수출보다는 해외직접투자와의 비교를 통해 선택되는 진입방법이라 할 수 있다.

한국시장에는 오래 전부터 외국계 패스트푸드나 패밀리 레스토랑 등 외식업체들이 프랜차이즈 형태로 들어와 활동하고 있다. 그러나 최근에는 한국의 외식업체들도 해외시장에 프랜차이즈 계약을 통해 진출하는 사례가 늘고 있다. CJ푸드빌(비비고, 뚜레쥬르), SPC그룹(빠리바게뜨), 놀부, 제너시스(BBQ), 롯데리아, 더본코리아, 맘스터치, 두끼 떡볶이, 고피자, 설빙 등이 그 예들이다. 한국농수산식품유통공사가 발간한 '2023 외식기업 해외진출 실태조사'에 따르면 2023년 기준 해외진출 외식업체는 125개로 매장 수는 3,685개다. 국내에서는 매장을 운영하고 있지 않는 본촌치킨은 2006년 미국에 처음 진출한 이후, 필리핀, 프랑스, 싱가포르, 베트남, 태국 등에서 해외매장을 400여 개나 운영하고 있다. 외식산업 외의 분야에서도 프랜차이즈 형태의 진출이 본격화되고 있는데, LG생활건강의 더페이스샵, GS25와 CU 등 편의점업계가 대표적 예다.

이들은 직접투자형태로 진출하는 경우도 있지만 대개는 마스터 프랜차이즈(Master Franchise) 형태로 진출한다. 마스터 프랜차이즈는 특정 국가 혹은 지역 내에서의 독점적 사업권을 한 기업(혹은 개인)에게 부여하고, 그 기업이 직영점이나 가맹점을 통해 사업을 진행하는 방식을 말한다. 대개 상표소유주(franchisor)는 마스터 프랜차이즈 계약에 따른 로열티와 개설 점포당 로열티, 그리고 매출액에 비례한 경상 로열티(running royalty)를 받게 된다.

표 9-1 2023년 세계 상위 20대 프랜차이즈 기업(브랜드)

순위	브랜드	업종	본국	점포 수
1	Chick-fil-A	Fast Food	미국	3,000
2	The UPS Store	Business Service	미국	5,660
3	Ace Hardware	Home Service	미국	5,815
4	McDonald's	Fast Food	미국	41,825
5	Wendy's	Fast Food	미국	7,240
6	Snap-on Tools	Automotive	미국	4,710
7	Pirtek	Maintenance Service	호주	400
8	MatcoTools	Automotive Repair	미국	1,950
9	RE/MAX	Real Estate	미국	9,020
10	Express Employment Professionals	Employment & Staffing	미국	860
11	Wild Birds Unlimited	Retail	미국	360
12	Century 21	Real Estate	미국	12,000
13	Minuteman Press	Printer & Copying	미국	1,000
14	Jiffy Lube	Oil Change	미국	2,235
15	Budget Blinds	Home Improvement	미국	1,500
16	Paris Baguette	Food	한국	4,000
17	Papa John's	Food	미국	5,970
18	The Maids	Cleaning	미국	1,605
19	Novus Glass	Automotive	미국	1,300
20	Sinarama	B2B	미국	700

주: 순위는 매출액, 매장수, 매장수 성장률, 기업 역사, 프랜차이즈 역사, 가맹점 지원, 사회적 책임 등을 종합적으로 고려하여 매겨짐

자료원: Franchise Direct, Top 100 Global Franchises-Rankings(2023)(http://www.franchisedirect.com)

참고로 〈표 9-2〉에 BBQ가 마스터 프랜차이즈 방식을 통해 해외시장에 진출할 때 실제 사용한 계약서의 주요 내용이 요약되어 있다. 2024년 현재 BBQ는 전 세계 57개국에 마스터 프랜차이즈 형태 위주로 진출해 총 700개 이상의 매장을 운영하고 있다.

표 9-2 BBQ의 Master Franchise 계약 주요 내용

항목	주요 내용
The Goal of Agreement	• FC(Franchisor) grants SFC(Sub Franchisor) the exclusive license to use the BBQ trade marks as well as the exclusive right to franchise others to operate Franchised Outlets using the system and to sub license others to use the BBQ trade marks solely in the Exclusive Territory – The ownership of trade marks is on FC – FC has the duties and obligations to support SFC, especially technical(menu, operating, training and so on) part. – During the term of Agreement, FC shall not itself own or operate or franchise others to own or operate Franchised Outlets in the SFC's Exclusive Territory
The terms of Agreement	• Basic Term : 20 years, renewable for 10 year periods, commencing on the effective date and terminating 20 years thereafter. • The long term contract(20 years)is desirable for the fortifying brand power and permanency of this business. – SFC has the option of renewing contract 1 time. (No fee re imposed) – SFC should give written notice of the exercise of its option to renew not less than 6 months, not more than 12 months prior to the expiration. FC grants the renewal option in 3 months after receiving the application. – For renewal, SFC should have satisfied all monetary obligations.
License Fee	• Master Franchise Fee : $__________ • This fee is for the grant of the master franchising rights under the agreement, for administrative and for development opportunities in the Exclusive Territory by using the BBQ trades marks and its system with expertise. • The amount of Fee shall be negotiable by both parties, for the smooth setting up the business of SFC, FC will be flexible for the condition of payment and the total amount. • Initial franchise fee : $_________ per unit franchised store • Running Royalty : _____% of the gross Revenue of each franchised outlet • All amounts payable pursuant to this agreement shall be made in United States Dollars. • In the event that any monetary obligation owed by SFC to FC is not paid when due, add 2% (monthly base) interest rate until such monetary obligation are totally paid. – If SFC failed to make a due three times, FC can terminate the agreement.
Technical Support	• FC shall provide the skills and know how for SFC to launch the business successfully. • FC shall provide SFC with all manuals: operation manual, S/V manual. • FC shall transfer all the manual to SFC when the member of SFC come to FC for training. • FC shall support all the practical skills for operating the business by sending TFT to SFC. • FC shall develop local product to meet the demands of SFC with co operation.

	• SFC shall run a research facility and staff for QA(quality assessment) • SFC shall dispatch its staffs to FC for training Key staffs for training – product development, purchasing, training, /S/V, distribution, interior, marketing • FC shall send its experts per out to SFC for supporting. – not more than 1 month per 1 time / 1 staff per sector • FC shall send its experts, linking with the phase of SFC's business – after agreement : product development, purchasing, QA – after setting up the products : training, S/V, distribution, interior, marketing – before launching first shop : shop management, training, marketing – after launching first shop : shop management, product development, sales
Materials and Ingredients	• FC shall provide the key material for taste. – FC shall provide the key material list with agreement – There's no plan of producing those materials in SFC's territory • Except key material, SFC shall supply all the materials and ingredients. – SFC shall have the FC's prior approval for all the materials – SFC shall have the FC's prior approval if it wants to change the material or the supplier
BI and Interior	• FC shall provide SFC with BI, CI, and perspectives on the interior design of shops. – BI shall not be changed for keeping global uniformity – Interior can be changed to meet the local cultural trait – SFC shall have the SF's prior approval to change the interior • FC shall approve construction firms and supervise interior design work.
Kitchen Appliance and Equipment	• FC shall provide the standards of kitchen appliance & equipment. • SFC shall have the FC's prior approval if it wants to change the standards. • SFC shall designate suppliers of equipments with FC's approval. – SFC shall supply all the equipments in its territory – FC shall provide the key equipment linked with its know how
Training	• FC shall start to train SFC's staffs in a week after SFC complete paying master franchise fee in FC's training facility (chicken university). • All the training program will be arranged in English (no translation providing). • FC will designate the staffs that must be trained as follows. – training period : 30 days, Three stages 1) BBQ Intro Course(1 week) – Understanding the BBQ business concept, Deciding business model & menu 2) New Store Operation Course(1 week) – Training the staffs who are in charge of operating the flagship store 3) Master Franchise Course(2 weeks) – Training the professional staffs for their part (starting when franchise business set up)

Operating Shop	• SFC shall open at least 1 shop in 6 months after the final agreement. – The format of the shop is mixed with D type (delivery only) and I type (in store & take out) – The first shop can be operated directly by SFC or franchised outlet – The first shop shall play a role as a model shop – The size and location of the first shop will be decided by joined market research, setting up the menus and buying power. – FC shall dispatch its experts to find such conditions for the first shop • SFC shall submit the minimum number of operating shops per year plan. – FC and SFC shall have a negotiation to fix this plan

자료원: 제너시스 내부자료.

(3) 계약생산(contract manufacturing)

계약생산은 라이슨싱과 직접투자의 중간적 성격을 띠고 있지만 지분참여가 없다는 점에서는 직접투자와 확실히 구분된다. 이 방식은 한 기업이 진출 대상국 내에 있는 다른 별개의 기업에게 일정한 조건하에 제품을 생산하도록 하고, 현지 시장국이나 제3국에 대한 판매 및 마케팅은 직접 담당하는 것을 말한다. 대개의 경우 원하는 명세에 따른 제품을 얻기 위해 현지의 생산업체에게는 기술제공이나 기술적 지원이 이루어진다. 물론 이러한 기술이전은 별도의 공식적인 라이슨싱 계약을 통해서 이루어질 수도 있다. 따라서 계약생산은 기술제공이라는 측면에서는 라이슨싱과 비슷하고 현지 생산과 마케팅이라는 점에서는 해외직접투자와 비슷하지만, 생산된 제품을 직접 판매한다는 점에서 라이슨싱과 다르고 생산에 대한 자본투자가 없다는 점에서 직접투자와 다르다.

계약생산은 상대적으로 적은 자금과 경영인력의 투입으로 조기에 시장진입을 할 수 있고, 일반적인 라이슨싱과는 달리 애프터서비스를 포함한 마케팅활동의 통제권을 가질 수 있는 장점을 지니고 있다. 계약생산은 직접투자를 정당화하기에는 목표시장이 너무 작다거나 수출에 대한 제한이나 비용이 클 경우에 적당한 진입방법이라 하겠다.

반면에 적절한 현지 생산업체를 찾는 것이 어렵거나 불가능할 수 있고, 그러한 기업이 존재한다고 해도 원하는 품질과 수량의 제품을 확보하기 위해서는 상당한 정도의 기술적 지원이 필요하다는 점은 계약생산의 단점으로 지적된다. 라이슨싱과 마찬가지로 미래의 경쟁자를 키워주는 위험도 고려해 보아야 할 사항이다.

흔히 고유상표에 의한 수출과 비교되어 언급되는 주문자상표부착방식(OEM, original

equipment manufacturer)도 일종의 계약생산이라고 볼 수 있다. 그러나 발주자 입장에서 볼 때 계약생산이 목표시장 진입의 한 방법으로서 현지 시장에서의 생산을 염두에 둔 것인데 비해, OEM방식은 시장진입방법으로서의 성격보다는 제품조달(product sourcing) 방법의 일환으로 이해될 수 있다. 주문을 받아 제품을 생산하는 기업의 입장에서는 OEM 방식도 물론 수출의 한 형태로서 해외시장 진입방법의 하나로 여길 수 있다. 그러나 여기서 말하는 계약생산에서의 하청생산업체는 수출방법으로서가 아니라 자국시장 공급용 제품을 주문받아 생산하는 입장이다.

시장진입방법의 하나로서든 소싱전략의 일환이든 생산을 자체적으로 하지 않고 위탁(outsourcing)하는 경우는 매우 빈번하게 발생하며 그 동기도 다양하다. 또한 제품의 개발이나 설계는 담당하지 않고 계약에 의해 생산만 위탁받아 수행하는 업체를 부르는 용어도 산업분야에 따라 다른 경우도 있다. 예를 들어 제약업계에서는 이러한 기업을 CMO(contract manufacturing organization)라고 부르며, 반도체 업계에서는 파운드리(반도체 수탁생산업체, foundry)라고 부른다.[1] 삼성바이오로직스도 CMO라 할 수 있으며, 대만의 TSMC는 반도체업계의 대표적인 글로벌 파운드리다.[2]

(4) 관리계약(management contract)

국제 관리계약은 계약에 의해 한 기업이 외국의 특정 기업의 일상적인 경영활동을 대신 수행해 주고 그 대가를 받는 형태의 시장진입방법이다. 일반적으로 경영위임을 받는 사항은 일상적인 업무에 한정되며 신규투자나 장기기채(起債), 배당결정, 기타 중요한 경영정책 상의 변화를 수반하는 결정은 제외된다. 따라서 이 방법은 신규사업이 아닌 기존의 영업활동에 국한될 수 밖에 없다.

대개의 경우 관리계약은 그 자체의 독자적인 계약보다는 다른 형태의 진입방법과 결부되어 이루어지는 것이 일반적이다. 예를 들어 현재 합작관계(joint venture)에 있는 기업에 대해 지분구조상 경영참여가 곤란할 경우 관리계약은 효과적인 경영참여방법이 될 수 있다. 합작이나 인수가 예정된 기업의 경우에도 관리계약은 순조로운 경영권 이양의 방편이 될 수 있다.

---

1) 반대로, 반도체설계와 개발만을 전문적으로 수행하는 기업은 팹리스(fabless)라 부른다.

2) 세계적인 반도체 기업인 삼성전자도 파운드리 사업을 진행 중이며 이를 더욱 확대해 나가고 있다.

그 자체로만 볼 때 관리계약은 위험도가 아주 낮은 해외시장 진입방법이라 할 수 있다. 그러나 수익 역시 주어진 기간 동안 일정액의 수수료에 국한되며, 자사 제품이 없기 때문에 현지 시장에서의 장기적인 입지구축도 어렵다고 볼 수 있다.

그러나 관리계약이 상당히 보편적인 형태의 해외시장 진입방식으로 통용되는 분야가 있는데 그것은 바로 호텔산업이다. 관리계약은 지분참여방식(해외직접투자)을 제외하면 호텔산업에서 해외시장에 진출할 때 프랜차이징과 함께 흔히 사용되는 방법 중의 하나다. 일반적으로 선진국보다는 개발도상국에 진출할 때 프랜차이징에 비해 관리계약을 선호하며, 럭셔리호텔 등 고급호텔일수록 관리계약을 선호하는 경향이 있다. 브랜드에 걸맞은 서비스수준과 이미지의 통일을 유지하기 위해서는 유능하고 경험이 많은 파트너

표 9-3 세계 상위 10대 호텔그룹 현황

(2010년, 매출액 단위는 백만불)

그 룹	본국	객실 수	매출액	직원 수	국제화 정도 (%)	FC (%)	MC (%)	MC 매출액
IHG InterContinetal Hotel Group	영국	647,161	18,700	335,000	90	74	25	4,701
Marriott Int'l	미국	618,104	19,691	300,000	20	53	45	8,860
Wyndham Hotel Group	미국	612,735	7,169	315,970	25	96	1	47
Hilton Hotel Group	미국	587,813	18,757	303,118	17	69	26	4,885
Accor	프랑스	507,306	10,083	261,603	75	24	22	2,208
Choice Hotel International	미국	495,145	6,538	145,000	15	100	–	–
Starwood Hotel & Resorts Worldwide	미국	308,736	12,260	159,206	43	39	52	6,323
Best Western International	미국	308,477	6,931	145,000	39	100	–	–
Carlson Hotels Worldwide	미국	159,756	4,844	160,000	55	65	21	1,017
Hyatt Hotels	미국	127,507	5,124	130,000	30	16	53	2,716
계	–	4,372,740	110,101	2,254,898	41	68	22	30,760

주: 프랜차이징(FC) 및 관리계약(MC) 비율은 객실 수 기준임
자료원: UNCTAD, *World Investment Report 2011*, p. 141.

(franchisee)가 존재하거나 경영에 직접 참여하는 것이 바람직하기 때문이다. 해외진출시 프랜차이징보다 관리계약을 더 선호하는 다국적 호텔그룹의 대표적인 예로는 하얏트호텔이 있으며, 이에 비해 베스트 웨스턴은 전적으로 프랜차이징 방식을 사용한다. 좀 지난 자료이기는 하나 이러한 상황을 〈표 9-3〉이 보여주고 있다. 참고로 2024년 객실 수 기준 상위 3대 호텔그룹은 미국의 Marriott, 중국의 Jin Jang(Radisson), 미국의 Hilton 등의 순이며, 2024년 브랜드가치 기준의 호텔순위 1~10위는 Hilton, Hyatt, Hampton, Marriott, Holiday Inn, Double Tree, Shangri-La, Embassy Suites, Sheraton, Comfort 등의 순이다(Brand Finance 홈페이지 참조).

(5) 턴키계약(turnkey contract)

턴키계약은 일반적인 진입방법의 하나라기보다는 진출대상국 정부, 혹은 상대 기업의 요청에 의해 특정 산업분야에서 활용되는 해외시장 진입방법이다. 대개 중화학공업 분야의 공장이나 여타 설비를 건설해 주고 가동직전의 단계까지 준비해준 후 인도하는 방식으로서 보통 플랜트(plant)수출이라 일컫기도 한다. 여기에서 한걸음 더 나아가 발주자가 해당 프로젝트를 독자적으로 운영할 수 있도록 관리 및 기술상의 지원까지 제공하는 수도 있는데 이러한 형태의 계약을 턴키플러스(turnkey plus)라 부른다.

턴키프로젝트는 그 규모 자체도 클뿐 아니라 설비의 특징, 발주자의 요구사항 등이 매우 다양하기 때문에 어떤 표준화된 계약유형을 찾기는 힘들다. 따라서 계약체결시 세심한 주의가 요구된다. 또한 턴키계약은 계약 당사자가 현지국 정부인 경우도 많아 그 자체로서 정치적 위험에 노출된다고 볼 수 있다. 즉, 계약의 취소나 강제적인 재협상을 요구하기도 하며, 현지 정부의 재량에 따라 청구가 가능한 입찰보증금이나 계약이행보증금 등을 은행의 지급보증과 함께 요구하는 수도 있다.

(6) BOT방식(build, operate, transfer)

BOT란 build, operate, transfer의 약자로서 공장이나 설비를 건설(build)한 후, 일정기간 동안 직접 운영(operate)함으로써 투자비 및 이익을 회수하고, 설비를 현지 정부나 기업에게 이양(transfer)하는 형태의 국제사업 방식이다. BOT방식이 턴키계약과 다른 점은 후자의 경우 재원조달을 발주자가 하고 소유권도 발주자에 있으며 발주자의 대금지급

표 9-4 턴키계약과 BOT 방식의 비교

계약형태	재원조달	소유권	운영 및 관리	투자회수
턴키 방식	발주자	발주자	발주자	발주자의 대금 지급
BOT 방식	투자자	투자자 → 발주자	투자자 → 발주자	운영수익

이 투자자의 수입원이 되는데 비해, 전자는 투자자가 재원조달을 하고 소유권은 투자자에서 발주자로 이양되며 투자회수는 설비의 운영수익으로부터 이루어진다는 점이다(〈표 9-4〉 참조).

이 방식은 턴키프로젝트와 마찬가지로 건설이나 공장설비분야에서 활용되어 왔으며, 개발도상국의 기본통신사업 분야 진출시 선진 통신사업자들에 의해 사용되기도 하였다. 즉, 통신설비의 건설을 위한 투자재원조달, 전반적인 기획과 타당성조사, 교환기 및 전송설비의 구축, 이에 수반되는 각종 건설, 토목, 엔지니어링, 경영활동 등을 포괄적으로 담당하여 통신망을 구축한 후 직접 통신사업을 영위하다가 현지에 이양하는 방식이 채택되는 것이다.

BOT 방식은 발주자의 필요에 의해 생겨난 방식이라 볼 수 있다. 공장, 설비, 사회간접자본 등이 자국의 경제발전에 꼭 필요하긴 하지만 공사대금을 지불할 능력이 없을 경우에 적합한 대안이 되는 것이다.

BOT방식은 실제 운영기간 중의 수요증가나 영업성과에 따른 이익기회가 주어진다는 장점이 있는 반면에 이러한 이익이 보장된 것이 아니라는 단점을 가지고 있다. 투자회수기간이 길어 이에 따른 정치, 경제적 위험 또한 높은 것이다.

1.5 해외직접투자

위에서 설명한 수출이나 계약형태의 진입방법은 목표시장국 내에서의 생산활동을 위한 지분투자(equity investment) 없이 현지 시장을 대상으로 경영활동을 전개하는 것이었다. 이에 비해 해외직접투자(FDI, foreign direct investment)는 목표시장 내의 제조 및 생산시설에 대한 지분참여와 함께 직접 경영활동을 담당하는 형태의 시장진입방법이다.[3)]

---

3) 일반적인 의미에서의 해외직접투자가 제조나 생산공장에 국한되는 것은 물론 아니다. 예로 수출물량의 적

이러한 제조 및 생산시설은 모든 부품을 본국(home country)에서 수입하여 단순 조립과 정만을 거치는 조립공장으로부터 모든 생산과정을 전부 해결하는 시설에 이르기까지 다양한 형태를 띨 수 있다.

해외직접투자의 요체는 복합적인 기업자원을 패키지형태로 이전한다는 점과 경영활동에 직접 참여하여 통제권을 행사한다는 점이다. 그런 점에서 볼 때 제품을 판매목적으로 이전하는 수출이나 제품생산에 필요한 무형자산 자체를 이전하는 라이슨싱과 구별되며, 경영참가 목적이 아닌 해외간접투자와 비교된다. 해외간접투자는 국내의 주식이나 채권투자와 마찬가지로 이자, 배당금, 자본이득 수취를 목적으로 외국의 증권에 투자하는 국제증권투자(international portfolio investment)라 할 수 있다. 직접투자와 간접투자 모두 주식에 대한 투자로 나타날 수 있지만 근본적인 차이는 주된 투자목적을 경영권 획득에 두느냐 아니면 경영참여 의사가 없는 자본이득 수취에 두느냐 하는 것이다.[4)]

해외직접투자는 관리, 기술, 마케팅, 자본 및 기타 자산을 하나의 기업형태로 결합하여 목표시장에 이전하고 자신의 통제하에 두기 때문에 해당 기업이 가지고 있는 경쟁우위를 가장 잘 실현할 수 있는 시장진입방법이 될 수 있다. 또한 저렴한 노동력과 같은 현지 시장국의 입지적 우위(location-specific advantage)를 활용할 수 있는 기회도 갖게 되며 수입장벽을 우회하는 수단이 되기도 한다. 현지 소비자의 요구와 반응을 재빠르게 반영할 수 있다는 점도 현지 생산의 장점이라 할 수 있다.

반면에 해외직접투자는 높은 위험을 수반하는 특징을 아울러 가지고 있다. 다른 진입방법에 비해 기업자원의 투입이 많고 이는 곧 위험에 대한 노출 역시 크다는 것을 의미한다. 특히 초기 투자비가 많이 소요되고 투자회수기간이 길며 미진한 성과나 전략수정으로 인한 투자철수가 용이하지 않기 때문에 직접투자의 결정은 신중한 판단을 요구한다.

해외직접투자는 투자기업의 지분확보비율에 따라 모기업이 100%의 지분을 가지고 전적인 경영권을 행사하는 단독투자(sole venture)와 다른 기업(대개의 경우 현지 기업)과 지분 및 경영권을 공유하는 합작투자(joint venture)로 구분할 수 있다. 또한 기업의 설립형태에 따라 새로이 기업을 설립하는 경우(new establishment, 또는 greenfield invest-

---

극적인 현지 마케팅을 위한 마케팅 현지법인도 해외직접투자의 범주에 속한다. 다만 여기서는 수출방식이나 라이슨싱을 포함한 계약형태 진입방법과의 근본적 차이를 설명하기 위해 현지생산을 강조하였다.

4) 직접투자와 간접투자를 개념적으로 구분하는 것은 비교적 쉬운 일이지만 구체적으로 몇 퍼센트 이상의 지분취득을 직접투자로 분류하느냐에 대해서는 명확한 객관적 기준이 없다. 통계 및 관리목적으로 사용되는 직접투자의 기준은 국가마다 다르며 의결권 주식의 10% 이상 취득이라는 비교적 낮은 기준부터 50% 이상을 요구하는 높은 기준까지 다양하다. 우리나라의 경우 10% 기준을 사용한다.

ment)와 기존 기업을 인수 혹은 합병(M&A, merger & acquisition)하는 경우로 구분할 수도 있다.

(1) 단독투자와 합작투자

단독투자는 지분전체를 보유하고 100% 통제권을 행사할 수 있기 때문에 경영권을 장악하고 투자이익도 독점할 수 있는 장점이 있다. 그러나 그런 만큼 위험부담 역시 커지게 되며, 제품・산업분야와 투자대상국(host country)에 따라서는 단독투자를 허용하지 않거나 합작투자에 비해 불이익을 주는 경우도 있다.

이에 비해 투자지분을 다른 기업과 공유하는 합작투자는 과도한 투자비부담을 줄임과 동시에 적절한 합작선(partner)의 선정을 통해 자신의 약점과 부족한 부분을 보완해 줄 수 있는 장점을 가지고 있다. 사실상 합작투자는 정부규제에 따라 단독투자가 불가능하거나 제한이 가해지는 경우를 제외한다면 상호 보완관계에 있는 두 기업의 결합이라는 점이 그 근본 취지라고 할 수 있다.

투자기업의 입장에서 볼 때 자신의 약점이란 자본과 경영자원의 상대적 부족, 투자 대상국의 현지 사정에 대한 경험과 이해 부족 등을 예로 들 수 있으며, 경우에 따라서는 외국기업이라는 사실 자체가 현지 국민들에게 부정적 이미지를 줄 수도 있다. 이 중에서도 현지의 전반적인 환경에 대한 이해 부족이나 공급자, 고객, 노조, 은행, 정부관리 등과의 인간적 관계를 포함한 현지 경영관행에 대한 경험 부족은 외국기업으로서 피하기 힘든 약점이 된다. 이런 경우 적절한 현지 기업을 투자파트너로 삼아 합작기업을 운영한다면 많은 문제가 해결될 수 있는 것이다.

그러나 이상적인 합작투자는 항상 '적절한' 파트너의 선정이라는 쉽지 않은 과제의 해결을 전제로 하며, 양자의 이해가 일치하여 이상적인 관계로 출발했다 해도 시간의 흐름에 따라 이해가 상충될 가능성이 항상 존재한다. 경영권을 분담하므로 효율적인 의사결정이 어려울 수 있고 독자적인 기술과 노하우가 합작선을 통해 외부로 유출될 위험도 있다. 투자이익을 나누어야 한다는 점도 단점이 될 수 있다. 이러한 문제들 때문에 일단 합작형태로 진출했다가 현지 시장에 대한 이해와 경험이 축적되면서 단독투자로 전환하는 사례가 많이 나타나고 있다.

합작투자는 투자지분의 비율에 따라 50% 이상의 다수지분(majority ownership), 50 : 50의 동등지분, 그리고 50% 미만의 소수지분(minority ownership) 합작 등으로 구분할 수 있다. 상식적으로 본다면 다수지분을 보유해야 경영권 통제가 가능한 것으로 생각할 수 있으나 반드시 그런 것은 아니다. 소수지분의 경우에도 핵심기술의 보유나 명시적인 정관규정, 혹은 별도의 경영관리계약 등을 통해 직간접적인 경영권 행사가 가능할 수 있다.

(2) 신설과 인수합병

위에서 설명한 단독투자와 합작투자와의 구분이 지분확보비율에 따른 것이라면, 신설과 인수・합병은 투자대상 기업의 설립형태에 따른 구분이다. 즉, 신설이란 기업을 처음부터 새로 세우고 경영활동을 전개하는 것을 말하며[5] 인수나 합병(M&A, merger and acquisition)은 이미 존재하고 있는 현지 시장국 내 기존 기업의 경영권을 확보하는 형태의 해외직접투자다.[6]

신설은 기업의 설립과 그 후의 경영활동 모두 계획에 따라 새롭게 진행할 수 있는 장점이 있는 반면 시간적으로 오래 걸리고 자금부담도 커질 수 있는 단점을 가지고 있다. 이에 비해 기존 기업의 인수는 비교적 짧은 시간 안에 사업을 전개할 수 있고, 인수조건의 협상에 따라서는 자금부담을 경감할 수 있다는 장점이 있다. 매각대상으로 나와 있는 기업은 뭔가 어려운 상황에 처한 경우도 많아 협상력의 열세를 보일 수 있기 때문이다. 또한 기존 기업이 가지고 있는 기술, 인력, 유통망, 거래관계, 마케팅능력 등의 제반 자원을 활용할 수 있는 장점도 있다.

무리한 확장과 다른 이유들로 결국 문제가 되기는 했지만, 대우자동차는 단기간에 해외시장의 지역적 기반을 구축하기 위해 인수전략을 주로 사용했다. 이러한 전략에 대해 대우그룹의 최고경영진들은 다음과 같이 말한 바 있다. "공장설비를 새로 하면 너무 늦다. 우리는 사업전문가일 뿐 창업전문가일 필요는 없다. 67년 창업당시부터 해외시장 개척에 관심을 기울여 와 해외시장 개척의 노하우가 어느 기업보다도 많다. 이런 노하우를 바탕으로 진주가 들어 있는 진흙뻘을 싼값으로 사서 훌륭하게 성장시켜 가는 것이 대우만의 능력이다."[7]

5) 기업의 신설은 new establishment나 start-up 외에도 greenfield investment로 불려지고 있다.

6) 인수와 합병은 개념적으로나 법적으로 구별되지만 기존 기업을 투자나 사업확장의 대상으로 한다는 점에서 동일하며 통칭 M&A로 불리고 있다. 해외투자의 경우 현실적으로 합병보다는 인수가 거의 대부분을 차지하고 있다고 보아도 무방하다.

7) 반병길, 하영명, 김형욱, 김주헌 공저, 한국기업의 세계화전략 사례연구, 신원문화사, 1996, pp. 65-86.

특정 사업부문, 혹은 브랜드를 인수하는 사례도 많다. 이러한 전략은 취약한 사업부문이나 제품계열을 보완하거나, 브랜드파워가 부족하여 해외시장 공략이 어려울 때 사용될 수 있다. 최근 휠라, 루이 까또즈, MCM, 길리안 등의 글로벌 브랜드를 인수한 한국 기업들의 사례가 〈Mini-Case 9.3〉에 소개되어 있다.

그러나 인수는 이러한 자산으로서의 측면뿐만 아니라 기존 기업의 문제점이나 결점 등의 부채측면도 그대로 인수하는 것이므로 세심한 사전조사가 필요하다. 또한 기존 기업이 보유하고 있던 유능한 기술 및 경영인력을 적절한 동기부여와 함께 효과적으로 유지, 관리해야 한다는 점도 기업인수의 중요한 과제가 된다. 인수 후 그러한 인력이 다른 기업으로 유출된다면 인수의 효과가 감소되기 때문이다. 실제로 글로벌기업에서 M&A를 담당했던 경영자들을 대상으로 조사한 바에 따르면, M&A가 실패하는 가장 큰 이유로 인수 후 통합과정에서 발생할 수 있는 장애요인에 대한 과소평가를 들고 있다.[8] 흔히 PMI (post-merger integration)로 불리는 '인수(합병) 후 통합과정'이란 M&A 이후 두 회사가 가치와 문화를 공유하는 하나의 조직으로 거듭나려는 노력, 즉 업무방식, 운영체계, 조직문화 등 경영과 관련된 각종 요소를 하나로 통합하는 과정과 노력을 말한다.

9-3 Mini-Case 해외브랜드 쇼핑나선 한국: Brand is Money

'Think globally, do locally.' 국내 하청업체에서 시작해 글로벌 본사를 삼킨 윤윤수 휠라 회장의 경영철학이다. 윤 회장은 휠라를 인수한 후 2억5,000만 달러의 로열티를 일시불로 받고, 매년 4,000만 달러의 로열티를 따로 챙기게 됐다.

최근 국내에서 남다른 경영전략으로 성공을 거둔 토종기업들이 글로벌 브랜드를 인수해 화제를 모으고 있다. 휠라에 이어 프랑스의 가죽제품 브랜드 루이 까또즈, 그리고 독일 핸드백 MCM을 인수한 것이다. 이들 브랜드는 국내기업에 인수된 뒤 세계시장에서 더 잘나가고 있다. 국내 기술력과 영업력이 글로벌 브랜드파워와 결합하면서 빛을 발했기 때문이다.

소비자들의 기억 속에서 사라져 가던 브랜드가 명품기업에 인수된 후 기사회생하는 사례도 속출하고 있다. 이들 국내외 사례는 모두 '브랜드가 돈'이라는 진리를 다시 한번 일깨워 준다. '태양의 왕' 루이 14세를 의미하는 루이 까또즈는 1980년 가죽장인 폴 바랏이 탄생시킨 브랜드다. 가죽제품 선호도가 높은 한국에선 90년 태진인터내셔날을 통해 처음 소개됐다. 이후 매년 20% 이상 성장률을 기록하며 프랑스 명품으로 탄탄하게 자리 잡았다. 하지만 2000년대 초반 잘나가던 일본 루이 까또즈가 관리부실로 하향곡선을 그리게 되자 루이 까또즈 전체가 흔들리기 시작했다. 태진인터내셔날이 이를 360만 달러에 인수하며 한국 기업 소유가 됐다. 인수 뒤 눈길

---

8) "인수 후 통합 실패하면 잘한 M&A도 독된다" 조선일보, 2008. 5. 17.

을 끄는 일이 벌어졌다. 우선 태진인터내셔날은 루이 까또즈를 인수하자마자 영국에 디자인센터를 세우고 프랑스와 이탈리아에서 공수받은 가죽원단을 국내 공장에서 제품으로 생산하는 시스템을 구축했다. 영업도 공격 일변도다. 지난해 3월 홍콩국제공항에 매장을 연 데 이어 5월엔 홍콩 소고백화점에 2호점을 오픈하며 아시아 시장 공략에 나섰다. 올해 홍콩에 3호점을 열고 마카오와 중국 대륙 진출도 추진 중이다. 신흥 명품의 메카로 떠오르고 있는 러시아 롯데백화점 모스크바점에도 매장을 열었다. 인수 후 매출도 뛰었다. 지난해 620억원을 올린 데 이어 올해 매출목표는 800억원으로 상향조정했다. 태진인터내셔날 측은 "프랑스, 이탈리아 등 유럽인들도 우리 손으로 만든 브랜드를 들고 다니게 하겠다"고 의욕을 보인다.

지난 2005년 성주그룹이 인수해 화제를 모은 독일 브랜드 MCM은 인수 후에 더 잘나가는 글로벌 브랜드가 됐다. 지난해 미국 진출 두 달 만에 뉴욕 블루밍데일스 백화점의 1층 메인 쇼윈도를 장악했다. MCM 가방이 블루밍데일스 액세서리 코너의 신규 입점 브랜드 중 판매율 1위를 차지했기 때문이다. 미국 내 매장수도 13개에서 37개로 늘어났다. 판매량이 두 배 이상으로 뛰었다. 뉴욕타임스에 소개된 MCM 가방 신상품의 경우 물건이 입점하기도 전에 주문이 쏟아져 대기자 명단까지 만들어야 했다. 까다로운 뉴요커의 취향을 사로잡은 셈이다. 올초엔 중국진출에 팔을 걷어붙였다. 베이징 국제공항에 2개점을 연달아 낸 데 이어 지난 5월 베이징 특급호텔인 페닌슐라에 단독 부티크를 열었다. 특히 페닌슐라 매장은 샤넬, 루이뷔통, 까르띠에, 에르메스 등 세계적인 명품 브랜드 매장과 어깨를 나란히 하고 있다. 성주그룹 측은 "거대한 명품시장으로 부상하고 있는 중국은 MCM이 새로운 글로벌 브랜드로 도약하는 데 발판이 될 것"이라며 "휠라나 루이 까또즈처럼 토종업체가 본사를 인수한 것은 같지만 전략은 전혀 다르다"고 설명했다.

글로벌 대중 스포츠 브랜드를 지향하는 휠라부터, 유럽과 한국의 장점을 접목해 틈새시장을 파고드는 루이 까또즈, 철저하게 명품을 쫓는 MCM 등 업체들마다 글로벌전략은 제각각이지만 모두 승승장구하고 있다. 그 경쟁력이 무엇일까? 먼저 이들은 과거 지사 시절부터 전 세계 지사 중 단연 최고의 매출을 기록했다는 공통점을 가지고 있다. 휠라코리아는 전 세계 휠라 매출의 10%를 올렸고, MCM 가방은 한때 국내에서 단일품목으로 최대 매출을 기록했다. 십수 년 동안 한국시장에서 익힌 노하우가 세계시장에서도 통한 셈이다. 휠라의 윤 회장은 "한국시장에서 이만한 성공을 거뒀기 때문에 나이키나 리복도 두렵지 않다"고 말했다.

최근 아시아가 세계 최대 명품소비처로 떠오른 것도 이들의 성공과 무관치 않다. 한국에서 거둔 성공이 비슷한 정서를 갖춘 아시아까지 확대될 수 있기 때문이다. 태진인터내셔날의 경우 루이 까또즈를 인수하자마자 일본, 홍콩, 싱가포르에서 진행 중이던 라이선스 사업을 모두 직영체제로 바꿨다. 아시아시장에 그만큼 자신이 있다는 이야기다.

그동안 국내 패션업계에서도 로만손을 비롯한 토종 브랜드들이 기술력을 바탕으로 세계시장에서 선전한 사례가 많았다. 하지만 대부분 브랜드파워가 뒷받침되지 못하면서 좌절을 겪어야 했다. 이들의 성공이 돋보이는 이유는 국내기술과 판매 노하우, 자본이 글로벌 브랜드파워와 절묘하게 만나 일궜기 때문이다. 자본이 탄탄한 기업과 글로벌 브랜드의 만남은 이미 세계적인 현상이다. 국내 한 M&A 전문가는 "굳이 명품이 아니더라도 기업을 M&A 할 때는 자산가치나 미래가치와 별도로 브랜드가치에 주목해야 한다"며 "하지만 모기업의 CEO가 그 분야에 대해 전문성을 인정하고 밀어줄 때 제대로 빛날 것"이라고 말했다.

롯데제과도 글로벌 브랜드를 인수했다. 지난 6월 22일 일본롯데와 함께 명품 초콜릿으로 꼽히는 '길리안'을 1억500만 유로에 인수한 것이다. 길리안은 초콜릿의 나라 벨기에 국적으로 이탈리아 페레로 로쉐, 스위스 린트와 함께 세계 3대 고급 초콜릿 브랜드로 불린다. 공항 기념품 면세점에서 흔히 보는 조개, 소라같은 모양의 제품으로 유명하다. 전 세계 면세점의 60% 이상에 입점해 있고, 한국에서도 면세점, 백화점 등에서 매년 400억원어치가 팔린다. 인수 소식이 알려지자 '황제주'로 불리는 롯데제과의 주가는 하락장에서도 전일 대비 4%나 급등했다. 한 애널리스트는 "그동안 롯데제과는 해외에 진출할 때 브랜드가 약하다는 게 단점으로 지적돼 왔다"며 "길리안 인수를 통해 수요가 고급화되고 있는 중국시장 진출에 긍정적 효과를 얻을 수 있을 것"이라고 분석했다. 롯데제과 관계자는 "유럽 등 선진국 시장에서 인지도가 높은 길리안의 판매네트워크를 활용하면 롯데제품을 쉽게 고급시장에 안착시킬 수 있다"고 설명했다.

자료원: Forbes Korea, 66호, 2008. 8. 15

02 진입방법의 결정요인

주어진 목표시장에 어떻게 들어갈 것인가는 여러 요인에 의해 결정된다. 최고경영자의 판단과 의지가 결정적인 역할을 할 수도 있고 여러 복합적인 요인들을 나름대로 분석

그림 9-2 해외시장 진입방법 결정의 영향요인

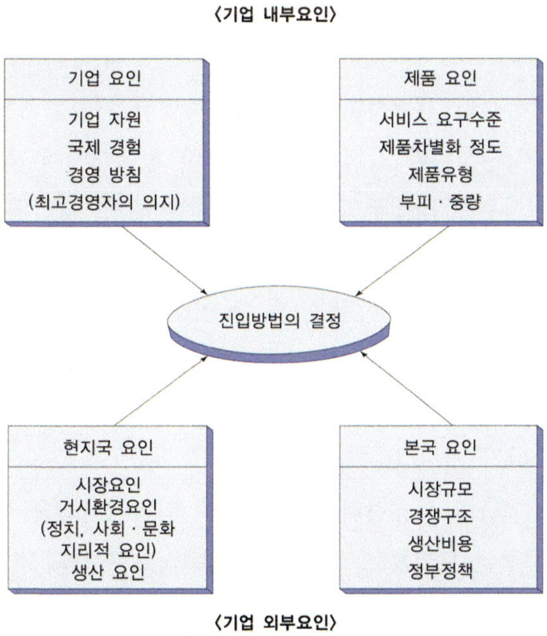

종합하여 최적의 진입방법을 선택할 수도 있다. 진입방법결정에 영향을 미칠 수 있는 요인들은 크게 기업 내부적 요인과 외부적 요인으로 구분하여 생각해 볼 수 있다([그림 9-2] 참조). 이들 내부요인과 외부요인에 대해 설명하면 다음과 같다.

2.1 기업 내부요인(Internal Factors)

해외시장 진입방법결정에 영향을 미치거나 제약요인으로 작용하는 기업내부적 요인에는 기업전체의 전반적 상황과 관련된 기업요소(firm-specific factors)와 해당 제품의 특성과 관련된 제품요소(product-specific factors)가 있다.

(1) 기업요인(firm-specific factors)

기업특성은 바로 다음에 설명할 제품특성과 달리 해당 제품과 관련된 요인이 아니라 기업의 인적·물적자원과 국제경영활동의 경험, 최고경영자의 의지, 경영방침 등과 같이 기업 전체의 여건이나 상황을 말한다.

일반적으로 인력이나 자금, 기술 등 기업의 제반 자원이 풍부할수록 기업이 택할 수 있는 진입방법 대안의 폭이 넓어진다고 볼 수 있으며, 그만큼 해외직접투자(FDI)와 같은 자원의 현지 직접투입 가능성도 높아진다. 뚜렷한 기술능력이 없거나 인적, 물적자원이 부족한 경우 라이슨싱이나 직접투자는 가능한 선택대안이 되기 곤란한 것이다.

물론 이러한 자원의 직접투입은 위험에 대한 태도, 기업의 장기목표와 관련된 최고경영자의 의지와 방침과 같은 다른 기업요소의 영향도 받게 된다. 최고경영자의 경영방침은 과거의 경험이나 실적에 바탕을 둘 뿐 아니라 개인적 성향에도 많은 영향을 받는다. 해외시장에서의 성공경험이 늘어날수록 직접개입의 정도가 높아질 것이며, 공격적이고 적극적인 성향의 경영자일수록 위험회피형(risk aversion) 경영자에 비해 자원의 직접투입 선호도가 높아질 것이다.

한편 위에서 언급한 성공경험 외에 일반적 의미에서의 국제경영활동 경험도 직접개입의 정도를 높여 주는 요인으로 작용한다. 일반적으로 해외시장에서의 경험증가는 불확실성과 인지된 위험수준을 감소시키며 이에 따라 기업은 보다 직접적인 자원투입과 함께 통제권을 행사할 수 있는, 이른바 내부화(internalization)를 추구할 가능성이 높아진다는 것이다. 여기서의 경험은 해당 목표시장에서의 경험은 물론, 기업의 일반적인 국제활동 경험도 포함한다.

(2) 제품요인(product-specific factors)

기업 전체의 상황 외에 해당 제품과 관련된 요인도 해외시장 진입방법 결정에 영향을 미친다. 예를 들어 제품의 특성상 고객과 근접해 있는 것이 바람직할 경우 기업은 단순한 수출보다는 판매법인이나 지점을 통한 수출, 또는 직접투자에 의한 현지 생산 및 판매를 고려하게 된다.

고객과 근접해 있을수록 바람직한 경우란 제품의 구매과정이나 설치 및 사용과 관련하여 높은 서비스수준이 요구되는 경우가 대표적이다. 왜냐하면 원거리에서 소비자들의 서비스요구를 충족시키는 것은 그만큼 힘들게 되며, 수입업자나 현지 유통업자에게 일임할 경우 서비스가 제대로 이루어지는지 모니터하기가 곤란하기 때문이다. 따라서 사전 및 사후 서비스의 필요성이 높은 제품의 경우 마케팅 현지 법인이나 지점을 통한 수출, 혹은 현지 직접생산을 택할 가능성이 높아진다. 서비스요구수준(service requirement)이 높은 제품의 경우 이러한 서비스를 제대로 수행하기 위해서는 고객에 가능한 한 근접하는 것이 유리한 것이다.

제품의 차별화 정도(product differentiation)도 진입방법 결정에 영향을 주는 제품요인으로 알려지고 있다. 그러나 그 영향의 방향에 대해서는 서로 상반된 주장이 병존한다. 즉, 차별화된 제품일수록 수출이 선호된다는 주장과 오히려 현지 직접개입이 바람직하다는 주장이 그것이다. 일반적으로 차별화의 정도가 낮고 표준화된 제품일수록 가격경쟁이 심하기 마련이며 고도로 차별화된 제품은 가격경쟁 압력이 적기 때문에 가격책정에 여유가 있게 된다. 전자의 논리는 바로 이러한 차별적 우위를 가진 제품은 여유있는 가격결정을 통해 수출에 따르는 수송비나 관세 등의 추가적 비용을 흡수하고도 경쟁력이 있다는 것이다. 따라서 굳이 현지 생산을 고려할 필요성이 적을 수 있다. 반면에 후자의 논리는 고가격정책이 가능한 만큼 현지에 직접진출하여 소비자에게 근접함으로써 중간 마진을 자사의 이익으로 흡수하는 것이 바람직하다고 본다.

제품의 가격에 비해 부피나 중량이 커서 수송비가 상대적으로 높은 제품은 수출이 바람직한 대안이 아닐 수 있으며, 제품 자체가 유형제품이 아닌 서비스일 경우(호텔, 레스토랑 등) 수출은 가능한 대안이 아니므로 직접투자에 의한 현지 진출이나 프랜차이징 방법을 고려해야 할 것이다.

한편 제품생산에 필요한 기술의 특성이나 생산공정상의 규모의 경제(economies of scale)도 고려해야 할 요인이다. 우선 라이슨싱이 가능한 기술인지, 가능하다면 라이슨싱에 의할 경우 기술의 유출위험은 없는지 등이 검토되어야 한다. 물론 기술유출 위험과 이에 따르는 비용이 높을 때에는 라이슨싱은 가능한 선택대안에서 제외되어야 한다. 또한 생산과정에 있어 높은 규모의 경제가 발생하는 경우에는 국내에서 생산하여 수출하는 방식이 바람직할 수 있다. 물론 이 경우에도 현지 시장규모가 충분히 크다면 직접투자도 가능한 대안이 될 수 있다.

2.2 기업 외부요인(External Factors)

해외시장 진입방법 결정시 고려해야 할 기업 외부요인은 크게 현지 시장국가요인(host country factors)과 본국요인(home country factors)으로 구분할 수 있다.

(1) 현지국의 시장요인

■ **시장규모**: 목표시장의 규모는 진입방법 선택의 주요 고려요소가 된다. 소규모 시장의 경우 많은 자원투입이 요구되는 직접투자를 통한 현지 생산 및 판매나 판매법인설립은 경제성 측면에서 정당화되기 힘들며, 따라서 단순수출방식이나 라이슨싱 방식이 선호된다.

시장의 규모는 현재 시장의 크기뿐만 아니라 성장가능성, 혹은 시장잠재력(market potential)도 고려해야 한다. 시장의 현재 규모는 작아도 성장가능성이 높고 조기 입지구축이 바람직하다면 보다 직접적인 진입방법을 선택할 수 있는 것이다.

■ **경쟁구조**: 현지 시장국 내의 경쟁자 수나 이들의 상대적 경쟁력도 진입방법결정의 고려요인이 된다. 일반적으로 수출은 소수의 지배적 경쟁기업이 시장을 장악하고 있는 경우보다는 주도적 경쟁자가 없는 다수 경쟁체제에서 선호되는 방식이다. 소수의 경쟁자가 시장을 장악하고 있는 독과점시장의 경우 효율적인 경쟁을 위해서는 직접적인 진입방

식이 바람직할 수 있다.

■ **유통구조 및 관습**: 시장국의 유통경로가 구조적으로 본국과 다르거나 유통관습 등의 경로행태가 다르다면 직접투자나 판매법인을 통한 수출은 쉽게 택할 수 있는 진입방법이 아니다. 반면에 적절한 유통업자(수입상, 도매상)가 존재하지 않거나 이미 다른 경쟁기업과 독점적으로 연결되어 있다면 마케팅법인이나 지점설치를 고려할 수밖에 없을 것이다.

(2) 현지국의 거시환경요인

목표시장국가의 정치, 경제, 사회, 문화, 지리적 환경 등은 진입방법의 선정에 중요한 영향을 미친다. 주요 영향요인들에 대해 살펴보면 다음과 같다.

■ **정치적 위험 및 안정성**: 정치적으로 불안정한 국가, 즉 정치적 위험도가 높은 국가 시장에 대해서는 수출이나 라이슨싱 방식이 선호되는 것이 일반적이다. 직접투자는 많은 인적·물적자원의 투입을 필요로 하며 이는 곧 단순한 시장상실뿐만 아니라 투자자산의 회수불가 가능성을 내포하고 있기 때문이다.

■ **정부정책 및 규제**: 현지 시장국 정부의 각종 경제정책이나 규제는 시장진입방법 결정에 직접적인 영향을 미칠 수 있는 중요한 변수다. 우선 무역(수입)에 대한 관세 및 비관세장벽이 높을 경우 수출을 진입방법으로 택하는 것은 어렵게 되며, 수입장벽을 우회할 수 있는 직접투자나 라이슨싱을 고려하게 된다. 또한 기업설립이나 활동에 대한 일반적 정책, 외국인투자에 대한 각종 제한 및 규제조치, 외국인 투자유인책(incentives) 등은 직접투자를 진입방법으로 고려할 때 중요하게 검토해야 할 사항들이다.

특정 산업분야에 대한 외국인 투자의 제한 또는 금지규정, 과실송금 등을 제한하는 외환규제, 원료, 부품, 인건비 등의 현지화(local content)율 규제, 일정 비율 이상의 수출을 요구하거나 국내시장 점유율을 제한하는 등의 성과규제(performance requirement), 조세상의 특혜를 비롯한 각종 투자유인책 등은 조사·검토해야 할 대표적인 변수들이다. 참고로 〈표 9-5〉는 삼성이 추진했던 국내의 종합화학생산기지 건설과 영국 윈야드지역의 복합생산기지 구축과 관련된 양국 정부의 인허가절차 및 인센티브 내용을 보여 주고 있다. 또한 〈Mini-Case 9.4〉는 한국과 외국의 기업유치조건과 관련된 사례를 보여 주고 있다.

■ **사회·문화적 환경**: 가치관, 언어, 사회구조, 생활양식 등과 같은 사회문화적 환경이

본국과 매우 다를 경우 현지에서 경영활동을 직접 영위하는 것은 여러모로 어려울 수 있으므로 직접투자보다는 수출이나 라이슨싱과 같은 비지분(非持分)방식에 의한 시장진입이 선호된다. 이른바 문화적 거리, 혹은 심리적 거리(cultural, 혹은 psychic distance)가 짧을수록, 다시 말해 문화적, 혹은 심리적 유사성(cultural, 혹은 psychic similarity)이 높을수록 직접투자 방식이 선호된다는 것이다.

■ **지리적 거리**: 목표시장국이 지리적으로 멀리 떨어져 있을 경우 수출에 의한 시장진입은 과도한 수송비 부담으로 인해 현지국 제품과의 경쟁에서 불리할 수 있게 된다. 이

표 9-5 한국과 영국의 민자유치 경쟁력 비교 예

구 분	한국에서의 투자 경험	영국에서의 투자 경험
사업명	• 삼성종합화학 생산기지	• 윈야드 삼성 복합생산기지
대상지	• 충남 대산 지역	• 영국 북잉글랜드 윈야드지역
토지가격	• 20만원/평	• 5천원/평
토지매입	• 사업자 매입	• English Partnership이 매입 • 부지조성 후 매입가격 분양
인허가	• 사업 시행자에 의한 처리 • 1,000개 이상의 인허가 도장 • 100개 이상의 인허가 서류	• 공무원의 현장처리
인프라 조성	• 도로, 항만 등 모든 인프라 사업자 시행	• 부지까지 인프라 정부 건설 • 부지진입 고가도로 정부 건설 • 단지내 도로, 하수처리비 분담
중앙정부 보조	• 없음	• 기술이전시 투자비의 20%에 해당하는 현금 지불
지방정부 보조	• 없음 • 기회이익 사회환원 차원에서 기부금 납부 종용 (30억)	• 총투자비의 31% 보조 • 고용 및 교육보조비 (550만원/인) • 미숙련자 훈련지원비 (630만원/인) • 교육시설 지원비 • 지방정부 지원팀 구성 • 노사관계 지원
기타		• 협력업체 구축망 지원 • 대학에 산학협동 프로그램 개설 • 주재원 가족을 위한 개방대학 • 단지 주변에 주거단지와 골프장 3개 복합개발

자료원: 삼성.

경우 부품상태로의 수출이 수송비를 많이 절감할 수 있다면 부품을 수출한 후 현지에서 조립하는, 이른바 KD(knock-down)방식에 의한 현지 조립생산 방식을 검토해 볼 수 있다.[9)]

그러나 지리적 거리가 멀수록 직접투자보다는 수출이나 라이슨싱 방식이 선호된다는 주장도 가능하다. 왜냐하면 지리적 거리(geographical distance)도 위에서 설명한 문화적 거리와 마찬가지로 직접적인 경영활동이나 통제를 어렵게 할 수 있기 때문이다. 교통과 정보통신기술의 발달로 인해 지리적 거리에 따른 통제의 어려움이 줄어들고 있기는 하다.

■ **거시경제지표**: 물가상승률과 환율의 변화움직임 등도 진입방법결정에 영향을 준다. 이들 변수는 직접투자의 타당성(feasibility)분석에서 고려되어야 하는데, 예를 들어 현지 화폐단위로 표시된 수익성이 아무리 높아도 해당 통화의 가치가 지나치게 하락한다면 직접투자의 경제적 타당성은 약화될 수 있는 것이다. 국제수지, 외채부담 등도 환율 변화를 어느 정도 예측할 수 있게 한다는 점에서 고려해야 한다. 이들 변수는 정부의 외환통제정책에 영향을 주기도 한다.

9-4 Mini-Case

기업유치조건 '하늘과 땅 차이'

충남 당진에 7,600억원을 투자해 연산 150만톤 규모의 조선용 후판공장을 짓고 있는 동국제강은 올 초 이 공장 사원아파트 건립문제로 홍역을 치렀다. 200가구 규모의 사원아파트를 읍내 부근에 짓기로 하고 지난 2월 인·허가를 신청했지만 주민민원을 이유로 당진군청이 반려한 것이다. 공장소재지 부근주민들이 "읍내가 아니라 공장인근에 아파트를 지어야 한다"고 민원을 제기한 것이다. 주민들은 현지 공장건설부지뿐만 아니라 서울 본사까지 올라와 시위를 벌였다.

기반시설 자체조달은 물론 민원까지 시달려: 동국제강은 읍소 끝에 처음 허가신청을 낸 지 3개월여 만인 지난 5월에야 허가를 받을 수 있었다. 동국제강 관계자는 "외지에서 오는 직원과 그 가족, 공장건설에 참여하는 외국기술자 등을 위해 그나마 생활기반이 나은 읍내주변을 고른 것"이라며 "적잖은 돈을 투자해 공장을 짓고 고용규모도 700명이나 되는데 아파트까지 주민들이 지정한 곳에 지어야 하느냐"고 말했다.

인근에 있는 현대제철 역시 일관제철소 부지 확보를 위해 38번 국도 4.63km 구간의 노선을 바꾸는 공사비 600억원을 스스로 부담해 건설하고 있다. 일관제철소의 고용규모는 4,500명이나 되고 2015년까지 투자비는 7조 5,000억원에 달한다.

충남 당진군은 지난해부터 당진 철강벨트에 들어오는 기업들에 대한 원스톱 행정서비스를 표방하며 적극적인

9) KD방식은 수송비뿐만 아니라 관세절감을 위해서도 고려될 수 있다. 일반적으로 완제품보다는 부품이나 원자재에 대한 관세가 낮기 때문이다.

유치활동에 나서고 있다. 그러나 실제 현지 기업들은 기반시설을 스스로 마련해야 하는 것은 물론 각종 민원과 현지 지역행사에 대한 기부금 요청에 시달리고 있었다. 기업유치를 위해 기반시설을 무료제공하고 적잖은 인센티브까지 제공하는 중국 등 해외 도시와 정반대 현상이 벌어지고 있는 것이다.

외국 도시는 기반시설 무료에 인센티브까지 제공: 중국 쓰촨성 청두에서 차로 3시간가량 떨어진 쯔궁시. 2004년 이곳에 공장을 지은 화섬업체 휴비스(SK와 삼양사의 합작사)는 공장건설에 필요한 5만평의 땅을 무상으로 제공받았다. 지방정부는 자체비용을 들여 회사 안마당까지 철도를 가설했고, 접근도로까지지도 닦아줬다. 이 회사 공장 안에는 송전탑과 천연가스관이 두 개씩 설치돼 있다. 박상윤 총경리는 "철도운송편 마련을 위해 충칭 철도국과 접촉할 때는 쯔궁시 부시장이 동행해 도와줬다"고 말했다.

올해 슬로바키아 서북부 질리나시에 연산 30만대 규모의 자동차공장을 준공한 기아차 역시 지방정부로부터 파격적인 혜택을 받았다. 인근 질리나시로 연결되는 철도노선을 공장 안까지 깔아줬고, 접근도로도 무료로 정비해줬다. 현지 인력 2,400명을 고용하는 데 따른 현금보조비까지 포함하면 기아차가 받은 인센티브의 규모는 1,800억원. 전체 투자비 1조 2,000억원의 15%를 되돌려받은 것이다.

당진소재 철강업체 관계자는 "이 지역에 온 뒤로 기업이 왜 해외로 나가는지 절감했다"며 "기반시설 설치비용 부담이나 인센티브까지는 아니더라도 각종 주민행사에 대한 기부금 요청이나 민원만이라도 없었으면 좋겠다"고 말했다.

자료원: 조선일보, 2007. 7. 3

(3) 현지국의 생산관련 요인

생산비에 영향을 미치는 제반 요소들, 예를 들어 노동력, 원자재, 에너지와 같은 생산요소의 양과 질, 그리고 도로, 항만, 통신 등과 같은 사회간접자본의 실태 등은 직접투자에 의한 현지 생산방식을 검토할 때 중요하게 고려해야 할 요소들이다. 물론 현지 생산비가 적게 들수록 직접투자가 선호되는 경향은 높아질 것이며, 생산비가 과도하다면 수출이나 라이슨싱 등이 선호될 것이다.

(4) 본국요인(home country factors)

본국 관련 요인들은 의사결정자가 이미 알고 있는 경우가 많아 추가적인 자료수집이나 조사활동을 필요로 하지는 않지만 진입방법결정에 영향을 미치는 것은 사실이다. 다음은 주요 본국요인들에 대한 설명이다.

■ **시장규모**: 국내시장의 규모가 작은 경우 국내시장만으로는 규모의 경제(economies of scale) 효과를 보일 수 있는 적정 생산규모를 달성하기 곤란하다. 따라서 국내 생산에

의한 수출방식이 일차적으로 고려될 가능성이 높다. 반면에 국내시장의 규모가 충분히 크다면 해외시장에 대한 관심이 상대적으로 적게 되지만 일단 해외시장에 진출하기로 한다면 적극적인 자원투입을 검토할 가능성이 높다. 넓은 국내시장을 기반으로 일정 규모 이상 성장했을 수 있기 때문이다.

■ **경쟁구조**: 국내시장이 과점적 경쟁구조로 형성되어 있을 경우 한 기업이 과점적 균형을 위협하는 행동을 취하면 경쟁기업들은 이를 모방하는 경향이 있다. 특히 해외직접투자는 과점적 경쟁구조를 깨는 것으로 인식되며 경쟁기업들은 선도기업을 따라 직접투자를 선택하게 되는 것이다. 이러한 유형의 직접투자를 흔히 과점적 반응(oligopolistic reaction), 혹은 선도기업추종(follow-the-leader) 현상으로 설명하고 있다.

■ **생산비용**: 목표시장 국가에 비해 국내 생산비가 높을 경우 수출보다는 직접투자에 의한 현지 생산을 선호하게 된다. 노사관계 악화 및 인건비 상승이나 화폐의 평가절상 등은 해외생산에 눈을 돌리게 하는 대표적인 생산비 상승요인이다. 〈Mini-Case 9.5〉는 한국의 자동차산업이 겪고 있는 고생산비 구조 문제를 보여 주고 있다.

9-5 Mini-Case

고임금 · 저생산성, 한국의 자동차 경쟁력은 역주행하는가?

"지난해 1인당 평균 인건비를 파악한 결과 9,700만원입니다." 한국GM의 고위 관계자가 최근 한 내부회의에서 밝힌 내용이다. 비상장기업인 한국GM은 그동안 1인당 인건비를 비밀에 부쳐 왔다. 이 관계자는 "한국GM 공장은 GM의 전 세계 공장 가운데 인건비가 가장 높은 수준"이라며 "매출과 영업이익은 감소하는데 인건비가 늘고 있어 본원 경쟁력이 심각하게 위협받고 있다"고 말했다. 실제로 한국GM의 매출은 5년 전 대비 3% 줄었으나 인건비는 같은 기간 60% 정도 늘었다. 그 결과 2012년과 지난해 각각 3,400억원대와 1,400억원대의 영업적자를 냈다. '고임금 · 저생산성의 덫'에 걸린 한국 자동차산업이 추락위기를 맞고 있다.

임금은 세계 최고, 생산성은 세계 꼴찌: 본지가 한국자동차산업협회와 공동조사한 결과, 지난해 기준 국내 자동차 5사의 평균 인건비는 1인당 9,234만원으로 분석됐다. 이는 글로벌 경쟁기업인 도요타(약 8,351만원)나 폴크스바겐(약 9,062만원)보다 훨씬 높은 것이다. 매출에서 차지하는 인건비 비중도 한국(12.4%)이 가장 높았다. 도요타는 7.8%, 폴크스바겐은 10.6%에 그쳤다.

이런 상황인데도 국내 자동차업체들의 인건비는 계속 오르고 있다. 국내 자동차 5사의 최근 5년간(2009~2014년) 연평균 인건비 상승률은 6.6%에 달한다. 폴크스바겐(-0.4%), 도요타(-6.6%), 르노(-4.1%) 같은 경쟁사들의 인건비가 모두 감소한 것과 대조적이다. GM(0.1%)은 같은 기간 인건비가 거의 변동이 없었다. 한국 자동차 기업만 경쟁사들과 반대방향으로 달리고 있는 형국이다. 참고로 2023년 국내 완성차회사의 평균 연봉은 아래 〈그림 b〉와 같다.

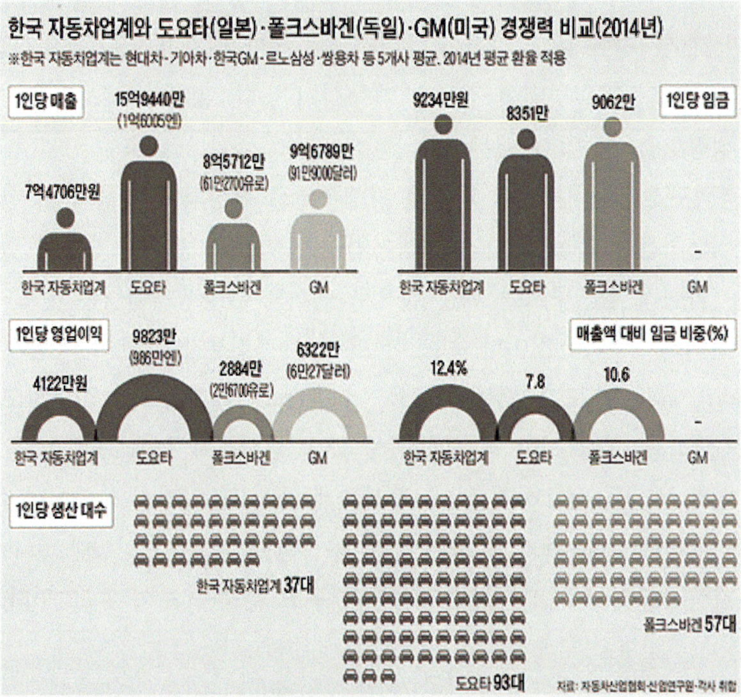

〈그림 a〉 한국 자동차업계와 도요타 · 폴크스바겐 · GM 경쟁력 비교

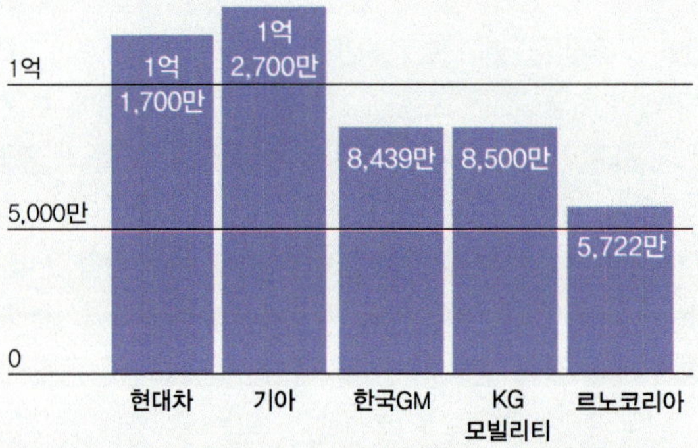

〈그림 b〉 2023년 국내 완성차회사 평균연봉

주: 사업보고서를 공시하지 않는 한국GM과 르노코리아는 취업정보사이트 '캐치' 추정치
자료: 금융감독원 전자공시시스템

심각한 것은 인건비가 치솟지만 생산성은 거꾸로 내리막길이라는 사실이다. 국내 자동차업계의 1인당 매출액(7억 4,000여만원)은 도요타의 절반 수준이며 폴크스바겐 · GM에 모두 뒤처진다. 1인당 생산대수도 도요타의 40% 수준이다. 자동차 한 대를 만드는 데 걸리는 시간(HPV) 역시 한국은 26.4시간으로, 도요타(24.1시간)와 GM(23.4시간)보다 길었다.

위기의식 갖고 임금 탄력조정 등 해야: "생산성을 기준으로 하면 올해 1,000엔(약 1만원) 인상이 적절하다고 우리(근로자들)는 생각했는데, 사측이 4,000엔(약 4만원)이나 올렸습니다." 최근 일본 자동차산업 현지 조사를 다녀온 조철 산업연구원(KIET) 주력산업실장은 "도요타 노조간부로부터 이런 얘기를 직접 듣는 순간 소름이 돋았다"고 했다. 선진기업들과 달리 강성 노동조합의 비타협적인 자세도 한국 자동차산업 위기의 증후 사례로 꼽힌다.

올 3월 출시 직후 한 달 만에 9,000대 넘게 팔리는 인기를 모은 현대자의 신형 투싼생산 사례가 이를 보여준다. 이 차는 주문만 2만 5,000여대가 밀렸는데도 월 생산량이 한 달간 1만 7,000대를 넘지 못했다. 노조와 합의 절차를 거치느라 덜 팔리는 차량의 생산라인을 신형 투산생산에 활용하지 못한 탓이다. 현대차는 한 달여 노조와 협상끝에 울산 2공장에서 연간 5만대의 신형투싼을 더 생산하기로 합의했다. 현대차 관계자는 "그나마 예전엔 4개월에서 1년 정도 걸리던 것이 올해는 노조협조로 한 달 만에 해결된 게 다행"이라고 말했다. 하지만 '다른 공장에서 생산물량을 늘려야 할 때 노조동의를 받아야 한다'는 규정은 도요타나 폴크스바겐, GM에는 없다.

시간외 근무를 할 때 한국에선 연장(延長)·야근·휴일근무에 각각 50%씩 할증임금이 붙는데 도요타는 연장·야근은 25%, 휴일은 30% 수준이다. 독일은 근로시간을 미리 정해놓고 그 범위에서는 가산율을 없앴다. 자동차공학 전공의 한 교수는 "한국 자동차기업들이 이런 식으로 가다가는 GM, 포드, 도요타 등이 고임금·저생산성을 이유로 생산시설을 모두 철수한 호주의 전철을 밟을 것"이라며 "노사가 위기의식을 갖고 생산성에 따라 임금을 탄력조정하는 식으로 혁신해야 생존할 수 있다"고 말했다.

자료원: 조선일보, 2015. 9. 9 및 중앙일보, 2024. 7. 15 기사내용을 수정·편집함

■ **정부정책:** 자국기업의 해외활동에 대한 규제나 정책은 외국기업의 국내활동에 대한 정책에 비해 그 중요성이 덜하다고 할 수 있으나 경우에 따라서는 해외시장 진입방법 결정에 중요한 영향을 미칠 수 있다. 국제수지의 악화방지를 염두에 둔 자본유출의 억제 정책이나 고용감소를 우려한 생산시설 이전의 제한 등은 직접투자에 의한 해외시장진출을 억제하는 효과를 가져오며, 이중과세방지협정 체결이나 투자위험에 대한 정부지원 등은 직접투자를 긍정적으로 고려할 수 있게 해 준다. 수출에 대한 금융지원 등도 고려해야 할 사항이다. 또한 기업활동에 대한 전반적인 규제수준이 높을 경우 국내생산에 의한 수출보다는 직접투자를 통한 해외진출을 더욱 모색하게 될 것이다.

연습문제

1. 해외시장 진입방법결정의 의의에 대해 설명하시오.
2. 진입방법의 기본 유형(수출, 계약방식, 직접투자)에 대해 간략히 설명하시오.
3. 라이슨싱(licensing)과 프랜차이징(franchising)을 비교설명하시오.
4. 턴키계약과 BOT방식을 비교설명하시오.
5. 시장 진입방법으로서의 해외직접투자(FDI)의 장단점에 대해 설명하시오.
6. 해외직접투자(FDI)의 유형과 유형별 장단점에 대해 설명하시오.
7. 진입방법 결정에 영향을 미치는 기업 내부요인에 대해 설명하시오.
8. 진입방법 결정에 영향을 미치는 현지국(host country) 요인에 대해 설명하시오.

참고문헌

- 반병길, 하영명, 김형욱, 김주헌 공저, 한국기업의 세계화전략 사례연구, 신원문화사, 1996.
- Aaker, David A. & Christine Moorman, *Strategic Market Management*, 11th ed., Wiley, 2017.
- Cateora, Philip R., R. Bruce Money, Mary C. Gilly & John L. Graham, *International Marketing*, 19th ed., McGraw-Hill, 2023
- Czinkota, Michael, Ilka Ronkainen & Annie Cui, *International Marketing*, 11th ed., Cengage Learning, 2022.
- Green, Mark C. & Warren Keegan, *Global Marketing*, 10th ed., Pearson, 2019.
- Kim, Jooheon & Arvind Parkhe, "Competing and Cooperating Similarity in Global Strategic Alliances: An Exploratory Examination," *British Journal of Management*, 20, 3, 2009, pp. 363-376.
- Kogut, Bruce & Harbir Singh, "The Effect of National Culture on the Choice of Entry Mode," *Journal of International Business Studies*, Fall 1988, pp. 411-432.
- Kotabe, Masaaki & Kristiaan Helsen, *Global Marketing Management*, 9th ed., Wiley, 2022.
- Pan, Yigang & David Tse, "The Hierarchical Model of Market Entry Modes," *Journal of International Business Studies*, 31(4), 2000, pp. 535-554.
- Porter, Michael E., *Competitive Strategy*, Free Press, 1980.
- Root, Franklin R., *Entry Strategies for International Markets*, Lexington Books, 1994.

PART 04

국제마케팅믹스 전략

CHAPTER 10

국제마케팅믹스의 개념과 의의

목표시장과 진입방법 등이 결정되고 나면 기업은 해당 목표시장에 대한 구체적인 마케팅믹스 프로그램을 마련해야 한다. 마케팅믹스 결정은 목표시장에 대한 접근, 혹은 공략을 어떻게 할 것인가 그 수단을 구체적으로 정하는 것이므로 해당 시장에 대한 보다 깊은 이해를 필요로 한다. 본장에서는 마케팅믹스의 기초 개념과 함께 국제마케팅믹스의 의의를 설명하고, 국제마케팅믹스 전략의 표준화와 현지적응화 문제를 다룬다. 본장에서 소개되는 블랙 앤 데커(Black & Decker) 사례는 간략하면서도 표준화와 현지적응화 문제를 아주 잘 대비시켜 보여주고 있다.

10-1 Mini-Case

중국형 NF소나타 '링샹'

현대자동차는 최근 '2008 광저우(廣州) 모터쇼'에서 중국형 NF쏘나타 '링샹(领翔)'을 최초로 공개했다. '링샹'은 NF쏘나타를 기반으로 중국시장 특성에 맞는 내·외장 디자인과 편의사양이 보강된 중국 전략형모델이다. 중국시장에 진출한 한국차는 한국에서 팔리는 원판과 사뭇 다르다. '링샹'의 정면 라디에이터 그릴은 넓고 굵다. 양옆의 헤드램프도 굵고 커져 번쩍거린다. 번쩍거리기는 옆면도 마찬가지다. 차 옆면, 문 손잡이, 후미등 주변에 크롬도금된 장식이 붙었다. 안개등, 후미등도 커졌고, 뒤범퍼도 넓게 퍼졌다. 길이도 15mm 부풀려 우람하고 화려한 모습이다. 한 체급 위인 '그랜저'를 연상케 한다.

중국형 NF소나타 '링샹'

링샹만이 아니다. 지난 4월 중국 전역에서 판매를 시작한 중국형 아반떼 '위에둥(悅動)'은 아반떼에 비해 길이는 17mm, 높이는 60mm, 폭은 50mm 키웠다. 헤드램프를 키우고 크롬도금 장식을 사방에 붙인 건 물론이다. GM대우에서 상하이GM을 통해 판매하는 '라세티' 역시 국내 모델에 비해 금속장식으로 화려하게 치장했다. 준중형차이지만 외형만으로는 중형차와 맞먹게 된 것이다.

왜 이렇게 커진 것일까. 한 전직 자동차 디자이너는 "중국에서 화려하고 번쩍거리는 차가 인기를 끄는 까닭은 아직까지 차가 귀하기 때문이다"라고 설명했다. 중국 승용차시장은 연간 500만대 규모로 성장했지만 아직까지 중국에서 승용차는 중산층 이상 사람들이 사는 사치품에 가깝다는 것이다. 그는 "생필품이 아니기 때문에 '나는 이 정도 차를 탈 수 있는 사람'이라는 것을 과시하고자 하는 욕망이 있고 그런 것이 겉으로 드러나는 자동차를 고르게 하는 것"이라고 말했다. 구매자의 '과시욕'은 중국 자동차시장에 그대로 반영돼 있다. 현대자동차 홍보팀은 "중국시장에서는 원래 배기량 수준보다 더 크고, 크롬도금 장식이 많이 붙고, 고급스럽게 보이는 차가 인기가 있다"고 밝혔다. 날렵한 선을 자랑하던 쏘나타가 우람하고 번쩍거리는 링샹으로 재탄생한 까닭이다.

자료원: 조선일보, 2008. 12. 6

01 국제마케팅믹스의 의의

1.1 마케팅믹스의 개념

(1) 마케팅믹스와 마케팅환경

일반적으로 마케팅믹스(marketing mix)란 '기업이 목표시장에서 마케팅목표를 달성하기 위하여 사용하는 통제가능한(controllable) 마케팅수단들의 집합'으로 정의된다. 마케팅믹스는 기업이 제품의 매출이나 수요, 고객의 반응과 태도에 영향을 주기 위해 활용할 수 있는 모든 수단으로 구성되어 있으며, 흔히 제품(product), 가격(price), 촉진(promotion), 유통(place, 혹은 distribution) 등 네 가지의 변수로 구분되어 4Ps로 불려지고 있다([그림 10-1] 참조).

기업의 입장에서 본다면 마케팅믹스는 통제와 선택이 가능한 관리변수이며 마케팅 목표 달성을 위한 구체적인 정책수단이 된다. 제품의 기능이나 디자인, 제품구색의 다양성 정도, 가격수준, 촉진활동의 내용과 방법, 유통경로의 결정 등은 기업이 나름대로의 판단에 따라 내릴 수 있는 결정사항인 것이다. 이에 비해 외부여건, 혹은 마케팅환경은 기업의 마케팅 성과에 영향을 미치되 기업이 통제할 수 없는(uncontrollable) 주어진 상황이다. 이런 점에서 볼 때 마케팅관리자의 과제는 마케팅목표를 효과적으로 달성하기 위해 끊임없이 변화하며 통제가 불가능한 마케팅환경에 적절히 대응하는 최적의 마케팅믹스 조합을 찾아내어 실행하는 것이라고 할 수 있다.

(2) 마케팅믹스의 구성요소

앞서 말한 대로 마케팅믹스는 기업의 구체적인 마케팅정책의 도구가 되는 것으로서 크게 제품관련 변수, 가격관련 변수, 촉진관련 변수, 그리고 유통관련 변수 등 네 가지 부류로 구분한다. 이들에 대해 간략히 설명하면 다음과 같다(〈표 10-1〉 참조).

■ **제품관련 변수**: 마케팅믹스로서의 제품(product)은 단지 유형의 형태를 갖춘 제품 자체만을 의미하는 것이 아니라 제품의 구매 및 사용과 관련된 각종 서비스나 무형의 이미지 등을 모두 포함한다. 제품관련 변수들을 구체적으로 열거해 보면 품질, 특징, 디자

인, 기능, 포장, 용량, 상표, 보증, 반품, 서비스, 제품구색 등 기업이 제품과 관련하여 내려야 할 다양한 결정변수 들을 포함하고 있다.

■ **가격관련 변수**: 가격(price)관련 결정은 크게 가격수준의 결정(가격설정)과 가격의 조절, 가격의 변경 등으로 나뉘어진다. 가격의 결정이란 기업의 마케팅목표, 원가, 수요상태, 경쟁기업의 가격전략 등을 고려하여 해당 제품이나 서비스의 가격수준을 정하는 것이며, 가격의 조절과 변경이란 결정된 기본가격을 상황의 변화나 소비자들의 특성에 맞추어 변화시키는 것을 말한다. 가격조절은 할인, 공제, 세분시장별 차별가격, 촉진을 위한 단기적 가격조정 등으로 이루어진다. 한편 가격의 변경이란 전반적인 가격수준의 인상이나 인하를 말하는 것으로서 원가나 수요의 변화, 가격경쟁 등이 주 원인이 된다.

■ **촉진관련 변수**: 촉진(promotion)이란 기업이나 제품 · 서비스에 대해 호의적 반응을 갖게 하거나 제품 · 서비스를 구매하도록 표적시장을 대상으로 행해지는 커뮤니케이션 활동을 말한다. 일반적으로 광고, 인적판매, 판매촉진, 홍보 등 크게 네 가지의 촉진수단으로 구분되며 광고의 경우 광고매체, 메시지 주제 및 구체적 표현양식, 대행사, 메시지 전달자(예를 들어 광고모델) 등이 구체적으로 결정해야 할 사항들이다.

■ **유통관련 변수**: 유통(place)이란 제품이나 서비스를 생산자로부터 최종 소비자에게 이동시키는 과정과 그 과정에서 일어나는 기업활동을 말하며, 유통경로(distribution channel)란 그러한 과정의 경로, 혹은 그 과정에 참여하는 기업 및 개인의 집합이라 정의할 수 있다. 생산자 입장에서 유통과 관련하여 내려야 할 주요 결정사항으로는 유통경로의 길이(혹은 유통단계의 수), 유통범위, 수직적 통합(혹은 계열화) 여부 및 정도, 유통업자의 선택과 관리문제, 물적유통(운송, 보관 등) 문제 등이다.

표 10-1 마케팅믹스(4Ps)의 구성요소

제품(Product)	가격(Price)	촉진(Promotion)	유통(Place)
상표 품질, 기능 특징, 디자인 포장, 용량 보증, 반품 서비스 제품구색	가격결정 할인, 공제 차별적 가격 인상, 인하 할부조건 신용조건	광고 메시지 매체 전달자 대행사 인적판매 판매촉진 홍보	경로의 길이 범위 계열화 정도 유통업자 선정 운송, 보관

1.2 국제마케팅믹스의 개념과 의의

국제마케팅 활동에 있어서의 마케팅믹스, 즉 국제마케팅믹스(international marketing mix)도 그 본질적 개념은 국내상황에서의 마케팅믹스와 동일하다. 다시 말해 '국제시장'에서 마케팅목표를 달성하기 위해 기업이 선택하는 마케팅 정책수단이 국제마케팅믹스인 것이다([그림 10-1] 참조). 다만 국내시장과 상이할 뿐만 아니라 국내에 비해 훨씬 복잡하다고 할 수 있는 국제마케팅 환경에 구체적으로 대응해야 한다는 점에서 선택의 폭이 달라질 수 있으며 사전준비와 검토노력이 더 많이 요구되기도 한다.

국제마케팅믹스를 구성하는 구체적 변수 역시 〈표 10-1〉에 나타나 있는 것과 다를 바 없다. 그러나 해외의 현지시장에 전적으로 개입하여 마케팅활동을 전개하지 않는 한 그 변수들이 모두 관리가능한 통제변수가 되는 것은 아니다. OEM(Original Equipment Manufacturer) 방식에 의한 수출의 경우 수출업자가 통제할 수 있는 마케팅믹스 변수는 수출가격 협상에 대한 참여 외에 사실상 전무할 수도 있다. 다시 말해 마케팅믹스 변수에

그림 10-1 국제 마케팅믹스의 의의

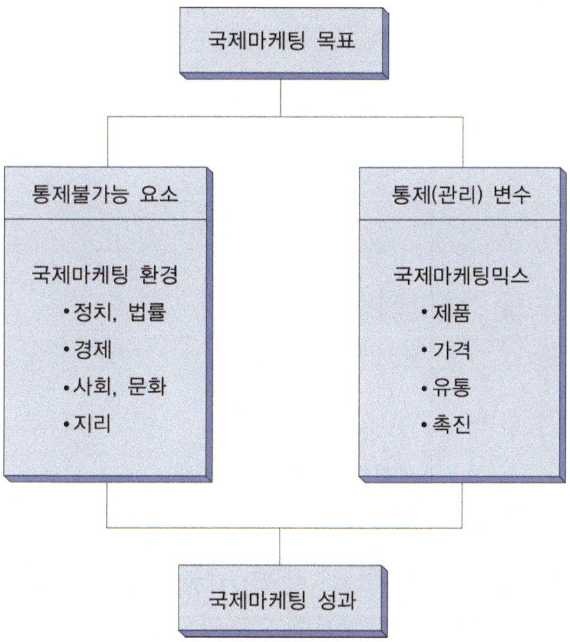

대한 실질적 결정권, 혹은 통제범위는 기업의 해외시장 개입도에 따라 달라지는 것이다.

국제마케팅믹스를 구성하는 네 가지 부류의 변수들 중 중요하지 않은 것은 하나도 없다. 그러나 이들 중 하나가 전제되지 않으면 다른 마케팅믹스는 사실상 논할 필요조차 없다는 점에서 중요성이 부각되는 것이 있는데 그것은 바로 상표(brand)다. 여기서 말하는 상표의 문제는 구체적인 상표명(brand name)의 결정에 관한 것이 아니라 고유상표를 가지고 있느냐 아니면 주문자의 상표를 부착하는 OEM 방식에 의하느냐 하는 기본적인 문제다. 고유상표를 전제로 하지 않을 경우 수출인도 가격 이외의 다른 마케팅믹스 결정은 할 수 없을 뿐만 아니라 할 필요도 없다.

고유브랜드를 전제로 하더라도 마케팅믹스결정 권한의 범위가 현지 시장에 대한 개입도에 따라 달라진다는 점은 위에서 언급한 바와 같다.

02 국제마케팅믹스의 표준화와 현지적응화

국제마케팅믹스 전략을 전세계적으로 동일하게 펴 나갈것인지, 아니면 현지 상황에 맞게 마케팅믹스 프로그램을 다르게 할 것인지의 문제, 즉 표준화(standardization)와 현지적응화(local adaptation)의 문제는 국제마케팅 학계 및 실무계의 오랜 관심사였다. 여기서는 우선 표준화의 개념을 살펴보고, 표준화의 장점, 제약요인 등에 대해 설명하기로 한다.

2.1 표준화 및 현지적응화의 개념

국제마케팅 프로그램의 표준화란 국가시장마다 서로 다른 마케팅전략을 수립하여 집행하는 것이 아니라 전 세계적으로 동일한 마케팅 프로그램을 적용하는 것을 말한다. 국가마다 정치, 경제, 사회, 문화적 환경 등 모든 여건이 다르기 때문에 현지 사정에 맞게 마케팅 프로그램을 집행해야 한다는 것이 전통적인 사고방식이었으나, 표준화의 가능성과 장점 등이 논의되면서 국제마케팅 전략의 표준화 이슈가 등장하게 되었다.

이에 비해 현지적응화란 위에서 언급한 대로 소비자행동을 포함한 현지 시장의 제반 환경 및 상황에 적합하도록 마케팅믹스 프로그램을 수립하고 집행하는 것을 말한다. 이러한 접근이 고객의 욕구를 파악하여 이를 충족시킨다는 마케팅 컨셉트(marketing concept)에 충실한 것이라 볼 수 있지만, 국가별로 서로 다른 마케팅 프로그램을 적용할 경우 비용증가나 전체적인 조정 및 통제의 어려움이 있어 간단하게 생각할 문제는 아니다. 표준화를 통해 가격을 낮출 수 있다면 그것이 고객의 욕구를 충족시키는 것이 될 수도 있다.

현지적응화는 현지국 중심주의적인 사고를 전제로 하기 때문에 polycentric approach를 따르는 것으로 볼 수 있으며, 다수의 독립적인 국내시장을 대상으로 마케팅 프로그램을 전개한다고 볼 수 있으므로 이를 multidomestic approach라 부르기도 한다. 한편 현지적응화는 강제적 적응화(mandatory adaptation)와 임의적 적응화(discretionary adaptation)로 구분되는데, 전자는 제도, 법규, 물리적 환경 등의 이유로 꼭 현지 사정을 따라야 하는 적응화를 의미하며, 후자는 반드시 그럴 필요는 없지만 마케팅 경영자의 판단에 따라 이루어지는 적응화를 말한다.

그러나 실제로 100% 표준화나 현지적응화는 그 가능성과 시사점 측면에서 별 의미가 없다. 현실적으로는 결국 기본방향과 정도의 문제로 귀착된다. 다만 자국 중심주의, 즉 ethnocentrism에 기반을 둔 표준화는 경계할 필요가 있다. 결과적으로는 표준화로 나타날 수도 있는 세계중심주의에 현지 상황을 감안할 수 있는 탄력성이 내포되어 있다면, 자국 중심주의에는 현지 상황을 고려하지 않는 완고함이 내포되어 있다. 이른바 자기준거기준(SRC, selfreference criterion), 즉 의사결정을 내리고 행동하는 데 있어 무의식적으로 자신의 문화적 가치, 경험, 지식 등에 근거하게 되는 것과 유사하다.

10-2 Mini-Case

"싸고 좋다" '현지화'로 유럽 빅3 오른 현대 · 기아차

기아차 중에서 유럽에서 잘 팔리는 '스포티지'는 차 길이(전장)가 국내 및 다른 글로벌 시장에서 판매되는 모델보다 145mm 짧다. 국내에서 파는 모델은 전장이 4,660mm인데, 유럽형 스포티지만 4515mm다. 휠베이스(자동차의 앞바퀴 중심과 뒷바퀴 중심 사이의 거리)도 유럽형 스포티지는 국내 모델(2,755mm)보다 75mm 짧은 2,680mm다.

유럽모델 차량의 크기가 작은 이유는 유럽의 도로가 좁기 때문이다. 유럽형 스포티지는 차체가 짧은 만큼 실내 · 트렁크 공간이 좁은데, 소형 해치백이나 콤팩트 스포츠유틸리티차(SUV)와 같은 실용적인 차를 좋아하는 유럽에선 단점이 되지 않는다. 유럽 맞춤형인 '메이드 포 유럽(Made for Europe)' 모델인 셈이다. 스포티지 하이브리드 2WD(후륜구동)의 가격은 국내에서 3,163만원부터인데, 유럽은 독일기준 3만 8,450유로(약 5,200만원)부터 시작돼 국내보다 비싸다.

국내에 현대차 연구개발(R&D) 핵심 조직인 남양연구소가 있다면, 유럽에는 독일 뤼셀스하임에 신차개발을 담당하는 현대차 유럽기술연구소가 있다. 현대차그룹의 유럽전략차종인 현대차 '바이욘(Bayon)', 기아 '씨드(Ceed)', 제네시스 'G70 슈팅브레이크'를 비롯해 글로벌 시장에서 판매되는 현대차 '코나N', 현대차 'i20N' 등이 이곳에서 탄생했다. 세계에서 가장 거칠고 위험한 주행 코스로 유명한 독일 뉘르부르크링엔 자체 주행시험 센터가 있고, 체코·튀르키예·슬로바키아에 생산공장도 있다.

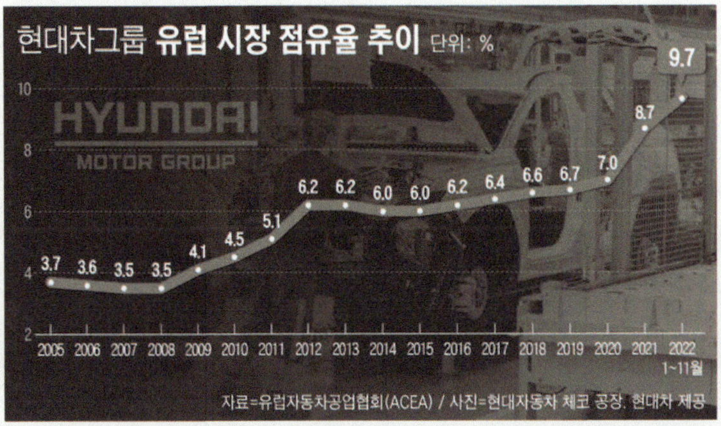

최대 8년 보증으로 유럽점유율 첫 '톱3'

지난해 10월 방문한 덴마크 수도 코펜하겐에선 현대차와 기아의 자동차가 곳곳에서 보였다. 국내에서 보기 힘든 현대차 해치백 'i10'와 'i30', 기아 해치백 '씨드'를 비롯해 기아 '피칸토'(국내명 모닝), 현대차 전기차 '코나EV', 기아 전기차 '니로EV' 등 익숙한 차들도 눈에 띄었다. 유럽이 본토인 메르세데스-벤츠나 아우디·폭스바겐 차가 가장 많이 보였는데, 현대차·기아의 자동차는 도요타 등 일본차나 GM·포드 등 미국차보다는 훨씬 더 자주 보였다. 니로EV를 운전하는 덴마크 택시 회사 단택시(Dantaxi) 소속 이브라힘씨는 기아 차에 대해 엄지를 치켜들며 "싸고 좋다(Cheap and Good)"고 말했다. 그는 "덴마크엔 벤츠 택시가 많았는데, 요즘은 코나EV나 니로EV로 갈아타는 추세"라면서 "벤츠는 보증기간이 2년인 반면 기아는 7년이라 경제적이다. 승차감도 뛰어나다"고 말했다.

1999년 '10년, 10만 마일 보증'을 내세워 미국 시장을 공략한 현대차그룹은 유럽에서도 '최대 8년 보증'의 승부수로 시장에 안착했다는 평가가 나온다. 현대차는 유럽에서 5년의 보증기간을 제공한다. 아이오닉과 코나EV는 보증기간이 8년이다. 기아는 모든 모델을 7년간 보증한다. BMW, 폭스바겐, 벤츠, 아우디 등 다른 브랜드들은 보통 2년, 도요타 등 일본 자동차 브랜드는 보통 3년만 보증한다.

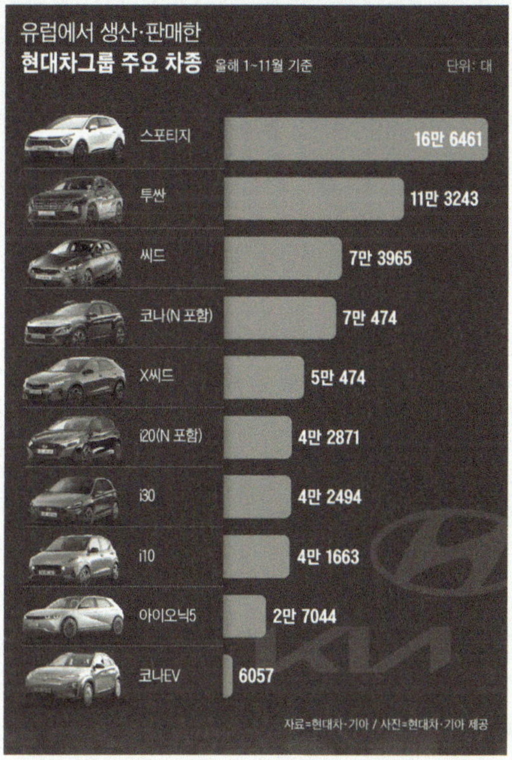

전기차 시대로 접어들며 브랜드 위상을 높인 현대차그룹은 지난해 유럽에서 처음으로 시장점유율 3위를 기록했다. 유럽자동차공업협회(ACEA)에 따르면 올해 1~11월 현대차그룹은 총 98만 6,860대를 판매해 판매량을 전년 대비 4.6% 늘렸다. 2001년 1.5%에 불과했던 현대차그룹의 유럽점유율은 20여년 동안 8.2%p 높아졌다. 유럽산 자동차에 자부심을 갖고 있는 유럽에서 눈에 띄는 약진이다. 같은 기간 유럽에서 도요타의 점유율은 2001년 3.7%에서 2022년 7.2%로 3.5%p 오르는 데 그쳤다.

유럽서 '개발 → 생산 → 판매' 현지화 전략

현대차그룹은 유럽에서 적극적인 현지화 전략을 펼치고 있다. 개발부터 생산까지 모두 유럽 내에서 이뤄진다. 현대·기아차의 현지화전략은 '현지 생산거점 + 현지 전략모델 + 현지 밀착마케팅'을 뜻하는 新3현주의로 요약된다. 3현주의란 원래 '현장에서 보고, 현장에서 느끼고, 현장에서 해결한 뒤 확인한다'는 정몽구 현대차그룹 회장의 현장경영철학을 의미한다. 2022년 상반기 기준, 유럽 판매량 전체의 70%가 유럽에서 생산된 차종이다. 독일 뤼셀스하임에 위치한 현대·기아차 유럽기술연구소가 신차를 개발하고, 뤼셀스하임 내 유럽디자인센터가 신차 디자인을 진두지휘한다. 생산은 체코(현대차), 튀르키예(현대차), 슬로바키아(기아) 등 현지 공장이 맡는다.

같은 차종이라도 유럽에서는 마일드하이브리드(MHEV) 파워트레인을 탑재한 모델이 많다. 현대차 니로·i30·바이욘·투싼, 기아 스포티지·X씨드 등이 모두 MHEV 파워트레인을 갖췄다. 니로·투싼·스포티지는 국내에 MHEV 모델이 없고, 유럽에만 있다.

하이브리드는 전기 모터만으로도 주행이 가능하지만, MHEV는 엔진으로 움직이고 모터는 보조 역할만 한다. 일반 엔진 차량보다는 연비가 좋다. 유럽에 MHEV 모델이 많은 이유는 이동 거리가 긴 유럽소비자를 겨냥하는 동시에 엄격한 유럽의 배출가스 규제를 충족하기 위한 맞춤전략이다.

마케팅도 성공비결로 꼽힌다. 유럽에선 모터스포츠와 축구가 인기다. 현대차그룹은 2002년부터 월드컵을 후원하며 인지도를 높였고, 최근 몇 년간 영국 프리미어리그 '첼시FC', 스페인 라리가 '아틀레티코 마드리드', 이탈리아 세리에A 'AS로마', 독일 분데스리가 '헤르타 BSC' 및 '아인트라흐트 프랑크푸르트'와 파트너십 계약을 맺었다. 축구에 빠져 사는 유럽인 취향에 맞춘 마케팅으로, 브랜드 인지도를 높이는 큰 역할을 했다.

모터스포츠 분야에서도 현대차는 2012년 모터스포츠 활동을 전담하는 현대차 모터스포츠 법인을 설립하고, 고성능차 개발 조직을 별도로 설립했다. 2014년 WRC(월드랠리챔피언십) 사양으로 제작된 i20 모델로 WRC에 재참가했고, 2015년 고성능 브랜드 N을 출시했다. 2019년엔 WRC에서 첫 우승을 거머쥐었다. '잘 달리는 차'를 중시하는 유럽 소비자들이 현대차를 다시 보는 계기가 됐다.

디자인과 가격도 성공요인이다. 독일의 3대 자동차 전문지로 꼽히는 '아우토 모토 운트 슈포트(AMS)'는 현대차 · 기아가 유럽시장에서 성공한 이유를 분석하며, "현대차 · 기아의 디자인은 1990년대 독일에 처음 진출했던 때보다 두드러지게 개선됐다"며 "독일 진출 초기의 현대 · 기아차는 '저렴한 차'라는 이미지가 강했지만, 지금은 합리적인 가격으로 고급 소재와 다양한 안전 · 친환경기술을 제공하는 브랜드로 꼽힌다"고 분석했다.

자료원: 조선일보, 2011. 10. 31 및 2023. 1. 3. 기사내용을 편집함.

2.2 표준화의 장점

국제마케팅 프로그램을 전세계적으로 표준화할 때 얻을 수 있는 장점으로는 다음과 같은 것들이 있다.

(1) 규모의 경제효과

표준화의 가장 큰 장점은 규모의 경제에 의한 비용절감이다. 제품이나 광고를 시장국가마다 다르게 하지 않고 한 가지로 통일한다면 그 비용절감효과는 대단히 크게 나타날 것이다. 기업의 목표를 매출액 극대화가 아닌 이익 극대화에 둔다면 표준화에 의한 비용절감 효과는 더욱 중요해진다.

(2) 대(對)고객 관계의 일관성

표준화 전략의 또 다른 장점은 전세계적으로 통일적인 기업이미지나 브랜드이미지를 형성할 수 있다는 점이다. 사업상이나 여행으로 소비자들의 해외여행이 빈번해졌을 뿐만 아니라, 정보통신기술의 발달로 음성 및 화상정보의 국가간 이전이 실시간(real time)으로 가능하기 때문에 소비자들은 여러 국가의 상황을 손쉽게 접할 수 있게 되었다. 따라서 기업으로서는 고객관계의 일관성을 유지할 필요성이 높아졌으며 표준화 전략은 이를 가능하게 한다.

(3) 계획 · 통제기능 향상

전세계적으로 마케팅활동을 전개하고 있는 다국적기업에게는 이러한 활동을 조정하고 통제하는 문제가 전략적으로 대단히 중요한 과제다. 마케팅 프로그램의 내용을 국가마다 다르게 할 때와 동일하게 할 경우를 비교해 볼 때 후자의 경우에 조정 및 통제가 용이할 것이라는 점은 자명하다.

(4) 좋은 아이디어의 최대 활용

활용가치가 높은 아이디어가 쉽게 창출되는 것은 아니다. 따라서 이러한 아이디어는 가능한 한 최대로 활용할 필요가 있다. 한 국가에서 개발된 마케팅 아이디어가 바람직한 것이라면 이를 다른 국가에도 적용해 볼 것을 당연히 검토해야 한다. 표준화 전략은 이 점에서도 의의가 있다.

2.3 표준화 전략의 가정과 전제조건

국제마케팅 전략의 표준화가 가능하고 더 의의가 있으려면 다음과 같은 몇 가지 가정과 전제조건이 필요하다.

첫째, 전세계 소비자욕구의 동질화 경향이다. 이러한 경향이야말로 표준화 전략을 가능한 대안으로 고려할 수 있게 하는 대표적 요인인데 실질적으로 이러한 경향이 발견되어야 한다는 점이다.

둘째, 범세계적 접근(global approach), 즉 표준화전략을 통해 생산 및 마케팅에 있어 충분한 규모의 경제효과가 실현되어야 한다.

셋째, 제품의 기능, 특징, 디자인 등과 같은 다른 속성들의 중요성이 가격에 비해 상대적으로 작아야 한다. 그래야 표준화 전략이 더 의미가 있을 수 있다. 즉, 규모의 경제로 인한 원가절감은 가격을 낮추는 요인이 되는데 이 점이 소비자들에게 강하게 어필(appeal)해야 한다는 것이다.

넷째, 여러 국가에 걸쳐 나타나는 세분시장(global market segment)이 존재해야 한다. 이는 위에서 언급한 전세계 소비자욕구의 동질화 경향과 관련이 있는 것으로서, 국가별

시장세분화가 아닌 초국적 시장세분화(cross-border segmentation)가 가능해야 한다는 것이다.

다섯째, 표준화로 인한 시너지 효과가 발생해야 한다. 예를 들어 제품이나 촉진활동과 관련된 아이디어의 국가간 이전을 통해 충분한 시너지효과가 나타나야 한다는 것이다.

여섯째, 표준화 전략이 실제로 실행가능해야 한다. 표준화 전략이 바람직하고 판단되는 경우에도 기업내부의 조직요인이든 시장국가의 마케팅 하부구조(marketing infra-structure) 문제이든 이의 집행을 가로막는 장애요인이 있다면 안되기 때문이다.

10-3 Mini-Case 냉장고 냉동실, 미국선 늘리고 인도선 줄이고…

연간 약 64만 대의 냉장고를 미국시장에 내다 파는 LG전자는 최근 고민에 빠졌다. 경기침체로 가전제품 수요가 줄어들고 있기 때문이다. 작년 1,050만 대 규모였던 북미 냉장고 시장은 올해 100만 대가 줄어 950만 대 규모가 될 것이라고 한다. 그런데 기존 냉장고에서 냉동실을 하나 더 늘린 '4도어' 냉장고가 구원투수로 등장했다. 이 제품은 한 대에 3,000달러(약 348만원)가 넘는 고가에도 불구하고 최근 일주일에 1,000대 이상 팔리는 호황을 누리고 있다고 한다. 이 냉장고의 성공비결은 한 번에 많은 식료품을 구입해 장기간 보관하는 북미 소비자의 생활패턴을 반영한 아이디어에서 나온 것이다. 서랍형의 냉동실을 2개 만든 뒤 자주 꺼내는 냉동피자는 위 서랍에, 장기간 보관하는 냉동육류는 아래 서랍에 보관하는 식이다. 이 제품 덕에 LG전자는 3도어 이상 고급 냉장고 시장에서 올 2분기(4~6월) 시장점유율 23.2%를 차지하며 1위로 뛰어올랐다. 문(냉동실)을 하나 더 만든 작은 아이디어가 새로운 시장을 창출한 셈이다.

삼성전자도 비슷한 사례가 있다. 삼성전자는 인도에 내다 팔 냉장고의 냉동실 크기를 오히려 줄였다. 인도에는 채식주의자가 많아 냉동실을 많이 이용하지 않는다는 데 착안한 것이다. 정전이 잦은 아프리카지역에 팔려나갈 휴대전화에는 손전등 기능을 넣고 배터리 용량을 다른 제품의 2배 이상으로 늘렸다고 한다.

기업들은 "해답은 언제나 고객에 있다"고 입을 모은다. 그래서 고객을 이해하기 위해 온갖 방법을 동원한다. 남용 LG전자 부회장은 외국을 방문할 때마다 해당 지역의 가정을 반드시 방문한다고 한다. 삼성전자는 신흥시장에 디자인센터를 늘리고 있다. 미국의 인텔은 중국시장에 진출하기 위해 수 년 전부터 문화인류학자를 보내 지역의 문화를 연구한 것으로 유명하다. 그 결과로 컴퓨터에 한자를 입력하는 획기적인 방법을 고안해 냈다. 고객에 대한 기업의 지독한 관심은 국경과 문화의 장벽을 뛰어 넘는다. 이 같은 관심이 시장은 물론 사회를 진화시키는 원동력 중 하나인 것 같다.

자료원: 동아일보 2008. 9. 29

2.4 표준화 전략의 결정요인

표준화 전략과 현지적응화 전략 중 어느 것을 택하느냐, 보다 현실적으로는 어느 정도의 표준화(현지적응화) 전략을 택하느냐를 결정하는 데에는 많은 요인들이 고려되어야 한다. 현지적응화를 하도록 만드는 요인은 기본적으로 국가간의 제반 환경차이라 할 수 있으며, 이 외에 해당 제품의 특성이나 기업조직의 내부요인도 표준화의 정도, 혹은 표준화 전략의 집행 가능성에 영향을 미치는 중요한 요인이 된다. 국제마케팅믹스 프로그램의 표준화 및 현지적응화에 영향을 미치는 요인들을 시장특성, 제품특성, 거시적 환경요인, 조직요인 등으로 나누어 설명하면 다음과 같다([그림 10-2] 참조).

그림 10-2 국제마케팅 프로그램 표준화의 결정요인

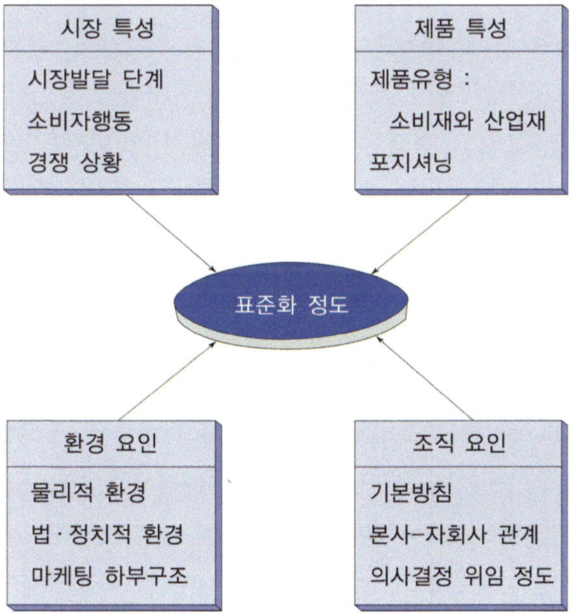

자료원: Subhash C. Jain, "Standardization of International Marketing Strategy: Some Research Hypotheses," *Journal of Marketing*, Vol. 53, January 1989, p. 72의 그림을 수정보완한 것임.

(1) 시장특성

시장의 발달단계, 혹은 제품수명주기(PLC, product life cycle) 상의 단계는 국가마다 다를 수 있으며 이에 따라 마케팅전략이 달라질 필요가 있다. 예를 들어 성숙기 시장과 도입기 시장에서의 광고전략은 달라야 한다. 폴라로이드(Polaroid)가 자사의 즉석카메라를 프랑스시장에 도입할 때 미국에서의 광고주제를 그대로 사용해서 어려움을 겪은 사례가 있었는데, 이는 아직 즉석카메라의 개념이 보편화되지 못한 도입기 시장에서의 광고정책 실패로 볼 수 있다.

구매동기, 의사결정과정, 소비자인식 등의 소비자행동차이, 구매력 등의 경제적 차이도 마케팅 프로그램 표준화를 어렵게 만드는 요소다. P&G의 기저귀는 일본시장에서 한참 시간이 지난 뒤에야 좋은 반응을 얻을 수 있었다. 일본 부모들은 자주 기저귀를 갈아주는 한편 가옥구조상 넉넉한 수납공간을 가지고 있지 않았는데 큰 단위로 포장된 제품을 유통시켰던 것이다. P&G는 조사 끝에 좀 더 얇고 작은 단위로 포장된 제품을 출시한 이후에야 성공할 수 있었다.

경쟁자 및 그 수와 경쟁정도가 다른 점도 현지화를 촉진하는 요소가 된다. 경쟁자가 누구냐에 따라, 그리고 경쟁상태가 어떠냐에 따라 마케팅전략이 달라져야 하기 때문이다.

(2) 제품특성

일반적으로 산업재보다는 소비재가 표준화의 제약요인이 많은 편이다. 국가마다 차이가 많은 문화적 환경에는 소비재가 더 민감하기 때문이다. 해당 제품이 국가별로 어떻게 포지션되어 있는가(positioning)도 표준화 가능성에 영향을 미친다. 물론 다르게 포지션되어 있다면 표준화 전략은 어렵게 될 것이다. 예로 미국에서는 Tang이라는 음료가 오렌지 쥬스대용으로 포지션되어 있으나 오렌지 쥬스를 아침음료로 마시지 않는 프랑스에서는 그렇지 않다.

(3) 거시적 환경요인

기후나 가옥구조 등과 같은 물리적 환경의 차이도 표준화를 어렵게 만든다. 예로 열대

지역에서는 자동차나 에어콘에 추가장치가 필요할 수 있으며, 가옥의 규모나 내부배치의 차이는 가정용품이나 가구의 디자인에 영향을 미친다. 코카콜라는 2리터짜리 플라스틱 병콜라를 스페인에 출시하려다 곤란을 겪었다. 일반가정이 사용하는 냉장고 문에 그렇게 큰 병을 넣을 수 있는 공간이 없었던 것이다.

서로 다른 법규정이나 규제도 현지화를 촉진하는 요소다. 자동차의 안전도 테스트 규정, 광고에 대한 규제 등은 현지 법규를 따라야 하는 사항이기 때문이다. 이처럼 반드시 해야 하는 적응화를 강제적 적응화(mandatory adaptation)라 부르는데 이는 국제마케팅 경영자의 정책적 판단에 의해 결정할 사항은 아니다. 반드시 따라야 하는 것은 아니지만 경영자의 판단에 따라 이루어지는 적응화는 임의적 적응화(discretionary adaptation)로 구분하고 있다.

유통구조와 관습, 운송시스템 등 마케팅 하부구조(marketing infrastructure)의 차이도 표준화를 제약하는 요인이다.

10-4 Mini-Case 굴착기 옵션을 보면 그 나라가 보인다

볼보건설기계의 경남 창원공장에서는 매년 1만 2,500대의 굴착기를 생산해 전 세계 120여개국으로 수출한다. 같은 공장에서 생산하는 굴착기라고 다 똑같은 굴착기라고 생각하면 큰 오산. 지역특색에 맞게 특화된 옵션이 달려 있다. 굴착기 옵션을 보면 그 나라의 자연환경은 물론 경제·문화적인 상황까지 짐작할 수 있다.

중국에 수출하는 굴착기의 경우에는 GPS와 도난방지장치가 기본옵션으로 달려 있다. 경제개발이 한창인 중국에서는 값비싼 건설장비가 도난당하는 일이 빈번하게 일어난다. 대당 1억원이 넘는 고가장비인 굴착기도 도난당하는 일이 잦다. 이 때문에 중국으로 수출하는 굴착기에는 굴착기 위치파악이 가능한 GPS장치는 물론이고, 원격으로 굴착기 시동을 끌 수 있는 장치까지 옵션으로 들어가 있다.

중국으로 수출하는 굴착기 옵션이 사회·경제적인 상황을 반영한 것이라면, 이탈리아에 수출하는 전차바퀴식 굴착기는 역사·문화적 상황을 짐작케 한다. 기계 폭이 좁은 전차바퀴식 굴착기는 길이 좁고 문화재와 전통 시가지 보존을 중요하게 여기는 이탈리아 상황에 맞게 만들어진 것이다. 이 굴착기는 너비 2.55m 이내로 이탈리아의 좁은 길을 무리 없이 이동할 수 있도록 만들어졌다. 인도로 수출하는 굴착기는 화강암과 대리석이 풍부한 인도 자원환경을 반영해 이들 자원채취를 위해 특별히 설계된 작업장치가 옵션으로 들어가 있다. 암석을 채취하는 작업이 많다 보니, 인도의 굴착기에는 운전자를 보호하는 단단한 보호대(범퍼)가 기본옵션으로 들어가 있다.

러시아에 수출되는 굴착기에는 추운 날씨에도 장비를 가동할 수 있는 패키지 옵션이 들어있다. 극한지에서도 얼어붙지 않는 오일, 디젤엔진 히터, 스노커버 등이 패키지 옵션으로 구성된다.

자료원: 조선일보, 2011. 12. 22 내용을 편집함

(4) 조직요인

기업내부의 조직요인도 실질적으로 표준화를 어렵게 하는 요인으로 작용할 수 있다. 우선 최고경영층의 기본방침이나 행동양식이 현지국 중심주의(polycentric approach)로 나타난다면 표준화 전략은 어려울 것이다.[1)]

본사와 자회사 간의 관계도 표준화 전략의 실현 가능성에 영향을 미친다. 의사결정 구조가 집중화되어 있는 편이라면 표준화 전략이 용이할 것이며, 분권화된 구조라면 상대적으로 어려울 것이다. 본사와 자회사 간에는 갈등의 소지가 항상 존재하며, 이러한 갈등이 클수록 표준화 전략은 집행 가능성이 적어진다. 본사에서 기획되고 입안된 정책을 그대로 집행하는 것에 대한 자회사 내부적 반발기류가 있을 수 있는 것이다. 이른바 NIH (not invented here) 신드롬 현상이다. 특히 자회사가 현지 기업과의 합작회사라면 현지 파트너의 방침은 본사의 표준화 전략과 다르게 나타날 소지가 많다.

10-5 Mini-Case

코카콜라, 글로벌서 로컬로

'글로벌화(globalization)에서 글로컬화(globalization + localization)로' 세계 최대의 다국적기업의 하나인 코카콜라사가 최근 더글러스 태프트 사장체제로 최고 사령부를 바꾼 뒤 추진하고 있는 새 경영전략의 핵심이다. 지난 20년 가까이 고(故) 로베르토 고이주에타, 더글러스 아이베스터 회장체제가 세계의 입맛은 코카콜라로 통한다며 야심만만하게 추구해온 코카콜라 일극(一極)주의 노선과의 결별을 선언한 것이다.

코카콜라는 그동안 일극주의 노선에 따라 미 조지아주 애틀랜타에 소재한 본사에서 전세계의 영업전략을 총괄지휘하는 중앙집권책을 펴왔다. 2000년 4월 19일 아이베스터 회장으로부터 경영총수의 바통을 물려받기로 내정돼 있는 호주출신의 대프트 사장은 그러나 코카콜라가 살아남기 위해서는 중앙집중적이고 독선적인 경영시스템부터 뜯어 고쳐야 한다는 생각이다. 최근 그가 총수 후계자로 내정됨과 동시에 주도한 조직개편을 통해 애틀랜타 본사의 임직원 3천여명을 정리하겠다고 발표한 것도 이런 맥락에서다.

코카콜라가 미국 본사를 일극으로 하는 일방적 글로벌화에서 벗어나 각국의 특성에 맞춘 현지화 경영으로 환골탈태하기 위해서는 비대한 본사조직부터 수술해야 한다는게 그의 판단이다. 대프트사장은 대신 각 지역본사에 보다 많은 의사결정권한을 위양하는 글로컬경영을 본격 도입하겠다는 뜻을 분명히 했다. 그가 이런 비전을 내놓게 된 데는 최근 각국 시장에서 연이어 겪은 마케팅 실패의 경험 때문이다.

---

1) 최고경영층의 행동양식, 혹은 기본방향은 소위 EPRG framework로 설명하고 있다. ethnocentric approach, 혹은 ethnocentrism은 본국 지향적인 사고방식이며 polycentrism은 현지국 중심주의, regiocentrism은 지역 중심주의, geocentrism은 세계 지향적인 사고방식을 일컫는다.

코카콜라는 최근 몇년간 세계 소프트 드링크시장의 완전정복을 꿈꾸며 유럽계 음료회사인 캐드버리 슈웹의 인수합병 등을 추진했다. 또 해외 각국의 마케팅 조직에 경쟁사 제품을 밀어내고 시장점유율을 한껏 높이도록 독려하기 위해 대대적인 인센티브 시스템을 도입했다. 그러나 이런 일련의 조치에 대해 유럽과 멕시코, 호주 등의 정부와 소비자단체들이 코카콜라의 오만이라며 강력히 제동을 걸었다. 이런 와중에 작년 봄 유럽의 벨기에에서 어린이들이 코카콜라를 마신 뒤 집단식중독에 걸리는 사태까지 발생했다. 북아프리카 등지에서도 오염콜라 사건이 터졌다. 그러나 코카콜라는 이런 사태에 대해 소비자들에게 사과하고 생산과정을 정밀점검하는 등의 신속한 해결조치를 취하지 않았다. 해당 지역은 물론 전세계의 소비자들로부터 코카콜라가 오만방자하다는 비난과 야유를 받게된 건 물론이다. 지난해 시애틀의 세계무역기구(WTO) 각료회의장 앞에서 대대적인 시위를 벌였던 세계 비정부기구(NGO) 조직 등 시민단체들이 오만한 다국적기업의 대표적인 사례로 코카콜라를 지목하며 규탄하는 사태로까지 비화되기에 이르렀다.

대프트사장은 코카콜라가 이런 궁지에 몰리게 된 근본원인이 각국의 특수한 정서나 시장환경을 제대로 파악하지 않은 채 장사를 해왔기 때문이라고 규정했다. 지난 81년 이후 97년 폐암으로 사망할 때까지 16년 동안 코카콜라를 철권통치했던 고이주에타 전 회장은 "세계의 모든 골목을 코카콜라로"라는 화려한 캐치 프레이즈를 내걸고 세계인의 입맛통일을 자신했었다. 그러나 세계 각국의 민족적 자각 등 환경변화는 그가 확신하고 꿈꾸었던 코크(Coke) 만능주의가 통할 수 없음을 분명히 보여 주었다.

대프트 사장이 무엇보다도 코카콜라의 큰 문제점으로 여기는 것은 안방경영 행태다. 자신이 지난 91년 코카콜라의 아시아그룹 본부장으로 임명받았을 때, 최고경영층이 그에게 마련해준 사무실은 아시아 현지가 아닌 애틀랜타 본사에 있었다. 이 때문에 그는 수시로 아시아를 들락거려야 했지만, 현장을 직접 지키는 것에 비할 수는 없었다는 판단이다. 현장상황을 반영한다는 측면에서 코카콜라는 펩시에 비해 뒤져 있었다. 예를 들어 코카콜라는 인도 현지 책임자로 10년간 5명을 본사에서 파견하였었다. 회전문식 인사였던 것이다. 이에 비해 펩시콜라는 2002년에 세 번째 인도인 CEO를 임명한 바 있다. 14년간 현지인이 CEO를 맡았던 것이다.

대프트는 이런 자신의 경험과 최근의 상황전개로부터 얻은 교훈을 바탕으로 현지 정서와 시장상황에 밀착하는 뉴 코크 비전을 완성했다. 예컨대 코카콜라가 거두는 연간 이익의 20%를 기여하고 있는 최고시장인 일본의 경우 소비자들이 콜라보다도 캔커피와 캔차 등을 선호하고 있는 점에 주목, 대응상품을 보다 다양화하기로 했다. 경제전문가들이 21세기의 새로운 화두 가운데 하나로 제시하고 있는 소비자 민주주의가 다국적기업의 상징인 코카콜라에도 거부할 수 없는 변혁의 바람을 일으키고 있는 셈이다.

자료원: 한국경제, 2000. 3. 2일자 내용 및 "Finally, Coke Gets It Right in India," *Business Week*, February 10, 2003 내용을 수정 편집함.

연습문제

1. 국제마케팅믹스의 개념과 의의를 설명하시오.
2. 국제마케팅믹스에 있어 고유상표가 가지는 의의에 대해 설명하시오.
3. 국제마케팅믹스의 표준화가 가지는 장점과 표준화 전략의 전제조건에 대해 설명하시오.
4. 강제적 적응화(mandatory adaptation)와 임의적 적응화(discretionary adaptation)의 개념을 예를 들어 설명하시오.
5. 국제마케팅 활동의 표준화 및 적응화 결정에 영향을 미치는 기업외부요인, 즉 시장특성과 거시적 환경요인에 대해 설명하시오.
6. 국제마케팅 활동의 표준화 및 적응화 결정에 영향을 미치는 기업내부요인에 대해 제품특성과 조직요인으로 구분하여 설명하시오.

참고문헌

- 이장로, 문희철, 이춘수, 4차 산업혁명 시대의 국제마케팅, 8판, 한빛아카데미, 2022.
- 이철, 글로벌마케팅, 3판, 학현사, 2020.
- Boddewyn, J. J., Robin Soehl & Jacques Picard, "Standardization in International Marketing: Is Ted Levitt in Fact Right?", *Business Horizons,* November-December 1986, pp. 69-75.
- Buzzell, Robert D., "Can You Standardize Multinational Marketing?", *Harvard Business Review,* November-December 1968, pp. 102-113.
- Cateora, Philip R., R. Bruce Money, Mary C. Gilly & John L. Graham, *International Marketing*, 19th ed., McGraw-Hill, 2023.
- Cavusgil, S. Tamer, Shaoming Zou, and G. M. Naidu, "Product and Promotion Adaptation in Export Ventures: An Empirical Investigation," *Journal of International Business Studies*, 24, 3, 1993, pp. 479-506.
- Czinkota, Michael, Ilka Ronkainen & Annie Cui, *International Marketing*, 11th ed., Cengage Learning, 2022.
- Daniels, John D. & Lee H. Radebaugh, *International Business: Environments and Operations*, 7th ed., Addison-Wesley, 1995.
- Daniels, John D., Lee H. Radebaugh, Daniel P. Sullivan & Reid W. Click, *International Business: Environments and Operations*, 17th ed., Pearson, 2021.

- Douglas, Susan P. & Yoram Wind, "The Myth of Globalization," *Columbia Journal of World Business*, Winter 1987, pp. 19–29.
- Green, Mark C. & Warren Keegan, *Global Marketing*, 10th ed., Pearson, 2019.
- Jain, Subhash C., "Standardization of International Marketing Strategy: Some Research Hypotheses," *Journal of Marketing*, January 1989, pp. 70–79.
- Kotabe, Masaaki & Kristiaan Helsen, *Global Marketing Management*, 9th ed., Wiley, 2022.
- Levitt, Theodore, "The Globalization of Markets," *Harvard Business Review*, May–June, 1983, pp. 92–102.
- Sorenson, Ralph Z. & Ulrich E. Wiechmann, "How Multinationals View Marketing Standardization," *Harvard Business Review*, May–June 1975.

사례 블랙 앤 데커 (Black & Decker)[2)]

한 때 전문가용 전동기구 제조업체로만 알려졌던 Black & Decker(B&D)사는 현재 전문가는 물론 일반가정에서도 널리 사용되는 다양한 전동기구와 가정용품, 그리고 노동력을 절감할 수 있는 각종 기구를 생산판매하는 기업이 되었다.

보다 광범위한 시장인 가정용 제품 시장으로 기반을 넓히기 전인 1970년대에 B&D는 아주 잘 나가는 회사였다. 전동기구분야 세계 시장에서 높은 시장점유율을 확보하고 있었으며, 재무분석가들도 이 회사의 미래를 밝게 보고 있었다. 그러나 1981년이 되면서 상황이 바뀌기 시작했다. 이익이 감소되기 시작하였으며 B&D의 젖줄이라 할 수 있는 전동기구분야 사업도 전세계적인 경기침체로 인해 하강국면을 맞게 되었다. 세계경제의 다른 변화도 B&D에 불리하게 작용했다. 예를 들어 달러화의 강세는 수출시장에서 B&D의 경쟁력을 약화시켰으며 일본의 Makita사와 같은 외국업체들의 경쟁압력에도 취약하게 되었다.

Makita는 글로벌 제품전략을 채택하면서 세계에서 가장 낮은 원가로 전동기구를 생산하는 업체가 될 수 있었다. 서로 다른 국가에 있는 소비자들이 국가마다 상당히 다른 제품을 정말로 원하는 것은 아니라는 판단을 한 것이다. Makita는 원가상의 우위와 함께 적극적인 마케팅 전략을 사용하였으며, 달러에 비한 엔화의 약세와 B&D의 문제를 이용하여 전동기구 시장을 잠식해 들어갔다. 1970년대 후반과 80년대 초반에 이르러는 세계 전동기구 시장의 20% 정도를 차지함으로써 B&D의 점유율과 거의 비슷하게 되었다.

B&D의 문제는 부분적으로는 자체 전략에 기인하는 것이었다. 1982년에 B&D는 6대주 13개 국가에 25개의 생산설비를 보유하고 있었다. 메릴랜드에 있는 본사 외에도 3개의 그룹을 운영하고 있었

2) 본 사례는 John D. Daniels & Lee Radebaugh, *International Business: Environments and Operations*, 7th ed., Addison-Wesley, 1995, pp. 648-649 및 Black & Decker 홈페이지(www.blackanddecker.com) 내용을 참조하여 작성함.

는데 각 그룹은 독자적인 인사체계를 운영하였으며 이는 인력의 중복과 과도한 충원을 의미하는 것이었다. 게다가 B&D 서독법인과 같은 각각의 자회사들은 B&D 제품이 판매되는 50개국 이상의 시장에서 자치적으로 사업을 운영하였다. B&D 본사의 기본 철학은 각 자회사로 하여금 현지 시장의 독특한 특성에 맞게 제품과 제품라인을 적응시키도록 하는 것이었다. 이태리 자회사는 이태리 소비자를 위하여, 영국 자회사는 영국 소비자를 위하여 전동기구를 생산하고 만드는 식이었다.

그 결과 국가별 자회사는 의사소통을 서로 원활하게 하지 못하는 형편이었다. 한 국가에서 성공을 거둔 제품들이 다른 국가에 소개되는 데 몇 년이 걸리는 경우도 종종 있었다. 예를 들어 미국에서 1970년대 후반에 도입되어 큰 성공을 거둔 Dustbuster라는 소형 진공청소기가 호주시장에는 1983년에야 소개되기도 하였다. B&D의 가정용제품을 유럽시장에 도입하려는 노력을 기울일 때 유럽의 경영진들은 망설이며 볼멘소리를 내기도 하였다. 부진한 매출실적에도 불구하고 B&D는 여전히 유럽대륙 시장의 50%, 영국 시장의 80%를 차지하고 있었다. 유럽 경영자들은 가정용 제품이 미국에 독특한 것이며 미국 이외의 시장에서는 잘 안될 거라는 생각을 가지고 있었다.

서로 다른 시장의 요구에 맞게 제품특성과 사양을 적응시키는 것은 디자인센터의 활용도 비효율적으로 만들었다. 한 때는 전세계 8개의 디자인센터에서 260개의 서로 다른 모터를 생산하기도 했다. 10개 정도의 기본모델만 있으면 모든 제품에 사용할 수 있는 상황이었다. 생산시설의 가동률은 낮았고, 근로자 수는 많았으며, 직원 1인당 생산량은 받아들일 만한 수준이 아니었다. 게다가 B&D는 신제품개발에서도 침체되기 시작했다.

B&D의 소비자용 및 전문가용 제품라인은 두 개의 서로 다른 제품그룹에서 운영되었다. 그러나 두 그룹은 신제품개발을 위한 협조를 하지 않았다. B&D는 잘 나가는 제품라인에 집중하여 이들을 공격적으로 판매하기로 결정한 듯이 보였다. 따라서 Makita는 자신이 선전할 수 있는 분야, 즉 중가제품이라는 니치 마켓(niche market)을 찾을 수 있게 되었다.

1980년대 중반에 접어들면서 B&D의 경영진은 뭔가를 해야 한다고 깨닫게 되었다. 새롭게 CEO를 맡은 놀란 아키볼드(Nolan Archibald)가 수행한 첫 과제의 하나는 글로벌전략을 수립하는 것이었다. 그리고 자신의 주변에 글로벌전략의 추진에 필요한 인물들을 포진시켰다. 그의 전략에는 동일한 기본형 제품을 약간의 수정만 거쳐 전세계에 판매하는 것도 포함되었다. 그 결과 B&D는 디자인을 개선하고 제품 1개당 부품수를 줄여야 했다.

아키볼드의 전략은 또한 '절단과 구축(cut-and-build)' 프로그램을 필요로 했다. 이 프로그램을 통해 1985년부터 87년 사이에 23,000여명의 근로자중에서 3,000여명이 정리해고 되었고, 전세계 5개의 공장이 문을 닫았으며 몇몇 다른 공장들은 규모가 축소되었다. 이러한 움직임을 통해 B&D는 보다 적은 수의 공장에서 생산을 집중할 수 있게 되었고, 이는 규모의 경제 효과를 증진시키는 결과를 가져왔다. 이와 함께 판매조직은 거의 두 배로 확대되었으며 신제품 및 엔지니어링 부서도 확장되었다. 다음은 B&D의 1992년 연차보고서에 기술된 내용이다.

> 북미 및 유럽에 있는 주요 디자인센터와 생산시설은 B&D에게 경쟁우위를 제공해 주고 있다. 글로벌 비즈니스 팀은 우리의 범세계적인 엔지니어링, 생산, 마케팅자원을 신속하고 효율적으로 제품과 서비스를 제공하는 데 집중하도록 기여하고 있다. 우리의 연구개발과 우수한 기술, 제품개발, 그리고 생산계획은 글로벌 시각을 반영하고 있다. 이 접근방법은 우리로 하여금 경쟁과 시장의 발전추세를 최대한 광범위한 시각으로 볼 수 있게 해 주며 범세계적인 규모의 경제를 증진시켜 준다.

기업인수 또한 B&D의 새로운 글로벌 전략의 중요한 부분이 되었다. 일본 경쟁자들의 침입이 상당한 정도로 진척되지 못한 분야의 하나는 가정용품 및 소형기구 시장이었다. 일본 소비자들은 이러한 품목을 좋아하지 않았다. 따라서 Makita를 포함한 일본 경쟁기업들은 수출의 기반으로 활용될 수 있는 강력한 내수시장을 구축하지 못한 상태였다. B&D는 전동기구 제조업체라는 이미지 때문에 가정용품을 도입하는 데 어려움을 겪고 있었다. 그 결과 B&D는 1984년에 GE의 소형가전 부문을 인수하였다. 이를 통해 B&D는 가정용품 부문을 확장할 수 있게 되었고, 생산에 있어 규모의 경제를 제공해 줄 수 있을 만큼 충분한 제품라인을 확보할 수 있게 되었다.

1989년 4월, B&D는 엠하트(Emhart Corporation)사를 인수했다. 엠하트는 퀵셋(Kwikset) 도어잠금장치와 철물제품, 프라이스 피스터(Price Pfister) 수도꼭지, 트루 템퍼(True Temper) 잔디 및 정원제품, 몰리(Molly) 볼트, 팝(POP) 리벳 등과 같은 선두 브랜드와 다양한 소비자 및 상업용 제품을 생산하는 세계적 업체였다. 그러나 늘어난 부채는 문제를 야기했다. 따라서 B&D는 비용을 줄이고 부채이자를 지급할 수 있는 방안을 모색해야 했다.

B&D의 미래는 밝게 빛날 수 있을까? B&D의 성공은 글로벌 생산전략과 고품질의 제품을 범세계적 기반 위에서 충분한 수량 생산할 수 있는 능력에 부분적으로 달려 있을 것이다.

2010년 Stanley Works와 합병하여 Stanley Black & Decker로 재탄생한 B&D는 전세계적으로 제품과 서비스를 제공하고 있으며 60여 개국에 생산시설 혹은 직영점을 운영하고 있다. 2023년의 매출액은 158억불(해외비중 38%)로 세계 최대의 전동기구 생산업체다. B&D는 1915년에 전동드릴을 최초로 개발했으며 달 표면의 지질채취샘플을 채취하기 위한 드릴(Lunar Surface Drill)을 개발하여 아폴로11호에서 사용된 바 있다. 한국시장에는 1996년에 진출했다.

토의사항

1. Black & Decker가 어려움에 처하게 된 원인을 외부요인과 내부요인으로 구분하여 정리해 보자.
2. Black & Decker와 Makita의 전략을 비교평가해 보자.
3. 향후 Black & Decker의 바람직한 글로벌 전략방향에 대해 논의해 보자.

CHAPTER

11

국제제품전략

국제마케팅믹스 전략은 고유상표와 적절한 수준의 품질을 갖춘 제품을 전제로 하여 고려된다. 따라서 국제제품전략은 그 중요성을 아무리 강조해도 지나치지 않다. 본장에서는 우선 제품전략의 기초개념을 설명하고 국제마케팅에 있어서의 제품전략에 대해 설명한다. 제품의 표준화와 현지적응화, 고유상표와 주문자상표(OEM), 원산지효과 등이 중요하게 설명될 것이다. 이와 관련된 다양한 사례들도 소개될 것이다.

11-1 Mini-Case 세계 헬멧 10개 중 2개 HJC 브랜드

세계 오토바이 헬멧 1위 홍진HJC는 한국의 대표적 강소기업으로 꼽힌다. 사업 30여년 만에 1,000억원 고지를 밟아 덩치는 작지만 헬멧업종 점유율 세계 1위 회사다. 내수보다 수출때 10% 가격을 더 비싸게 받을 만큼 세계무대에서 이름을 날린다. HJC 브랜드는 현재 연간 1,000만개 소비 규모인 세계 오토바이 헬멧 시장에서 점유율이 20%에 달한다. 2위권으로 분류되는 이탈리아 놀란, 중국 베가, 일본 아라이, 쇼에이에 비하면 두 배 이상 격차를 벌여 놓고 있다. 지난해 매출액은 1억달러에 달했다. 매출액 중 95% 이상이 수출액이다.

1971년 가죽의류 봉제공장으로 시작한 홍완기 회장이 오토바이 헬멧에 손댄 건 1974년 '서울헬멧'을 인수하면서부터다. 사업 8년 만인 1982년 국내 1위에 오른 그는 "내수는 좁다"며 미국행을 선언했다. 이때부터 고난의 연속이었다. 갖은 고생 끝에 미국진출 2년 만인 1984년 'DOT(미국연방교통성) 안전규격'을 땄지만 문제는 다른 데서 또 터져나왔다. 수출물꼬는 텄는데 소비자들이 HJC 물건을 전혀 찾지 않았던 것. 원인을 파악해 보니 이번엔 '스넬규격'이 없어서였다. 스넬규격이란 미국의 자동차 레이서였던 윌리엄 스넬이 1956년 경기 중 사망한 후 인명손실을 막기 위해 만든 세계 최고수준의 안전규격 품질보증서다. 결국 1987년 5월 스넬을 취득하기까지 자격증을 취득하는 데만 홍 회장은 꼬박 5년을 바쳐야 했다.

미국 헬멧 1위에 오르다: 미국 현지 법인을 세운 것도 1987년이다. 말이 지사지, 사실 차고 한 칸에 전화기 한 대 놓고 시작하는 수준이었다. 품질규격은 통과했지만, 이번엔 디자인이 문제였다. HJC는 여전히 미국인들에게는 낯선 '촌티패션'이었던 것이다. HJC는 이른바 '도자기 전사기법'을 오토바이 헬멧에 도입하여 활로를 뚫었다. 지금은 흔히 '데칼'(전사지)로 불리는 이 기법은 초기 미국시장 공략의 일등공신 역할을 했다는 게 홍 회장 평가다.

1992년 12월 미국진출 10년 만에 HJC는 당시 미국 내 유명전문지 '모터사이클 인더스트리'가 선정한 '베스트셀링 헬멧'에 올랐다. 그때 시장점유율은 50%에 육박했다. 그는 "디자인, 안전성, 가격의 3박자가 들어맞은 결과"라며, "일본을 이겼다는 점에서 그때 감격은 잊을 수가 없다"고 말한다. 이후 미국시장에서 계속 점유율 1위를 유지하고 있다.

OEM 유혹을 뿌리치다: 홍 회장은 "사업하며 가장 잘 한 것 두 가지를 꼽으라면 OEM 유혹을 뿌리친 것과 연구개발에 투자비를 아끼지 않은 것"이라고 말한다. 그러나 이는 결과론이다. 1990년대 초 미국시장에서 한창 브랜드를 알려나갈 때쯤 찾아온 OEM 기회는 사실 거부하기 힘든 유혹이었다. OEM 제의를 해온 사람은 당시 미국내 헬멧판매상 중 최대로 꼽히는 '로키사이클'사의 빅터 영 사장이었다. 특히 로키사이클은 사업 초창기 홍 회장이 찾아갔을 때 문전박대했던 바로 그 회사. 그는 협상을 위해 홍진HJC 용인공장까지 찾아왔다. 그가 내놓은 OEM 보따리 규모는 무려 50만달러. 당시 홍 회장에겐 파격적인 거액이었다. "우리 상표를 붙여 주시오. 당장 50만달러를 주겠소." 그가 이틀 밤을 고민하며 내놓은 답변은 '노(No)'. 당장은 좋겠지만 미국공략 때 직원들과 함께 표어로 쓴 '우리의 힘으로 세계 제일을!'이란 목표가 멀어질 것이란 판단에서였다. 어렵더라도 내 브랜드로 하겠다는 집념 어린 선택이었다.

그는 요즘도 "OEM을 뿌리친 건 정말 잘한 일이야"라고 말한다. 특히 그는 2002년 자신이 용인공장 옆에 세운 '홍진연구소'를 자랑스러워 한다. 홍진HJC 10월호 사보에 쓴 '변화와 혁신으로 미래를 창조하자'란 칼럼에 보면, "홍진연구소는 헬멧연구소로는 세계 최고다"라고 표현한 대목을 보면 알 수 있다. 홍진HJC 직원들에 따르면 “홍 회장은 연구원들에게는 특별대접을 한다”고 한다. 이따금씩 연구소로 삼겹살을 한 보따리 사들고 찾아가기도 하고, 월급도 더 준다는 얘기다. 연구소 인력은 모두 45명. 전체 300명 직원 중 15%가 연구개발 인력인 셈이다. 중소기업치고는 연구원 인력 비중이 상당히 높은 편이다. 홍 회장은 평소 “세상에 투자 없는 결과는 없다”는 말을 자주 한다. 실제 그는 매년 매출액 대비 10%를 연구개발비로 쓸 만큼 기술개발에 애착이 많다. 미국시장 개척초기 때 DOT규격과 스넬규격을 딸 수 있었던 것도 공대 출신(한양대 공업경영학과)답게 ‘품질제일주의’에 바짝 신경써 온 결과로 풀이할 수 있다.

세계 1위에 오르다: HJC가 미국 1위에 오르기 직전 해인 1991년, 홍 회장은 창립 20주년 기념사에서 이렇게 말했다. “현재 100억원이던 매출을 10년 안에 1,000억원으로 올리자. 그리고 세계 시장점유율 3위에 올라서자.” 그가 선포한 도전은 마침내 현실이 됐다. 매출액 1,000억원 달성은 2년 늦은 2003년(1,022억원)에 이뤘지만, 11년 만에 세계 빅3가 아닌 세계 1위에 오른 것이다. 비결을 물어봤더니 답변이 참 단순하다. “우리는 작은 가능성이 있다면 도전을 했고, 멈추지 않고 추진해 왔습니다.”

미국시장 1위의 비결이 스넬규격 획득과 중고가 틈새시장 공략에 있었다면, 세계 1위의 원동력은 효자상품 ‘사이맥스’ 덕분으로 요약할 수 있다. 1999년 8월 홍 회장은 신개념 헬멧 개발에 착수한다. 턱 보호대가 없는 오픈페이스 헬멧과 일체형의 풀페이스 헬멧의 장점을 결합한 이른바 ‘기능형 헬멧’이 그것이다. 과거 이탈리아 등 헬멧 선진 업체들이 만들었다가 싸늘한 시장반응에 자취를 감췄던 아이템이다. 그는 “성공하면 대박”이란 믿음으로 도전했다. 훗날 턱 보호대 기술로 한국을 비롯, 미국과 캐나다 특허를 취득한 이 제품이 빛을 본 건 개발 착수 10개월 만인 2000년 6월 즈음이다. 시장반응은 대단했다. 연간 20만개가 넘는 판매고를 올리며, 세계 1위 달성에 견인차 역할을 한 것이다. 당시 820만개 시장이던 2001년 헬멧 분야에서 HJC는 모두 120만개를 공급, 시장점유율 14.64%로 1위에 올라섰다. 2004년 12월 미국 ‘모터사이클 인더스트리’가 헬멧 도매상을 대상으로 설문조사한 결과를 보면, HJC의 위상을 가늠해 볼 수 있다. ‘가장 많이 취급하는 브랜드가 무엇이냐’는 항목에서 HJC는 77%로, 쇼에이의 49%를 크게 앞서고 있다. 특히 가장 잘 팔리는 오프로드 헬멧 브랜드를 묻는 항목에선 56%로 풀머(17%)와 베가(8%)를 압도하고 있다. 2006년 세계 시장점유율은 20%에 이른다. 310명의 직원으로 1221억 원의 매출을 올렸다.

향후 과제: 홍 회장은 요즘 “세계 일등을 넘어 세계 일류가 되는 게 목표”라고 말한다. 미국에선 확실한 1위이지만 세계 최대 시장인 유럽선 점유율이 아직 낮다. 올해(2005년) 세계 오토바이 헬멧시장규모는 약 1,000만개로 추산된다. 이 가운데 유럽이 350만개, 미국이 250만개, 일본이 120만개로 3대 시장이 72%에 달한다. 홍진HJC가 수출하는 세계 50여개국 중 미국이 차지하는 비중은 절대적이다. 전체 매출액의 73%를 미국을 비롯한 북미시장에서 얻고 있다. 반면 세계 최대 시장이라는 유럽 비중은 아직 17%밖에 되지 않는다.

세계 일류가 되기 위한 도전은 유럽공략과 동의어인 셈이다. 초기 미국공략의 선봉장이었던 홍수기 부회장이 이번에도 총대를 멨다. 미국지사장이던 그는 올해 초 이미 유럽지사가 있는 프랑스 스트라스부르로 떠난 상태다. HJC는 1997년 1월 중국에 공장을 설립, 비용절감을 위한 대비책도 마련해 뒀다. HJC는 올해 목표량인 220만개 중 120만개를 중국에서 생산, 국내 용인공장(100만개) 생산량을 넘길 것으로 보인다.

이와 함께 날로 격화되는 시장 분위기도 넘어야 할 산이다. 여기엔 저가시장을 공략하는 중국이 변수다. 홍 회장은 “1위가 된 후 우리 신제품이 나오면 시중에 카피제품만 500여종이 돈다”고 말한다. HJC가 도전해 왔듯이, 이젠 ‘베가’를 필두로 한 중국업체의 도전에 직면해 있다. 여기에 국내 라이벌들도 ‘HJC 잡기’에 사활을 걸고 있다. 스콜피온 브랜드를 앞세운 기도산업과 KBC 등이 대표적이다. 홍 회장은 “내수시장은 연간 15만개 규모로 일본의 10분 1 수준이라 큰 신경을 쓰지 않은 게 사실"이라고 말한다. 이 때문인지 이미 내수시장에선 이들 3사가 3대 3대 3의 삼각구도를 형성 중이다.

홍진HJC는 설립이후 40년 동안 오토바이 헬멧 한 분야만 팠다. 2014년 매출은 1,247억원(연결손익계산서 기준). 대부분(95% 이상)의 매출은 해외에서 발생한다. 2008년 키코(KIKO) 피해로 회사가 존립위기를 겪었으나 은행들이 출자전환에 나서면서 재기에 성공했다. 현재 홍진HJC 창업자 홍완기 회장이 34%, 아들 홍석중 대표가 25%의 지분을 보유 중이다. 기업공개(IPO)도 검토하고 있으나 구체적 계획은 없는 상황이다. 국내, 중국, 베트남 등에 생산공장을, 미국, 유럽 등에 판매법인을 두고 있다. 홍석중 대표는 "유럽 시장에서 정상에 오른 뒤에는 남미 등 미개척 시장에 집중할 것이다. 또 오토바이 헬멧 시장보다 규모가 2~3배 더 큰 자전거 헬멧 시장에도 진출해 미래 먹거리 확보에도 나설 예정"이라고 포부를 밝혔다.

한편 2018 평창 동계올림픽에서 윤성빈 선수가 1~4차 시기 합계 3분20초55의 압도적인 기록으로 금메달을 목에 걸었는데, 그와 함께 화제를 불러 모았던 것은 그가 착용한 아이언맨 얼굴 디자인의 헬멧이었다. 이 아이언맨 헬멧이 바로 2016년 10월에 헬멧전문 중소기업인 홍진HJC가 직접 참여해서 특수제작한 모델로 제작에 소요된 기간만 1년이 걸린 작품이다. 그 전까지는 그는 외국산 아이언맨 디자인제품을 착용했다. 그러니까, 스켈레톤 남자부문 금메달은 윤성빈 선수와 함께 홍진HJC라는 한국의 중소기업도 함께 받았다고 할 수 있을까? 스켈레톤과 같은 슬라이딩 종목에서 선수가 느끼는 체감속도가 무려 시속 400km(실제 속도는 시속 120km가 넘는다)에 달한다고 하니 헬멧은 안전성, 착용감, 공기저항 최소화 등을 고려해야 한다. 그래서 윤 선수는 홍진HJC의 기술팀과 만나 그의 두상을 3차원 스캔으로 작업해 머리 형태의 미세한 굴곡까지 반영된 전 세계 하나뿐인 헬멧을 제작하게 된 것이다.

자료원: 이코노미플러스, 2005년 10월호, 동아일보 2007. 5. 18 및 2015. 5. 20, 중소기업뉴스, 2018. 2. 26 내용을 수정 · 편집함.

01 제품전략의 기초

1.1 제품의 개념과 종류

(1) 제품의 개념

제품(product)은 단순히 외형적으로 나타난 물건자체보다는 다차원적으로 이해하고 정의할 필요가 있다. 이러한 맥락에서 코틀러(Kotler)는 제품을 핵심제품, 유형제품, 확장제품 등 세 가지로 구성되는 다차원적 개념으로 정의하였다.

핵심제품(core product)은 소비자가 얻게 되는 기본 편익을 말한다. 예를 들어 자동차의 경우 핵심제품으로서의 자동차는 편리하고 안전한 수송으로 해석할 수 있다. 유형제품(tangible, actual product)은 우리가 일반적으로 제품으로 인식하는 유형의 실제 제품을 의미한다. 구체적인 물리적 속성(특성)들의 집합으로 이해되는 것이다. 품질, 스타일, 상표, 패키징, 특성 등이 유형제품의 개념에 해당된다. 확장제품(augmented product)은 보다 광의의 개념으로 제품을 해석하는 것으로서 유형제품에 부가적인 서비스와 혜택 등을 포함시킨 것이다. 배달, 설치, 품질보증, A/S, 신용제공 등이 확장제품 개념에 포함되는 요소들이다.

(2) 제품의 종류

제품을 분류하는 기준은 다양하지만 우선 유형성(tangibility)의 정도에 따라 유형품과 무형품으로 구분된다. 무형품은 서비스를 의미하며 유형품은 다시 내구성정도에 따라 내구재(durable goods)와 비내구재(nondurable goods)로 분류된다. 또한 제품은 사용자의 유형에 따라 소비재(consumer goods)와 산업재(industrial goods)로 구분된다. 소비재는 일반 소비자가 최종 소비목적으로 구입하는 제품을 의미하며, 산업재는 기업이 제품이나 서비스를 생산하기 위해 투입하는 제품을 말한다. 소비재는 소비자의 구매습관에 따라 다시 편의품(convenience goods), 선매품(shopping goods), 전문품(specialty goods), 미탐색품(unsought goods) 등으로 분류되는 것이 일반적이다.

편의품이란 비누, 치약 등 일상 생활용품처럼 자주 구매되고 제품구매에 최소한의 시간과 노력이 투입되는 제품을 말한다. 선매품은 고객이 구매하기 전에 몇 개의 점포를 방문하여 다양한 브랜드를 비교평가한 후 구매하는 제품이다. 의류, 가전제품 등 주요 내구재가 이에 속한다. 전문품이란 상표마다 독특한 특색을 가지고 있고 상표명이 쉽게 식별되며 상표애호도(brand loyalty)가 매우 높은 제품이다. 스테레오 시스템, 고급카메라, 디자이너 패션의류 등이 이에 속한다. 미탐색품이란 소비자가 스스로 찾아나서는 정도가 매우 낮은 제품이다. 백과사전류나 일부 보험상품 등이 예라 할 수 있으며 인적판매의 중요성이 높다.

1.2 제품믹스

제품믹스(product mix)는 특정 기업이 제공하는 모든 개별 제품들의 집합이다. 이러한 제품믹스의 구조는 제품믹스의 넓이, 길이, 깊이 등으로 파악될 수 있다.

(1) 기초 개념

제품믹스의 넓이는 제품계열의 수를 말한다. 제품계열(product line)이란 유사한 기능을 수행하거나, 동일한 고객집단에 판매되거나, 같은 유통경로를 이용하는 등 서로 밀접하게 관련된 제품들의 집합을 의미한다. 예를 들어 생활용품을 생산하는 기업의 경우 비누, 치약, 샴푸 등은 각각 하나의 제품계열이라 볼 수 있다.

제품믹스의 길이는 제품믹스를 구성하는 제품들의 총수 또는 제품계열의 평균 제품수로 정의된다. 한편 제품믹스의 깊이는 각 제품계열 내의 상표들이 얼마나 다양한 구색을 제공하는지를 나타낸다. 같은 상표의 제품이라도 다양한 용량, 크기 등을 갖추었다면 제품믹스의 깊이가 깊다고 할 수 있다.

(2) 제품믹스 전략 모델

위에서 설명한 제품믹스는 한 기업이 생산하는 제품들의 집합을 단순히 계열별로 열거해 놓은 것이다. 따라서 전략적 의사결정에 필요한 정보는 제공되지 않는다. 이에 비해

그림 11-1 **제품포트폴리오(성장률-점유율) 매트릭스**

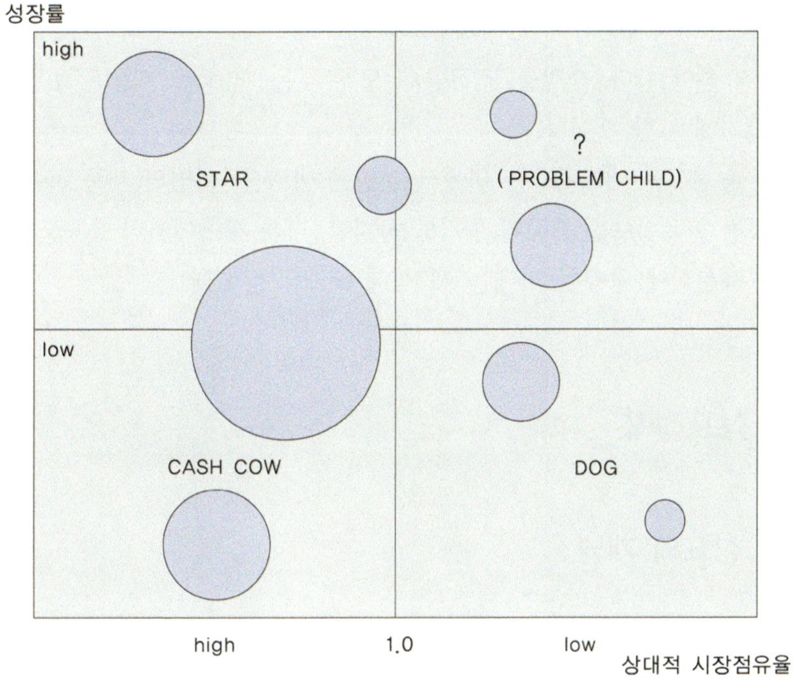

보스톤 컨설팅그룹(Boston Consulting Group)에서 개발한 제품 포트폴리오 분석기법(PPM, Product Portfolio Management), 혹은 성장률-점유율 매트릭스(Growth-Share Matrix)는 개별 제품시장의 매력도를 나타내는 성장률, 경쟁력을 나타내는 시장점유율, 그리고 개별 제품 매출액의 상대적 크기를 표시해 줌으로써 한 기업의 제품믹스를 구성하는 제품들의 주요 전략적 정보를 보여준다([그림 11-1] 참조). 이 매트릭스는 개별 제품에 대해서 사용될 수도 있지만 사업부라는 더 넓은 단위를 대상으로 활용될 수도 있다.

위 그림에서 성장률은 종축에, 상대적 시장점유율[1]은 횡축에 표시되어 있으며, 개별 제품 매출액의 크기는 이 매트릭스 안에 원의 크기로 표시한다. 성장률은 낮지만 점유율이 높은 자금젖소(cash cow) 제품은 신규투자 수요는 적으면서 현금창출능력이 많으므

1) 상대적 시장점유율은 구체적으로 자사의 점유율을, 자사를 뺀 나머지 경쟁업체 중 최고의 점유율로 나누어 구한다. 즉, (자사점유율) ÷ (자사를 제외한 경쟁업체 중 최고 점유율)이다. 이것이 1.0보다 크다는 것은 자사가 업계의 선두기업이라는 것을 의미하며, 1.0보다 작다는 것은 자사보다 더 높은 점유율을 가지고 있는 경쟁업체가 있다는 것을 의미한다.

로 기업의 자금원이 된다. 성장성, 점유율이 모두 높은 스타(star) 제품은 투자수요도 높고 매출수익도 많다. 성장성은 높지만 경쟁력이 약한 문제아(problem child, 혹은 물음표) 제품은 적극적인 투자와 마케팅노력으로 스타 위치로 변화시키든지 궁극적으로 철수시키든지 해야 한다. 성장률, 점유율이 모두 낮은 개(dog) 제품은 특별한 경우를 제외하고는 제거해야 할 것이다.

성장률-점유율 매트릭스는 위에서 설명한 대로 한 기업의 제품 혹은 사업구성 형태와 관련된 전략적 정보를 제공해 주기도 하지만, 다른 분야에서의 응용도 가능하다. 이를 해외시장 세분화에 응용한 사례는 제7장에 소개되어 있다.

1.3 상표전략

(1) 상표의 개념

상표(brand)란 특정 기업이나 제품, 서비스를 소비자에게 식별시키고 경쟁기업, 혹은 그 제품과 차별화하기 위해 사용되는 독특한 이름(상표명, brand name)이나 상징물(상표마크, brand mark)의 결합체이다. 상표는 제품의 구성요소 중 가장 중요한 부분의 하나이므로 마케팅 경영자는 매우 체계적이면서도 신중한 상표의사결정을 내려야 한다.

(2) 상표주(brand sponsor) 결정

상표는 그 소유자가 누구냐에 따라 크게 제조업자 상표(manufacturer's brand)와 유통업자 상표(private brand)로 구분된다. 제조업자 상표는 제조업자 자신이 상표를 소유하며, 해당 제품에 대한 마케팅 전략을 직접 통제한다. 이에 비해 유통업자 상표는 도소매업자가 제조업체에 하청을 주고 자신의 상표를 부착하는 전략이다. 따라서 마케팅전략은 유통업자가 통제하게 된다.

한편, 상표를 아예 부착하지 않는 전략을 사용할 수도 있는데 이를 무상표(generic brand) 전략이라 한다. 마케팅비용이 적게 들어 소비자에게 저렴한 가격의 이점을 제공한다.

(3) 개별 및 통일상표전략

생산된 제품에 대해 각각 다른 별도의 상표를 부착하느냐, 아니면 전체적으로 통일된 하나의 상표를 부착하느냐 하는 것도 중요한 의사결정이다. 개별상표(individual brand) 전략이란 각 제품에 고유의 상표를 부착하는 것으로서 한 상표의 성공, 실패여부가 다른 제품에 영향을 거의 미치지 않는다. 같은 제품군 내에서 두 개 이상의 개별상표명을 사용하는 경우도 있는데 이를 복수상표(multibrand) 전략이라고 한다.

공동상표, 혹은 통일상표(family, blanket brand) 전략은 자사의 모든 제품에 동일 상표를 사용하는 전략이다. 마케팅 측면에서 규모의 경제효과를 낼 수 있지만, 한 제품의 부정적 이미지가 전체적으로 파급될 위험도 있다. 개별상표명 전략과 공동상표명 전략의 중간적 형태로서 제품계열별로 공동상표를 사용하거나 기업명(통일상표)과 제품의 개별상표를 병기하여 사용하는 전략을 택할 수도 있다.

1.4 제품수명주기

신제품이 시장에 나온 후의 진화과정을 설명하는 유용한 분석틀이 제품수명주기(product life cycle)다. 이에 따르면 생물이 성장하듯 제품도 시장에 진입하여 판매량이 성장하다가 시장이 포화상태에 이르는 성숙기를 거쳐 결국 판매량이 감소하는 단계를 거치게 된다. 즉, 제품은 도입기, 성장기, 성숙기, 쇠퇴기 등의 4단계를 거치게 되는데 각 단계별로 경쟁상태, 수요상태, 소비자들의 구매행동 등이 다르기 때문에 기업은 이에 적절히 대응하는 전략이 필요한 것이다. 각 단계별 특성과 기업의 대응전략에 대해서는 뒤에서 설명될 것이다.

02 국제제품전략

기업의 마케팅전략 중 가장 중요한 요소라고 할 수 있는 것이 제품전략이다. 제품전략에 의해 가격, 촉진, 유통전략이 결정되며, 고객 및 경쟁자도 제품에 의해서 결정된다고 볼 수 있기 때문이다. 특히 앞에서 설명한 대로 고유브랜드가 다른 마케팅믹스 전략의 전제가 된다는 점에서 상표전략을 포함한 제품전략은 국제마케팅에서 대단히 중요한 위치를 차지하고 있다. 국제마케팅 경영자가 맞게 되는 가장 큰 도전 중의 하나는 세계적 차원에서 시장의 욕구, 경쟁 및 자사의 가용자원에 적합한 제품전략을 개발하는 것이다.

2.1 제품의 표준화와 현지화

(1) 표준화의 장점 및 촉진요소

일반적인 의미에서 국제마케팅믹스 전략을 표준화할 때 얻는 이점에 대해서는 이미 설명한 바 있다. 국제마케팅믹스의 표준화와 현지적응화 문제를 논할 때 가장 문제가 되는 것은 제품과 촉진믹스라 할 수 있다. 제품 표준화 전략의 최대장점은 규모의 경제이다. 전세계적으로 통일적인 기업 이미지를 형성할 수 있다는 점도 장점이다. 본사-자회사, 자회사 간의 조정 및 통제기능의 향상도 기대할 수 있다.

(2) 표준화의 장애요소

제품의 표준화를 어렵게 만드는 요소, 즉 현지적응화를 촉진하는 요소는 한마디로 시장간의 환경차이라 할 수 있다. 기후, 온도 등 제품의 사용조건이 상이할 뿐 아니라, 구매력, 제품선호도, 경쟁상황, 제품수명주기 등 시장여건 역시 다르기 때문에 동일한 제품을 세계시장에 공급하는 것은 무리라는 것이다. 법적인 규제를 포함한 기타 제반 환경요인의 차이도 표준화를 어렵게 만드는 원인이 된다.

(3) 매출액과 이익

기업의 이익은 총수익(TR)에서 총비용(TC)을 차감한 것이다. 제품의 표준화 · 현지화 전략을 선택할 때 중요하게 영향을 미치는 요인 중 하나는 기업의 마케팅목표다. 매출액 극대화가 기본 목표라면 제품과 기타 마케팅믹스를 현지 상황에 맞게 적응시키는 것이 바람직할 수도 있다. 그러나 이익극대화가 보다 중요한 목표라면 현지적응화를 통한 매출액 증대효과와 표준화를 통한 비용감소효과를 비교해 보아야 한다. '제품의 현지화는 매출액의 증가나 경쟁력의 증가를 가져오는가? 그렇다면 그 크기는 어느 정도인가?' 그리고 '제품의 표준화로 인한 원가절감의 크기는 어느 정도인가?'에 대한 분석이 필요한 것이다.

11-2 Mini-Case 로마에선 로마형 에어컨 판다

'로마에서는 로마형 에어컨으로' 삼성전자가 지역차별화 마케팅 전략으로 세계 에어컨시장을 공략하고 있다. 환경을 중시하는 유럽에서는 환경밀착형으로, 기관지 환자가 많은 편인 호주에서는 바이오형으로, 그리고 바다바람이 센 중미 카리브연안에서는 강도장 제품으로 시장을 공략하고 있다.

삼성전자는 이러한 지역차별화 마케팅으로 올해 전세계 에어컨시장에서 지난해보다 2배 이상 늘어난 2백 50만대를 판매한다는 목표다. 이 회사는 지난 3월 이탈리아 밀라노에서 개최된 유럽 최대 에어컨국제전시회(Mostra Convegno Show)에서 26개 모델을 발표했다. 이 제품들은 유럽 소비자들이 환경과 쾌적함을 우선적으로 생각한다는 것을 감안해 설계한 것이 특징이다. 무공해 냉매인 R407C를 쓰고 분리형 모델의 경우 실외기에 플라스틱 재질을 넣었다. 삼성은 올해 유럽에서 지난해보다 30%가량 증가한 30만대의 에어컨을 팔 계획이다.

또한 호주지역에선 전체 어린이의 25%(2백만명 추정)가 천식환자라는 통계에 착안, 박테리아 등 세균을 막아주는 항균처리 에어컨을 판매중이다. '바이오텍'이라는 이름의 이 제품은 지난해 호주 암델연구소로부터 항균효과를 인정받았다. 삼성전자 관계자는 "2000년 시드니올림픽 백색가전제품 공급업체로 선정된 것을 계기로 호주에서 에어컨 매출을 50%이상 높일 계획"이라고 강조했다.

삼성전자는 무더운 터키에선 신선한 공기와 강력한 바람을 내는 '바이오터보'라는 제품으로 점유율을 높이고 있다. 삼성은 올들어 5월까지 지난해 대비 5배 이상을 판매, 시장진출 2년만에 현지 수입브랜드 중 판매량 1위를 넘보고 있다고 전했다. 삼성은 유럽축구연맹컵에서 우승한 터키의 인기 축구팀 '갈라타사라이' 소속 선수 사인회를 최근 현지에서 열어 브랜드인지도 향상에 활용하기도 했다.

삼성은 바닷바람이 강한 중미 카리브연안국에선 에어컨이 녹이 많이 스는 점을 들어 도장을 강화한 제품을 선보이고 있다. 이 지역에선 본사에서 정기적으로 서비스팀을 파견, 서비스를 강화하는 전략으로 신뢰도를 높이고 있다고 삼성은 강조했다.

자료원: 한국경제, 2000. 6. 6일자

2.2 제품 및 촉진활동의 표준화 전략 대안

앞 장에서 살펴본 대로 국제마케팅믹스의 표준화 결정에는 많은 요소들이 고려되어야 한다. 표준화 및 현지적응화와 관련하여 특히 문제가 되는 마케팅믹스 변수는 제품과 촉진활동이다. 많은 학자들이 제품과 촉진활동의 표준화에 대해 논의하고 개념적 틀을 제시하기도 했지만 비교적 단순하면서도 중요한 변수를 기준으로 하여 전략적 대안을 제시한 학자로 Warren Keegan(1969)이 있다. 이를 간략히 소개하면 다음과 같다.

Keegan은 우선 특정 국가시장에서 해당 제품의 구매력이 있다는 전제하에 제품 및 촉진활동 각각의 표준화와 현지적응화를 조합할 때 네 가지의 전략대안이 있으며, 구매력이 없을 때는 단순화된 새로운 제품을 개발해야 하기 때문에 총 5가지의 전략대안이 있을 수 있다고 한다. 제품의 표준화에 영향을 미치는 요인은 제품사용과 관련된 물리적 조건이며 촉진활동의 표준화에 영향을 미치는 요인은 제품의 기능, 혹은 소비자가 제품으로부터 충족받고자 하는 욕구이다(〈표 11-1〉 참조).

표 11-1 제품 및 촉진전략의 대안

전략 대안	제품의 기능, 혹은 충족 욕구	제품의 사용조건	구매능력	제품전략	촉진전략	적응 비용	제품의 예
1	동일	동일	유	표준화	표준화	1	청량음료
2	상이	동일	유	표준화	적응화	2	자전거, 모터스쿠터
3	동일	상이	유	적응화	표준화	3	개솔린, 세제
4	상이	상이	유	적응화	적응화	4	의류, 카드
5	동일	–	무	개발	개발	5	수동식 세탁기

자료원: Warren Keegan, "Multinational Product Planning: Strategic Alternatives," *Journal of Marketing*, Vol. 33, January 1969, p. 59.

(1) 대안 1: 제품 및 촉진 표준화

이 전략은 표준화된(동일한) 제품을 표준화된 광고주제로 모든 시장에 공급하는 전략이다. 제품의 사용조건이나 수행하는 기본 기능, 혹은 제품이 충족시켜주는 소비자들의 욕구가 동일할 때 사용할 수 있는 전략이다. 제품이나 광고의 수정없이 전세계적으로 동일한 마케팅 프로그램을 적용하므로 당연히 마케팅 프로그램의 현지화에 소요되는 비용은 가장 낮다.

이 전략은 기본적으로 시장 주도적(market-driven)이라기보다는 제품 주도적(product-driven) 성격을 지닌다. 규모의 경제에 의한 비용절감이 이 전략의 가장 중요한 장점이지만, 현지 기업 혹은 다른 외국기업이 현지 소비자의 욕구를 반영하는 제품·광고전략을 사용할 경우 시장을 잃게 될 위험을 안게 된다. 전통적으로 코카콜라나 펩시콜라와 같은 청량음료산업에서 많이 사용되어 왔다.

(2) 대안 2: 제품 표준화 – 촉진 적응화

이 전략은 제품은 동일하게 유지하되 광고 및 촉진주제는 현지 사정을 감안하여 변형하는 것이다. 제품의 사용조건은 동일하지만 시장에 따라 제품이 충족시켜 주는 욕구 혹은 제공하는 기능이 다를 경우에 사용될 수 있다. 예를 들어 자전거나 모터스쿠터의 경우 미국에서는 주로 레저용으로 사용되지만 많은 개발도상국에서는 주로 운송수단의 기능을 제공한다. 따라서 제품은 동일하더라도 광고주제는 제품이 제공하는 기능이나 혜익(benefit)에 초점을 맞추어 변형하여 사용하게 된다.

껌도 이러한 전략을 사용할 수 있는 제품의 예다. 어떤 나라에서는 흡연에 대한 규제가 심해지면서 흡연대용으로 포지션할 수 있는 데 비해 어떤 나라에서는 구강위생, 혹은 안면근육운동 등을 강조하는 광고주제를 사용할 수 있다. 이 전략 역시 표준화된 제품을 사용하기 때문에 현지적응화 비용은 상대적으로 적은 편이다.

(3) 대안 3: 제품 적응화 – 촉진 표준화

이 전략은 대안 2와 반대로 제품은 현지 사정에 맞게 변형하되 광고주제는 동일하게 유지하는 전략이다. 제품이 제공하는 기본 기능은 동일하지만 제품의 사용조건이 다를 때 사용할 수 있다. 휘발유나 세제의 경우 제품의 기능은 국가마다 동일하지만 기후조건이나 물의 성분 등과 같은 제품의 사용조건이 다르기 때문에 국가별로 제품을 변형시킬 필요가 있다. 예를 들어 에쏘(Esso)사는 현지 시장의 기후조건을 감안하여 휘발유의 성분은 조절하였지만 광고주제는 “Put a tiger in your tank”라는 동일한 기본 소구전략을 사용했다.

현지 국가의 법적, 제도적 규제도 제품을 변형해야 하는 요인으로 작용한다. 해당 시장을 포기하지 않으려면 광고주제는 동일하게 하더라도 현지 정부의 법적규제에 맞는 제품을 공급할 수밖에 없다. 이 전략은 제품에 비해 상대적으로 수정비용이 적은 광고는 동일하게 사용하고 제품을 변형하는 것이므로 대안 2에 비해 비용부담이 더 큰 것이 일반적이다.

(4) 대안 4: 제품 및 촉진 적응화

제품의 사용조건이나 기본 기능 등이 모두 다를 때는 제품과 촉진을 함께 현지화하는 전략을 사용해야 한다. 카드의 경우 미국에서는 인사말이 미리 인쇄되어 있는 것이 일반적이지만 유럽에서의 카드는 보내는 사람이 메시지를 직접 쓸 공간을 제공하는 기능을 수행한다. 또한 유럽에서는 카드를 셀로판으로 포장하는 것이 일반적이어서 미국 카드업체로서는 제품(포장)의 변형이 필요하다. 이 전략은 제품과 촉진활동을 모두 변형하는 것이므로 현지화 비용이 많이 소요된다.

(5) 대안 5: 제품개발

마케팅 프로그램의 국가별 적응화는 해당 제품에 대한 구매력이 전제될 때 의미가 있다. 따라서 현지 소비자들이 제품을 구매할 능력이 없을 경우에는 단순히 제품과 촉진전략을 수정하는 것이 아니라 그들의 구매력 범위에 있는 가격수준의 제품을 개발할 필요가 있다. Keegan이 예로 든 것은 저소득국가 주부를 위한 수동식 세탁기의 개발이다. 제품자체의 개발을 필요로 하기 때문에 비용부담은 가장 많다고 할 수 있다.

구매력이 없는 시장을 위해 단순화된 제품을 개발하는 경우가 아니라 하더라도 제품의 개발전략은 훌륭한 국제마케팅 전략이 될 수 있다. 일반적으로 제품이나 광고전략의 표준화와 현지화 문제는 기존 제품을 전제로 하여 논의된다. 그러나 기존 제품의 단순한 수정과 변형이 아니라 세계시장을 목표로 신제품을 개발하는 것은 기업성장과 직결된 중요한 전략이다. 물론 신제품의 개발 후에는 통상적인 표준화나 현지화 문제가 등장할 수 있다.

2.3 상표전략

(1) 고유브랜드와 OEM

국제적인 마케팅능력이 부족한 상태에서 수출이나 대량생산이 가능할 수 있다는 점에서 주문자상표, 즉 OEM상표(original equipment manufacturer's brand)도 나름대로의 장점을 가지고 있다. 특히 시장개척 초기에는 판매경로 및 시장에 대한 접근이 쉽지 않기 때문에 OEM 방식은 적절한 시장개척 수단이 될 수 있다.

그러나 최종 소비자들로 구성된 실질적인 시장기반 구축이 불가능하다는 점과 협상력의 열세로 인해 불리한 거래조건과 낮은 수익성을 감수해야 한다는 점에서 궁극적으로 OEM상표는 특별한 경우를 제외하고는 바람직한 선택이 될 수 없다. 자신이 직접 마케팅 및 판매활동을 수행하지 않기 때문에 해외주문자에 대한 의존도가 심화되고, 경로 내 협상력도 낮아질 수밖에 없다.

많은 우리나라 기업, 특히 중소기업들이 해결해야 할 시급한 국제마케팅 과제 중의 하나가 바로 OEM상표로부터 고유상표로 전환하는 일이다. 기업이 고유브랜드를 부착하고 성공을 거두기 위해서는 자체적인 기술력을 바탕으로 하는 제품력이 뒷받침되는 것은 물론 최고경영자의 강력한 의지 또한 대단히 중요하다(Mini-Case 11.1 참조). 우수한 품질을 자랑하면서도 안정적 수요처 확보라는 '당장은 안락한' OEM 중독증에서 벗어나는 것이 쉽지 않기 때문이다. 또한 고유브랜드로 전환한다는 것은 기존의 바이어 입장에서 본다면 자신의 하청업체가 경쟁자로 등장하는 것이기 때문에, 경우에 따라서는 기존 바이어가 유통경로에 대한 접근을 견제하거나 방해할 수 있다는 점도 유념해야 할 것이다. 규모가 그리 크지 않으면서도 고유브랜드로 국제적 입지를 구축하고 있는 홍진HJC(오토바이 헬멧), CAS(전자저울), YG-1(금속절삭공구, 엔드 밀), 락앤락(밀폐용기), 코메론(줄자), 영안모자(모자), 쓰리세븐(손톱깎이) 등은 바로 이러한 점을 실례로 보여 주고 있다.

수세적이고 종속적인 하청업자 관계가 아닌 상태에서의 OEM 수출은 전략적 제휴의 일환으로 활용될 수도 있다. 제품력과 기술력이 협상력(bargaining power)의 원천이 되어 대등한 관계 속에서 유통 및 마케팅능력이 있는 기업과 협력할 수 있는 것이다. 고유브랜드를 원칙으로 하되 생산능력이 자체적인 마케팅능력을 상회하는 경우 그 초과분을 OEM 방식으로 수출하기도 한다. 또한 단순한 하청관계에 의한 생산이 아니라 제품의 개발까지 담당하는 경우도 있는데 이를 수탁개발 생산방식(ODM, Original Development/Design Manufacturing)이라 부른다. 자사의 고유상표가 아닌 주문자상표를 부착한다는 점에서는 OEM 방식이라 할 수 있겠지만 그 실질적 내용에 있어서는 단순 OEM과는 상당히 다르다(Mini-Case 11.3 참조).

11-3 Mini-Case OEM과 ODM?

일반적으로 주문자상표(OEM, original equipment manufacturer) 부착 방식은 비대칭적인 협상력(bargaining power), 혹은 주문자와 단순 하청업자 관계를 전제로 한다. 이에 비해 상대적으로 대등한 관계 속에서 진행되는 일종의 전략적 제휴(strategic alliance)로서의 OEM을 ODM 방식이라 부르기도 한다.

ODM이란 original development(혹은 design) manufacturing의 약자로서 제품개발력을 갖춘 제조회사가 판매망을 갖춘 회사에게 제품을 제공하는 일종의 수탁개발 생산방식이다. 이 방식에 의하면 생산자는 독자적인 기술력을 바탕으로 연구개발에서 생산에 이르는 과정을 직접 담당하고 판매자는 자사의 전략방향과 성격에 맞는 제품을 선택하게 된다. 생산자가 제품 아이디어와 개발을 모두 담당하기도 하지만, 주문자가 제품 아이디어나 컨셉을 제공하기도 한다.

ODM 방식을 기본전략으로 택하고 있는 기업으로 화장품 개발 및 생산업체인 '한국콜마'가 있다. 한국콜마는 세계적인 화장품 수탁개발 그룹인 콜마(Kolmar)의 국내 합작기업으로서 일본콜마와 한국파트너가 지분을 소유하고 있다. 한국콜마의 주 고객은 아직 국내 및 국내에 진출한 외국계 화장품업체가 대부분이지만, 수동적 OEM 방식이 아니라 시장조사, 제품개발, 제품생산, 포장 및 상품화에 이르는 전과정을 책임지고 수행하는 수탁개발을 회사의 기본 방향으로 삼고 있다. 또 하나의 화장품 연구개발 및 생산전문 기업인 코스맥스 역시 국내외 유명 화장품 업체에 ODM 및 OEM으로 화장품을 공급하고 있다.

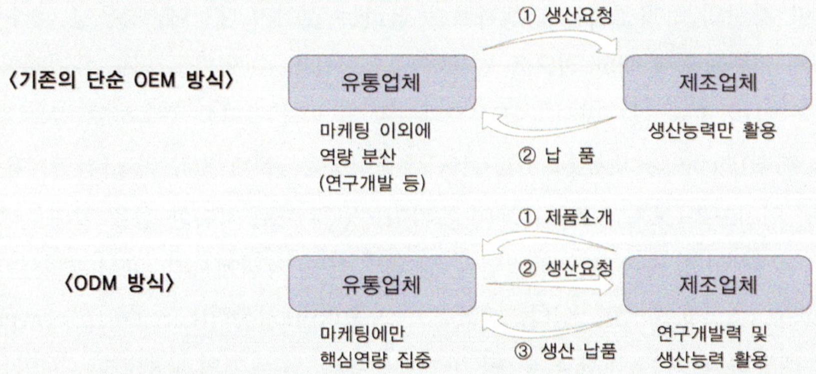

한편 한국콜마는 창립 32년 만에 콜마 원조 기업인 미국콜마에서 'KOLMAR' 글로벌 상표권을 사들여 콜마 브랜드의 주인이 됐다. 한국콜마홀딩스는 1921년 설립된 콜마의 원조 기업인 미국콜마로부터 'KOLMAR' 글로

벌 상표권을 100% 인수했다고 밝혔다. 이는 화장품 · 의약품 · 건강기능식품 업계 역사상 한국기업이 글로벌 본사의 브랜드 상표권을 인수한 첫 사례다.

한국콜마는 1989년 일본콜마와 합작계약(일본콜마 49% · 한국콜마 51%)을 맺고 자본금 1억 5,000만원으로 출범을 준비했으며 1990년 화장품제조업 허가를 받고 본격적인 생산에 돌입했다. 일본콜마와 한국콜마의 토대가 된 콜마그룹의 모체는 1921년 위스콘신주 밀워키에서 시작된 미국콜마다.

한국콜마홀딩스는 이번 상표권 인수를 통해 미국, 캐나다, 이탈리아, 프랑스, 영국, 독일 등 주요 20여 개국에서 'KOLMAR'브랜드에 대한 독점적 권리를 갖게 됐다. 한국콜마는 미국콜마가 상표권을 소유하고 있어 그간 미국과 캐나다 현지법인 · 생산기지에 콜마라는 명칭을 사용하지 못했다. 이번 상표권 확보를 계기로 미국법인 PTP는 콜마USA(KOLMAR USA), 캐나다법인은 콜마캐나다(KOLMAR CANADA)로 법인명을 변경할 수 있게 되었다. 북미 지역 고객사를 확대하기 위해 현지에서 인지도가 높은 콜마의 브랜드력을 적극 활용한다는 전략이다. 또한 기존에 미국에 갖고 있던 생산조직 외에 기술 연구와 영업, 마케팅을 종합적으로 운영 · 관리하는 조직인 '북미기술영업센터'를 설립해(2023년) 현지 시장 변화를 적극 반영하는 전진기지로 삼고 있다. 북미기술영업센터는 한국에 위치한 '한국콜마 종합기술원'과 유사한 형태의 조직이 될 것이라는 게 한국콜마 측 설명이다. 한국콜마는 중국에도 2개(북경과 무석)의 생산법인을 운영하고 있다.

한국콜마홀딩스는 2024년 4월 콜마홀딩스로 사명을 변경하였다. 화장품을 시작으로 한 콜마그룹은 현재 제약바이오, 건강기능식품 등으로 사업 영역을 확장해 나가고 있으며 중국과 북미시장을 넘어 동남아 지역 거점도 확대해 나갈 계획이다.

자료원: 한국콜마 및 콜마홀딩스 홈페이지, 매일경제, 2022. 5. 17.

11-4 Mini-Case 삼성전자의 고급브랜드 전략

브랜드 이미지는 한번 사람 머리 속에 자리잡으면 쉽사리 바뀌지 않는 특성이 있다. 사람들은 제품의 품질이 어떻게 변하든 제품에 대한 이미지를 그대로 간직하는 경향이 있다. 브랜드의 이러한 특성은 시장에 뒤늦게 참여한 업체에 특히 불리한 조건으로 작용한다. 뒤늦게 뛰어든 업체가 아무리 좋은 제품을 내놓더라도 소비자들은 제대로 평가해 주지 않는다. 제품수준을 일류로 높였더라도 초기에 심어진 싸구려 브랜드라는 꼬리표는 상당기간 동안 떼어지지 않는다.

국내 전자업체들은 과거 고급브랜드로서의 위상을 확보하지 못했을 때 브랜드의 이런 특성을 극복하기 위해 최근 새로운 브랜드 전략을 수립한 바 있었다. 고급가전제품에 자사상표를 전혀 표시하지 않고 새로운 브랜드를 부착한 것이다. 대표적인 곳이 삼성전자. 삼성전자는 1990년대 후반 삼성 브랜드와는 전혀 다른 별도의 브랜드로 고급가전제품 시장 공략에 나섰다. 제품품질과 성능이 세계 일류제품과 견줘 손색이 없는데도 해외시장에서 삼성 브랜드 이미지가 아직 낮아 삼성 이름을 아예 감추고 새로운 브랜드를 쓰는 게 마케팅에 도움이 될 것이라는 판단에서다.

90년대 초에도 삼성은 고급제품에 대해 브랜드를 차별화하는 방안을 검토했으나 당시는 삼성 브랜드를 쓰는

게 더 낫다는 결론을 내려 보류했었다. 삼성의 가전제품 새 브랜드는 디지털TV와 LCD(액정)TV, 프로젝션TV, 완전평면TV 등 고급 영상 수출제품에 적용되는 '탄투스'(Tantus), 국내 판매 프로젝션TV의 '파브'(PAVV), 고급냉장고의 '지펠'(Zipel) 등 3가지. 탄투스는 라틴어로 "아주 훌륭하다"(Great Excellence)는 의미로 1998년 하반기에 30여개 국에 상표등록을 마쳤다. 삼성은 탄투스 브랜드로 세계 고급TV 시장을 선점한다는 계획을 세운 바 있었다.

파브는 98년 10월에 선보인 국내판매용 고급프로젝션TV 브랜드. "강력한 음향과 대화면"(Powerful Audio & Vast Vision)에서 따왔다. 세계 일류인 일본 소니제품과 비교해 성능이 비슷한데도 국내 소비자들이 외제를 선호함에 따라 아예 브랜드를 바꿔버렸다. 삼성 측은 파브 브랜드 채택 이후 국내 프로젝션TV 시장에서 소니의 시장점유율을 추월하는 데 성공했다고 밝혔다.

이밖에 97년 6월 선보인 고급냉장고 지펠도 브랜드 차별화전략으로 성공한 대표적 사례로 꼽힌다. 국내 판매와 함께 98년 초에는 수출을 시작했다. 삼성전자의 한 관계자는 "일본도 80년대 브랜드를 차별화함으로써 고급 이미지를 심는 데 성공했다"며 "이 추세대로라면 21세기 세계 고급가전제품 시장에서 선두자리를 차지할 수 있을 것"으로 기대했다.

삼성전자의 고급브랜드 전략은 세계 1위 제품육성 전략과 연결된다. 삼성은 90년대 후반부터 반도체, 디지털휴대폰에 이어 차세대 가전제품인 디지털TV에 역량을 집중적으로 쏟아 새로운 수출효자상품으로 육성키로 했다. 이를 위해 삼성은 연구개발비를 대폭 확대하고 글로벌 연구개발, 디자인, 생산 및 마케팅 체제를 갖추었다. 그 결과 삼성은 이제 브랜드가치가 234억 달러(세계 17위, 인터브랜드 2011 자료기준)에 달하는 고급브랜드의 위상을 갖추게 되었으며, 과거 '삼성'이라는 브랜드 대신 전면에 내세우려 했던 '탄투스' 브랜드는 사용하지 않고 있다. '파브'는 사용은 하고 있으나 이제 이보다는 '삼성'을 내세운다.

2012년 1분기 실적 기준으로 삼성은 전세계 휴대폰 및 프리미엄 TV 시장에서 점유율 1위를 기록하였다. 휴대폰은 전체 부문은 물론 스마트폰 및 LTE폰 등 세계 휴대폰 시장 3개 부문에서 판매량 1위에 올랐으며, TV 역시 평판 TV와 LED TV 모두 점유율 1위를 기록하였다. 2024년 삼성의 브랜드가치는 1,008억 달러로 세계 5위다.

자료원: 한국경제, 1999. 7. 5 및 9. 1 기사, 매일경제 2012. 5. 21 기사내용 및 기타 최근 자료를 활용하여 작성함.

(2) 범세계적 상표(Global Brand)와 국가별 상표(National Brand)

제품전략의 표준화 중에서도 상표의 표준화, 즉 범세계적 상표(global brand)를 사용하는 것은 기업 이미지의 통일과 상표자산의 활용이라는 점에서 특히 중요한 의미를 가진다. Apple, Coca-Cola, Microsoft, Samsung 등은 이러한 범세계적 상표의 대표적 예들이다. 브랜드는 대차대조표에 기재되지는 않지만 기업으로서는 대단히 중요한 무형자산이다. 선진국에서는 이미 1980년대 말부터 브랜드가치를 금액으로 환산해 오고 있는데, 대표적인 브랜드가치 평가기관인 Interbrand사가 발표한 2024년 브랜드가치 상위

100대 기업이 〈표 11-2〉에 나타나 있다.

오랫동안 1위를 유지해 오던 코카콜라의 브랜드가치는 2013년 3위(2024년에는 7위)로 내려갔으며, 그 자리는 최근 급격한 상승세를 보이고 있는 애플이 차지해 오고 있다. 애플의 2024년 브랜드 가치는 4,889억 달러로 평가되고 있다. 마이크로소프트, 아마존, 구글 등도 최근 급격한 상승세를 보이고 있는데, 마이크로소프트의 2024년 브랜드가치는 전년에 비해 11%가 상승한 3,525억 불로 세계 2위에 해당한다.

한편 우리나라의 삼성의 브랜드가치도 최근 상승을 거듭하여 2024년 현재 1,008억 달러(세계 5위)로 평가되었다(〈표 11-3〉 참조). 삼성은 이러한 브랜드가치와 인지도 상승으로 SAMSUNG 브랜드를 전면에 내세우고 있다. 과거 고급제품에 삼성을 내세우지 않고 별도의 브랜드를 사용했던 것과 달라진 점이다(Min-Case 11.4 참조). 현대(2024년 30위)와 기아(2024년 86위)도 꾸준히 100대 브랜드 리스트에 이름을 올리고 있으며, LG전자는 2024년에 처음으로 'Best Global Brands Top 100'에 진입했다(97위).

그러나 경우에 따라서는 국가별로 다른 상표(national brand)를 사용해야 할 때도 있다. 외국성을 줄이기 위한 경우, 어감이나 발음상 좋지 않은 경우, 또는 동일하거나 유사한 상표가 이미 존재해 범세계적 상표를 사용하는 것이 법적으로 불가능할 경우 등이 이에 해당한다.

일본의 마쯔시다가 미국시장 진출시 National이란 브랜드를 사용하지 못하고 Panasonic을 사용한 것은 법적인 문제가 있었기 때문이다. 현지에서 이미 사용되고 있던 브랜드였던 것이다. 한국의 태평양화학도 유사한 사례를 보여준다. Amorean이라는 브랜드로 독일 진출을 시도했을 때 현지의 한 회사가 Amorena라는 자사 브랜드와 유사하다는 이유로 제동을 걸자 태평양화학은 이 브랜드를 인수한 경험이 있다.

자사 브랜드가 이미 다른 사람에 의해 도용되어 등록되었을 경우도 해당 브랜드를 사용하지 못할 수 있다. 이러한 상표해적(brand piracy)행위는 한국기업에 대해서도 남미, 동남아 등지에서 발생하고 있다. 한국에 진출했던 다국적할인점 월마트는 한 한국인에 의해 상표가 이미 등록되어 있었기 때문에 자사 상호를 사용하지 못하고 인수한 업체(마크로)의 상호를 계속 사용하다가 나중에서야 법원의 판결로 자신의 상호를 찾은 바 있다.

이 상표를 등록한 당사자의 말대로 한국의 유통업체를 보호하기 위한 선견지명과 애국심의 발로일까, 아니면 단순한 상표해적행위일까? 이에 대한 답은 독자 각자의 판단에 맡기자.

표 11-2 브랜드가치 세계 상위 100대 기업

(2024년, 단위: 억불)

순위	기업명	브랜드 가치	순위	기업명	브랜드 가치	순위	기업명	브랜드 가치
1	Apple	4,889	35	UPS	200	69	Philips	115
2	Microsoft	3,525	36	Nvidia	200	70	Nintendo	115
3	Amazon	2,981	37	Intel	197	71	Nestle	113
4	Google	2,913	38	Netflix	197	72	Colgate	107
5	Samsung	1,008	39	Mastercard	185	73	Cartier	106
6	Toyota	728	40	PayPal	183	74	Dior	104
7	Coca－Cola	612	42	Zara	178	76	Santander	100
8	Merecedes－Benz	589	41	Gucci	179	75	Gillette	101
9	McDonald's	530	43	Porsche	174	77	LinkedIn	95
10	BMW	520	44	Airbnb	173	78	Uber	92
11	Louis Vuitton	509	45	Audi	173	79	3M	89
12	Tesla	455	46	Salesforce	171	80	Corona	87
13	Cisco	455	47	GE	171	81	Caterpillar	87
14	Nike	454	48	AXA	168	82	Danone	84
15	Instagram	451	49	Volkswagan	165	83	Prada	83
16	Disney	428	50	Siemens	158	84	FedEx	83
17	Adobe	394	51	adidas	155	85	Kellogg's	82
18	Oracle	377	52	Starbucks	153	86	Kia	81
19	IBM	373	53	L'Oreal Paris	148	87	Xiaomi	80
20	SAP	368	54	Pampers	145	88	DHL	73
21	Facebook	349	55	Citi	145	89	Tiffany & Co.	73
22	Hermes	347	56	Ford	144	90	Sephora	72
23	Chanel	332	57	Goldman Sachs	144	91	Pandora	71
24	YouTube	301	58	LEGO	140	92	Hewlett Packard	68
25	J.P.Morgan	271	59	Nissan	139	93	Huawei	68
26	Honda	267	60	H&M	136	94	Nespresso	67
27	American Express	267	61	Nescafe	135	95	KFC	67
28	IKEA	243	62	Ferrari	131	96	Range Rover	66
29	Allianz	235	63	eBay	129	97	LG Electronics	65
30	Hyundai	230	64	HSBS	125	98	Panasonic	64
31	Accenture	219	65	Spotify	124	99	Jordan	64
32	Visa	211	66	Morgan Stanley	124	100	Heineken	63
33	Pepsi	210	67	Budweiser	120			
34	Sony	208	68	HP	116			

자료원: www.interbrand.com.

표 11-3 삼성의 브랜드가치 추이(2002년~2024년)

연도	2002	2003	2004	2005	2006	2007	2008	2009	2010	2011
브랜드가치(억불)	83	109	126	150	162	169	177	175	195	234
증가율(%)	30	31.3	15.6	19	8	4.3	4.7	−1.1	11.4	20
세계순위	34	25	21	20	20	21	21	19	19	17
연도	2012	2013	2014	2016	2017	2018	2020	2021	2022	2024
브랜드가치(억불)	329	396	455	518	562	599	623	746	877	1,008
증가율(%)	40.5	20	15	14	9	6	2	20	17	10
세계순위	9	8	7	7	6	6	5	5	5	5

주: 순위변동이 없었고 증가율이 크지 않았던 연도(2015, 2019, 2023년 등)의 일부 자료는 생략하였음.
자료원: www.interbrand.com.

11-5 Mini-Case

한국 엄마들이 '큐티' 살렸다?

"한국 엄마들의 장벽은 역시 두터웠다." 내달 한국시장에 신제품 기저귀를 내놓는 다국적기업 P&G는 세계적으로 통용되는 '팸퍼스'라는 이름 대신 쌍용제지가 써오던 '큐티'를 사용키로 결정했다. 지난해 쌍용제지를 인수한 P&G가 수십년간 써온 상표명 대신 피인수기업 쌍용의 브랜드를 사용키로 한 것은 전례가 없던 일이다. "아기 기저귀로 외제를 쓰는 것을 거북스러워하는 한국 어머니들의 정서가 너무 강해 결국 한국 브랜드명을 쓰게 된 겁니다." 포장지에 등장하는 모델사진도 외국아기에서 우리 아기로 바뀌고 가격도 평균 5% 내릴 예정이다. 신기술을 도입하고도 다른 이름을 써야하는 것에 갸우뚱하던 미국본사-아시아지역 최고경영층도 결국 예외를 인정키로 했다고 한다.

"막강한 브랜드 이미지가 생명인 생활제품 회사에서 이런 결정을 내릴 만큼 우리 엄마들이 까다롭다는 거죠." 인수된 이후에도 브랜드명이 그대로 남게 돼 쌍용직원 사기도 그만큼 올라가는 부수효과도 얻었다고 한다.

자료원: 조선일보, 1999. 4. 26일자
주: 쌍용은 2005년 5월 한국 P&G로부터 티슈사업부를 인수하여 쌍용C&B로 재출범하였으며, 2007년 6월 큐티 기저귀 사업부도 다시 인수하였다.

2.4 국제제품계열 관리

국가시장별로 어떤 제품라인을 도입할 것인가, 즉 국가별 제품라인을 결정하려면 경쟁상황, 시장상황, 정부규제, 경제개발의 단계 등을 고려해야 한다. 기업의 기본적인 성장 전략 유형이 무엇인가에 따라서도 제품라인의 폭이 달라질 수 있다. 특정 국가시장에서의 주요 경쟁자의 제품라인이 다양하다면 한정된 제품라인으로 경쟁하기에는 무리가 따를 것이다. 시장상황의 경우 소비재에 있어서는 소비자의 기호나 욕구, 습관 등이 제품라인 결정의 주요 영향요인이다. 냉동식품을 예로 든다면 맛은 받아들일 수 있다 하더라도 냉동식품에 대한 태도가 별로 좋지 않다거나 가정용 냉장고의 냉동실 크기가 작은 것이 일반적이라면 그 시장에서는 제품라인에 포함시킬 필요가 없을 것이다. 생산재의 경우에는 산업구조나 기술상태 등이 고려되어야 한다.

특정 제품라인이나 품목을 금지하는 정부의 규제도 고려요인이다. 본국정부가 안보나 외교정책상의 이유로 특정 품목을 특정 국가에 수출하지 못하도록 하는 규제나, 시장국 정부가 어떤 이유로든 특정 품목을 금지하는 규제가 이에 해당한다. 후자의 경우 중동지역에서 알콜음료(주류)를 금지하는 것이 대표적인 예다. 이러한 시장에서는 비알콜 맥주가 판매되기도 한다.

기업의 기본적인 성장전략은 기업인수를 통한 외적성장과 기존 사업을 통한 내적성장으로 구분할 수 있는데, 일반적으로 전자를 택하는 기업이 후자를 택하는 기업보다는 제품라인이 넓을 것이다. 경제개발의 단계에 따라 특정 제품의 수요자체가 아예 없거나 매우 작을 수 있으므로 국가시장의 경제개발단계 역시 고려해야 할 요인이다.

2.5 제품수명주기와 국제마케팅 전략

동일한 제품이라 해도 그 수명주기(product life cycle) 상의 단계는 국가마다 다를 수 있다. 이는 국제마케팅 담당자에게 새로운 시장기회의 파악이라는 점과 제품수명주기 단계에 따라 서로 다른 접근이 필요하다는 점을 시사해 준다.

(1) 도입기

도입기(introduction stage) 제품의 경우 성장률이 저조하고 이익은 소규모이거나 오히려 손실이 발생할 수도 있다. 마케팅전략의 기본 목표는 소비자의 인지도 향상과 시용

구매를 유도하는 것이다. 자사의 브랜드보다는 제품자체에 대한 일차적 수요(primary demand)를 자극할 필요가 있는 것이다. 가격전략으로는 가격에 상대적으로 둔감한 고소득층을 대상으로 고가격전략(skimming strategy)을 채택하는 것이 일반적이지만, 시장점유율을 조기에 확보하고 경쟁업체 진입을 억제하기 위한 저가격전략(penetration pricing)을 택할 수도 있다.

(2) 성장기

매출액이 급증하고 경쟁자가 등장하는 단계다. 제품자체에 대한 인지도는 걱정할 필요가 없고, 경쟁자가 있으므로 자사 브랜드에 대한 선택적 수요(selective demand)를 자극하는 촉진활동이 필요하다. 상표애호도(충성도)를 제고하기 위한 차별화전략이 시도되어야 한다.

(3) 성숙기

산업전체의 매출액이 정점에 달해 성장률이 둔화되는 단계이다. 가격경쟁이 심화되기 때문에 원가를 절감하려는 노력이 필요하며, 그 일환으로 인건비가 저렴한 국가로 생산시설을 이전하기도 한다. 제품의 새로운 용도를 개발하거나, 새로운 세분시장에 진출하거나, 포지셔닝을 달리 하는(repositioning) 시장수정이 검토되어야 한다. 빵을 만들 때 사용하는 베이킹소다를 탈취 및 세척이라는 새로운 용도를 개발하여 PLC를 연장한 사례나, 유아용 제품(로션이나 샴푸)으로 포지션되어 있던 제품을 '부드러움'으로 포지셔닝을 확장하여 청소년 및 성인 소비자까지 시장을 확대한 사례는 좋은 예들이다.

(4) 쇠퇴기

업계 전체의 매출액이 감소하는 단계이다. 경쟁자의 시장 잔류여부에 따라 전략이 달라질 수 있지만 일반적으로 택할 수 있는 쇠퇴기 전략으로는 현상유지(maintaining), 수확(harvesting), 철수(deletion) 등이 있으며, 기존 시설을 다른 제품에 전용하고 해당 제품은 외부에 하청을 주는 방법도 택할 수 있다.

그림 11-2 제품수명주기(Product Life Cycle)

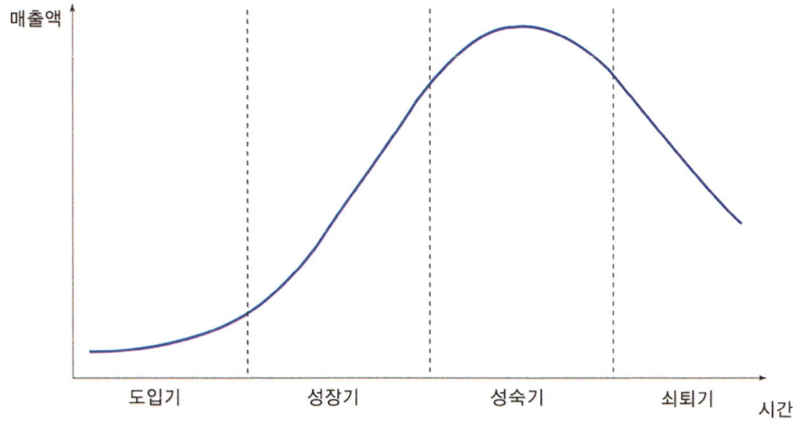

2.6 원산지효과의 이해

(1) 원산지효과의 개념

원산지효과(country-of-origin effect)란 제품의 원산지가 소비자들의 제품평가나 구매에 미치는 영향을 말한다. 소비자들은 정보나 제품지식이 완벽하지 못하기 때문에 제품자체의 본질적 정보(intrinsic cue, 성능, 맛, 품질 등)보다는 가격, 브랜드 등과 같은 외재적 정보(extrinsic cue)에 기초하여 제품을 평가하는 경우가 많은데 원산지도 이러한 외재적 정보의 하나로 이해할 수 있다. 원산지효과는 긍정적일 수도 있으며 부정적일 수도 있다.

하지만 원산지를 무엇으로 정의하느냐에 대해서는 논란이 있을 수 있다. 특히 요즘과 같이 범세계적으로 제품과 부품을 조달하고 R&D, 디자인 등 가치사슬(value chain)상의 각종 활동을 한 국가에서 수행하지 않는 경우에는 원산지 자체가 불명확하다. 브랜드국, 최종조립국 등이 원산지로 이해될 수 있지만 주요 부품을 조달한 국가를 원산지로 볼 수도 있다.

(2) 전략적 시사점

국제마케팅 경영자가 직면한 문제 중의 하나는 외국제품에 대한 현지 소비자들의 이러한 편견이다. 원산지효과를 편견이라 볼 수 있는 것은 객관적 사실에 기초한 것이 아니라 주관적 인식에 바탕을 둔 것이기 때문이다. 물론 주관적 인식이 객관적 사실을 상당부분 반영하고 있을 수는 있다. 원산지효과가 소비자들의 제품평가에 영향을 미친다면 경영자는 부품조달이나 조립국가를 정하는데 있어 비용측면 외에 이러한 원산지효과도 고려해야 한다는 점을 인식해야 한다.

원산지효과가 긍정적으로 나타날 경우에는 가능한 한 원산지 정보를 소비자들에게 강조할 필요가 있다. 미국시장에 후발진입한 일본 자동차회사들이 '일본산' 자동차임을 강조한 것이 그 예다. 반대로 특정 국가의 원산지효과가 부정적으로 나타난다면 원산지 정보는 가능한 한 적게 표시해야 할 것이다. R&D, 디자인, 주요 부품조달국 등을 원산지로 광고할 수도 있다. 물론 해당 국가의 원산지 이미지가 좋을 경우에 한하며, 법적으로 허용되는 범위안에서 이루어져야 한다. 수입의류의 라벨에 'Styled in Italy'라는 문구를 넣어 소비자들에게 긍정적인 원산지 이미지를 심어주려고 했다가 제재를 받은 사례는 부적절한 원산지 정보가 어떻게 악용될 수 있는지 잘 보여주고 있다. 이 의류는 실제로 중국과 루마니아산이었다(Mini-Case 11.6 참조).

11-6 Mini-Case
Styled in Italy?

'Styled in Italy'라는 애매한 표시가 붙은 고급 외제품을 산 경험이 있는 사람들이 많을 것이다. 이탈리아 스타일이라는 이 표시는 사실은 이탈리아제라는 뜻은 아니다. 이탈리아제로 오인하게 만드는 교묘한 눈속임이다. 관세청은 앞으로 이같은 원산지 표시 부정행위를 강력히 단속하기로 했다. 원산지표시 제도는 소비자보호와 공정무역거래질서를 확립하기 위해 91년부터 시행 중인 제도다. 소비자가 쉽게 볼 수 있는 곳에 'made in Italy'와 같이 생산국(원산지)을 의무적으로 표시하도록 돼 있다.

적발 1호는 'FILA코리아'다. 관세청은 세계적인 유명상품인 필라제품에 리콜제를 적용해서 통관을 보류하고, 이미 국내에 유통 중인 상품들도 모두 회수토록 지시했다고 한다. 국내에서 생산되는 국산품에 대한 리콜제는 자동차, 냉장고 등으로 확산되는 추세에 있지만, 수입상품에 대해서 리콜제를 실시한 것은 이번이 처음이다. 이 회사는 인도네시아에서 만든 7만원짜리 이탈리아의 유명상표 FILA 신발에 원산지표시 'made in Indonesia'를 신발 깊숙이 보이지 않는 곳에 써넣고 FILA 상표만 크게 붙여 반입하다 시정조치를 받았다.

또 목부분 라벨에 'Styled in Italy'를 크게 써 넣어 소비자를 오인하게 한 20여만원짜리 중국, 루마니아산

CIESSE(치에세) 재킷도 적발됐다. 'made in Romania', 'made in China' 표시는 눈에 잘 보이지 않는 옆구리 부분에 깨알보다 작게 적혀 있었다. 같은 상표의 제품이라도 생산지국이 어디냐에 따라 품질차이는 크다는 것이 관세청의 설명이다.

자료원: 서울신문, 1996. 8. 19 및 매일경제, 1996. 8. 21 내용을 편집함.

표 11-4 외국인의 한국에 대한 이미지 호감도

(단위: %)

순위	국가	이미지 호감도	순위	국가	이미지 호감도
1	필리핀	92.0	14	아르헨티나	77.6
2	이집트	91.4	15	호주	75.8
3	태국	88.8	16	러시아	75.0
4	인도	87.4	17	프랑스	74.8
5	튀르키예	87.2	18	독일	74.4
6	UAE	86.8	19	미국	74.2
7	인도네시아	85.0	20	스웨덴	74.0
8	카자흐스탄	83.4	21	이탈리아	69.6
9	브라질	83.4	22	스페인	68.6
10	베트남	83.2	23	영국	67.4
11	말레이시아	81.0	24	중국	62.4
12	멕시코	78.8	25	일본	36.8
13	남아공	78.0		전체	77.5

주: 1) 세계 25개 국가 16세 이상 성인 12,500 표본 대상 조사(국가별 500)
2) 호감도는 '매우 긍정적', '다소 긍정적', '보통', '다소 부정적', '매우 부정적' 중 앞 두 개에 응답한 비율
자료원: 문화체육관광부 해외문화홍보원, 2023년도 국가이미지 조사보고서, 2023. 12

그러나 궁극적으로는 자국의 이미지를 높이려는 노력을 기업 스스로는 물론 정부차원에서도 기울여야 할 것이다. 국가 이미지, 혹은 국가 브랜드가치는 그 국가제품에 대한 해외 소비자들의 평가와 가격지불의도에 영향을 미치기 때문이다. 참고로 문화체육관광부 산하 해외문화홍보원이 조사한 외국인의 한국에 대한 이미지가 〈표 11-4〉에 나타나 있다. 2023년 조사대상 25개 국가의 외국인들은 평균적으로 77.5% 정도가 한국을 긍정적으로 바라보고 있는 것으로 나타났다. 한국에 대한 긍정적 이미지 호감도에 영향을 미치는 분야는 한국콘텐츠 → 대중문화/제품 및 브랜드/전통문화유산/관광 → 경제수준/과

학기술 등의 순서로 나타났다. 문화한류가 긍정적 국가이미지 형성에 크게 기여한 것으로 보인다. 한국에 대한 부정적 선호도에 영향을 미친 분야는 정치적 안정성→국제관계/인권→치안/안보 등의 순서로 나타났다.

또한 Mini-Case 11.7에는 국가브랜드 지수 및 가치와 관련된 조사결과가 소개되어 있다. 이 중에서 국가브랜드 지수(NBI) 조사결과는 외국인들에게 있어 한국에 대한 호의도나 전반적인 이미지가 경제력이나 주요 한국기업의 세계적 위상에 비해 상대적으로 낮게 형성되어 있는 것을 보여주고 있다.

한편 바로 위에서 설명한 대로 최근 K-Pop을 중심으로 전 세계적으로 불고있는 한류바람은 한국의 이미지나 호의도를 높이는 데 크게 기여할 것으로 보인다. 한국제품에 대한 이미지 역시 상승할 것으로 기대되며, 한국기업들은 어떤 형태로든 이러한 긍정적 흐름을 적극적으로 활용할 수 있는 방안을 모색해야 할 것이다(Mini-Case 11.8 참조). 아모레퍼시픽 등 한국의 화장품은 중국시장에서의 열기를 중심으로 'K-Beauty'라는 신조어를 탄생시키며 화장품은 물론 미용산업 전반에 긍정적인 영향을 미치고 있다. 후발 화장품업체가 한국화장품이라는 이유만으로도 해외시장에서의 경쟁력이 높아지고 있는 것이다(Mini-Case 11.9 참고).

11-7 Mini-Case 국가브랜드 지수와 브랜드가치

국가단위의 브랜드 지수 혹은 가치를 조사하여 발표하는 대표적인 기관으로는 프랑스에 본사를 둔 Ipsos와 영국에 본사를 둔 Brand Finance가 있다. 먼저 입소스사가 발표하는 국가브랜드 지수는 흔히 NBI(Anholt-Ipsos Nation Brands Index)로 알려져 있는데, 이는 원래 안홀트(Simon Anholt) 교수가 2005년에 개발하여 조사·발표하다가 현재는 기업과 협력하여 매년 발표하고 있다. NBI 조사는 우리나라를 포함해 전 세계 60개 주요국을 대상으로 수출, 거버넌스, 문화, 국민, 관광, 이민과 투자 등 6개 카테고리를 기반으로 평가하며, 평가에는 20개국에서 패널 6만 여명이 참여한다. 2023년 조사결과에서는 일본, 독일, 캐나다, 영국, 이탈리아, 미국, 스위스, 프랑스, 호주, 스웨덴 등이 1~10위를 차지했다. 독일이 6년 연속 1위 자리에서 내려오고 일본이 처음으로 1위에 올랐다. 우리나라는 60개 국가 중 아직 중간 정도의 위치(24위)로 평가되고 있다. 단순히 경제력만이 아니라 문화, 개방성, 관광지로서의 매력 등이 고려된 지수라 하겠다. NBI 조사에서 사용되는 6개 차원의 변수그룹은 다음의 〈표 a〉와 같다.

한편 Brand Finance사는 국가 브랜드가치를 화폐단위로 평가하여 매년 발표하고 있는데, 2024년 보고서(Nation Brands 2024 Ranking)에 따르면 우리나라의 브랜드가치는 1조 9,368억 달러로 세계 10위에 해당한다. 이는 2023년과 동일한 순위다. 이변없이 2024년에도 1위를 차지한 미국의 브랜드가치는 32조 2,711억

표 a NBI를 구성하는 변수그룹(dimensions)

변수그룹(dimensions)	내 용
수출(exports)	해당 국가의 제품과 서비스에 대한 이미지(원산지효과)로서 그 제품을 구매할, 혹은 피하고 싶은 정도
정부(governance)	정부의 역량, 공정성, 글로벌 이슈(평화, 안보, 정의, 빈곤, 환경 등)에 대한 헌신 등
문화(culture)	해당 국가의 문화유산, 당대 문화(영화, 음악, 미술, 스포츠, 문학 등)의 수준 등
국민(people)	국민의 역량, 개방성, 우호성, 관용성 등
관광(tourism)	해당국 방문에 대한 관심정도, 관광명소(자연 및 인공) 등
이민과 투자(immigration and investment)	해당 국가에서 살거나, 공부하거나, 사업하기를 고려하는 정도, 생활의 질이나 비즈니스 여건에 대한 평가 등

표 b 2024년 브랜드가치 상위 10대 국가

(단위: 10억 달러)

순위	국가	브랜드 가치	순위	국가	브랜드 가치
1	미국	32,271	6	프랑스	3,522
2	중국	19,960	7	인도	2,944
3	독일	4,985	8	캐나다	2,671
4	일본	4,406	9	이탈리아	2,326
5	영국	4,037	10	대한민국	1,937

달러, 2위 중국은 19조 9,600억 달러로 나타났다. 190여 개 국가 중 상위 10개국과 국가별 브랜드 가치는 〈표 b〉에 나타나 있다. 11위부터 20위까지의 국가는 호주, 스페인, 네덜란드, 스위스, UAE, 인도네시아, 사우디아라비아, 멕시코, 브라질, 폴란드 등이다.

자료원: www.ipsos.com 및 www.brandfinance.com.

11-8 Mini-Case 한국 제품도 비보이 춤도 K-Pop도… 남미에선 "코리아 넘버원"

장면1: 콜롬비아 보고타의 '스포츠궁전' 체육관에서 LG전자가 주최하는 '남미지역 비보이 챔피언십 결승전'이 열리던 날. 3,000여명의 젊은이가 몰린 이날 결승전은 한국의 '비보이를 사랑한 발레리나' 공연으로 시작했다. 발레리나가 비보이를 좋아하게 된 내용을 담은 이 공연에선 한국 비보이들의 현란한 동작들이 쏟아졌다.

장면2: 1979년 개교된 재칠레 한글학교. 교포 2세를 위해 세워진 이곳에 최근 칠레 현지인들이 몰려들고 있다. K-Pop을 이해하고 싶다는 현지인이 지난해 20명에서 40명으로 불었고 10일 개강하는 새 학기에는 60명으로 수가 늘었다.

장면3: 산티아고 파트로나트에 위치한 한 한국상점. 남대문에서 K-Pop 가수의 캐릭터상품을 떼다가 판매하는 이곳에는 페루 볼리비아 등 인접국가 팬들로 문전성시를 이뤘다. K-Pop 바람을 타고 전년대비 매출도 50% 껑충 뛰었다.

장면4: 산티아고 샌안토니오 거리에 위치한 전자상가. 직장인 마리아(32)씨가 현대 소나타를 타고 와 삼성 휴대전화를 고르고 있다. LG 최신 노트북으로 슈퍼주니어와 빅뱅의 노래를 듣는 것이 그의 낙이다.

남미에 진출한 한국 기업들이 '코리아'를 팔기 시작했다. 애초부터 한국에 대해 부정적인 감정이 거의 없는 남미인들에게 한국은 갈수록 '첨단기술'과 '새로운 문화'를 상징한다. LG와 삼성같은 대기업들이 더러 일본기업으로 오인돼도 적극적으로 해명하지 않았던 시절과는 판이하다. 한국의 국가브랜드위원회가 2009년 전 세계 25개국(4,214명)에서 조사한 결과, 한국상품의 가격이 100원이라고 할 때 똑같은 제품이 일본산이면 141원을 받을 수 있는 것으로 나타났다. 그러나 남미에선 이 법칙이 통하지 않는다. '좋은 가격(value for money)의 제품'에서 '사고 싶은(willing to pay) 제품'으로 발전하고 있는 것이다.

2004년 아시아 국가로는 처음으로 한국과 FTA를 체결한 칠레에서는 특히 K-Pop의 열기가 뜨겁다. 주칠레 대사관에서 추산하는(2012년 초) K-Pop 팬의 규모는 약 3만 명 가량. 전체 인구 1,630만 명 중 큰 비중은 아니지만 확산일로를 걷고 있다. 칠레의 한류가 긍정적인 면은 경제와 결합됐고 다른 문화와 융화를 시도하고 있다는 점이다. 대중문화의 파급력을 타고 문화전반을 이해하려는, 즉 한국요리를 즐기고 한국방문을 원하는 현지인들이 늘어나고 있다. 중국(2006년)과 일본(2007년)이 한국에 뒤이어 FTA를 체결했지만, 이미 '메이드 인 코리아(Made in Korea)'가 칠레 소비자들에게 깊이 각인된 뒤였다. 2007년 한국산(産) 차가 일제차를 제치고 1위로 올라섰고, FTA 발효 후 휴대전화 수출은 연평균 54.8%씩 급증했다.

현재 한국에서 워크아웃 상태인 전자제품 회사도 별 마케팅을 하지 않고도, 칠레의 세탁기·냉장고·전자레인지 시장에서 대부분 LG·삼성에 이어 2~3위를 기록한다. 비결은 '메이드 인 코리아'다. 산티아고 남쪽의 초대형 쇼핑몰인 캘리포니아센터. 전자제품 매장에서 만난 한 여성(53세)이 LG 세탁기를 만져보면서도 비싼 가격에 선뜻 마음을 정하지 못하자, 판매원 후안(Juan)씨가 잽싸게 다른 제품으로 안내했다. "저기 있는 세탁기도 한국산이지만 가격은 10~20% 정도 더 저렴해요." 그녀는 결국 이 세탁기를 샀다. 이 냉장고도 문을 열면 'Made in Korea'라는 표시가 바로 눈높이에서 보인다.

칠레로 대변되는 남미의 한류는 이제 씨를 뿌려 싹을 막 틔우기 시작한 단계다. 그럼에도 뿌리를 튼튼히 하고 개체를 늘린다면 태평양을 마주한 '한류 허브'로 성장할 가능성은 농후하다. 열정의 대륙이 탐스러운 한류의 열매를 맺을 수 있도록 중지를 모을 때다. 한국 제품에 한국 기술과 문화가 스며있다는 것도 더 알려야 한다.

칠레 사람들이 한국을 긍정적으로 생각하기 때문에 한국의 발달한 IT기술과 문화가 소개되면 될수록 한국 제품에도 도움이 될 것이다.

자료원: 조선일보, 2009. 12. 1 및 스포츠한국, 2012. 3. 12 기사내용을 편집함.

(3) 국가 이미지와 제품 특성

원산지국의 이미지는 제품의 여러 특성과 관련이 있을 수 있는데 Roth와 Romeo (1992)는 첫째, 국가 이미지가 소비자들의 제품구매시 중요하게 고려하는 제품 특성과 관련이 있는지(일치, match) 아니면 중요하지 않은 제품 특성과 관련이 있는지(불일치, mismatch), 둘째, 국가 이미지가 긍정적인지 부정적인지에 따라 네 가지 유형의 조합을 만들어 설명하고 있다([그림 11-3] 참조).

그림 11-3 '국가-제품'의 일치와 불일치: 예와 전략적 시사점

제품의 특성 \ 국가 이미지	긍정적	부정적
중요함	Ⅰ. 우호적 일치 (favorable match) <예> · 일본-자동차 · 독일-시계 <전략적 시사점> · 원산지를 드러내는 상표 · 포장에 원산지 표기 · 상표의 원산지 촉진 · 매력적인 생산입지	Ⅱ. 비우호적 일치 (unfavorable match) <예> · 헝가리-자동차 · 멕시코-시계 <전략적 시사점> · 원산지 이외의 혜익 강조 · 국가를 드러내지 않는 상표 · '우호적 일치' 기업과의 합작 · 국가 이미지를 증진시키는 촉진활동
중요하지 않음	Ⅲ. 우호적 불일치 (favorable mismatch) <예> · 일본-맥주 <전략적 시사점> · 제품 특성의 중요성 강조 · 원산지를 제2의 혜익으로 촉진 (보완적 선택모형의 경우)	Ⅳ. 비우호적 불일치 (unfavorable mismatch) <예> · 헝가리-맥주 <전략적 시사점> · 원산지 무시

자료원: Martin S. Roth & Jean B. Romeo, "Matching Product and Country Image Perceptions: A Framework for Managing Country-of-Origin Effects," *Journal of International Business Studies*, Vol. 23, No. 3, 1992, p. 495.

'국가-제품'의 '우호적 일치'(favorable match, cell Ⅰ)는 국가 이미지의 강점이 중요한 제품 특성과 관련이 된 경우로서 신발류처럼 디자인의 중요성이 높은 제품과 디자인의 우수성을 국가 이미지로 가지고 있는 프랑스의 연결이 이에 해당한다. '일본-자동차'의 연결과 '독일-시계'의 연결도 이 경우에 해당하는 예다. '비우호적 일치'(unfavorable match, cell Ⅱ)는 제품의 중요한 특성이 국가 이미지상의 강점이 아닐 경우로서, 디자인의 중요성이 높은 제품과 디자인의 우수성에서 긍정적이지 못한 국가(예: 헝가리)의 연결이 예라 할 수 있다. '헝가리-자동차'와 '멕시코-시계'의 연결도 비우호적 일치에 해당한다.

한편 '우호적 불일치'(favorable mismatch, cell Ⅲ)는 국가 이미지는 긍정적이지만 그 긍정적인 이미지 차원이 제품의 중요한 특성이 아닐 경우에 해당한다. 디자인의 우수성이 강점인 프랑스와 디자인이 별로 중요하지 않은 맥주 제품의 연결이 그 예다. '비우호적 불일치'(unfavorable mismatch, cell Ⅳ)는 해당 이미지 차원이 제품의 중요한 특성이 아니면서 국가의 강점도 아닌 경우로서 헝가리의 맥주가 이에 해당하는 예라 할 수 있다.

이들 네 가지 유형은 각각 다른 전략적 시사점을 제공해 준다. 우호적 일치의 경우 국가의 긍정적 이미지가 중요한 제품 특성과 연결되므로 가급적 국가를 드러내는 촉진전략이 필요하다. 원산지를 명시적으로 강조하거나 국가를 암시할 수 있는 상표를 사용하는 전략이 그 예다. 비우호적 일치는 중요한 제품 특성이 긍정적이지 못한 국가 이미지와 연결되어 있기 때문에 원산지가 드러나는 것은 가급적 피해야 하며 원산지가 아닌 제품혜익을 강조할 필요가 있다. 장기적으로는 국가 이미지를 향상시키는 노력이 필요하다.

우호적 불일치는 국가 이미지는 좋지만 이와 관련된 제품 특성이 중요하게 인식되지 않는 경우이다. 따라서 해당 제품 특성의 중요성을 강조하는 촉진전략이 검토될 수 있다. 예를 들어 혁신성을 긍정적인 국가 이미지로 가지고 있는 일본의 맥주회사는 혁신적인 기술이 맥주 맛을 좋게 할 수 있다는 점을 강조할 수 있다. 또한 소비자들이 보완적인 선택모형(compensatory choice model)을 사용할 경우에는 긍정적인 국가 이미지가 종합적인 제품평가에 긍정적으로 작용할 수 있기 때문에 원산지를 촉진할 필요가 있을 것이다. 비우호적 불일치는 국가 이미지도 긍정적이지 못하고 제품의 특성으로서도 중요하지 않기 때문에 원산지 자체는 무시될 수 있다.

11-9 Mini-Case

'K-Beauty'의 첨병, 아모레퍼시픽, 한국화장품 수출은 사상 최고 기록

최근 K-뷰티 열풍이 중화권을 강타하면서 2015년 화장품 수출이 사상 최고치를 기록할 것으로 전망된다. 한국무역협회에 따르면 올해 9월까지 화장품 수출은 전년대비 62.9% 증가한 19억 4,800만 달러를 기록했다. 지난해 총 수출액인 17억 9,200만 달러를 넘어선 것은 물론, 20억 달러도 가뿐히 넘어설 것으로 기대된다. 화장품 수출이 급증한 것은 중화권 수출 확대에 따른 것으로 분석된다. 올해 9월까지 중국으로의 화장품 수출은 7억 3,919만 달러로 122.1% 증가했다. 홍콩(4억 6,999만 달러)과 대만(9388만 달러), 마카오(677만 달러)도 각각 84%, 12.6%, 61.4% 늘어났다. 대중 수출이 확대되는 이유는 최근 중국의 젊은층을 중심으로 실용적이고 합리적인 가격대의 상품이 인기를 끌면서 우리나라 화장품에 대한 수요가 증가하고 있기 때문이다. 중국과 동남아 이외에도 미국과 유럽에서도 수출이 호조를 보이고 있다.

2008년부터 중국을 중심으로 아시아시장에서 한국 화장품에 대한 한류 바람이 가세하면서 우리나라 화장품 수출은 두자리 수 증가세를 나타냈다. 반면 우리 화장품업체들의 품질력이 급격히 상승하고, 중저가 매장 증가와 온라인판매가 증가하는데다 내수경기 침체가 장기화하면서 화장품 수입은 2012년부터 증가율이 한자리 수로 둔화됐다.

중국 화장품시장에서 조만간 1위 프랑스를 제칠 것으로 전망된다. 8월 중국 화장품 수입금액 통계를 보면 1위 프랑스는 전년대비 8% 감소한 5,700만 달러를 기록했다. 반면 한국은 5,500만 달러로 195% 증가했다. 조만간 한국이 프랑스를 제치고 중국 화장품수입시장서 1위로 올라설 것으로 예상된다. 동남아에서도 한류 바람이 거세다. 예능프로, K-팝의 인기에 힘입어 한국 화장품 수출이 급증하고 있다. 우리나라의 화장품 수출 상위 20개국 중 동남아국가는 태국과 싱가포르, 베트남, 말레이시아, 필리핀, 인도네시아, 미얀마 등 7개국이 포함됐다. 특히 싱가포르(43.1%)와 베트남(33.4%), 미얀마(66.7%)로는 30% 이상의 수출이 증가했다.

국내 뷰티업계 1위 아모레퍼시픽은 국내는 물론 해외에서 중국을 중심으로 아세안, 미국, 유럽까지 영역을 확대하면서 한국의 뷰티를 전파하고 있는 선두기업으로 꼽힌다. 최근 아모레퍼시픽은 여러 나라에서 명품브랜드로 떠오르고 있다. 효과적인 이미지 구축 전략을 수립했고 효율적인 마케팅을 전개한 것이 주효했지만, 근본적인 성공비결은 역시 높은 품질에서 찾아야 한다. 태평양기술연구원 관계자는 그 이유를 "한국인은 일본인과 함께 세계에서 피부가 가장 민감한 민족 가운데 하나다. 한국인이 만족하는 제품은 그만큼 만들기 어렵지만 일단 개발하면 세계 어디에 내놔도 손색이 없는 제품이 된다"고 설명했다. 아모레퍼시픽 화장품의 훌륭한 품질과 높은 안전성이 세계적으로 인정받고 있는 것이다.

해외기업과의 경쟁에서 성장 전망이 밝지만 이미 오랜 기간 글로벌기업이 뿌리를 내리고 있는 만큼 과제도 남아있다. 지속적인 연구개발 투자를 통해 좋은 제품과 기술력으로 글로벌 기업과 승부해야 하는 것이다. 다행히 아모레퍼시픽은 글로벌 화장품 업계가 주목할 만한 '쿠션' 기술로 여성들의 화장법을 변화시키고 있다. 지난 6월에는 프랑스 명품 브랜드 크리스찬 디올과 쿠션기술 개발을 위한 양해각서를 체결, 기술을 전수하는 입장이 됐다. 아모레퍼시픽에 따르면 올해 1월 크리스찬 디올 측에서 '아모레퍼시픽이 갖고 있는 쿠션 화장품관련 기술제휴를 할 수 있느냐'는 제의를 먼저 해왔다. 쿠션 화장품은 마치 주차 스탬프를 찍듯 쿠션 형태의 부드러운 파운데이션을 피부에 톡톡 찍어서 바르는 형태로, 아모레퍼시픽이 세계 최초로 개발해 국내외 시장에서 빅히트를 친 제품이다.

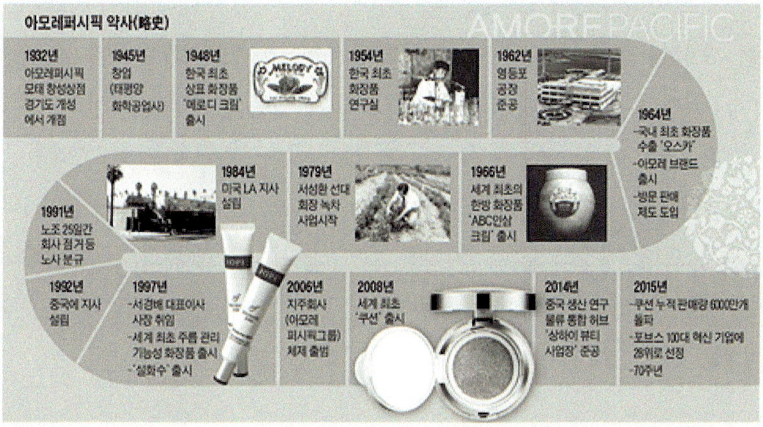

아모레퍼시픽은 아시아 1위 자리에 올라서기 위해 현재 20% 전후인 해외매출 비중을 오는 2020년까지 50%로 높일 계획이다. 해외매출 비중을 올리는 관건은 중국의존에서 벗어나는 것이다. 이를 위해 인구 1,000만명 규모의 30개 '메가시티'를 중점공략할 예정으로, 방콕과 자카르타 등 동남아뿐 아니라 2016년에는 두바이를 시작으로 사우디아라비아와 아랍에미리트(UAE) 등 중동지역에, 2017년에는 브라질과 멕시코·콜롬비아 등 중남미지역에 진출할 예정이다. 업계에서는 아모레퍼시픽이 세계적 화장품회사로 자리 잡기 위해서는 아시아지역 이외 미국과 유럽에서의 입지 확보와 브랜드파워 육성이 관건이라고 지적하고 있다.

한편 아모레퍼시픽의 2023년 사업보고서에 따르면 판매경로별 구성비는 순수 국내 49%, 면세점 12%, 해외법인 및 수출 39% 등이다. 중국의존에서 벗어나려는 전략은 잘 추진되고 있지만(Mini-Case 8.3 참조), 2020년까지 해외매출 비중을 50%로 늘리겠다던 계획은 그 달성이 다소 지연되고 있는 상황이다.

자료원: 위클리조선, 2026호, 2008. 10. 20. 주간무역, 2015. 10. 29, 이코노믹리뷰, 2015. 11. 5 기사 및 아모레퍼시픽 2023 사업보고서.

2.7 제품의 심리적 의미

(1) 심리적 의미의 의의

특정 제품이나 서비스가 갖는 상징적, 혹은 심리적 의미(psychological meaning)는 문화적 요인에 크게 영향을 받으며 따라서 국가 시장별로 다를 수 있다. 이처럼 제품의 '의미'가 국가 혹은 문화에 따라 다르다면 이 제품의 제품정책이나 광고정책은 달라질 필요가 있다. 역으로 표현하면 제품의 의미가 같을 경우 마케팅믹스 정책의 표준화가 가능할 수 있다는 말이 된다. 따라서 한 사회 속에서 특정 제품이 갖는 심리적 의미를 파악하는 일은 중요한 시장조사 대상이 될 수 있으며, 그 제품과 관련하여 소비자들이 느끼는 것이 무엇인지, 또는 중요하게 생각하는 제품특성이 무엇인지 등을 판단할 수 있는 중요한 단서를 제공한다.

(2) 심리적 의미의 측정

제품의 심리적 의미(psychological meaning)를 측정하기 위한 방법으로 Friedmann (1986)은 단어연상법을 제시하고 있는데 이를 간단히 설명하면 다음과 같다.[2)]

■ **단어연상법의 개요:** 제품의 심리적 의미를 측정하는 적절한 방법으로는 주어진 시간(예: 70초) 동안 진행되는 한 단어 연상법(one-word associations)이 있다. 이 방법은 응답자에게 특정 제품(예: 자동차)과 같은 단서(cue)를 제시하고 이 단서와 관련된 문제, 특성, 아이디어 등을 생각나는 대로 제한된 시간 동안 말하도록 하는 것이다.

이 과정에서 응답자의 연상작용은 연속적이고 자유로워야 하며 최초의 단서에 바탕을 두어야 한다. 연속적이라는 것은 허용된 시간내에서 가능한 한 많은 '한 단어 연상'을 계속 말하도록 하는 것을 의미하며 자유로워야 한다는 것은 이러한 연상의 주제나 범위, 기준 등에 있어 아무런 제약도 없어야 한다는 점을 말한다. 또한 최초의 단서에 바탕을 두어야 한다는 것은 '연상된' 단어로부터 다시 순차적으로 연상작용이 이어지는 것을 방지해야 한다는 것을 의미한다.

---

2) Roberto Friedmann, "Psychological Meaning of Products: A Simplification of the Standardization vs. Adaptation Debate", *Columbia Journal of World Business*, Summer 1986, pp. 97-104.

예를 들어 한 응답자가 원래의 자극단서(stimulus cue)인 '액센트' 승용차에 대해 첫번째 연상단어를 '애인'이라고 답했는데 이 단어가 두번째 연상으로 '이별'을 생각나게 한다면 이는 이 조사의 본래 목적에 부합되지 않는 것이다. 다시 말해 연상은 '승용차 → 편리성', '승용차 → 여가', '승용차 → 교통난' 등과 같이 계속 '승용차'를 기초로 해야지 '승용차 → 편리성 → 돈 → 아르바이트' 등과 같이 꼬리를 물고 이어지는 형태로 되어서는 곤란하다는 것이다. 연쇄적 연상을 방지하려면 원래의 단서가 응답자에게 확실히 인식되고 보여질 수 있도록 조치를 취하면 될 것이다.

주어진 표본에 대해 단어연상 조사 작업이 끝나면 우선 표본내의 응답자들로부터 나온 단어를 그 빈도수에 따라 순서를 매기되 한 응답자로부터만 도출된 단어는 제거한다. 왜냐하면 여기서의 주된 관심은 개인이 아닌 특정 집단 안에서 공유되고 있는 의미를 찾는 것이기 때문이다.

아울러 개별 단어들을 유사성을 기준으로 분류함으로써 자료의 축약을 꾀하는 작업도 필요하다. 예를 들어 자동차의 심리적 의미를 측정하는 경우 '비용', '가격', '돈', '비싸다', '유지비', '할부금 납부' 등은 모두 '비용'이라는 군집(cluster)으로 분류될 수 있을 것이다. 각각의 군집은 심리적 의미를 구성하는 구성요소(component) 역할을 하며 구성요소는 집단간의 계량적 비교의 기초가 된다.

■ **측정사례**: 자동차의 심리적 의미를 측정하기 위해 107명의 미국 경영학과 대학생들을 대상으로 단어연상법을 사용한 조사결과가 〈표 11-5〉와 〈표 11-6〉에 나타나 있다. 이 조사는 본격적인 시장조사라기보다는 예시 목적의 성격이 크지만 단어연상법을 이해하는 데는 큰 도움이 될 수 있다.

표 11-5 자동차의 심리적 의미 구성요소

구성요소	총 빈도수	구성요소	총 빈도수
1. 경제 · 재무적 고려요인	133	8. 오락 기능	69
2. 특성 · 선택사양	122	9. 문제점 · 잠재적 문제점	65
3. 제조회사 및 모델	121	10. 색상	63
4. 이미지 · 외양	81	11. 음악	44
5. 성능	77	12. 크기	20
6. 실용성	75	13. 원산지	14
7. 스타일	71		

자료원: Friedmann(1986), p. 102.

표 11-6 '성능' 구성요소에 포함된 단어

단 어	빈 도	단 어	빈 도
빠르다 (fast)	30	속도 (speed)	25
파워 (power)	6	민첩하다 (quick)	2
성능 (performance)	3	핸들링 (handling)	5
안전도 (safety)	3	경주 (racing)	3

자료원: Friedmann(1986), p. 102.

〈표 11-5〉는 응답자들이 언급한 단어들을 심리적 의미의 구성요소별로 구분한 결과와 각 구성요소에 포함된 단어들의 총 빈도수를 보여 주고 있으며, 〈표 11-6〉은 이들 구성요소 중 '성능' 요소에 포함된 개별 단어와 빈도수를 보여 주고 있다.

(3) 심리적 의미의 적용

단어연상법에 의해 측정된 제품의 심리적 의미는 우선 그 구성요소와 개별 단어들의 내용을 개괄적으로 분석함으로써 유용한 정보로 활용할 수 있다. 또한 연상된 단어들을 구성요소로 구분하면 비모수통계기법에 의한 집단(국가 혹은 하위집단)간 비교가 가능하고 이러한 비교는 시장별 마케팅믹스전략의 강조점이나 표준화 전략의 도입가능성 등을 파악하는 데 도움이 된다.

연습문제

1. 제품포트폴리오 분석기법의 대표적 예인 성장률–점유율 매트릭스(growth–share matrix)에 대해 설명하시오.
2. Keegan이 말하는 제품 및 촉진활동의 5가지 표준화 - 적응화 전략대안에 대해 설명하시오.
3. OEM 방식에 의한 수출의 장점과 문제점, 그리고 고유브랜드 전략으로 전환할 수 있는 전략 등에 대해 〈Mini–Case 1.1 및 11.1〉 내용을 예로 들며 설명하시오.
4. ODM(original development manufacturing)이란 무엇을 의미하며 그 의의는 무엇인가?
5. 한국의 브랜드가치, 혹은 국가 이미지 등에 대해 현황과 향상방안 측면에서 논하시오.
6. 브랜드자산이 갖는 의의를 한국기업의 입장에서 생각해 보자.

7. 제품수명주기 단계별로 마케팅전략이 어떻게 달라져야 하는지 설명하시오.
8. 원산지효과(country-of-origin effect)의 개념과 전략적 시사점에 대해 설명하시오.
9. 국가 이미지와 제품 특성을 관련시킨 Roth & Romeo(1992)의 분류틀에 대해 그 내용과 국제마케팅 전략에 주는 시사점을 중심으로 설명하시오.
10. 제품의 심리적 의미란 무엇을 말하는지, 그리고 그 시사점은 무엇인지 설명하시오.

참고문헌

- 권영철, "국제제품적응행태: 결정요인 및 성과에 관한 연구," 경영학연구, 제25권 제1호, 1996, pp. 27-48.
- 이장로, 문희철, 이춘수, 4차 산업혁명 시대의 국제마케팅, 8판, 한빛아카데미, 2022.
- 이철, 글로벌마케팅, 3판, 학현사, 2020.
- 조효은, 김은미, 정인식, "글로벌시장의 제품 표준화 전략에 대한 실증 연구", 국제경영리뷰, 제26권 제1호, pp. 125-135.
- 한충민, 이슬기, 이상엽, "브랜드 글로벌성 vs. 원산지 이미지-글로벌 브랜드는 원산지 효과에서 자유로운가?" 국제경영연구, 제22권 제4호, 2011, pp. 1-23.
- Bilkey, Warren J. & Erik Nes, "Country-of-Origin Effects on Product Evaluations," *Journal of International Business Studies*, Spring-Summer 1982, pp. 89-99.
- Cateora, Philip R., R. Bruce Money, Mary C. Gilly & John L. Graham, *International Marketing*, 19th ed., McGraw-Hill, 2023.
- Chao, Paul, "Partitioning Country of Origin Effects: Consumer Evaluations of a Hybrid Product," *Journal of International Business Studies*, 24, 2, 1993, pp. 291-306.
- Cordell, Victor V., "Effects of Consumer Preferences for Foreign Sourced Products," *Journal of International Business Studies*, 23, 2, 1992, pp. 251-269.
- Czinkota, Michael, Ilka Ronkainen & Annie Cui, *International Marketing*, 11th ed., Cengage Learning, 2022.
- Friedmann, Roberto, "Psychological Meaning of Products: A Simplification of the Standardization vs. Adaptation Debate," *Columbia Journal of World Business*, Summer 1986, pp. 97-104.
- Green, Mark C. & Warren Keegan, *Global Marketing*, 10th ed., Pearson, 2019.
- Han, C. Min & Vern Terpstra, "Country-of-Origin Effects for Uni-National and Bi-National Products," *Journal of International Business Studies*, Summer, 1988, pp. 235-255.
- Keegan, Warren J., "Multinational Product Planning: Strategic Alternatives," *Journal of Marketing*,

January 1969, pp. 58-62.

- Kotabe, Masaaki & Kristiaan Helsen, *Global Marketing Management*, 9th ed., Wiley, 2022.
- Magnusson, P., Stanford A. Westjohn & Srdan Zdravkovic, "What? I Thought Samsung Was Japanese: Accurate or Not, Perceived Country of Origin Matters", *International Marketing Review*, 28(5), 2011, pp. 454-472.
- Roth, Martin S. & Jean B. Romeo, "Matching Product Category and Country Image Perceptions: A Framework for Managing Country-of-Origin Effects," *Journal of International Business Studies*, 3rd Quarter 1992, pp. 477-497.
- Samiee, Saeed, "Customer Evaluation of Products in A Global Market," *Journal of International Business Studies*, 25, 3, 1994, pp. 579-604.
- Vernon, Raymond, "International Investment and International Trade in the Product Cycle," *Quarterly Journal of Economics*, May 1966, pp. 190-207.
- Ward, James J., "Product and Promotion Adaptation by European Firms in the U.S." *Journal of International Business Studies*, Spring 1973. pp. 79-85.
- Wells, Louis T., Jr., "A Product Life Cycle for International Trade ?", *Journal of Marketing*, July 1968, pp. 1-6.

CHAPTER 12

국제가격전략

해외시장을 대상으로 하는 가격전략은 국내시장과 달리 추가적으로 고려해야 할 요인들이 많아진다. 본장에서는 가격전략의 기초개념을 우선 설명하고, 국제가격전략에서 맞게 되는 독특한 문제들에 대해 설명한다. 환율변화에 따른 문제, 덤핑, 이전가격, 국가간 가격차별화 및 조정, 국제무역 거래조건, 대응무역 등이 국제가격전략에 있어 추가적으로 고려해야 할 사항들이다.

12-1 Mini-Case

이케아 가격 정책 논란 - 싼 건 더 싸게, 비싼 건 더 비싸게?

이케아는 한국 1호점 개장을 앞둔 2014년 11월 13일 한국어 홈페이지를 열면서 주요 제품의 가격을 공개했다. 이케아는 1년에 한번 제품카탈로그를 발행해 고객에 제공한다. 이때 각 제품에 책정된 가격은 국가별로 다르다. 이케아코리아 측은 "철저한 시장조사와 환율, 관세는 물론 경제사정과 물가를 고려해 가격을 매긴다"고 밝혔다. 이렇게 한번 정해진 가격은 새로운 카탈로그가 발행되기 전까지 약 1년 간 유지된다. 아직 배포가 되기 전이지만 이미 홈페이지를 통해 가격을 본 고객들은 "다른 나라보다 비싸다"며 반발하고 있다.

국내 카탈로그에 실린 2,000여 상품 가운데는 다른 나라보다 비싼 것도 있고, 싼 것도 있다. 그런데 유독 국내 소비자들이 이케아코리아의 가격책정에 불만을 갖는 이유는 무엇일까? 첫째는 내구성이 낮은 소모품이나 저가제품군의 경우 외국보다 싼 가격을 매겼지만 고가제품군은 오히려 2~3배 가격을 책정했다는 점이다. 예를 들면 44만 9,000원짜리 TV 장식장은 일본(약 37만 8,000원)이나 미국(약 23만원)과 큰 차이를 보인다. 스톡홀름 3인용 소파 역시 한국은 299만원, 일본 판매 가격은 약 189만원으로 100만원 이상 차이난다.

개장 후 반 년이 지난 2015년 6월 소비자문제연구소인 컨슈머리서치가 조사한 바에 따르면 이케아코리아의 소파와 수납장 평균 가격은 미국 · 독일 · 일본보다 15~20% 비싼 것으로 나타났다. 한국과 다른 나라 간 가

표 한국이 다른 나라보다 비싼 이케아의 주요 제품

(단위: 원)

제품명(브랜드: 설명)	한국	비교국가	차이
이세팔 라이트 터쿼이즈(쇠데르함: 코너부분 천 소파)	47만	22만3460(미국)	2.1배
산드바카 그린(스톡홀름: 3인용 천 소파)	199만9000	111만6183(미국)	1.8배
델리카트화이트 - 블랙(스톡홀름: 쿠션형 스툴)	44만9000	24만9825(독일)	1.8배
유리도어 수납장, 블랙 - 브라운(헴네스: 수납장)	49만9000	31만6502(일본)	1.6배

주: 가격비교는 2015년 6월 15일 환율기준
자료원: 컨슈머리서치

격 차이가 가장 큰 제품은 '쇠데르함'의 천소파 '이세팔 라이트 터쿼이즈'(폭 99cm, 깊이 99cm, 시트 폭 63cm)로 한국에선 47만 원인데 미국에선 22만 3,460원에 판매되고 있었다. 한국이 2.1배나 비싸다. '스톡홀름'의 3인용 천소파 '산드바카 그린'도 한국이 유독비싸다. 이 제품의 한국 판매가격은 199만 9,000원으로 미국(111만 6,183원)의 1.8배, 독일(150만 5,225원)의 1.3배, 일본(162만 8,100원)의 1.2배다.

가격대별로는 40만~70만 원 31개 품목, 70만~100만 원 14개 품목, 100만 원 이상 14개 품목 등 비교적 고가의 제품 대부분이 비교 국가들보다 10~30% 비쌌다. 10만 원 미만 저가상품의 경우 한국이 오히려 저렴한 경우가 상당수 있었다.

나라별로 품목별 가격차이가 큰 것은 이케아 고유의 가격책정전략 때문이다. 앤드류 존슨 이케아코리아 세일즈 매니저는 "시장분석, 유통경로, 관세, 제조국가 등을 고려해 나라마다 다른 가격이 책정된다"며 "우리가 선보이는 8000여 종의 상품가격에는 국가마다 다양한 요소를 반영하고, 주안점도 다르기 때문에 차이를 보일 수밖에 없다"고 설명했다. 그는 "미국의 경우 공시가격에 부가세와 세일즈택스 등이 포함돼 있지 않아 실제 판매가격은 기존 가격에 5~10% 더해진다"고 덧붙였다.

이케아코리아는 "한국 가구시장에서 가장 낮은 가격에 제품을 제공하려는 이케아의 노력에도 불구하고 (타사 제품과의 비교가 아닌) 이케아제품만으로 가격실태조사를 한 점에 유감을 표한다"는 기존 입장을 고수했다. 회사측은 "국가별로 소비자설문조사 · 시장분석 · 물류 · 관세 · 환율 · 매장 수 등 많은 요소를 반영해 가격을 책정한다"며 "가격을 비교하려면 국내 가구제품과 비교하는 것이 타당하다"고 덧붙였다.

이케아는 한국진출 전에 국내 일반가정 80여 곳을 방문해 한국의 라이프스타일을 연구한 것으로 알려졌다. 이를 통해 한국에서 경쟁력 있는 제품을 결정해 수량과 가격을 책정했다는 것이다. 앤드류 존슨 세일즈 매니저는 "한국사람들이 좋아하는 제품에 대해서는 가격을 낮게 책정했지만 그렇지 않은 경우에는 다른 국가보다 비쌀 수도 있다"고 설명했다. 이 때문에 이케아는 한국에 진출하면서 한국 소비자들이 가장 많이 구매하고자 하는 저가 생활용품에 외국보다 싼 가격을 매긴 것이다. 이와 달리 외국보다 비싸게 가격을 책정한 제품은 국내 업체가 비슷한 제품을 얼마에 팔고 있는지를 반영했다. 다시 말해 이케아코리아가 제시한 가격은 외국보다는 비싸지만 국내 다른 가구업체와 비교하면 여전히 저렴하다는 뜻이다. 한 업계 관계자는 "국내 가구업체가 판매하고 있는 제품의 가격 자체가 높다보니 이케아도 '한국에선 이 정도(더 높은) 가격에도 팔리는구나'라고 생각한 것 같다"며 "이케아의 가격에 자극받은 국내 가구업체들이 가격을 낮추면 이케아도 내년 가격정책에 이를 반영하지 않겠느냐"고 말했다.

이케아는 현재 40여 국가에서 340여 매장을 운영 중인 이케아의 가장 큰 성공요인은 바로 저가정책이다. 낮은 가격과 적은 마진으로 연매출 40조 원을 벌어들인다. 이케아 창업자인 잉그바르 캄프라드는 자서전 〈어느 가구상인의 유언장〉에서 기업의 설립목적을 이렇게 기술했다. '우리는 디자인이 아름답고 기능이 뛰어난 가구와 집기들을 가능한 한 많은 사람이 구매할 수 있을 만큼 저렴한 가격으로 제공해야 한다.' 이런 기업정신은 오늘날까지 이어져 이케아는 지난 1998년과 2003년 사이에 가격을 2.5% 가량 내렸다. 이케아가 우리보다 앞서 매장을 낸 싱가포르나 말레이시아 등에서는 현재 'ELP(Even Lower Price)' 마케팅이 한창이다. 현지 물가가 매년 올라도, 이케아는 가격을 오히려 더 낮추겠다는 전략이다. 이처럼 국내 소비자들이 이케아를 기다린 이유도 이 회사가 고급 브랜드가 아닌 저가의 실용주의를 지향한다는 점에서였다. 일찍이 이케아의 '착한 가격'에 기대를 품고 기다린 국내 소비자로서는 막상 '착하지만은 않은 가격'에 실망한 것으로 보인다.

여기에 배송 · 조립가격까지 더하면 가격은 더욱 올라갈 예정이다. 이케아는 픽업 · 배송 서비스에 기본요금

2만 9,000원이 든다고 밝혔다. D.I.Y 제품으로 저가정책을 고수하는 이케아는 소비자가 직접 물건을 싣고 가 조립하는 것을 원칙으로 한다. 만약 이케아 직원에게 조립서비스를 요청할 경우 기본 4만원의 비용이 더 든다. 자칫 배보다 배꼽이 더 큰 경우가 발생할 수도 있는 것이다.

자료원: 이코노미스트, 2014. 11. 23 및 중앙일보 2015. 6. 23 기사를 수정편집함

01 가격전략의 기초

1.1 가격의 개념과 가격전략의 목표

(1) 가격의 개념과 의의

가격(price)은 '특정 제품이나 서비스를 소유하거나 사용하는데 대한 대가로 지불하는 화폐액이나 기타 대응물 (다른 제품이나 서비스)'로 정의된다. 기업입장에서 볼 때 가격은 매출수익, 판매량, 이익 등에 직접적으로 영향을 미칠 뿐만 아니라, 중요한 경쟁수단으로 활용될 수 있기 때문에 신중한 전략적 접근이 요구된다.

가격전략은 가격설정, 가격조절, 가격변경 등으로 나누어 생각할 수 있다. 가격설정이란 제품이나 서비스의 최초가격을 결정하는 것이고, 가격조절이란 판촉목적을 포함하여 단기적인 상황변화에 대한 대응으로 가격을 변화시키는 것을 말한다. 가격변경은 단기적인 조정이 아니라 가격수준 자체를 인상하거나 인하하는 것을 의미한다.

한편 가격과 유사한 용어로 가치(value)가 있는데 가치란 소비자가 인식하는 품질수준을 가격으로 나눈 것이라 볼 수 있다. 따라서 인지된 품질수준에 비해 가격이 높다면 소비자에게 그 제품이나 서비스의 가치는 낮아지고, 반대로 상대적으로 가격이 낮다면 가치는 올라간다.

(2) 가격전략의 기본 목표

가격전략은 그 기본 목표가 무엇이냐에 따라 다르게 나타날 수 있다. 매출액 극대화가

목표일 경우와 이익 극대화가 목표일 경우 가격전략은 분명 다른 양상을 보이게 될 것이다. 일반적으로 가격을 결정할 때 목표로 삼을 수 있는 것은 이익, 매출액, 시장점유율, 판매량 증대 등을 들 수 있으며, 경우에 따라서는 기업의 생존 자체가 가격결정의 최대 결정요인이 될 수도 있다. 공공적 성격을 갖는 제품이나 서비스의 경우 사회적 책임도 가격전략의 한 목표가 될 수 있다. 이익을 목표로 할 경우라 해도 장기적 이익관리 측면에서 접근할 것인지, 아니면 단기이익의 극대화를 추구할 것인지에 따라 가격전략은 다르게 나타난다.

1.2 가격설정전략의 접근방법

일반적으로 가격은 원가를 하한선으로, 수요측면을 고려한 수준을 상한선으로 하여 그 사이에서 경쟁상황이나 유통구조 등을 고려하여 결정하게 된다. 이들에 대해 간략히 설명하면 다음과 같다.

(1) 원가중심의 가격결정

원가(cost)는 가격결정의 기초로 사용되는 가장 일반적인 요인이다. 기업의 입장에서 측정이 비교적 용이할 뿐 아니라, 소비자 입장에서도 원가이상은 지불해야 한다는 점을 합리적인 것으로 받아들일 수 있기 때문이다. 따라서 원가는 가격의 하한선(price floor) 역할을 한다. 원가에 일정액, 혹은 일정률의 이익을 가산하여 가격을 설정하는 것이다.

다만 총원가(full cost)를 기준으로 하느냐, 변동비(variable cost)를 기준으로 하느냐가 문제가 될 수 있다. 이익이 있으려면 고정비(fixed cost)를 포함한 총비용을 상쇄할 정도의 가격수준을 정해야 하지만 변동비, 혹은 한계비용(marginal cost)을 초과하는 가격이라면 그 초과분만큼 이익에 기여하는 것이기 때문에(손실을 줄이기 때문에) 가격결정의 기준이 될 수 있다. 특히 대량생산시설 투자 등으로 인해 높은 고정비를 부담하고 있고 가동률에 여유가 있을 때는 변동비 기준의 가격설정이 현실적인 방법이 될 수 있다. 또한 가격경쟁이 심한 수출시장의 경우, 특히 뒤에 설명할 가격누증현상이 크게 나타날 경우에는 변동비를 기초로 한 수출가격결정이 모색될 수 있다.

(2) 수요중심의 가격결정

위에서 설명한 원가중심의 가격결정은 합리적이라는 장점이 있지만 기본적으로 생산자중심의 가격결정이라 할 수 있다. 이에 비해 수요중심의 가격결정은 소비자행동이나 시장여건 등을 고려하여 가격수준을 정하는 것이다. 수요는 소비자들이 부담할 수 있는 지불능력 및 지불의사와 직결되기 때문에 기업이 설정할 수 있는 가격의 상한선(price ceiling) 역할을 한다고 볼 수 있다.

고소득층을 겨냥하여 신제품에 높은 가격을 설정하는 초기 고가전략(skimming pricing), 반대로 조기에 시장점유율을 확보하기 위한 침투가격전략(초기 저가전략, penetration pricing), 가격이 높아야 오히려 수요가 늘어나는 경우에 적용되는 긍지가격전략(prestige pricing), 수요의 가격탄력성 차이를 고려한 차별적 가격전략(discriminatory pricing) 등은 수요중심 가격결정의 대표적인 예들이다.

(3) 기타 고려요인

기업은 원가와 수요측면을 각각 하한선과 상한선으로 하여 그 사이에서 가격을 결정하게 된다. 여기에는 유통구조를 포함한 시장구조, 경쟁상황, 그리고 경우에 따라 정부의 정책적 규제 등이 고려요인으로 작용한다.

1.3 가격의 조절과 변경

기업은 제품이나 서비스의 가격수준을 결정한 후 상황에 따라 가격을 조절하거나 가격수준 자체를 변경해야 할 경우도 맞게 된다. 가격의 조절(adjustment)은 할인과 공제로 구분되며 가격의 변경(change)은 인상과 인하로 나뉜다.

(1) 할인(discount)

할인은 일정한 조건과 상황에 따라 가격을 낮추어주는 것이다. 우선 수량할인(quantity discount)은 대량으로 구입하는 경우에 가격을 낮추어주는 것을 말하며, 현금

할인(cash discount)은 대금결제를 할부나 신용이 아닌 현금으로 할 경우 일정액을 감해 주는 것이다. 또한 계절할인(seasonal discount)은 계절을 타는 제품에 대해 철이 지났거나 아직 도래하지 않은 이른 시점에 싸게 판매하는 것을 말한다. 제철이 오기 전에 할인을 하는 것은 대개 유통업체에 대해 조기주문을 자극하여 생산계획에 반영하거나 경쟁제품의 유통경로 진출기회를 줄이기 위한 목적으로 사용될 수 있다. 한편 기능할인(functional discount)이란 유통기능을 제조업체 대신 수행해 주는 유통업체에 대한 보상성격의 할인이라 볼 수 있다.

(2) 공제(allowance)

공제란 가격의 일부를 삭감하여 주는 것으로서 소비자를 대상으로 하는 보상판매(trade-in allowance)와 중간상을 대상으로 하는 촉진공제(promotional allowance)가 있다. 보상판매는 소비자가 자사 제품을 구매하면서 중고품을 가져오는 경우 판매가의 일부를 공제해 주는 것이며, 촉진공제는 중간상이 제조업체를 위해 지역광고나 판촉활동을 실시할 경우 이에 대한 보상차원으로 가격에서 일부를 공제하는 것이다.

(3) 가격의 인상과 인하

기업은 가격을 일시적으로 조정하는 것이 아니라 가격수준 자체를 올리거나 내리기도 한다. 가격의 인상이나 인하는 원가의 변동, 수요의 변동, 경쟁상황의 변화 등에 따라 이루어진다. 제품 포지셔닝을 수정하기(repositioning) 위한 목적으로 가격을 변경하는 경우도 있다.

(4) 차별적 가격전략

차별적 가격전략(discriminatory pricing), 혹은 가격차별화(price discrimination)란 동일한 제품이나 서비스에 대해 소비자 혹은 세분시장별로 가격을 다르게 적용하는 것이다. 수요측면을 고려한 가격의 조절이라 볼 수 있겠다.

가격차별화는 수요의 가격탄력성이 높은 시장에서는 상대적으로 낮은 가격을 적용하고 탄력성이 낮은 시장에서는 높은 가격을 책정함으로써 전체적인 매출액을 극대화하기 위해 사용된다. 그러나 이 전략이 성공하기 위해서는 차별적 가격이 적용되는 시장간의 분리가 가능해야 한다. 즉, 가격이 낮은 시장에서 구매하여 높은 시장에 판매하는 재정거래(혹은 차익거래, arbitrage)가 불가능하거나 경제적 인센티브가 충분치 않아야 하는 것이다.

02 국제가격결정 시의 독특한 문제

2.1 추가적 비용

국제가격결정, 특히 수출가격의 결정에는 관세, 특별세, 운송비용, 보험료, 유통마진 등 추가적으로 발생하는 비용을 고려해야 한다. 따라서 수출시장에서의 가격은 국내가격보다 상당히 증가되는 것이 일반적인데 이를 가격누증(price escalation)현상이라 부르고 있다(〈표 12-1〉 참조).

이러한 가격누증현상은 상당부분 회피할 수 없는 일이지만, 이를 완화하기 위해 몇가지 전략적으로 검토할 수 있는 사항이 있다. 우선 가능한 한 국제유통경로(단계)를 감축시킬 필요가 있다. 유통경로가 길어질수록 유통마진이 늘어나기 때문이다. 때로는 제품이 어떻게 분류되느냐에 따라 관세율에 큰 차이가 나기도 하는데, 수출기업이나 수출국 입장에서는 수입국의 상품분류체계가 무역장벽으로 인식되는 경우도 있다. 승용차인지 트럭인지에 따라 관세율이 2.5%와 25%로 큰 차이를 보였던 미국의 관세정책과 차량분류체계에 대응하여 소송을 제기했던 일본의 니산자동차 사례가 〈Mini-Case 12.2〉에 소개되어 있다.

12-2 Mini-Case
나는 승용차예요. 트럭이 아니라구요!

1989년 미국의 관세당국은 다목적용 차량을 트럭, 즉 화물이나 짐을 운반하는 차량으로 분류했다. 승용차는 2.5%의 관세만 물면되는데 비해 트럭에는 25%의 관세가 부과되었다. 니산의 투도어차량인 패스파인더(Pathfinder)는 원래 승용차가 아니라 트럭으로 분류되었었는데, 니산은 이러한 조치에 이의를 신청하여 승소한 바 있다.

법무부는 패스파인더가 나중에 추가장착된 옵션에도 불구하고 니산의 픽업트럭과 같은 구조로 설계되었으며, 따라서 관세목적상 트럭으로 분류되어야 한다는 주장을 폈다. 그러나 법원은 그런 점은 문제가 아니며, 차량이 어떻게 사용되느냐가 중요하다고 말했다. 판사는 패스파인더가 사실상 "나는 승용차예요, 트럭이 아니라구요!"라고 소비자들에게 외치고 있다고 선고했다.

이 판례는 수입 미니밴과 SUV차량(sport-utility vehicles)이 승용차인가 트럭인가 하는 오랜 논쟁에 종지부를 찍었다는 의미를 가지고 있다. 이 결정은 소비자가 패스파인더에 지불하는 매 1,000 달러당 225 달러를 절약하게 된다는 것을 의미한다.

자료원: "Nissan Wins U.S. Customs Suit," Associated Press release, September 9, 1994.

표 12-1 가격누증 현상의 예 (미국에서 중동으로 수출하는 경우)

유통단계	국내 시장	수출 시장
제조원가	$362.00	$362.00
도매상 혹은 선적항까지의 수송비	18.00 $380.00	23.00 $385.00
수출서류 비용 (B/L 등)		4.00
선적비용		2.50
운송료 및 보험료		58.50 $450.00
수입관세(20%)		90.00 $540.00
도착항 입항비용		3.00 $543.00
도착항에서 수입상까지의 운송비용		17.00 $560.00
수입상 마진(10%)		56.00 $616.00
도매상 마진(8%)	30.40 $410.40	49.28 $665.28
소매상 마진(40%)	164.16	266.12
최종 소비자 가격	$574.56	$931.40

자료원: Subhash C. Jain, *International Marketing Management*, 5th ed., 1996, South-Western College Publishing, p. 496.

또한 총원가가 아닌 변동비를 기준으로 수출가격을 책정하는 방법이 있다. 국내시장에서는 총원가를 반영하고 수출제품에서는 변동비만 회수하겠다는 전략이다. 그러나 수출제품에 대해서만 적용되는 변동비 기준의 가격설정은 그 이론적 타당성과 현실성에도 불구하고 뒤에서 설명할 덤핑문제와 연결될 수 있기 때문에 신중한 접근이 필요하다. 제품을 변형하거나 수정한 후 가격을 낮추어 수출하는 방법도 고려해 볼 수 있다. 특히 저소득국가에 대해 품질등급을 약간 낮추거나 디자인을 단순화한 후 저가격제품을 수출하는 것이다.

가격누증현상에 대한 대응책으로서가 아니더라도 저소득국가에서는 구매력을 감안한 가격정책이 고려되어야 한다. 이러한 저가격전략에는 제품의 단순화, 포장의 소용량화 등과 같은 제품전략의 수정이 수반되기도 한다. 저소득층을 위한 제품변경과 저가격전략 사례는 <Mini-Case 12.3>에 소개되어 있다. 이 사례들은 이러한 기업의 마케팅전략이 단순한 마케팅전략 이상의 의미를 가지고 있음도 보여주고 있다.

12-3 Mini-Case
Small is Profitable?

인도 구자랏주의 나발리마을에 거주하는 37세 주부 우샤벤 파텔씨는 매일 아침 5시에 기상하여 소젖을 짠다. 30분 후 그녀는 마을 우유협동조합으로 간다. 거기서는 그녀가 가지고 간 7리터의 우유 양을 재고 맛도 검사한다. 오후에도 그녀의 일과는 반복된다. 그녀의 하루 수입은 $2.80이다. 그러나 그 돈은 매우 요긴하게 쓰인다. 생필품을 사고 두 아들을 학교에 보내는데 큰 도움이 된다. 실은 그 협동조합은 나발리 마을 전체에 큰 영향을 미치고 있다. 6,000명 주민 중에 932명이 조합원인데 그들이 올린 수입은 새로운 도로를 건설하고 학교 선생님들을 위한 집을 지을 정도가 되었다. 작년에는 구자랏의 다른 지역에서 발생한 지진피해자들에게 구호금을 보내기까지 하였다.

가슴훈훈한 빈곤퇴치 프로젝트냐고? 그렇지는 않다. 이 협동조합은 인도 최대의 유제품 회사인 Amul(Anand Milk Union Ltd.)과 연계되어 있는 인도 전역의 시골마을에 산재된 175개 조합(약 200만명의 조합원) 중 하나다. 마을의 우유수집소는 전체 공급사슬의 출발점인 셈이다. 자체적으로 저렴한 우유공급원을 확보하고 있기 때문에 Amul의 치즈, 아이스크림, 쵸콜렛 제품은 네슬레나 유니레버의 점유율을 잠식해 가고 있다.

1973년 영국의 경제학자, 철학자였던 슈마허(Schumacher)가 "작은 것이 아름답다(Small is Beautiful)"란 책을 썼지만, 그가 지금 다시 살아나서 속편을 쓴다면 아마도 "작은 것이 이익이 된다(Small is Profitable)"가 될지도 모르겠다. 유니레버, 필립스, 코카콜라, 모토롤라와 같은 회사들이 저가격, 소용량의 사용하기 간단한 제품에 주목하는 것이 전세계 인구의 대분이 살고 있는 개발도상국에서 성공할 수 있는 비결이라는 것을 깨닫고 있기 때문이다.

무담보 소액대출(micro loan)운동이나 Amul의 사업방식은 앞으로 저소득국가의 중요한 경제성장원이 될 수 있다.

전세계 인구의 2/3가 연간 $1,500 이하의 소득을 올리고 있는 상황이다. Amul과 같은 회사들은 시골 빈곤층들의 전통적인 생활방식을 파괴하지 않으면서 다국적기업이 그들을 고용하는 것이 경제적으로 실행가능한 일이라는 것을 보여주고 싶어 한다. 전세계 인구 피라미드의 하부를 미래 소비자로 인식하는 기업들도 있다. 유니레버 스킨캐어 제품의 전세계 마케팅 매니저는 "저소득층은 우리에게 대단히 중요한 시장입니다"라고 말한다. 이 회사는 개발도상국 시장이 현재의 32% 수준에서 앞으로는 그 비중이 훨씬 더 늘어나게 될 것으로 보고 있다. "더 좋은 브랜드를 갈망하지만 아직은 경제적으로 형편이 안되는 수십억 인구가 있습니다."

유니레버에 있어 빈곤층은 이미 거대한 시장이다. 500억 달러 규모의 소비재 거대기업인 유니레버는 몇 센트 정도 하는 작은 포장단위의 제품을 판매하려는 노력을 기울여 왔다. 인도 현지법인인 '힌두스탄 레버'는 이러한 개념의 전략을 1987년에 채택했다. 1회용 선실크 샴푸를 2 내지 4센트에 판매하기 시작한 것이다. 이제 이러한 소포장 단위 제품은 힌두스탄 레버의 인도 매출액 24억 달러 중 절반 정도를 차지하고 있다. 이러한 전략은 전세계로 확장되었다. 유니레버의 스틱형 탈취제인 렉소나 브랜드는 16센트 정도에 팔린다. 이 제품은 인도, 필리핀, 볼리비아, 페루 등에서 엄청난 성공을 거두어 탈취제시장의 60%를 점유하게 되었다. 동전 크기의 바셀린과 20회 정도 사용할 수 있는 튜브형 클로즈업 치약은 8센트씩에 팔린다. 나이제리아에서는 냉장보관이 필요없는 소용량 포장의 마아가린을 판매하고 있다.

유니레버의 성공은 빈곤층의 기초욕구를 충족시키고자 하는 기업들에게 새로운 영감을 주고 있다. 뉴욕주의 브루클린에 있는 Scojo Vision사가 대표적 예다. 아프리카와 다른 지역에서 질병에 의한 시력상실 방지 프로그램을 운영했던 공동설립자이자 검안사인 카살로우(Jordan Kassalow)는 처방이 필요없는 단순한 안경이 엄청나게 필요하다는 사실에 눈을 뜨게 되었다. 안과에 가서 진단을 받고 일반안경을 구매하는데 필요한 30달러를 지불할 능력이 없는 사람들이 참으로 많다. 카살로우는 "이처럼 간단한 제품에 대한 접근이 차단된 사람들이 수억 명에 이릅니다"라고 말한다.

이런 점에 착안하여 Scojo사는 지난 3월 처방이 필요없는 안경을 엘살바도르, 인도, 하이티, 과테말라 등에서 2 달러밖에 안되는 가격으로 판매하기 시작했다. 이 안경은 단지 3단계의 도수로만 나온다. 유통을 위해 이 회사는 수십 명 정도의 소기업 경영자들을 훈련시키고 75 달러 정도를 대출해 줘서 시력검사표, 브로셔, 안경 등을 구매할 수 있도록 하였다. Scojo사는 현재까지 수천 개의 안경을 판매했는데 이익을 내기 위해서는 1년에 100,000개 정도를 팔아야 할 것으로 추정하고 있다.

코카콜라도 인도에서 가격과 광고전략을 개편했다. 이 회사는 2001년 200ml라는 새로운 사이즈의 병 콜라를 론칭했다. 병당 10센트로 시골지역과 도시의 저소득층 시장을 겨냥한 것이었다. 금년에는 300ml짜리 병 가격을 24센트에서 17센트로 인하하기도 했다. 가격인하는 매출액 증대에 큰 계기가 되었으며 새로운 작은 병 사이즈는 큰 히트상품이 되었다.

기술을 바탕으로 하는 회사들도 저소득층에 다가가는 방법을 배우고 있다. 거대 소비자 가전회사인 필립스는 산악인용 태엽식 라디오를 재정비하여, 단순형 제품을 20 달러에 인도시장에서 판매하기 시작했다. 필립스는 연말까지 10만개 정도 판매할 희망을 가지고 있다. 필립스의 인도법인 CEO는 "이 제품이 우리가 여기서 선두주자가 되는데 도움을 줄 것입니다"라고 말한다. '감당할 수 있는 가격'과 '단순성'은 먼 시골지역까지 무선전화와 데이터 서비스를 제공할 수 있는 저렴한 방법을 찾아내려는 기술자들을 움직이게 하는 모토다.

어떤 미래학자들은 '작은 것이 이익이 된다'라는 움직임이 새로운 종류의 다국적기업을 탄생시킬 것이라고 예측하기도 한다. 경영학계의 권위자인 프라할라드(Prahalad)는 "이미 유니레버나 Amul은 소기업은 물론 대기업의 본질에 대해 근본적으로 다시 생각하고 있다"고 말한다. 그는 미래의 성공적인 다국적기업은 글로벌 마케팅과 공급사슬관리를 정교하게 하겠지만, 동시에 마을수준에도 견고하게 뿌리를 내리게 될 것으로 예측한다. "미래의 도전은 개발도상국에 규모의 이점과 소형의 독특성을 가진 대규모의 가상조직을 구축하는 것이 될 것이다" 프라할라드의 말이다.

인도의 유제품개발위원회 의장인 암리타 파텔(Amrita Patel)도 여기에 동의한다. 그녀는 Amul이 마을 단위 우유협동조합 네트워크에 의해 소유되어 있다는 사실에 주목한다. Amul은 작년의 이익 1,200만 달러 중 절반을 주주인 농부들에게 나누어 준 바 있다. 이런 모델은 과일에서부터 꽃까지 모든 것을 산출하는 다른 시골 협동조합들이 전세계시장에 자신들의 제품을 판매하는 데 도움을 줄 수 있을 것이다.

마을협동조합, 대체기술, 이들은 이상주의적인 과거로부터의 나팔소리로 들릴지도 모른다. 그러나 '작은 것이 아름답다'는 충분히 미래의 물결이 될 수도 있다.

자료원: "Small Is Profitable," *Business Week*, August 26, 2002 및 "Finally, Coke Gets It Right in India", *Business Week*, February 10, 2003의 내용을 요약 편집함.

2.2 덤핑문제

(1) 덤핑의 정의

덤핑(dumping)은 간단하게만 보면 단순한 국가간 가격차별화로 이해할 수 있다. 그러나 대부분의 수입국가들이 덤핑에 대한 규제조치를 시행하고 있기 때문에 가격차별화의 수단으로 여길 수만은 없다. 일반적으로 덤핑은 '공정가격 미만(LTFV, less than fair value)의 판매'로 정의되지만 공정가격을 무엇으로 보느냐에 대해서는 다양한 입장이 있을 수 있다. 수출국 동종제품의 가격, 수입국 내 동종제품의 가격, 제3국 수출가격 중 가장 높은 가격 등이 그 예다. 이와 같이 준거가 되는 비교가격이 없을 때는 원가와 적정수준의 유통마진 등을 고려한 가격을 산출하기도 하기도 하는데 이를 구성가격(constructed value)이라고 한다. 구성가격이란 수출국 국내시장에 통상적인 거래에 의한 동종 상품의 판매가 존재하지 않거나, 수출국 국내시장의 특별한 시장상황 또는 소규모 판매때문에 적절한 비교가 불가능한 경우 덤핑마진을 계산하기 위한 것으로, 수출국의 생산비용에 합리적인 금액의 관리비, 판매비, 일반비용과 이윤을 합산하여 구한 가격을 말한다.

덤핑은 크게 간헐적 덤핑, 약탈적 덤핑, 지속적 덤핑 등으로 구분된다. 간헐적 덤핑

(sporadic dumping)이란 일시적인 국내 잉여생산물을 해외에 낮은 가격으로 수출하는 것을 말한다. 약탈적 덤핑(predatory dumping)은 경쟁기업을 무력화시킨 후 독점적 위치를 확보하기 위해 행해지는 덤핑을 의미한다. 한편 지속적 덤핑(persistent dumping)이란 수출품에서는 변동비만 회수하겠다는 기본방침 아래 지속적으로 이루어지는 덤핑을 말한다.

(2) 반덤핑관세

덤핑에 대한 수입국의 규제조치는 대개 반덤핑(anti-dumping) 관세의 부과로 나타난다. 반덤핑관세는 일반적으로 세 가지의 요건이 구비되어야 부과하는데 그 세 가지란 덤핑사실의 확인, 국내산업에 대한 피해, 그리고 이들 사이의 인과관계 등이다. 덤핑사실의 확인, 즉 덤핑여부의 판정과 산업피해 조사는 서로 다른 기관에서 하는 경우도 많은데 미국의 경우 전자는 상무성에서, 그리고 후자는 국제무역위원회(ITC)에서 하고 있다. 우리나라에서는 산업통상자원부의 무역위원회에서 둘 다 담당하고 있다(덤핑조사과, 산업피해조사과).

(3) 덤핑규제에 대한 대응책

반덤핑관세가 부과되면 가격경쟁력의 하락으로 수출에 타격을 입는다. 그러나 최종적으로 덤핑판정과 관세부과를 받지 않더라도 일단 덤핑제소에 말려들면 자료준비, 변호사 비용 등 시간적으로나 경제적으로 피해를 보게 된다. 따라서 덤핑문제의 소지를 예방하는 것이 보다 바람직할 수 있다. 참고로 EU가 한국산 컬러TV에 대해 제기했던 반덤핑 제소와 그 판정일지를 요약해 보면 〈표 12-2〉와 같다.

덤핑규제를 예방하기 위한 방법으로 우선 제품의 차별화를 들 수 있다. 수출품과 국내시장에서의 제품을 차별화함으로써 직접적인 가격비교가 쉽지 않도록 하는 것이다. 또한 수입국 중간상에 대해 가격 이외의 유인책을 제공함으로써 실질적인 가격인하의 효과를 올리는 것도 검토될 수 있다. 외상거래를 허용하거나 다양한 형태의 판촉활동을 전개하는 것이 그 예다. 경우에 따라서는 급격한 시장점유율 상승을 스스로 억제하거나, 점유율 상승의 지나친 홍보를 자제하는 것도 고려해야 한다.

표 12-2 EU의 한국산 컬러TV 반덤핑제소 및 판정일지

일 시	내 용
1987. 8	• EU 가전산업협회(EACEM) 한국산 소형 TV(16인치 미만) 반덤핑 제소
1989. 10	• EU 집행위 잠정관세 부과 발표 (LG 12.3%, 삼성 13.1%, 대우 10.2%)
1990. 4	• EU 집행위 확정관세 부과 (LG 10.4%, 삼성 10.5%, 대우 10.2%)
1992. 6	• EU 가전산업협회 한국산 중대형 TV(16인치 이상) 반덤핑 제소
1994. 10	• EU 집행위 잠정관세 부과 발표 (LG 16.8%, 삼성 18%, 대우 18.8%)
1995. 4	• EU 집행위 확정관세 부과 발표 (LG 13.4%, 삼성 13.7%, 대우 17.9%)
	• EU 집행위 일몰재심(sunset review) 규정에 따라 90년 4월 확정된 소형 TV 확정관세 부과에 대한 재심 착수, 대형제품도 동시 재심사 돌입
	• LG, 삼성 재심신청과 동시에 소명자료 제출, 대우는 제출하지 않음
1998. 9	• EU 집행위 확정관세 발표 (LG 1.8%, 삼성 1.4%, 재심을 신청하지 않은 국내 기업은 15.1%)

자료원: 한국경제, 1998. 8. 6일자

2.3 환율변동과 국제가격관리

해외시장에 대한 제품의 판매는 원화가 아닌 외화로 결제되는 것이 일반적이기 때문에 환위험에 노출된다. 거래시점과 결제시점 사이의 환율변동에서 오는 환위험 회피전략은 별도로 하고, 자국화폐의 가치하락과 가치상승에 따른 가격정책을 설명하면 다음과 같다.

(1) 환율상승과 국제가격정책

환율상승,[1] 즉 자국화폐의 가치가 외국통화의 가치에 비해 상대적으로 하락하는 경우(예: ₩1,000/$ → ₩1,100/$)에는 일반적으로 환율의 상승폭만큼 해외시장의 수출가격이 떨어질 것이다(원화기준 수출가격의 변동이 없다면). 그러나 그 제품의 수입원자재 사용비율만큼 가격인상 요인도 생기게 된다. 국제마케팅 경영자는 외화표시 수출가격을 인하

1) 일상적으로 우리나라에서 환율의 상승은 원화의 가치가 달러에 비해 하락(depreciation)하는 것을 의미한다. 즉, 1달러에 1,000원에서 1,100원이 되었을 때 환율이 올라갔다는 표현을 쓴다. 반대의 경우, 즉 환율 하락은 원화가치의 상승(appreciation)을 의미한다. 따라서 환율의 상승 또는 하락은 문맥에 따라 주의를 기울여 해석해야 한다.

하여(1달러를 91센트로 인하해도 원화가격은 1,000원으로 유지됨) 해외시장의 점유율을 확대하거나, 가격인하 요인만큼 마케팅비용을 추가로 지출할 수 있다. 외화표시 수출가격을 인하하지 않는다면 환율이 변화한 만큼 원화표시 가격이 상승하여 수출업체의 매출액이 그만큼 상승하는 효과를 가져 올 것이다. 환율변화에 따라 어느 정도 가격을 조정할 것인가는 시장환경과 이것이 반영된 수출업체와 수입업체 사이의 협상력에 따라 달라질 것이다(Mini-Case 12.4 참조).

12-4 Mini-Case

환율올랐으니 제품가 낮춰라

일본기업이 엔화강세를 이유로 가격 인하를 요구해, 대일 수출이익이 기대만큼 큰 폭으로 증가하지 못할 전망이다. 대한무역투자진흥공사(KOTRA)는 18일 "연초 100엔당 800원대였던 엔화환율이 1,500원대 전후의 시세를 형성하며 좀처럼 하락할 기미를 보이지 않자, 일본기업이 본격적으로 한국제품에 가격인하를 요구하고 있다"고 밝혔다.

일본 대기업 39개사 구매담당자를 대상으로 설문조사한 결과, 40%에 달하는 15개사가 한국제품의 수입가격을 낮췄다고 응답했다. 나머지 24개사도 현재 환율수준이 지속될 경우 가격인하를 요구할 가능성이 크다고 KOTRA는 전했다. 일본 최대 전력회사 도쿄전력은 한국에서 수입하는 배전관련 기자재 가격을 20% 인하해 달라고 해당 수출업체에 요구했다. 해당 업체는 원화약세로 원자재 수입가도 올랐다고 해명했지만, 도쿄전력은 인하요구를 철회하지 않을 방침이다.

KOTRA 아대양주팀장은 "합리적인 선에서 일본기업의 가격인하 요구를 들어주는 대신에, 환율변동에 따른 금액책정 계약을 요구하는 등 환율하락에 대비해야 한다"고 조언했다.

자료원: 조선닷컴(www.chosun.com), 2008. 12. 18.

(2) 환율하락과 국제가격정책

환율하락의 경우(예: ₩1,100/$ → ₩1,000/$)에는 외국통화로 표시되는 자국제품의 수출가격 인상이 필요하게 된다. 따라서 국제마케팅 경영자는 가격인상분을 해외고객에게 전가시키거나(1.1달러로 인상해서 원화가격 1,100원 유지), 국내가격을 인하함으로써 외화표시 가격을 유지할 수 있다(1,100원에서 1,000원으로 인하하여 1달러 유지). 후자의 경우 마케팅 및 관리비용을 줄이거나, 현 수준을 유지하되 대신 낮은 이익폭을 감수해야 할 것이다.

판매량에 중대한 영향이 없는 경우에는 외국고객에게 가격인상분이 전가될 수 있지만, 경쟁적인 시장상황 하에서는 가격인상분을 자체흡수하여 환율하락 이전의 수출가격(달러 표시 가격)을 유지하려는 노력을 기울여야 한다.

2.4 이전가격(Transfer Pricing)의 문제

국제 이전가격이란 관계회사 간의 거래, 즉 본사와 해외 자회사 간의 거래나 해외 자회사 사이의 거래에 책정되는 가격을 말한다. 오늘날의 대규모 국제기업들은 국제적인 조직구조를 바탕으로 경영활동을 전개하고 있기 때문에 부품, 완제품, 기술 등의 기업내부거래(intra-firm trade)가 빈번하게 발생하고 있으며 따라서 이전가격의 책정이 중요한 문제로 부각된다.

이전가격이 문제가 되는 것은 제3자와의 거래에 적용되는 시장가격(arm's length price)과 다를 수 있기 때문이며, 기업은 전체적인 이익의 극대화(global optimization)를 위해 이전가격을 적절히 책정할 여지를 갖게 된다. 예를 들어 세율이 낮은 나라의 자회사에서 이익을 많이 내도록 하는 것이 전체적으로 유리하기 때문에 그 자회사에서 다른 국가의 자회사로 판매할 때는 보다 높은 가격을, 수입할 때는 낮은 가격을 책정하는 것이다. 이 외에도 관세를 줄이기 위해, 혹은 송금규제를 우회하기 위한 수단으로 이전가격이 책정되기도 한다. A국 자회사에서 B국 자회사로 판매되는 제품이나 부품 가격을 높게 책정한다면 B국에서 A국으로 송금을 하는 효과를 거두게 되는 것이다.

그러나 각국의 정부는 조세수입을 확보하기 위한 노력을 하고 있기 때문에 국제기업의 이전가격 책정은 제한적으로 시행될 수밖에 없다. 또한 아무리 국제기업이 범세계적 최적화를 추구한다고는 하지만 자회사들끼리의 이해관계가 다를 수 있기 때문에 이전가격 책정에 한계가 있게 된다. 인위적인 이전가격 책정으로 특정 자회사의 장부상 경영실적이 정상적인 경우보다 높거나 낮게 나타날 수 있는데 이는 자회사나 경영자의 성과평가시에 문제가 될 수 있다. 특히 해당 자회사가 합작기업이라면 현지 파트너가 이러한 이전가격 책정에 동의하지 않을 가능성도 많다.

12-5 Mini-Case

한국도요타, '이전가격 조작' 혐의로 250억원 세금물어

한국도요타가 국세청으로부터 '이전가격 조작' 판정을 받고 약 250억원의 세금을 추징당했다. 이전가격은 다국적기업에서 여러 나라에 흩어진 관계회사들이 서로 제품・서비스를 주고받을 때 적용하는 가격을 말한다. 이전가격 조작을 통해 법인세 등 세금 부담이 적은 나라 관계사에 이익을 몰아주는 수법이 자주 문제가 된다.

업계에 따르면 국세청은 지난해 11월 이후 4개월 동안 한국도요타를 상대로 세무조사를 벌였다. 한국도요타는 "통상적 정기 세무조사였다"고 설명했지만, 실제로는 법인세 축소 신고에 대한 국세청의 기획 세무조사였던 것으로 알려졌다. 조사 결과 국세청은 한국도요타가 일본에서 생산된 차량을 한국에 들여오면서 가격을 부풀려 한국 법인이 거둔 이익을 줄인 것으로 판단했다. 법인세율이 낮은 일본 본사 이익을 키우는 대신 한국도요타 이익을 일부러 축소한 것으로, 한국 입장에서는 도요타의 이전거래 조작으로 법인세를 덜 받았다는 얘기다.

이에 따라 국세청은 정상적 이전가격을 기준으로 150억원의 법인세를 한국도요타에 추가로 부과했다. 이뿐 아니라 이전가격 정정으로 한국도요타의 이익이 늘면 일본 본사로의 배당도 증가하는 만큼, 이 증가분에 대해서도 약 100억원을 과세했다. 한국도요타 관계자는 "지난해 11월 세무조사를 받은 것은 사실이지만 구체적 내용 등은 확인해줄 수 없다"고 밝혔다.

자료원: 연합뉴스, 2017. 9. 28

12-6 Mini-Case

한국 글로벌 쇼핑맘 글로벌 브랜드 무릎꿇리다

지난해 서울 명동에 위치한 스페인 의류 브랜드 자라(Zara) 매장을 찾은 한 주부는 가격표를 보고 화가 났다. "이 바지가 12만 원이라고요? 지난 달 유럽에 가보니 같은 물건이 반값도 안 하던데요?" 양씨는 매장직원과 승강이를 벌인뒤, 집에 돌아와 자주 가는 인터넷카페에 '자라, 너무 비싸다'는 내용의 글을 올렸다. 몇 시간도 안 돼 댓글 40여개가 달렸다. 그로부터 반년 뒤인 최근 같은 매장에 들른 양씨는 가격표에 다시 놀랐다. 상당수 제품가격대가 작년 대비 거의 절반으로 떨어진 것이다. 직원은 "현지 가격과 거의 비슷하다"고 설명해 줬다.

해외여행 등을 통해 해외사정에 밝은 30~40대 '글로벌 쇼핑 맘(mom)'이 글로벌 브랜드가격 혁신을 이끌어 내고 있다. 이들은 인터넷을 통한 가격비교로 '거품성' 가격 인하압력을 가하는 등 적극적인 항의로 글로벌 브랜드의 콧대를 낮추고 있다.

현지 가격과의 비교를 통한 온·오프라인 항의: 세계적인 패스트패션(SPA) 브랜드인 '자라'는 20~30대 여성의 폭발적인 호응 속에 2008년 국내에 입성했지만, 열기는 예상보다 미지근했다. 아무리 세금 등이 붙더라도 유럽보다 거의 2배 가까운 가격은 이해할 수 없다는 불만이 터져 나왔다. 매장 항의는 기본이었고 각종 블로그 등을 통해 '한국소비자가 봉이냐'는 등의 항의를 쏟아냈다. 당황한 '자라'측은 세일 등 각종 대안을 논의했지만 '비싸다'는 인식을 되돌리기 어려웠다. 특히 유니클로와 스파오 등 비슷한 브랜드가 눈에 띄게 성장했고, 최대 경쟁자인 H&M이 지난 2월 명동에 들어서면서 위기감은 더욱 심해졌다. 결국 본사와 협의해 가격을 대폭 내리기로 했다.

이러한 '한국스타일'을 꿰뚫은 스웨덴의 H&M은 애초부터 파격적인 가격정책을 실시했다. 7.95유로짜리 티셔츠가 1만 원으로 현지보다 2,000원(환율 1,550원 기준) 정도 싸다. 비싸봐야 현지 가격보다 1,000~2,000원 정도. H&M 관계자는 "전 세계 동일가격을 목표로, 특히 한국에선 아이 의류 등 일부 품목을 유럽보다 더 싸게 책정했다"고 말했다.

'쇼핑의 달인들'의 본사 사이트 직접 구매에 결국 백기: 미국의 유명 브랜드 갭과 갭키즈, 바나나리퍼블릭은 이번 봄 · 여름 상품부터 전년 대비 20~30% 인하, 현지 가격의 120~130% 정도로 맞췄다. 과거 '해외 원정쇼핑족'이라는 조어를 탄생시킬 정도로 인기가 높아 2007년 국내 입성 당시만 해도 현지 가격의 170~180%에 달했던 그들이 이렇게 백기를 든 데엔 소비자의 힘이 있었다. 비싸다고 항의하는 것에 그치지 않고 아예 미국 본사 사이트에서 직접 구매(일명 '해외직구')를 하기 시작한 것이다. 특히 아이옷의 경우 사이즈가 0~24개월, 2T(국내 만2세), 3T(만3세)로 국내와 비슷해 반품 걱정이 거의 없다. 해외직구 방법은 회원 수 100만여명에 달하는 인터넷 육아카페 등을 통해 자세히 알 수 있고, 또 각종 할인쿠폰처럼 '쇼핑의 달인'들이 전수한 비법은 인터넷을 통해 마치 기출문제 족보처럼 전수되고 있었다.

이러다 보니 폴로 등 일부 기업들은 IP를 차단해 인터넷접속을 원천적으로 막았지만 소비자주권을 주장하는 고객들의 항의에 결국 철회했고, 한국 신용카드를 막는 방식으로 우회했지만 최근 이런 규제마저 푸는 것을 논의 중이다. 보통 해외지사를 낼 경우 관세 · 물류비 · 각종 마진을 포함해 본사의 180% 정도로 책정하는 것이 관례였지만 직접 구매열풍으로 이를 철회할 수밖에 없었다.

갭을 수입하는 신세계 인터내셔널의 한 관계자는 "처음엔 골칫거리였지만 결국 소비자들의 다양한 구매권을 보호해야 한다는 쪽으로 의견이 모였다"고 말했다. 더 나아가 가격을 미국 수준과 비슷하게 내리기도 했다. 갭 남자 셔츠의 경우 59.5달러짜리가 7만 5,000원으로 미국의 104%(환율 1,200원 기준) 정도다. 이 관계자는 "최소한 미국 대비 130~140% 돼야 하는 실정이지만 소비자들의 가격저항을 고려해 평균 120% 정도로 맞췄다"고 말했다. 업계 관계자는 "예전엔 '비싼 게 명품'이라는 통념이 있었지만 전 세계 가격을 꿰뚫는 '쇼핑의 달인' 소비자들이 늘면서 앞으로 글로벌 브랜드의 가격인하는 확대될 전망"이라고 말했다.

자료원: 조선일보, 2010. 3. 22 기사내용을 편집함.

2.5 국가간 가격차별화와 가격의 조정

(1) 국가간 가격차별화 전략

수요의 가격탄력성이 다른 복수시장에 대해 가격을 다르게 책정함으로써 전체적인 매출액을 극대화할 수 있다는 가격차별화 전략의 개념은 위에서 언급한 바 있다. 가격차별화 혹은 차별적 가격전략이 성공하기 위해서는 시장의 분리가 가능해야 한다는 점도 설명하였다. 가격이 낮은 시장에서 제품을 구입하여 가격이 높은 시장에서 판매하는 것, 즉 재정거래(차익거래)가 물리적, 법적, 제도적으로 불가능하거나 그 차익이 재정거래의 비용을 초과하지 않아야 하는 것이다.

시장분리의 가능성은 국내시장보다는 국가간 시장에서 더 높은 것이 일반적이다. 수입상이나 딜러 등과 제3국 수출을 금지하는 조건으로 계약을 체결하는 경우도 있고, 관세 및 수송비 부담으로 재정거래의 실익이 없을 가능성이 더 크기 때문이다. 따라서 가격탄력성이 높은 국가, 예를 들어 소득수준이 낮거나 경쟁이 치열하거나 제품수명주기 상의 성숙기에 달해있는 국가에서는 가격수준을 낮게 책정하고, 가격탄력성이 낮은 국가에서는 가격을 높게 책정함으로써 전체적인 매출액을 높일 수 있는 국가간 가격차별화 전략이 적극적으로 고려될 수 있다. 그러나 이러한 가격차별화가 심화될 경우 병행수입이 발생하는 등 기업의 국제유통전략에 혼선을 초래할 수 있으므로 유의해야 한다. 병행수입에 대해서는 제14장에서 설명될 것이다.

(2) 국가간 가격의 조정

최근까지 가격의 표준화라는 이슈는 실질적으로 큰 관심거리가 아니었다. 국가별로 원가(현지 생산원가든 가격누증이 반영된 수입원가든) 수준이나 가격결정에 중요한 영향을 미치는 수요 및 경쟁상황이 매우 다르기 때문이다. 전세계 매출액 극대화를 위해 국가간 가격차별화 전략을 사용하는 것이 적어도 이론적으로는 설득력이 매우 높은 것이 사실이다. 그러나 글로벌 브랜드의 확산과 함께 국가간의 경제적 장벽이 점점 낮아지면서 가격의 조정(price coordination)이라는 문제가 중요한 이슈로 부각되고 있다. 특히 유로라는 단일통화가 도입된 거대 지역통합시장 EU같은 곳에서는, 그리고 국가별 적응화가 별로 되어 있지 않은 표준화된 제품의 경우에는 가격의 조정이 필수적일 수 있다 (Mini-Case 12.7 참조).

아직도 여전히 국가간 가격차별화가 유지될 수 있는 여지가 있지만, 가격차이가 있는 곳에는 거리의 원근에 상관없이 병행수입이 즉각 발생할 수 있다는 점에서 국가간 가격 조정의 필요성은 더욱 커지게 될 전망이다. 기업고객을 주 대상으로 하는 회사들은 이미 전세계의 가격수준을 표준화하기 시작하였다.

그렇다면 가격의 조정은 어떤 식으로 추진되어야 할까? 단일 수준의 세계 표준가격을 설정하는 것은 최종 소비자가격을 100% 통제할 수 없는 기업입장에서 가능하지도 않을 뿐 아니라 바람직하지도 않을 수 있다. 이 경우 생각할 수 있는 것이 이른바 '가격변동폭

12-7 Mini-Case 통합된 시장에서의 가격조정

EU시장에서 국가간 가격차별화는 기업이 단호한 입장을 취할 때만 살아남을 수 있다. 그러기 위해서는 가격설정 권한을 집중화하고 '가격변동폭(pricing corridors)'을 설정해야 한다. 어떤 경우에는 가격인상이 유지될 수 없어 마진이 적은 시장에서 철수해야 할지도 모른다.

앞으로 유럽의 가격수준은 현재보다 현저하게 낮아질 것이며, 기업은 한계시장에서 나타나는 가장 낮은 가격수준까지 가격이 떨어지는 상황을 피하려면 재빨리 대응책을 마련해야 한다. 이러한 일은 EU 회원국 사이에 존재하는 커다란 가격차이 때문에 나타난다. 포르투갈이나 스페인의 가격은 소비자들이 더 높은 마진을 감당할 수 있고 원가도 높은 북유럽국가들에 비해 매우 낮은 경우가 많다. 가격차이는 30% 정도(천연 요구르트)에서 200%(약품)에 이르기까지 다양하게 나타나고 있다. 북유럽국가들 사이에서도 차이가 커서 영국소비자들은 똑같은 모델의 승용차에 대해 네덜란드에 비해 66%나 비싼 가격을 지불하기도 했다.

부유한 국가로 들어오는 병행수입은 소비자들이 가장 저렴한 가격을 찾아다닌다는 단순한 사실로 인해 가격수준을 낮아지게 할 수밖에 없다. 만일 제조업체가 가격을 시장에 맡겨 놓는다면, 그 가격은 지역 내의 가장 낮은 수준까지 낮아질 수도 있다. 포르투갈이 병행수입을 통해 독일의 가격수준에 영향을 미칠 수 있는 것이다. 약품의 병행수입 시장규모는 영국에서만 10억 달러에 달한다.

이러한 상황을 피하려면 기업은 현재의 국가별 최적가격정책과 유럽 단일가격 사이에서 타협점을 찾아야 한다. 이러한 타협이 가능한 것은 EU가 결성되고 유로화가 도입된 이후에도 유럽이 하나의 동질적인 시장이 되지 않았기 때문이다. 소비자들의 습관은 점진적으로 적응하게 되는데, 따라서 가격차별화가 유지되고 정당화되는 경우도 생기게 된다.

어떤 전문가들은 높은 가격을 어느정도 낮추고 낮은 가격을 올려서 가격변동폭을 설정하라고 권한다. 회원국 시장 사이에 유지가능한 가격차이를 만들라는 것이다. 변동폭은 카메라 필름처럼 쉽게 이동이 가능한 품목이 산업용 기계처럼 무거운 제품보다 훨씬 좁을 것이다.

이러한 유럽시장환경의 변화는 이 지역에서 가격결정을 집중화할 필요성이 있다는 것을 시사한다. 가격변동폭은 본사에서 결정하되 국가별 자회사는 그 변동폭 내에서 자유롭게 가격을 설정하는 방식이다. 이러한 접근법은 분권화에 기초를 둔 현재의 기업문화와는 배치된다.

가격인상이 유지될 수 없는 상대적으로 빈곤한 국가에서는 철수를 고려해야 한다. 상품회전율, 마진, 이익 등이 급격히 하락하는 것을 방치하는 것보다는 매출액의 작은 부분을 잃는 것이 더 낫다. 그러나 아직까지는 보다 집중화된 가격결정으로 움직이는 현상은 별로 보이지 않는다. 많은 유럽의 경영자들에게 위기의식이 부족한 것이 아닌가 하는 전문가 의견도 있다. 좀 더 지켜보자는 쪽이라는 것이다.

사실 제품차별화를 통해 유럽 내에서의 큰 가격차이가 유지될 수 있다고 주장하는 산업전문가들도 많다. 단순화된 제품은 덜 부유한 국가에 판매하고, 보다 정교한 제품은 구매능력이 있는 시장에 판매하면 된다는 것이다.

적어도 한 산업분야(제약업계)에서는 가격제한폭 설정이나 제품차별화 모두 최저수준으로 가격이 하락하는 것을 막을 수 없을 것이라는 우려를 최고경영자들이 가지고 있다. 프랑스, 스페인, 포르투갈같은 시장에서는 약품가격이 이미 상당히 낮은 수준이다. 국가 차원의 변상체계 때문이다.

"어떤 대가를 치루더라도 모든 무역장벽을 제거하겠다는 유럽위원회와 의약품 가격을 터무니없이 낮은 수준으로 유지하고자 하는 일부 정부 사이에서 그야말로 샌드위치 신세가 되고 있습니다." 유럽의 한 제약회사 간부의 말이다. "실제로는 회원국 정부가 정해 놓은 가격에 대해 위원회가 통제할 방법이 전혀 없습니다." 엄청난 연구개발비를 투자하는 제약회사들은 투자를 지속하며 일본이나 미국회사들과 경쟁하기 위해서는 높은 마진이 필요하다고 말한다. 그러나 프랑스처럼 유럽 약품시장에서 큰 비중을 차지하는 국가들이 가격을 낮은 수준으로 계속 유지한다면 다른 나라 소비자들은 자연스럽게 이들 국가에서 약품을 구매할 것이다. 제약회사들은 명세서가 표준화되고, 제품이 차별화될 수 없으며, 윤리적 이유 때문에 시장에서 철수도 하지 못하는 업계의 지탱할 수 없는 상황 속에서 빠져 나오지 못할 지도 모른다.

그러나 연구결과에 따르면 기업이 가격을 적절히 조정한다면 수익성을 높일 수 있다. 시장이 작고 경쟁이 치열하다는 점에서 호의적이지 못한 조건 하에서는 특히 그러하다.

자료원: Michael R. Czinkota & Ilkka A. Ronkainen, *International Marketing*, 8th ed., Thomson South-Western, 2007. pp. 565-566에서 재인용.

(pricing corridor)'를 설정하는 것이다. 기업이 통제할 수 있는 범위 내에서 가격의 변동폭을 복도넓이 내로 제한한다는 것이다. 이러한 접근법은 특히 EU와 같이 인접한 지역경제 통합체 내에서 적용가능성과 필요성이 높은데 그 절차를 소개하면 다음과 같다.[2)]

첫째, 각각의 시장별로 최적의 가격수준을 정한다. 전체적인 이익극대화를 달성하기 위한 가격일람표를 작성하는 것이다. 각 시장별로 수요와 원가정보에 기초하여 해당 시장에서의 바람직한 가격수준을 정할 수 있을 것이다.

둘째, 위에서 정한 국가별 가격체계에서 병행수입이 발생할 가능성을 검토한다. 14장에서 자세히 다루겠지만, 병행수입이란 비공식적 유통업자가 가격이 낮은국가에서 구입하여 비싼국가에 파는 것을 말한다. 여기서의 기본적인 목표는 병행수입 가능성을 원천봉쇄하는 것이 아니라 가능한 한 이익을 높게 하는 것이다. 첫 번째 단계에서 정한 가격수준에서 어느 정도 병행수입이 나타날지 파악하려면 이러한 재정거래, 즉 병행수입에 소요되는 원가에 대한 정보가 필요하다. 예를 들어 유럽의 의약품 시장에서는 병행수입업자들이 20% 이상의 가격차이가 나는 품목을 타겟으로 삼는다.

셋째, 가격변동폭을 설정한다. 첫째 단계에서 정한 국가별 최적가격수준이 유지될 수 없는 경우라면 고가격시장과 저가격시장의 가격차이를 좁힐 필요가 있다. 국가별로 똑같은 가격을 설정하는 것은 바람직하지 않다. 이익을 희생하는 결과를 가져오기 때문이다.

---

2) Masaaki Kotabe & Kristiaan Helsen, *Global Marketing Management*, 8th ed., John Wiley & Sons, 2020, pp. 430-431의 내용을 수정 · 보완함.

단일가격 대신 가격의 변동폭을 제한하는 '복도(corridor)'를 설정하는 것이 바람직하다. 가격변동폭은 고가격 국가의 가격을 내릴 때 이익에 어떤 영향을 주는지, 그리고 저가격 국가에서 가격을 올릴 경우 이익에 어떤 영향을 주는지 체계적으로 분석하여 설정되어야 한다([그림 12-1] 참조). 가격차이가 좁아질수록 전체적인 이익은 더 희생되고 병행수입 가능성은 낮아지게 되는데, 결국 국가간 가격차별화를 줄임으로써 희생되는 이익의 크기와 전체적인 마케팅전략에 부정적 영향을 미칠 수 있는 병행수입 시장의 크기 사이에서 균형점을 찾아야 할 것이다.

그림 12-1 국가간 가격의 조정

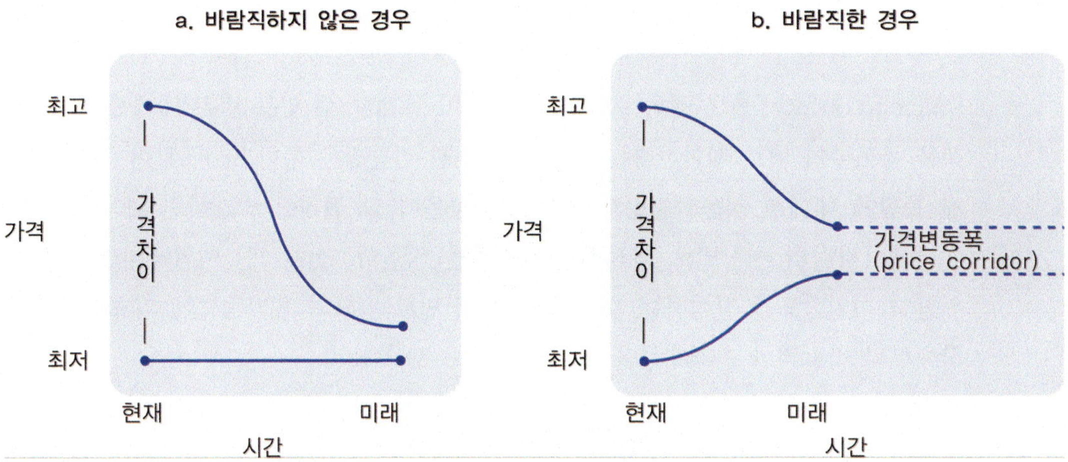

자료원: Kotabe & Helsen(2020), p. 431

12-8 Mini-Case "샤넬 제품, 전세계 가격 차이 10% 내로 맞추겠다"

"샤넬이 아무리 창의적인 제품을 내놔도 고객이 없으면 아무 소용이 없습니다. 최근 한국을 포함해 세계적으로 샤넬 핸드백 가격을 조정한 것은 고객의 신뢰를 얻기 위한 결정이었습니다." 글로벌 명품기업 샤넬(Chanel)의 패션부문 총괄 책임자인 브루노 파블로브스키(Pavlovsky) 사장이 최근 프랑스 파리샤넬 본사에서 가진 인터뷰에서 한 말이다.

샤넬은 최근 1년여간 유로화약세로 제품의 가격격차가 지역별로 너무 크게 벌어지자 한국・중국 등 아시아에서는 핸드백 가격을 21% 정도 내리고 유럽에서는 반대로 20% 가량 올렸다. 이에 따라 한국에서 샤넬의 핸드백 '2.55 빈티지'(미디엄 기준)는 715만원에서 600만원, '클래식'은 643만원에서 538만원으로 가격이 각각 낮아졌다. 업계에서는 이번 가격인하 조치로 동일한 제품을 더 싸게 구입하려고 유럽등지로 떠나는 '원정 쇼핑'이 많이 줄어들 것으로 예상한다. 파블로브스키 사장은 "샤넬은 전 세계 약 200개 매장을 운영할 정도로 고객이 다양하게 분포돼 있다"며 "이들이 세계 어디서나 비슷한 가격에 살 수 있도록 지역별 가격차이를 10% 이내로 모두 맞출 방침"이라고 말했다.

한편 그는 '2016년 가을부터 샤넬제품의 온라인판매를 전면 실시한다'는 선언도 했다. 그동안 유럽 · 미국에서 샤넬의 화장품 · 향수는 온라인으로 팔았으나 샤넬의 패션제품을 온라인매장에 내놓는 것은 전례가 없는 일이다. "저가상품을 주로 파는 온라인 시장에 명품브랜드가 진출하는 게 솔직히 부담스럽습니다. 하지만 고객에게 더 가까이 다가가려면 IT 기술을 사용하지 않을 수 없습니다."

자료원: 조선일보, 2015. 4. 14 기사내용을 수정 · 편집함.

2.6 법률적 측면

기업의 가격정책에 대한 법률적 제한은 국가마다 다를 수 있다. 동종 업자간의 가격담합을 의미하는 수평적 가격고정화는 대부분 불법으로 규정되고 있지만, 제조업자가 유통단계에서의 소비자가격을 정하는 재판매가격 유지정책(resale price maintenance), 즉 수직적 가격고정화는 허용되는 경우도 있다.

또한 국가간 가격차별화를 위한 인위적인 시장분리도 불법일 수 있으므로 조심해야 한다. 예를 들어 일본의 가와사키 오토바이가 영국에서 $500에 판매될 때 유럽의 다른 지역에서는 최고 $1,300에 판매된 적이 있었는데 재정거래를 방지할 목적으로 영국의 딜러와 제3국 수출금지 조건으로 계약한 것이 EC에 의해 불법으로 규정된 바가 있었다.

2.7 수출가격의 계약조건

국제무역에 있어 수출(입)가격결정은 가격자체만의 문제가 아니라 수출(입) 선박의 알선, 보험가입업무 등을 수출업자와 수입업자 중 누가하느냐, 그리고 운송료와 보험료 등은 누가부담하느냐 등과 관련되어 있기 때문에 국제적으로 통용되는 무역거래조건이 필요하다. 현재 세계적으로 통용되고 있는 무역거래조건은 국제상업회의소(ICC, International Chamber of Commerce)에서 만든 'Incoterms'라는 규정이며, 수 차례의 수정보

표 12-3 Incoterms 2020의 주요 내용(매도인과 매수인의 위험 및 비용부담)

	유형	매도인 (수출자)	수출 통관	지정장소 또는 터미널	선적항	선상	목적항	지정장소 또는 터미널	수입통관	매수인 (수입자)
모든 운송 수단	EXW(Ex Works)									
	공장인도									
	FCA(Free Carrier)									
	운송인인도									
	CPT(Carriage Paid To)									
	운임지급인도									
	CIP(C & Insurance Paid To)									
	운임보험료지급인도									
	DPU(Delievered at Place Unloaded)									
	도착지양하인도									
	DAP(Delivered At Place)									
	도착장소인도									
	DDP(Delivered Duty Paid)									
	관세지급인도									
해상 및 내수로 운송	FAS(Free Alongside Ship)									
	선측인도									
	FOB(Free On Board)									
	본선인도									
	CFR(Cost & Freight)									
	운임포함인도									
	CIF(Cost, Insurance & Freight)									
	운임보험료포함인도									

주: 음영처리된 부분이 매도인의 부담을 나타내며 각 유형의 위 부분은 위험부담을, 아래 부분은 비용부담을 의미함
자료원: LEMAN USA(www.lemanusa.com) 자료를 수정 · 편집함

완을 거쳐 현재는 2020년부터 발효된 'Incoterms 2020'이 사용되고 있다. Incoterms 2020은 11 가지의 국제무역거래조건을 규정하고 있으나 이는 구속력을 갖춘 국제조약은 아니며 당사자 간의 합의에 의해서 이용된다. 〈표 12-3〉에 이들 11 가지의 거래조건을 개략적으로 표시하였으며, 이 중에서 가장 일반적으로 사용되는 FOB 및 CIF 조건에 대해서 설명하면 다음과 같다.

(1) FOB 조건

FOB란 'free on board'의 약자로서 '본선인도조건'이라 불린다. FOB는 수출업자가 수입상이 지정 수배한 선적항의 본선 상에서 계약물품을 수입상에 인도하는 것을 조건으로

하는 무역거래조건이다. 따라서 수출통관업무는 수출업자가 담당하되 일단 수출선박에 선적이 끝난후에는 계약물품에 대한 위험으로부터 면제된다. 선박의 수배와 보험가입 업무는 수입업자가 담당하며 운송료와 보험료 역시 수입업자의 부담이다. 어떤 물품을 'FOB, Busan' 조건으로 $100,000에 계약했다면 수출업자는 운송료나 보험료부담을 할 필요없이 수출대금 $100,000을 수취하게 된다.

(2) CIF 조건

CIF란 'cost, insurance, and freight'의 약자로서 FOB와 함께 국제무역거래에서 흔히 사용되는 거래조건의 하나이며 '운임 및 보험료 포함 인도조건'이라 불린다. CIF 조건 하에서는 수출업자가 선박수배와 보험가입 업무를 담당하며, 지정된 목적항까지의 운임과 보험료를 부담한다. 따라서 'CIF, Los Angeles' 조건으로 $100,000에 수출계약을 체결했다면, 수출업자는 $100,000를 수출대금으로 받지만 운송료와 보험료를 부담해야 하기 때문에 같은 가격의 FOB 조건보다는 불리하게 된다.

2.8 대응무역(Countertrade)

일반적인 국가간의 거래, 즉 수출입거래는 각각의 개별적인 거래에 대해 대금이 결제됨으로써 완결되는 것이 원칙이다. 그러나 외화(hard currency)의 부족, 공장이나 시설물 구입시 그 산출물의 판로위험 등의 이유로 직접적인 대금지급 이외의 의무를 거래 상대방에게 요구하는 경우가 있다. 이러한 형태의 거래, 즉 판매자가 구매자에게 제품이나 서비스를 제공하고 그 대가로 제품이나 서비스를 받거나, 구매할 것을 약속하거나, 어떤 다른 형태의 기여를 제공할 것을 약속하는 거래를 대응무역(countertrade), 혹은 구상무역이라고 한다.

대응무역은 크게 단순 물물교환(simple barter), 청산계정(clearing arrangement), 스위치무역(switch trading), 환매거래(buy-back), 대응구매(counterpurchase), 상쇄무역(offset) 등으로 구분된다. 앞의 세 가지는 개별적인 거래에 대해 대금지급 없이 물물교환이 이루어진다는 공통점이 있으며, 뒤의 세 가지는 원래 거래에 대해서는 일단 대금지급

그림 12-2 대응무역의 유형분류

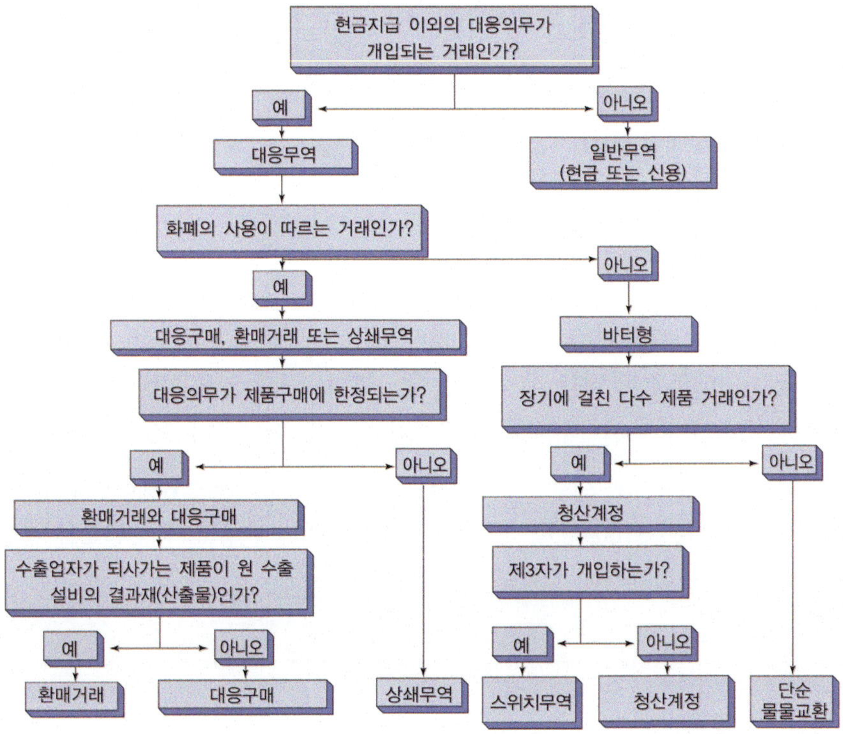

자료원: Jean-Francois Hennart, "Some Empirical Dimensions of Countertrade," *Journal of International Business Studies*, Vol. 21, No. 2, 1990, p. 245.

이 이루어지지만 원거래에서의 판매자가 다른 형태의 대응의무를 진다는 공통점이 있다([그림 12-2] 참조).

(1) 단순 물물교환(simple barter)

단순 물물교환, 혹은 바터무역이란 가장 초보적인 대응무역의 형태로서 화폐를 사용하지 않고 재화나 용역을 직접 맞교환하는 것을 말한다. 매 거래마다 맞교환할 재화나 용역의 종류와 수량을 정하는 계약이 이루어지며, 주로 경화(hard currency)가 부족한 국가의 요청에 의해 이루어지는 경우가 많다.

(2) 청산계정(clearing arrangement)

청산계정은 넓은 의미의 바터무역의 한 형태로서 일정 기간 동안 단일계약에 의해 재화나 용역을 교환하고, 기간이 만료되는 시점에서 서로 교환한 재화나 용역의 가치에 차이가 있을 경우 그 차액을 정산하는 방식을 말한다. 차액정산은 경화로 이루어질 수도 있고 추가적인 재화나 용역의 제공으로 이루어질 수도 있다. 단순 물물교환의 경우 매 거래마다 계약이 이루어지는 데 비하여, 청산계정에 의한 바터거래는 일정 기간 동안 단일계약에 의해 다수의 교환이 이루어지고 차액만을 기간 만료시에 정산한다는 차이가 있다.

(3) 스위치무역(switch trading)

스위치무역은 청산계정 거래에 제3자가 개입하는 형태로 이루어진다. 기간만료 후 차액을 양 당사자 간에 정산하는 것이 아니라 제3자에게 양도하는 것이다. 청산계정 상의 흑자국(혹은 채권국)은 적자국(채무국)으로부터 재화나 용역을 구매할 수 있는 권리(청산계정 상의 차액)를 경화를 받고 제3자에게 판매한다.

(4) 환매거래(buy-back)

환매거래는 수출자가 기술이나 플랜트 등을 수출하고 그 설비로부터 생산된 제품 중 일정량을 구매할 것을 약속하는 거래형태다. 기술이나 플랜트 수출, 즉 원거래에 대해서는 일단 대금지급이 이루어지며, 수출자는 자신이 수출한 기술 및 설비로부터 생산된 산출물을 구매하는 대응의무를 지게 된다. 수출자가 산출물 구매를 약속함으로써 플랜트를 수입한 업체나 국가는 플랜트 및 산출물 품질에 대한 불안감을 덜 수 있고 판로개척에 대한 부담도 덜게 된다.

(5) 대응구매(counterpurchase)

대응구매 역시 원거래와 대응거래 모두 대금지급이 각각 경화로 이루어진다는 점에서는 환매거래와 동일하다. 그러나 환매거래의 경우 원거래의 수출자가 구매하는 제품이 자신이 수출한 설비로부터 생산된 제품인 데 비하여, 대응구매의 경우 자신이 수출한 플랜트나 제품과 관련이 없는 제품을 구매한다는 점에서 차이가 난다. 대개 원거래의 수입자는 수출자에게 요구할 대응구매 품목리스트(shopping list)를 작성하여 수출자에게 제시하며, 원거래의 수출자는 그 리스트 중에서 대응구매품목을 선정하여 구매하게 된다.

(6) 상쇄무역(offset)

상쇄무역은 원거래의 수출자가 대응의무를 진다는 점에서 환매거래 및 대응구매와 유사하지만 그 대응의무의 내용이 특정 재화나 용역의 구매에 국한되지 않는다는 점에서 다르다. Offset 거래는 무기구입과 관련하여 발생하는 경우가 많은데 전투기, 탱크 등의 무기를 구매하는 국가에서 수출자에게 어떤 형태로든 대응의무나 기여를 요구하게 된다. 이러한 대응의무의 대표적인 예로는 현지 조립, 현지 부품조달, 기술이전 등이 있으며 일반적인 재화나 용역의 구매를 요구하는 경우도 있다.

연습문제

1. 수출에 있어 가격누증(price escalation) 현상의 개념과 이의 대처방안에 대해 설명하시오.
2. 덤핑(dumping)의 판단기준과 반덤핑 관세부과에 대해 설명하시오.
3. 환율상승(appreciation), 즉 우리 나라 화폐의 가치가 상승할 경우 수출가격정책에는 어떠한 변화가 있을 수 있는지 설명하시오.
4. 이전가격 설정(transfer pricing)의 개념과 의의를 설명하시오.
5. 수출가격 계약조건 중 FOB와 CIF 조건을 비교설명하시오.
6. 대응무역(countertrade)의 개념과 유형에 대해 설명하시오.
7. 국가간 가격차별화 전략의 개념과 의의, 그리고 그 한계점에 대해 설명하시오.
8. 국가간 가격의 조정(price coordination)은 필요한가? 필요하다면 그 이유는 무엇이며 어떤 방법을 사용할 수 있을지 pricing corridor의 예를 들어 설명하시오.

참고문헌

- 이장로, 문희철, 이춘수, 4차 산업혁명 시대의 국제마케팅, 8판, 한빛아카데미, 2022.
- 이철, 글로벌마케팅, 3판, 학현사, 2020.
- Becker, Helmut, "Pricing: An Internatonal Marketing Challenge," in Hans Thorelli & Helmut Beker (ed.), *International Marketing Strategy*, Pergamon Press, 1980, pp. 206–217.
- Cateora, Philip R., R. Bruce Money, Mary C. Gilly & John L. Graham, *International Marketing*, 19th ed., McGraw-Hill, 2023.
- Czinkota, Michael, Ilka Ronkainen & Annie Cui, *International Marketing*, 11th ed., Cengage Learning, 2022.
- Green, Mark C. & Warren Keegan, *Global Marketing*, 10th ed., Pearson, 2019.
- Hennart, Jean-Francois, "Some Empirical Dimensions of Countertrade," *Journal of International Business Studies*, 2nd Quarter, 1990, pp. 243–270.
- Kotabe, Masaaki & Kristiaan Helsen, *Global Marketing Management*, 9th ed., Wiley, 2022.

CHAPTER 13

국제촉진전략

잠재적 소비자에 대한 설득적 커뮤니케이션 역할을 담당하는 국제촉진활동은 그 대상자가 외국의 소비자라는 점에서 신중한 접근이 요구된다. 또한 촉진활동과 관련된 법적·제도적 환경은 물론 마케팅인프라 역시 국가마다 다르기 때문에 철저한 사전준비와 대응이 요구된다. 본장에서는 우선 촉진활동의 일반적인 측면에 대해 설명하고, 국제촉진전략의 과제에 대해 광고, 인적판매, 판매촉진, 공중관계 등 촉진믹스별로 설명한다.

01 촉진전략의 기초

1.1 촉진활동의 개념

촉진활동(promotion)은 잠재적 소비자에 대한 설득적 커뮤니케이션을 주요 역할로 하는 마케팅믹스의 모든 수단을 포괄하는 활동이다. 제품에 대한 정보 및 가치를 알려주고 인지도를 높여주며, 호의적인 태도를 가지도록 한 후 최종적으로 구매를 이끌어내는 중요한 수단인 것이다.

1.2 커뮤니케이션 과정

촉진활동을 마케팅 커뮤니케이션(communication) 과정으로 이해할 때, 그 과정은 [그림 13-1]과 같은 모델로 요약된다. 즉, 송신자(기업)가 전달하고자 하는 메시지를 기호화(encoding)하여 매체를 통해 전달하면 수신자(소비자)가 이를 해독(decoding)하여 긍정적이거나 부정적인 반응을 나타내는 것이다. 이는 다시 피드백(feedback) 과정을 통해 송신자에게 전달된다.

기호화란 추상적인 개념이나 아이디어를 언어, 색상, 음악 등 구체적인 상징물의 형태로 변환시키는 것을 말하며, 해독이란 그 역과정을 거치는 것을 말한다. 이 과정에서 커뮤니케이션 에러가 발생할 가능성이 있다. 즉, 애초에 의도했던 개념이나 아이디어와 다르게 해석될 가능성이 있는 것이다.

그림 13-1 마케팅 커뮤니케이션 과정

1.3 촉진활동의 종류(Promotional Mix)

촉진활동은 일반적으로 광고, 인적판매, 홍보, 판매촉진 등 네 가지 형태로 구분된다.

(1) 광고(advertising)

광고는 확인가능한 특정 광고주가 대가를 지불하고 제품, 서비스, 아이디어 등을 비(非)인적 매체를 통해 알리고 구매를 자극하는 활동을 말한다. 대중에 대한 접근이 용이하지만 높은 비용을 수반한다. 즉각적인 피드백이 곤란한 단점도 있다.

(2) 인적판매(personal selling)

인적판매는 판매원이 예상고객을 직접 만나서 구두로 정보를 제공하는 촉진활동형태이다. 고객의 반응을 현장에서 직접 확인할 수 있기 때문에 탄력적으로 대응할 수 있으며 설득적일 수 있다. 목표청중(고객)을 선별할 수 있으며 복잡한 정보제공도 가능하다. 산업재 마케팅에 효과적인 수단이 되며, 판매원들에 대한 관리비용이 높은 편이다.

(3) 홍보(publicity)

홍보는 상업적으로 의미있는 뉴스를 직접적인 대가없이 게재하거나 방송하도록 하는 활동이다. 홍보는 주관적 정보제공이라 할 수 있는 광고와 달리 언론매체의 객관적 보도로 인식되기 때문에 신뢰도가 높다는 특징을 갖는다. 홍보성 기사처럼 보이게 하는 최근의 신문광고나 전직 앵커우먼을 모델로 한 TV광고 등은 이러한 점을 염두에 둔 광고전략이라 할 수 있다. 홍보는 매체의 협력을 전제로 한다.

(4) 판매촉진(sales promotion)

판매촉진이란 소비자와 유통업자의 수요를 자극하는 광고, 인적판매, 홍보 이외의 모든 촉진활동을 의미한다. 단기적 효과를 얻기에 용이하다는 점과 탄력적으로 운영할 수 있다는 장점을 지닌다. 그러나 경쟁기업이 쉽게 모방할 수 있다는 단점이 있다.

02 국제광고전략

광고는 여전히 가장 대표적인 기업의 촉진수단이다. 광고 및 미디어 전문지인 AdAge에 따르면 2021년 기준으로 전세계에서 가장 많은 광고비를 지출한 기업은 아마존(Amazon)이다. 이 회사는 169억 달러를 전세계 광고에 지출한 것으로 알려졌다. 2위와 3위는 각각 알리바바 그룹(142억 달러)과 로레알(125억 달러)이며, 한국의 삼성전자가 101억 달러를 광고비로 지출하여 전세계 5위에 랭크되었다(〈표 13-1〉 참조).

표 13-1 전세계 광고비 지출 상위 20대 기업(2021년 기준)

(단위: 억 달러)

순위	기업	국적	업종	광고비
1	Amazon	미국	retail	169
2	Alibaba Group Holding	중국	retail	142
3	L'Oreal	프랑스	personal care	125
4	Proctor & Gamble	미국	personal care	111
5	Samsung Electronics	한국	technology	101
6	LVMH	프랑스	retail	86
7	Unilever	영국	personal care	81
8	Nestle	스위스	food & beverages	80
9	Alphabet(Google)	미국	entertainment/media	79
10	Comcast	미국	entertainment/media	77
11	Anheuser-Busch	벨기에	alcohol	60
12	Walt Disney	미국	entertainment/media	55
13	American Express	미국	financial services	51
14	JD.com	중국	retail	51
15	Volkswagen	독일	automotive	50
16	Tencent Holdings	중국	entertainment/media	49
17	Warner Bros. Discovery	미국	entertainment/media	48
18	McDonald's	미국	restaurants	45
19	Toyota Motor Corp.	일본	automotive	44
20	Stellantis	네덜란드	automotive	43

자료: AdAge.

참고로, 애드에이지(AdAge)에 따르면 기업이 2024년 슈퍼볼에 30초짜리 광고를 하려면 700만 달러가 들었다고 한다. 슈퍼볼은 올해 광고로만 약 4억 8,500만 달러를 벌어들였다. 현대자동차는 2008년부터 신차가 없었던 2015년을 제외하고 2020년까지 매년 슈퍼볼 광고를 집행한 바 있는데, 이후에는 1초당 2억원이 훌쩍 넘는 막대한 광고비를 지불하기에는 부담이라는 판단에서 슈퍼볼 광고에 불참하고 있다. 전통적인 슈퍼볼 광고주였던 버드와이저, 코카콜라, 주요 글로벌 자동차 업체 등이 빠지고, 온라인 업체, 가상자산 업체 등이 해당 업계 시장상황에 따라 들락거리고 있으며, 2024년에는 중국의 온라인 쇼핑 플랫폼 테무가 수백억원을 슈퍼볼 광고비로 지출한 것으로 알려지고 있다. 기아자동차도 슈퍼볼 광고의 주요 참가자인데, 2024년에도 미국 자동차 '빅3'가 빠진 자리를 EV9 광고로 메운 바 있다.

2.1 광고의 이해

(1) 광고의 기능과 목표

광고는 제품광고를 중심으로 살펴 볼 때 그 기능이나 목표를 세 가지로 구분해 볼 수 있다. 우선 새로운 제품에 대한 고지를 목표로 하는 개척광고(pioneering advertising)가 있다. 제품소개 광고라 할 수 있다. 또한 경쟁브랜드 중에서 자사 제품구매를 설득하기 위한 목적으로 이루어지는 경쟁광고(competitive advertising)가 있다. 비교광고는 이러한 경쟁광고의 한 유형이라 할 수 있다. 마지막으로 이미 제품의 특성이 많이 알려져 있거나 브랜드 인지도가 높은 제품에 대해 실시되는 재확인광고를 들 수 있다. 소비자에게 특정 브랜드를 상기시킬 목적으로 이루어진다. 강화광고라 불리기도 한다.

(2) 광고의 종류

광고는 그 내용에 따라 제품광고, 기업광고, 공익광고로 구분할 수 있다. 제품광고는 제품과 서비스에 대한 정보를 제공하거나 이에 대해 설득적으로 호소하기 위한 광고이다. 기업광고는 특정 제품에 대한 광고가 아니라 기업 이미지 제고를 위해 실시된다. 공익광고는 에너지절약, 음주운전방지 등 공익적 내용을 담고 있는 광고를 말한다.

광고는 또한 그 전달매체에 따라 구분할 수도 있는데 신문, 잡지, DM, 옥외광고 등은 인쇄매체에 의한 광고이며, TV, 라디오광고 등은 방송매체에 의한 광고이다. 광고의 대상에 따라 구분할 수도 있는데 유통업자 광고와 소비자 광고 등이 이에 따른 분류라 할 수 있다.

2.2 국제광고 활동의 제약요소

국제광고는 국내광고에 비해 커뮤니케이션 에러가 발생할 가능성이 더 높다. 문화적 배경을 달리하는 경우 기호화(encoding)와 해독(decoding) 과정에서 오류가 나타날 가능성이 더 높은 것이다. 해석상의 오류뿐만 아니라 메시지 전달과정에서의 어려움 또한 크다. 정부의 규제나 매체의 이용가능성에 한계가 있을 수 있기 때문이다. 국제광고에서 맞게 되는 이러한 커뮤니케이션 장벽에 대해 설명하면 다음과 같다.

그림 13-2 국제광고 활동의 장애요인

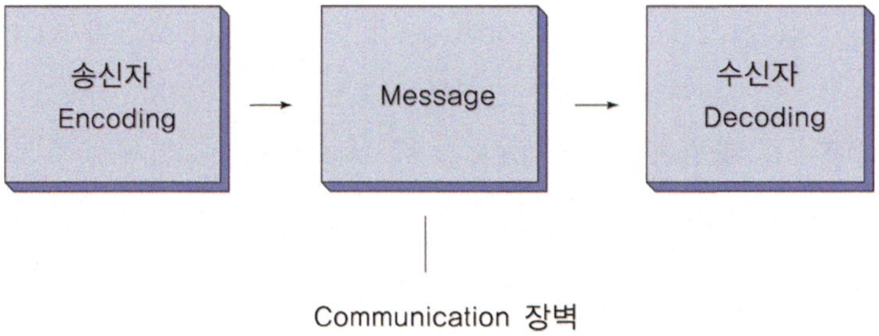

(1) 언어의 차이

언어와 관련된 차이는 가장 중요한 장애요인의 하나이다. 우선 문맹률의 차이는 매체 선정의 장애요인으로 작용한다. 문맹률이 높은 경우 인쇄매체는 그 광고효과를 떨어뜨릴 것이다.

번역의 어려움이나 어감상의 차이 등은 해석상의 오류를 낳게 하는 요인이다. 한 미국

항공사가 브라질에서 사용했던 "Rendezvous Lounges"라는 광고카피가 격조 높은 분위기의 '만남의 휴게실' 정도의 의미가 아니라 전혀 엉뚱한 의미로 해석된 사례가 그 한 예다. 포르투갈어로 'Rendezvous'가 'a room hired for love-making'의 뜻으로 해석될 수 있었던 것이다. 역시 미국의 한 항공사(American Airlines)는 고급스러운 가죽좌석을 강조하기 위해 "fly in leather"라는 광고문구를 사용했는데, 히스패닉과 남미 소비자들을 위해 사전적으로 직역한 문구는 발음상 "fly naked"로 해석되는 것이었다. 스웨덴의 가전회사인 일렉트로룩스(Electrolux)는 자사의 진공청소기 광고주제로 "Nothing Sucks Like an Electrolux"를 여러 나라에서 사용한 바 있다. 그런데 영국에서는 강력한 흡인력을 의미하는 문자 그대로의 뜻으로 해석되었지만, 미국에서는 속어(slang)와 연결되어 의도된 메시지로 해석되는데 지장을 초래하였다. 포드자동차가 제3세계용으로 내놓았던 피에라(Fiera)가 스페인어로 '추하고 늙은 여자'의 뜻을 내포하고 있었던 점도 언어 차이로 인한 오류의 예다. 이 외에도 언어 차이에서 오는 국제촉진활동의 오류 사례들은 앞에서 살펴본 '제4장 사회문화적 환경'에서도 소개되어 있다.

언어 때문에 생기는 이러한 오류들은 때로는 단순한 실수로 여겨져 가벼운 웃음거리로 끝나는 경우도 있지만, 현지 소비자들의 감정을 상하게 하거나, 제품과 기업 이미지를 떨어뜨리거나, 의도된 메시지가 왜곡되어 전달될 수 있기 때문에 세심한 주의가 필

13-1 Mini-Case

노벨상 등용문 연구소 저널 표지에…

노벨상 수상자를 32명이나 배출해 유명해진 독일 막스플랑크 연구소가 계간지 '막스플랑크포슝' 중국 특집호 표지로 꾸민 한문이 마카오의 스트립 클럽 광고전단으로 밝혀져 국제적 망신을 당했다. 문제의 한문은 외형상으로는 명문구절이 들어간 한시(漢詩)를 연상케 하지만 정작 내용은 유흥주점 광고였다. '섹시한 주부 대기 중' '매혹적이고 요염한 쇼 추천' '낮에도 옥(玉)처럼 예쁜 미녀 대기' 등 낯 뜨거운 외설적 표현들로 가득했다. 이같은 사실은 9일 영국 일간 인디펜던트 보도로 세상에 알려졌다. 인디펜던트는 "연구소 저널이 마카오 스트립 클럽 소개 전단을 저널 표지로 쓴 다음 독일 최고 과학연구기관의 편집위원들의 얼굴이 모두 홍당무가 됐다"고 보도했다.

연구소측은 뒤늦게 웹 사이트에서 저널 표지 사진을 내린 뒤 "저널 출간 전에 중국어를 할 줄 아는 사람과 접촉하지 못해 한문의 뜻을 제대로 이해하지 못했다"며 "중국 독자를 난처하게 하려는 뜻은 전혀 없었다"고 사과했다. 일부 중국 네티즌은 "연구소가 중국을 모욕하려고 했다", "한자를 장식물로 사용하는 것은 무례하다"라는 반응을 보였지만 대체로 이번 실수를 웃음거리로 받아들이고 있다고 신문은 덧붙였다.

자료: 중앙일보, 2008. 12. 12.

요하다. 현지 광고대행사를 활용하거나 전문가의 의견을 구하는 것이 한 방법이다(Mini-Case 13.1 참조).

(2) 기호, 태도의 차이

소비자들의 기호나 태도의 차이도 커뮤니케이션 에러의 요인이다. 색깔(color)이 갖는 상징성의 차이가 대표적 예다. 일본에서는 보라색이 고상한 의미로 받아들여지지만 남미의 일부 국가에서는 죽음을 상징한다고 한다. 일반적인 동물, 아니면 특정 동물에 대한 인식과 태도, 상징성도 문화마다 다를 수 있으므로 조심해야 한다.

(3) 정부규제

광고와 관련된 시장국 정부의 규제는 해석상의 오류를 가져오는 요인은 아니지만 메시지 전달을 제약하는 요소가 된다. 특정 제품에 대한 광고를 금지하거나 시간대를 규제하는 경우, 직접 비교광고를 금지하거나 엄격한 제한을 가하는 경우, 어린이 대상광고나 어린이 모델광고를 제한하는 경우, 광고에 대한 특별세를 부과하는 경우 등이 이에 해당한다.

직접 비교광고는 미국에서는 일상화되어 있지만 이를 금지하는 국가도 상당히 많다. 경쟁 브랜드를 직접 거명하는 경우는 물론 명시적으로 언급하지는 않더라도 거의 누구나 알 수 있도록 상황이 전개되는 경우도 마찬가지다. 광고자체가 규제대상이 되는 제품의 예로는 의약품(특히 처방이 필요한 약품), 주류, 담배 등이 있으며, 장난감 광고를 어린이 시청 시간대에 금지하는 국가도 있다. 예를 들어 영국에서는 어린이 프로나 이에 인접한 프로에서 주류광고를 금하고 있으며, 덴마크에서는 알콜도수 일정 기준 미만의 주류에 대해서만 엄격한 조건 하에서 허용하고 있다. 광고에 대한 법적규제는 특별한 경우를 제외하고는 전반적으로 완화되어 가고 있는 추세지만 국가별로 광고에 대해 어떤 규제나 정책을 가지고 있는지 파악할 필요가 있다.

(4) 매체의 이용 가능성

메시지를 전달하는 실제적인 경로라는 점에서 매체의 이용 가능성(media availability)도 광고를 제약하는 요인으로 작용한다. TV, 라디오, 신문 등 매체의 발전단계나 보급률에 차이가 있어 그 활용에 제약이 있을 수 있는 것이다. 예를 들어 페루, 멕시코 등은 TV가 주요 광고미디어여서 광고비의 7~80%를 점유하고 있으며, 쿠웨이트와 노르웨이 등은 인쇄매체가 8~90%를 차지하고 있다. 인도나 나이제리아 등에서는 영화광고가 중요하게 활용되고 있다. 인쇄매체의 경우 발행부수나 구독률 통계가 정확하지 않아 광고를 집행하기 어려운 경우도 있으며, 인쇄품질이 낮아 창의적인 광고를 의도대로 전달하기 힘든 경우도 있다.

2.3 국제광고 프로그램의 개발

(1) 목표청중의 확인

국제광고의 경우에도 우선적으로 해야할 일은 목표로 하는 청중(target audience)이 누구인가를 확실히 하는 것이다. 목표청중의 확인은 대상을 결정하는 일 뿐만이 아니라 그 대상집단의 특성(profile)을 파악하는 일까지 포함한다.

(2) 광고목적의 명확화

광고 프로그램의 실제적 제작에 앞서 목표청중의 확인과 함께 광고목적을 명확히 하는 일이 필요하다. 광고의 궁극적 목적은 자사 제품의 매출액 증대에 있다고 볼 수 있지만 브랜드 인지도 제고, 호의적 태도형성 등 구매 전 단계의 효과를 광고의 목표로 삼을 수도 있다. 구매에 이르는 과정을 단계별로 구분하는 데는 학자에 따라 몇가지 유형이 있는

표 13-2 단계별 커뮤니케이션 목적

유형구분	1 단계	2 단계	3 단계
3단계 모형	인지	감정	행동
4단계 모형	attention(주의)	interest(관심) → desire(욕망)	action(행동)
6단계 모형	awareness(인지) → knowledge(지식)	liking(호감) → preference(선호) → conviction(확신)	purchase(구매)

데 이들 단계별 커뮤니케이션 목적을 표로 나타내면 〈표 13-2〉와 같다.

(3) 대행사(agency) 선정

국제광고 프로그램을 개발할 때 활용할 수 있는 대행사(agency)에는 기본적으로 세 가지 유형이 있다. 국내 대행사, 현지국 대행사, 그리고 국제적 조직망을 갖춘 다국적 대행사가 그들이다.

국내대행사는 기존의 국내거래관계를 지속적으로 유지할 수 있으며 서로에 대한 이해의 폭이 넓다는 장점이 있지만, 현지 시장에 대한 이해가 부족할 수 있다는 단점이 있다. 반면에 현지 광고대행사는 현지 시장 및 고객정보에 정통하기 때문에 이를 바탕으로 광고주인 기업에게 차별적인 서비스를 제공할 수 있다. 현지 자회사가 현지 마케팅에 대한 권한을 많이 가지고 현지화된 광고전략을 집행하는 경우에 적합한 대행사라 하겠다. 그러나 다수 국가에서 이루어지는 광고 프로그램을 조정하고 통제하는 데는 현지 대행사가 부적절하다.

한편 다국적 대행사를 활용하면 시장조사 및 광고 프로그램 제작과정의 중복을 방지할 수 있으며, 국제광고 활동의 조정과 통제를 보다 용이하게 할 수 있다. 전세계적으로 표준화된 광고를 사용함으로써 통일된 기업 이미지나 브랜드 이미지를 형성하는 데에도

표 13-3 세계 10대 광고대행사 순위(2022년 매출액 기준)

순위	회사명	본사 소재지	매출액(억 달러)
1	WPP	런던	178
2	Accenture's Accenture Song	뉴욕	160
3	Publicis Groupe	파리	150
4	Omnicom Group	뉴욕	143
5	Interpublic Group of Cos.	뉴욕	109
6	Deloitte's Deloitte Digital	뉴욕	103
7	Dentsu Group	도쿄	95
8	Hakuhodo DY Holdings	도쿄	74
9	IBM Corp.'s IBM iX	뉴욕	68
10	Cheil Worldwide	서울	33

자료: AdAge.

용이하다. 참고로 〈표 13-3〉에는 세계 상위 10대 다국적 광고대행 그룹이 나타나 있다.

(4) 메시지 설계

국제광고의 메시지 설계는 메시지 내용결정과 메시지 원천, 혹은 전달자 결정으로 나누어 생각할 수 있다. 메시지 내용의 국가간 차별화(현지적응화)와 표준화 문제는 아래에서 별도로 설명하기로 하고, 메시지 내용의 유형과 메시지 원천에 대해 설명하면 다음과 같다.

■ **메시지 내용**: 메시지 내용이란 소비자들로 하여금 자사 제품이나 서비스에 대해 호의적인 태도나 구매를 이끌기 위해 사용되는 소구점, 아이디어, 주제 등을 의미한다. 특정 제품이나 그 제품의 속성(attribute)에 대한 태도, 중요도 등이 국가나 문화에 따라 다를 수 있으므로 무엇을 광고의 주제로 삼을 것인가에 대해서 세심한 분석과 주의가 필요하다.

메시지 내용은 그 중심되는 소구점(appeal)에 따라 몇가지 유형으로 구분할 수 있다.

첫째, 소비자의 합리성과 이성적 판단에 호소하는 이성적 소구(rational appeals)가 있다. 이는 제품의 특성을 가능한 한 구체적이고 논리적으로 전달하고자 하는 것이다. 둘째, 합리적 정보제공에 초점을 맞추기보다는 소비자의 감성에 호소하는 감정적 소구(emotional appeals)가 있다. 민족 고유의 정서, 잔잔한 배경음악이나 멋진 장면 등을 활용하는 방법이다. 인지-감정-행동(혹은 learn-feel-do)의 단계로 구매에 이르게 될 경우에도 활용될 수 있지만, feel-do-learn의 형태, 즉 호의적인 감정이나 태도가 바로 구매로 연결되고 구매 후에 제품에 대한 인지적 평가가 따르는 경우에 특히 유용할 수 있다.

이 외에도 공포소구(fear appeals), 유머소구(humorous appeals), 성적 소구(sex appeals) 등이 있다. 공포소구란 어떤 부정적 결과를 보여주고 이를 예방하기 위해 어떤 행동을 취하거나 제품을 구매하도록 유도하는 것이다. 흡연에 의해 손상된 폐를 보여주고 금연을 호소하는 광고가 그 한 예다. 유머소구는 유머러스한 장면이나 메시지를 통해 청중의 관심과 주의를 유발하기 위해 사용된다. 유머자체에 대한 관심 때문에 실제 제품 정보는 기억되지 못할 위험이 있다. 성적소구는 남성이나 여성모델의 성적 매력을 토대로 소비자의 관심을 끌기위해 사용되는 방법이다([그림 13-3] 참조).

그림 13-3 (주)오리온의 중국시장 껌 광고 – 감정적, 혹은 성적 소구의 예

■ **메시지 원천**: 메시지 원천이란 메시지의 전달자를 말한다. 즉, 광고모델을 말한다고 볼 수 있다. 메시지 원천은 힘(power), 매력(attractiveness), 신뢰성(credibility) 등을 갖추고 있어야 청중에게 영향력을 미칠 수 있다([그림 13-4] 참조). 또한 메시지 원천은 그 특성이나 이미지에 있어서 메시지 내용과 일치할 수 있도록 결정하는 것이 바람직하다.

(5) 매체선정

메시지를 전달하는 경로라 할 수 있는 매체는 유형, 기관, 단위의 순서로 결정된다. 매체의 유형결정이란 신문, 잡지, TV, 라디오 등 중에서 어떤 매체를 활용할 것인가를 결정하는 것이다. 기관결정은 매체유형 중 구체적으로 어떤 매체기관을 선정할 것이냐 하는 문제이다. 즉, 어느 신문사, 어느 방송사를 이용할 것인가를 결정하는 것이다. 단위는 메시지를 전달하는 시간(방송매체)과 공간(인쇄매체)을 말한다. 즉, 어느 시간대에 얼마 동안, 어느 지면에 어느 분량으로 광고를 내 보낼지 결정하는 것이 단위결정이다.

그림 13-4 현지 유명인을 모델로 활용한 삼성전자의 광고: 인도(아미르 칸), 독일(발락) 및 러시아(히딩크)

Imagine: Samsung U900 SOUL
Precious Metal, Brilliant Technique

Watch Football,
Support Our Team

매체별 보급률이나 영향정도 등이 국가마다 다를 수 있으므로 국제광고의 매체선정에 주의를 기울일 필요가 있다. 매체선정의 일반적 원칙은 가능한 한 최대한의 노출(maximizing exposure)을 목표로 하되 비용은 최소화(minimizing costs)하려는 것이라 할 수 있다. 물론 이 두 가지 원칙은 서로 상반되는 trade-off의 관계에 있는 것이 일반적이다.

2.4 국제광고 메시지의 표준화와 현지화

(1) 표준화 및 현지화의 장단점

국제광고 메시지를 표준화할 것인가, 아니면 국가마다 현지 시장상황에 맞게 적응시킬 것인가 하는 문제는 각각의 장단점과 수익·비용측면을 고려하여 신중하게 결정할 필요가 있다.

광고메시지 표준화의 가장 대표적인 장점은 규모의 경제에 의한 비용절감이다. 또한 전세계적으로 기업 혹은 제품의 이미지를 일관되게 형성하고 유지시키기에 용이하며, 전반적인 국제광고전략을 조정하고 통제하는 데에도 표준화 전략이 바람직하다. 한 국가에서 성공한 광고주제를 다른 나라에서도 시도해 보려는 노력도 표준화를 촉진하는 요인이 된다. 이른바 상호수정(crossfertilization), 혹은 스필오버(spillover) 효과를 얻게 되는 것이다.

시장개방의 가속화와 교통, 통신의 발달로 시장의 세계화가 날로 진전되는 상황은 표준화된 광고 메시지의 활용 가능성을 점차 높여주고 있다. 특히 젊은이들과 부유층은 전세계적으로 존재하는 글로벌 세그먼트(global segment)의 대표적 예다. 표준화된 광고는 전세계 시장이 아닌 지역단위로 이루어질 수도 있다. 예를 들어 선글라스 브랜드인 Ray-Ban은 아시아 전지역의 젊은이들, 특히 구매력을 갖춘 16~25세의 젊은이들을 대상으로 동일한 광고주제를 사용한 적이 있다("Whatever you're looking for. Ray-Ban the new look"). 다국적 정유회사인 Exxon사는 "Put a tiger in your tank"라는 메시지를 현지어로 번역하여 전세계적으로 사용한 바 있다.

그러나 표준화된 광고 메시지는 현지 소비자들의 구체적인 욕구, 제품속성의 중요도 차이 등을 반영하지 못할 가능성이 많다. 자동식기세척기의 편리성을 주제로 한 표준화된 광고는 편리성보다는 위생문제를 더 중요시하는 시장에서는 큰 효력을 발휘할 수 없을 것이다. 일반인용 카메라의 경우도 조작의 편리성이나 화질의 선명성, 최신 디자인 등 다양한 제품속성 중 어느 것이 소비자들에게 더 중요한지는 국가에 따라 상당히 다를 수 있다. 또한 카메라 보급률이 낮은 도입기 시장에서는 사진촬영 자체에 대한 소구가 우선시되어야 할 것이다. 표준화된 광고의 실제 집행과정에서 기업 내부적으로도 문제가 생길 수 있다. 이른바 'NIH(not invented here) 신드롬'이다. 현지 자회사, 경우에 따라서는 현지 광고대행사가 본사 혹은 다른 나라에서 기획되고 제작된 광고에 대해 거부감을 가지고 저항할 수 있는 것이다.

한편 광고의 본질적 기능은 소비자에 대한 정보제공이라고 볼 수도 있는데 표준화된 광고는 이러한 기능을 충실히 수행하지 못할 가능성이 높다.[1] 다양한 정보제공보다는 공통의 욕구를 반영할 수 있는 제한된 정보를 제공할 수밖에 없기 때문이다.

국제광고의 일반적인 제약요인에 대해서는 앞에서 살펴 본 바와 같으며, 〈표 13-4〉에는 글로벌 표준화 광고의 장점과 단점(제약요인)이 정리되어 있다.

표 13-4 글로벌 표준화 광고의 장단점

장 점	단 점(제약요인)
• 원가절감(제작 및 매체비용) • 일관된 브랜드 및 심볼이미지 • 상호수정(crossfertilization) 및 스필오버(spillover) 효과 • 글로벌 매체의 성장 • 글로벌 광고대행사의 강점 활용 • 글로벌 시장 및 소비자	• 언어장벽, 문화적 다양성, 금기(taboos) • 법적 제약 • 제작상의 한계 • 매체의 한계 • 대행사 및 집행상의 한계(not invented here(NIH) 신드롬) • 제품수명주기 단계의 차이

(2) 표준화 · 현지화의 결정요인

국제 광고메시지의 표준화 · 현지화 결정에 영향을 미치는 요인은 시장특성, 제품특성, 거시환경요인, 기업조직요인 등 다양하다. 우선 시장특성의 하나라 할 수 있는 제품수명주기상의 단계가 다르다면 광고메시지의 표준화는 곤란할 수 있다. 예를 들어 제품이 알려져 있고 경쟁브랜드가 있는 시장에서는 자사 제품의 차별성을 부각시키며 선택적 수요(selective demand)를 자극하는 광고가 필요하지만, 제품자체의 인지도가 낮은 도입기 시장에서는 특정 브랜드가 아닌 제품 자체의 수요, 즉 일차적 수요(primary demand)를 자극하는 광고가 필요하다.

구매동기나 의사결정과정, 제품속성의 중요도 등 소비자행동 측면의 문화적 차이, 경쟁자의 수와 경쟁정도를 포함하는 경쟁상태 등도 국제광고 메시지 표준화에 영향을 미치

1) Barbara Mueller, "An Anylysis of Information Content in Standardized vs. Specialized Advertisements," *Journal of International Business Studies*, 22(1), 1991, pp. 23-39.

는 요인이다. 이러한 차이는 제품을 어떻게 포지셔닝(positioning)할 것인가와 이에 따라 광고를 포함한 커뮤니케이션 전략을 어떻게 가져갈 것인가를 결정하는 데 중요하게 고려되어야 한다. 예를 들어 진로소주는 일본 소비자들이 주로 칵테일 형태로 소주를 마시는 습관이 있다는 점을 감안하여 당도를 낮추는 한편 고급이미지를 강조한 바 있다. 중요한 손님을 접대하거나 분위기를 내는 데 필요한 술이라는 이미지를 형성하기 위해 [그림 13-5]와 같은 인쇄광고를 사용하기도 했다.

그림 13-5 진로의 일본시장 인쇄광고

(3) 유형표준화(pattern standardization)

국제광고의 표준화와 현지적응화를 절충시켰다고 볼 수 있는 것으로 유형표준화(pattern standardization)가 있다. 이는 중심 주제나 틀은 전세계적으로 표준화하되 구체적이고 주변적인 문제에 있어서는 현지 사정을 반영하여 적응하도록 하는 것이다. 이른바 "범세계적으로 생각하되 현지 지향적으로 행동하라(Think Globally, Act Locally)"는 원칙이 적용되는 것이라 하겠다. 이러한 전략은 표준화의 장점을 살리면서 현지 시장의 독특한 특성 역시 반영할 수 있는 효과가 있다.

리바이스 청바지는 품질과 미국적 전통은 전세계적으로 강조하면서 세부적인 광고내용은 현지 상황에 맞게 조정하는 유형표준화 전략을 사용한 바 있다. 대논(Dannon) 역시 자사의 요구르트 제품에 대해 건강과 식품의 관계에 정통한 브랜드라는 이미지를 강조하면서 이를 시장특성에 맞게 약간 변형한 메시지를 활용했다.

펩시콜라사가 티나 터너(Tina Turner)를 중심모델로 삼고 현지 스타(가수)를 출연시켜 듀엣을 부르도록 한 것도 이러한 유형표준화의 범주에 포함시킬 수 있을 것이다. 실제로는 같이 듀엣으로 노래한 것이 아니라 티나 터너가 옆에 누가 있는 것처럼 노래를 부르고 그 비디오테이프를 현지로 보내 현지 스타의 노래를 더빙편집하였다고 한다.

13-2 Mini-Case 하이네켄의 광고 현지화 전략

하이네켄(Heineken)사는 국제광고에서 흔히 사용되는 범세계적 광고(표준화) 대신 각 국가시장마다 변형된 광고를 사용한다. 맥주와 연관된 문화적 특성이 국가마다 다르다는 믿음 때문이다. 이탈리아나 프랑스처럼 전통적으로 와인을 즐겨 마시는 국가에서는 맥주를 좀 다르게 보이도록 하는 광고를 시도한다. 이탈리아에서는 하이네켄 맥주를 모든 상황, 예를 들어 스키 산장(chalet)에서 보내는 로맨틱한 시간에도 마실 수 있는 음료로 포지션하는 TV 광고를 내보냈다. 프랑스에서는 유명한 중년 배우가 하이네켄 잔을 마치 고급 와인인 것처럼 빛을 향해 들고 있는 장면을 광고로 사용하기도 했다.

일본에서는 젊은층의 전문 직장인들을 대상으로 세련된 유럽문화의 풍취로 소구한다. 턱시도를 입은 신사와 우아한 숙녀들이 가상의 오리엔트 특급열차(Orient Express)를 타고가면서 하이네켄을 음미하며 마시는 장면을 TV 광고에 사용했다. 미국에서는 하이네켄 맥주를 외국풍의 신분의 상징, 맥주의 롤스 로이스(Rolls Royce)로 포지션하는 전략을 사용했다.

이처럼 다양한 접근법을 사용하지만 하이네켄의 모든 광고는 "신성한 원칙"에 기반을 두고 있다. 하이네켄 맥주는 거의 어디서나 똑같은 모습과 똑같은 맛을 내도록 양조되며, 높은 가격을 지불할 가치가 있는 고품격 맥주라는 것이다. 하이네켄은 유럽 최대의 양조업체로서 세계 190여 국가에서 맥주를 판매하고 있으며, 2019년 매출액은 285억 유로에 달한다.

자료원: Franklin R. Root, *Entry Strategies for International Markets*, Lexington Books, 1994, p. 215의 내용 보완)

13-3 Mini-Case 리바이스의 국제광고전략

리바이스 청바지는 광고의 소구점(appeals)에 영향을 미칠 수 있는 다양한 문화적 환경을 지니고 있는 70여 국 이상에서 판매되고 있다. 다음은 리바이스 청바지가 사용한 다양한 소구형태의 예다.

- 인도네시아에서는 리바이스를 입은 틴에이저들이 1960년대 컨버터블 승용차를 타고 아이오와 주를 돌아다니는 광고를 내 보냈다.
- 영국에서는 리바이스가 미국 브랜드라는 점을 강조하며, 미국의 한 상징이라 할 수 있는 카우보이가 서부 개척 시대를 장면으로 등장하는 광고를 사용했다.
- 일본에서는 이미 현지 청바지 업체가 자신들의 제품을 미국적인 것으로 포지션하고 있었다. 이에 따라 리바이스는 자신을 차별화하기 위해 '영웅은 리바이스를 입는다'라는 주제와 함께 전설적인 미국식 진(jean)으로 포지션했다. 제임스 딘과 같이 숭배의 대상이 될 정도의 배우가 등장하는 영화의 장면들을 배경으로 사용했다. 일본 소비자들의 반응은 매우 긍정적이었다. 이 광고 캠페인의 결과로 리바이스의 인지도가 35%에서 95%로 상승한 것이다.
- 싱가포르에서는 한 남자가 자신의 리바이스 청바지를 벗어 로프로 사용하여 불이 난 호텔에서 여인을 구출해 내는 장면을 광고로 내 보냈다. 리바이스의 강도가 얼마나 센지 보여주기 위한 것이었다.
- 브라질에서는 의류의 패션동향이 미국보다는 유럽대륙의 영향을 더 강하게 받는다고 한다. 따라서 브라질 시장을 위한 광고는 파리의 거리를 무대로 젊은이들을 등장시키며 파리에서 촬영되었다.
- 호주에서는 제품의 혜익(benefits)과 함께 브랜드 인지도를 구축하기 위해 광고가 디자인되었다. "꽉 끼어 보이지만 끼는 감촉을 느끼지 않습니다, 밤새 입어도 편안합니다"라는 문구는 리바이스의 고품질 이미지를 강조한 것이었으며, "1850년 이후 리바이스 진은 뛰어 오르는 야생마를 비롯한 모든 것을 다루어 왔습니다" 라는 문구는 리바이스의 독특한 포지셔닝을 강조하기 위한 것이었다.

자료원: Philip R. Cateora & John L. *Graham, International Marketing*, 10th ed., Irwin/McGraw-Hill, 1999, p. 486에서 일부 수정 후 재인용.

13-4 Mini-Case 나이키와 리복의 국제광고 전략

미국의 운동화 제조업체인 나이키(Nike)는 본사 차원에서 전세계적인 광고 프로그램을 제작한 후, 이를 각각의 외국 시장상황에 맞게 변형하는 전략을 취해 왔다. 기본형은 최근까지 미국에서 사용되었던 "보는 안다(Bo Knows)"라는 광고였다. 프로 풋볼 선수이자 야구 선수인 보 잭슨(Bo Jackson)이 나이키 운동화를 신고 테니스나 농구와 같은 스포츠에 참여하는 모습을 담은 광고였다. 각 분야의 스포츠에서 누구나 알만한 선수가 나와 자신의 스포츠를 "보는 안다"라고 외치는 장면도 담겨 있다. 나이키는 국제광고 캠페인을 위해 비슷한 광고에 잭슨을 모델로 출연시켰다. 크리켓 선수인 이안 보담(Ian Botham)이나 축구 스타인 이안 러쉬(Ian Rush) 등과 같은 유명한 외국 선수들과 같이 등장하는 광고였다. 광고는 대사의 자막처리 없이 현지어로 방영되었다.

나이키의 주요 경쟁사인 리복(Reebok)은 정 반대의 광고전략을 선택했다. 각각의 시장에 서로 다른 현지화된 광고를 제작하고, 때로는 광고 주제조차 다른 것을 사용하기도 했다. 대개의 경우 리복의 해외광고는 현지의 유명배우와 운동선수를 모델로 사용한다. 현지에서 제작된 광고에서 현지 스타들이 리복 운동화를 촉진하는 것이다. 예를 들어 전형적인 영국 광고는 영국의 운동선수가 리복의 테니스화나 조깅화의 성능과 신뢰성을 칭송하는 모습을 보여 준다. 그러나 일부 국가에서는 미국 광고를 그대로 사용하기도 한다. 예를 들어 팝 가수인 폴라

압둘(Paula Abdul)이 '리복식의 라이프 스타일(The Reebok Lifestyle)'에 대해 노래하는 광고는 일본 및 기타 극동아시아 국가에서 사용된 바 있다.

그러나 리복 역시 최근에는 글로벌 광고전략을 택하고 있다. 2003년 8월, 108년 역사상 처음으로 4, 5천 달러 규모의 글로벌 광고를 제작하여 전세계적으로 내 보낸 것이다. 벡터(vector) 로고를 강조한 광고였다. 나이키와의 경쟁을 염두에 둔 이러한 글로벌 접근법은 2005년 리복을 인수한 아디다스에 의해서 지속되고 있다.

자료원: Michael R. Czinkota & Ilkka A. Ronkainen, *Global Marketing*, Dryden, 1996, p. 537 및 Masaaki Kotabe, et al., *Internatinal Marketing*, 2nd Asia-Pacific ed., John Wiley & Sons Australia, 2008, p. 360).

03 기타 국제촉진전략

일반적으로 기업의 촉진활동 중 광고가 차지하는 비중이나 중요성이 더 많은 편이지만 다른 형태의 촉진활동 역시 광고의 지원역할이든 독자적인 형태로든 활발하게 사용된다. 이들에 대해 간략히 살펴보면 다음과 같다.

3.1 인적판매(Personal Selling)

인적판매 노력은 산업재, 특히 기술적으로 복잡하거나 가격이 높은 경우에 더욱 요구된다. 보잉(Boeing)이나 노드롭(Northrop)처럼 본사에 기반을 두고 있는 판매조직이 각국에서 인적판매 활동을 벌이는 경우도 있지만, 대부분의 인적판매 활동은 현지 자회사 수준에서 행해지는 것이 일반적이다. 물론 이 경우라 하더라도 본사의 개입정도에는 상당한 차이가 나타날 수 있다.

인적판매가 기업의 국제촉진전략에서 차지하는 비중이 매우 크고 글로벌 고객의 확인이 가능한 경우에는 기업 전체적인 차원에서 조정되는 통일적인 접근방법이 필요할 수 있다. 반면에 유통경로가 집중적 커버리지 형태로 운영되고, 경로단계의 수가 많고, 전통적인 관행에 바탕을 두고 있을 경우에는 본사차원에서의 역할은 제한적인 수준에 머물게 되며 주로 지원기능에 초점을 맞추어야 한다.

3.2 판매촉진(Sales Promotion)

소비자를 대상으로 하는 판매촉진 활동은 쿠폰, 샘플, 경품, 소비자교육 등 다양한 형태로 이루어진다. 광고의 대안으로, 혹은 보조수단으로 사용되는 판촉활동의 중요성은 매우 높다. 광고에 비해 비용이 저렴하고, 표적소비자를 선정하기가 용이하며, 촉진활동의 효과를 추적하기가 상대적으로 더 용이하기 때문이다.

판매촉진활동이 효과를 거두려면 제조업체나 그 대리기관이 계획한 캠페인이 현지 소매기관들로부터 지지를 얻어야 한다. 예를 들어 소비자들이 제시하는 쿠폰은 소매점들에 의해 상환되고 제조업체나 그 대행기관에 보내져야 하는데, 이러한 역할을 현장에서 담당하는 것은 소매기관이기 때문이다. 에이 시 닐슨(A. C. Nielsen)이 칠레에서 할인쿠폰을 판촉수단으로 도입하려는 시도를 한 적이 있었는데, 현지 슈퍼마켓연합회의 반발로 어려움을 겪었다. 연합회는 소속 슈파마켓에 이 계획을 반대한다는 사실과 쿠폰을 받지 말라는 권고를 통보했다. 기본적인 불만사항은 닐슨과 같은 대행기관은 불필요하게 비용만 가중시키며 결국 이는 소비자들에게 전가된다는 것이었다. 또한 칠레인들은 제품구매시 흥정을 하는 경우가 많은데 쿠폰은 이러한 개별적인 협상을 제한하게 된다는 비판도 제기되었다.

한편, 판매촉진 수단에 대한 정부의 규제는 국가별로 다양하게 나타나고 있다. 따라서 한 시장에서 허용되는 판촉방법이 다른 시장에서는 불법으로 간주될 수 있다. 이런 점에서 볼 때 스칸디나비아 국가에서는 기업이 판매촉진 활동을 벌일 때 큰 어려움을 겪는다. 모든 판촉수단에 대해 정부기관으로부터 승인을 받아야 하기 때문이다. 사은품 제공을 아예 금지하는 국가도 있으며 한도를 규제하는 국가도 있다. 예를 들어 프랑스에서는 사은품으로 제공되는 제품의 가격이 판촉대상인 원제품 가격의 4%를 넘지 못한다고 한다. 특정 품목을 손실을 보며 판매함으로써 고객을 끌어 들이는 것도 금지되어 있다. 벨기에처럼 세일기간에 제한을 두는 나라도 많다.

따라서 국제판촉활동은 이러한 법률적 규제는 물론 현지 소비자들의 판매촉진 수단에 대한 개념과 반응을 고려하여 계획되어야 한다. 체면의식이 강한 동양권에서는 적은 금액을 할인받으려는 행동의 일반적인 수용도가 상대적으로 낮기 때문에 판촉수단으로서의 쿠폰의 효과가 낮을 수 있다. 대개의 경우 판촉활동은 현지 자회사, 혹은 유통업체 수준에서 이루어지는 것이 보통이다.

3.3 공중관계(Public Relations)

홍보(publicity)를 포함한 공중관계는 기업의 사회적 수용도와 이미지에 영향을 미치는 중요한 촉진수단이다. 기업의 적절한 공중관계 노력은 국제적 정체성을 확보하는 동시에 매출액 증대, 제품 및 서비스의 차별화에 기여할 수 있으며, 우수 인력충원에도 도움이 될 수 있다. 공중관계의 대표적 형태인 홍보는 다국적기업이 많은 관심을 보이고 있는 분야다. 직접적인 비용부담없이 신뢰도가 높은 메시지를 전달할 수 있기 때문이다.

우리나라의 농심은 중국에서 '신라면배 바둑대회'를 개최하여 현지 언론의 집중적인 조명을 받음으로써 커다란 홍보효과를 거둔 것으로 알려지고 있다(Mini-Case 13.5 참조). 다른 대기업들도 현지 시장에서 다양한 형태의 활동을 통해 기업 이미지를 제고시키려는 노력을 기울이고 있다(Mini-Case 13.6 참조). 단순한 PR활동으로 보기는 어렵지만 삼성전자는 올림픽이나 월드컵, 그리고 유명 스포츠클럽을 후원하는 등의 스포츠마케팅으로 엄청난 광고효과를 거두기도 하였다(Mini-Case 13.7 참조).

13-5 Mini-Case
농심 '신라면배 바둑' 광고효과는 얼마일까?

중국의 라면시장을 겨냥한 농심의 '바둑돌 포석'효과는 얼마나 될까? 국제 기전 중 유일하게 한국, 중국, 일본의 국가대항전으로 치러지는 제1회 농심 신라면배의 홍보효과는 과연 어느 정도일까?

지난해(1999년) 중국시장에서 소비된 라면은 약 150억개로 추산되고 있다. 1인당 라면 소비량이 세계 최고 수준이라는 한국시장의 규모가 38억개 정도인 것을 감안하면 중국시장이야말로 노다지가 아닐 수 없다.

이 대회는 3개국이 각각 5명의 대표를 출전시켜 승자만 계속 경기를 갖는 '연승전' 형식으로 우승국가에만 1억 2,000만원의 상금을 몰아주게 된다. 여기에 대국마다 기사에게 지급되는 200만원씩의 상금을 보태면 총 상금은 1억 5,000만원 안팎이다.

작은 바둑돌들은 '라면홍보'에 얼마나 힘을 보탰을까? 지난해 12월 15일부터 중국 상하이에서 개막된 이 대회는 중국에서 1라운드 네 차례 대국이 열렸다. 중국언론의 관심은 폭발적이었다. 민방인 상하이 TV가 매일 2시간 반씩 중계한 것을 비롯, 40여개 신문, 잡지에 기전과 관련된 기사가 게재된 것으로 집계됐다. 특히 TV 중계에서는 농심 신라면이 등장하는 배경그림과 로고가 대국마다 1시간 반씩, 총 6시간 정도 노출된 것으로 집계됐다. 이를 중국 TV의 평균 광고단가(15초당 약 267만원)로 환산하면 무려 38억 5,000여만원에 이른다. 이 수치는 농심의 중국시장에 대한 1년치 광고비에 육박하는 것. CF와 비교해 효과가 떨어진다고 해도 투자액의 수십배에 가까운 광고효과를 얻었다는 게 농심측의 계산이다.

제25회 농심신라면배 세계바둑최강전 최종전 마지막 경기 장면

'기적의 끝내기 6연승' 올해(2024년) 25회를 맞은 농심 신라면배 세계바둑최강전에서 신진서 9단이 역대급 명승부를 만들면서 대회를 주최한 농심이 주목받고 있다. 국내 주요방송사 저녁뉴스에 수차례 방송되는 등 여론의 주목도가 높았고 신진서가 각종 행사에 초대되면서 계속 언급되는 등 효과가 이어졌다. 경제효과로 추산하면 국내에서 60억원, 중국에서 최소 100억원 이상이며 전세계 합산 200억원에 육박하는 성과라는 분석이다.

농심은 이 대회를 통해 마케팅 활동 효과를 톡톡히 누리고 있다. 1999년 700만 달러에 불과했던 농심의 중국 매출액은 지난해 3억1,000만 달러까지 늘어났다. 25회 대회를 치르는 동안 약 45배 성장하는 효과를 거뒀다는 설명이다. 농심은 바둑 마케팅이 중국 소비자들에게 신라면 브랜드를 효과적으로 알린 '신의 한 수'로 손꼽고 있다. 농심 관계자는 "신라면배 바둑대회의 흥행은 사업초기 중국사업의 돌파구가 됐다"라며 "언론보도와 입소문 등 광고효과는 유통망 확대를 가져왔고 이는 곧 매출증가로 이어졌다"라고 말했다.

자료원: 동아일보, 2000. 1. 24 및 머니투데이, 2024. 2. 27

13-6 Mini-Case 한국 대기업의 해외시장 이미지 마케팅

삼성・LG・SK 등 국내 대기업들이 해외시장 선점을 위해 치열한 이미지 마케팅을 펼치고 있다. 당장 매출에는 직결되지 않지만 해외시장에서 전략적 이미지를 구축함으로써 미래의 시장을 잡겠다는 뜻이다.

LG전자 태국법인 직원들은 최근 태국 국토종단 캠페인을 개최했다. 지난달부터 28일 동안 태국 제2의 도시인 치앙마이에서 방콕까지 698km를 릴레이식으로 종단한 것. 이 행사는 태국의 가장 큰 골칫거리인 마약퇴치 사업을 위한 캠페인으로, LG전자는 행사기간 판매된 세탁기 판매금액 중 일부를 적립, 태국왕실에 마약퇴치 기금으로 기증할 계획이다. LG전자 K상무는 "LG전자가 태국인과 더불어 살아가는 기업임을 부각시키기 위해 행사에 참여했다"면서 "이번 행사에 3만명이 넘는 태국인들이 참여, LG 브랜드 인지도가 크게 높아졌다"고 말했다.

삼성전자 기흥공장 봉사단은 최근 미얀마지역에서 초등학교 완공 기념식을 개최했다. 이 학교는 삼성전자 저개발지역 교육후원사업의 일환으로 건립했던 것. 기흥사업장 임직원들이 '사랑의 1인 1계좌 갖기 운동' '사랑의 빵 모금 운동' 등을 통해 모금한 돈(18만 달러)으로 세운 학교다. 삼성전자는 방글라데시 지역에서도 전문대학 등 총 8개 학교 신개축과 교육용품 지원사업을 벌이고 있다. 삼성은 이 밖에 미국에서 아놀드 파머(골프)·매직 존슨(프로농구 선수) 등 세계적인 스타선수들과 손잡고 자선모금행사와 사회단체 후원사업을 벌이고 있다.

SK그룹도 지난 96년부터 베트남에서 기형 어린이 무료시술을 시행하고 있다. SK그룹은 지금까지 1,250명의 어린이들에게 의료지원을 했으며, 매년 사업을 확대해 가고 있다. 재미있는 것은 SK그룹이 베트남 현지에서 판매하고 있는 소비재상품이 거의 없다는 것. SK그룹은 중국에서도 지난 2000년 1월 이후 중국판 장학퀴즈인 'SK 짱웬방'을 운영하고 있다. 지금까지 중국의 장학퀴즈에 참가한 중국 청소년들은 대략 1,500여명. SK측은 이들 참가자를 지한파로 육성하기 위해 한국 초청 등 다양한 장학사업을 벌이고 있다. LG경제연구원 K 연구위원은 "공익마케팅은 장기적인 이미지 개선효과는 물론, 정부나 현지 시민단체 등 이해관계가 얽힐 수밖에 없는 집단과의 관계를 부드럽게 해주는 역할도 한다"고 말했다.

자료원: 조선일보, 2002. 8. 24.

13-7 Mini-Case 삼성의 '첼시 블루 마케팅'

로만 아브라모비치, 펠리프 스콜라리, 존 테리, 프랭크 램파드, 미하일 발락, 디디에 드록바의 공통점은 무엇일까? 영국 프리미어 리그 1위를 달리는 프로 축구팀 첼시구단주와 감독, 선수들이다. 공통점은 또 있다. 모두 어마어마한 돈을 버는 부자들이고, 러시아·브라질·잉글랜드·독일·코트디부아르를 대표하는 국제 축구계의 거물들이다. 그들의 인생에서 가장 중요한 순간, 가령 챔피언스 리그 결승전에 '삼성(SAMSUNG)' 로고가 큼지막하게 박힌 유니폼을 입고 나선다는 사실도 같다. 축구선수 박지성이 맨체스터 유나이티드에서 활약하는 사실을 모르는 한국인이 거의 없는 것과 마찬가지로 첼시팀 감독, 선수들의 모국에선 이들이 첼시 유니폼을 입고 뛰는 사실을 모르는 사람들이 거의 없다. 첼시 소속 14개국 25명의 스타선수들 하나 하나가 모두 삼성의 움직이는 광고판인 셈이다.

삼성전자는 2005년 6월부터 5년간 첼시팀을 공식 후원하는 계약을 맺었다. 총 규모가 약 5,000만 파운드에 이르는 초대형 계약이었다. 삼성전자의 '첼시 블루 마케팅'은 제품 매출, 브랜드가치 제고란 두 마리 토끼를 모두 잡았다는 평가다. 예컨대 올해 5월 21일 모스크바 올림픽 경기장에서 벌어진 UEFA 챔피언스 리그 결승전은 세계 각국의 축구팬 10억 명이 지켜봤다. 전·후반, 연장전, 승부차기로 이어진 2시간여 동안, 시청자들은 숨죽이며 'SAMSUNG' 로고를 달고 뛰는 선수들의 움직임에 눈을 고정시켰다. 간접 광고효과만 1,000억원에 육박한다는 평가다.

유럽 소비자들의 브랜드 인지도와 삼성전자 로고를 단 TV에 대한 현지 판매업자들의 호감도는 급격히 상승하였다. 매출향상도 눈부시다. 삼성이 첼시를 후원한 지 3년째인 2007년 삼성전자의 유럽 매출은 2004년에 비해 100억 달러가 늘었다. 삼성 휴대폰 매출은 휴대폰시장이 커지는 속도의 4배에 가까운 성장률을 기록했다. 2005년 유럽에서 소니·필립스를 누르고 LCD TV 1위를 차지한 이후 절대적 1위 기업으로 군림하고 있다. TV

딜러의 브랜드 추천율에서도 영국 · 프랑스 · 독일 · 이탈리아 · 러시아 등 거의 모든 유럽국가에서 1위다. 첼시와 후원계획을 맺은 2005년 이후 2011년까지 삼성전자의 유럽 매출은 2배 이상으로 성장했다.

2008~09시즌부터 첼시 선수들은 'mobile'이 빠진 'SAMSUNG' 단독로고가 박힌 유니폼을 입고 뛰고 있다. "첼시 스폰서십 효과를 삼성의 모든 제품군으로 넓혀 보다 큰 마케팅 시너지 효과를 창출하기 위한 것"이다. 그러나 삼성의 첼시 후원은 2015년 계약이 연장되지 않아 10년간의 스폰서십이 종료되었다. 삼성전자가 스폰서계약을 해지한 것은 이미 유럽시장에서 인지도를 충분히 쌓았다는 판단 때문인 것으로 알려지고 있다.

자료원: 조선일보, 2005. 4. 27, 2007. 5. 25, 2008. 10. 28 및 2015. 2. 25, 동아일보, 2012. 5. 21 기사 내용을 수정 편집함.

13-8 Mini-Case
위기관리 요령: CEO 입장에서 보지 말고, 피해자 · 고객 · 직원 입장서 봐야

위기는 은밀하게 덮쳐 온다. 낯선 전염병일 수도, 안전사고일 수도, 조직리더의 말 한마디나 직원의 행동하나일 수도 있다. 위기가 터지면 루머는 정보와 뒤섞여 온라인을 타고 급속히 번지는 세상이다. 사건 · 사고발생 시 초기대응에 실패하면 이미지 위기, 신뢰도 위기로 번지면서 기업이나 정부기관 등은 치명타를 입는다. 세계 최고의 전문가들이 꼽는 위기관리의 핵심은 무엇일까.

공감하며 사과하라: 2010년 4월 20일 오후 9시 50분 미국 루이지애나 앞바다에서 거대 석유사 BP의 심해석유시추시설 딥워터 호라이즌호가 대폭발을 일으켰다. 1,500m 아래 바닷속에서 하루 2만배럴 넘는 원유가 새어 나왔다. 2009년 아일랜드 GDP보다 많은 2,461억달러(약 250조 원) 매출을 올렸던 '해가 지지 않는 제국' BP는 대혼란에 빠졌다. 더 큰 위기는 리더의 '입'에서 폭발했다. "이 난리가 끝나길 나보다 더 절실하게 바라는 사람은 없을 거요. 나도 내 인생을 되찾고 싶어요." 5월 30일 BP의 CEO 토니 헤이워드는 이 한마디로 대중의 분노에 기름을 부었다. "유출량은 얼마 안된다" "환경피해도 별로 없다"며 연이은 거짓말로 사태를 악화시키던 그는 "미국에서 가장 미움받는 사람"(시사주간 타임)으로 전락했다. BP 주가는 사고 50일 만에 52% 폭락했고, 170억 달러의 분기 손실을 냈으며, CEO는 사고 100일을 못 넘겨 물러났다. BP는 초기대응에 실패했고, 신뢰를 잃었으며, 피해자를 존중하지 않았다. 위기관리의 A부터 Z까지 망각한 초대형 실패였다.

스킨십으로 소통하라: 말레이시아 저가항공사 에어아시아 여객기의 해상 추락사고 대응은 진정성 있는 소통으로 위기를 돌파한 모범사례로 손꼽힌다. 2014년 12월, 인도네시아 수라바야에서 싱가포르로 가던 에어아시아 여객기가 자바해에 추락했다. 탑승자 162명이 숨졌다. 에어아시아 CEO 토니 페르난데스는 즉각 수색과 사고원인규명을 시작했다. 그 과정을 모두 투명하게 공개했다. 사업 파트너와 직원들에게는 '함께 위기를 극복할 것'이라는 확신을 심어 줬다. 유가족에게는 개인 휴대폰번호를 알려주고 직접 '스킨십 소통'을 했다. 그 결과 에어아시아는 사고를 수습하며 쌓인 국제적 신뢰를 바탕으로 일본과 인도까지 사업을 확장했다. 그는 특히 위기 극복 의지와 진정성을 드러내는 데 트위터를 적극 활용했다. 위기를 초스피드로 확산시키는 SNS를 오히려 위기를 급속히 잠재우는 데 이용한 것이다.

투명하게 공개하라: 2010년 6월, 중국 공안당국이 중국 충칭 힐튼호텔을 급습, "3시간 안에 호텔을 폐쇄하라"고 명령했다. 호텔 라운지바에서 성매매 혐의로 100여명이 연행되는 사진이 중국 미디어를 뒤덮었다. 손님들

은 거리로 내몰렸고, 50여곳의 중국내 힐튼사업 파트너들은 동요했다. PR컨설팅사 케첨의 존 베일리 싱가포르 지사장이 '구원투수'로 투입됐다. 그는 "작은 실수만 해도 중국 시장 전체의 신뢰를 잃고 글로벌 평판까지 망가질 위기였다"고 회고했다. 힐튼은 "진심으로 사과하고, 모두에게 진실을 알린다"는 정공법을 택했다. 모든 직원, 파트너, 영업담당, 여행사, 특별회원들에게 "이 사건은 바(bar) 소유주의 개인비리이며, 힐튼의 윤리 기준은 여전히 세계 최고"라며 편지와 전화로 설득했다. 영구 폐쇄 위기였던 충칭힐튼은 2주 만에 재개장했다. 힐튼은 중국내 100여개 지역으로 호텔사업을 확장했고, 2013년 12월 뉴욕증시에 성공적으로 상장했다.

'소통'이 가른 위기관리 성패 사례

에어아시아 여객기 해상 추락 사고(2014.12)
- 여객기 자바해에 추락, 탑승자 162명 전원 사망
- CEO가 직접 개인 핸드폰으로 유가족 소통
- 수습 뒤 일본·인도로 사업 확장

성공

미 연방정부 허리케인 카트리나 대응(2005.8)
- 최소 1245명 사망, 피해 1080억달러
- 구난 혼선 속 흑인 차별 논란으로 확산
- 정부 신뢰 추락. 대통령 지지율 30%대 급락

실패

힐튼월드와이드 충칭 호텔 폐쇄 사건(2010.6)
- 공안이 호텔 바 급습, 성매매 혐의 100여명 연행
- "힐튼=준법" PR캠페인 전개
- 2주 만에 호텔 재개장, 중국내 100개 체인 확장

성공

BP 멕시코만 원유시추시설 폭발 사고(2010.4)
- 사망 11명, 184만 갤런 유출, 보상 422억달러
- "모른다" 발뺌 일관… 신뢰·매출에 타격

실패

자료원: 조선일보, 2015. 9. 16 내용 일부 편집.

공중관계는 현지 혹은 국제적인 비난을 예상하거나 이에 대처하는 활동도 포함한다. 이러한 비판은 다국적기업 전체에 대한 일반적인 비판은 물론 개별기업 차원의 구체적 비판에 이르기까지 다양한 형태로 나타난다. 유아사망률이 엄청나게 높은 개발도상국에서 유아식을 광고하고 판촉한 네슬레(Nestle's)에 대한 비난이나, 보팔(Bhopal) 대참사에 대한 책임감이 부족했다고 인식한 집단으로부터의 유니온 카바이드(Union Carbide)에 대한 비판 등이 대표적인 예들이다.

일본계 타이어회사인 브릿지스톤(Bridgestone)이 미국에서의 대규모 리콜사태에 대응한 자세도 많은 비판을 받은 바 있다. 타이어 불량으로 100명 이상이 사망했다는 주장에 이은 리콜사태였다. 당시 미국법인의 일본인 CEO는 미국 상원 청문회에서 '전적으로 자신의 책임임을 통감한다(full and personal responsibility)'는 취지의 발언을 했지만, 보다 빠르고 적극적인 정보공개와 사태해결을 놓친 이후의 사과라는 점에서 미국 내에서는 적절치 못한 대응으로 받아들여졌다. 이는 일본과 미국의 문화차이 때문이기도 하지만 '일본 경영자들이 언론이나 투자자관계를 불편해 하고, PR의 중요성과 가치를 이해하지 못하고 있다'는 인식을 심어주었다.[2)]

이러한 비판은 해당 기업제품에 대한 국제적인 불매운동은 물론 기업 이미지 및 직원 사기의 하락으로 이어질 수 있다. 따라서 기업은 비판의 원인이 되는 행위나 사건의 예방과 책임있는 사후조치는 물론, 이러한 비판의 확산을 줄일 수 있는 적절한 공중관계에도 신경을 써야 한다(Mini-Case 13.8 참고). 국제적인 공중관계는 기업내부의 전담부서가 담당할 수도 있지만 외부의 전문기관에 의뢰할 수도 있다. 참고로 세계 최대 독립 PR기업인 에델만(Edelman)은 6,000여명의 직원이 전 세계 60여개 국가의 지점(지사)에서 일하고 있다.

3.4 전시회 및 박람회

전시회나 박람회 등도 중요한 국제촉진활동의 무대로 활용된다. 대개 이러한 전시회에서는 제조업체나 유통업체들이 자신의 제품을 전시하고, 기존 및 잠재고객, 공급업자, 관련기관, 언론 등에 자사 제품과 서비스를 설명한다. 뿐만 아니라 이러한 전시회는 업계의 최신 기술동향, 디자인 추세 등을 파악할 수 있는 좋은 기회가 되기도 한다. 〈표 13-5〉에는 CES, MWC, IFA 등 세계 주요 IT전시회 현황이 표시되어 있고, 〈Mini- Case 13.9〉는 이러한 전시회의 최근 동향을 소개해 주고 있다. 참고로, 1990년대 후반과 2000

2) "Bridgestone Just Doesn't Have a Clue How to Handle This," *Business Week*, September 18, 2000.

표 13-5 세계 주요 IT 전시회 현황(2024년 기준)

명칭	개최지역	개최시기	참가기업 수	참가한국 기업 수	관람객 수
CES	미국 라스베가스	1월	4,300	760	135,000
MWC	스페인 바르셀로나	2월	2,700	165	101,000
IFA	독일 베를린	9월	1,800	127	215,000

주: CES(Consumer Electronics Show), MWC(Mobile World Congress), IFA(Internationale Funk Ausstellung).
자료원: 각종 언론매체.

년대 초반 세계 최대 IT전시회 중 하나로 자리매김했던 세빗(CeBit, 독일 하노버 개최)은 IT전시회의 주도권이 미국 라스베이거스의 CES(Consumer Electronics Show)와 스페인 바르셀로나의 MWC(Mobile World Congress) 등으로 넘어가면서 점점 쇠퇴하다가 2018년을 끝으로 역사 속으로 퇴장했다.

국제전시회나 박람회에 참가하는 것은 많은 비용이 소요되기 때문에 기업은 소요되는 비용과 기대되는 수익을 분석한 후 참가여부를 결정해야 한다. 단기적인 판매증진만을 염두에 두고 있는 기업이라면 전시회 참가비용이 부담으로 작용할 수 있겠지만, 장기적인 시각을 가지고 있다면 투자의 개념으로 받아들일 수 있을 것이다.

전시회나 박람회 참가가 가져올 수 있는 장점, 혹은 참가의 필요성 등에는 다음과 같은 것들이 있다.

첫째, 제품의 특성상 잠재고객에게 직접 보여주고 시험해 볼 수 있는 기회를 제공하지 않고서는 효과적인 마케팅을 기대할 수 없는 경우가 있다. 이 경우 전시회나 박람회는 신제품을 소개하고, 촉진하고, 시연할 수 있는 훌륭한 기회가 된다.

둘째, 기업의 모습을 드러내는 것만으로도 기업의 이미지를 제고할 수 있고, 관련 거래처 및 고객들과의 정기적인 접촉의 장으로 활용될 수 있다. 전시회에 참가하는 기업은 단순히 자사 제품을 전시하는 것뿐만 아니라 자신의 존재를 경쟁기업에게 과시하는 것을 염두에 두기도 한다. 또한 자사의 판매원이나 자사 제품을 취급하는 유통업자들의 사기를 진작시키는 기회가 되기도 한다.

셋째, 전시회 참가는 적절한 유통업체를 찾아낼 수 있는 기회가 된다. 특히 신규시장에 진입하고자 할 때 유통업체들에게 자사 제품취급을 권유하거나 이들을 평가할 수 있는 기회로 활용할 수 있다.

넷째, 시장조사나 경쟁사의 동향을 파악할 수 있는 좋은 기회가 된다. 대부분의 경쟁사들을 동시에 관찰할 수 있고 자사와 경쟁사들에 대한 고객의 반응을 테스트해 볼 수 있는 것이다.

다섯째, 단기간 내에 다수의 잠재고객과 접할 수 있는 기회가 된다. 전시회 참가자의 상당수는 기업의 구매담당자이거나 구매에 영향력을 미칠 수 있는 경영자인 경우가 많다. 따라서 곧바로 구매상담으로 이어지기도 한다. 일반 참가자라 하더라도 해당 제품에 특별한 관심을 가지고 있는 경우가 많기 때문에 이들을 고객으로 전환할 수 있는 기회로 삼을 수 있다.

반면에 전시회나 박람회 참가를 꺼리거나 소극적으로 대응하는 경우도 많은데 이것은 다음과 같은 이유들 때문이다.

첫째, 비용이 많이 든다는 점이다. 그러나 전시회 참가비용은 무역관련 정부기관이나 민간기관에서 지원하는 전시회의 경우 큰 문제가 아닐 수 있으며, 유통업체와 분담하는 방안도 고려될 수 있다.

둘째, 참가할 적절한 전시회나 박람회를 선택하기가 쉽지 않다. 많은 기업들은 한정된 자원으로 인해 현지 시장국의 유통업체들의 추천에 의존하기도 한다. 참가할 전시회는 물론 전시할 제품에 대해서도 해외 유통업체들의 추천이 중요하게 고려된다. 예를 들어 캐터필라(Caterpillar)는 대개 해외딜러들로 하여금 참가할 전시회를 선택하도록 허용한다고 한다.

셋째, 다양한 사업부를 가지고 있는 대기업에게는 조정의 문제가 발생할 수 있다. 한 기업의 이름 아래 많은 사업부가 동시에 참여할 수 있기 때문이다. 유통업체와의 공동참여가 바람직한 경우도 있는데 이 경우 역시 계획과 실행단계에서의 조정이 필요하다.

13-9 Mini-Case
'CES 2024'와 'IFA 2024'의 한국 기업들, 스타트업도 각종 상 휩쓸며 존재감 과시

한국 기업들은 CES 2024의 주인공이었다. 이들은 혁신제품 및 기술력을 대거 선보이면서 향후 글로벌 시장 공략을 위한 청사진을 제시했다.

이번 CES에서 삼성전자는 세계 최초로 '투명 마이크로 LED(발광다이오드)' 완제품과 가정용 로봇 '볼리'를 선보였다. 삼성전자가 CES에서 선보인 모든 제품은 AI가 키워드였다. 단순히 하나의 기능에 그치지 않고 일종의 플랫폼처럼 AI를 활용했다. CES의 주제인 '올 투게더, 올 온(All together All on, 모두를 위한 모든 기술의 활성화)'에도 가장 적합했다는 평가다. 한종희 삼성전자 부회장은 "올해는 AI기능을 도입하는 원년이 될 것"이라고 말했다. 삼성전자는 CES에서 AI시대의 기업의 책임에 대해서도 강조했다. 삼성전자는 AI시대를 맞아 사용자

삼성전자 전시관을 찾은 관람객들이 투명 마이크로 LED 제품을 살펴보고 있다

보안과 개인정보보호를 주요 과제로 지목하고 '통합 보안 솔루션'의 필요성을 언급했다.

SK그룹이 준비한 'SK원더랜드'는 전 세계 관람객들의 호평을 받았다. SK그룹은 탄소감축과 AI 등 어려운 주제를 테마파크처럼 즐길 수 있는 어트랙션으로 구성해 '기후위기가 사라진 넷제로 세상 속에서 느낄 수 있는 행복'(Inspire Happiness)을 전달했다. 라스베이거스의 랜드마크인 스피어를 연상케 하는 지름 6m의 대형 구체 LED '원더글로브'는 다채로운 주제영상으로 관람객들의 SNS용 포토 스팟으로 입소문이 났다. 수소연료전지로 운행되는 기차를 탈 수 있는 '트레인 어드벤처', 도심항공교통(UAM)을 직접 탑승하고 탄소 감축 및 AI 솔루션을 영상으로 관람할 수 있는 '매직 카페트'는 한 시간 넘게 줄을 서며 체험할 정도로 관람객이 몰렸다.

CES 2024의 SK그룹 전시관

현대차그룹은 2009년 처음 CES에 참가한 이래 올해 역대 최대 규모인 7개 계열사가 총출동했다. 이 중 현대차, 기아 등 5곳이 전시부스를 꾸렸으며, 총 전시공간은 6437㎡에 달했다. 현대차그룹은 수소, 소프트웨어, PBV(목적 기반 모빌리티), AAM(미래 항공 모빌리티) 등 다양한 분야의 전시를 선보이며, 미래 자동차 분야의 청사진을 제시했다.

LG전자는 CES에서 기술력으로 경쟁기업과 확연한 격차를 보였다는 평가를 받았다. 세계 최초의 무선·투명 올레드 TV 'LG 시그니처 올레드 T'는 올해 CES에서 가장 인기를 끈 제품 중 하나다. 미래 사업 비전도 확고히 했다. 조주완 사장은 기자 간담회에서 LG전자의 미래 목표인 연매출 100조원을 충분히 달성할 수 있다면서 성장 방안으로 기존 사업의 성장과 성장시장공략, 인수합병(M&A) 등 3가지를 제시했다.

한편 CES 2024 공식 어워드 파트너인 미 언론매체 엔가젯은 최고제품상으로 삼성전자의 액자 형태의 맞춤형 스피커 '삼성 뮤직프레임'과 LG전자의 세계 최초 무선 투명 올레드 TV 'LG 시그니처 올레드T', 기아의 'PBV'(플랫폼 비욘드 비히클), 삼성전자의 반려 로봇 '발리'를 선정했다. 엔가젯은 이날 총 12개 제품을 최고제품으로 선정했는데 이 중 4개가 한국기업의 제품이었다.

국내 스타트업도 각종 상을 받으며 세상에 이름을 알렸다. CES를 주관한 미국소비자기술협회(CTA)는 행사에 참여한 4,000여 개 기업 중 313개를 혁신기업으로 선정했는데, 이 중 134개가 국내기업이었다. 최고혁신기업으로 선정된 27개 업체 중 8개가 한국 기업이었다. 스마트 베개를 만든 텐마인즈, 모바일 여권 플랫폼 회사 로드시스템, 로봇 손가락 의수 기술을 보유한 만드로, 스마트팜 회사 미드바르, 시각장애인용 쿼티 커뮤니케이터 회사 원콤, AI 기반 마케팅 기술을 보유한 스튜디오랩, 4차원 푸드프린팅 시스템 회사 탑테이블, 블록체인 기반 투표 시스템 기술을 보유한 지크립토 등이다.

IFA 전시관 인근의 100주년 기념 조형물

IFA도 한국 기업을 포함한 전세계 기업의 신기술 전시 각축장이다. 2024년 9월 개최된 IFA는 유럽 최대 가전 전시회로 올해 100주년이 되었다. 삼성전자와 LG전자는 IFA 100주년을 인공지능(AI) 홈으로 장식했다. 양사 모두 집안 가전을 제어하는 '집사 로봇'을 선보여 눈길을 끌었다. CES 2024에서도 소개된 바 있다.

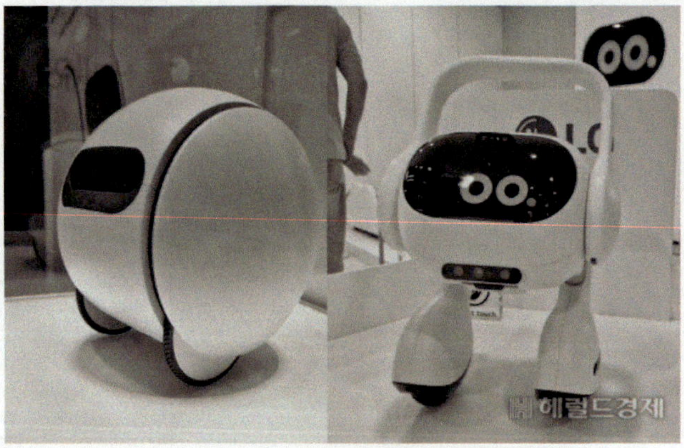
삼성전자 자율주행 AI 로봇 '볼리'(좌)와 LG전자 이동형 AI홈 허브(코드명 Q9)

LG전자는 IFA 2024에 최첨단 'LG AI홈' 기술과 관련한 제품을 대거 출품했다. LG전자가 이번 전시에서 처음 공개하는 'LG 씽큐 온'이 대표적이다. 집 안 가전 고객을 이어주는 LG AI홈의 핵심 디바이스다. LG AI홈에 적용된 생성형 AI는 대화 맥락이나 주변 환경 등을 파악해 고객을 최적의 상태로 '케어'하도록 가전 기기를 제어한다. 자율 주행으로 움직이는 '이동형 AI홈 허브'도 주목할 만한 신기술이다. '아이와 반려동물'이 있는 공간에서 아이의 수면 패턴과 학습 시간에 맞게 조도를 조절하는 기능을 소개한다.

LG전자가 'IFA2024'에서 선보인 AI홈 솔루션

삼성전자의 IFA2024 부스

삼성전자의 구주총괄 최고마케팅책임자(CMO)는 IFA2024 글로벌 프레스 콘퍼런스에서 "삼성전자는 AI 기술이 사람을 돕는 '보이지 않는 손' 역할을 할 것"이라며 "개방형 스마트싱스 생태계와 삼성전자 AI 기술로 세계를 선도하고 AI가 서로 연결되도록 돕겠다"고 말했다. 삼성전자가 AI를 활용해 보다 편리하고, 보다 안전하고, 보다 나은 세상을 만드는 데 앞장서겠다는 의지다. 삼성전자는 '모두를 위한 AI(AI for All)'를 주제로 'IFA 2024'에 참가했다.

자료원: 뉴스1, 2024. 1. 10, 머니투데이, 2024. 1. 14, 헤럴드경제, 2024. 9. 6 및 뉴스1, 2024. 9. 6

연습문제

1. 국제광고 활동의 제반 제약요인에 대해 설명하시오.
2. 국제광고의 유형표준화(pattern standardization)에 대해 설명하시오.
3. 국제광고와 관련하여 기업이 활용할 수 있는 광고 대행사에는 국내 대행사, 현지국 대행사, 그리고 다국적 대행사 등이 있다. 이들이 갖는 각각의 장단점을 설명하시오.
4. 국제판매촉진에서 마케팅 경영자가 유의해야 할 점에 대해 설명하시오.
5. 공중관계(public relations)가 기업의 국제마케팅 활동에서 갖는 의의에 대해 설명하시오.
6. 국제적으로 개최되는 전시회나 박람회에 참가함으로써 얻을 수 있는 국제마케팅 전략 측면에서의 장점에 대해 설명하시오.
7. 광고 메시지의 국제적 표준화가 갖는 장점과 한계에 대해 설명하시오.

참고문헌

- 배무언, "국제광고와 문화의 역할," 광고연구, 1992년 겨울호, pp. 5-21.
- 이장로, 문희철, 이춘수, 4차 산업혁명 시대의 국제마케팅, 8판, 한빛아카데미, 2022.
- 이철, 글로벌마케팅, 3판, 학현사, 2020.
- 한상필, "국제광고연구의 현황과 미래연구를 위한 제언-표준화 전략과 차별화 전략을 중심으로," 광고연구, 1994년 봄호, pp. 133-157.
- 한상필, "국제광고연구의 동향분석," 광고연구, 1998년 여름호, pp. 31-51.
- Cateora, Philip R., R. Bruce Money, Mary C. Gilly & John L. Graham, *International Marketing*, 19th ed., McGraw-Hill, 2023
- Czinkota, Michael, Ilka Ronkainen & Annie Cui, *International Marketing*, 11th ed., Cengage Learning, 2022.
- de Mooji, Marieke *Global Marketing and Advertising: Understanding Cultural Paradoxes*, 5th ed., Sage Publications, 2018.
- Green, Mark C. & Warren Keegan, *Global Marketing*, 10th ed., Pearson, 2019.
- Kotabe, Masaaki & Kristiaan Helsen, *Global Marketing Management*, 9th ed., Wiley, 2022.
- Miracle, Gordon E., "International Advertising Principles and Strategies," *MSU Business Topics*, Autumn 1968, pp. 29-36.
- Mueller, Barbara "An Anylysis of Information Content in Standardized vs. Specialized Advertisements," *Journal of International Business Studies*, 22(1), 1991, pp. 23-39.
- Root, Franklin R., *Entry Strategies for International Markets*, Lexington Books, 1994.

CHAPTER 14

국제유통전략

유통은 '자사의 제품이나 서비스를 최종 소비자에게 어떠한 방법으로 도달하도록 할 것인가?'를 결정하는 문제로서 경쟁사와의 차별화를 통해 전략적 무기로 활용할 수 있는 중요한 마케팅믹스 수단이다. 또한 유통경로는 쉽게 변경하기 곤란한 장기적 성격을 띄고 있기 때문에 신중한 결정이 요구된다. 특히 외국시장의 유통구조와 관습은 오랜 시간을 두고 형성되면서 나름대로의 전통과 독특성을 지니고 있기 때문에 철저한 사전준비와 이해가 필요하다.

국제기업이 유통경로전략을 설계할 때는 우선 각국 시장의 소비자특성, 제품특성, 마케팅구조, 경쟁의 정도, 기업자체의 특성 등을 고려하여 기업의 장기목표와 부합되도록 설계하여야 한다.

14-1 Mini-Case

한국 유통업체 해외진출의 허와 실

유통의 해외진출은 단순히 유통 세계화로만 그치지 않는다. 부수효과가 많다. 우선 외국번화가 한복판에 버티고 있는 한국 대형마트, 백화점은 그 자체가 한국이라는 국가브랜드의 간판역할을 한다. 월마트와 카르푸가 각각 미국과 프랑스의 상징이었던 것과 마찬가지다. 유통이 나가면 한국산 제품도 따라 나가게 되어 있다. 한국 제조업체가 외국에 제값을 받고 제품을 팔 기회가 많아지는 것이다. 한국 유통업체 매장 구석구석에 한국 식품, 생활용품이 전시되기 때문이다.

그러나 2000년대 공격적으로 중국에 진출한 국내 대형마트 업체들이 점포 수 확대 등 외형 키우기에만 집중하다 연거푸 쓴잔을 들이키고 시장에서 발을 빼고 있다. 글로벌기업과의 치열한 경쟁과 현지화 전략 실패가 원인인 것으로 분석된다. 사드보복 등 한중관계의 정치적 상황도 악영향을 미쳤다. 이들 업체들은 중국에서의 실수를 반복하지 않으려면 무조건 진출하려는 조급증을 버리고 현지화전략 등을 철저히 준비해야 한다고 말했다.

중국실패서 배웠다 … 베트남 1위 올라선 이마트

베트남 전통 의상을 입은 여성들이 이마트 고밥점 식품코너를 둘러보고 있다.

베트남에 이마트 매장은 딱 한 개다. 2015년 말 100여 명을 파견해 베트남본부를 설립하면서 호찌민 고밥점을 열었다. 고밥은 젊은 부부가 많이 사는 호찌민 외곽의 베드타운이다. 지난해(2019년) 고밥점은 개점 4년 만에 749억원의 매출을 냈다. 단일 점포 매출로는 베트남 전체 1위다. 첫해(2016년)보다 78.7% 증가했다. 이익은 55억원이다. 올해는 신종 코로나 바이러스 감염증(코로나 19) 사태로 해외소비가 줄고 베트남 내수가 폭발하면서 매출 1,000억원, 영업이익 100억원을 기대하고 있다.

'빅뱅' 직전 비유되는 베트남 소매시장

베트남 소매 유통시장은 '빅뱅' 직전에 비유된다. 2018년 말 시장규모는 1,420억 달러(약 167조원)에 달했다. 인구가 1억 명에 육박하는 데다 경제성장과 함께 소득규모가 커지면서 매년 10% 안팎의 성장을 구가하고 있다. 전체 소매시장의 6%를 차지하는 대형마트도 매년 20% 안팎으로 성장(이마트 추산)하고 있다. 이 시장에 롯데마트도 14개 점포를 내고 진출해 있다.

이마트 고밥점의 성공에는 중국에서의 실패가 자양분이 됐다. 중국사업을 맡았던 A 전 이마트 상하이점(2호점) 점장을 베트남 총괄본부장에 임명했다. A 본부장은 "2006년 중국에 2호점을 낼 때 중국의 1인당 국내 총생산(GDP)이 3,000달러로 요즘 베트남과 비슷했다"며 "당시 이마트는 한꺼번에 사람과 물자를 투입해 단숨에 시장 1위를 하겠다는 생각이 앞섰다"고 했다. 이마트는 중국에서 27개 점까지 운영하다 수백억원의 적자를 안은 채 모두 철수했다. 이마트 고밥점은 거의 모든 점에서 중국과 정반대 전략을 썼다. 우선 '우보천리(牛步千里)' 전략으로 베트남시장에 접근했다. 2011년 시장조사팀을 먼저 파견했다. 축산을 맡은 신선식품 바이어 한 명은 호찌민 중산층 가정에서 약 1년간 홈스테이를 하며 현지 소비문화의 감을 익혔다.

이마트 베트남 1호점

해외진출 공식 깬 이마트

출점 장소도 달랐다. 한국 유통업체들은 현지 진출 시 한인 밀집지역을 먼저 공략했다. 이마트도 중국에서 그랬고, 경쟁업체도 베트남에서 똑같이 했다. 이마트는 베트남에서 철저히 현지인을 주요 고객으로 삼았다. 고밥점에선 한국인을 찾아보기 힘들다. 건물도 직접 매입했다. 중국에서는 다점포 동시 전개를 위해 건물을 임대했었다. 이마트 관계자는 "건물 매입 때문에 초기에 큰돈이 들어가지만 추후 본격적인 경쟁상황에서 마케팅에 집중할 수 있다는 장점이 있다"고 설명했다.

바이어도 직접 양성하는 방식을 택했다. 중국에서 현지 바이어에 의존해 실패했던 경험을 반면교사로 삼았다. 중국에선 100원어치를 매입하면 중간에서 바이어들이 절반을 가져갔다. 당시 중국 대형마트 바이어들 사이에선 '한국 대형마트와 거래하면서 집 한채 못 건지면 바보'라는 말이 돌았을 정도다. A 본부장은 "천천히 가더라도 이마트의 기업이념을 체득한 직원들을 키울 것"이라며 "고밥점을 열 때 협력사 간담회에서 윤리경영을 선포했다"고 말했다.

이마트의 이런 전략은 조용히 효과를 발휘하기 시작했다. 현지 유통사와 달리 뒷돈 관행과 결별하니 오히려 가격경쟁력이 생겼다. 대형마트의 뇌물 요구에 지쳐 있던 업체들이 이마트로 눈을 돌리고 있다. 고밥점의 성공은 이마트에 보이지 않는 성과도 안겨주고 있다. 베트남 소비시장에 대한 축적된 경험이다. A 본부장은 "단일 품목으로 가장 많이 팔린 게 개당 5,000원 정도 하는 왕딸기"라며 "베트남 사람들은 싼 물건만 찾을 것이란 고정관념을 버려야 한다"고 말했다.

베트남은 중국과 다를까?

그러나 국내 대형마트들이 글로벌 신시장 개척의 일환으로 야심차게 베트남시장에 진출했지만, 높은 규제의 벽에 부딪히면서 어려움을 겪고 있다. 베트남은 매력적인 시장이지만, 사회주의 국가 특성상 예상치 못한 각종 규제가 많아 국내 유통업체들은 사업모델을 전환하는 등 돌파구 찾기에 안간힘을 쓰고 있다.

이마트는 2015년 첫 진출 이후 추가 출점이 없었지만, 한 개의 점포만 운영하면서도 높은 성장세를 유지했다. 문제는 대형마트 사업은 업태 특성상 매입력 강화, 물류 효율화 등을 위해 최소 10여개 이상의 다수 점포가 필요하다는 것이다. 이 때문에 이마트는 베트남 사업의 영업이익을 안정적으로 흑자로 전환, 유지하기 위해 추가 점포 출점에 노력을 다해 왔다. 지난해 이마트는 2021년까지 총 4,600억원을 베트남 법인에 투자하기로 결정하고, 5~6개점을 연달아 오픈할 계획이었다.

이마트는 2015년 호치민 공항 인근 떤푸지역에 2호점을 위한 2만m^2 용지를 확보했다. 2호점은 지난해 오픈이 목표였지만, 호치민 지방정부에서의 건축 인허가 등이 지연돼 사업이 난항을 겪으면서 현재까지 기초공사 단계에서 멈춰 있다. 사업확장에 제동이 걸린 이마트는 결국 최근 사업전략을 선회하기 위해 검토를 시작했다. 이마트 관계자는 "사업철수는 아니지만, 사업환경이 어렵다보니 프랜차이즈 모델로의 전환 등을 포함해 여러 사업모델을 다각도로 검토하고 있다"며 "현지 파트너사를 물색 중"이라고 말했다.

롯데마트 남사이공점(베트남 호치민)의 배송서비스

이마트가 봉착한 상황은 베트남에선 그리 어렵지 않게 찾아볼 수 있다는 게 업계 설명이다. 베트남 실정을 잘 알고 있는 한 유통업계 관계자는 "베트남은 사회주의 국가로, 외국계 기업이 처음 투자를 시작할 땐 '당근'을 제시하며 시장에 진출할 것을 권하지만 외국계 기업의 사업이 확장하기 시작하면 갑자기 브레이크를 건다"며 "한번 문턱을 넘은 뒤엔 사업확장이 용이하지만, 그 문턱에서 걸린다면 사업이 좌초되기 십상이다"라고 말했다. 현재는 14호점까지 점포를 늘린 롯데마트 역시 2012년 베트남에서 3호점 '동나이점'을 오픈할 때 인허가 과정 때문에 고초를 겪은 것으로 알려졌다. 동나이점은 베트남 동나이성 비엔화시에 문을 열었는데, 2호점 개점 후 2년 4개월만의 추가 오픈이었다.

코트라 관계자는 "베트남은 사회주의 국가로서, 토지 소유권 자체가 국가에 귀속돼 부동산 권리도 기본적으론 국가의 소유다"라며 "점유권만 개인에게 빌려주는 식으로 배포한다"라고 말했다. 그는 "대형마트 사업의 경우 대규모 부지를 필요로 하는데, 그 안엔 사업용으로 용도변경이 필요한 토지가 다수 포함돼 있다"며 "국가가 그 중 하나의 토지만 용도변경을 해주지 않아도 사업은 무한정 연기된다"고 덧붙였다. 이어 "외국기업 사업관련 인허가 지연과 관련해 베트남 정부나 지방정부의 의도는 알 수 없으나 예측이 불가능한 일이 많이 발생하는 것은 사실"이라고 설명했다.

자료원: 한국경제, 2020. 8. 16. 머니투데이, 2020. 12. 15 기사 내용을 수정・편집함

01 유통전략의 기초

1.1 유통(경로)의 전략적 의의

유통경로는 제품이나 서비스를 소비자가 사용하거나 소비할 수 있도록 이전시키는 과정에 개입되는 개인이나 관련 조직들의 집합(a set of interdependent organizations involved in the process of making a product or service available for use or consumption)으로 정의된다. 기업은 이러한 과정 속에서 효율적이거나 차별화된 기능을 수행함으로써 경쟁력을 확보하기도 한다. 마케팅믹스 내에서 차지하는 유통의 상대적 중요성은 점차 증가하는 추세며, 한 번 설계된 유통경로는 쉽사리 변경하기가 곤란하다는 장기적 성격 때문에 그 전략적 중요성이 매우 높다고 하겠다.

1.2 유통경로(기관)의 본질 – 중간상의 존재 근거

유통경로를 구성하는 유통기관, 혹은 중간상의 존재 근거로 가장 많이 언급되는 것으로 접촉효율(contact efficiency)의 증대, 혹은 총거래수 최소화의 원리를 들 수 있다. 복수(m개)의 생산자와 복수(n개)의 소비자가 중간상없이 거래를 완결지으려면 각각 상대방을 탐색하고 접촉해야 되기 때문에 $(m \times n)$개의 접촉이 필요하다. 그러나 중간상이 하나 개입되면 생산자와 소비자는 각각을 직접 접촉할 필요가 없어지며 총접촉수는 $(m+n)$개로 줄어 든다. 이를 총거래수 최소화의 원리라 부른다([그림 14-1] 참조).

제품구색의 불일치(assortment discrepancy) 제거 기능도 중간상의 중요한 존재 이유가 된다. 일반적으로 생산자는 한정된 제품구색을 대량으로(large quantity of a limited variety of goods) 생산하기를 원하며, 소비자는 다양한 구색 가운데서 소량으로(limited quantity of a wide variety of goods) 구매하기를 원하는데 이러한 제품구색의 불일치를 중간상이 완화시켜 주는 것이다.

그림 14-1 총거래수 최소화의 원리(M 생산자, D 중간상, C 소비자)

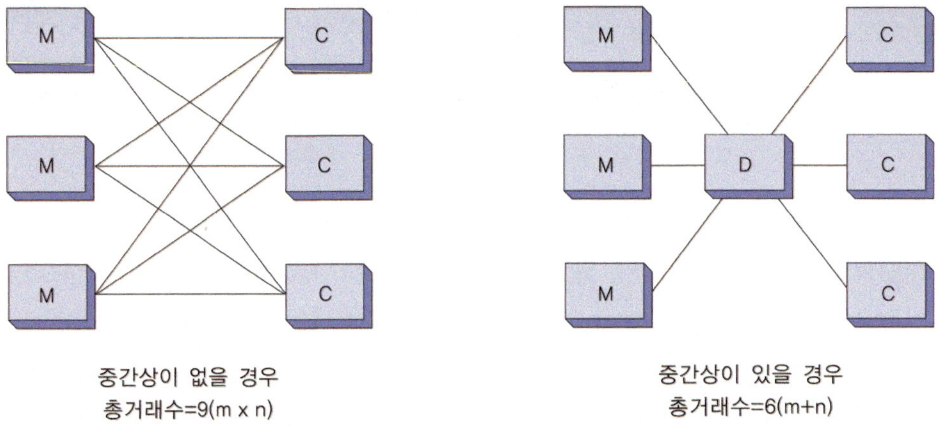

이 밖에도 유통기관은 거래를 정형화시켜줌으로써 유통단계의 효율성을 높여주며, 생산자에 대해서는 소비자 정보를, 소비자에 대해서는 생산자 정보를 제공해 주는 탐색과 정보제공 기능도 담당한다.

1.3 유통경로전략의 설계

(1) 상황분석

유통경로를 설계할 때 우선적으로 분석해 보아야 할 상황은 고객의 구매행동 및 서비스요구 수준이다. 고객이 유통단계에서 요구하는, 혹은 기업이 유통단계에서 제공할 수 있는 주요 서비스 수준은 장소적 편리성(spatial convenience), 구매 최소단위(lot size), 대기 혹은 배달시간(waiting or delivery time), 그리고 제품구색의 다양성(product variety) 등으로 구분된다. 제품의 특성, 그리고 고객의 특성에 따라 이들 서비스요구 수준이 다를 수 있으므로 그 수준에 적합한 경로를 설계해야 한다.

경쟁사 및 중간상에 대한 면밀한 분석도 요구된다. 경쟁사는 누구이며 어떤 유통업자와 거래하며 기본전략이 무엇인지 알아보아야 한다. 경쟁사에 대한 분석은 자사의 강약점 파악과 연결하여 이루어져야 할 것이다. 이용가능한 유통업체는 누구이며 각각의 능력은 어떻고 또 어떤 제조업체와 관계를 맺고 있는지도 파악해야 한다.

유통에 영향을 미치는 법, 경제, 기술적 환경 등 거시환경에 대한 분석도 따라야 한다. 예를 들어 최근 가상(cyber)공간에서 이루어지는 전자상거래가 활성화되고 있는데, 이는 정보통신기술의 발달이라는 기술적 환경변화와 함께 유통비용의 증가, 편리성을 추구하는 소비자욕구 등 다양한 측면을 반영하고 있다. 따라서 앞으로 기업은 어떤 형태로든 인터넷을 통한 거래와 관련을 맺지 않을 수 없을 것이다.

(2) 경로목표의 설정

경로단계에서 고려해야 할 목표는 위에서 설명한 서비스요구 수준에 대한 목표와 수익률, 시장점유율, 매출액 성장률 등과 같은 기업의 장단기 목표라 할 수 있다. 경로목표는 가능한 한 구체적으로, 계량적으로 서술되는 것이 효과적이다.

(3) 경로 커버리지의 결정

기업은 유통경로목표를 달성하기 위해 얼마나 많은 점포들을, 어느 정도의 지역적 밀집도를 가지도록 활용할 것인가를 결정해야 한다. 이를 경로 커버리지 결정이라 부르는데 경로 커버리지 전략은 일반적으로 집중적 경로, 전속적 경로, 선택적 경로 등으로 구분된다.

개방적 경로, 혹은 집중적 경로(intensive distribution)는 가능한 한 많은 점포들이 자사 제품을 취급하도록 하는 경로전략이다. 대개의 편의품은 이러한 전략을 통해 유통된다. 반면에 전속적 경로(exclusive distribution)는 일정한 지역 내에서 특정 점포가 자사 제품을 독점적으로 취급하도록 하는 경로유형이다. 전속적 경로는 소비자 입장에서 장소적 편리성의 상대적 중요성이 그리 크지 않고 제조업자와 유통업자 간의 유대관계가 중요한 상황일 때 적절하다. 한 지역 내에서 유통업자간의 경쟁이 배제되기 때문에 제조업자에 대한 유통업자의 충성도를 높일 수 있다.

한편 선택적 경로(selective distribution)는 집중적 경로와 전속적 경로의 중간적 성격을 지니는 커버리지 전략유형이다. 특정 지역 내에서 일정 자격을 갖춘 소수의 중간상들을 활용한다.

경로 커버리지 결정에서 유념해야 할 점 중의 하나는 점포점유율과 시장점유율의 관계다. 일반적으로 이 둘의 관계는 S자형 커브를 그리는 것으로 알려지고 있다. 점포수를 늘려 점포점유율을 높이면 어느 정도까지는 시장점유율이 상승하지만 곧 그 상승세가 줄어든다는 것이다. 이는 중간상(점포)끼리의 경쟁과 이와 관련된 경로구성원의 충성도(loyalty) 저하때문이다.

(4) 통제수준의 결정

유통경로와 관련하여 또 하나 전략적으로 중요한 결정사항은 제조업체가 경로상에서 어느 정도의 통제범위를 구축할 것인가 하는 문제다. 통제수준은 공식적인 구조측면에서 결정할 수도 있으며, 상대적인 영향력(bargaining power)에 의해 결정되기도 한다.

전통적인 유통경로는 상호 독립적인 경로 구성원들, 즉 제조업체, 도매상, 소매상 등으로 구성된다. 이들은 각각 서로의 이익을 추구하기 때문에 경로 구성원들끼리의 조정이나 통제는 구조적으로 힘들다. 이러한 문제를 해결하기 위해 등장한 것이 유통경로의 계열화, 혹은 수직적 마케팅시스템이다. 수직적 마케팅시스템(VMS, vertical marketing system)은 경로 구성원들의 활동을 효과적으로 관리하고 조정하기 위해 설계된 유통경로 형태다. VMS는 경로 구성원들에 대한 소유권, 혹은 통제권의 정도에 따라 회사형, 계약형, 관리형으로 구분된다.

회사형(corporate) VMS는 직접적인 소유에 의해 통제와 조정이 이루어지는 형태다. 수직적 통합의 정도가 가장 크며 제조업체가 도매상이나 소매상을 직접 설립하거나 인수함으로써 나타난다. 계약형(contractual) VMS는 소유나 지분관계가 아니라 계약에 의해 공식적인 경로관계를 형성하는 형태다. 연쇄점(chain store), 프랜차이즈 조직이 대표적 예다. 한편 관리형(administered) VMS는 소유나 계약에 의하지 않으면서도 한 경로 구성원의 영향력에 의해 전체경로가 조정되는 형태의 VMS다. 영향력은 규모나 인지도, 자본력, 브랜드파워 등에 의해 발생한다.

02 국제유통전략의 주요 이슈

2.1 국제유통전략의 단계

국제유통경로 전략은 다음과 같이 국가 간 경로와 국가 내 경로로 구분하여 생각할 수 있다.

(1) 국가 간 경로(시장진입방법)

국가 간 경로는 좁은 의미에서의 유통경로전략의 범주에는 포함되지 않을 수도 있다. 이는 국가 간에 어떤 형태로 제품과 서비스를 이동시킬 것인가 하는 문제로서 일반적으로 시장진입방법(entry mode) 결정문제로 불린다. 해외시장 진입방법은 라이슨싱과 같은 계약 방식을 제외한다면 수출, 현지 생산 및 판매, 제3국으로부터 수출 등으로 구분될 수 있다.

(2) 국가 내 경로(현지시장 내 유통경로)

어떤 형태로든 목표시장 국가에 진입을 하면 그 다음 단계의 유통전략은 해당 국가 내에서의 경로전략으로 귀착되며, 몇가지 특별한 문제를 제외하고는 현지 국내업체가 맞는 상황과 동일한 상황에 놓이게 된다. 그러나 동일한 상황이라고 해도 그 상황에 대한 친숙성이나 경험의 정도에서 외국기업은 현지 기업에 비해 어려움을 더 겪을 수밖에 없다.

2.2 국제유통전략의 중요성

국제유통경로 전략도 기본적으로 '최종 소비자에게 어떠한 방법으로 도달할 것인가?'를 결정하는 문제로서 경쟁기업과 차별되는 전략적 무기일 수 있다는 점에서 대단히 중요하다. 특히 현지 시장국가의 유통경로에 대한 현실적인 접근이 어려울 수 있다는 점과 경로구조나 관습이 국내와 현저하게 다를 수 있다는 점에서 국제유통전략은 더욱 어렵고 중요하다.

한 예로 일본의 유통경로는 상대적으로 단계의 수가 많고(경로의 길이가 길고) 공식, 비공식적으로 얽혀있는 구조라서 외국업체의 접근이 매우 어려운 것으로 인식되고 있다([그림 14-2] 참조). 시장개방이 되었다고 하지만 외국기업의 경로접근이 어려워 실질적인 개방이 아니라는 외국기업들의 불만이 제기되고 있는 것이다. 그러나 이것은 단순히 불만을 제기할 사항이라기보다는 현지 유통경로와 관습에 대한 사전 이해와 준비가 절실히 필요하다는 국제유통전략의 어려움과 중요성을 시사해 주는 것이라 할 수 있다.

그림 14-2 일본의 전통적 유통경로의 특징

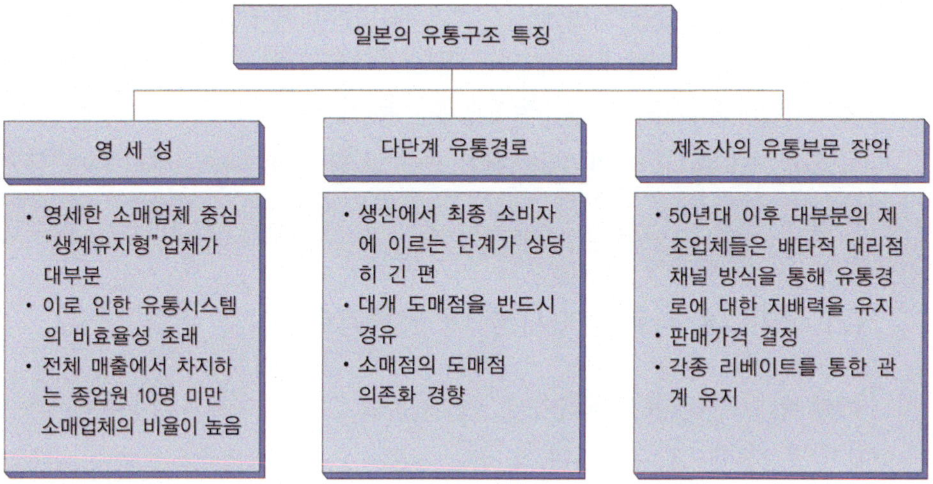

2.3 국제유통경로 설계의 고려요인

국제유통경로를 설계한다는 것은 기본적으로 경로의 길이와 폭, 통제수준 등을 결정하는 문제라 할 수 있다. 경로의 길이는 경로 구성원의 단계의 수에 의해 결정되는데 가장 일반적인 형태는 '제조업체-도매상-소매상-소비자'로 이어지는 4단계로 이루어진다. 그러나 경로의 길이는 제품의 특성이나 특정 시장에서의 기업의 상황에 따라 달라진다. 이에 비해 경로의 폭은 같은 수준, 혹은 단계를 구성하는 유통기관의 수에 의해 결정된다. 예를 들어 얼마나 다양한 형태의 소매기관을 얼마나 많이 이용할 것인가 하는 문제와 관련된 것이다.

통제수준은 제조업체가 공식적인 조직구조를 통해, 혹은 상대적 영향력에 의해 유통경로 상에서 어느 정도의 통제권을 행사할 것인가를 결정하는 문제다. 가장 강력한 통제수준은 소유에 의한 수직적 통합(vertical integration)이며, 가장 낮은 통제수준은 독립적인 복수의 제조업체와 복수의 유통기관이 각자의 이익을 위해 거래하는 형태로 운영되는 것이다.

표 14-1 국제유통경로 설계의 고려요인

외부요인	내부요인
고객특성(Customer characteristics) 문화(Culture) 경쟁(Competition)	기업목표(Company objective) 제품특성(Character) 소요자본(Capital) 비용(Cost) 경로 커버리지(Coverage) 통제수준(Control) 연속성(Continuity) 커뮤니케이션(Communication)

자료원: Czinkota & Ronkainen(2013).

국제유통경로를 설계할 때는 다양한 요인들이 고려되어야 하는데 Czinkota와 Ronkainen(2013)은 다음과 같은 11가지 요소들(11 Cs)을 중요하게 고려해야 한다고 설명하고 있다(〈표 14-1〉 참조).[1] 처음에 설명하는 세 가지는 기업의 입장에서 볼 때 주어진 외부여건이며, 나머지 8가지 요인들은 기업의 국제마케팅 담당자가 어느 정도 통제할 수 있는 변수다.

(1) 고객특성(customer characteristics)

목표고객의 인구통계학적 특성 및 심리적 특성은 유통경로 설계결정의 기초가 된다. 고객의 욕구가 무엇이며, 왜, 언제, 그리고 어떻게 구매하는가 등의 질문에 대한 답이 곧

1) Michael R. Czinkota & Ilkka A. Ronkainen, *International Marketing*, 10th ed., South-Western, 2013, pp. 499-502.

제품이나 서비스를 고객에게 전달하는 방법을 결정하는 데 이용될 수 있으며, 이러한 전달방법, 즉 유통경로가 경쟁우위의 한 원천이 될 수 있기 때문이다.

한 예로 안호이저-부쉬(Anheuser-Busch)사의 일본시장 진출경험을 들어보자. 이 회사는 일본 최대 주류업체의 하나인 산토리(Suntory)사가 수입권을 확보함으로써 일본 시장에 진출하게 되었다. 산토리의 전략은 디스코장과 같은 야간업소, 특히 일본의 부유하고 견문이 넓은 젊은이들이 잘 찾는 장소에 집중적으로 버드와이저 맥주를 공급하는 것이었다. 일본의 신세대들이 구세대에 비해 미국문화에 영향을 더 받고 신제품에 보다 쉽게 적응하기 때문이었다. 이러한 점에 착안하여 산토리는 마케팅노력을 젊은 세대에 집중했고, 업소 내 판매는 일반소매점 판매증가로 이어졌다.

제조업체 입장에서의 유통경로 설계와는 약간 다른 문제지만 다국적 소매업체의 전략 역시 현지 고객의 특성을 정확하게 이해한 바탕 위에 수립되어야 한다. 우리나라에 진출했던 월마트, 까르푸 등 외국계 대형할인점들이 시장에 안착하지 못하고 철수한 가장 큰 이유 중의 하나는 한국 소비자들의 특성을 제대로 이해하고 대응하지 못한 데 있는 것으로 지적되고 있다(Mini-Case 14.2 및 14.3 참조).

한편 외국에 진출한 한국의 유통업체들은 현지 소비자들의 특성을 최대한 고려하는 전략을 쓰고 있다. 1997년 처음으로 중국에 진출한 이후 이마트(중국명칭은 易買得(이마이더))는 '한국형 매장'에 '현지화'를 조화시키면서 중국시장을 파고들었다. 매장을 고급스런 '한국형' 이미지로 꾸미고 상품구성에 있어서도 유기농 상품과 같은 고급형 상품군을 선보이고 있지만 매장운영은 철저하게 현지화한다. 예컨대 중국에 진출한 외국계 대형마트로는 처음으로 모든 점장을 중국 현지인으로 교체했으며, 매장형태도 현지화하고 있다. 국내 이마트 매장은 로고색깔로 노란색이 주로 사용되지만 중국 이마트 매장에선 노란색과 더불어 국내에선 잘 쓰지 않는 빨간색, 자주색 등을 많이 볼 수 있다. 특히 가격, 제품설명 등에 빨간색을 많이 사용한다. 중국인들이 전통적으로 빨간색이나 자주색을 좋아하고 황금색을 닮은 노란색도 선호하기 때문이다.

그러나 과도한 투자와 치열한 경쟁으로 인해 이마트는 중국에서 고전을 면치 못했다. 한때 27개까지 늘어났던 점포는 실적악화가 이어지자 2011년부터 구조조정을 진행해 점포를 매각하기 시작했으며, 결국 중국철수를 결정하고 2017년말 남아 있던 5개 점포를 모두 매각하기에 이르렀다.

이마트가 중국에 이어 공을 들인 있는 국가는 베트남이다(Mini-Case 14.1 참조). 2015년 말 첫 점포에 이어 2022년과 23년에 각각 2, 3호점을 오픈했다. 다만, 이마트는

그림 14-3 롯데마트 베트남 껀터점(2015년 10월 오픈) 내외부 모습

2021년 현지 기업인 타코그룹에 이마트 베트남 지분 100%를 매각했으며, 타코그룹과 파트너십을 맺어 프랜차이즈 방식으로 이마트를 운영 중이다. 베트남, 몽골, 필리핀 등에도 프랜차이즈 형태로 진출해 있다.

2008년 한국 유통업체로는 최초로 베트남에 진출한 롯데마트도 복합쇼핑센터 개념의 한국형 대형마트 컨셉트로 매장을 차별화하되 매장구성 및 운영에서는 철저한 현지화 전략을 추구하고 있다. 예를 들어 일찍 자고 일찍 일어나는 현지인들의 생활패턴을 고려해 오전 8시부터 22시까지 매장을 운영한다. 2024년 말 현재 16개 점포를 운영 중이다.

롯데마트는 이마트에 비해 해외시장 진입방식으로 신규설립보다는 기존 점포인수를 더 많이 하는 경향을 보이고 있다. 롯데마트는 이러한 인수전략을 통해 매우 빠르고 공격적으로 해외시장진출을 추진해 왔는데, 최근에는 매우 어려운 상황을 맞기도 했다. 예를 들어 가장 많은 해외점포를 두며 공을 들인 중국시장에서 100개가 넘는 점포를 모두 매각하기에 이르렀다. 2017년에 시작된 중국정부의 사드보복이 발단이다. 롯데마트는 인도네시아에도 현지 유통업체인 마크로의 19개 점포를 인수하여 한국 유통업체로는 처음 진출했다(2008년). 2024년 현재 50여개 매장을 운영 중이다.

14-2 Mini-Case

한국 '아줌마 마음' 못읽어 시장장악 실패

이랜드그룹이 한국까르푸를 인수한 데 이어(주: 이랜드그룹의 홈에버로 바뀐 까르푸는 2008년 5월 삼성테스코, 즉 홈플러스에 인수되었음) 이마트(신세계)가 월마트코리아까지 사들이면서 국내 할인점 시장은 토종기업이 장악하게 됐다. 1996년 유통개방 이후 정확히 10년 만에 '대형할인점'이라는 새로운 유통업태를 토종기업이 장악할 수 있게 된 비결은 무엇일까?

고객마음을 놓쳤다: 까르푸와 거래해 온 한 중소기업 사장은 "까르푸는 좋은 위치에 진열해 주는 것에도 돈을 달라고 했다"며 "그게 자기들의 매뉴얼(방식)이라고 말했다"고 전했다. 외국계 할인점들이 왜 실패했는지 보여주는 단적인 예다. 1996년 프랑스계 까르푸와 네덜란드계 마크로가 한국시장에 진출할 때만 해도 한국시장은 곧 다국적 유통기업의 잔치판이 될 것처럼 보였다. 그러나 이들은 '자기방식'을 밀어붙이는 오만으로 실패를 자초했다.

외국계 유통업체는 적은 투자로 매장을 크게 만들어 한꺼번에 많이 팔아야 한다는 생각에 사로잡혔다. 상품도 소품종 대형 포장에 매달렸고, 매장 인테리어도 창고형에, 높이가 5~6m까지 올라가는 팔레트에 상품을 쌓아뒀다. 이마트 같은 한국 유통업체들은 라면 한 박스를 다섯 개 묶음으로 나누는 새로운 방식을 만들어 내면서 '값도 싸지만 없는 게 없다'는 인식을 심어 나갔다. 환한 조명에 키높이 선반에서 물건을 고르도록 했다. 외국계 유통업체는 협력업체의 마음도 잡지 못했다. 한국까르푸는 공정위에 의해 가장 많이 지적을 받은 할인점이었다. CJ, 풀무원 같은 대기업과도 분쟁을 벌여 1년 이상 납품이 끊기기도 했다.

다양하고 싱싱한 생식품도 토종기업의 경쟁력이었다. 월마트가 일부 미국매장에서 아예 생식품을 포기한 것에서도 알 수 있듯, 값싼 냉동식품을 다량으로 들여놓으며 역시 가격경쟁력에만 매달린 외국계는 대항하기 어려웠다.

시간을 놓쳤다: 월마트는 1998년 한국마크로를 인수하면서 한국시장에 진출했지만 한국의 한 수퍼마켓 업자가 월마트라는 상표권을 미리 등록해 놓는 바람에 브랜드 분쟁을 벌이느라 1년 이상 마크로 상표로 장사를 했다. 첫 단추부터 잘못 끼운 셈이다. 처음 인수한 마크로의 4개 매장도 모두 시내 외곽에 있어 입지도 처졌다. 점포 확장에 전력해 2002년 15개까지 늘렸지만 개별 점포가 이익을 내지 못하면서 한 점포 개점에 800억~1000억원이 소요되는 한국 내 점포확장 경쟁을 계속 따라가지 못했다. 2002년 15개 점포였던 월마트는 2006년에도 고작 16개뿐이었다. 그러니 "월마트코리아는 장사보다는 한국 내 상품수급기지로 활용하고 있다"는 얘기가 나올 정도였다.

이마트의 한 간부는 "몇 년 전 할인점에 전자제품이 들어올 때 토종할인점들은 TV 한 대당 10만원씩 손해보면서까지 새 시장을 잡겠다는 의지를 보였다"며 "외국계는 협력업체에만 부담을 요구할 뿐 자기들이 희생하지는 않았다"고 말했다.

자료원: 조선일보, 2006. 5. 23 내용을 수정 · 편집함.

14-3 Mini-Case

시간따라 상품진열 바꾸는 테스코를 보세요

"세계 4위의 유통업체 까르푸가 왜 한국시장에서 10년 만에 사업을 접었을까요? 바로 '32명의 프랑스인 점장' 때문이었습니다. 한국 까르푸 32개 점포의 점장들은 전부 프랑스인이었어요. 프랑스인들이 한국 소비자들의 마음을 읽었을 리 만무하죠." 컨설팅업체 베인&컴퍼니의 데럴 릭비(Rigby) 유통부문 글로벌 대표는 '현지화'의 중요성을 입이 마르도록 강조했다. 그는 하버드 경영대학원에서 경영학 석사(MBA)를 받고 1978년 베인에 입사, 20여년 동안 글로벌 유통업체들과 각종 프로젝트를 지휘해 온 유통전문가이다. 그는 "기본적으로 유통은 로컬산업"이라고 말했다.

"까르푸는 글로벌 스탠더드를 한국에 그대로 심었습니다. 예를 들어 세계적으로 사용하는 까르푸의 진열대는 천장이 낮은 한국매장에는 너무 높아 조명이 가려 점포가 어두워 보였죠. 하지만 글로벌 스탠더드를 강조하며 바꾸지 않았어요. 로컬 소비자 특성을 간과한 게 결정적 패인이었습니다." 까르푸의 국내시장 실패는 한국 유통업계에도 교훈을 준다. 그는 "이마트, 롯데마트 등 중국으로 진출하는 한국업체들은 '여러 개의 중국'을 알아야 한다"고 말했다. "중국 전체 1인당 소득은 3,266달러지만 상하이는 1만 529달러, 베이징은 9,000달러입니다. 중국은 소득도 천차만별이고 각 지역마다 기후도 다르기 때문에 상품군도 달라야 합니다. 중국 현지 회사와 합작회사를 설립, 소비자 특성을 읽는 게 한 방법입니다."

그는 지역화의 성공사례로 영국 유통업체 테스코를 들었다. "테스코는 하루 중에서도 시간대에 따라 상품 진열을 바꿉니다. 점심엔 직장인을 대상으로 샌드위치 진열대를 늘리고, 저녁에는 바쁜 주부들을 위한 '테이크아웃' 코너를 늘리는 식이죠." 릭비대표는 "앞으로 유통업체와 제조업체의 구분이 점점 약해질 것"이라고 말했다.

"유통업체들이 아예 PB 상품을 제조하는 회사를 세우고, 제조업체들이 유통에까지 뛰어드는 현상이 보편화돼 '제3의 업태'가 생긴다는 거죠. 글로벌 패스트패션 업체인 자라, H&M 등 유통까지 담당하는 제조업체들이 생기는 것은 이런 현상으로 볼 수 있습니다."

자료원: 조선일보, 2009. 4. 30 기사내용을 편집함

(2) 문화(culture)

국제마케팅 담당자는 유통경로 설계에 있어 각국의 기존 유통경로 구조와 관습, 혹은 유통문화를 면밀히 분석해야 한다. 흔히 일본의 유통경로는 구조나 관행에 있어 독특한 면이 많이 있는 것으로 알려지고 있으며, 이는 외국기업의 일본시장 침투가 용이하지 않은 이유가 되고 있다. 유통구조가 다단계로 형성되어 있을 뿐 아니라([그림 14-4] 및 [그림 14-5] 참조), 유통관행 역시 다르기 때문이다. 예를 들어 일본의 소매상은 미국에 비해 제조업체나 도매상에게 더 많은 것을 요구하는데, 판매가 부진하다는 이유만으로도 반품을 할 수 있는 것으로 기대하며, 상당한 정도의 금융은 물론 제품의 수시배달을 요구

하기도 한다. 반면에 소매상은 고객과의 밀접한 관계구축을 위해 엄청난 노력을 기울인다. 핀란드에서는 비내구(nondurable) 소비재의 90% 이상이 4개의 도매상 체인에 의해 유통된다고 한다. 따라서 이들의 협조없이는 적극적인 시장침투가 힘들게 된다.

유통경로와 유통관습은 오랜 역사와 전통을 통해 형성되어 온 것이기 때문에 국제마케팅 담당자는 각국 시장의 유통구조와 관습을 철저하게 이해하고 여기에 적응할 필요가 있다. 기존의 경로체계를 변화시키려는 노력이 매우 어렵기 때문이다. 포쉐(Porsche)자동차가 미국시장에서 전통적인 딜러 시스템을 무시하는 유통전략을 계획했다가 결국 포기한 사례는 기존 경로의 변경이 쉽지 않다는 것을 보여준다. 프랜차이즈 형태인 미국의 자동차 딜러는 차를 구매하여 16~18% 정도의 마진을 남기고 소비자에게 재판매하는 것이 관행인데, 포쉐는 8% 정도의 수수료(commission)를 받고 차를 주문하여 판매하는 대리

그림 14-4 일본의 주류유통경로

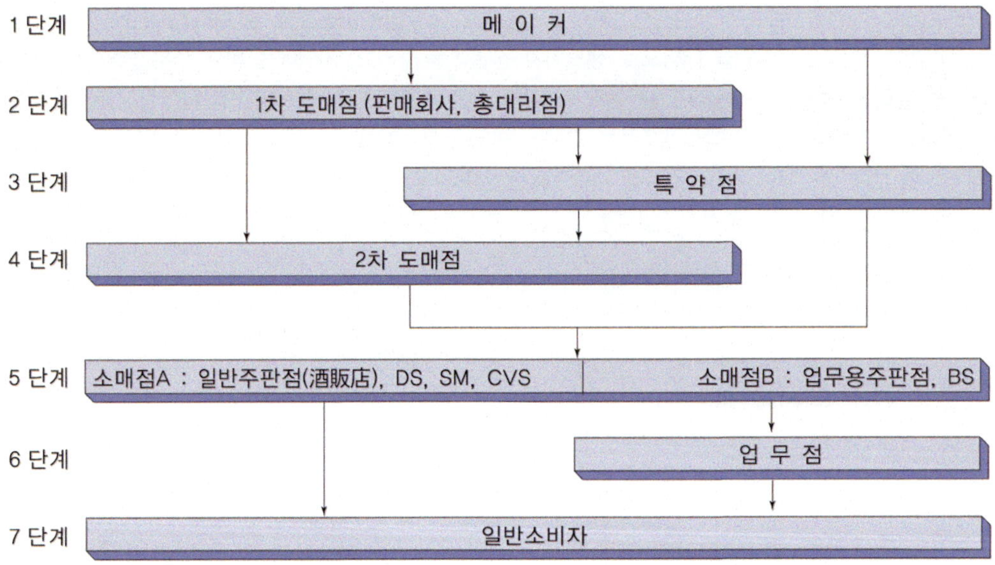

주: 1) 특약점: 취급 주류 중에서 특정회사 제품 판매비율이 높은 곳(한국의 계열도매상 형태)
2) 일반주판점(Liquor Shop/사카야) 주류를 전문적으로 판매, 기타 스낵 및 음료도 취급
3) DS: Discount Store/SM: Super Market
4) BS(Bar Supplier): 판매량이 100kl 이상이고 업무용(음식점용)이 70% 이상인 주판점
5) 업무점: 우리나라의 유흥음식점에 해당

자료원: (주)진로

그림 14-5 미국과 일본의 자동차부품 유통경로 비교

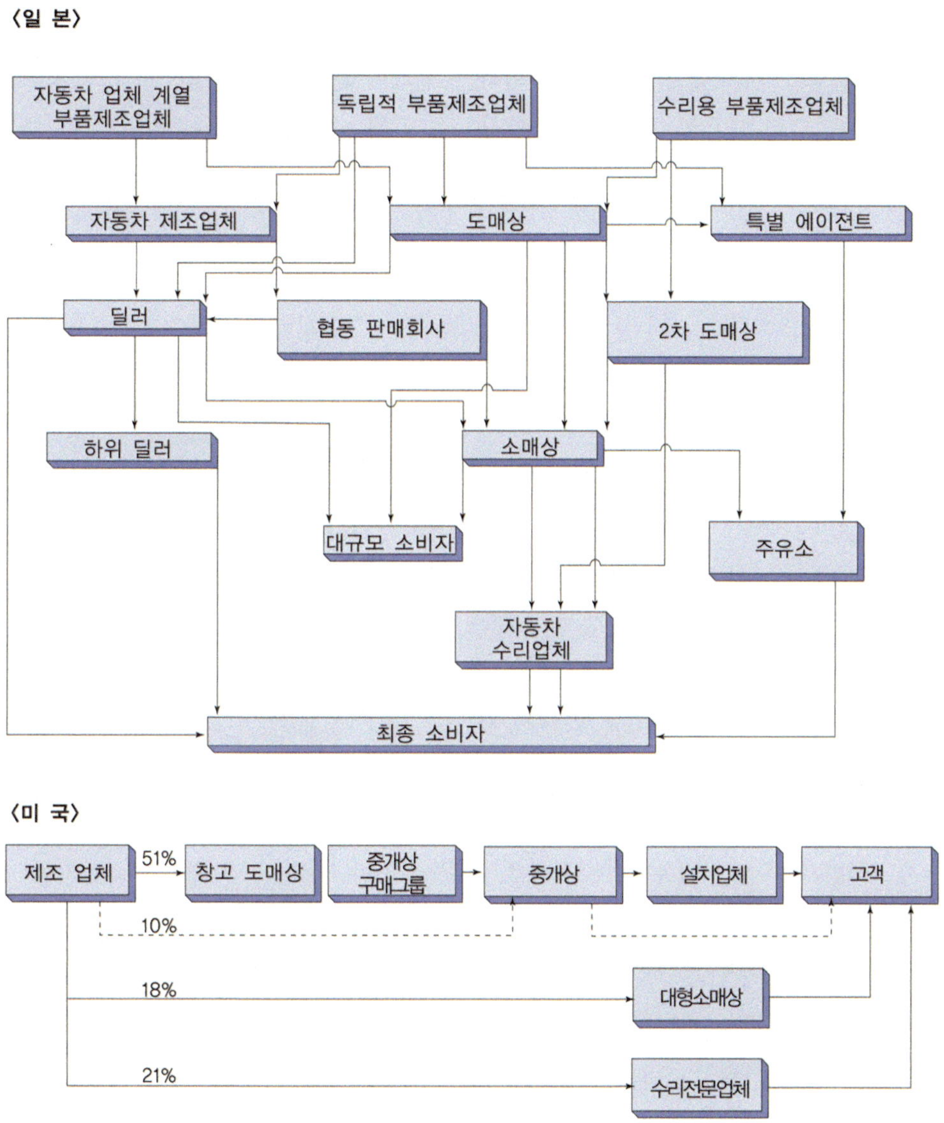

주: 미국의 경우 실선은 주요 경로, 점선은 보조 경로를 나타냄

자료원: Philip R. Cateora & John L. Graham, *International Marketing*, 11th ed., McGraw-Hill, 2002, p. 405.

점 제도를 도입하려 했던 것이다. 1990년대 초 일본시장에 진출한 장난감 유통업체 토이즈러스 역시 미국에서의 관행인 제조업체로부터의 직접 구매를 추진하려다 어려움을 겪은 사례가 있다. 일본에서는 제조업체가 소매업체에게 직접 판매하기보다는 다단계의 도매상을 통해 판매하는 것이 관행이었던 것이다.

그러나 반드시 현지의 유통경로와 관행에 적응해야 하는 것은 아니다. 일본의 복잡한 유통경로를 거치지 않고 이를 우회하는 텔레마케팅 등을 도입하여 성공을 거둔 업체도 있으며, 대형 다국적 소매업체의 확산으로 인해 범세계적인 유통방식이 통용되는 경우도 있다.

(3) 경쟁(competition)

경쟁사가 사용하는 유통경로가 현지 시장에서 통용될 수 있는 유일한 방식일 경우에는 해당 경로형태를 효율적으로 활용하는 방안을 찾아야 한다. 그러나 기존 경쟁사와 전혀 다른 유통방식을 택함으로써 경쟁우위를 구축하는 것도 한 방법이다. 이 경우 현지 시장의 사회문화적 환경 및 지리적, 법적 환경 등을 감안할 때 새롭게 시도하는 유통방식이 과연 타당할 것인지에 대한 면밀한 분석이 요구된다. 우리나라의 미원(현 대상)은 인도네시아 진출 초기 기존의 경쟁사와 다른 유통경로를 활용했다. 일본계인 아지노모도는 직판체제를, 대만계인 사사는 대형대리점 체제를 이용하고 있었는데, 후발업체인 미원은 호별방문판매, 군소대리점 조직, 자동차판매 등을 통해 인도네시아 시장에 침투해 들어갔다. 인도네시아 국토가 많은 섬으로 이루어져 있어 운송과 관리에 어려움이 있다는 점에 착안하여 기존 경쟁자와 다른 유통방식을 채택한 것이다.

어떤 경우에는 가능한 모든 경로, 혹은 유능한 경로 구성원들이 이미 기존의 경쟁사들에 의해 선점당해 새롭게 진입하려는 기업이 어려움을 겪을 수도 있다. 유리, 철강, 화학제품 등에 사용되는 소다회를 생산하는 미국업체들은 일본업체들에 비해 낮은 가격을 제시했음에도 불구하고 일본시장에 침투할 수가 없었다. 일본 소다산업협회가 수입물량은 물론 수출업자별로 수입업체를 지정하고, 낮은 가격으로 수입하여 비싼가격으로 판매하는 카르텔방식의 관행때문이었다. 미국업체들이 일본의 실수요자들에게 직접 공급하려는 시도나 소규모의 비회원 수입상을 통해 공급하려던 시도는 엄청난 저항에 부딪쳤다. 소다회의 실수요자나 유통업체들이 사업상 의존관계에 있는 일본 생산업체들로부터 소외되는 것을 두려워했기 때문이다.

해외시장에서 뒤져있던 펩시는 코카콜라가 아직 입지를 구축하고 있지 못한 국가를 집중적으로 공략하는 전략을 사용했다. 청량음료의 특성상 현지의 유능한 도매상(bottler)

을 경쟁사보다 먼저 확보하는 것이 중요하기 때문이었다. 후발기업은 선발기업이 선점한 유통업체보다 규모, 능력 등에서 열세인 유통업체를 활용하거나, 경쟁기업에 의해 선점된 유통업체를 많은 비용을 들여 확보하는 수밖에 없다.

(4) 기업목표(company objectives)

유통경로의 설계에는 시장점유율, 수익성 등 기업의 목표가 반영되어야 한다. 경우에 따라 별 생각없이 특정 경로를 선택할 수도 있으나 이러한 의사결정이 정당화되기는 힘들다. 또한 유통경로는 사업이 확장됨에 따라 변화해야 한다. 제록스(Xerox)는 1990년대 들어 복사기 이외의 부문에서 전체 매출액의 50% 이상을 올리는 목표를 수립했다. 그 결정 이전에 전체 매출액의 95% 정도를 차지하던 복사기는 주로 자사의 직판조직을 통해 판매되었다. 새로운 목표에 따라 제록스는 프랑스에서 유통경로의 큰 변화를 추진했는데 자사가 소유하고 운영하는 소매점 체인을 구축한 것이 한 예다. 또한 제록스는 시골과 소도시 지역의 커버리지를 향상시키기 위해 직판조직을 철수하는 대신 이를 배타적 계약관계를 바탕으로 하는 외부 유통업자들로 대체하였다.

(5) 제품특성(characteristics)

제품의 특성 역시 경로설계에 있어 중요하게 고려되어야 할 요인이다. 일반적으로 제품이 전문화되거나 고가격일수록, 부피가 크거나 쉽게 상할수록, 그리고 애프터서비스의 필요성이 높을수록 유통경로는 더 짧아져야 한다.

경로유형의 선택은 시장에서의 제품의 전반적인 포지셔닝(positioning) 및 시장상황의 변화와도 부합되어야 한다. 자국 화폐가치의 상승에 따라 시장국에서의 제품 수입가격이 상승할 경우 고급품으로 리포지셔닝하는 것이 가능한데, 이는 고급백화점 등 적절한 유통경로의 변화를 수반해야 한다.

(6) 소요자본(capital)

유통경로를 구축하는데 소요되는 재무자원 및 기업의 재무상태는 경로설계에 있어 중요한 고려요인이다. 기업의 자금력은 경로유형의 결정은 물론 경로 구성원들과의 관계를 어떻게 구축할 것인가에도 영향을 미친다. 자금력이 풍부할수록 직접 소유하거나 통제수준이 높은 경로를 택할 가능성이 많아진다. 중간상들이 필요로 하는 초기 재고수준, 위탁판매방식, 우대금리를 적용한 금융제공, 교육훈련 등은 경로 구성원들과의 관계에 영향을 미치는 요인들이며, 국제마케터는 여기에 소요되는 재무자원 등을 고려하여 적절한 접근법을 택해야 한다.

예를 들어 특정 국가의 경로 구성원들이 자사 제품에 대한 적절한 서비스를 제공할 능력이 부족할 경우 택할 수 있는 대안은 기본적으로 두 가지이다. 즉, 본사나 지역본사 차원에서 적절한 교육훈련 프로그램을 통해 기존의 유통업자들을 교육하든지, 아니면 직접 서비스센터를 설립하여 유통업자들을 지원해 주는 방안이다. 두 가지 방안 모두 상당한 정도의 투자가 필요한 것은 물론이다. 특히 산업재의 경우 이러한 문제가 발생할 수 있다.

(7) 비용(cost)

경로개발 및 구축에 소요되는 자본적 지출 이외에 구축된 경로를 지속적으로 유지하는 데에도 비용이 소요된다. 제반 판매망 유지비용, 중간상 이윤 및 수수료, 수송 및 보관비용, 서류비용, 신용판매, 협상관련 비용, 촉진비용 등이 예다. 이러한 비용은 제품자체의 수명주기나 경로 구성원과의 관계의 지속기간에 따라 변화한다. 유통경로 비용의 한 예는 현지 유통업자가 지출하는 촉진비용인데 제조업체와 유통업체와의 협동광고 계약은 대개 현지시장에서의 촉진캠페인에 소요되는 비용을 분담하도록 하는 것이 일반적이다.

경로의 유지비용은 제조업체와 유통업체의 상대적인 협상력에 따라서도 달라진다. 예를 들어 영국에서는 소매단계에서의 힘이 테스코(Tesco), 세인스베리(Sainsbury), 아스다(Asda)와 같은 거대 소매업체에 집중되어 있다. 이러한 거대업체들에 의해 구축되고 있는 중앙집중적 유통시스템은 제조업체의 마케팅파워를 잠식하게 된다. 제조업체가 소매업체에 직접 제품을 배송하는 자체 물류네트워을 가지고 있었으나 점차 소매점포들이 중앙유통센터에 제품을 배달하기를 요구하는 것이다. 게다가 이들은 소량으로, 그리고 짧은 시간 안에 자주 제품을 공급해주기를 요구함으로써 재고유지 비용을 제조업체에게 떠넘기는 결과를 가져오고 있다.

경로 구성원들을 시장상황의 악화로부터 보호하는 데에도 비용이 소요된다. 환율변화에 의해 가격인상 압박이 있을 경우, 유통업체의 가격경쟁력 유지를 위해 제조업체가 보조금을 지급하기도 하며, 기타 경쟁상의 어려운 문제에 봉착할 때 추가적인 금융을 제공하기도 한다. 이러한 지원은 단기적인 비용증가로 나타나지만 장기적으로는 제조업체와 유통업체간의 관계를 공고히 할 수 있다는 긍정적인 결과를 가져올 수도 있다.

(8) 시장침투의 범위(coverage)

커버리지란 제품이 소비자에게 노출되는 지역의 수, 범위 등 양적인 측면과 이러한 노출의 질적인 측면을 모두 포함한다. 따라서 커버리지는 2차원적으로 파악될 필요가 있으며 경로설계에는 이러한 수평적, 수직적 커버리지가 모두 고려되어야 한다. 유통망에 의해 커버되는 지역의 수는 시장수요의 분산 정도, 그리고 시장진입 이후 경과된 시간 등에 의해 결정된다. 시장 커버리지의 정도는 일반적으로 다음과 같이 세 가지로 구분하여 설명될 수 있다.

- **집중적(intensive) 커버리지**: 가능한 한 많은 유형의 중간상과 동일 유형내에서도 가능한 한 많은 수의 중간상을 통해 제품을 유통시키는 방식을 말한다.
- **선택적(selective) 커버리지**: 목표로 삼고있는 지역내에서 선별적으로 중간상을 활용하는 방식이다.
- **전속적(exclusive) 커버리지**: 특정 시장에서 하나의 중간상만을 이용하는 방식을 말한다.

일반적으로 집중적 커버리지와 선택적 커버리지는 도매상, 대리상 등 다양한 유형의 중간상으로 구성되는 긴 경로형태를 필요로 한다. 기업은 해외시장에 진입할 때 대개 하나의 현지 유통업체(수입상)를 활용한다. 1국 1바이어 원칙을 지키는 것이다. 그러나 수출물량이 증가함에 따라 이러한 유통전략에 수정이 가해질 수도 있다.

커버리지를 늘리기 위해 유통망을 너무 빠르게 확대하려는 전략은 때로 많은 문제를 야기한다. 이탈리아의 의류업체인 베네통(Benetton)은 1990년까지 미국내에 소매점포를 1,000개까지 확대하려는 계획을 수립했다가 포기한 바 있다. 매출액 예측이 과다하게 이루어진 측면도 있었지만 특정 도시지역에 소매점포가 포화상태 이상으로 확산될 것을 우려한 때문이었다. 이 회사는 그 대신 고객서비스를 향상시키는 데 주력하기로 했다. 전문점 형태에서 대중유통경로로 확대하는 전략도 제품 이미지나 고객서비스 수준에 악영향을 미칠 수 있으므로 유의해야 한다.

14-4 Mini-Case
로만손의 1국 1바이어 원칙

고유 디자인과 브랜드로 시계를 생산, 수출하는 로만손(Romanson)은 해외진출 초기부터 1국 1바이어 원칙을 견지해 오고 있다. 유통경로 상의 혼선을 피하고 에이젼트의 적극적인 유통노력을 이끌어 내기 위한 전략이다. 로만손과 현지 바이어가 함께 설정한 1년 매출액을 소화해 내지 못하면 바이어 교체를 포함한 그만큼의 불이익을 주고, 계약물량을 소화시키는 우량 바이어들에게는 각종 지원과 인센티브를 부여하는 우량 바이어 위주의 정책을 쓰고 있다. 현지 바이어(에이젼트) 선정은 현지 대사관과 코트라(KOTRA) 등의 무역기관에 의뢰하여 확인한 후 영업경력, 매출액, 현지 지명도 등을 고려하여 결정한다.

이러한 원칙이 바이어 입장에서는 부담스러울 수도 있지만 지정된 바이어들에게는 본사의 지원을 확실하게 해 준다. 계약을 체결한 바이어들에게 자국내 판매 독점권을 부여하고, 매년 목표 매출액을 달성할 경우 수출단가 인하, 광고판촉비 지원 등의 인센티브를 제공한다. 대형 입간판을 세워주거나 현지 유명잡지에 로만손의 비용으로 광고를 게재하는 방식 등으로 판촉을 지원해 준다.

바이어는 고객의 요구사항이나 불만사항을 파악, 해결하는 창구로도 활용되며, 현지의 디자인 추세나 경쟁업체에 대한 정보 등을 정기적으로 얻을 수 있는 창구이기도 하다. 또한 우량 바이어들은 매년 가을 홍콩에서 개최되는 전시회에 초청하여 바이어 스스로 시계의 디자인 추세를 경험하게 하고, 디자인에 대한 바이어의 의견을 듣기도 한다. 이를 통해 바이어들은 더욱 책임감을 갖게 되고 참여의식도 높아지게 된다.

자료원: 로만손 내부 자료

(9) 통제(control)

중간상을 이용하는 경로전략은 자연스럽게 제조업체의 마케팅 통제권을 약화시킨다. 이러한 경향은 제조업체와 유통업체 간의 관계가 느슨할수록 높아진다. 또한 경로의 길이가 길어질수록 가격설정, 촉진, 소매점포의 유형 등에 대한 제조업체의 발언권이 약해진다.

일반적으로 수직적 통합에 의한 자체 경로가 가장 효과적인 통제의 수단이 되지만, 이는 투자자본 및 비용부담이 많기 때문에 결국 국제마케팅 경영자는 통제수준 향상과 비용절감이라는 상반된(trade-off) 목표를 적절히 조화시켜야 한다.

대개 해외시장 진입초기에는 현지시장에 대한 지식과 경험을 갖춘 현지 유통업체를 이용하는 것이 필요하지만, 현지시장에서의 경험이 축적되고 판매량이 증가함에 따라서 자체적인 판매조직 및 유통망을 구축하려는 경향이 나타나게 된다. 코카콜라가 한국시장에서 지역별 도매상(bottlers)을 활용해 오다가 이들을 인수함으로써 자체 유통조직으로 전환한 사례나, 진로가 일본시장에서 3개 주류 도매상을 발매원으로 활용해 오다가 이들을 특약점으로 전환하고 진로가 직접 수입발매원 역할을 맡기로 한 사례 등은 모두 현지시장 경험축적에 따라 유통경로에서의 통제수준을 높인 사례라 할 수 있다.

그러나 1997년 기존 유통망(두산음료, 우성식품, 호남식품 등 지역별 보틀러) 인수를 통해 자체 유통조직(한국코카콜라보틀링)으로 전환했던[2] 코카콜라는 거듭된 실적부진으로 인해 2007년 이를 다시 국내기업인 LG생활건강에 매각하게 되었다. 자체 유통조직 보유가 통제수준 향상에는 좋은 방편이 되지만, 비용증가로 인한 수익성 악화의 원인이 될 수 있다는 점을 보여주는 사례라 할 수 있다. 현재 코카콜라의 원액제조, 상표보호 및 브랜드 프로모션 등은 한국코카콜라(유)가 담당하고 있으며, LG생활건강의 자회사인 코카콜라음료(주)가 생산, 유통 및 고객지원 활동을 맡고 있다. 현지 시장에서의 경험 이외에 제품의 기술적 복잡성, 서비스 요구 수준 등도 유통경로의 통합 정도를 높이는 요인으로 알려지고 있다.[3]

수직적 통합(자체경로)에 수반되는 대규모의 고정비 투자를 피하면서 전반적인 경로상의 조정과 통제수준을 높일 수 있는 방법으로 파트너 관계관리(PRM, Partner Relationship Management) 시스템이 있다. PRM은 경로 구성원과의 동반자적 관계를 전제로 거래 및 실적자료는 물론 제품·기술정보, 이벤트, 프로모션, 주문 및 배송처리상황정보 등을 주고받으며, 온라인 네트워크를 통해 거래, 물류, 배송 등이 자동적으로 이루어지도록 하는 시스템이다.[4] 기존의 경로 구성원들과 관계를 지속하기 때문에 Web 기반의 온라인 직접 경로구축에 따르는 경로갈등을 피할 수 있으며, 경로 구성원의 실적을 바탕으로 인센티브 제공 등 성과관리도 가능하다.

삼성전자는 인도법인에 이러한 온라인 PRM 시스템을 도입하여 전국적으로 경로 구성원들을 하나로 연결하고 IT제품의 시장기반 구축에 큰 성과를 거둔 바 있다. 각각의 파트너에 대해 아주 상세한 부분까지의 자료(profile)를 가지고 있어 그들의 생일, 결혼기념

---

2) 코카콜라의 국내 병입 생산업체(보틀러) 중 하나였던 범양식품은 지난 1997년 코카콜라가 한국 법인을 세우고 직판 체제에 나서자 이듬해 토종 브랜드인 '815콜라'를 출시, '콜라독립' 등 애국심에 호소하는 마케팅으로 한때 시장점유율을 두 자릿수(13.7%)까지 끌어올린 바 있다. 이후 815콜라는 여러 회사를 거치면서 사라졌다 다시 등장하는 과정을 거치고 있으나 존재감은 미미하다.

3) Erin Anderson & Anne T. Coughlan, "International Market Entry and Expansion via Independent or Intergrated Channels of Distribution," *Journal of Marketing*, January 1987, pp. 71-82 및 Jooheon Kim, "Foreign Manufacturing Subsidiaries' Channel Selection in the U.S. Market: Integrated or Independent?" *Journal of Marketing Channels*, Vol. 2, No. 4, 1993, pp. 43-63 참조

4) PRM은 유통업체뿐만 아니라 부품 공급업체와의 관계에도 적용될 수 있다.

일, 선호하는 음악이나 음식 등 다양한 개인정보를 바탕으로 중요한 기념일에는 예외없이 개인적인 서신이나 카드, 그리고 선물을 보내주기도 했다. 삼성전자 인도법인은 PRM 시스템을 바탕으로 한 이러한 노력을 통해 큰 비용을 들이지 않고(한 딜러당 연간 $4 정도의 비용) 경로 구성원들의 정서적 일체감과 자부심, 더 나아가 일종의 의무감을 고취시키는 효과를 내었다고 한다.

(10) 연속성(continuity)

유통경로 설계와 관련된 결정은 시간적으로 가장 오랜 영향을 미치는 마케팅믹스 결정 중의 하나다. 한번 구축된 경로는 쉽게 변경하기 곤란하기 때문이다. 따라서 유통경로를 설계할 때는 매우 신중한 접근이 요구되며, 일단 형성되고 난 후에는 자사 경로 구성원의 이탈을 막고 연속성을 유지하도록 하는 노력이 필요하다.

유통경로의 연속성을 유지하기 위해서는 제조업체 쪽에서의 노력이 더욱 필요하다. 해외시장에서의 유통업자들은 제조업체(수출업체)-유통업체 관계에 대해 제조업체에 비해 상대적으로 단기적인 시각을 가질 수 있기 때문이다. 예를 들어 일본의 도매상들은 제조업체가 지속적인 제품개선 등을 통해 초기의 성공을 한층 더 지속시켜 나가야 한다고 믿고 있다. 제조업체의 이러한 노력이 부족하다면 다른 경쟁자가 유사제품을 더 낮은 가격으로 공급할 수 있게 되고, 이 경우 수입품의 도매상들은 일본 국내 공급업체 쪽으로 거래선을 전환한다는 것이다.

경로의 연속성을 위해서는 해당 시장에서의 개입수준, 혹은 관여수준이 높다는 것을 가시적으로 보여줄 필요도 있다. 현지 시장의 유통업체들이 외국 업체가 현지 시장에 확실하게 기반을 구축하고 머물 것이라는 확신이 서기 전에는 적극적인 협력을 하지 않을 수 있기 때문이다. 현지 주식시장에 상장을 하거나 판매법인을 설립하고 현지인을 채용하는 것 등은 제조업체가 현지 시장에 대한 적극적인 개입의사를 가지고 있다는 것을 보여 주는 방안이 될 수 있다.

(11) 커뮤니케이션(communication)

유통경로가 기능을 제대로 수행하기 위해서는 효율적인 정보의 교류가 필수적이다. 따라서 경로를 설계할 때에는 커뮤니케이션 문제를 중요하게 고려해야 한다. 국제마케팅의 경우 제조업체와 유통업체 사이에 다양한 형태의 거리감이 존재하기 때문에 커뮤니케이션은 특히 더 중요하다.

산업재 시장의 경우 제조업체-유통업체, 혹은 판매자-구매자 사이에 나타날 수 있는 거리감은 다음과 같이 다섯 가지 측면에서 생각해 볼 수 있다.[5] 커뮤니케이션에 영향을 미칠 수 있는 이러한 거리는 중간상을 이용할 것인지, 이용한다면 어떤 유형의 중간상을 이용할 것인지를 결정할 때 고려되어야 한다.

- **사회적 거리**: 관계의 양 당사자가 각각 상대방의 경영방식에 익숙한 정도를 나타낸다.
- **문화적 거리**: 국가의 문화적 특성차이로 인해 나타나는 양 당사자 사이의 규범, 가치, 영업방식 등의 차이를 의미한다.
- **기술적 거리**: 양 당사자의 제품 및 공정기술 상의 차이를 의미한다.
- **시간적 거리**: 접촉을 시작하거나 주문을 한 후 제품이나 관련 서비스가 실제 이전될 때까지 걸리는 시간을 의미한다.
- **지리적 거리**: 양 당사자가 위치한 입지사이의 물리적 거리를 말한다.

제조업체 입장에서 볼 때 유통업체와의 원활한 커뮤니케이션은 자신의 마케팅 목표를 정확하게 전달하는 것은 물론, 경로갈등의 해소, 제품의 적절한 유통 등에 모두 필요하다. 커뮤니케이션이 부적절하게 이루어지면 가격에 경쟁력이 없게 되거나, 각종 촉진도구 및 자료가 부정확하거나 시간적으로 늦어 쓸모가 없어지는 등 마케팅 프로그램이 적절하게 수행될 수 없다. 따라서 국제마케팅 담당자는 정보의 흐름이 효율적으로 이루어질 수 있도록 경로를 설계하거나 유통업체를 선택해야 한다.

2.4 회색시장의 문제

(1) 회색시장의 개념

회색시장(gray market)이란 공인되지 않은 비공식(unauthorized) 유통경로를 말한다.

5) David Ford, "Buyer/Seller Relationships in International Industrial Markets," *Industrial Marketing Management*, May 1984, pp. 101-112.

암시장(black market)이 모조품, 불법복제품, 밀수품 등과 같이 제품자체의 불법성이 존재하는 경우인데 반해, 회색시장은 제품자체는 아무런 하자가 없는 진정상품이지만 제조업체가 인정하지 않는 비공식 유통업체에 의해 유통되는 시장을 말한다. 이러한 회색시장은 국가내와 국가 간에 모두 형성될 수 있는데 후자의 경우는 병행수입(parallel import)이라 불리기도 한다. 참고로 세이코시계의 미국시장 내 공식경로 및 병행수입경로가 [그림 14-6]에 나타나 있다. 병행수입의 전형적인 형태는 수입업자가 공식경로상의 수출국 혹은 제3국의 유통업체로부터 구매하여 수입하는 것이다.

그림 14-6 세이코(Seiko)사의 공식·비공식 유통경로

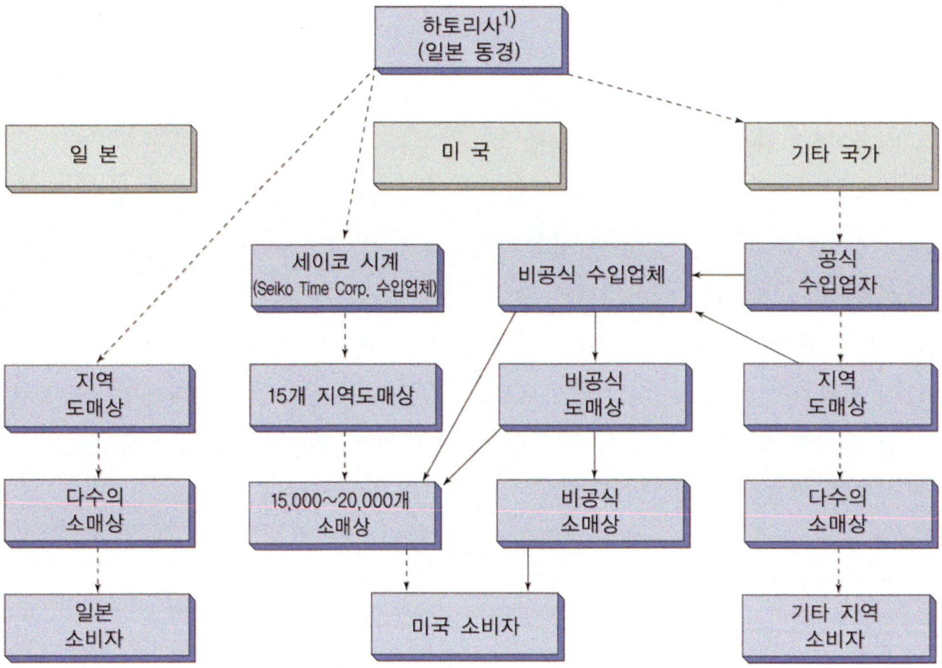

주: 1) K. Hattori사는 Hattori Seiko사를 거쳐(1983) Seiko Corp.로 개명되었음(1990)
2) ----▸ : 공식 유통경로를 통한 세이코 시계의 유통흐름을 나타냄
——▸ : 비공식 유통경로를 통한 세이코 시계의 유통흐름을 나타냄

자료원: Michael R. Czinkota & Ilkka A. Ronkainen, *International Marketing*, 8th ed., Thomson South-Western, 2007, p. 437에서 일부 수정 후 재인용

(2) 회색시장(병행수입)의 발생원인

국가간 회색시장, 즉 병행수입이 발생하는 근본적인 이유로는 범세계적으로 표준화된 제품이 증가하는 한편 국가간에 가격차이가 존재한다는 점을 들 수 있다(Mini-Case 14.5 및 14.6 참조). 물론 병행수입이 발생하려면 이러한 가격차이가 수입에 따르는 관세, 수송비 등 제반 비용을 상회하여 경제적 인센티브가 존재해야 할 것이다. 국가간 가격 차이는 제조업체의 가격차별화 정책, 유통업자들의 가격차이, 환율의 변동 등에 의해 발생한다. 개별 국가시장의 수요변화에 적절히 대응하지 못하여 수급불균형이 발생하는 것도 가격차이의 원인이 된다. 예를 들어 수요에 비해 공식 수입업체가 수입하여 공급하는 물량이 부족할 경우 그렇지 않은 국가에 비해 높은 수준에서 가격이 결정될 것이다. 또한 규모와 효율적 유통망을 바탕으로 하는 병행수입업자의 효율성, 효율적이지는 않지만 공식 수입업체의 광고효과 및 고객서비스에 무임승차하려는 (병행)수입업자의 의도도 병행수입 발생의 원인이다.

14-5 Mini-Case
리바이스의 병행수입 경로

리바이 스트라우스(Levi Strauss)는 공식 경로를 통해 전세계 시장에서 팔린다. 또 어떤 방법으로 Levi's 501이 유통되고 있을까? 답은 회색시장, 혹은 병행수입이다. 이 경우 회색시장은 대개 세일기간에 할인된 소매가격으로 '합법적으로' 구매하여 해외시장에 다시 판매되는 경로를 말한다. Levi's 501의 미국 내 소매가격은 $30~40 정도다. 독일에서는 지정 도매상에 40불 정도에 공급된다. 공식 소매업체는 이를 다시 80불 정도에 판매한다. 이러한 40불 정도의 차이가 병행수입을 경제적으로 가능하게 한다. 누군가 미국에서 구매하여 독일의 비공식 딜러에게 공급하고 이 딜러가 공식 소매업체 가격보다 낮은 60~70불 정도의 가격으로 소비자에게 공급하는 경로가 발생하는 것이다. 이와 비슷한 상황은 전세계적으로 발생하고 있다. 이러한 병행수입 경로는 구체적으로 어떻게 생성될까?

미국 전역의 많은 도시에서 반복되고 있는 사례는 이렇다. 사람들이 그룹을 이루어 가게에 몰려와, 살 수 있는 최대한의 수량을 구매한다. 세일기간에 두 세대의 밴에 사람들을 가득 태우고 와서 하루 제한수량, 예를 들어 1인당 여섯 벌을 구매하는 것이다. 이 일은 세일기간이 끝날 때까지 매일 반복된다. 한 체인스토에서는 한달간 예정되었던 세일기간 동안 리바이스 청바지만 2주만에 세일품목에서 제외된 사례도 있다. 한 '고객집단'이 매일 찾아와 하루 제한수량을 몽땅 사가자 '정상적인 고객'들을 위해 일정 수량과 구색을 보존할 필요가 있었던 것이다. 이런 식으로 구매된 리바이스가 병행수입 경로를 통해, 즉 비공식적인 전세계 수입상들에게 공급되고 있다. 이러한 관행이 지속될 수 있는 이유는 미국 내 소매가격과 마진이 많은 다른 국가의 공식 소매상들이 부과하는 가격과 마진에 비해 낮기 때문이다. 리바이스 스스로도 미국 도매상에 비해 해외 도매상에게 더 높은 가격으로 공급하고 있다.

미국 내 소매가격은 다른 국가에 비해 훨씬 경쟁적인 편이다. 예를 들어 영국에서는 리바이스가 미국의 45불에 비해 훨씬 높은 73불에 판매되고 있으며, 머라이어 캐리의 CD는 23불(미국 16불), 윈도우즈 98은 243불(미국 118불)에 판매되고 있다. EU 내의 가격 차이는 이보다 더 큰 경우도 있다. 윈도우즈 98 가격이 파리에서는 265불이지만 마드리드에서는 123불이다. 다 그런 것은 아니지만 이러한 가격 차이는 관세, 운송비 등 수출에서 나타나는 추가적인 비용, 즉 가격누증(price escalation) 때문에 발생하기도 한다. 그러나 가격누증이 아닌 미국보다 높은 마진 때문에 생기는 가격 차이는 바로 병행수입의 기회가 될 수 있는 것이다.

자료원: Philip R. Cateora & John L. Graham, *International Marketing*, 11th ed., McGraw-Hill, 2002, p. 546에서 수정 재인용

경우에 따라서는 제조업체의 덤핑도 병행수입 발생의 원인이 된다. 과잉생산이나 수요감소에 따른 재고처리, 기술혁신으로 단종된 제품처리 등을 위해 제조업자 스스로 공식경로 이외의 덤핑시장으로 자사 제품을 유출시킬 수도 있는 것이다. 제조업체의 국가간 가격차별화는 특정 국가에서의 경쟁력 확보를 위한 저가격전략이나 단기적 이익을 위해 점유율을 희생하는 고가격전략의 형태로도 나타날 수 있는데 이는 모두 병행수입의 원인이 될 수 있다.

범세계적으로 표준화된 제품과 가격차이가 병행수입의 발생원인이라는 일반적인 견해와 달리 국가별 제품 적응화 정도가 큰 경우에 오히려 병행수입이 나타난다는 주장도 있다.[6] 예를 들어 소득수준이 높아 기능이 다양하고 정교한 고급제품이 수입되는 시장에도 보다 저렴한 단순형 제품을 원하는 소비자도 있고 그 반대의 경우도 있는데, 이러한 소비자들의 수요에 대응하기 위해 다른 나라의 비공식 경로를 통해 수입을 하게 된다는 것이다. 고급형과 단순형의 차이, 혹은 가격차이가 아니더라도 단순히 다른 나라에서 판매되는, 국내 수입제품과는 다른 제품을 선호하는 소비자도 있을 수 있다.

6) Matthew B. Myers, Incidents of Gray Market Activity Among U.S. Exporters: Occurrences, Characteristics, and Consequences, *Journal of International Business Studies*, 30(1), 1999, pp. 105-126.

14-6 Mini-Case
현대·기아車 사다주면 일당 100만원 드려요 – 편법 '병행수출'

돈을 줄 테니 차를 산 뒤 넘겨주면 일당을 준다는 '고수익 단기 아르바이트 모집' 광고가 전단과 인터넷을 통해 활개치고 있다. 수당은 신차 1대에 최소 20만원에서 최대 100만원에 이른다. 소규모 신차 수출업체들이 현대차와 기아차, 한국GM 등 국내 완성차 업체의 내수용 신차를 아르바이트생을 통해 대량 구입한 뒤 유럽, 중동, 러시아 등 해외로 수출해 수익을 챙기고 있는 것이다. 해외 일부 국가에서는 한국차의 시세가 국내보다 최고 2배 이상 높다. 이처럼 가격이 높은 것은 관세와 함께 현대차의 이중가격정책 때문이다.

현대차와 기아차 영업본부는 '블랙리스트'에 오른 업체는 신차를 사지 못하게 하고 있지만 업체들은 일용직을 고용해 명의를 빌린 뒤 차를 구입하는 편법을 동원하며 차익을 얻고 있다. 현재 국내에는 수십 개에 달하는 신차 수출업체가 난립 중이다. 이들은 자사 업무를 합법적인 '병행수출(parallel export)'이라고 소개한다. 예컨대 과거 SK네트웍스 등 일부 업체가 공식 딜러를 거치지 않고 개별적으로 차량을 수입해 판매하던 '병행수입(parallel import)'의 반대 개념이라는 주장이다.

표 현대·기아차동차 주요 차종의 국가별 판매가격(기본형 최저사양 기준)

차종	투싼ix2.0 휘발유 자동	스타렉스2.5 디젤 수동	스포티지R2.0 디젤 자동
한국	1,977만 원	2,010만 원	2,385만 원
유럽	2만 5,240유로 (약 3,821만원)	2만 7,989유로 (약 4,237만 원)	2만 8,860유로 (약 4,369만 원)
러시아	99만 4,900루블 (약 3,632만 원)	126만 9,900루블 (약 4,636만 원)	132만 9,900루블 (약 4,855만 원)

업체들은 '고수익 단기 아르바이트 모집' '병행수출 딜러 모집' 등의 광고를 내고 새 차를 대신 구매해 줄 일용직을 구한다. 걸리지 않게 하기 위해 차량 대수를 1인당 1, 2대로 제한하며 주변인을 소개해 주면 소개료도 지급한다. 한 업체는 전화통화에서 "일용직으로 우리 업체에서만 한 달에 100명 가까이 일하는데 400만 원 넘게 챙겨가는 사람도 있다"고 설명했다. 업체들은 채용한 일용직에게서 주민등록등본 등 신분증명서를 받은 뒤 차량 구입비를 주고 '대리점으로 찾아가 신차를 계약하라'고 주문한다. 차종의 특정 모델과 옵션, 색상까지 지정해 준다. 차량이 출고되면 곧바로 명의를 이전받은 뒤 해외 수입업자에게 팔아 넘긴다. 이렇게 넘긴 차들은 관세 등 각종 비용을 다 더하고 이윤을 남겨도 해외 시세보다 10~20% 싸다.

업체들은 신차 수출로 상당한 수익을 올리는 것으로 추정된다. 해외 현지와 국내 시장의 시세차익은 물론이고 유럽 등 현지 화폐가 강세를 보이는 지역에서는 환차익도 거둘 수 있다. 차량을 중고차로 신고해 수출하면 관세부담도 줄어든다. 업계 관계자는 "모델별로 차이가 있지만 업체들이 보통 1대에 300만~500만원을 남기는 것으로 알고 있다"며 사설 업체들이 정식 유통망을 통해 차량을 수출하지 않고 있어 탈세나 사기 등의 의혹도 있다고 말했다.

직접적 피해를 보는 것은 국산차업체의 해외 대리점이다. '병행수입'된 차에 비해 가격경쟁력이 떨어지기 때문이다. 이렇게 판매된 차량은 시장질서를 어지럽게 하고 서비스 문제를 복잡하게 해 현지 시장에서의 브랜드 이미지에 타격을 줄 수 있다는 지적이 나온다. 현대차그룹은 이러한 정황이 알려진 뒤 해외 공식 딜러 및 대리점의 요청으로 사설 수출업체들의 출고를 제한하는 한편, 개인이 여러 대의 차를 한번에 구입하지 못하게 하라는 지침을 영업 일선에 전달했다.

이렇게 차익을 남길 수 있는 구조가 된 데에는 국산차의 품질과 상품성이 좋아진 점도 한몫을 했다. 유럽은 원래 자동차 가격이 높은 편인데 현대차가 폴크스바겐 같은 유럽 경쟁 업체들과 비슷한 가격을 받아도 경쟁이 된다. 굳이 국산차의 현지 가격을 낮출 필요가 없는 셈이다. 러시아는 수입차에 대한 세금이 워낙 높아 원래 현대차나 기아차와 같은 수입차들의 가격이 높다. 그러나 국내 자동차 업체들은 이런 사설업체의 시장교란에 대한 대비책이 없는 상황이다. 불법이 아니기 때문에 사설업체를 단속할 뚜렷한 법적 규제방안도 없다.

자료원: 동아일보 2011. 12. 6 기사를 편집함

(3) 회색시장의 문제점

기업의 국제마케팅 담당자는 회색시장, 즉 병행수입에 대해 관심을 가지고 대응해야 한다. 회색시장은 다음과 같은 영역에서 기업의 국제마케팅 활동에 문제를 야기한다.[7]

■ **기업 이미지 실추**: 자사 제품이 회색시장에서 판매되고 있는 제조업체는 해당 제품이 대체경로에서 낮은 가격으로 판매되는 사실을 소비자들이 알게 될 경우 브랜드 이미지, 혹은 기업 전체의 이미지에 타격을 입게 된다. 특히 향수, 화장품, 시계 등과 같이 배타적 경로를 통해 높은 가격(premium price)에 판매되는 고품격제품의 경우에는 더욱 그러하다. 이 경우 회색시장은 제조업체가 창출한 브랜드 이미지에 무임승차(free ride)하는 결과가 된다.

■ **제조업체-딜러-소비자 관계 악화**: 많은 제조업체들은 국제유통전략에 있어 자사 딜러망의 전문성에 상당부분 의존하고 있다. 딜러와 제조업체 사이에서 오랜 기간 동안 형성되어 온 신뢰관계를 바탕으로 강력한 네트웍이 구축되는 것이다. 전세계 수백개의 딜러로 구성된 세계 최고수준의 유통망을 갖춘 캐터필라(Caterpillar)사는 대표적 예다.

그러나 캐터필라사 역시 병행수입 문제로부터 자유롭지 못했다. 동사는 1980년대 중반 연간 6억 달러 규모의 건설장비가 병행수입 경로를 통해 미국시장에 흘러 들어온 경

7) S. Tamer Cavusgil & Ed Sikora, "How Multinationals Can Counter Gray Market Imports," *Columbia Journal of World Business*, Winter 1988, pp. 75-85.

험을 가지고 있다. 그 결과 해안에 위치한 캐터필라의 딜러들은 유럽산 캐터필라 제품을 병행수입 경로를 통해 낮은 가격으로 수입한 유통업자들에게 매출액을 잠식당했다. 공식 딜러들은 당연히 이러한 상황에 대해 불만을 제기하였으며, 어떤 딜러들은 해결책이 마련되지 않을 경우 스스로 회색시장에 참여할 생각도 갖게 되었다. 이처럼 회색시장은 제조업체와 딜러의 관계를 악화시키며 강력한 유통망의 기초가 되는 이들 사이의 장기적 관계를 위협한다. 캐터필라는 즉각 공식딜러에 대한 지원책과 회색시장에 대응하기 위한 방안마련을 위해 예산을 투입한 바 있다.

마찬가지로 딜러와 소비자의 관계도 회색시장에 의해 손상될 수 있다. 소비자들이 회색시장의 낮은 가격에 익숙해지면서 공식딜러에 대한 인식과 태도가 회의와 불신으로 바뀌는 것이다. 이 경우 딜러들은 충실한 기존 고객을 잃을 뿐 아니라 새로운 고객확보에 필요한 신뢰를 상실할 위험에 처하게 된다.

▪ **법적인 문제**: 기업 이미지 및 관계악화 외에도 회색시장은 법률적 문제를 야기할 수 있다. 개발도상국을 위해 생산된 제품은 간혹 미국이나 유럽 등 선진국 입장에서 볼 때 상대적으로 까다로운 안전기준에 미달될 수 있다. 이러한 제품이 회색시장을 통해 선진국에 유입되고 이로 인해 사고가 발생한다면 제조업체는 그 책임과 관련하여 법적인 분쟁에 휘말리게 될 것이다.

▪ **마케팅 전략의 혼란 및 수익성 악화**: 회색시장은 기업의 마케팅전략 및 전반적인 수익성에 부정적인 영향을 미칠 수 있다. 예측의 정확성, 가격전략, 기타 각종 마케팅 노력이 예기치 못한 병행수입 시장의 확대로 인해 와해될 수 있는 것이다. 따라서 기업은 국제마케팅 전략을 개발할 때 회색시장의 등장 가능성과 움직임을 예상하고 대비할 필요가 있다.

(4) 대응전략

회색시장은 제조업체의 입장에서 볼 때 자사 제품의 판매기회 확대라는 긍정적 측면도 지니고 있다. 그러나 위에서 설명한 대로 전체적인 국제유통전략의 혼란을 야기할 수 있고, 애프터서비스가 제대로 이루어지지 않는 등 자사 제품의 이미지가 실추될 위험이 있기 때문에 경우에 따라서는 적절한 대응조치가 필요하다.

제조업체가 자사 제품의 병행수입 현상에 대해 무시하거나 별다른 대응을 하지 않게 되는 상황으로는 법적 대응에 따르는 시간과 비용이 클 경우를 예로 들 수 있다. 또한 대응조치를 취할 경우 병행수입업자가 경쟁 브랜드로 전환할 가능성에 대한 우려도 무대응의 이유가 된다. 병행수입이 지속적으로 예견되는 것이 아니라 일시적 상황이라는 판단을 할 경우에도 별다른 대응조치를 취할 필요성이 적어진다.

한편 병행수입을 그대로 방치할 경우 이미지 훼손, A/S 부실 등 심각한 문제가 예상된다면 제조업체는 적절한 대응책을 강구해야 한다. 이러한 대응조치로는 병행수입 업체에 대한 법적 조치와 함께 제품의 현지화, 가격의 인하, 공식경로를 통한 제품에 대한 서비스의 차별화 등이 고려될 수 있다. 유통업체에 대한 강제와 유인책도 고려될 수 있다. 회색시장을 통해 흘러들어 온 제품을 취급하는 유통업체에 대해 향후 거래를 중단하는 방법, 정상 경로를 통한 제품에 대해 A/S 등의 서비스를 보강해주는 방법 등이 그 예다.

2.5 인터넷과 국제유통전략

인터넷의 급속한 확산은 기업의 국제유통전략에도 많은 변화를 가져오고 있다. 인터넷을 매개로 이루어지는 거래, 혹은 전자상거래(e-commerce)는 간단히 말하자면 생산자와 소비자가 인터넷을 통해 시공을 초월하여 직접 연결되는 직접 마케팅(direct marketing)의 한 형태로 볼 수 있다. 따라서 전통적인 중간상의 역할이 일정 부분 퇴조하고 있으며, 기업은 전통적 유통경로에 대한 보완수단으로서든 중심적 유통경로로서든 전자상거래에 대한 관심을 갖지 않을 수 없다. 특히 해외시장에 유통망을 구축하기가 곤란하거나, 현지 유통망에 대한 접근이 쉽지 않은 경우, 또는 기존 유통경로에 대한 보완적 수단이 필요할 경우 인터넷을 통한 직접 마케팅을 새로운 유통방식으로 적극적으로 고려해야 할 것이다. 물론 전자상거래가 생산자와 소비자를 직접 연결하는 직접 마케팅의 형태만 있는 것은 아니다. 여전히 생산자와 소비자를 연결하는 중간상의 위치지만 그 역할을 유형의 공간(off-line)이 아닌 on-line 공간에서 수행하는 전자상거래 유통업체의 활동은 우리가 일상생활에서 보는 대로 일반화되어 있다.

전자상거래 규모를 정확히 파악하는 것은 매우 힘들지만 빠른 속도로 증가하고 있는 것은 분명하다. 전자상거래 규모의 확대는 초고속인터넷 보급과 모바일 기기 확산이라는 기술적 환경변화에 기인하는 바가 크다. 국제전기통신연합(ITU)에 따르면 2023년 전 세계 인터넷 사용자 수는 약 54억 명(전체인구의 67%)에 달하는 것으로 나타났다. 또한 스마트폰 판매가 일반폰을 앞지르고 태블릿 판매가 폭발적으로 늘어나면서 인터넷과 모바일 기기를 통한 전자상거래는 국내는 물론 국제거래에서도 더욱 활발해질 전망이다. 2020년 전 세계를 덮친 코로나 19 사태는 비대면 온라인 거래를 더욱 확산시키기도 하였다.

한국의 초고속인터넷 가입률과 모바일 기기 보급률은 세계 최고수준이어서 국내 전자상거래는 특히 활성화되고 있는 편이다. 우리나라의 최근 온라인쇼핑 금액 추이는 〈표 14-2〉에 나타나 있는데, 2023년의 경우 전체 소매판매액 640조 원 중 온라인 쇼핑판매액이 약 36%에 이르는 229조원 정도다. 온라인 판매액 중 모바일 쇼핑 판매액은 약 74%인 169조원에 달했다. 통계청의 '2024년 8월 온라인쇼핑 동향 조사 보고서'에 따르면 8월 한 달간의 온라인 쇼핑 금액은 19조 5,580억원이며, 이 중 모바일쇼핑이 76.6%인 14조 9,817억원이었다.

표 14-2 우리나라의 온라인쇼핑 금액 추이

(단위: 10억원)

운영형태 \ 연도	2018	2019	2020	2021	2022	2023
계	113,314	136,601	158,284	190,223	211,124	228,861
online 몰	74,789	91,418	117,213	146,530	162,568	174,732
on/off 병행 몰	38,525	45,183	41,071	43,694	48,556	54,129

주: 2023년 전체 소매판매액은 640조원으로 온라인쇼핑 판매액(229조) 비중은 약 36% 정도다.
자료원: 국가통계포털(kosis.kr)

14-7 Mini-Case

K뷰티, 예전만 못 한 '광군제'에서 '아마존 프라임데이'로

"중국 광군제, K-뷰티 날았다"(2017년), "스타일난다, T몰 한국 색조 브랜드 1위"(2017년), "LG생활건강, 광군제 특수…화장품 매출 50% 증가"(2018년), "아모레퍼시픽, 전년 대비 62% 성장하며 국내 뷰티 기업 기준 최대 규모 매출 달성"(2019년)

"아마존 프라임데이 역대 최고 기록 달성", "아마존 프라임데이 1~3위 싹쓸이", "아마존 프라임데이 BB크림 부문 1위"….(2024년)

최근 뷰티업계가 앞다퉈 쏟아내는 자료의 제목은 몇 해 전과 확 달라졌다. 미국 최대 전자상거래(이커머스) 업체인 아마존의 연중 최대 할인 행사인 '프라임데이'에서 얼마나 성과를 냈는지를 설명하는 내용이다. 과거 중국 '광군제'와 '618행사' 성과를 발표하던 모습과 유사하다. 이 성과는 중국 소비 트렌드와 시장 입지를 확인할 수 있는 바로미터로 여겨졌다. 이 때문에 중국 할인 행사에서 얼마나 매출을 올렸고, 어떤 제품의 인기가 많았는지 등은 업계의 가장 큰 관심사였다. 하지만 최근 이 발표의 타깃이 '중국'에서 '미국'으로 바뀌었다. 업계의 주력 지역이 바뀌었다는 것을 의미하는 대목이다.

2023 광군제 현장

명성잦아든 중국시장과 광군제

중국 최대 규모의 유통 행사인 광군제가 열렸지만 2023년 K뷰티는 그 특수 효과를 보지 못했다. 광군제는 매년 11월 11일 진행되는 중국 최대 온라인 쇼핑 행사다. 알리 익스프레스, 티몰, 타오바오 등 중국의 최대 전자상거래 기업인 알리바바그룹의 플랫폼이 대거 참여해 중국판 블랙프라이데이로 통한다. 지난 2020년에는 LG생활건강과 아모레퍼시픽이 광군제에서 매년 최대 매출을 경신하는 주요 한국 기업으로 꼽혔다.

하지만 중국의 경기 침체 지속과 중국 현지에서 자국 브랜드 소비를 선호하는 문화로 한국 화장품의 점유율은 쪼그라들고 있는 실정이다. 지난 2020년 광군제 당시 기초화장품 분야 판매액 8위였던 아모레퍼시픽의 설화수는 2022년에는 10위권 밖으로 벗어났다. 2021년 광군제에서 판매액 4위에 등극했던 LG생건의 후 역시 10위권 사수에 실패했다.

최근 3년 내 뷰티업계에선 마케팅 비용 축소와 광군제에 따른 실적 자료도 배포하지 않고 있다. LG생활건강 관계자는 "이번 광군제 행사 결과 관련 수치는 확인할 수 있는 내용이 없다"라고 말했다. 아모레퍼시픽 측은 "코로나 기간 동안 수익성 개선을 위해 중국에서의 마케팅 비용을 많이 줄일 수밖에 없었다"라며 "그러다 보니 예전만큼 광군제 실적이 나오지 않고 있는 상황"이라고 설명했다.

뷰티업계에선 지난 3년간 중국 내 애국 소비 경향과 자국 화장품 품질의 상향 평준화가 맞물린 영향이 크게 작용한 것으로 풀이한다. 한 뷰티업계 관계자는 "K뷰티 브랜드에 대해 중국 소비자들이 가졌던 강력한 선호도가 하락한 부분이 크다"라고 답했다.

K뷰티의 새로운 타겟 미국에선 한국만 빛났다

최근 K뷰티 업계의 주력 지역은 미국이다. 아모레퍼시픽그룹은 '2024 아마존 프라임데이'에서 뷰티&퍼스널 케어 부문 1~3위(수량 기준)를 차지했다고 발표했다. 프라임데이는 아마존의 구독형 유료 멤버십 회원을 대상으로 열리는 연중 최대 할인 행사로 올해는 7월 16~17일 이틀간 진행됐다. 올해 행사는 역대 최대 규모였으며, 아마존에 따르면 전 세계 프라임 가입자는 2억 명에 달하며 월 이용료는 14.99달러(약 2만원)다.

이번 행사에서 아마존은 전년 대비 11% 증가한 142억 달러(약 20조원)의 매출을 기록한 것으로 보인다. 주문 건수는 9만3,000건이며 품목당 평균 지출은 28.06달러(약 4만원)로 집계됐다. 평균 주문금액은 57.97달러(약 8만원), 계정당 평균 지출은 152.33달러(약 21만원)다. 화장품과 헬스&웰니스 부문은 각각 판매 4위와 5위를 기록하며 인기를 끌었다.

아모레퍼시픽그룹에서는 코스알엑스, 라네즈, 에스트라 등 글로벌 핵심 브랜드들이 참가했다. 특히 2021년 인수한 코스알엑스 에센스 제품은 랭킹 1위를 기록하며 영향력을 키웠다. 심지어 코스알엑스는 이번 행사에서 가장 많이 팔린 제품 5위권에 포함된 유일한 '화장품'이다. 아마존에 따르면 △아마존 파이어 TV 스틱(리모컨) △프리미어 프로틴 셰이크(음료) △리퀴드 I.V. 포켓(음료 파우더) △글래드 트래시백(쓰레기봉투) 등이 매출 1~4위를 차지했다. 코스알엑스 세럼이 뒤를 이어 5위를 기록했다.

프라임데이 성과를 발표한 곳은 아모레퍼시픽뿐만이 아니다. 미샤는 이번 행사 매출이 전년 대비 2배 성장해 역대 최대 성과를 거뒀다고 강조했다. 특히 BB크림 제품은 'BB크림 카테고리'에서 베스트셀러 1위에 올랐으며 행사가 끝난 이후에도 글로벌 브랜드와 상위권을 다투며 인기가 이어지고 있다.

광군제에서 아마존으로

아마존도 인정했다. 아마존 글로벌셀링 코리아에 따르면 이번 행사에서 한국 K-뷰티 셀러 매출은 전년 대비 2.2배 이상 증가했다. 또한 여러 K-뷰티 제품이 아마존의 미국, 일본, 호주 스토어에서 베스트셀러에 이름을 올렸다. 국내 중소 뷰티 브랜드인 바이오던스 마스크팩와 아누아 클렌징 오일 등은 미국 스토어에서 베스트셀러에 올랐다. 넘버즈인의 행사 기간 일 매출은 지난 6월 평균 일 매출의 30배 이상을 기록했다. 이니스프리, 구달, 티르티르, 조선미녀, 달바, 페리페라, 롬앤 등도 매출 순위권에 이름을 올렸다.

K뷰티 업계의 중국 마케팅 축소와 행사 성과 비공개 이후 몇 년간 해외 행사 성과를 알 수 있는 지표는 없었다. 그런데 올해 들어 주요 기업들이 아마존 프라임데이 성과를 발표하기 시작했다. 업계 한 관계자는 "프라임데이 결과로 미국에서의 성공 가능성을 엿볼 수 있다"며 "예전에 중국 광군제에 주력했던 것과 유사하다. 지금 가장 중요한 지역이다. 미국 소비자들의 분위기를 빠르게 파악할 수 있기 때문에 프라임데이 성적이 중요하다"고

아마존과 K뷰티

말했다.

실제 미국은 가장 중요한 뷰티 수출국으로 올라섰다. 지난해 국가별 수출액에 따르면 중국은 27억8000만 달러로 여전히 1위 수출국이지만 전년과 비교하면 그 수치가 23.1% 감소했다. 반면 미국 수출액은 12억1000만 달러로 전년 대비 44.7% 성장했다. 사상 처음으로 10억 달러를 돌파했다. 동시에 한국은 미국 화장품 수입국가 순위에서 중국을 제치고 5위를 기록했다.

특히 전체 화장품 수출에서 차지하는 미국 비중은 2021년 9.2% 수준에서 2022년 10.6%, 지난해 14.3%로 늘어났다. 올 상반기에도 미국 수출액은 8억7000만 달러를 기록하며 전년 동기 대비 61.1% 급증했다.

현재는 K-뷰티가 현지 온라인을 중심으로 사업을 전개하고 있으나 세포라 등 오프라인에서도 영향력을 확대할 것으로 보인다. 미국에 한국 인디 화장품을 유통 기업을 소개해주는 수출 전문 유통회사 실리콘투의 전체 고객 가운데 70%도 온라인 고객사로 추정된다.

한국투자증권의 애널리스트는 "한국 화장품의 가성비 경쟁력 등을 고려했을 때 온라인을 넘어서 미국의 오프라인 유통 채널까지도 확장할 수 있을 걸로 판단한다"고 분석했다. 아모레퍼시픽은 미국 세포라에 라네즈를 이미 판매하고 있으며 마녀공장은 지난 7월 코스트코 300개 점에 클렌징오일을 입점시켰다. 지난해 미국 소매시장 내 온라인 비중은 17.3%에 그친다. 이 애널리스트는 "미국은 여전히 오프라인 유통 중심이기 때문에 오프라인 유통 채널로의 확장만으로도 한국 화장품 기업들의 TAM(Total Addressable Market, 접근 가능한 시장)은 크게 확대될 것"이라고 내다봤다.

자료원: 뉴스토마토, 2023. 11. 14 및 한경비즈니스, 2024. 8. 16

(1) 전자상거래가 유통에 미치는 영향

인터넷을 매개로 하는 전자상거래가 기존의 유통부문에 미치는 영향은 크게 거래비용의 감소와 중간상의 역할변화로 요약될 수 있다.

▪ **거래비용의 감소:** 인터넷을 통한 거래는 기존의 유통경로를 우회하여 생산자(혹은 유통업자)와 최종 소비자를 직접 연결시킴으로써 전체적인 유통비용을 감소시킬 수 있다. 유통경로 단축에 의한 비용감소 외에도 제품을 탐색하는 시간, 주문에 소요되는 시간, 매장까지 이동하는 시간 등의 감축에 따른 거래비용 감소효과도 크다.

▪ **중간상의 역할변화:** 전자상거래는 기존 유통단계의 가치사슬의 변화를 가져오고 있다. 즉, 공급자와 소비자의 중간단계에서 정보와 제품을 연결해주는 단순 중개역할은 점차 감소하게 되는 것이다. 기존의 유통경로에 대한 의존도가 감소하는 것을 중간상의 소멸(disintermediation)이라고 한다. 반면에 이렇게 소멸된 유통경로는 사이버(cyber) 중개기능을 위해 재형성되는데 이를 중간상의 재출현(reintermediation)으로 볼 수 있다. 이러한 새로운 유통경로는 순수 인터넷 모델(Pure Click)과 온·오프라인 병행 모델(Click & Mortar)로 구분된다.

(2) 전자상거래의 유형

전자상거래를 거래 당사자에 따라 구분하면 크게 기업-소비자간(B to C, B2C, Business-to-Consumer) 전자상거래와 기업간(B to B, B2B, Business-to-Business) 전자상거래로 나눌 수 있다. 인터넷 전자상거래는 WWW(World Wide Web)의 등장을 토대로 인터넷 쇼핑몰 위주의 B2C 거래에서부터 시작하였다. 그러나 최근에는 원료, 부품, 완제품 등을 기업간에 대량으로 거래하는 B2B 거래의 비중이 급속하게 늘고 있으며, 향후 전자상거래의 주종을 이룰 것으로 보는 예측도 많다.

▪ **기업-소비자간 거래:** B2C 전자상거래의 대표적인 예는 세계 최대의 인터넷 쇼핑몰인 아마존(www.amazon.com)을 통한 거래를 들 수 있다. 아마존은 1995년에 재고 및 물류창고없이 거래가 이루어지는 새로운 개념의 서적 유통업체로 설립되었다. 경쟁업체의 등장에 따라 배달경쟁이 치열해지면서 자체 재고를 어느 정도 유지하기도 했지만, 기본적으로는 재고관리 부담없이 서적에 대한 각종 정보를 제공하면서 365일 24시간 세계 어디서나 주문이 가능한 서적유통의 혁명을 이룬 것으로 볼 수 있다. 물론 지금은 다 아는 대로 서적은 판매상품의 하나일 뿐이다.

당시 이러한 새로운 유통방식의 등장은 기존의 대형서점도 이를 따를 수밖에 없게 만들었다. 1,000개 이상의 점포를 갖추었던 세계 최대의 전통적 서적 소매업체인 반스 앤 노블(Barnes & Noble)도 아마존의 경쟁에 대응하기 위해 1997년부터 온라인 판매를 시작하였다. 이들은 서적에 대한 정보제공, 가격, 배달시간단축 등을 주요 경쟁우위요인으로 보고 치열한 경쟁을 전개하고 있다. 이는 기존의 오프라인(off-line) 기업들이 아무리 규모가 크고 경쟁력이 뛰어나다 하더라도 어떤 형태로든 온라인(on-line) 비즈니스와 관련을 맺지 않을 수 없다는 점을 시사해 주고 있다. 오늘날 우리가 일상생활 속에서 경험하고 있는 바이기도 하다.

■ 기업간 거래: B2B 전자상거래는 기업간에 이루어지는 구매 및 판매를 가상공간(e-marketplace)을 통해 처리하는 거래다. 델(Dell Computer Corp.)은 자사가 구축한 가상공간을 통해 기업 및 일반고객에게 컴퓨터를 판매하고 있으며, 시스코(Cisco Systems Inc.) 역시 CCO(Cisco Connection Online)라는 자사의 가상공간을 통해 컴퓨터와 네트웍 장비 등을 판매한 바 있다. 델은 최근 일반소비자 시장 비중을 늘리고 있지만 여전히 매출액의 대부분은 기업을 대상으로 하고 있다. 제너럴 일렉트릭(GE)은 자사의 전문 사이트를 통해 부품의 입찰, 구매 등을 처리하고 있다. 일종의 가상 공개입찰 장소를 운영하고 있는 셈이다(〈표 14-3〉참조).

표 14-3 기업간(B2B) 인터넷 상거래 구조

유 형		주제어자	가격정책	역 할
판매자 위주 (one－to－many)		판매자	판매자 제시, 경매	• 구매자가 판매자의 서버에 접속하여 구매
중개자 위주 (many－to－many)		중개자	판매자 제시, 경매 · 입찰	• 중개자가 판매자와 구매자를 연결시킴
구매자 위주 (many－to－one)	입찰	구매자	입찰	• 판매자가 구매자 서버에 접속하여 입찰 참가
	내부	구매자	전자조달 DB 입찰	• 직원들이 기업서버에 접속하여 구매

한편 단일의 판매자(생산자)나 구매자가 자사 제품의 판매나 필요부품의 구매를 위해 운영하는 것과 달리, 다수의 판매자와 구매자가 접속하여 상거래가 이루어지는 중개위주의 전자상거래 형태도 있다. 2000년 삼성전자 및 LG전자가 각각 참여한 가운데 설립된 ehitex.com과 e2open.com 등도 중개위주의 B2B 전자상거래의 한 예다. 그러나 참여 업체들간 부품 및 완제품거래 뿐만 아니라 계열사, 중소협력업체들의 전자상거래까지 맡아 전세계 전자제조업계 B2B 사업을 주도한다는 목적으로 설립된 이 회사들은 당초 의도와 달리 성공을 거두지 못한 것으로 보인다. 참여업체들 간의 이해관계가 서로 다르고 적절

한 수익모델의 확보가 쉽지 않았던 것이 주된 이유다. 참고로, 최근 세계 최대의 B2B 사이트로 부각되고 있는 것은 중국에 기반을 두고 있는 알리바바닷컴(alibaba.com)이다(Mini-Case 14.8 참조). 글로벌 전자상거래 업체들은 B2C와 B2B를 위한 별도의 사이트를 운영하는 경우도 많은데, B2C든 B2B든 이러한 사이트들이 브랜드 파워가 약한 중소기업들의 해외진출창구로도 잘 활용될 수 있음을 〈Mini-Case 14.8〉이 보여 주고 있다.

14-8 Mini-Case
아마존 · 알리바바 "Made in Korea 모셔라"

아마존, 알리바바 등 글로벌 e커머스(전자상거래) 기업들이 한국 중소기업을 찾기 위해 몰려오고 있다. 미국 중국 동남아시아에서 제품을 판매할 높은 기술력을 갖춘 기업을 찾는 게 목적이다. 독일, 일본 제품보다는 싸고, 중국보다 믿을 만한 '메이드 인 코리아' 제품이 글로벌 시장에서도 인정받고 있다는 평가가 나온다.

아마존은 한국무역협회와 함께 '글로벌 셀링 콘퍼런스'란 이름의 대규모 행사를 개최한 바 있다. 아마존의 기업 간 거래(B2B) 서비스 '아마존 비즈니스'에 입점하고자 하는 기업들을 초청했다. 아마존 비즈니스는 개인이 아니라 기업을 상대로 상품을 판매하는 사이트다. 서비스 시작 3년 만인 2018년 100억달러(약 12조원)의 매출을 올릴 정도로 급성장하고 있다. 아마존 비즈니스는 한국기업 유치를 위한 전담팀까지 구성했다. 수백 개 한국기업이 아마존 비즈니스를 통해 미국에서 상품을 판매 중이다.

중국 알리바바도 적극적이다. 알리바바 최대 온라인쇼핑 플랫폼 '티몰'에 입점할 한국 기업을 끌어모으기 위해 애쓰고 있다. '알리바바 코리아 데이'란 행사를 서울에서 개최한 데 이어 티몰 내 뷰티 부문만 별도로 콘퍼런스를 열었다. 티몰 글로벌 관계자는 "높은 품질의 제품과 브랜드 인지도를 앞세운 한국 브랜드 및 유통기업에 대한 중국 소비자의 관심이 높다"고 말했다.

동남아 e커머스 중에선 태국, 인도네시아, 말레이시아, 등 7개국에서 온라인 쇼핑몰을 운영하는 쇼피가 최근 한국에 사무소를 냈다. 수시로 입점 설명회를 열고 있다. 한국MD협회장은 "한국 기업은 대기업에 납품하면서 쌓은 제조 노하우와 소비자를 우선시하는 서비스 마인드 등이 큰 강점"이라며 "한류영향까지 더해져 글로벌 쇼핑몰에서 한국 상품을 찾는 소비자는 점점 더 많아질 것"이라고 말했다.

한국 중소기업 저평가

아마존, 알리바바 등 글로벌 e커머스(전자상거래)는 한국에서 브랜드 파워는 약하지만 품질이 뛰어난 중소·중견기업 찾기에 나서고 있다. '한국 중소기업 제품은 품질에 비해 저평가됐다'는 인식에 따른 것이다. 독일, 일본 제품보다는 싸고, 품질은 믿을 만한 '한국 제조업의 독특한 포지션'이 이들을 한국으로 향하게 하고 있다는 얘기다.

아마존의 기업 간 거래(B2B) 전용 서비스 아마존 비즈니스는 작년 5월 의자 전문기업 시디즈를 입점시켰다. 시디즈는 사무용 가구 퍼시스 관계사로, 아마존 비즈니스를 만나기 전에는 부품 위주로 주문자상표 부착 생산(OEM) 수출에 주력했다. 시디즈가 의자부품을 미국총판에 보내면 이 총판이 조립해 자신의 브랜드를 달아 판매하는 식이었다. 물류망이 현지에 없기 때문이었다. 아마존은 시디즈에 "시디즈 브랜드로 상품을 직접 팔아보라"고 제안했다. 부족한 물류망은 아마존 물류시스템인 'FBA(풀필먼트 바이 아마존)'를 통해 해결할 수 있다고 했다. FBA를 쓰면 아마존 창고에 제품을 넣은 뒤 이틀 내에 미국 소비자에게 보내줄 수 있다. 물류가 해결되자 시디즈 매출은 급격히 늘었다. 아마존은 시디즈를 아마존 비즈니스의 대표적인 성공사례로 알리고 있다.

콘택트렌즈 '토종' 브랜드 오렌즈는 올 초 중국 최대 온라인 쇼핑몰 알리바바 티몰에 입점했다. 해외진출은 처음이었다. 알리바바는 작년 말 "오렌즈 같은 고품질 제품이 티몰에 들어오면 쉽게 자리잡을 것"으로 보고 오렌즈에 입점을 권유했다. 예상은 맞았다. 티몰에 입점한 지 6개월 만에 성과가 나기 시작했다. 티몰에서 오렌즈의 '스페니쉬' 한 가지 모델만 올 상반기 1만 9,000여 개나 팔렸다. 이 제품은 4,000개가 넘는 평점에서 5점 만점에 4.9점을 받았다. 티몰 컬러 렌즈 부문 '상위 20위' 브랜드에도 들었다.

대기업 후광효과와 한류의 영향도

중소기업의 해외진출에는 한국 대기업의 '후광효과'도 있다. 슈피겐코리아는 2011년부터 아마존에서 휴대폰 케이스 등을 판매해 '대박'을 냈다. 아이폰 케이스로 이름을 알리기 시작해 지금은 '삼성전자 갤럭시 맞춤형 케이스'란 평가를 듣는다. 디자인, 품질이 좋기도 하지만, '메이드 인 코리아'란 점도 한몫했다. 미국 소비자들은 '갤럭시엔 슈피겐코리아가 제격'이라 여겼다. 슈피겐코리아는 아마존 내 셀러 부문 톱10 브랜드가 됐다. 슈피겐코리아는 올 상반기에만 매출 1,326억원, 영업이익 205억원의 실적을 거두며 '강소기업'으로 입지를 다지고 있다.

'한류' 영향도 상당하다. 중국, 일본, 동남아시아 등 아시아 국가 소비자들은 한국의 화장품, 뷰티기기, 패션 관련 상품에 큰 관심을 보이고 있다. 알리바바는 2019년 6월 1~18일 '618 쇼핑 페스티벌'을 열었다. 매년 11월 11일 하는 '광군제'에 버금가는 행사다. 618 행사에서 한국 제품은 일본, 미국 다음으로 해외 국가 판매순위 3위를 기록했다. 파파레서피 JM솔루션 등 한국 중소기업 화장품 브랜드가 특히 많이 팔렸다. 최근에는 선글라스 브랜드 젠틀몬스터가 티몰의 럭셔리관 '파빌리온'에 100번째 브랜드로 입점하기도 했다.

동남아 1위 e커머스 쇼피가 주력하고 있는 분야도 한류관련 상품이다. 성공사례도 나오기 시작했다. 귀걸이, 목걸이 등 수제 장신구를 주로 판매하는 누누핑거스는 쇼피를 통해 동남아에 진출했다. 쇼피의 '라이브 스트림'을 활용했다. 라이브 스트림은 TV 홈쇼핑처럼 쇼호스트가 나와 실시간으로 제품을 소개하는 모바일 방송이다. 라이브 스트림 방송을 할 때마다 '대박'이 터졌다.

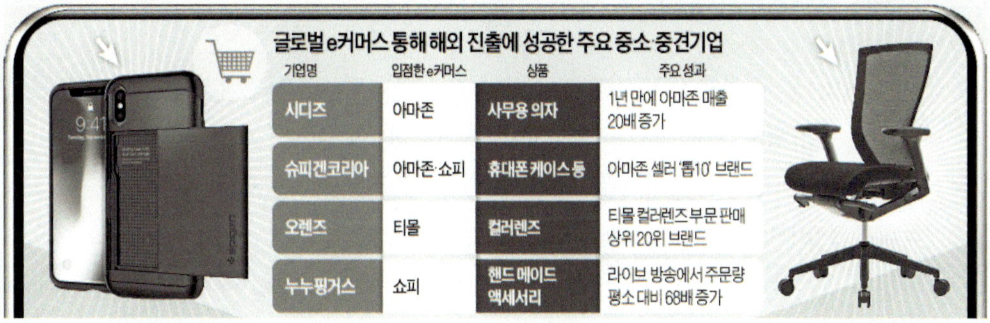

이러한 효과에 주목한 지방자치단체들은 중소기업의 해외 온라인 플랫폼 입점을 지원하기 시작했다. 예로 충청북도는 200여 개국에 기반을 둔 세계 최대 규모의 온라인 B2B 플랫폼인 알리바바닷컴 입점을 지원한다. 알리바바닷컴에 입점하려면 계정운영비 120만원과 입점비 360만원을 합쳐 총 480만원이 든다. 충북도는 심사를 통과한 기업에 대해 비용의 80%를 지원할 계획이다.

자료원: 한국경제, 2019. 8. 16. 연합뉴스, 2020. 7. 2 기사내용을 수정 · 편집함

(3) 유의점

인터넷을 통한 유통은 거스르기 힘든 추세이고 많은 장점을 지니고 있는 것이 사실이지만 여기에도 유의할 점이 있다. 정확한 정보제공과 탐색의 편리성, 대금지급의 안전성 등 전자상거래 시스템 자체의 완벽성을 갖추는 것도 물론 중요하지만, 기존 경로 구성원과의 갈등문제 역시 세심한 주의가 필요하다. 이러한 경로갈등은 특히 기업-소비자간 전자상거래의 경우에 문제가 될 수 있다.

예를 들어 리바이스 청바지의 경우를 살펴보자. 리바이스는 1998년 12월 자사 홈페이지(www.levi.com)의 '스타일 파인더(style finder)'라는 코너를 통해 일종의 온라인 대량 맞춤판매 방식을 처음 선보여 크게 인기를 끌었다. 그러나 리바이스가 백화점이나 기타 소매업체의 온라인 판매를 금지시키고 자사가 온라인 판매를 독점하면서 문제가 생겼다. 결국 리바이스는 높은 인터넷 판매비용과 소매상들의 거센 항의에 견디다 못해 일부 특별 한정품목을 제외하고 온라인 판매를 중단하기로 했다.

(4) 전자상거래와 국제마케팅

인터넷 등 정보통신의 발달과 국제물류시스템의 진화로 국제전자상거래 규모는 지속적으로 증가하고 있다. 국내 소비자들은 이른바 '해외직구'를 통해 글로벌 온라인 쇼핑을 즐기고 있으며, 외국소비자들 역시 한국의 제품을 온라인으로 구매한다. 글로벌 온라인 쇼핑몰을 이용하기도 하지만, 국내배송업체의 해외지사나 외국유통업체의 국내사이트가 활용되기도 한다. 통계청에 따르면 2023년 온라인 쇼핑을 통한 해외직접구매액은 6조 6,819억원에 이르는 것으로 나타났다. 이 중 중국으로부터의 구매액이 3조 2,273억원으로 가장 많고 미국발은 1조 8,524억원이었다. 〈표 14-4〉에서 볼 수 있는 바와 같이 2022년부터 중국으로부터의 직구 규모증가가 두드러진다. 중국의 경우도 코로나 19 여파로 침체에 빠지기도 했으나 해외직구 시장이 회복세를 보이고 있다. 중국해관이 발표한 자료에 따르면 2023년 중국의 국경 간 전자상거래 수입규모는 104조 9,135억원을 기록하여 2년만에 성장세로 돌아선 것으로 관측됐다. 이러한 회복세는 온라인을 통해 해외상품을 직접 구매하는 하이타오족의 증가에 기인한 것으로 분석된다.[8)]

표 14-4 우리나라의 온라인 해외직구 구매액 추이(2017~2023년)

(단위: 10억원)

국가(지역) \ 연도	2017	2018	2019	2020	2021	2022	2023
중국	258	508	662	1,040	1,433	2,107	3,227
미국	1,287	1,562	1,769	1,858	2,105	1,999	1,852
유럽연합+영국	477	621	860	1,048	1,146	1,136	874
총계	2,244	2,972	3,636	4,356	5,257	5,945	6,682

자료원: 국가통계포털(kosis.kr)

기업입장에서 볼 때 이러한 소비동향은 글로벌 온라인 쇼핑몰이 중요한 국제유통경로로 자리잡고 있다는 점을 의미한다. 높은 브랜드 파워와 인지도를 가지고 있는 대기업은 물론(Mini-Case 14.7 참조), 그렇지 못한 중소기업에도 똑같이 적용되는 현상이다. 특히 브랜드와 유통 등 국제마케팅 역량이 부족한 중소기업으로서는 온라인 쇼핑몰이 중요한

8) 중국의 해외직구 소비자들은 하이타오(海淘)족으로 불린다. '바다'를 의미하는 '하이(海)'와 '소비'를 의미하는 '타오(淘)'의 합성어다. 시장조사기관 닐슨IQ(NielsenIQ)에 따르면 2023년 중국의 하이타오족 규모는 1억 8,800만명을 넘어선 것으로 추산되고 있다.

해외시장 진출통로가 될 수 있다(Mini-Case 14.8 참조).

해외직구는 그 발전속도만큼이나 해결되어야 할, 해결되기 쉽지 않은 과제도 많이 가지고 있다. 우선 정품보장, 교환/환불, 애프터서비스(A/S) 등 소비자로서 누려야 할 기본적 권리가 국내상황보다는 보장되기 어려운 것이 현실이다. 판매(의뢰)자로서의 중소기업이나 해외직구를 고려하는 소비자들 입장에서는 신뢰도가 높은 전자상거래 플랫폼을 이용하는 것이 바람직할 것이다. 수입관세 등 세금관련 이슈도 주의해야 한다. 개인 소비자의 경우 품목별로 일정 금액이하는 세금을 내지 않지만, 이런 점을 악용하여 해외직구를 가장한 탈세수입이 이루어지기도 한다.

연습문제

1. 유통경로기관, 혹은 중간상의 존재 근거에 대해 설명하시오.
2. 국제유통전략의 중요성에 대해 설명하시오.
3. 국제유통경로 설계에 있어 현지 시장국의 유통문화나 관습이 어떤 영향을 미칠 수 있는지 예를 들어 설명하시오.
4. 국가간 회색시장, 즉 병행수입(parallel import)의 개념, 발생원인, 기업입장에서의 문제점 등에 대해 설명하시오.
5. 자사의 공식경로가 아닌 병행수입 경로를 통해 판매된 제품에 대해 제조업체는 A/S를 책임져야 하는가? 그 이유는 무엇인가?
6. 인터넷, 혹은 전자상거래가 기업의 전반적인 국제마케팅전략, 그리고 특히 유통전략에 어떠한 영향을 미칠지 논해보시오.
7. 월마트나 까르푸와 같은 외국계 다국적 할인점이 한국에서 성공적으로 정착하지 못하고 철수한 이유는 무엇인가? 〈Mini-Case 14.2 및 14.3〉을 참조하여 논하시오.
8. PRM의 개념과 의의, 그리고 해외시장에서의 유통경로전략에 어떻게 활용될 수 있을지 설명하시오.

참고문헌

• 김주헌, "외국계 기업의 한국시장 내 유통경로 선택에 관한 연구: 거래비용 접근법과 기능적 접근법의 결합," 국제경영연구, 제7권, 1996, pp. 25-44.

- 이장로, 문희철, 이춘수, 4차 산업혁명 시대의 국제마케팅, 8판, 한빛아카데미, 2022.
- 이재규, 김우주, 이경전 편저, 전자상거래원론, 제5판, 법영사, 2012.
- 이철, 글로벌마케팅, 3판, 학현사, 2020.
- Anderson, Erin & Anne T. Coughlan, "International Market Entry and Expansion via Independent or Intergrated Channels of Distribution," *Journal of Marketing*, January 1987, pp. 71–82.
- Aulakh, Preet S. & Masaaki Kotabe, "Antecedents and Performance Implications of Channel Integration in Foreign Markets," *Journal of International Business Studies*, 28, 1, 1997, pp. 145–175.
- Cateora, Philip R., R. Bruce Money, Mary C. Gilly & John L. Graham, *International Marketing*, 19th ed., McGraw-Hill, 2023.
- Cavusgil, S. Tamer & Ed Sikora, "How Multinationals Can Counter Gray Market Imports," *Columbia Journal of World Business*, Winter 1988, pp. 75–85.
- Czinkota, Michael, Ilka Ronkainen & Annie Cui, *International Marketing*, 11th ed., Cengage Learning, 2022.
- Duhan, Dale F. & Mary Jane Sheffet, "Gray Markets and the Legal Status of Parallel Importation," *Journal of Marketing*, Vol. 52, July 1988, pp. 75–83.
- Ford, David, "Buyer/Seller Relationships in International Industrial Markets," *Industrial Marketing Management*, May 1984, pp. 101–112.
- Green, Mark C. & Warren Keegan, *Global Marketing*, 10th ed., Pearson, 2019.
- Kim, Jooheon, "Foreign Manufacturing Subsidiaries' Channel Selection in the U.S. Market: Integrated or Independent?", Journal of Marketing Channels, Vol. 2, No. 4, 1993, pp. 43–63.
- Kim, Jooheon & John D. Daniels, "Marketing Channel Decisions of Foreign Manufacturing Subsidiaries in the U.S.: The Case of the Metal and Machinery Industries," *Management International Review*, No. 2/1991, pp. 123–138.
- Kotabe, Masaaki & Kristiaan Helsen, *Global Marketing Management*, 9th ed., Wiley, 2022.
- Myers, Matthew B. "Incidents of Gray Market Activity Among U.S. Exporters: Occurrences, Characteristics, and Consequences, *Journal of International Business Studies*, 30(1), 1999, pp. 105–126.
- Shimaguchi, Mitsuaki & Larry J. Rosenberg, "Demystifying Japanese Distribution," *Columbia Journal of World Business*, Spring 1979, pp. 32–41.
- Weigand, Robert E., "The Gray Market Comes to Japan," *Columbia Journal of World Business*, Fall 1989, pp. 18–24.

PART 05

국제마케팅 조직 및 통제

CHAPTER 15

국제마케팅 조직

기업은 해외시장에서의 기회를 활용하기 위해 각 시장의 특성과 경쟁상태 등을 반영한 국제마케팅 전략을 수립하여 실행한다. 모든 전략이 다 그러하듯이 국제마케팅 전략 역시 효율적인 전략의 실행을 위해서는 적절한 조직을 설계하는 것이 필수적이다. 적절한 조직체계는 효율적인 마케팅전략의 실행을 위해서도 필요하지만 마케팅활동의 통제를 위해서도 필요하다. 국제마케팅 조직의 설계는 다양한 현지 시장의 외부환경적 제약을 반영하는 동시에 기업전체의 조정과 통합이라는 내부목적을 동시에 달성해야 하기 때문에 매우 중요하며 복잡한 과제라 할 수 있다.

15-1 Mini-Case

너무 커져버린 P&G, '규모의 경제'인가 '규모의 함정'인가

P&G(프록터앤드갬블) 일본 법인이 생산하는 SKII는 2000년 국내 출시 후 손꼽히는 명품 화장품이다. 하지만 2009년 5.9%이던 시장점유율은 지난해 4.6%로 하락했다. SKII, 질레트(면도기), 다우니(섬유유연제)…. 이름만 들어도 익숙한 각종 생활용품을 파는 글로벌 기업 P&G의 최근 실적 부진이 깊어지고 있다. 180여년간 성장하던 세계 최대 소비재 기업이라는 명성이 무색하게, 최근 3년 실적이 하향곡선을 그리고 있다. 2012년 836억 달러(약 96조원)이던 매출액은 2015년에는 762억달러(약 88조원)로 감소될 전망이다. 글로벌 금융위기 당시인 2009년 수준이다.

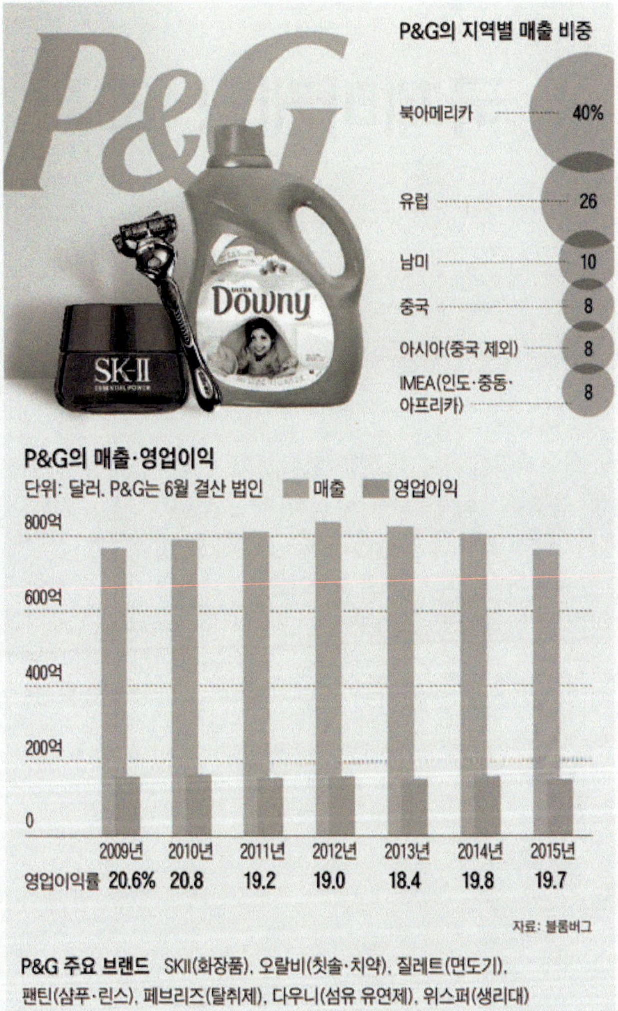

소비자 요구 맞춘 변신실패: P&G의 위기는 2009년 글로벌 금융위기부터 시작됐다. 미국 소비자는 불경기에 가격이 저렴한 제품을 찾기 시작했지만, P&G는 중고가 제품 정책을 고수했다. 그러자 경쟁사인 콜게이트-팜올리브나 유니레버가 비슷한 제품을 싼 값에 내놓으며 시장을 파고들었다. 생활용품은 여러 기업이 비슷한 제품을 쏟아내면 가격경쟁이 치열해지는 속성을 갖고 있다. P&G가 경쟁사보다 평균 30% 비싼 가격을 고집하자 결국 소비자들이 등을 돌렸다. 총매출의 40%를 차지하는 미국시장에서 P&G의 '미용・개인관리' 제품점유율이 추락했다. 면도기 시장의 왕자였던 질레트는 2012년부터 지난해까지 미국 시장점유율이 4.2%포인트 곤두박질쳤다.

중국시장에선 오판: 중국에선 반대로 '초고급' 제품에 대한 '수퍼 리치(초호화 부자)'들의 수요에 대응하지 못했다. P&G는 중국에선 중산층을 겨냥한 중고가 기저귀 제품 중심으로 상품을 내놓았다. 하지만 최상급 유아용품을 고집하는 젊은 중국 부자들은 더 고급제품을 원했다. 자체 판단을 바꾸지 못한 P&G의 중국 내 유기농 제품 매출은 올 3분기에 1년 전과 비교해 8% 정도 감소했다. 한 컨설팅기업 대표는 "P&G는 소비자들이 근본적으로 변했다는 점을 인식하지 못했다"고 말했다.

브랜드 대거 매각, 기업분할할까: 2013년 P&G의 '구원투수'로 발탁된 앨런 래플리 CEO는 작년 8월 매출 비중이 10%에 불과한 100여개 브랜드를 정리하고 65개 주력 브랜드에만 집중하겠다고 선언했다. 이에 따라 올 7월 웰라 샴푸・휴고보스 향수 등 뷰티 브랜드 43개를 향수업체인 코티에 130억 달러에 매각하는 등 정리작업을 벌여 현재 65개 브랜드로 줄였다. 하지만 실적 개선이 미미하자 작년 하반기 반짝상승했던 주가는 올해 다시 추락했다.

이 때문에 최근엔 '기업분할' 같은 과감한 수술이 필요하다는 얘기가 나온다. 글로벌 투자분석회사 번스타인이 62개 기관투자자를 상대로 설문조사를 벌인 결과, 66%가 "P&G를 쪼개야 한다"는 의견에 동의했다. P&G의 의사결정 권한은 미국 신시내티 본사에 집중돼 있고 너무 많은 사람이 관여해 현장의견의 즉각 반영이 어렵다는 이유에서다. 이에 대해 P&G는 "분할하면 '규모의 경제' 효과가 사라져 경영이 더 나빠질 것"이라고 밝혔다. 그러나 "조직이 너무 비대해지면 관료화되면서 '규모의 함정'(trap of scale)에 빠질 수 있다"며 "대형화된 국내 대기업들도 동일한 위험을 갖고 있는 만큼, P&G 사례를 반면교사로 삼아야 한다"는 외부 전문가의 주장도 큰 설득력을 얻고 있다.

자료원: 조선일보, 2015. 12. 9 기사내용을 일부 수정 편집

01 국제마케팅 조직

1.1 국제마케팅 조직의 유형

국제마케팅 활동을 수행하기 위한 조직유형은 크게 기능별 조직, 국제사업부제 조직, 지역별 조직, 제품별 조직, 그리고 매트릭스 조직 등으로 나눌 수 있다. 이 중에서 기능별 조직은 생산, 마케팅, R&D 등 기업의 기본 기능단위를 강조함으로써 관리적 측면에서 가장 간단하다는 장점을 가지고 있지만, 다양한 제품이나 시장을 대상으로 하는 다국적기업에게는 적절치 못하다. 따라서 여기서는 나머지 네 가지 조직형태에 대해 설명하기로 한다.

(1) 국제사업부제 조직

국제사업부제 조직은 [그림 15-1]에 나타나 있는 바와 같이 국제마케팅 활동을 한 조직단위에서 총괄하는 형태다. 즉, 기업의 활동을 국내활동과 해외활동으로 양분하여 각각의 조직단위가 책임을 맡게 된다. 이 경우 국내사업 조직은 기능, 혹은 제품별로 다시 세분화될 수 있다.

이 조직형태의 특징은 국제업무를 국내사업과 구분하려는 데 있다. 기존의 국내사업부에서 각자 독립적으로 국제마케팅 활동을 담당할 경우 각 조직단위의 능력의 한계는 물론 해외사업에 대한 편견의 소지도 있기 때문에 국제 업무를 담당하는 별도의 조직을 두는 것이다. 국제화 초기의 기업들은 세계적 조직을 효율적으로 관리할 수 있는 경영자가 부족할 수 있기 때문에 이러한 국제사업부제 조직을 선호하게 된다. 국제사업을 별도의 조직단위에서 관장하기 때문에 최고경영자는 국내사업에 전념할 수 있다는 장점이 있다.

그러나 기업의 해외사업 비중이 증가함에 따라 이 조직형태는 그 효율성이 떨어지게 된다. 늘어난 국제활동을 한 부서에서 담당하기에는 한계가 있는 것이다.

이 경우 최고경영자가 해외사업에 신경쓰지 않고 국내사업에 전념할 수 있다는 장점은 오히려 단점이 될 수 있으며, 국내사업부와 갈등을 일으킬 가능성도 있게 된다. 관심이 국내사업에 집중되어 해외업무의 중요성에 대한 인식이 부족할 수 있기 때문이다.

그림 15-1 국제사업부제 조직의 예

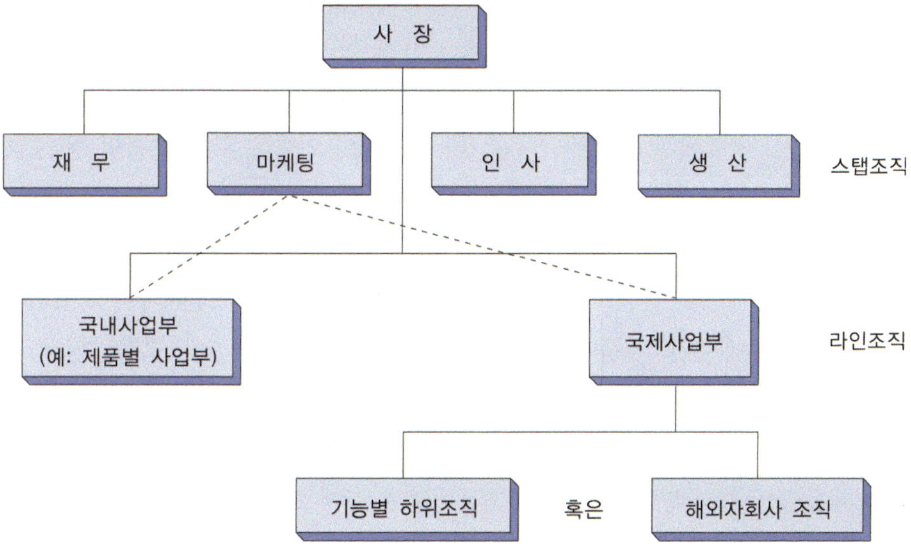

R&D 활동이 국내 지향적으로 이루어진다는 점도 국제사업부제 조직의 단점이다. 이 경우 해외시장을 위한 R&D는 제품의 부분적인 수정정도에 국한되게 된다.

결국 국제사업부제 조직은 개별 국가시장의 환경적 민감도 측면에서 크게 다르지 않은 소수의 제품을 취급하는 기업에 적합한 조직형태이며, 해외매출이나 이익 비중이 국내 사업부에 비해 그리 크지 않은 경우에 채택할 수 있는 조직이다. 따라서 해외사업의 비중, 다양성, 복잡성 등이 증가하는 경우에는 다음에서 설명할 제품별 조직이나 지역별 조직으로의 변경을 고려해야 한다.

(2) 범세계적 제품별 조직

범세계적 제품별 조직은 제품책임자, 혹은 조직단위가 지역에 상관없이 해당 제품의 생산 및 전세계 마케팅활동을 관장하는 조직형태로서 많은 다국적기업들이 채택하고 있다. 지역적 다양성과 특성을 반영하는 조정활동은 본사차원의 참모(staff)조직을 통해 이루어진다. [그림 15-2]에서 보는 바와 같이 경영활동의 초점은 지역적 차이보다는 제품(계열)에 놓여지게 된다. 기업의 기본적 활동이 제품계열에 따라 분리되어 각 제품 조직단위가 독자적인 이익센터(profit center)로서의 역할을 담당하며, 조직단위의 장이 해당 조직의 이익에 대한 직접적인 책임을 진다.

제품별 조직은 다양한 소비재 제품라인을 보유한 기업이 대부분 채택한다. 기술적으로 복잡하거나 고도의 기술적 능력을 필요로 하는 제품을 다루는 기업에게도 적합하다. 이러한 조직의 최대장점 중의 하나는 생산시설의 집중화를 통한 비용효율성 증대다. 시장점유율이 경쟁에서 우위를 점하는 데 결정적인 역할을 하는 산업의 경우에는 비용효율성이 매우 중요하다.

제품별 조직의 또 다른 장점은 시장에서 나타나는 제품과 관련된 문제에 재빠르게 반응할 수 있다는 점이다. 다양한 해외시장에 필요한 제품적응화의 필요성이 제품에 따라 다르기 때문에 개별 제품에 대한 관심은 매우 중요하다. 의사결정권한이 제품부서별로 분산·위양됨으로써 각 조직단위의 책임자들이 의욕을 갖고 일을 추진해 나갈 수 있다는 점도 장점이다.

제품별 조직의 단점은 다양한 제품사업부 간에 조정문제가 발생할 수 있다는 점이다. 특히 동일지역에서 각각 마케팅 활동을 수행하는 제품조직 간의 조정이 매우 중요한데 이는 공통적으로 수행될 수 있는 기본 활동의 불필요한 중복을 피해야 하기 때문이다. 제품사업 단위의 책임자가 본사의 다른 부서로 옮길 경우 전 소속 조직의 제품에 차별적인 호의를 가질 수 있다는 점도 제품별 조직의 단점으로 지적된다. 또한 제품사업 단위의 책

그림 15-2 범세계적 제품별 조직의 예

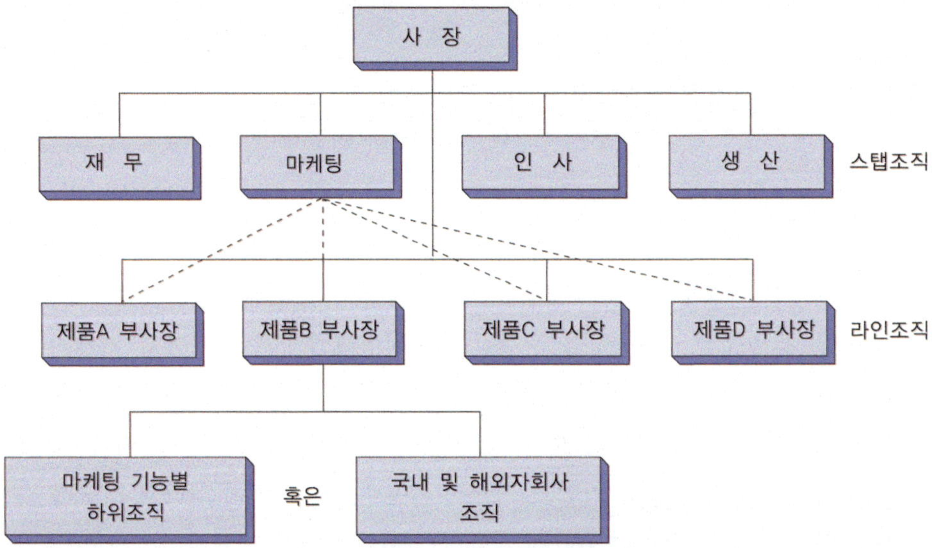

임자가 다양한 시장의 지역적 특성과 차이를 충분히 이해하고 수용하는 것이 쉽지 않기 때문에 마케팅전략에 지역적 특성을 반영하는 데 한계가 있을 수 있다는 점도 제품별 조직의 단점이다. 이 경우 제품사업 단위의 책임자는 기업 전체차원에서 보유하고 있는 지역전문가를 활용하거나, 자체적으로 지역단위의 하부조직을 두거나, 스탭(staff) 조직으로서 지역전문가를 두는 것이 필요하다.

(3) 범세계적 지역별 조직

범세계적 지역별 조직은 국제시장을 북미, 동남아, 유럽, 중남미 등 몇 개의 지역으로 구분하고 각 지역을 담당하는 지역 사업단위가 해당 지역 내에서의 모든 마케팅활동을 총괄하는 조직형태다([그림 15-3] 참조). 대개 제품라인이 상대적으로 적은 데 비해 대상 시장국가의 수는 많으며 이들 시장의 특성이 상당히 다를 경우에 선호되는 조직이라 할 수 있다. 전세계적인 계획과 통제기능을 지원하기 위한 스탭조직이 본사차원에서 운영되기도 한다.

지역별 조직의 최대장점은 각 지역 소비자들의 제품수용도 및 구매행동, 기타 여러

그림 15-3 범세계적 지역별 조직의 예

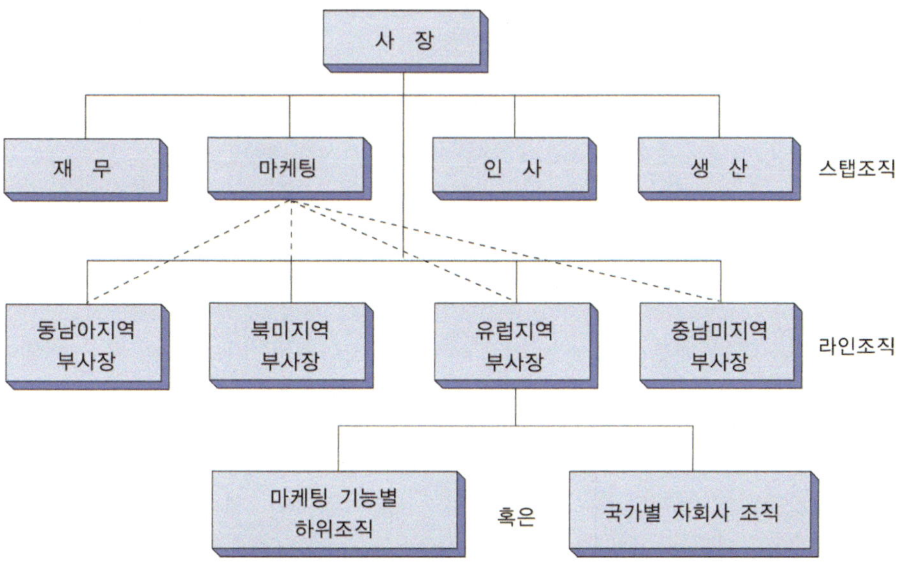

가지 시장조건에 적절하게 대응할 수 있다는 점이다. 각 시장의 특성에 관심이 집중된다는 점에서 마케팅 컨셉트(marketing concept)에 가장 근접한 조직형태라고 하겠다. 권한과 책임이 지역사업단위 책임자에게 명확하게 위양되어 해당 지역 내의 마케팅 활동을 전체적으로 조정하고 역량을 결집하는 데 유용하다.

그러나 지역별 조직 역시 나름대로의 단점이 있다. 우선 마케팅 활동이 지역 사업단위별로 독자적으로 수행된다는 특성 상 전사적 차원에서의 지역간 조정이 어려울 수 있다. 현지 지향적 성향이 지나치게 높아질 경우 표준화 전략을 통한 이점이 간과될 수 있고 범세계적 최적화(global optimization)가 희생될 가능성이 있다. 특정 제품의 전문가가 의사결정 라인에 드러나 있지 않다는 점도 단점이 될 수 있다. 개별적인 제품과 관련된 전문지식의 활용이 어려울 수 있는 것이다. 따라서 지역별 조직이 효율적으로 운영되기 위해서는 지역사업단위 간에 정보와 경험이 공유되고 조정이 이루어질 수 있는 제도적 장치가 필요하며, 본사차원의 제품전문가 활용이 필요하다.

(4) 매트릭스 조직

매트릭스(matrix) 조직은 앞에서 설명한 다른 조직형태에 비해 상대적으로 최근에 등장한 조직 유형이다. 매트릭스 조직의 가장 큰 특징은 명령-지휘체계가 단선 구조가 아닌 다차원 구조라는 데 있다. 특정 문제에 대해 두 명 이상의 상사에게 보고가 이루어지는 것이다. 매트릭스 조직의 대표적 유형인 '제품-지역' 매트릭스 조직의 예를 들면, 특정 제품의 특정 지역에서의 마케팅활동과 관련된 사안에 대해서는 해당 제품 책임자는 물론 지역 책임자에게도 보고가 이루어지고 지시를 받게 된다.

매트릭스 조직은 제품라인과 시장이 모두 다양하며 이들 두 차원에 대한 민감한 반응과 적절한 대처의 필요성이 높을 경우에 채택된다. 이 조직형태의 가장 큰 장점은 제품과 지역의 전문성을 마케팅활동에 모두 반영할 수 있다는 점이다. [그림 15-4]에서 볼 수 있는 바와 같이 제품별 조직의 경우 '제품 5' 책임자가 '지역 A~E'에서의 해당 제품에 대한 모든 마케팅 활동을 관장하고, 지역별 조직은 '지역 B' 책임자가 해당 지역에서의 모든 제품('제품 1~5')의 마케팅을 관장한다. 이에 비해 매트릭스 조직은 '지역 D에서의 제품 3'과 관련된 마케팅 의사결정은 '지역 D' 책임자와 '제품 3' 책임자가 모두 관여한다. 따라서 매트릭스 조직은 제품별 조직에서 놓치기 쉬운 지역적 특성과 지역별 조직에서 놓치기 쉬운 제품별 특성을 모두 감안하여 탄력적으로 의사결정이 이루어질 수 있다([그

그림 15-4 '제품 x 지역' 매트릭스 조직의 예

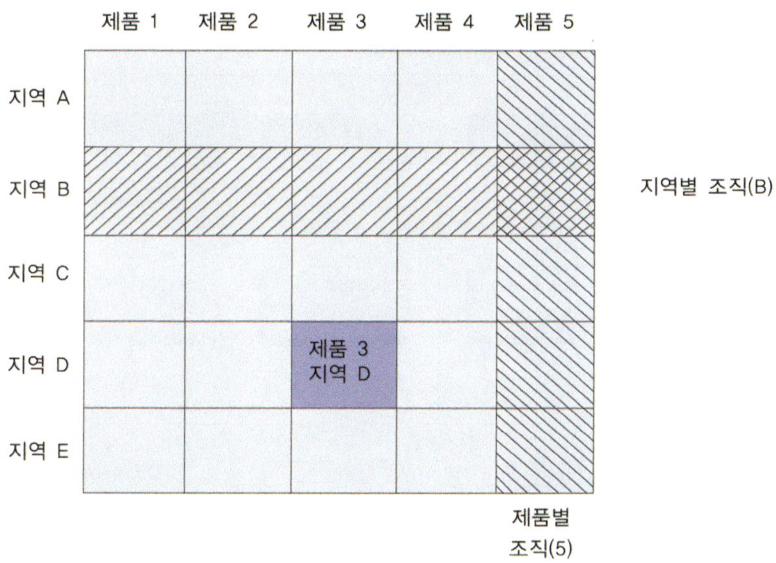

림 15-5] 참조).

다양한 측면의 전문성을 반영하며 단위조직 간 견제와 균형이 가능하다는 장점을 지닌 반면에, 매트릭스 조직은 구조자체가 복잡하고 복수의 보고체계가 유지된다는 점에서 부서간 갈등과 혼란이 유발될 가능성이 많다는 단점이 있다. 다른 조직단위의 권한이 강화되는 것을 견제하거나, 책임을 전가하기 위해 불필요한 제동을 거는 등 부서간 권한 다툼(power struggle) 현상이 나타나고 의사결정이 지연될 가능성이 나타날 수 있다. 따라서 매트릭스 조직이 효율적으로 운영되기 위해서는 조직단위 간에 공식, 비공식 커뮤니케이션을 통해 경영자 스스로 이러한 문제를 해결하려는 노력이 필요하며, 두 명 이상의 상사에게 보고해야 하는 중간관리자 역시 이러한 갈등의 소지에 잘 대처할 수 있도록 훈련이 필요하다.

일반적으로 매트릭스 조직은 기업이 처음부터 채택한다기보다는 다른 조직형태를 취하다가 제품라인이나 시장이 다양화되면서 선택하게 된다. 매트릭스 조직은 가장 일반적인 '제품 x 지역' 매트릭스 외에 '제품 x 기능', '지역 x 기능', 혹은 '제품 x 지역 x 기능'의 3차원 구조로 형성될 수도 있다.

그림 15-5 매트릭스 조직의 예

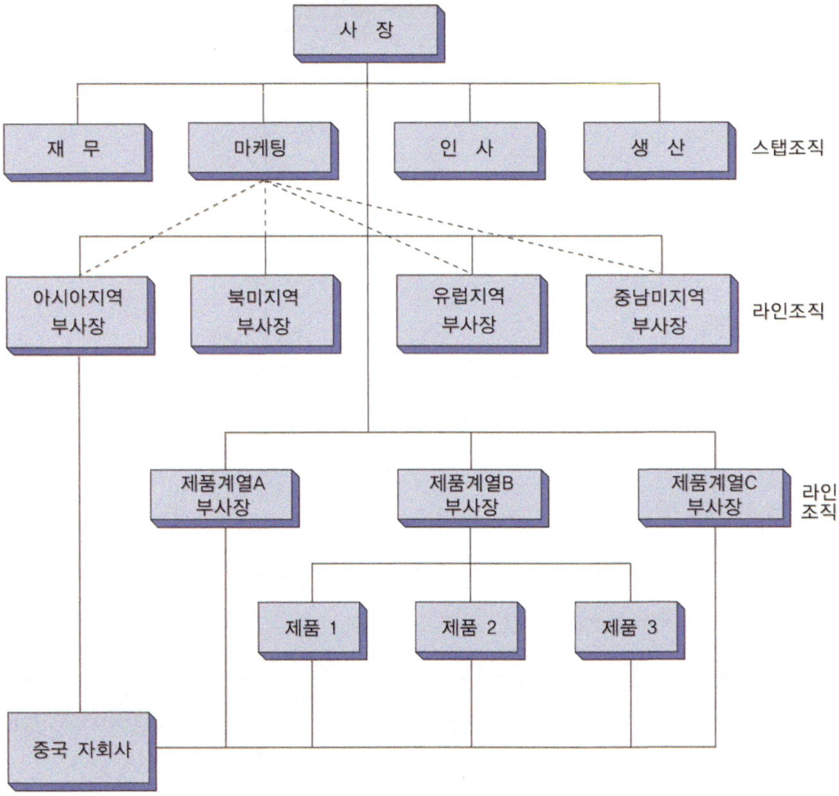

(5) 국제마케팅 조직의 진화과정

기업의 국제마케팅 조직은 해외사업의 비중, 제품라인 및 시장의 다양성, 기업의 목표 등을 반영하여 설계된다. 따라서 상황이 변함에 따라 조직구조 역시 여기에 맞게 변화해야 한다. 해외사업을 전담하는 부서가 있는 초기의 조직구조는 대체로 국제사업부제 조직으로 시작된다. 그러나 제품의 다양성이 증가하고 해외시장의 중요성이 증가함에 따라 기업은 해외사업을 조정하고 생산의 효율성을 도모하기 위해 범세계적 조직형태로 전환한다.

범세계적 제품별 조직과 범세계적 지역별 조직사이에서의 선택은 제품과 시장의 다양성 정도의 상대적 크기와, 이러한 다양성에 반응해야 할 필요성의 상대적 크기에 의해 결정된다. 시장지역이 다양하게 분포되어 있지 않고 제품라인이 상대적으로 넓을 경우에는 범세계적 제품별 조직이 적합하며, 반대로 상대적으로 한정된 제품라인을 가지고 있지만 다양한 시장지역을 대상으로 하는 기업에는 범세계적 지역별 조직이 적합하다. 그러나 제품과 지역 모두가 다양하며 현지 시장조건에 대한 적응의 필요성과 범세계적인 생산 효율화의 필요성이 모두 높은 경우에는 매트릭스 조직을 검토해야 한다. [그림 15-6]은 이러한 국제마케팅 조직의 진화과정을 예시하고 있다.

물론 위에서 살펴본 대로 매트릭스 조직 역시 의도된 효과에 비해 내부적 혼란과 문제가 더 크게 나타날 수 있기 때문에 신중한 접근이 필요하다. 기업 내외부적 환경변화에 적절히 대응하는 수준에서 조직의 변화 가능성을 늘 염두에 두어야 한다. 매트릭스 조직을 잘 활용한 기업으로 알려졌던 필립스와 ABB가 상황변화에 따라 조직구조의 변화를 모색한 사례는 이러한 점을 잘 나타내준다 (Mini-Case 15.2 및 Mini-Case 15.3 참조).

그림 15-6 국제마케팅 조직의 진화과정

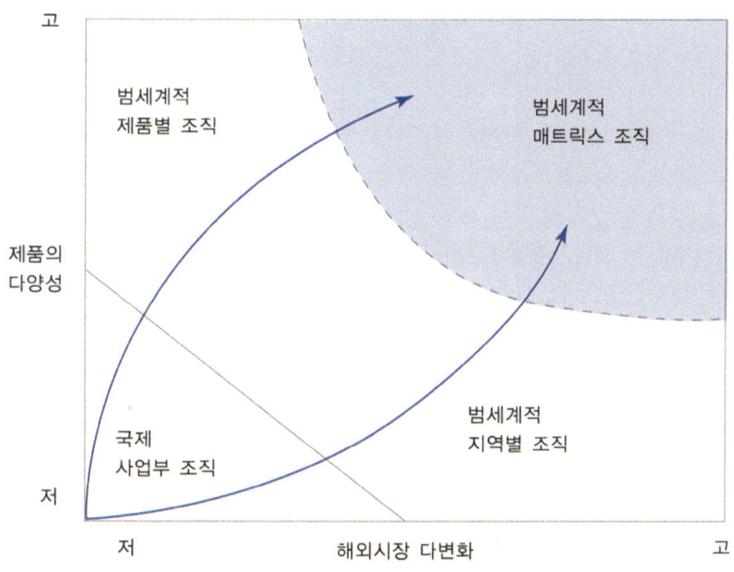

자료원: Michael R. Czinkota & Ilkka A. Ronkainen, *International Marketing*, 8th ed., Thomson South-Western, 2007, p. 226에서 재인용

15-2 Mini-Case

매트릭스의 대가: 필립스의 조직변화

네덜란드의 거대 가전기업인 필립스는 매트릭스 조직의 초창기 옹호자 중의 하나였다. 필립스는 세계 2차대전 이후 국가별 조직과 제품사업부가 공존하는 조직을 갖추었다. 예를 들어 이태리의 세탁기 사업 부문장은 네덜란드 본사의 세탁기 총괄임원은 물론, 필립스 이태리 법인장에게도 보고해야 했다. 이러한 네트워크는 두 개의 지휘라인 사이에서 생기는 갈등을 해결하기 위해 구성한 여러 개의 조정위원회에 의해 느슨하게 결합되어 있었다.

1990년대에 들어서기 전에 필립스는 이러한 조직구조가 더 이상 잘 작동하지 않는다는 결론을 내렸다. 책임소재에 대한 문제들이 비교적 빈번하게 발생한 것이다. 국가책임자와 제품책임자 중에서 누가 손익회계에 대해 책임을 져야 하는가? 얼마 동안은 국가책임자가 우위에 있었다. 그러나 제품책임자가 반격했다. 필립스는 1990년대 초에 조직을 개편했다. 소비자가전, 의료기기 등과 같은 사업부문별로 전세계적인 책임을 부과하는 조직단위를 만든 것이다. 국가 단위의 조직은 본사에 기반을 둔 제품 단위의 새로운 조직에 종속되게 되었다.

지난 3년간 필립스는 급진적인 조직개편을 시도하지 않고 조심스럽게 이러한 조직구조에서 발을 빼왔다. 기술과 신제품에 지나치게 많은 관심을 쏟는 나머지 고객에게 충분한 관심을 기울이지 않는다는 비난에 대한 대응책의 일환으로 최고 마케팅책임자를 임명한 것이 한 예다.

전략담당 임원인 뤼젠달(Gerard Ruizendaal)씨는 새로운 조직을 설계하면 언제나 새로운 문제를 야기한다는 것을 회사가 배웠노라고 말한다. 따라서 필립스는 "하나의 필립스(One Philips)"라는 슬로건을 내세우며 크지 않은 변화들을 많이 도입했다. 예를 들면 직원들을 다른 사업부에 교차근무를 하도록 장려하는 식이다. 11월에는 직원들이 다른 사업부서 사람들과 협력함으로써 회사를 위한 가치를 창출한 세 개의 사업계획에 대해 상을 주었다.

필립스는 직원들이 하나의 지역이나 제품 영역에만 붙어있기보다는 다양한 분야에서 경력을 쌓았으면 좋겠다는 점도 분명히 했다. 뤼젠달씨는 요구되는 변화의 70~80%는 경영자의 태도를 바꿈으로써 나타나고, 나머지는 인센티브제 시행을 통해 나타난다고 말한다. 금전적인 보상만을 말하는 것은 아니다. 마음을 바꾸는 것에 도움을 주기 위해 필립스는 작년에 상위 1,000명의 경영자들을 한데 모아 일련의 워크숍을 개최했다. 조직의 경계를 넘나드는 이슈들에 대해 이야기하도록 특별히 고안된 워크숍이다.

자료원: "The Matrix Master," *The Economist*, 378(8461), January 21, 2006

1.2 국제마케팅 조직의 결정요인

국제기업은 의사결정권한을 적절하게 분산시키면서 동시에 조직단위별 활동을 조정할 수 있는 조직구조를 선택해야 한다. 다음은 국제마케팅 조직구조의 선택에 영향을 미치는 요인들에 대한 설명이다.

(1) 제품라인의 다양성

제품의 다양성이 높은 기업은 일반적으로 지역보다는 제품별로 분권화된 조직구조를 갖는 것이 바람직하다. 소수의 유사한 제품을 생산하는 기업은 제품 사이의 연계성이 높기 때문에 제품별로 분권화된 조직은 바람직하지 않다. 그러나 제품별로 집중화된 조직구조라 해도 시장의 특성을 감안하지 않는 완전한 형태의 표준화 전략은 현실적으로 가능하지 않을 뿐 아니라 바람직하지도 않다.

(2) 해외사업의 비중

전체 매출액 중 해외부문이 차지하는 비중이 상당히 높을 경우에 국제사업부제 조직은 적합하지 않다. 따라서 이 경우에는 비중이 큰 해외사업을 효율적으로 관리하고 지속적인 성장을 도모하기 위해서 범세계적 제품별 조직이나 지역별 조직이 검토되어야 한다. 해외사업 비중이 그리 크지 않을 경우에는 국제사업부제 조직으로도 효과적인 마케팅 활동을 전개할 수 있다.

(3) 해외시장의 다양성

기업이 대상으로 하고 있는 국가시장의 수가 많고 이들의 특성이 상당히 다를 경우에는 지역별 조직이 선호된다. 현지 시장의 특성과 환경변화를 반영하는 데 유리하기 때문이다. 반면에 시장의 수가 많지 않거나 많더라도 시장 간의 차이가 크지 않을 경우에는 표준화된 마케팅 프로그램의 집행 가능성이 높기 때문에 지역별 조직의 필요성은 낮아진다.

(4) 경제블록(bloc)의 존재

특정 지역경제블록, 혹은 경제통합체 내에서 활동하는 기업은 해당 블록내에서의 마케팅활동을 통합할 필요가 있기 때문에 지역별 조직이 바람직할 수 있다. 경제통합의 협약내용에서 규정하고 있는 독특한 특성에 적절히 대응하는 데 유리하기 때문이다.

(5) 기업의 조직문화 및 인적자원

동일한 제품분야, 동일한 지역내에서 경쟁하는 기업이라 하더라도 조직구조는 기업에 따라 다를 수 있다. 최고경영자의 기본방침, 의사결정과정과 의사결정의 집중화 정도 등 조직문화가 다를 뿐 아니라 인적자원의 질적, 양적 수준이 다르기 때문이다. 예를 들어 해외시장의 지역별 특성을 충분히 이해하고 있는 경영자가 많지 않을 경우에는 지역별 조직을 채택하는 데 한계가 있다.

02 국제마케팅 의사결정의 위치

2.1 의사결정의 집중화와 분권화

국제마케팅 조직과 관련하여 또 하나의 중요한 문제는 의사결정을 본사 수준으로 집중화(centralization)할 것인가 아니면 현지 자회사 수준으로 분권화(decentralization)할 것인가 하는 것이다. 대개 제품별 조직을 택할 경우 집중화의 정도가 높게 나타나고, 지역별 조직을 택할 경우 분권화, 즉 의사결정의 현지 위양(delegation) 정도가 높게 나타나지만, 조직구조 자체는 의사결정 권한이 어디에 있는지를 명시적으로 나타내 주지는 못한다.

국제마케팅 의사결정이 현지 자회사에 대폭 위양되는 경우, 즉 분권화된 의사결정체제의 경우에는 마케팅 활동에 대한 통제는 느슨하고 단순한 편이며, 본사와 자회사 간의 내부흐름은 대개 자금의 흐름이 주종을 이룬다. 반면에 의사결정 권한이 본사에 집중되어 있는 경우에는 현지 자회사의 역할이 본사의 결정을 집행하는 것에 한정되며 본사의 엄격한 통제 아래에 있게 된다.

2.2 집중화와 분권화의 장단점

일반적으로 분권화된 의사결정구조는 현지 자회사의 경영자가 현지 시장의 특성을 가장 잘 이해하며 변화에 신속하게 대응할 수 있다는 전제에 기반을 두고 있다. 의사결정의 현지 위양은 현지 상황을 보다 잘 반영할 수 있다는 장점 외에도 현지 경영자의 동기유발 수준을 높일 수 있는 장점도 가지고 있다. 의사결정자와 집행자가 같을 경우 책임감과 동기유발 수준이 높아지는 것은 당연하다. 특히 마케팅을 포함한 경영활동을 현지에 적응화할 필요성이 높을 경우에는 의사결정 권한의 위임이 바람직하다. 그러나 지나친 의사결정의 현지 위양은 전사적 차원에서의 조정과 통합을 어렵게 한다. 각 자회사 수준에서 독립적으로 의사결정이 이루어짐으로써 자원의 중복과 낭비를 가져올 수 있다(제10장 Black & Decker 사례 참조).

이와 반대로 의사결정의 집중화는 전사적 차원에서의 조정과 통합이 용이하다는 것이 최대의 장점이다. 글로벌 경쟁에 직면하고 있는 많은 다국적기업들은 글로벌한 시각에서 마케팅 활동을 조정하고 통합하는 글로벌전략을 수립하여 집행하고 있으며, 이는 의사결정의 집중화를 필요로 하는 경우가 많다. 반면에 집중화된 의사결정 구조는 현지 사정을 제대로 반영하지 못할 가능성이 높고 상황변화에 신속하게 대처하지 못할 위험도 있다. 또한 본사와 자회사의 관계가 '강자-약자', 혹은 '상위-하위' 관계로 인식되기 때문에 현지 자회사는 적극적으로 마케팅 활동을 전개하기보다는 수동적인 입장에서 본사의 지시를 따르는 입장에 머무를 수 있다. 특히 자회사가 단독법인이 아니라 현지 기업과의 합작(joint venture)인 경우 의사결정의 집중화는 본사와 자회사 간의 갈등요인이 되기도 한다.

2.3 의사결정 집중화 정도의 영향요인

본사와 자회사 관계에 있어 의사결정이 전적으로 집중화되거나 전적으로 현지에 위양되는 경우는 현실적으로도 찾기 힘들 뿐 아니라 바람직하지도 않다. 위에서 살펴본 대로 의사결정 권한의 극단적인 집중화와 분권화 모두 문제점을 내포하고 있기 때문이다. 결국 적절한 조정이 전제되는 분권화된 의사결정(coordinated decentralization)이 이상적인 대안이 될 수도 있을 것이다. 이는 전반적인 기업전략은 본사에서 수립하지만 실제 집행에 있어서는 현지 자회사가 본사와의 협의를 거친 일정 범위 안에서 자율권을 갖는 것이다.

그러나 의사결정 권한을 어디에 두는 것이 바람직한가에 대한 답은 명확하게 한가지로 말할 수 없다. 다음은 의사결정의 집중화(혹은 분권화) 정도에 영향을 미치는 요인들

에 대한 설명이다.[1)]

(1) 의사결정 영역

본사-자회사 관계에 있어 의사결정의 집중화 정도는 재무, 인사, 마케팅, 생산 등 기능별 의사결정 영역에 따라서도 다를 수 있다. 또한 마케팅 의사결정도 마케팅믹스 변수에 따라 달라진다. 일반적으로 제품, 특히 브랜드관련 결정에 본사의 통제, 즉 집중화의 정도가 가장 높게 나타나는 것으로 알려지고 있다. 다국적기업에 있어 국제적으로 브랜드 이미지를 확립하는 것은 경쟁력의 커다란 원천으로 간주되며, 따라서 이러한 자산을 보호하고 이와 관련된 활동을 조정하기 위한 본사의 강력한 통제가 요구된다는 것이다.

반면에 유통관련 결정은 자회사에 위양되는 정도가 높은 편이다. 경로의 구조나 관습이 현지의 오랜 전통과 역사를 통해 형성되어 온 것이기 때문에 현지에서 현지 사정에 맞게 의사결정이 이루어지는 것이 필요하다. 가격결정의 경우도 국가별 소득, 수요, 공급의 차이와 가격누증(price escalation) 현상, 현지 유통업자의 권한 등으로 집중화하기 쉽지 않은 영역이다. 그러나 최근 가격결정의 집중화 혹은 가격의 조정(price coordination) 문제가 등장하고 있는 것도 사실이다(Mini-Case 12.7 참조).

(2) 자회사의 규모

자회사의 규모도 의사결정 위치에 영향을 미칠 수 있는 요인이다. 그러나 영향의 방향에 대해서는 서로 상반된 주장이 제기된다. 우선 규모가 클수록 경영능력이나 자체적으로 해결할 수 있는 충분한 관리인력을 보유할 수 있기 때문에 본사가 보다 많은 자율권을 부여할 수 있다는 입장이 있다. 반면에 자회사의 규모가 클수록 본사 입장에서 중요성을 더 높이 인식하게 되고, 따라서 보다 많은 통제를 하려 한다는 주장도 있다.

---

1) 본사-자회사 간의 의사결정 위치에 대해서는 R. J. Aylmer, "Who Makes Marketing Decisions in the Multinational Firm?" *Journal of Marketing*, October 1970, pp. 25-30. Stephen R. Gates & William G. Egelhoff, "Centralization in Headquarters-Subsidiary Relationships," *Journal of International Business Studies*, Summer 1986, pp. 71-92. Jooheon Kim & John D. Daniels, "Marketing Channel Decisions of Foreign Manufacturing Subsidiaries in the U.S.: The Case of the Metal and Machinery Industries," *Management International Review*, No. 2/1991, pp. 123-138. Ulrich Wiechmann, "Integrating Multinational Marketing Activities," *Columbia Journal of World Business*, Winter 1974, pp.7-16. 등을 참조 바람

(3) 진입방법

일반적으로 신규설립(greenfield investment)에 비해 기존 기업을 인수한 경우 의사결정의 본사 집중화가 어려운 것으로 알려지고 있다. 오랫동안 이어져 온 기존 기업의 경영관행이나 기존 경영자들로 인해 통제가 그만큼 힘들기 때문이다. 일관된 글로벌전략 안으로 인수기업을 통합하기 어렵다는 사실은 기업인수 전략에서 충분히 감안되어야 한다.

(4) 지분율

합작(joint venture)의 경우 지분율과 통제권의 정도가 반드시 비례하는 것은 아닐 수도 있다. 의사결정에 대한 실질적인 통제권이 지분율과 관련 없는 상대적인 협상력에 의해 결정될 수도 있기 때문이다. 그러나 여전히 지분율이 협상력을 결정하는 주요 요소라는 주장이 가능하며, 의사결정 위치에 대한 경영자들의 '인식'은 실제적인 통제권에 비해 지분율에 영향을 받을 가능성이 더 높을 수 있다.

(5) 산업의 특성

산업의 특성도 의사결정의 집중화 정도에 영향을 미치는 요인이다. 예를 들어 음식산업은 다른 산업에 비해 자회사 수준으로 분권화되는 경향이 높다. 음식처럼 문화적 민감성이 높은 제품의 경우에는 현지 소비자의 욕구와 상황에 맞추어야 할 필요성이 많으며, 따라서 현지 경영자가 마케팅 의사결정에 있어 주도적인 역할을 하는 경향이 높다. 예를 들어 한국 켄터키 프라이드 치킨(KFC)은 '트위스터', '치킨샐러드' 등의 메뉴를 개발하여 오히려 미국을 포함한 외국으로 역수출한 바 있다. 역시 미국계 패밀리 레스토랑인 씨즐러도 한국에서 자체 개발한 메뉴 10여가지를 미국, 호주 등 10여개국 매장에서 선보이고 있다. 김치볶음밥, 쌀국수샐러드, 부추샐러드 등이 예다. 이런 현상은 다른 외식업체에서도 나타나고 있는 것으로 보인다.

(6) 마케팅활동의 표준화 정도

일반적으로 의사결정의 집중화는 국제마케팅 프로그램의 표준화와 관련성이 높고, 현지적응화는 의사결정의 현지 위양을 수반하는 경향이 높다. 표준화, 혹은 통합된 정책을 집행하기 위해서는 자회사에 대한 본사의 강력한 통제가 필요하기 때문이다.

15-3 Mini-Case
ABB와 매트릭스 조직

'유럽의 모범기업' 또는 '가장 존경받는 기업'에 종종 ABB(Asea Brown Boveri)가 으뜸자리를 차지한다. ABB는 지난 1988년 스웨덴의 아세아 (Asea) 그룹과 스위스의 브라운 보베리(Brown Boveri) 그룹간 합병으로 태어난 회사다. 중전기와 산업설비 분야에서 1백년 이상의 역사를 지닌 기업들이 합친 것이다. 사업분야는 크게 중전기, 에너지 및 엔지니어링 등이며 품목은 발전 설비와 송배전 설비, 공장자동화 설비, 산업용 로봇 등이다. 최근에는 21세기 유망산업으로 꼽히는 환경분야에 대한 투자를 확대하고 있다.

생산품목이 많다 보니 핵심역량이 분산된 측면이 있으나, 대체로 전력관련 기술 및 제품 분야에 특화되어 있다. 현재 발전설비 부문에서 미국 GE, 독일 지멘스와 함께 세계 3대 기업으로 꼽힌다. 1999년 발전사업 부문에서 프랑스 알스톰과 합작법인을 설립하기도 했다.

스위스 취리히에 본사를 두고 있으며 연간 3백억 달러 가량의 매출을 올리고 있다. 세계 각지에서 이 회사의 인지도는 매우 높다. 각국 대학생들에게 가장 취업하고 싶은 직장으로 꼽히고 있다. 뛰어난 기술력을 갖춘 것이 기업 이미지와 인지도를 높일 수 있었던 배경이다.

이 회사는 1만 7천여 명의 엔지니어를 두고 있고 매년 매출의 8%(약 25억 달러) 가량을 연구개발에 투자한다. 교육프로그램에도 투자를 아끼지 않는다. 소사업단위별로 이뤄진 회사조직도 유연하다. 시장여건 변화에 맞춰 신속한 의사결정을 내릴 수 있는 구조다. 그러나 조직이 지나치게 분권화되고 개편이 빈번히 일어난다는 비판도 있다. 전세계적으로 이 그룹의 종업원은 21만여 명이지만 본사 직원은 70여명에 불과하다. 세계에 흩어져 있는 ABB 사업부 이익센터(profit center)는 약 5천 개로, 이익센터당 평균 40여명의 직원을 두고 있는 셈이다. 이 작은 조직에서 영업투자 인력채용 등 모든 경영활동이 이루어진다.

ABB가 합병 이후 불과 수년만에 세계 초일류기업으로 성장하게 된 중요한 배경은 바로 퍼시 바네빅 회장의 과감한 세계화 전략과 그가 도입한 매트릭스(Matrix) 조직이다. 이는 독립적인 소단위 조직들 간에 소홀해지기 쉬운 협력관계를 보완키 위한 시스템으로 사업단위를 수직과 수평으로 그물처럼 연결시킨 중복점검체계다. 매트릭스 시스템은 ABB의 트레이드마크로서 세계 각지의 기업들로부터 벤치마킹 대상이 되기도 했다.

매트릭스 조직은 사업부 조직이나 기능별 조직같이 하나의 차원을 중심으로 조직을 구축한 것이 아니라 두 가지 차원을 매트릭스 형태로 상호 교차시켜 양립시킨 조직구조로서, 이를 성공시키기 위해서는 조직 내에 관료주의적 요소를 제거하는 것이 필수적이다. 이에 따라 바네빅 회장은 우선 본사스탭을 혁신적으로 감축했으며 동시에 하부조직을 철저히 분권화시켰다. 전 ABB 조직을 1,300여 개의 자회사로 분사화했고, 이를 민첩하게 움직일 수 있는 행동 단위인 5,000여 개의 이익센터로 더욱 세분화했다.

이익센터는 평균 50명 가량으로 이루어진 최소 사업단위로서, 모두 법인의 형태로 존재하는 것은 아니지만 완전히 분권화된 독자적인 경영체제를 갖추고 있다. 이들은 자체적으로 손익계산서를 작성하고, 독자적인 자산을 소유하고 있고, 외부고객과 직접 거래한다. 극도로 세분화된 이익센터는 고객과 밀착하여 고객의 욕구

(needs)를 신속하게 충족시켜 준다. 철저한 분권화를 통해 의사결정과 행동이 기민하게 이루어짐에 따라 현지 고객의 욕구에 신속하고 정확하게 대응할 수 있는 것이다. 또한 활동에 따른 성과는 이익센터의 종업원들에게 직접적으로 보상된다. 이러한 상황에서는 누구도 주인의식을 발휘하지 않을 수 없다.

이처럼 분권화된 이익센터는 독특한 매트릭스 조직을 통해 ABB라는 국제적인 대기업으로서의 이점과 지역 조직으로서의 이점을 동시에 얻게 된다. 이러한 이점은 다른 대부분의 글로벌기업들처럼 글로벌 통합을 추구하기 위해 사업부문 밑에 지역담당 부서를 두거나, 현지화를 위해 지역부문 밑에 사업담당 부서를 두어서는 얻을 수 없다. ABB는 이러한 두 마리 토끼를 한꺼번에 잡기 위해, 즉 각 지역시장에서의 현지화 효과를 잠식하지 않으면서 동시에 글로벌 통합의 효과를 달성할 수 있도록 사업부문과 지역 두 가지 차원의 매트릭스 조직을 구축하고 있다. 사업부문은 크게 발전, 송·배전, 산업용기기 및 빌딩, 수송 등으로 이루어져 있으며, 지역은 유럽, 미주, 아시아·태평양으로 구성되어 있고 각각 집행 부사장을 책임자로 두고 있다. 이는 다시 세분화된 사업 부문과 지역으로 분류되며 각 영역마다 관리자를 두고 있다.

이에 따라 각 이익센터는 특정 사업부문과 지역에 동시에 속하게 되며 결과적으로 2명의 관리자의 관리하에 있게 된다. 각 사업부문의 관리자들은 전사적이고 세계적인 전략을 책임지고 있으며 전세계에 걸쳐 조정과 통합의 역할을 맡는다. 반면에 각 지역의 관리자들은 철저히 현지화를 추구한다. 지역에 대한 노하우와 경험을 바탕으로 해당 지역에 대한 마케팅과 판매에 주력하게 되며, 현지 고객과 밀착하여 현지 고객의 욕구에 적합한 최적의 해결책을 제공한다.

지역 내에서 이익센터 간 시너지(synergy)를 극대화하는 것도 지역관리자의 몫이다. 이들 두 영역의 관리자는 70년대에 수많은 실패를 겪었던 기존의 매트릭스 조직에서와는 달리 상호 동등한 권한을 갖고 있고, 이들의 주 역할은 이익센터에 대한 조정과 지원이다. 지역관리자는 지역 차원의 문제에 대해서, 사업관리자는 전사적인 글로벌 차원에서 통합과 조정이 필요한 사항에 대해 지원을 한다. 이익센터는 양쪽으로부터 필요한 지원을 받으면서 자율적으로 사업을 운영해 나가면 된다. 이러한 상황에서 관료주의나 명령체계의 이원화에 따른 문제 등은 끼여들 틈이 없다. 매트릭스의 양 차원을 이루고 있는 사업부문과 지역 간에는 적절한 권력(power)의 균형이 유지되고 있다. 최고 의사결정기구인 임원회의에 사업부문과 지역담당 부사장이 동등하게 참여하며, 동등한 위치에서 상호 독립적이면서 협조적인 관계를 유지한다.

물론 ABB에 있어서도 이들 두 영역 간에 갈등이 존재한다. 하지만 이러한 갈등은 보통 당사자 간의 대화를 통해 쉽게 해결된다. 갈등을 해결하는 데에는 바네빅 회장이 제시한 판단기준인 'ABB 전체를 위해서 무엇이 가장 좋은 결과를 가져올 것인지' 가 매우 유용하게 활용된다. 바네빅 회장은 단지 이러한 판단기준의 제시에 그치지 않고 '이해의 충돌은 상호 커뮤니케이션과 이해의 부족이 원인' 이라고 말하면서 서로 대화하고 협조할 수 있는 분위기와 글로벌 커뮤니케이션 채널을 구축하는 데 주력하고 있다. 때로 당사자 간에 해결이 되지 않는 문제가 있을 경우에는 부득이 상위계층에게 의사결정을 요청하게 되지만 이러한 일은 좀처럼 일어나지 않는다. ABB가 매트릭스 조직을 통해 추구하는 현지화와 글로벌화 중에서 현지화의 효과는 이미 설명한 바와 같이 이익센터를 통해 얻고 있는 효과에 지역관리자가 수행하고 있는 역할이 결합되어 발생한다.

반면에 글로벌 통합의 효과는 세계 전 지역에 분산되어 있는 이익센터들을 글로벌 네트웍을 통해 연결, 통합함으로써 규모의 경제와 시너지를 창출함으로써 얻고 있다. 이러한 효과는 연구개발, 생산, 판매 등 사업의 전 활동에 걸쳐 발생한다. 연구개발 부문에 있어서 글로벌 통합은 전세계적인 기술개발의 스피드를 따라잡기 위해서 필수적 요소이다. 우선 세계 각지의 연구개발 정보를 확보함으로써 기술의 흐름에 뒤떨어지지 않을 수 있다.

또한 세계 최첨단 기술개발을 위해 필요한 대규모의 투자비와 인재를 확보하기 위해 사업부문 내 각 이익센터의 연구개발 역량을 통합하여 운영할 수 있다. 이는 개별적인 중소기업으로서는 불가능한 일이다. 생산과 판매부문에서도 글로벌 통합의 효과는 막대하다. 분산되어 있는 소규모의 공장에서 다품종을 소량씩 생산하던 것을 공장별로 소품종의 제품을 대규모로 생산하도록 조정함으로써 규모의 경제를 달성하고 있으며, 개별 이익센터로서는 확보할 수 없는 글로벌 판매망을 활용함으로써 세계시장 구석구석에 손쉽게 접근하고 있다. 구매 또한 대규모로 이루어짐으로써 커다란 효과를 얻고 있다.

한편 발전플랜트와 같은 대규모 설비공사의 수주에 있어서는 부품생산공장들, 건설회사와 엔지니어링 회사, 금융지원서비스 등을 글로벌 차원에서 신속하고 효율적으로 결합할 수 있는 역량이야말로 사업성공의 핵심 요인이다. ABB는 원활한 커뮤니케이션과 유연한 대응능력으로 지역 차원에서뿐만 아니라 글로벌 차원에서 매우 신속하게 이러한 결합을 수행한다.

ABB의 매트릭스 조직이 많은 기업들의 벤치마킹 대상이 되면서 성공을 거둘 수 있었던 것은 최고경영자인 바네빅 회장이 없었다면 불가능했을지도 모른다. 그런 점에서 앞으로 ABB가 어떤 모습으로 세계 초일류 기업으로서의 방향을 잡아 나갈지 관심사항이 아닐 수 없다. 스웨덴과 스위스 두 나라 국적을 모두 가지고 있는 바네빅 회장은 스웨덴 구텐베르그 대학에서 경영학석사(MBA)를 마치고 미국 스탠퍼드 대학에서도 경영학을 공부했다. 그는 '한사람이 최고경영자에 오래 눌러앉아 있으면 승계문제로 회사가 시끄러워진다'는 이유로 지난 97년 스웨덴 출신의 괴란 린달(Lindahl) 사장에게 최고경영자직을 물려주고 경영일선에서 물러났다. 현재는 이사회 회장직만을 갖고 있고 미국 제너럴모터스(GM)의 이사로도 참여하고 있다.

새로운 최고경영자인 린달 사장은 매트릭스 시스템을 포기했다. 수직계통인 지역별 관리를 없애고, 수평적 사업 협력을 강화하는 '셰이크 핸즈(Shake Hands)' 시스템을 도입한 것이다. 따라서 유럽, 미주, 아태지역 등 권역별 통계는 더 이상 ABB에 존재하지 않는다. "기업조직은 상황변화에 따라 언제든 바뀔 수 있고, 또 바뀌어야 한다." ABB 코리아의 한 임원의 말이다.

〈ABB의 최근 상황(2023년말 기준)〉

- 매출액 322억 달러, 순이익 38억 달러
- 직원 107,900명(유럽 48%, 미주 24%, 아시아/중동/아프리카 28%)
- 전세계 100여개 국에서 활동, 글로벌 조직은 3개 지역단위 조직으로 편제(유럽, 미주, 아시아/중동/아프리카)
- 경영활동은 사업부 단위(4개 핵심 사업부)로 전개

자료원: ABB, *Integrated Report 2023*, 한국경제, 2000. 2. 24, 매일경제, 1999. 10. 24 및 1996. 10. 29일자 수정 편집

연습문제

1. 국제마케팅 조직이 갖는 중요성과 의의를 설명하시오.
2. 범세계적 제품별 조직과 범세계적 지역별 조직의 개념, 장점, 단점 등에 대해 설명하시오.
3. 국제마케팅 활동과 관련된 범세계적 매트릭스(matrix) 조직의 개념과 장점, 그리고 한계점이나 적용상의 유의점에 대해 〈Mini-Case 15.2〉를 참조하여 설명하시오.
4. 국제마케팅 조직은 기업내외의 다양한 요인을 고려하여 결정해야 하는 바, 조직유형을 결정할 때 고려해야 할 요인과 이러한 요인들이 어떤 영향을 미치는지 설명하시오.
5. 국제마케팅 의사결정의 집중화와 분권화, 즉 의사결정은 본사에서 하고 현지 자회사나 지점에서는 집행 역할을 맡는 방안과 현지 조직에서 의사결정 권한까지 가지는 방안에 대해 각각의 장점과 단점을 설명하시오.
6. 국제마케팅 의사결정의 집중화, 혹은 분권화 정도에 영향을 미칠 수 있는 다양한 요인들에 대해 설명하시오.

참고문헌

- 김주헌, 최창범, 이재혁, 전용욱, 국제경영, 북넷, 2019.
- 이광철, 글로벌경영: 전략적 접근, 한경사, 3판, 2023.
- 이장로, 문희철, 이춘수, 4차 산업혁명 시대의 국제마케팅, 8판, 한빛아카데미, 2022.
- 이철, 글로벌마케팅, 3판, 학현사, 2020.
- 장세진, 글로벌경영, 11판, 박영사, 2024.
- Aylmer, R. J., "Who Makes Marketing Decisions in the Multinational Firm?" *Journal of Marketing*, October 1970, pp. 25-30.
- Cateora, Philip R., R. Bruce Money, Mary C. Gilly & John L. Graham, *International Marketing*, 19th ed., McGraw-Hill, 2023.
- Daniels, John D., Lee H. Radebaugh, Daniel P. Sullivan & Reid W. Click, *International Business: Environments and Operations*, 17th ed., Pearson, 2021.
- Gates, Stephen R. & William G. Egelhoff, "Centralization in Headquarters-Subsidiary Relationships," *Journal of International Business Studies*, Summer 1986, pp. 71-92.
- Green, Mark C. & Warren Keegan, *Global Marketing*, 10th ed., Pearson, 2019.
- Kim, Jooheon & John D. Daniels, "Marketing Channel Decisions of Foreign Manufacturing Subsidiaries in the U.S.: The Case of the Metal and Machinery Industries," *Management International*

Review, No. 2/1991, pp. 123–138.

- Kotabe, Masaaki & Kristiaan Helsen, *Global Marketing Management*, 9th ed., John Wiley, 2022.
- Wiechmann, Ulrich, "Integrating Multinational Marketing Activities," *Columbia Journal of World Business*, Winter 1974, pp.7–16.

국문색인

ㄱ

ㅅ

ㅇ

ㅊ

ㅋ

ㅌ

영문색인

N

O

P

저자소개

■ 김주헌

- 서울대학교 경영대학 경영학사, 경영학 석사
- 미국 Indiana University(Bloomington) 경영학 박사
- 한국통신(KT) 마케팅연구실장 역임
- 숙명여대 경영학부 교수, 전략기획실장/기획처장 역임
- 한국국제경영관리학회 회장, 한국고객만족경영학회 회장, 한국경영학회 수석 부회장 역임
- 한국경영교육인증원 부원장 역임
- 현재 차의과학대학교 데이터경영학과 교수(융합과학대학장)

국제마케팅[제7판]

2025년 2월 20일 7판 1쇄 인쇄
2025년 2월 25일 7판 1쇄 발행

저 자 김주헌
발행인 류재식 · 박용범
발행처 도서출판 북넷

서울시 용산구 효창원로 70길46(대신빌딩 2층)
등 록 2010년 6월 7일(제2010-000069호)
전 화 (02)395-2341
팩 스 (02)395-2303

정가 35,000원

ISBN 979-11-86947-97-5 e-mail : book2341@naver.com